DIREITO E ECONOMIA

DIÁLOGOS

Armando Castelar Pinheiro
Antônio J. Maristrello Porto
Patrícia Regina Pinheiro Sampaio
COORDENAÇÃO

DIREITO E ECONOMIA

DIÁLOGOS

Antonio Carlos Porto Gonçalves • Antônio José Maristrello Porto • Carlos Ragazzo • Cecília Machado • Cesar Mattos • Fernando Leal • Gustavo Kloh • Ivo Teixeira Gico Junior • Jairo Saddi • João Manoel de Lima Junior • Julia de Lamare • Leonardo de Andrade Costa • Luciana Dias • Luciana Yeung • Márcio Souza Guimarães • Patrícia Regina Pinheiro Sampaio • Sandro Leal Alves • Rômulo S. R. Sampaio • Rubens Sardenberg • Thiago C. Araújo

Copyright © 2019 Armando Castelar Pinheiro, Antônio J. Maristrello Porto, Patrícia Regina Pinheiro Sampaio

Direitos desta edição reservados à FGV EDITORA
Rua Jornalista Orlando Dantas, 37
22231-010 | Rio de Janeiro, RJ | Brasil
Tels.: 0800-021-7777 | 21-3799-4427
Fax: 21-3799-4430
editora@fgv.br | pedidoseditora@fgv.br
www.fgv.br/editora

Impresso no Brasil | *Printed in Brazil*

Todos os direitos reservados. A reprodução não autorizada desta publicação, no todo ou em parte, constitui violação do copyright (Lei nº 9.610/98).

Os conceitos emitidos neste livro são de inteira responsabilidade do autor.

1ª edição — 2019; 1ª reimpressão — 2019; 2ª reimpressão — 2023.

Coordenação editorial e copidesque: Ronald Polito
Revisão: Marco Antonio Corrêa e Sandro Gomes dos Santos
Capa e diagramação: Ilustrarte Design e Produção Editorial

Ficha catalográfica elaborada pela
Biblioteca Mario Henrique Simonsen/FGV

Direito e economia : diálogos / Coordenação: Armando Castelar Pinheiro, Antônio J. Maristrello Porto, Patrícia Regina Pinheiro Sampaio. – Rio de Janeiro : FGV Editora, 2019.
676 p. : il.

Área: Direito.
Inclui bibliografia.
ISBN: 978-85-225-2131-9

1. Direito e economia. I. Pinheiro, Armando Castelar. II. Porto, Antônio José Maristrello. III. Sampaio, Patrícia Regina Pinheiro. IV. Fundação Getulio Vargas.

CDD – 341.378

Sumário

Prefácio 9
Ellen Gracie Northfleet

Apresentação 13
Sérgio Guerra

Introdução 15
*Armando Castelar Pinheiro, Antônio José Maristrello Porto
e Patrícia Regina Pinheiro Sampaio*

PARTE I: Introdução ao direito e economia

CAPÍTULO 1. Princípios de análise do direito e da economia 25
Antônio José Maristrello Porto

CAPÍTULO 2. Questões e políticas da macroeconomia 51
Antonio Carlos Porto Gonçalves

CAPÍTULO 3. Consequencialismo, racionalidade e decisão jurídica: 85
    o que a teoria da decisão e a teoria dos jogos podem oferecer?
Fernando Leal

CAPÍTULO 4. Empresas, consumidores e mercados: fundamentos 115
    microeconômicos
Luciana Yeung

PARTE II: Direito, economia e mercados

CAPÍTULO 5. Direito e economia no mercado de crédito 147
Jairo Saddi

CAPÍTULO 6. Por que tutelar a livre concorrência?
Notas sobre direito e economia na prevenção e repressão
ao abuso do poder econômico 177
Patrícia Regina Pinheiro Sampaio

CAPÍTULO 7. Infraestrutura e sua regulação 201
Thiago C. Araújo

CAPÍTULO 8. Introdução às instituições financeiras e sua regulação 253
João Manoel de Lima Junior

PARTE III: Direito e economia: indivíduos e sociedades

CAPÍTULO 9. Teoria econômica da propriedade e dos contratos 289
Gustavo Kloh

CAPÍTULO 10. Responsabilidade civil extracontratual 319
Ivo Teixeira Gico Junior

CAPÍTULO 11. Direito das empresas em dificuldade 351
Márcio Souza Guimarães

CAPÍTULO 12. Uma introdução à análise econômica
do direito tributário 377
Leonardo de Andrade Costa

PARTE IV: Tópicos especiais em direito e economia

CAPÍTULO 13. A regulação do mercado de trabalho no Brasil 411
Cecilia Machado

CAPÍTULO 14. Economia do direito societário e
do mercado de capitais 441
Luciana Dias

CAPÍTULO 15. A regulação do setor de seguros:
aspectos econômicos 473
Sandro Leal Alves

CAPÍTULO 16. Crédito e desenvolvimento econômico 517
Rubens Sardenberg

CAPÍTULO 17. Direito, economia e meio ambiente:
uma introdução à regulação ambiental 543
Rômulo S. R. Sampaio e Julia de Lamare

CAPÍTULO 18. O direito e a economia do compartilhamento 571
Carlos Ragazzo

CAPÍTULO 19. Análise econômica do direito da família 599
Gustavo Kloh

CAPÍTULO 20. Concessões e parcerias público-privadas (PPPs)
no Brasil 629
Cesar Mattos

Sobre os coordenadores 671
Sobre os autores 673

Prefácio

Há alguns anos compareci a um seminário multidisciplinar cujo mote central era a loucura, no sentido não clínico, mas, sim, de insensatez, inadequação ao objetivo pretendido, desvio de finalidade, frustração de expectativas etc., que em todos os setores da atividade humana costumam acontecer.

A mim tocou discorrer sobre a loucura, tal como ela se manifesta nos sistemas judiciários. De pronto lembrei-me das digressões de meu querido amigo Alfredo Augusto Becker, no seu *Carnaval tributário*, sempre atual.

Depois, pouco a pouco, foram-me acudindo tais e tantos episódios que havia testemunhado em minha prática profissional e que só podiam se explicar se enquadrados, de uma ou outra maneira, na Classificação Internacional de Doenças (CDI), no capítulo relativo às desordens mentais.

Entre eles, os que dizem respeito às inevitáveis fragilidades humanas, entre as quais desponta a vaidade, especialmente em suas formas de eruditismo vazio, ou de fidelidade excessiva a determinada proposição teórica, desconsiderando a realidade do caso, ou, ainda, o recurso à equidade que, num sistema de Civil Law, conduz à máxima insegurança jurídica, pois equivale a ter uma norma para cada juiz!

Entre tantas sandices que desviam do objetivo a ser alcançado pela justiça, recordei-me, com pesar, da destruição do Sistema Financeiro da Habitação, pela atuação impensada do Judiciário federal. Com desenvoltura irresponsável, distribuíram-se a mancheias liminares que paralisavam a correção monetária das prestações da casa própria, em época de inflação fora de controle. Consequentemente, enquanto uma geração de mutuários ganhava, por preço irrisório, a propriedade dos imóveis, o sistema se esvaía, sem recursos para financiar novas moradias. Se, hoje, o país apresenta um déficit significativo nesse setor, muito se deve à generosidade judiciária praticada na década de 1970.

Desejavam os juízes, em atuação àquela altura, causar tamanho prejuízo? Considerada a seriedade de propósitos que sempre animou a magistratura brasileira, a resposta deve ser negativa.

O que, então, explica a *debacle* do BNH? Antes de mais nada e sobretudo, uma lacuna da formação jurídica que, ainda atualmente, ignora a importância do contexto econômico para a aplicação do direito.

Os efeitos colaterais de decisões que fazem por ignorar a importância desse contexto fogem totalmente das intenções e do controle daqueles que as emitem e resultam em palpáveis prejuízos para além das partes envolvidas no processo.

Essa monovisão, quando não seja fruto da falta de informação, decorre de crenças arraigadas ou teorias idealistas que propositadamente advogam o menosprezo pela realidade.

Nessa mesma linha, situa-se o deferimento irrefletido de acesso a tratamentos de alto custo, para determinados pacientes que possam acionar o Judiciário. Isso se dá em detrimento dos minguados recursos orçamentários estaduais e federal destinados à saúde. Permanecem desguarnecidos de medicamentos básicos os Postos de Saúde para que, em atendimento às ordens judiciais, sejam oferecidos procedimentos e medicamentos, muitas vezes apenas experimentais, a alguns pacientes ungidos pelos magistrados com um supostamente absoluto direito à saúde.

A obra que temos nas mãos servirá a suprir a lacuna de conhecimento que subsiste em nosso meio a respeito da necessária intersecção entre direito e economia.

Os capítulos se sucedem em leitura plena de informação cautelosamente vertida em linguagem acessível e agradável estilo. Os autores dos diversos trabalhos esforçaram-se em demonstrar que a lógica econômica tem aplicação, em diferentes graus, em todas as áreas do direito.

Reconhecer que as decisões judiciais têm consequências e que estas, muitas vezes, se estendem muito além das lindes do conflito em pauta fará com que a jurisdição ganhe em densidade e rigor e contribua efetivamente para a construção do bem comum.

Os juízes brasileiros saberão absorver os conceitos e fazer uso dos métodos aqui propostos para bem avaliarem os dissídios que lhes são postos, proferindo decisões que não se desviem dos objetivos de pacificação social, restaurando direitos, sem prejudicar outros direitos (Pareto), e solucionando divergências atuais, sem perder de vista a solidariedade intergeneracional que é indispensável para a construção de um futuro melhor.

Ellen Gracie Northfleet
Ministra aposentada do Supremo Tribunal Federal

Apresentação

A Escola de Direito do Rio de Janeiro da Fundação Getulio Vargas foi criada em 2002 com o objetivo de oferecer ao país um novo modelo de ensino jurídico, capaz de produzir lideranças para pensar o Brasil em longo prazo.

Encaramos o desafio de transformar o ensino, a produção e a aplicação do direito no país. Assim, no nosso DNA está o compromisso constante com a inovação. No ensino, estimulando o experimentalismo, a crítica, a multidisciplinaridade, a internacionalização e uma formação focada em soluções criativas para problemas jurídicos em um mundo global. Na pesquisa, formulando diagnósticos precisos e empiricamente informados sobre a realidade brasileira, e construindo soluções inovadoras para o fortalecimento das instituições e o desenvolvimento nacional. Nas relações com o mundo, sendo um polo de produção de conhecimento jurídico em temas globais e referência internacional para a compreensão da realidade jurídico-institucional brasileira. E nas relações com a sociedade brasileira, reforçando os compromissos com a democracia, o estado de direito, os direitos humanos, a ética e a eficiência nas instituições, aproximando a academia da realidade.

Por esses caminhos, a FGV Direito Rio reforça a missão da Fundação Getulio Vargas de contribuir para o desenvolvimento socioeconômico do país, para uma governança responsável e compartilhada, gerando benefícios para a sociedade por meio do ensino e da pesquisa.

Uma das chaves para cumprir esta missão é a interdisciplinaridade e o diálogo com outras áreas do conhecimento, como a economia, o que se faz necessário para melhor compreender os fenômenos jurídicos e sociais. Para esse fim, a Escola de Direito estruturou o Centro de Pesquisa em Direito e Economia (CPDE), que tem por objetivo realizar pesquisas nas áreas de interseção entre o direito e a economia, promovendo análises e discussões sobre os efeitos esperados de normas e decisões jurídicas sobre o comportamento dos agentes econômicos e o desenvolvimento do Brasil.

No dia a dia, juízes e demais aplicadores do direito tomam decisões que terminam por apresentar relevantes impactos econômicos. Todavia, no agir cotidiano, têm poucas oportunidades de refletir criticamente acerca de suas consequências das perspectivas micro e macroeconômicas.

É neste contexto que o livro *Direito e economia: diálogos* está inserido. Ele representa um esforço conjunto de professores da Escola de Direito da Fundação Getulio Vargas no Rio de Janeiro e de outros nomes de referência nas áreas jurídica e econômica, sob a coordenação dos professores Armando Castelar Pinheiro, Antônio José Maristrello Porto e Patrícia Regina Pinheiro Sampaio, para difundir e consolidar análises aprofundadas de questões juridicamente relevantes à luz das ferramentas apresentadas pela teoria econômica.

Sérgio Guerra
Diretor
FGV Direito Rio

Introdução

O Brasil tem uma sociedade altamente litigante. Em dezembro de 2017 havia mais de 80 milhões de ações tramitando nos 90 tribunais do país. Considerando que naquele ano a população brasileira somava 209 milhões de habitantes, conclui-se que havia então uma média de um processo judicial para cada 2,6 habitantes, uma taxa nada auspiciosa.[1] E não estão aí incluídos os inúmeros processos contenciosos que então tramitavam nas administrações públicas municipais, estaduais e federal em todo o território nacional, que com certeza também se contavam aos milhões.

Como ocorre com qualquer traço mais marcante da nossa realidade, distintos saberes terão explicações diferentes e complementares para o fenômeno da litigância no país, entre os quais poderão ser lembradas aquelas com fundamentos históricos, sociológicos, econômicos e jurídicos, por exemplo. Este livro, portanto, não tem a pretensão de trazer explicações ou respostas definitivas ao problema da litigiosidade, ainda que os textos aqui compilados sugiram que um diálogo mais constante e estruturado entre juristas e economistas poderá redundar em leis mais bem-feitas, administrações públicas mais racionais e um Poder Judiciário menos demandado.

---

[1] CONSELHO NACIONAL DE JUSTIÇA (CNJ). *Justiça em números 2018*: ano-base 2017. Brasília: CNJ, 2018. A estatística não é precisa, pois se poderá argumentar que muitos desses processos terão sido ajuizados por pessoas jurídicas, mas não deixa de ser uma proxy, até mesmo porque são pessoas físicas, em suas mais diversas esferas, que movem as pessoas jurídicas, essas últimas abstrações criadas pelo direito.

O que nos parece mais interessante aqui é lembrar que uma grande parcela desses litígios diz respeito a temas de natureza eminentemente econômica — nas áreas consumerista, tributária, trabalhista, comercial e administrativista, por exemplo — ou que têm componentes econômicos — caso do direito de família, por exemplo. E que, felizmente, apenas uma pequena proporção das relações nessas áreas resulta em litígio. Depreende-se daí que, a qualquer momento, há no Brasil muitos milhões de transações reguladas pelo direito com fundamentos que são, em maior ou menor grau, econômicos. Nem sempre, porém, esses dois pilares são bem compreendidos pelas partes: o econômico, que em geral dá a motivação, e o jurídico, que estabelece as normas que regem essas transações e, eventualmente, o seu desfazimento, pacífico ou não.

Em breve síntese, este livro tem como objetivo contribuir para preencher essa lacuna. Mais especificamente, ele busca promover a construção de um conhecimento informado acerca dos incentivos e das consequências decorrentes da atuação legislativa, executiva e jurisdicional em temas centrais para o funcionamento de uma economia de mercado, em que indivíduos, sociedades e o Estado se envolvem em inúmeras transações em mercados como os de trabalho, crédito e serviços públicos.

A proposta central é ter um livro de consulta, mas também uma obra que possa servir de livro texto em cursos tanto de direito como de economia — ou, eventualmente, em outras ciências sociais. Ele poderá ser usado como principal fonte de referência, ou como leitura complementar. No primeiro caso, a proposta básica é que o livro ofereça o material didático para cursos de extensão e/ou pós-graduação *lato sensu*. Para cobrir todo o material aqui contido, parece-nos necessário que ele seja ministrado ao longo de um ano. O livro também poderá ser usado em cursos de graduação em direito e em economia.

Os artigos aqui coligidos foram pensados, em termos de temas, abordagem e encadeamento, para que, em conjunto, sejam capazes de oferecer um ferramental abrangente ao leitor, permitindo-lhe concluir que uma análise simultaneamente econômica e jurídica pode ser profundamente transformadora da realidade social. Houve uma preocupação em minimizar o uso do jargão profissional de cada área, mantendo-se uma linguagem facilmente assimilável por leitores com formação em áreas variadas do saber.

Para fins didáticos, os artigos são agrupados em quatro partes distintas do livro.

A primeira, denominada "Introdução ao direito e economia", congrega quatro artigos, cujo objetivo consiste em fornecer ao leitor o ferramental analítico básico necessário à compreensão dos textos que virão na sequência. Desta forma, embora cada capítulo possa ser lido de forma autônoma, a parte I foi concebida de forma a oferecer uma visão estruturante da relação entre direito e economia, recomendando-se sua leitura antes dos demais.

Assim, o livro inicia com o capítulo de Antônio José Maristrello Porto, que escreve sobre os principais pilares da análise econômica do direito, tais como os teoremas do bem-estar, falhas de mercado e falhas de governo. São conceitos que outros autores usaram repetidas vezes na caracterização dos problemas encontrados em diferentes mercados, de forma que entendê-los é fundamental para acompanhar os temas vistos nas outras partes do livro.

Na sequência, o capítulo de Antonio Carlos Porto Gonçalves apresenta e analisa questões gerais de macroeconomia com maior relevância para formuladores e aplicadores do direito, introduzindo conceitos como os de produto interno bruto, crescimento econômico, produtividade e desigualdade. O autor se esmera em ilustrar esses conceitos com amplo conjunto de dados, que ajudam na compreensão de conceitos e a situar o Brasil no contexto internacional nessa ótica.

Adiante, Fernando Leal apresenta os princípios básicos de teoria da decisão e teoria dos jogos aplicada ao direito, lembrando, ao final, que em realidade indivíduos tomam decisões sob racionalidade limitada e que fatores intuitivos desempenham papel não negligenciável nesse processo. O autor recorre então a esse ferramental para contrastar as lógicas "legalista" e "consequencialista" das decisões judiciais, exemplificando os dois casos com casos concretos que ao longo dos anos se colocaram para o judiciário brasileiro.

A primeira parte do livro se encerra com o texto de Luciana Yeung, que versa sobre aspectos microeconômicos, envolvendo os incentivos e restrições que determinam o comportamento de empresas e consumidores. O capítulo também examina as distintas formas como os mercados podem se estruturar, indo daqueles que se aproximam de um quadro de competição intensa aos monopólios, na outra ponta. A autora ainda apresenta os conceitos de excedente do consumidor, excedente do produtor e eficiência, que são frequentemente utilizados como medidas para avaliar a otimalidade, ou não, das diferentes alternativas econômicas.

A segunda parte do livro, intitulada "Direito, economia e mercados", reúne quatro textos cujos temas centrais são o mercado de crédito, a provisão de serviços públicos, a defesa da concorrência e a institucionalidade do sistema financeiro.

Essa parte se inicia com o capítulo de Jairo Saddi acerca das questões jurídicas e econômicas envolvendo o mercado de crédito, em que o autor discorre sobre a formação da taxa de juros, os pilares da política monetária, o direcionamento de crédito, inflação, concentração e *spread* bancários. Há uma preocupação em ilustrar numericamente a discussão, buscando ancorá-la na realidade brasileira, como aparece claramente na discussão sobre o crédito e o Judiciário.

O capítulo 6, de autoria de Patrícia Sampaio, apresenta os fundamentos econômicos e jurídicos da defesa da concorrência, disciplina que esteve presente desde a origem dos estudos de direito e economia. São apresentados os dois principais focos da política de defesa da concorrência — análise de atos de concentração e repressão a práticas anticompetitivas —, sendo ainda discutida a relação entre as decisões do Conselho Administrativo de Defesa Econômica (Cade) e o Poder Judiciário.

Adiante, Thiago Araújo reúne em seu capítulo uma análise das diferentes razões econômicas que justificam a regulação dos setores de infraestrutura, tratando em especial de conceitos como os de monopólios naturais e integração vertical. Além da discussão teórica, o autor também apresenta os pilares básicos da regulação econômica dos setores de energia elétrica, telecomunicações, transporte e água e saneamento no Brasil, o que fornece ao leitor uma noção básica de como se dá na prática a aplicação dos conceitos teóricos.

O capítulo 8, de autoria de João Manoel de Lima Junior, versa sobre um dos setores em que as falhas de mercado estão mais presentes e são mais desafiadoras: o mercado financeiro. O autor reflete sobre esses desafios conceituais, assim como sobre o papel das instituições financeiras e a importância da sua regulação para o desenvolvimento desses mercados. O autor também apresenta os princípios básicos da regulação financeira e a estrutura institucional vigente para a regulação do Sistema Financeiro Nacional.

A terceira parte do livro intitula-se "Direito e economia: indivíduos e sociedades". Ela reúne quatro capítulos, que versam sobre as interações entre o direito e a economia em torno de temas essenciais à vida das pessoas, físicas e jurídicas, como propriedade, responsabilidade civil, falência e tributos.

O capítulo 9, escrito por Gustavo Kloh, discute a relação entre a clareza da atribuição de direitos de propriedade e dos contratos e o desenvolvimento econômico. O autor introduz conceitos econômicos como os de custos de transação e tragédia dos comuns para justificar a atribuição de direitos por meio dos institutos da propriedade e do contrato. O capítulo conclui com uma discussão sobre como o Poder Judiciário impacta a funcionalidade desses instrumentos.

Em seguida, Ivo Gico apresenta os incentivos presentes na disciplina jurídica da responsabilidade civil. O autor realiza sua análise a partir tanto de institutos econômicos quanto da disciplina do tema estabelecida no Código Civil. Com base nesses conceitos, o autor examina como essa "tecnologia institucional" influi nos incentivos e facilita a cooperação entre indivíduos que não se conhecem na utilização de recursos escassos.

O capítulo 11, escrito por Márcio Guimarães, discute temas relevantes acerca dos incentivos envolvidos na regulação de um sistema de falência e recuperação de empresas. Ainda que lidando com uma situação especial — o fracasso de um empreendimento —, trata-se de tema da maior importância para o bom funcionamento da economia. É a regulação de como se resolvem os projetos empresariais que não deram certo que fixa muitos dos incentivos para que terceiros financiem novos projetos e que determina o grau de aproveitamento dos ativos remanescentes das empresas com problemas. Além de abordar os conceitos envolvidos nessa questão, o autor ancora sua análise com referências ao quadro legal no Brasil.

Fechando esta terceira parte do livro, Leonardo Costa apresenta as diretrizes fundamentais da relação entre direito e economia da tributação. No capítulo, o autor revisita vários dos temas tratados em capítulos anteriores — consumidores, firmas, o Estado, os mercados —, neles introduzindo o tema da tributação. É uma discussão fundamental para entender o comportamento dos agentes econômicos em geral, mas também para orientar a atuação do "operador do direito tributário" (juízes, auditores fiscais, advogados etc.) na sua atuação cotidiana.

A última parte do livro é uma espécie de coletânea de artigos em torno de temas menos frequentemente incluídos em cursos de direito e economia, mas onde a aplicação do instrumental analítico desenvolvido nos capítulos anteriores enriquece substancialmente a análise, tanto para o analista econômico como para o operador do direito.

Abrindo essa parte do livro, o capítulo de Cecilia Machado foca nas especificidades de uma das mais reguladas áreas da economia, o mercado de trabalho, onde a lógica econômica da regulação é em geral ignorada. O capítulo analisa institutos jurídicos como o salário mínimo, as contribuições compulsórias à seguridade social e as normas de proteção do emprego, abordando, de forma geral, como se dá no Brasil a relação entre economia, direito e empregabilidade. A autora também apresenta uma série de dados estatísticos descritivos da realidade do nosso mercado de trabalho, que ajudam a avaliar como esses instrumentos têm funcionado na prática.

O capítulo 14, de autoria de Luciana Dias, lida com a relação entre direito e economia no mercado de capitais e com o papel das instituições aí presentes para o adequado financiamento do investimento produtivo. É o capítulo que trata mais diretamente da área de direito societário. A autora discorre sobre as diferentes espécies de valores mobiliários, assim como examina a lógica e as principais características dos fundos de investimento. Na parte final, a autora examina os principais tipos de ilícitos do mercado de capitais, como *insider trading* e manipulação de mercado. Há uma preocupação constante de ilustrar a discussão conceitual com dados e exemplos práticos.

No capítulo 15, Sandro Alves trata das questões econômicas subjacentes à regulação dos mercados de seguros, abordando os problemas de assimetria informacional apontados pela teoria econômica, como o risco moral e a seleção adversa. O texto enfatiza temas afetos à regulação do mercado de saúde suplementar no Brasil e traz um conjunto de estatísticas básicas sobre as características e a evolução desse mercado. É o capítulo que lida mais de perto com o fato de que as relações econômicas se dão em um contexto de risco e que esse também precisa ser considerado pelo instrumental regulatório.

Em seguida, Rubens Sardenberg apresenta a relevância de uma boa regulação do crédito para o desenvolvimento econômico. O risco também aparece como importante personagem nesse capítulo, pela possibilidade de que um devedor não possa ou não queira honrar o pagamento de uma dívida. É um risco que impacta o chamado *spread* de juros, mas esse não é seu único componente, como mostra o capítulo. O autor discute essas questões, ilustrando a discussão com dados e comparações internacionais.

O capítulo 17, de autoria de Rômulo Sampaio e Julia de Lamare, examina um tema que tem colocado desafios crescentes para o Estado regulador e os agentes econômicos: a proteção do meio ambiente. Trata-se de uma área em que as falhas de mercado são reconhecidamente relevantes — como externalidades e bens públicos, no sentido econômico —, mas em que também se argumenta que as falhas regulatórias são recorrentes. Após discorrer sobre essas questões, os autores concluem recomendando a adoção da análise de custo-benefício como método de decisão na regulação ambiental.

Carlos Ragazzo, autor do capítulo 18, discute como o desenvolvimento tecnológico permitiu o advento de mercados calcados na ideia de compartilhamento, uma área em que novos tipos de relações econômicas colocam diferentes desafios para o direito, que precisa regular, mas sem sufocar, esses novos mercados. O autor traz um olhar simultaneamente jurídico e econômico para examinar esse fenômeno, discutindo, em especial, os temas do transporte individual de passageiros e dos modelos de locação de imóveis online.

No capítulo 19, Gustavo Kloh comenta os aspectos econômicos subjacentes ao direito de família, mencionando que a ideia de que o afeto é a única base desse instituto pode ser contestada, e que uma visão sistêmica de família também deve contemplar uma análise que inclua outras perspectivas, como as da psicologia e da economia. Nesta última, não se pode perder de vista que há propriedade conjunta de bens, e sua eventual partilha, assim como há formas próprias de organizar a produção e dividir o trabalho: a família é, nesse aspecto, uma unidade produtiva, e a decisão pelo casamento pode ter consequências econômicas diretas, como a possiblidade de compartilhar riscos e fazer uma declaração conjunta do imposto de renda, por exemplo.

Fechando o livro, Cesar Mattos analisa as questões mais relevantes a serem consideradas quando da estruturação de parcerias público-privadas, uma área de crescente interesse, no Brasil e no mundo. O autor traz dados variados e discute a legislação relativa ao tema, enfatizando a distinção entre as operações de privatização e concessão. O capítulo apresenta o conceito econômico de parcerias público-privadas, as preocupações e benefícios subjacentes à utilização desse instituto, assim como considerações acerca de restrições de natureza fiscal e a relevância do sistema de instituição de garantias.

Como se vê, o livro não apenas introduz conceitos, como também trata de sua aplicação em um sem-número de situações. Esperamos que ele desperte o interesse e ajude a ampliar o conhecimento para aqueles que aceitarem o desafio de entender que os fenômenos sociais são multifacetados e que um diálogo mais constante e sem preconceitos entre direito e economia poderá inegavelmente trazer resultados benéficos à sociedade brasileira.

Terminamos expressando os nossos mais profundos agradecimentos aos autores dos trabalhos aqui compilados, que aceitaram com entusiasmo o desafio de participar dessa iniciativa interdisciplinar.

Armando Castelar Pinheiro
Antônio José Maristrello Porto
Patrícia Regina Pinheiro Sampaio

PARTE I

Introdução ao direito e economia

CAPÍTULO 1

Princípios de análise do direito e da economia

Antônio José Maristrello Porto

Introdução

Os intérpretes jurídicos vivenciam o contexto da crescente complexidade dos fenômenos jurídicos e sociais. Diversas circunstâncias não conseguem ser compreendidas somente pela ótica do direito, obrigando a utilização de outros campos do saber para uma melhor análise e avaliação desses fenômenos.

É nesse cenário de interdisciplinaridade que muitas ferramentas analíticas surgiram[1] para auxiliar o intérprete e ampliar seu campo de visão. Uma das mais debatidas e que desperta maior interesse é a análise econômica do direito (AED) — do inglês *economic analysis of law* —, também chamada de direito e economia.[2]

A associação é pertinente: o direito prescreve e regula o comportamento dos indivíduos e a economia estuda e infere como os indivíduos desenvolvem o processo decisório e como decidem diante de circunstâncias de escassez de recursos.[3] Parece ser óbvia a sinergia entre esses dois campos do saber: se de um lado é necessário prescrever e regular comportamentos, por outro também se faz indispensável compreender sua natureza e quais forças os movem.

O entusiasmo com essa proposta interdisciplinar esmaece em alguns momentos. Problemas como a linguagem ainda são um obstáculo a ser ultrapas-

---

[1] Outros exemplos dessas ferramentas são a sociologia do direito e a filosofia do direito.
[2] Mais adiante, apontaremos alguns debates e controvérsias com relação a esses nomes. Para este artigo e decorrente aula, o nome AED é mais representativo do que trataremos.
[3] Para uma leitura mais aprofundada, ver Porto e Sampaio (2014).

sado. Isso se dá por não se ter, por vezes, na formação dos juristas brasileiros atenção com os conceitos econômicos,[4] fazendo com que haja sempre uma maior resistência em compreender os fenômenos jurídicos e sociais à luz das ferramentas econômicas.

Tendo isso em vista, o presente artigo irá, inicialmente, explorar os principais pontos de interseção entre direito e economia, demonstrando as interações mais comumente observadas. Em um segundo momento, serão introduzidas as bases teóricas da análise econômica do direito, tratando de questões como eficiência e bem-estar. Posteriormente, serão apresentados alguns conceitos mais específicos que se mostram fundamentais para a AED, como falhas de mercado — externalidades, assimetria de informação, bens públicos e monopólios. Por fim, será explorado um exemplo de aplicação da análise econômica ao mundo jurídico, a partir do teorema de Coase e de um caso prático envolvendo o direito de propriedade.

1. Onde a economia encontra o direito

A palavra "economia" sugere aos indivíduos diversas outras: pensa-se por imediato em mercado, IPCA, juros e diversas outras expressões que parecem um tanto quanto tecnicamente complexas. Para muito além disso está o objeto central de estudo da economia: é ciência que se preocupa com os incentivos e com o processo de tomada de decisão dos agentes (Ulen e Cooter, 2010). Esse foco da economia no comportamento humano é o lugar-comum também do direito que, no entanto, não tem a pretensão de explicá-lo, mas sim de prescrevê-lo de acordo com os consensos sobrepostos da sociedade (Rawls, 2000).

O direito e a economia podem interagir de duas formas: (i) a interação dialógica complementar entre as ciências; e (ii) utilizando-se a economia como método de investigação aplicado ao problema. Apesar das aparências, ambas as formas guardam grandes similitudes e grandes diferenças.

Na primeira interação, as ciências dialogam sem que haja hierarquização e busca-se a complementaridade: quando uma não consegue respostas, busca na outra o que precisa para compreender o fenômeno. Diante de determina-

---

[4] Ainda que de forma anedótica, podemos nos questionar quantas, das mais de 1.300 faculdades de direito que temos no Brasil, efetivamente se preocupam em ensinar de forma profunda os conceitos básicos da economia.

do fenômeno de difícil explicação, quer-se alcançar o próprio crescimento teórico de uma a partir da apropriação do instrumental da outra.[5]

Na segunda forma de interação, destaca-se a aplicação dos métodos econômicos para se tentar compreender, explicar e prever implicações fáticas do ordenamento jurídico, bem como da racionalidade do próprio ordenamento jurídico. É nesse contexto que se emprega a expressão "análise econômica do direito". Em outras palavras, a AED consiste na utilização da abordagem econômica para tentar compreender o "direito no mundo e o mundo no direito" (Gico Jr., 2016:20). Como resultado desse exame, confirma-se, questiona-se e, muitas vezes, busca-se a reforma da realidade jurídica. Levada ao extremo, a análise pode até mesmo concluir que o mundo jurídico não se enquadra em padrões de racionalidade, sob o ponto de vista da teoria econômica (Calabresi, 2016:14-15).

Diversas escolas atribuíram tratamento específico à aplicação da AED. Contudo, algumas premissas são de abordagem universal, servindo de base a qualquer raciocínio: (1) existe maximização racional das necessidades humanas; (2) os indivíduos obedecem a incentivos para conseguir balizar seu comportamento racional; (3) regras legais podem ser avaliadas com base na eficiência de sua aplicação, com a consequente máxima de que prescrições normativas devem promover a eficiência do sistema social (Saddi, 2014:88).

No Brasil, a aproximação do direito e da economia foi conflituosa, principalmente na década de 1980, em razão das diversas questões referentes a planos econômicos. Parcimoniosamente, os discursos em favor de uma aproximação das áreas foram sendo construídos, na medida em que se demonstravam seus benefícios. Os aportes metodológicos da AED permitiam compreender muitos dos institutos constitucionais, sob a ótica da análise econômica do direito. Exemplos interessantes são o contrato e a propriedade (Porto e Franco, 2016), como conceitos eminentemente legais, e a eficiência, conceito central na economia. Em alguma medida, trazer conceitos atados a outras ciências para o coração das constituições — como assim o fez o legislador ao alterar o *caput* do art. 37 da CF e inserir a eficiência — pode trazer discórdia e animosidade sobre a operabilidade de seu conteúdo entre os juristas.

---

[5] Em recente obra, Guido Calabresi faz interessante paralelo: diz que John Stuart Mill poderia ser caracterizado como precursor do direito e economia e Jeremy Bentham como o maior representante da análise econômica do direito. Calabresi (2016:12).

Contudo, essa animosidade se acalma na medida em que o tempo passa e abre-se espaço para os benefícios que se apresentam. Resultado disso é o crescente interesse brasileiro em trazer a AED para compreender diversos objetos do sistema jurídico (Saadi, 2014:82).

2. Teoria microeconômica e a análise econômica do direito

A análise econômica do direito tem por base os métodos da teoria microeconômica. Os agentes econômicos comparam os benefícios e os custos das diferentes alternativas antes de tomar uma decisão, seja ela de natureza estritamente econômica, seja ela de natureza social ou cultural. Esses custos e benefícios são avaliados segundo as preferências dos agentes e o conjunto de informação disponível no momento da avaliação. Essa análise de custo-benefício é essencialmente consequencialista porque leva em conta o que vai acontecer (em termos probabilísticos) depois de tomada a decisão, e não as causas que levaram à necessidade de tomar uma decisão. Assim, os agentes econômicos preocupam-se com o futuro e não com o passado (uma vez que este não pode ser modificado).

Nessa linha, a AED se caracteriza pela aplicação de uma perspectiva de "eficiência" às normas legais. A suposição que permeia é que o decisor deveria avaliar as normas e os preceitos legais de acordo com um critério que determinasse se eles facilitam ou atrapalham o uso eficiente dos recursos.[6] Assim, a AED pertence ao que é conhecido como ética consequencialista (Schäfer e Ott, 2004).

A avaliação custo/benefício faz-se num determinado contexto de preferências que se traduz num nível de bem-estar dos agentes. O bem-estar individual é medido pela utilidade que o agente retira da sua decisão, bem

---

[6] Evidentemente que há limitações a este modelo. O modelo do agente racional interpreta tendências importantes do comportamento do ser humano médio, mas não explica e nem quer explicar desvios cognitivos ou psicológicos daqueles que estão fora da média. Em alguns casos, esses desvios psicológicos da tendência majoritária podem ser bastante importantes quer em termos da aplicação do direito, quer na análise normativa. Por exemplo, a incapacidade que muitos grupos sociais têm em estimar ou mesmo entender a noção de risco pode ter um peso importante na forma de regular o mercado de seguros ou de impor determinadas regras de responsabilidade civil. Nos últimos anos, tendo em vista essa preocupação, desenvolveu-se a Escola Comportamental dentro da AED (*behavioral law and economics*), que procura avaliar até que ponto certos desvios cognitivos podem ter importância na análise positiva e normativa.

como das decisões que poderia ter tomado e não tomou (os custos de oportunidade). O conceito econômico de utilidade é bastante abrangente, refletindo não só bens materiais ou de consumo, mas também o grau de altruísmo que um indivíduo tem para com terceiros, incluindo bens não materiais (ou não mercantis) como a alegria, o amor ou a desilusão. Não há uma medida exata da utilidade individual, mas sim um conjunto axiomático que estabelece uma ordem ou hierarquização nas escolhas.

O bem-estar social mede-se pela agregação do bem-estar dos indivíduos. Também aqui não há uma medida única de agregação, sendo o utilitarismo (a soma simples e não ponderada da utilidade individual) apenas uma possibilidade, talvez a mais habitual e não menos isenta de polêmica. Outra medida possível de bem-estar social é aquela desenvolvida por John Rawls, que consiste na preponderância absoluta dos indivíduos com menor utilidade na função de bem-estar social.

A escolha da medida de bem-estar social obedece essencialmente a dois critérios: eficiência e desigualdade de utilidades. Geralmente não é possível obter mais eficiência sem aumentar a assimetria distributiva. O critério utilitarista prefere a eficiência à igualdade distributiva (a rigor, é neutro em relação à distribuição); a sociedade está melhor se em agregado tem um nível superior de utilidade. Por sua vez, o critério rawlsiano prefere a igualdade distributiva.

A perspectiva econômica vê o direito como uma instituição que deve promover a eficiência, contribuindo, dessa forma, para melhorar o bem-estar social. Contudo, o direito não deve ser usado para corrigir aspectos de distribuição ou desigualdade social. A razão é muito simples: existem outros mecanismos, como a política fiscal ou orçamentária, que podem corrigir esses aspectos com um menor custo social.

De alguma forma, a justiça expressa em noções de justo castigo ou justa indenização está normalmente ausente quando falamos de eficiência. Contudo, essas noções são bastante relevantes na análise dos problemas jurídico-legais, pois muitas vezes se recorre a elas para justificar as normas jurídicas.

O problema mais importante concernente à noção de justiça em termos de AED é sua imprecisão quando comparada com a noção de eficiência. Esta difusão de critérios pode significar que não há uma ideia consensual de justiça na sociedade. Uma vez que a perspectiva econômica procura o bem-estar agregado, a inclusão de uma noção de justiça nem sempre é fácil.

Evidentemente que a noção de justiça é relevante para os dois níveis no modelo econômico. Primeiramente, ao nível agregado, porque o bem-estar da sociedade vê-se afetado pelos sentimentos de justiça. Em segundo lugar, porque a noção de justiça afeta o comportamento individual por meio de normas sociais ou de normas psicológicas.

Por fim, não podemos ignorar que muitas noções de justiça e moral concorrem para promover a eficiência e o bem-estar social. Por exemplo, o princípio moral de que não se deve mentir ou enganar não só promove relações sociais cooperativas, como diminui a necessidade de uma estrutura coerciva que consome recursos da sociedade. Existem, porém, noções de justiça e moralidade que não são eficientes.

Já foi afirmado que a perspectiva econômica vê o direito como uma instituição que deve promover a eficiência, contribuindo, dessa forma, para melhorar o bem-estar social. No longo prazo, podemos mesmo dizer que o direito tende a ser eficiente.

No entanto, essa teoria é bastante polêmica, dada a diversidade de sistemas jurídicos que existem no mundo. Evidentemente que não há apenas um sistema eficiente, isto é, pode haver muitas soluções eficientes para o mesmo problema e sistemas muito diversos podem ser igualmente eficientes. Contudo, existem na realidade muitas normas jurídicas e aspectos institucionais que não têm um conteúdo facilmente explicável pela perspectiva econômica. E existem muitos aspectos do ordenamento jurídico que são claramente ineficientes. Até que ponto a evolução histórica do direito corresponde realmente a um processo de melhoria do bem-estar social (será o direito causa ou consequência das melhorias sociais?) é uma questão empírica para a qual ainda não há uma resposta.

Maximização da riqueza *versus* maximização da utilidade

A fórmula do bem-estar social é definida a partir da ideia de utilidade, uma medida da satisfação pessoal dos indivíduos da sociedade. No entanto, não existe medida objetiva da utilidade. Na prática, não podemos aferir objetivamente o nível de satisfação de um determinado agente. Por causa desse problema de medição, precisamos de uma escala de valor alternativa. A escala usualmente utilizada é o dinheiro.

A substituição do nível de utilidade pelo nível de riqueza tem algumas implicações para a teoria. A principal decorre do fato de que as pessoas podem associar utilidade à própria escala de valor, ou seja, podem ter preferências distintas em relação ao dinheiro. Alguém que possui um orçamento reduzido pode atribuir mais valor a uma pequena quantidade de dinheiro do que uma pessoa com renda elevada atribuiria.

Esta ideia é importante porque ela é o fator de distinção determinante quando analisamos os dois critérios de eficiência estabelecidos pela economia clássica: a eficiência de Kaldor-Hicks e a eficiência de Pareto.

O critério da eficiência de Kaldor-Hicks estabelece o parâmetro do somatório simples dos níveis de utilidades dos indivíduos da sociedade, como havíamos visto com a fórmula do bem-estar social. Pensemos por exemplo em uma sociedade com três indivíduos: João, Pedro e Maria. Numa situação inicial, João possui R$ 100.000,00, Pedro possui R$ 50.000,00 e Maria possui R$ 40.000,00. Como consequência de determinada medida política "X", João passará a possuir R$ 150.000,00, Pedro manterá R$ 50.000,00, e Maria passará a possuir R$ 20.000,00. Se adotarmos o critério de eficiência de Kaldor-Hicks, a medida deverá ser considerada eficiente, uma vez que aumenta o resultado da fórmula de bem-estar social. Basta verificar que no cenário inicial o bem-estar era de R$ 190.000,00 (R$ 100.000,00 + R$ 50.000,00 + R$ 40.000,00). Após a adoção da medida "X", o bem-estar passa a ser de R$ 220.000,00 (R$ 150.000,00 + R$ 50.000,00 + R$ 20.000,00).

A medida não pode, entretanto, ser considerada eficiente pelo critério de Pareto. O critério de eficiência de Pareto estipula que uma determinada medida é eficiente somente quando melhora o nível de bem-estar de alguém sem piorar o nível de bem-estar de ninguém. Após a adoção da medida "X", Maria deixa de possuir R$ 40.000,00 e passa a possuir apenas R$ 20.000,00. Como a medida prejudicou Maria, não pode ser considerada eficiente pelo critério de Pareto. É fácil perceber que o critério de eficiência de Pareto é mais restritivo que o critério de Kaldor-Hicks. Na realidade, nem sempre é possível encontrar medidas que melhorem a situação de parte da sociedade sem prejudicar ninguém, isto é, nem sempre é possível encontrar melhorias de Pareto. Então, por que adotar um critério tão restritivo?

O critério de Pareto leva em consideração a diferença entre maximização de utilidade e maximização da riqueza. Como vimos, pessoas podem atribuir utilidade distinta a uma mesma quantidade de riqueza. Maria, que, em nosso exemplo, possui uma renda menor que a de João, pode atribuir mais utilidade aos R$ 20.000,00 que perdeu do que João aos R$ 50.000,00 que ganhou. Dessa forma, o critério de eficiência de Pareto, apesar de mais restritivo, garante que o aumento de bem-estar se dê também em termos de utilidade.

3. Sobre contextos: falhas de mercado e falhas de governo

Um mercado de concorrência perfeita é um modelo-base para a teorização da microeconomia acerca dos diferentes tipos de mercado. No mercado competitivo, nenhuma empresa é capaz de alterar a cotação — em outros termos, o produtor é pequeno em relação ao mercado. Imaginemos o mercado de soja, que pode descrever uma situação de mercado competitivo, pois há um número considerável de produtores espalhados por diversas partes do mundo. Para que um mercado seja considerado perfeitamente competitivo, ele deve conter as seguintes características. Nesse mercado, os produtos devem ser substitutos perfeitos, pois o produto vendido por um fornecedor no mercado é idêntico ao vendido por qualquer outro ofertante. Além disso, tanto produtores quanto fornecedores são tomadores de preço (*price-takers*), uma vez que, individualmente, não têm poder de mercado suficiente para influenciar o preço. Do mesmo modo, todos os recursos são perfeitamente móveis, ainda que haja algum tipo de gasto para isso. Ainda, as empresas entram e saem de forma livre nesse tipo de mercado. Por fim, o fluxo de informações é perfeito nesse tipo de mercado, ou seja, não apresenta falhas de informações (Seidenfeld, 1996:35).

Em termos mais sintéticos, Mankiw apresenta o mercado competitivo como "um mercado com muitos compradores e vendedores negociando produtos idênticos, de modo que cada comprador e cada vendedor é um tomador de preço" (Mankiw, 2007:290). No mercado competitivo, o preço é igual ao custo marginal (P=Cmg), e ao mesmo tempo o lucro tende a zero, e os elementos diferenciadores das empresas nesse tipo de mercado são o incremento tecnológico e o investimento em propaganda.

Mercados eficientes e falhas de mercado — primeiro teorema do bem-estar

O livre mercado é eficiente? A teoria econômica, sobretudo, em sua vertente neoclássica, parte, desde Adam Smith, da noção de que os mercados são formas eficientes de alocação de recursos. Essa resposta, no entanto, não é tão simples. Por exemplo, como vimos, existem algumas concepções diferentes a respeito do que é "eficiente". As formulações dos economistas da escola neoclássica estão sujeitas a uma série de condições específicas, que em grande medida dependem da atuação do Estado e impõem papéis econômicos ao sistema jurídico. A seguir, apresentaremos brevemente os elementos estruturais do primeiro teorema do bem-estar, possivelmente o principal modelo teórico da economia neoclássica.

Para fins do nosso estudo, os mercados são formados por oferta e demanda por bens e serviços. Na realidade, oferta e demanda são sempre iguais, na medida em que se trata dos dois lados de um mesmo conjunto de transações, e as discussões de "desequilíbrios" são uma forma confusa e indireta de se referir ao preço. No entanto, em um sentido qualitativo incomensurável, a demanda para um item como bens ou serviços refere-se à pressão do mercado de pessoas que tentam comprá-lo. Elas vão oferecer dinheiro para a compra do item, enquanto em troca os vendedores oferecem o item por dinheiro.

Quando a demanda corresponde à oferta, ou seja, quando a quantidade de produtos demandados a um mesmo preço corresponde à quantidade de produtos ofertados àquele preço, dizemos que o mercado está em equilíbrio.

Quando a demanda supera a oferta, os fornecedores podem aumentar o preço. Nesses casos, podemos pensar que determinado bem ou serviço demandado tornou-se escasso e, portanto, passa a ser mais valioso. Quando a oferta excede a demanda, os fornecedores terão que diminuir o preço, a fim de fazer vendas. Consumidores que estão dispostos a pagar os preços mais altos ainda efetuarão transações, mas outros podem renunciar à compra em conjunto, demandar um preço melhor, comprar um item similar, ou comprar em outro lugar, por exemplo. Esse jogo de oferta e demanda tende a encontrar sempre um ponto de equilíbrio determinado pelo mercado.

Todas estas forças compõem o que se chama de lei da oferta e da demanda. A teoria econômica clássica se ocupou, em grande medida, de estudar o funcionamento dessas forças. Os resultados obtidos pela teoria indicam que, sob certas condições, os mercados competitivos tendem a equilíbrios eficientes. Na realidade, de forma mais técnica, o primeiro teorema do bem-estar afirma que todo equilíbrio walrasiano[7] em um mercado perfeitamente competitivo será eficiente de Pareto. Nesse cenário, produtores são tomadores de

---

[7] Walras (1996) formula sua hipótese de equilíbrio a partir da famosa figura do leiloeiro que estipula preços relativos arbitrários, até atingir o ponto em que as taxas marginais de substituição da curva de demanda líquida se igualam à curva da oferta líquida, gerando uma alocação eficiente de Pareto. Arrow e Debreu (1954) dão formalização matemática à hipótese do equilíbrio walrasiano e mostram que, em mercados completos e perfeitamente competitivos, onde os participantes podem efetuar trocas eficientes de Pareto sem custos de transação, a alocação final atinge um ponto de equilíbrio eficiente. Ver também: Varian (2006).

preço, os mercados devem ser completos, não existem custos de transação ou assimetria de informações. O equilíbrio é atingido no ponto e* = {q*; p*}, conforme o gráfico seguinte.[8]

Gráfico 1
Primeiro teorema do bem-estar com demanda perfeitamente elástica

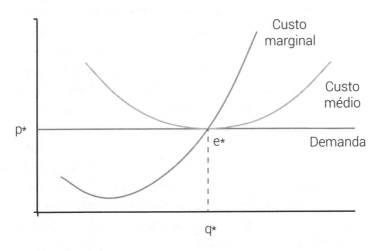

Fonte: Elaboração própria.

Não nos aprofundaremos aqui na análise do primeiro teorema do bem-estar. Lembramos apenas que nessa hipótese os produtores tomam o preço p* como dado e determinam a quantidade q* com base na sua curva de custo marginal,[9] sendo seu lucro igual a zero.[10] No gráfico, representamos o equilíbrio no ponto em que o produtor recupera seus investimentos (*break-even point*).[11] A competição perfeita impõe aos produtores o comportamento de

---

[8] Neste gráfico representamos uma demanda perfeitamente elástica para a simplificação do modelo. A hipótese não é necessária para a verificação do primeiro teorema do bem-estar.
[9] Custo marginal é o custo no qual um produtor deve incorrer para produzir mais uma unidade de um determinado bem sob análise.
[10] A hipótese pode parecer estranha à primeira vista, mas devemos lembrar que a curva de custo marginal representada pelo modelo leva em consideração os custos de oportunidades dos produtores. Assim, a remuneração pelo exercício da atividade pelo produtor, pela tomada de riscos etc. está incluída no valor da melhor alternativa ao exercício da atividade.
[11] O *break-even point* é dado pelo ponto em que a curva de custo médio do produtor se encontra com sua curva de custo marginal. A função do custo médio é dada pelo valor do custo total incorrido pelo produtor dividido pela quantidade produzida. Para uma bibliografia simplificada da estrutura de custos do produtor, ver Mankiw (2005). Ver também Varian (2006).

tomadores de preço, uma vez que uma tentativa unilateral de um produtor de aumentar o preço gera incentivos para a entrada de novos produtores no mercado, gerando pressão competitiva sobre o produtor. Consumidores não enfrentam custos de transação para se utilizar do mercado, e, portanto, consomem sempre que estejam dispostos a pagar o preço p*, ou seja, quando atribuem ao bem um valor igual ou superior a p*.

As condições do primeiro teorema do bem-estar são, entretanto, contrafactuais. A existência de custos de transação, incompletude dos mercados, assimetria de informações, barreiras à entrada de novos competidores, concentração de poder econômico e uma série de outros fatores levam a realidade a apresentar resultados ineficientes nos mais diversos setores e muitas vezes justificam a intervenção do Estado na economia. A economia neoclássica parte da hipótese do primeiro teorema do bem-estar para instituir a eficiência do livre mercado como regra e prever que fatores da realidade que se distanciam do modelo clássico, também chamados de falhas de mercado, podem justificar certos tipos de atuação do Estado. Nesse cenário, as normas jurídicas, como instrumento de regulação *lato sensu* por excelência, têm dois papéis centrais: a defesa do funcionamento do livre mercado em regra, e a viabilização da intervenção do Estado para corrigir falhas de mercado quando necessário.

Falhas de mercado

O conceito de falha de mercado, dentro da teoria econômica, se refere a circunstâncias específicas que levam um sistema de livre mercado à alocação ineficiente de bens e serviços. As imperfeições de mercado são os desvios das condições de mercado competitivo que levam indivíduos privados e organizações, que buscam maximizar seus interesses próprios, a fazerem coisas que não sejam de interesse social (Seidenfeld, 1996:61).

Indivíduos normalmente prestam atenção somente aos custos e benefícios privados, ignorando os custos e benefícios gerais. Para que se corrija essa situação, deve-se tentar alinhar os objetivos privados e sociais, criando programas que induzam os indivíduos privados maximizadores a considerarem todos os custos e benefícios em seus cálculos (Seidenfeld, 1996:61).

Desse modo, falhas de mercado podem ser vistas como situações em que a atuação dos indivíduos em busca de seu puro autointeresse leva a resultados que não são eficientes. Falhas de mercado são frequentemente associadas com assimetrias de informação, estruturas não competitivas dos mercados, problemas de monopólio natural, externalidades, ou bens públicos. A existência de uma falha de mercado é muitas vezes usada como justificativa para a intervenção governamental em um mercado particular. A microeconomia ocupa-se do estudo das causas de falhas de mercado, e dos possíveis meios para corrigi-las, quando ocorrem.

Tal análise desempenha um papel importante em decisões sobre políticas públicas. No entanto, alguns tipos de intervenções e de políticas governamentais, tais como impostos, subsídios, salvamentos, controles de preços e salários, e regulamentos, que podem constituir tentativas públicas de corrigir falhas de mercado, também podem levar a alocações ineficientes de recursos (às vezes chamadas de falhas de governo). Nesses casos, há uma escolha entre os resultados imperfeitos, isto é, os resultados do mercado imperfeito, com ou sem intervenções do governo. Em qualquer caso, por definição, se existe uma falha de mercado, o resultado não é Pareto eficiente.

Competição imperfeita

A concorrência imperfeita é toda situação da competição, em qualquer mercado, que não satisfaz as condições necessárias para a concorrência perfeita. A teoria da competição perfeita, por sua vez, descreve mercados nos quais não há nenhum participante grande o suficiente para ter o poder de definir o preço de um produto homogêneo.

A competição perfeita parte, portanto, de dois pressupostos básicos. Em primeiro lugar deve haver muitos compradores e vendedores no mercado. Em segundo lugar, os bens oferecidos pelos diversos vendedores são, em grande medida, os mesmos. Chamamos nesse caso os agentes econômicos de "tomadores de preço", tendo em vista que não são capazes de influenciar o preço de mercado, mas apenas definir as quantidades que desejam produzir ou adquirir.

Porque as condições de concorrência perfeita são rígidas, há poucos ou provavelmente nenhum mercado perfeitamente competitivo. Na verdade, a teoria da competição perfeita estabelece um tipo ideal de funcionamento perfeito do mercado, do qual alguns mercados tendem a se aproximar mais do que outros. Compradores e vendedores em alguns mercados de leilão por mercadorias, em mercados de *commodities*, ou ainda de certos ativos financeiros podem se aproximar desse conceito.

A concorrência perfeita serve, portanto, como um *benchmark* para medir os mercados da vida real em concorrência imperfeita. Vejamos a seguir formas típicas de falhas de mercado.

Externalidades

As externalidades podem ser entendidas como os custos ou benefícios que não são internalizados pelo indivíduo ou pela empresa em suas ações e que impõem custos ou benefícios diretamente a terceiros. Qualquer decisão e consequente ação acarretam custos e benefícios. Quando os custos ou benefícios decorrentes da decisão incidem apenas sobre o agente decisor, são chamados de custos ou benefícios internos. Se incidirem também, parcial ou totalmente, sobre outras pessoas que não o agente decisor, geram as chamadas externalidades positivas ou negativas. O benefício que uma decisão trouxer para outras pessoas é chamado de externalidade positiva;[12] o custo sobre outras pessoas é chamado de externalidade negativa.

Diante da existência de externalidades, o interesse da sociedade em um resultado de mercado não fica adstrito ao bem-estar dos compradores e vendedores incluídos nesse mercado, e passa a incluir também o interesse dos terceiros afetados indiretamente pelas externalidades. O equilíbrio do mercado, que seria responsável pela maximização do benefício total para a sociedade, nesse caso, deixa de ser eficiente, já que os compradores e vendedores desconsideram os efeitos externos de suas ações na tomada de decisões. Ou seja, o equilíbrio de mercado é atingido sem que a externalidade, representada pelo custo/valor social, componha sua formação, o que faz com que o mercado aloque os recursos de maneira ineficiente. A seguir, apresentamos dois exemplos para elucidar como externalidades negativas e positivas podem interferir no equilíbrio de mercado gerando resultados ineficientes.

---

[12] Outros exemplos de externalidades positivas: a) quando um indivíduo se vacina contra a gripe, todas as demais pessoas com quem ele se relaciona também obtêm benefícios, pois a probabilidade de incidência da enfermidade se reduz consideravelmente; b) uma propriedade vizinha bem conservada implica o aumento do valor de mercado das casas.

Externalidades negativas

Uma externalidade negativa é representada por impacto negativo que atinge terceiros proveniente da ação de outrem. Consideremos como exemplo o uso de carros para ir ao trabalho. Quando um agente decide utilizar seu carro para ir para o trabalho, está em geral preocupado com fatores como seu conforto, a rapidez, o preço da gasolina, a depreciação do carro, utilização do carro etc. Essa ação, entretanto, tem efeito na vida de terceiros dado que, entre outros fatores, contribui para o aumento do trânsito e da poluição.

Esses dois resultados podem ser tidos como negativos do ponto de vista dos terceiros que o suportam, dado que a emissão de gases pelo veículo é prejudicial à saúde, e que o aumento do trânsito fará com que o tempo de deslocamento entre diferentes pontos da cidade seja maior. Dessa forma, o custo dessa ação para a sociedade será maior que para a pessoa que decide se deslocar por meio de um carro. Isso porque o custo social é a somatória dos custos privados de quem age e do impacto suportado pelos terceiros.

Podemos ilustrar essa situação pelo gráfico seguinte. A curva do custo social se encontra acima da curva representativa do custo do agente, aqui chamada de custo privado. A diferença entre as duas curvas é o custo dos impactos suportado pelos terceiros. O ponto ótimo, ou seja, socialmente desejável, é aquele onde há interseção entre as curvas do custo social e da demanda. A quantidade desejável de uso de veículo pelos agentes é dado por q^*. O ponto de equilíbrio, no entanto, encontra-se localizado entre as curvas da oferta e da demanda, uma vez que o custo privado não engloba o custo da externalidade produzida, e a quantidade atingida pelo equilíbrio de mercado é $q` > q^*$.

Gráfico 2
Externalidades negativas

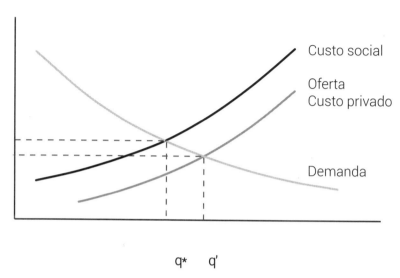

Fonte: Elaboração própria.

Uma solução típica para esse tipo de problema seria a imposição de uma taxa, pelo Estado, sobre essa atividade, a fim de imputar aos agentes o custo decorrente da externalidade apontada. No momento em que essa externalidade passa a integrar o custo privado, a curva de custo privado se iguala à curva do custo social, e o equilíbrio atingido passa a igualar-se ao ponto ótimo. Ou seja, quando as pessoas passam a arcar com os custos do aumento do trânsito e da poluição, provenientes da utilização dos carros, o número de carros tende a diminuir de forma a alcançar a quantidade ótima q^*. Dessa forma, o resultado é a alocação eficiente dos recursos que existiria em um mercado onde não há falhas.

Externalidades positivas

A análise feita acerca da externalidade negativa pode ser aplicada de forma semelhante às externalidades positivas. Nessas últimas, porém, trata-se de ações que geram benefícios indiretos a terceiros. O morador de uma cidade que mantém a fachada de sua residência em bom estado está realizando uma ação em benefício próprio, qual seja, a boa conservação de sua propriedade privada. Adicionalmente, sua conduta está sendo benéfica aos demais moradores daquela cidade, uma vez que contribui para a sensação de limpeza e boa conservação do ambiente urbano, logo, para o bem-estar de sua população. À medida que há utilidade para outras pessoas que não o morador que empreendeu a ação, esse benefício pode ser considerado uma externalidade positiva.

Nesse caso, como há a presença de um ganho, e não de um custo como no caso de uma externalidade negativa, a curva de valor social se distingue da curva da demanda, ou seja, do valor privado. Como o valor social é superior ao valor privado, a curva do valor social está localizada acima da curva da demanda. Assim, há um número menor de fachadas conservadas que o desejável pela população, fazendo com que o ponto de equilíbrio, representado pelo cruzamento das curvas de oferta e demanda, se afaste do ponto ótimo de encontro das curvas da oferta e do valor social. Para que esse último ponto seja alcançado, é necessária alguma forma de incentivo para que mais pessoas contribuam com o melhoramento das fachadas, de modo a aumentar a quantidade e deslocar o ponto de equilíbrio para o ponto ótimo.

Gráfico 3
Externalidades positivas

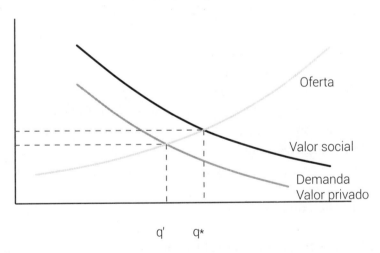

Fonte: Elaboração própria.

Bens públicos

Outra falha de mercado importante, sobretudo para o direito, decorre da existência de bens públicos. Em diversas áreas do direito público, podemos observar regulações que se ocupam dos bens públicos. Em economia, chamamos de bem público todo e qualquer bem que é, simultaneamente, *não rival* e *não* excludente. A maioria dos bens encontrados na sociedade são privados e se adequam à análise de oferta e de demanda do equilíbrio no mercado.

Não rivalidade significa que o consumo do bem por um indivíduo não reduz a disponibilidade do bem para o consumo por outros. Desta forma, é fácil constatar que uma torta é um bem rival, na medida em que o consumo de uma fatia por um indivíduo reduz em proporção direta a disponibilidade do bem para outros indivíduos. Em outras palavras, um bem é rival se dois indivíduos não podem "comer a mesma fatia". Um exemplo de bem *não* rival é assistir a uma partida de futebol pela televisão ou assistir aos fogos de Copacabana no *réveillon*.

A não exclusividade, por sua vez, está associada à possibilidade de exclusão do uso do bem por terceiros. Se ninguém pode ser efetivamente excluído do uso do bem, ele é não exclusivo. Quando vamos ao cinema, por exemplo, pagamos o preço da entrada para poder assistir ao filme. Entretanto, se o cinema não pudesse nos impedir de assistir ao filme, provavelmente não pagaríamos o ingresso. Os bens não excludentes são precisamente caracterizados pela impossibilidade de se "cobrar a entrada". Um exemplo seria um espetáculo de fogos em local público.

O principal *insight* relacionado aos bens públicos está ligado à existência, nesses casos, dos chamados *free-riders*, ou caronas, indivíduos que se valem de determinado bem ou serviço sem arcar com os custos de produção, aproveitando-se do fato de que outros agentes arcaram com tais custos. Isso é perceptível quando se torna difícil garantir o financiamento de setores que lidam com bens públicos, o que pode exigir uma intervenção do Estado para garantir a remuneração adequada do setor pelos usuários do bem e evitar o comportamento oportunístico dos indivíduos considerados "caronas". No entanto, há grandes controvérsias sobre o papel da regulação de bens públicos, sendo setores como o da produção intelectual um exemplo de como mercados que operam com bens públicos podem, em alguns casos, manter-se, ainda assim, com elevados níveis de produtividade.

Monopólio natural

Um monopólio descreve uma situação onde todas as vendas (ou a maioria) em um mercado são realizadas por uma única empresa e em geral é uma situação ineficiente. Um monopólio natural, por outro lado, é uma condição que resulta em eficiência. Em outras palavras, em certos mercados é mais eficiente que a produção esteja concentrada em um único processo produtivo.

Em muitas situações, os governos interessados em propiciar o desenvolvimento econômico criam monopólios para aqueles que "ousarem" investir, de modo a aumentar o retorno sobre o investimento. Os monopólios criados por restrições legais não são necessariamente criações irracionais dos governos, ainda que possam gerar futuras distorções alocativas no mercado.

Um conceito comumente associado ao monopólio natural é o de *essential facilities*, ou infraestrutura essencial. Existem mercados que dependem da criação de uma rede infraestrutural de custo extremamente elevado, sem a qual o mercado não pode funcionar. Nesses casos, é frequentemente ineficiente a construção de múltiplas redes de infraestrutura para possibilitar a competição. Ademais, quando os custos fixos iniciais são extremamente elevados, mas os custos marginais de operação são muito baixos, a competição pode levar a empresa a jamais atingir o retorno do investimento inicial. Isso acontece porque a competição tende a levar as empresas a praticar preços próximos a seu custo marginal, que pode ser excessivamente baixo e inviabilizar os investimentos iniciais em infraestrutura.

Exemplos de monopólios naturais incluem serviços públicos como distribuição de água, gás encanado e eletricidade. Nesses casos, o custo de construção de uma rede de distribuição para concorrentes é tão elevado que efetivamente impede a entrada de competidores em potencial.

Tipicamente, monopólios naturais são entendidos como falhas de mercado que suscitam a intervenção estatal para regular preço, quantidade e qualidade dos bens ou serviços prestados. Ou seja, tipicamente estipulava-se como o objetivo da regulação dessa falha de mercado a tentativa de estabelecer regras para a atuação da empresa monopolista.

Assimetria de informações: risco moral e seleção adversa

Assimetria de informação é um conceito que lida com o estudo de decisões dos indivíduos em transações em que uma parte tem mais ou melhor informação que a outra. Isso cria um desequilíbrio de poder nas transações que por vezes pode levar a problemas de alocação. Exemplos desse problema são a seleção adversa e o risco moral.

O termo "risco moral" designa situações nas quais a conduta de um dos agentes envolvidos numa relação econômica não pode ser verificada pela outra parte, e é fundamental para a consecução eficiente do negócio. Se o comportamento de um dos participantes, que chamaremos de agente, é relevante (por sua conduta potencialmente importar em custos para a outra parte, chamada principal, e em ganhos de desvio para si), existirão incentivos para que o agente quebre com o estipulado. A relação provavelmente não se aperfeiçoará da forma contratualmente disposta.

Seleção adversa é o termo que designa a situação em que variações de qualidade que têm impacto direto sobre o preço estabelecido podem ser facilmente verificadas por um dos lados do mercado, mas não podem ser verificadas pelo outro lado. No caso apresentado, os incentivos dados aos participantes levam à seleção adversa de bens de qualidade inferior, a despeito de existirem soluções intermediárias potencialmente eficientes.

Os problemas da seleção adversa e do risco moral decorrem de uma assimetria de informações entre as partes: uma das partes possui informações relevantes para o contrato que a outra parte não é capaz de obter. Tais problemas são comumente apresentados como razões para a implementação de regulações de defesa dos interesses dos consumidores. É o caso de regulações que visam garantir padrões mínimos de qualidade para certos produtos, estipular regras mínimas de garantia, ou critérios de responsabilização civil de profissionais liberais como advogados ou médicos.

Falhas de governo

Antes de encerrarmos este tópico, é importante destacar alguns aspectos relativos à complexidade da tarefa estatal de regulação das atividades econômicas em casos de existência de falhas de mercado. Como dito, alguns tipos de intervenções e de políticas governamentais, tais como impostos, subsídios, salvamentos, controles de preços e salários, que podem constituir tentativas públicas de corrigir falhas de mercado, também podem levar a alocações ineficientes de recursos (às vezes chamadas de falhas de governo).

A analogia do setor público para falha de mercado ocorre quando uma intervenção do Estado acarreta uma alocação menos eficiente de bens e recursos em relação à alocação de mercado. Assim como ocorre com as falhas de mercado, existem muitos tipos diferentes de falhas de governo que descrevem as distorções correspondentes.

O termo, cunhado por Roland McKean em 1965, tornou-se popular com o surgimento da teoria da escolha pública nos anos 1970. A ideia de falha de governo está associada ao argumento de que, mesmo quando o mercado não atender às condições de concorrência perfeita, necessárias para garantir o ótimo social, a intervenção estatal pode gerar resultados ainda piores, em termos de eficiência, ao invés de melhores.

Assim como no caso das falhas de mercado, não se trata do fracasso em trazer uma solução particular desejada, mas é antes um problema estrutural que impede o Estado de operar de forma eficiente. Falhas de governo são problemas sistêmicos que impedem uma solução de governo eficiente para um problema econômico.

4. Um exemplo: o teorema de Coase e o direito de propriedade

As noções de eficiência que apresentamos pressupõem um sistema bem definido de atribuição de direitos de propriedade sobre bens específicos. Nesse sentido, uma parte relevante da AED dedica-se precisamente ao estudo desse sistema, e de como a distribuição e troca de direitos de propriedade pode levar ou não a uma alocação eficiente de recursos por meio do mercado.

A teoria econômica dos jogos de barganha serve como base para a elaboração de uma teoria econômica da propriedade e do direito de propriedade. Quando as pessoas realizam uma negociação, elas chegam a um acordo em relação às condições de interação e de cooperação. Em algumas situações, essas condições de interação e de cooperação são uma imposição exterior, como certas condições estabelecidas pelo direito. Essas condições estabelecidas pelo legislador são, muitas vezes, menos eficientes se comparadas com condições que decorrem de acordos entre as pessoas (Ulen e Cooter, 2010:99).

Ronald H. Coase, em artigo intitulado *"The problem of social cost"*, em 1960, elaborou seu teorema a partir da análise de alguns casos emblemáticos na jurisprudência norte-americana e inglesa, também discutidos por outro economista, Arthur Pigou. Imaginemos o seguinte caso, denominado de *"sparks from engines"*. Esse caso concerne às locomotivas, de determinada companhia ferroviária, que ao passarem por linhas férreas adjacentes às plantações causavam danos a estas, devido à emissão de faíscas provenientes dos motores das locomotivas.[13] Coase possui duas premissas básicas para chegar a uma alocação eficiente de recursos, quais sejam: definição clara do direito de propriedade e ausência de custos de transação entre os agentes.

Com base nessa ideia, Cooter e Ulen formulam uma regra que estabelece a relação entre a necessidade do direito e o êxito da barganha. Em primeiro lugar, os autores afirmam que o direito é desnecessário e indesejável para uma solução eficiente, quando a barganha é bem-sucedida. Em segundo lugar, o direito é necessário e desejável, quando a barganha falha (Ulen e Cooter, 2010:99). Essa formulação é um ponto de partida para o estudo do teorema de Coase.

A literatura apresenta o teorema de Coase de maneiras distintas, e algumas dessas maneiras serão consideradas neste artigo. Inicialmente, o teorema será exposto de uma forma simplificada.

Para Coase, a externalidade não é causada apenas por uma parte, mas uma parte será obrigada a sofrer um dano. A externalidade não deve ser internalizada, necessariamente, pela parte que a causou, embora isso pareça injusto. A externalidade deve ser internalizada pela parte que a absorver com menor custo. Isso pode ser injusto, mas, em muitos casos, é mais eficiente.

Imagine uma situação que envolva duas atividades, e as ações de uma delas influem negativamente na outra. Do ponto de vista jurídico, é necessário que se defina se essa atividade nociva pode ser realizada ou se a parte que está sofrendo o prejuízo tem o direito de não mais o sofrer. A primeira impressão é a de que a justiça exige que a parte causadora do dano pague por ele. Entretanto, da perspectiva da eficiência, o direito deve ser alocado à parte que mais o valoriza. No caso de as partes seguirem o direito de modo não cooperativo, a alocação de direitos afetará a eficiência. No caso de as partes negociarem com êxito, a alocação de direitos não importará para a eficiência. Pressupondo-se que a negociação foi bem-sucedida, o uso dos recursos é eficiente, independentemente da norma legal aplicada (Ulen e Cooter, 2010:102).

Em sua teoria, Coase empregou a expressão custos de transação para se referir aos distintos impedimentos à negociação. Nesse sentido, a negociação é necessariamente exitosa quando os custos de transação são iguais a zero. Para o teorema de Coase, quando os custos de transação são suficientemente

---

[13] O caso jurídico é conhecido como *"sparks from engines"*, e podemos encontrar também na obra de Halsbury e colaboradores (1987).

baixos, os recursos serão usados eficientemente, não importando a atribuição inicial dos direitos de propriedade. De forma resumida, o teorema de Coase, quando aplicado para resolver disputas sobre direitos de propriedade, tem a seguinte implicação: quando os custos das transações são baixos, as partes que disputam os direitos de propriedade estão na melhor posição para resolver eficientemente a questão (Ulen e Cooter, 2010:103).

Entretanto, uma implicação importante do teorema de Coase é a situação de custos de transação elevados. Quando especifica as circunstâncias em que o direito de propriedade não é importante para o uso eficiente de recursos, o teorema de Coase traz implicitamente a situação em que esse direito de propriedade é relevante. Nesse caso, o uso eficiente dos recursos dependerá da alocação inicial dos direitos de propriedade. Então, quando os custos de transação forem suficientemente altos para impedir a negociação, o uso eficiente dos recursos dependerá do modo de atribuição dos direitos de propriedade (Ulen e Cooter, 2010:103). Nesse caso, quando os custos das transações são elevados, a intervenção do sistema legal é recomendada para a alocação eficiente do direito de propriedade.

Por fim, retomando e expandindo algumas das questões tratadas anteriormente, pode ser apresentada a primeira versão do teorema de Coase, nos seguintes termos: "Quando os custos de transação são nulos, um uso eficiente dos recursos resulta da negociação privada, independentemente da atribuição jurídica de direitos de propriedade" (Ulen e Cooter, 2010:102).

Entretanto, também existem algumas variações nas interpretações do teorema de Coase, que merecem ser destacadas. Uma primeira variação pode ser expressa da seguinte forma: "Se alguém assumir racionalidade, sem custos de transação e barganha sem impedimento legal, todo desdobramento de recursos no mercado seria completamente sanado pelas barganhas" (Calabresi, 1968:67-73).

A segunda variação do teorema de Coase pode ser explicitada como segue: "Se os custos de transação são zero, a estrutura das leis não importará, porque eficiência resultará em todos os casos" (Polinsky, 1974:1655-1681).

Ao lermos essas referências ao teorema de Coase podemos extrair duas ideias principais dos resultados. A primeira ideia é que, não obstante como os direitos são atribuídos inicialmente, quando os custos de transação são baixos o suficiente, o resultado da alocação de recursos será eficiente. Essa proposição — "a hipótese da eficiência" — está refletida em todas as menções ao teorema de Coase. A segunda ideia, que não é refletida em todas as versões do teorema, é que a alocação final de recursos será invariável sob atribuições alternativas dos direitos. Essa é a "hipótese da invariabilidade".

A aplicação do teorema de Coase

Neste tópico, o objetivo é aplicar o teorema de Coase ao direito de propriedade e apontar qual dos remédios jurídicos para a violação de direitos de propriedade é o mais eficiente (Ulen e Cooter, 2010:112).

Os direitos de propriedade são protegidos de diferentes formas e a indenização dos danos é referida como um remédio legal de alívio, ou seja, é um remédio que busca sanar danos ocorridos no passado. No entanto, esse remédio de alívio também pode servir como um remédio legal para danos futuros. Por outro lado, quando o sistema legal proíbe as atividades que interferem nos direitos de propriedade de terceiros, está aplicando um remédio equitativo que previne danos futuros.

Ambos os tipos de remédios permitem subsequentes negociações dos direitos de propriedade, facultando que estes mudem de mãos. Entretanto, o tipo de remédio aplicado tem implicações na distribuição de valores. De acordo com o teorema de Coase, no caso de custos de transação elevados, a indenização do dano é o remédio mais eficiente, enquanto no caso de custos de transação baixos, a cessação de interferência é o remédio mais eficiente.

A razão para a primeira regra (a indenização é mais eficiente) é que, quando os custos de transação impedem a negociação, a indenização não deixa a vítima do dano em pior situação, ao mesmo tempo que o infrator talvez fique em uma situação melhor, e não em situação pior. Por sua vez, o motivo para a segunda regra (cessação de interferência é mais eficiente) é que a cessação de interferência é mais clara e simples do que a indenização, pois a quantificação do valor indenizatório pode ser imprevisível, enquanto o remédio proibitivo é mais direto e, portanto, mais eficiente (Ulen e Cooter, 2010:117).

Essa perspectiva está em consonância com a tese de Calebresi e de Melamed (1972:1089-1128). A ideia básica é a de que, com obstáculos à cooperação, o remédio jurídico que tem maior eficiência é a concessão de indenização pecuniária. Por outro lado, com poucos obstáculos à cooperação, o remédio mais eficiente é a ação mandamental contra a violação da propriedade do autor por parte do réu.

A razão para altos ou baixos custos de transação, na prática, muitas vezes se relaciona com a quantidade de partes envolvidas no conflito e com a proximidade geográfica entre elas. Quando há apenas duas partes envolvidas, o custo de comunicação entre elas tende a ser mais barato. De forma semelhante, quando há algumas partes envolvidas, mas estão geograficamente próximas,[14] os obstáculos à cooperação serão baixos, com baixos custos de comunicação. Nessa situação, em que os baixos custos de transação permitem a negociação voluntária, o remédio jurídico mais eficiente é a ação mandamental (Ulen e Cooter, 2010:118).

Por outro lado, em negociações entre muitas partes, o custo de comunicação entre elas tende a ser maior. De modo semelhante, a dispersão geográfica tende a gerar custos de comunicação mais altos. Nessa situação, em que os custos de transação são altos e impedem a negociação voluntária, a indenização pecuniária é mais eficiente (Ulen e Cooter, 2010:118).

Conclusão

A grande vantagem da metodologia da análise econômica do direito para a compreensão dos fenômenos complexos — tanto sociais quanto jurídicos — é que ela é, em princípio, passível de comprovação empírica e, portanto, de falsificação. A possibilidade de refutação empírica torna o método juseconômico flexível e adaptável. A evolução é progressiva. A teoria também é flexível na medida em que um pesquisador pode criar um modelo econômico inicialmente simples para gradualmente o ir sofisticando com novos elementos e novos aspectos.

A partir de uma melhor compreensão do raciocínio econômico que fundamenta a AED, é possível encontrar novas interpretações e soluções para problemas que se apresentam no plano jurídico. Por mais que a linguagem não habitual e a teoria que a embasa possam representar dificuldades, a AED permite acessar os diferentes graus de lógica econômica em praticamente todas as áreas do direito, abrangendo das causas de pedir em demandas judiciais à estrutura gerencial e administrativa do Poder Judiciário. Assim, para além de uma escola do pensamento jurídico, essa corrente oferece alternativas práticas para o dia a dia do direito, podendo ser de grande utilidade para profissionais da área.

---

[14] Pode-se pensar no caso de disputas sobre imóveis em que os lindeiros se conhecem bem.

Referências

ARROW, K. J. Uncertainty and welfare economics of medical care. *American Economic Review*, n. 53, p. 941-973, dez. 1963.

____; DEBREU, G. Existence of an equilibrium for a competitive economy. *Econometrica: Journal of the Econometric Society*, p. 265-290, 1954.

CALABRESI, G. *The future of law and economics*: essays in reform and recollection. New Haven: Yale University Press, 2016.

____. Transaction costs, resource allocation and liability rules. *Journal of Law and Economics*, v. 11, n. 1, p. 67-73, 1968.

____; MELAMED, A. D. Property rules, liability rules, and inalienability: one view of the cathedral. *Harvard Law Review*, v. 85, n. 6, p. 1089-1128, 1972.

GICO JR., I. Introdução à análise econômica do direito. In: RIBEIRO, M. C. P.; KLEIN, V. (Org.). *O que é análise econômica do direito*: uma introdução. 2. ed. Belo Horizonte: Fórum, 2016. p. 17-26.

HALSBURY, H. S. G. et al. *Halsbury's laws of England*. Londres: Butterworths, 1987.

MANKIW, N. G. *Introdução à economia*. São Paulo: Thompson Learning, 2007.

____. *Princípios de microeconomia*. São Paulo: Cencage Learning, 2005.

MITCHELL, W. C.; SIMMONS, R. T. *Para além da política*: mercados, bem-estar social e o fracasso da burocracia. Rio de Janeiro: Topbooks, 2003.

POLINSKY, A. M. Economic analysis as a potentially defective product. *Harvard Law Review*, v. 87, n. 8, p. 1655-1681, jun. 1974.

PORTO, A. J. M.; FRANCO, P. F. Um análise também econômica do direito de propriedade. *Economic Analysis of Law Review*, v. 7, p. 207-232, 2016.

____; SAMPAIO, P. (Org.). *Direito e economia em dois mundos*. Doutrina jurídica e pesquisa empírica. Rio de Janeiro: FGV, 2014. v. 1.

POSNER, R. A. *Theories of economic regulation*. NBER Working Paper, n. 41, 1974.

RAWLS, J. *O liberalismo político*. Tradução de Dinah de Abreu Azevedo e revisão de Álvaro de Vita. 2. ed. São Paulo: Ática, 2000.

SADDI, J. É possível a análise econômica da Constituição? In: SUNDFELD, C. A.; ROSILHO, A. (Org.). *Direito da regulação e políticas públicas*. São Paulo: Malheiros, 2014.

SCHÄFER, H-B.; OTT, C. *The economic analysis of civil law*. Cheltenham, UK: Edward Elgar Publishing, 2004.

SEIDENFELD, M. *Microeconomics predictates to law and economics*. Ohio: Anderson Publishing Co, 1996.

ULEN, T.; COOTER, R. *Direito & economia*. 5. ed. Porto Alegre: Bookman, 2010.

VARIAN, H. R. *Microeconomia*: princípios básicos. Rio de Janeiro: Campus, 1994.

____. *Microeconomia*: princípios básicos. Rio de Janeiro: Elsevier Brasil, 2006.

WALRAS, L. *Compêndio dos elementos de economia política pura*. São Paulo: Nova Cultural, 1996.

WILLIAMSON, O. The politics and economics of redistribution and efficiency. In: ____. *The mechanisms of governance*. Oxford: Oxford University Press, 1996. p. 195-214.

CAPÍTULO 2

Questões e políticas da macroeconomia

Antonio Carlos Porto Gonçalves

1. Macroeconomia: conceitos básicos

1.1 O que é a macroeconomia: crescimento e ciclos

A macroeconomia estuda a economia de um país como um todo, ou de um grupo de países, ou mesmo do mundo. Não focaliza setores específicos, mas o conjunto todo (a não ser que o país seja uma monocultura, digamos, produza só café). Essa análise é possível porque os diversos setores econômicos se comportam de modo correlacionado, em termos de produção, emprego e variação de preços.

Ocorrem crises localizadas devido a causas setoriais específicas que, normalmente, não se alastram para a economia toda. As flutuações econômicas mais significativas costumam envolver a grande maioria das atividades; e com causas também gerais. Os muitos setores ou "estão bem" simultaneamente, vendendo bastante, empregando e investindo, ou estão "mais ou menos", ou "mal".

Há alternância de boas e más fases, com intensidades e durações difíceis de prever. Por exemplo, entre meados da década de 1990 e o ano de 2007, houve um período longo de prosperidade mundial. Em 2008 a situação mudou e atualmente há várias economias em dificuldades. Especula-se, no momento, se a recente recuperação econômica (no Brasil e no exterior) é o começo de um ciclo positivo, ou apenas uma melhora ocasional do quadro recessivo.

Além dessas flutuações cíclicas, as economias apresentam uma tendência de longo prazo de mudança contínua de seu nível de produção. A figura 1 ilustra, simplificadamente, o que costuma acontecer ao longo do tempo. O gráfico (a) mostra a evolução típica da produção global em certo país e, em (b1) e (b2), da mesma figura, aparece a decomposição dessa evolução em duas partes que se adicionam: a tendência (b1) e a flutuação cíclica (b2).

Figura 1
Decomposição e evolução da produção

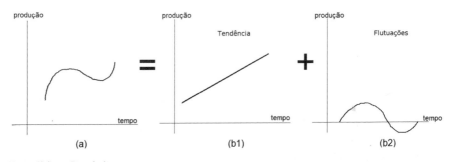

Fonte: Elaboração própria.

A teoria do crescimento econômico estuda a tendência, ou melhor, as razões para um crescimento tendencial da produção, forte, fraco ou estagnado (tendência horizontal); ou, ainda, um decrescimento tendencial da economia. Adiante, no item 2, esse assunto será abordado com mais detalhes. As flutuações cíclicas, que ocorrem em torno da tendência, são estudadas pela chamada teoria da conjuntura econômica, a qual será objeto de análise no item 3 deste texto.

Mas antes de considerar esses assuntos, é preciso definir alguns conceitos básicos. Em particular, o que é exatamente esta produção global mencionada anteriormente e nos gráficos da figura 1?

1.2 A medição da produção: PIB

Para o estudo da Macroeconomia foram desenvolvidas várias estatísticas. Uma muito importante é o chamado Produto Interno Bruto (PIB), o qual é a soma dos valores dos bens e serviços produzidos dentro do país (daí o adjetivo "Interno" na expressão PIB) durante certo período de tempo (digamos, um ano calendário, ou 12 meses consecutivos, ou um trimestre). Na estimativa do PIB não se desconta o desgaste dos equipamentos usados na produção (daí o adjetivo "Bruto").[1]

Como o PIB é uma soma de valores, é influenciado pelo aumento dos preços. Logo, para comparar os PIBs de, digamos, 2016 e 2017, é preciso considerar a variação dos preços entre esses anos. Feita a correção pela inflação, obtêm-se os chamados PIBs reais (sem correções, as estimativas são chamadas de PIBs nominais). Pode-se então comparar e dizer, por exemplo, que o PIB real brasileiro aumentou 1%, de 2016 para 2017. A FGV começou a estimar nosso PIB em 1949; em meados da década de 1980 passou a tarefa para o IBGE.

Como medida da produção, o PIB é criticado por não incluir algumas atividades como a produção dentro dos domicílios para o consumo direto das famílias. Mas o PIB é uma soma dos valores da produção de muitos setores (uma amostra ampla). Logo, devido à correlação entre os setores, o PIB é um bom indicador de como vai a economia em geral, mesmo as atividades não incluídas na amostra.

Há também críticas ao PIB por ser um indicador insuficiente do bem-estar, da felicidade da população. O PIB não considera a riqueza relativa entre as pessoas nem o tipo de produção (por exemplo, produção de armas de fogo *versus* de serviços educacionais e de saúde). Outros indicadores são então usados, como o Índice de Desenvolvimento Humano (IDH). Esse índice considera o nível educacional e a expectativa de vida (saúde) da população, além do PIB *per capita*. A tabela 1 mostra o IDH dos países desenvolvidos.

---

[1] Na verdade, para evitar dupla contagem na estimativa do PIB, são considerados os valores adicionados na produção dos bens e serviços. Assim, se um produtor comprar mercadorias no valor de R$ 10.000,00, as quais se "incorporam" a seus produtos, vendidos por R$ 15.000,00, sua contribuição para o PIB será de R$ 5.000,00 (= R$ 15.000,00 − R$ 10.000,00).

Tabela 1
Os 25 países com os maiores IDHs (em 2015)

1	Noruega	0,949
2	Austrália	0,939
2	Suíça	0,939
4	Alemanha	0,926
5	Dinamarca	0,925
5	Cingapura	0,925
7	Países Baixos	0,924
8	Irlanda	0,923
9	Islândia	0,921
10	Canadá	0,920
10	Estados Unidos	0,920
12	Hong Kong, China	0,917
13	Nova Zelândia	0,915
14	Suécia	0,913
15	Liechtenstein	0,912
16	Reino Unido	0,909
17	Japão	0,903
18	República da Coreia	0,901
19	Israel	0,899
20	Luxemburgo	0,898
21	França	0,897
22	Bélgica	0,896
23	Finlândia	0,895
24	Áustria	0,893
25	Eslovênia	0,890

Fonte: United Nations Development Programme.
Disponível em: <http://hdr.undp.org/en/composite/HDI>.
Obs.: Complementando a tabela: maior IDH da América Latina, Chile = 0,847; IDH do Brasil = 0,754; IDH da China = 0,738; IDH da Índia = 0,624

O Brasil costuma ficar entre as posições 70 e 80 no "*ranking*" mundial de IDH. Mas esse "*ranking*", supostamente de bem-estar e de felicidade, tem sido criticado; alguns países de elevado IDH têm alta incidência de alcoolismo e suicídio entre seus habitantes (Medir felicidade apenas com dados externos às pessoas, como educação, saúde e produto *per capita*, é uma tarefa difícil!).

Enfim, o PIB real e sua evolução são indicadores do comportamento da produção; não medem a felicidade. A tabela 2 apresenta os valores dos PIBs anuais de vários países do mundo, em 2016, pela metodologia da Paridade do Poder de Compra (PPC). Essa metodologia usa taxas cambiais que refletem o poder de compra relativo das moedas dos países, e não as taxas de mercado.

Tabela 2
PIBs e PIBs *per capita* (PPC, 2017, em US$ bilhões e em US$)

	País	PIB	PIB *per capita* (US$ de 2017)
1	China	23,301	16.806,74
2	Estados Unidos	19,391	59.531,66
3	Índia	9,449	7.055,55
4	Japão	5,563	43.875,75
5	Alemanha	4,194	50.715,55
6	Rússia	3,749	25533,00
7	Indonésia	3,243	12.283,62
8	Brasil	3,241	15.483,54
9	Reino Unido	2,897	43.876,60
10	França	2,871	42.778,93
11	Itália	2,411	39.817,15
12	México	2,344	18.149,10
13	Turquia	2,254	27916,45
14	Coreia do Sul	1,969	38.260,18
15	Espanha	1,774	38.090,94
16	Arábia Saudita	1,774	53.844,74
17	Canadá	1,702	46.377,65
18	Irã	1,700	20.949,94
19	Tailândia	1,234	17.870,52
20	Austrália	1,157	47.046,67
21	Egito	1,130	11.582,59
22	Nigéria	1,119	5.860,85
23	Polônia	1,112	29.291,35
24	Paquistão	1,089	5.527,38
25	Malásia	0,931	29.431,47

**Valores emblemáticos do PIB e do PIB *per capita*
(em 2016, PPC, em US$ bilhões e US$)**

	PIB	PIB *per capita*
Mundo	120.138	16.143
União Europeia	20.270	39.630

	PIB *per capita*
Maior do mundo (Qatar)	127.523
América do Norte	56.110
América Latina + Caribe	15.418
Maior da América Latina (Chile)	23.960
Portugal	30.624
Mundo Árabe	16.716
Israel	37.901
Burundi	778

**Valores emblemáticos do PIB e do PIB *per capita*
(PPC, 2016, em US$ milhões e em US$)**

	PIB	PIB *per capita*
Mundo	120.138	16.143
União Europeia	20.270	39.630

	PIB *per capita*
Maior do mundo (Qatar)	127.523
América do Norte	56.110
América Latina + Caribe	15.418
Maior da América Latina (Chile)	23.960
Portugal	30.624
Mundo Árabe	16.716
Israel	37.901
Burundi	778

Fonte: Banco Mundial.

A tabela mostra que:
(i) A China é o maior país do mundo, em termos de PIB (ultrapassou os EUA, quando a medição é feita usando a PPC);
(ii) A China e os EUA produzem, juntos, cerca de 1/3 do PIB mundial;

(iii) Quando (e, naturalmente, se) a China atingir o nível de produtividade dos EUA, isto é, seu PIB *per capita* se aproximar do americano, seu PIB será quatro vezes maior que o dos EUA. É possível que a China continue se modernizando, absorvendo tecnologia e crescendo muito na próxima década, pois tem espaço para isso: está longe da fronteira de produtividade (aqui considerada como o PIB por trabalhador nos EUA). A Índia (3º PIB mundial), também com grande população, tem potencial similar de crescimento; eventualmente poderá se tornar a segunda economia do mundo;

(iv) Os países europeus, separadamente, têm valores relativamente menores de PIB; mas o conjunto União Europeia é vultoso, aproximadamente do tamanho da China;

(v) O eixo econômico mundial vem se deslocando do Oceano Atlântico para o Pacífico/Índico. Às margens desses oceanos se situam as atuais grandes potências econômicas (China, EUA, Japão, Índia). Há consequências geopolíticas importantes desse deslocamento, pois o poder político (e militar) dos países na comunidade internacional se relaciona com seus PIBs;

(vi) Como veremos no item 3 adiante, o PIB *per capita*, com certos ajustes, é igual à renda *per capita*, a renda média das pessoas. O PIB *per capita* é, portanto, um medidor da prosperidade material média da população;

(vii) O PIB brasileiro é elevado (7º do mundo) e o nosso PIB *per capita* tem valor praticamente igual ao PIB *per capita* mundial. A renda média da população brasileira se situa na média do mundo;

(viii) Na América Latina, o maior PIB *per capita* é o chileno (60% maior que o brasileiro);

(ix) No mundo, os PIBs *per capita* anuais variam de um mínimo de US$ 778 até um máximo de US$ 127.523. Há grande dispersão e países muito mais prósperos do que outros. Uma pergunta importante é: essa dispersão, em nível mundial, está aumentando? A resposta parece ser não, o que possivelmente se dá devido à globalização (ver o item 4 adiante, sobre justiça social);

(x) A renda média das pessoas no planeta é aproximadamente de US$ 45 diários, 24 vezes a renda diária de US$ 1,90, considerado o valor abaixo do qual uma pessoa vive em pobreza absoluta.

O PIB também pode ser calculado para os estados (ou regiões) de um país. As regiões Sudeste e Sul do Brasil produzem cerca de 75% do PIB do país (Já foi mais concentrado; em 1955 esse percentual era de 90%, e talvez tenha sido uma motivação para a construção de Brasília). São Paulo participa com 35% do PIB nacional, e há estados com participação menor do que 1%.

1.3 Outros conceitos macroeconômicos importantes: PIB potencial e crescimento econômico

Dois conceitos, e suas respectivas estatísticas, são consideravelmente importantes na análise macroeconômica:
— *O PIB potencial:* é o valor da produção obtida caso a capacidade de produção no país fosse utilizada em seus níveis normais, sem ociosidades nem excessos. O PIB potencial depende da disponibilidade de recursos produtivos (os chamados fatores de produção). Os fatores de produção considerados atualmente são:
  (i) capital físico: os equipamentos industriais e agrícolas, as riquezas naturais (terras agriculturáveis, recursos minerais, cursos de água etc.) e a infraestrutura de serviços (portos, estradas, prédios comerciais, eletricidade etc.);
  (ii) capital humano: a quantidade e a qualidade da mão de obra, considerando as pessoas em idade de trabalhar e que se dispõem a fazê-lo;
  (iii) capacidade (possibilidade) de empreender: esse fator depende das instituições do país. Segundo North (1992) e Fukuyama (2010), as instituições definem as regras e as limitações, formais e informais, impostas às organizações políticas e econômicas e, portanto, ao desempenho produtivo do país.

O aumento dos dois primeiros fatores mencionados depende de existirem novos investimentos em máquinas, prédios, estradas, na qualidade da força de trabalho (educação, treinamento, saúde). Depende também da pirâmide etária demográfica. Um país com muitos jovens entrantes na força de trabalho e menos idosos se aposentando se beneficia, para seu crescimento, do chamado bônus demográfico: a força de trabalho aumenta mais rapidamente do que a população. É o caso do Brasil atual (mas as projeções demográficas do IBGE sugerem que tal situação deve se reverter em menos de uma década).

O terceiro fator se relaciona com a organização da produção. E, de acordo com estudos empíricos recentes sobre o crescimento econômico, é o determinante principal da disparidade dos PIBs *per capita* no mundo (Acemoglu, 2012).

— *O crescimento econômico* é definido como a variação, ao longo do tempo, do PIB potencial, devido à acumulação (e à interação) dos fatores de produção (i), (ii) e (iii), mencionados anteriormente.

A linha de tendência no gráfico (b1) da figura 1 representa a evolução do PIB potencial. Delineia, portanto, o crescimento da economia.

Esse crescimento está sujeito à surpreendente "mágica" das variações percentuais compostas. Um país cujo PIB potencial cresça continuamente a 10% ao ano, dobra sua capacidade de produção a cada sete anos; em uma geração (21 anos) seu PIB potencial aumenta oito vezes (é o caso da China moderna). Já um país que crescesse 3,3% ao ano, no mesmo espaço de tempo (uma geração) aumentaria seu PIB potencial duas vezes. Se, de início, os dois tivessem PIBs potenciais iguais, após uma geração o país do 10% poderia produzir quatro vezes mais que o outro.

Essa é a aritmética do crescimento percentual composto. E é uma consideração mais relevante hoje em dia do que antigamente, devido às maiores possibilidades atuais de crescimento acelerado da produção. Para se ter uma ideia dessa mudança de possibilidades, os especialistas estimam que, na Idade Média, os PIBs dos países aumentavam à taxa média anual de 0,1% (Apostolide, 2008). Assim, de uma geração para a seguinte, o PIB potencial aumentava cerca de 2,1%.[2]

E se o aumento anual fosse o dobro, isto é, 0,2% ao ano? A geração seguinte teria 4,3% a mais (um número ligeiramente maior que o dobro de 2,1%). Dobra o percentual anual e, também, aproximadamente, dobra o percentual em uma geração. A "mágica" dos percentuais compostos não funciona bem para valores próximos de zero.

Mas, no caso de o percentual anual de crescimento dobrar de 6% para 12%, o efeito de composição se torna claro: após uma geração (21 anos), o

---

[2] As mudanças nas atividades econômicas humanas foram lentas no período medieval (o mesmo acontecendo com os hábitos e a cultura). Os filhos herdavam a posição social dos pais, praticavam a mesma profissão, com as mesmas ferramentas. Nada se alterava rapidamente. Tipicamente, durante a Idade Média, os PIBs dos países europeus dobravam a cada 600 anos. Recentemente, o PIB chinês dobrou em sete anos; é a velocidade do mundo moderno.

PIB potencial do país que crescesse 12% seria três vezes maior do que o PIB potencial do país de 6% anuais.

Exemplo: A Coreia, em 1956, era um país pobre, recém-saído de uma guerra na qual as grandes potências lutaram no seu solo. E no final foi dividida ao meio. Em 1956 tinha um PIB *per capita* cerca de metade do brasileiro da época. Em 2016, 60 anos depois, a Coreia do Sul tem um PIB *per capita* maior do que duas vezes o brasileiro; cresceu muito rapidamente.

A seguir se considera, com mais detalhes, o crescimento econômico e, em particular, o terceiro fator de produção mencionado, a capacidade (possibilidade) de empreender.

2. Crescimento econômico e produtividade

2.1 Aspectos gerais

O problema do desenvolvimento econômico de países como o Brasil preocupa os estudiosos há muito tempo. E eles apresentaram várias razões para explicar nossa menor prosperidade.

Por exemplo, Viana Moog (2011) atribuiu o atraso do Brasil, em relação aos EUA, aos objetivos diferentes dos bandeirantes (conquistadores, predadores de passagem pelo território) e dos *pioneers* (famílias migrantes buscando residência permanente). Outros, como Caio Prado Júnior (2011), atribuíram o atraso à estrutura socioeconômica herdada do passado colonial escravagista, excludente de grande parte da população; e à atuação da elite envolvida na produção de produtos primários para a exportação, mantendo a massa populacional ignorante e pobre. Ainda outros autores, como os da Comissão Econômica para a América Latina e o Caribe (Cepal), consideram a contínua redução dos preços das matérias-primas, agrícolas e minerais, relativamente aos preços dos produtos industriais, como a causa da pobreza dos países periféricos exportadores de matérias-primas, inclusive o Brasil.

Há estudos recentes (final do século passado), como os de Jared Diamond (1997) e Sachs (2005), que atribuíram o atraso aos fatores ambientais (doenças tropicais, por exemplo), ao desconhecimento de colheitas de alto rendimento (trigo) e de animais de tração (cavalos etc.), à escassez de recursos naturais (água), além de outras razões específicas.

No entanto, considere que:

- Os "invasores" do Oeste dos EUA no século XIX, participantes da corrida pelo ouro e pelos pastos da região, em conflito contínuo com os índios e os mexicanos, tinham certamente uma mentalidade conquistadora e predatória; não obstante, atualmente, a região é uma das mais prósperas do mundo;
- Há países asiáticos, como a Coreia, o Japão e a China, cujas elites excluíram (e talvez ainda excluam) do poder a massa da população; ainda assim cresceram muito economicamente;
- A queda contínua dos preços das matérias-primas em relação aos dos produtos industriais não se verifica empiricamente; simplesmente não ocorreu e não ocorre (há variações relativas desses preços, sem tendência de queda). E há regiões e países (como a Austrália) que são basicamente exportadores de matérias-primas; e mesmo assim bem prósperos;
- Há atualmente países ricos em recursos naturais, situados em zonas de clima temperado (longe das doenças tropicais), que têm usado animais de tração e plantado trigo há muito tempo; e não são prósperos. É o caso da Argentina, que empobreceu muito nos últimos 100 anos.

Considere também o que aconteceu com a Alemanha Oriental, a Rússia e outros países do bloco socialista existente durante boa parte do século passado. Dispunham de recursos naturais e/ou populações saudáveis, com alto nível educacional. Mas ficaram economicamente estagnados, atrasados e pobres em relação à Alemanha Ocidental, à Europa Ocidental. Por quê?

A análise do crescente volume de dados disponíveis, a partir de meados do século passado, sobre o crescimento de muitos países e regiões levou a conclusões claras.[3]

A ausência de recursos naturais abundantes, a localização geográfica tropical e longe dos grandes centros, o clima inóspito, a raça da população, e outras características como essas, nada disso determina (como se acreditava até há pouco tempo), inescapavelmente, a baixa capacidade de produção de um país. Há países com poucos recursos naturais e pobres; mas há países com poucos recursos naturais e ricos. Há países longínquos e pobres; e, outros,

---

[3] Na verdade, há uma explosão de dados disponíveis no mundo atual. É a chamada revolução do "Data Science". Não há apenas informações sobre pessoas jurídicas e físicas individualmente, mas muitos dados econômicos e financeiros organizados, sobre regiões, países, continentes etc.

longínquos e prósperos. Países de população não branca e pobres; e, outros, não brancos e ricos. E assim por diante.

2.2 O ponto de vista atual

O que determina a prosperidade econômica são a contínua acumulação e a interação eficiente dos três fatores de produção mencionados anteriormente: capital físico, capital humano e capacidade (possibilidade) de empreender. Para crescer, uma economia precisa, sem dúvida, acumular capital físico e humano. Isto é, investir em infraestrutura, educação, novos conhecimentos científicos e tecnológicos etc. Mas isso só não basta. É fundamental que desenvolva a capacidade de usar esses recursos de forma eficiente. No linguajar econômico, é preciso que haja alta Produtividade Total de Fatores (PTF). Isso porque, nesse caso, usa-se melhor o capital e o trabalho disponíveis. Produz-se mais (às vezes muito mais) com a mesma quantidade de capital e trabalho. Então, o produto por pessoa (*per capita*) se torna elevado e aumenta o conforto material da população.

A produtividade é uma consequência da existência de um fator de produção intangível muito importante: a capacidade (possibilidade) de produzir com o mínimo possível de desperdícios (gastos e autorizações desnecessários, proibições e atrasos injustificados, obrigações de usar tecnologias superadas, de comprar de fornecedores caros, de empregar pessoas redundantes e assim por diante).

Adicionalmente, quando é mais fácil empreender e organizar racionalmente a produção, esse fato incentiva e atrai investimentos em capital físico e em capital humano. E assim aumenta a disponibilidade total de recursos produtivos; aumenta a capacidade de produção do país.

Mas a possibilidade de empreender pode estar obstruída pelas regras e limitações impostas às entidades ligadas à produção. E pode ser difícil desobstruí-la.

Pensando bem, alguns argumentos apresentados pelos estudiosos mencionados anteriormente, em 2.1, para explicar o atraso brasileiro são válidos. A mentalidade, a cultura, os hábitos e os valores da população determinam as relações aceitáveis entre as pessoas e as políticas públicas do país. E assim influenciam as regras e as limitações aplicadas às organizações produtivas (públicas e privadas). Por sua vez, essas organizações e os órgãos que as influenciam e regulam são regidos por pessoas — a chamada elite — cujo interesse é a continuidade da situação que usufruem. E resistem às reformas e às inovações.

Há, no entanto, uma consideração muito importante sobre esse assunto: para se obter um alto produto *per capita* não há necessidade de se alterar fundamentalmente a mentalidade, à cultura e os valores da população (afinal, esses são elementos definidores da própria identidade nacional). Os estudos empíricos sobre o crescimento econômico sugerem que ele é compatível com uma grande diversidade de evoluções históricas, de valores culturais e hábitos, de localizações geográficas, climáticas, diferenças de recursos naturais etc.

Para que se obtenha o crescimento econômico e um alto produto *per capita* é fundamental ter uma elevada capacidade (possibilidade) de empreender. De tirar vantagem da localização geográfica (qualquer que seja ela), do clima, dos recursos naturais, da cultura do país e assim por diante. É o que, no jargão do economista, se chama aproveitar as vantagens comparativas.

Exemplo: quem viaja ao exterior (Londres, por exemplo) verifica que os tíquetes de passagens de ônibus são vendidos nas bancas de jornais e revistas, nas lojas de conveniência etc. Após comprá-los nas lojas, os passageiros os entregam diretamente ao motorista. Não há trocador. É uma tecnologia organizacional facilmente copiável e que permite poupar o trabalho diário e desnecessário de milhares de trocadores. Evita esse desperdício e aumenta a produtividade da economia, pois os trocadores podem se dedicar a outros trabalhos (produzir outros bens e serviços). No Rio de Janeiro há uma discussão, antiga, sobre a obrigatoriedade ou não de trocadores nos ônibus. Ou seja, deve-se desperdiçar ou não os esforços desses trabalhadores? Será que haver trocadores nos ônibus faz parte da identidade nacional? Ou do carioca? Não, provavelmente é só uma questão de interesses especiais.

No Brasil, há inúmeros exemplos como esse, de travas à capacidade de empreender, inovar, adaptar, gerando desperdícios que só existem devido aos interesses envolvidos. É o que vai ser considerado adiante, no item 2.4, após se comparar, em 2.3, o crescimento brasileiro com o de outros países contemporâneos.

2.3 A decomposição do crescimento do PIB *per capita*

A tabela 3 mostra os percentuais de crescimento médio anuais de várias regiões e países, durante 50 anos (1960-2009). Usando técnicas analíticas estabelecidas, a tabela também mostra a decomposição desses percentuais segundo a contribuição, para o crescimento, dos três fatores de produção: o capital físico, o capital humano e a produtividade total dos fatores.

Tabela 3
Decomposição da variação % anual do PIB *per capita* (1960-2009)

Regiões/ Países Selecionados	Crescimento % do PIB *per capita**	CONTRIBUIÇÃO DOS FATORES		
		Capital Físico	Capital Humano	Produtividade (PTF)
Leste Asiático	4.3	2.1	0.7	1.5
Europa Ocidental	2.0	1.0	0.5	0.5
EUA	1.6	0.9	0.4	0.3
China	5.7	2.3	0.9	2.5
Coreia do Sul	4.4	2.7	0.9	0.8
Japão	3.2	2.1	0.4	0.7
Índia	3.0	1.6	0.9	0.5
Brasil	1.5	0.8	0.9	-0.2

Fonte: Ferreira (2013).
* Percentual médio anual no período

Por exemplo, o PIB *per capita* dos EUA cresceu, em média, 1,6% a.a. no período 1960-2009. Esse percentual pode ser decomposto em contribuição da acumulação de capital físico = 0,9%; contribuição da acumulação de capital humano = 0,4%; contribuição do aumento da produtividade = 0,3%.

No caso americano, a parcela maior foi a de acumulação do capital físico, possivelmente porque sua população, no período, já era bastante educada e produtiva (empreendedora). Os EUA estiveram, durante esse período, na fronteira da educação, do empreendedorismo, da inovação; e mal tinham de quem copiar para avançar mais rápido. Assim, os ganhos de produtividade foram sempre difíceis, pequenos. Para crescer foi preciso mesmo investir em capital físico.

O caso da China é diferente. Seu PIB *per capita* cresceu 5,7% a.a. no período. A maior contribuição para esse percentual foi da PTF (2,5%). De fato, depois de 1990, houve uma explosão de empreendedorismo na China. Com a abertura econômica, o potencial realizador dos muitos chineses foi liberado, com incentivos para quem produzisse mais, com menor custo, adaptasse do estrangeiro novas tecnologias, inovasse, conquistasse mercados e assim por diante. Devido ao relativo atraso anterior da China, o país estava afastado da fronteira tecnológica e organizacional. Mas criaram, adaptaram, copiaram ao máximo de outros lugares. Em consequência, houve um grande aumento de produtividade: diminuíram os desperdícios e as decisões de investimento desastrosas. Melhorou muito a alocação de recursos, isto é, o uso eficiente do capital e do trabalho disponíveis.

No caso do Brasil, neste período de 60 anos o PIB *per capita* aumentou um pouco menos que o dos EUA e da Europa Ocidental. Mas bem menos que o dos "grandes campeões" (China, Coreia do Sul, Japão, Índia).

A decomposição do crescimento revela que, em termos de capital humano (educação), o Brasil se equiparou aos campeões: contribuição de 0,9%. De fato, houve um grande esforço educacional (talvez mais em termos quantitativos do que qualitativos; mas funcionou para o crescimento). O Brasil ficou atrás no item capital físico (a infraestrutura do país é realmente deficiente). E muito atrás (mesmo) em termos de produtividade, cuja contribuição foi negativa. Segundo o estudo, atualmente estamos usando menos eficientemente os recursos de capital e trabalho do que em 1960! Houve um desastre de produtividade.

2.4 O que trava o crescimento econômico brasileiro

A respeito da formação de capital físico, o exame dos gráficos 1 e 2 ilustra a situação. A figura 2 compara índices de qualidade das infraestruturas de vários países; o índice brasileiro é cerca de metade do índice dos países desenvolvidos (EUA, Japão, Europa Ocidental).

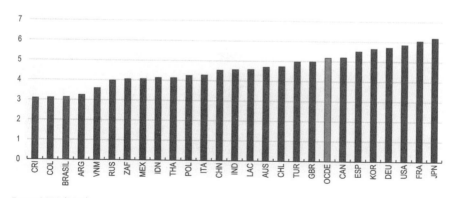

Gráfico 1
Comparação da qualidade da infraestrutura
1-7 (máxima)

Fonte: OCDE (2018).

Tal situação é ruim em si, mas inibe outros investimentos que necessitam de infraestrutura. O gráfico 2 mostra que os investimentos no Brasil, em capital físico, no período 1990-2016, se situaram em torno de 18% do PIB; no caso da China, o percentual foi o dobro.

Gráfico 2
Comparação dos investimentos em capital físico, como % do PIB

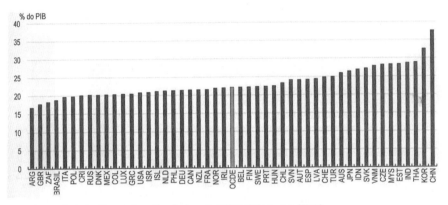

Fonte: Banco de dados Perspectivas Econômicas da OCDE, IBGE, Cemec (2017).

A respeito da formação de capital humano, sem dúvida há espaço para melhorar a qualidade educacional brasileira, após a expansão quantitativa dos últimos 50 anos. A comparação dos exames de avaliação internacionais, realizados por estudantes brasileiros e estrangeiros, sugere que a qualidade é o aspecto mais necessário atualmente.

Quanto à capacidade de empreender, as travas são numerosas (Curado, 2018):

— A complexidade do sistema tributário do país. Nesse aspecto, o Banco Mundial classifica o Brasil como um dos piores do mundo. Usando um índice de comparação internacional, em que as melhores (mais eficientes) práticas tributárias recebem uma pontuação de 100, o Brasil obteve a pontuação de 33 no quesito tributação, negativamente suplantado apenas por uns poucos países africanos e asiáticos;

— O sistema de subsídios creditícios e fiscais. Esse item, combinado ao anterior, torna difícil o empreendedorismo genuíno, fora do círculo dos protegidos e apaniguados beneficiados pela "bolsa empresário". O resultado é uma tendência a investir onde é politicamente conveniente, e não onde é economicamente eficiente;

— A instabilidade e o inchaço dos orçamentos governamentais. Alguns gastos (sobretudo de investimento), ainda que previstos nos orçamentos, são cortados devido a necessidades imediatistas, tornando arriscada qualquer ação empresarial complementar aos gastos públicos previstos. O próprio tamanho total desses gastos resulta em déficits orçamentários vultosos, gerando um potencial de instabilidade macroeconômica decorrente das dúvidas sobre a sustentabilidade da dívida pública. O processo de orçamentação governamental no Brasil necessita de uma grande revisão;
— As mudanças ilógicas de políticas públicas (controles, regulação etc.), decorrentes de não se realizarem (ou não se levarem em conta) estudos sérios e transparentes de benefícios e custos de cada política pública. As motivações obscuras levam à suspeita de "venda" de regulamentações, medidas provisórias e leis.

Além desses itens, há outros frequentemente citados: insegurança jurídica, dificuldades de estabelecer empresas, de obter e conceder crédito, de registrar patentes etc.

As travas ao crescimento econômico brasileiro precisam ser removidas ou atenuadas, para possibilitar o empreendedorismo e o consequente uso eficiente dos recursos produtivos. É a reforma reorganizadora necessária (e, provavelmente, suficiente) para a retomada do crescimento econômico, para a elevação da capacidade de produção instalada no país.

A seguir serão consideradas as flutuações econômicas em torno do eixo tendencial de evolução do PIB potencial.

3. Flutuações cíclicas da atividade econômica

3.1 As flutuações de produção e a demanda agregada

A produção efetiva (PIB) de uma economia pode diferir de sua capacidade de produção normal (PIB potencial). Por exemplo, uma empresa produtora utilizaria sua capacidade de produção parcialmente, se o nível de demanda pelo seu produto fosse baixo; pois, caso continuasse a produzir no ritmo normal, acumularia estoques devido à insuficiência de suas vendas.

Simetricamente, um nível de demanda excessivamente forte faria com que a empresa usasse ao máximo sua capacidade de produção; mais ainda, se a produção fosse insuficiente, provavelmente funcionaria com turnos extras, adiaria períodos de manutenção e de férias, para atender à demanda. Ou seja, produziria acima de sua capacidade de normal.

Uma situação na qual a produção efetiva da economia (como um todo) se encontra abaixo da capacidade normal de produção é chamada de recessão. Uma situação em que essa produção supera a capacidade normal, havendo excesso de utilização, é chamada de superaquecimento. E quando há igualdade da produção efetiva (PIB) e da capacidade normal de produção (PIB potencial), as duas coincidindo ao longo do tempo, a economia se encontra estabilizada (figura 2).

Figura 2
Recessão, superaquecimento e estabilização econômica

Fonte: Elaboração própria.

As recessões em geral são acompanhadas de uma redução da taxa de inflação; pois, se as vendas forem insuficientes, as empresas reajustam menos seus preços (aumentos menores, até diminuições). A recessão também se faz acompanhar de desemprego (um problema social sério, sobretudo se a recessão for longa), pois as empresas, vendendo e produzindo menos (com menores receitas), procuram reduzir seus custos, inclusive de mão de obra, para sobreviver. Eventualmente podem até encerrar suas atividades.

De modo inverso, no caso do superaquecimento, a inflação se acelera e a taxa de desemprego diminui. Quando a economia evolui de forma estabilizada, a taxa de inflação não se altera e o desemprego tende a se estabilizar em um nível baixo, chamado de taxa natural de desemprego.[4]

---

[4] A rotação da mão de obra, trocando de emprego (devido a novas empresas e trabalhadores entrando continuamente no mercado de trabalho, e também à saída de outras empresas e trabalhadores), gera uma taxa de desemprego correspondente ao número de trabalhadores em transição, entre empregos. É o chamado desemprego natural. Nos EUA, por exemplo, estima-

Tanto a recessão quanto o superaquecimento tendem a se autocorrigir. Isso porque, por exemplo, a redução da inflação (e, eventualmente, dos preços), decorrente de uma recessão, faz com que os bens e serviços se tornem baratos e cada vez mais atrativos para os compradores. E a falta de demanda, que ocasionou a recessão, se inverte. Um efeito similar e simétrico ocorre em relação ao superaquecimento, o qual também tende a se autocorrigir, a inflação acelerada reduzindo o excesso de demanda que a provocou.

No entanto, o prazo necessário para tais autocorreções ocorrerem pode ser longo demais, tendo em vista os custos sociais elevados do desemprego e da inflação.[5] Muitas vezes há necessidade de uma ação estabilizadora por parte do governo, de modo a recolocar, o mais rapidamente possível, a demanda agregada em seu nível adequado para a utilização normal da capacidade de produção, sem ociosidades ou excessos.

John Maynard Keynes, o famoso economista inglês, foi um grande defensor da ação governamental para influenciar a demanda agregada e estabilizar a economia. Sua motivação foi a Grande Depressão Econômica Mundial dos anos 1930, durante a qual a taxa de desemprego nos EUA chegou a 30% e o nível de preços sofreu uma queda (deflação) de 20%.

O uso de políticas governamentais para a recuperação da demanda agregada (por Bush e Obama), no caso da crise econômica que começou em 2007 — e que foi bastante séria —, fez com que o desemprego nos EUA chegasse a 12% (bem menos que os 30% de 1933); e a taxa de inflação zerasse (ficou ligeiramente negativa em alguns meses). Provavelmente a ação governamental para estabilizar a economia evitou uma tragédia social, que seria talvez similar à da Grande Depressão.

3.2 A demanda agregada e seus componentes

As flutuações da demanda agregada por bens e serviços levam a economia a situações de recessão, superaquecimento ou de evolução estabilizada (o PIB

-se que a taxa de desemprego natural é de 3,5 a 4% da força de trabalho, atualmente. No Brasil, os estudiosos afirmam que essa taxa é bem maior.

[5] O prazo para a autocorreção das recessões pode ser longo demais por vários motivos. Um deles é a inflexibilidade dos preços e dos salários. Por exemplo, às vezes há reajustes automáticos de acordo com a inflação passada (é a chamada inércia inflacionária), o que torna difícil a autocorreção da recessão via redução de preços.

efetivo coincidindo com o PIB potencial). Portanto, é importante saber os componentes básicos dessa demanda agregada. Em primeiro lugar, o que é exatamente a demanda agregada?

A soma dos valores das demandas por todos os bens e serviços produzidos na economia é chamada de demanda agregada (ou total, ou global); alguns usam a terminologia despesa ou gasto agregado (ou total, ou global).

A demanda agregada pode ser decomposta de várias formas: por exemplo, a demanda dos governos federal, estaduais e municipais, e a demanda privada. Outra forma é a decomposição em demanda por bens de consumo (exemplo simples de bem de consumo: o sorvete) e demanda por bens de investimento (exemplo: o martelo). E se usa também a decomposição em demanda externa líquida (exportações menos importações de bens e serviços) e demanda interna. Cada uma dessas diferentes decomposições permite focos sobre fatores específicos que influenciam a demanda.

Por exemplo, no caso da última decomposição mencionada, a demanda externa líquida depende da taxa de câmbio entre a moeda nacional e as moedas estrangeiras. Uma desvalorização cambial do Real (mais Reais por Dólar) estimula a demanda externa: os bens e serviços brasileiros ficam mais baratos para os estrangeiros. A demanda externa também depende do nível de renda no exterior (se aumentar, os estrangeiros compram mais; o Brasil exporta mais) e do nível de renda interno (se aumentar, os brasileiros compram mais no exterior; aumentam as importações).

Considerando a mesma decomposição, a demanda interna depende do nível de renda interna disponível dos brasileiros (renda disponível = renda bruta menos impostos pagos) e do total de gastos do setor público no país. Logo, as variações dos impostos e dos gastos públicos alteram o nível da demanda interna. Desse modo, o governo pode alterar a demanda agregada variando os impostos e/ou os gastos públicos. Quando o faz, com o objetivo de influenciar a demanda, diz-se que o governo está praticando "política fiscal compensatória (ou contracíclica)".

Outra possibilidade, de influência governamental sobre a demanda agregada, ocorre se o banco central alterar a quantidade de moeda em circulação. É a chamada política monetária. Essa alteração muda as taxas de juros vigentes na economia. Em consequência, as pessoas alteram suas decisões de comprar bens e serviços. Por exemplo, taxas de juros menores aumentam a demanda por bens de consumo durável e bens de investimento. E por duas razões: as compras financiadas se tornam mais fáceis (crédito mais barato); e os retornos obtidos em aplicações financeiras menos atrativos, induzindo as pessoas físicas e jurídicas a gastar mais (em bens de consumo durável, automóveis, residências, equipamentos, ações e cotas de empresas que compram bens de investimento, e assim por diante).[6] Inversamente, uma subida dos juros reduz a demanda agregada.

Enfim, o governo possui quatro instrumentos básicos para atuar sobre a demanda agregada:
— taxa de câmbio;
— oferta monetária e taxa de juros;
— gastos públicos;
— impostos.

Mas não são instrumentos independentes. Por exemplo, gastos públicos maiores, sem aumento de impostos, poderiam ocasionar um déficit orçamentário e o governo necessitaria de recursos emprestados (emitiria títulos públicos). A maior demanda por empréstimos aumentaria as taxas de juros na economia, atraindo recursos financeiros do exterior (para comprar Reais no mercado cambial e aplicar a taxas de juros mais altas). A compra de Reais valorizaria o Real em relação ao Dólar e alteraria a taxa de câmbio.

Na formação da demanda agregada, além das interações entre as próprias políticas governamentais, há também efeitos de retroalimentação (*feedback*), de multiplicação e também efeitos que se estendem ao longo do tempo (duradouros). E todos interagindo simultaneamente. A seguir esses efeitos serão brevemente explicados.

3.3 A formação da demanda agregada

— A retroalimentação (ou fluxo circular). Se houver um aumento da demanda agregada e, consequentemente, da produção das empresas, elas pagam maiores rendas (salários, aluguéis, dividendos, juros) às pessoas, e mais impostos aos governos. (Na verdade, o fatu-

---

[6] Keynes acreditava que o aumento do gasto público (que se transforma em demanda de imediato) tinha mais poder contra a recessão do que a política monetária de redução de juros. Justificava sua opinião explicando que as expectativas das pessoas, no meio de uma recessão, podem estar tão pessimistas, que elas não aumentam suas compras mesmo havendo crédito barato. Com essa explicação, abriu um novo campo da macroeconomia: o estudo de como as pessoas formam suas expectativas. E também gerou um imenso debate econômico, entre os chamados fiscalistas (keynesianos) e os monetaristas.

ramento total obtido pelas empresas é pago, ao fim e ao cabo, para as pessoas e o governo, como rendas e impostos; esse fato é chamado de "o fluxo circular da economia".)

Logo, devido à maior renda e à maior receita fiscal, as demandas privada e pública, por bens e serviços, aumentam. E então a produção aumenta novamente para atender ao novo aumento da demanda. Mas a produção maior torna a aumentar os pagamentos de renda às pessoas e os impostos pagos; de novo aumenta a demanda e a produção, e assim vai sucessivamente.

Existe uma relação de circularidade (daí o termo " fluxo circular") entre a demanda, a produção (PIB) e a renda.

— O multiplicador. Se houver, por exemplo, um aumento na demanda por imóveis, produzidos pela construção civil, os maiores rendimentos pagos às pessoas pelas empresas do setor levam a aumentos da demanda também em outros setores (geladeiras, goiabada etc.). É difícil, talvez impossível, confinar os aumentos (ou as quedas) de demanda apenas a um setor da economia. Em geral há um extravasamento, que é o motivo pelo qual as flutuações de produção dos diversos setores se correlacionam (como mencionado no primeiro parágrafo deste texto).

— Efeitos duradouros. Há vários exemplos possíveis: uma forte redução, hoje, de impostos sobre a venda de veículos (que são duráveis) aumenta bastante as vendas a curto prazo e estimula a economia toda, pelo efeito multiplicador. Mas, tendo em vista o consequente aumento da frota de veículos e a durabilidade deles, as futuras vendas de veículos diminuem; diminui a demanda futura. (Essa política, de redução de impostos sobre a venda de veículos, foi adotada pelo governo brasileiro em 2008; e teve as consequências, imediata e futura, descritas aqui.) Outro exemplo: um aumento do gasto público financiado por empréstimos leva a maiores despesas futuras com juros; e, se a arrecadação fiscal não acompanhar, o futuro espaço para o gasto público diminui. Se for mantido o mesmo nível de gasto público, novos empréstimos serão necessários; e podem surgir dúvidas sobre a adimplência do pagamento da dívida pública (o que aumenta os juros dos novos empréstimos).

A macroeconomia é um assunto complexo e sujeito a muitas discussões, opiniões, posicionamentos ideológicos e defesas de interesses. Alguns comentários sobre esse aspecto se seguem.

3.4 As "escolas" da macroeconomia, interesses, ideologias etc.

As medições sistemáticas do PIB (e de seu crescimento), da inflação, do desemprego, da distribuição de renda e muitas outras informações sobre as economias como um todo datam do século XX. São recentes. Mesmo os dados que se tem, atualmente, sobre o século XIX, ou o passado anterior, foram em geral estimados no século XX.

A ausência de informações e dados, em qualquer área do conhecimento, abre espaço para as mais variadas especulações. Surgem então diversas "escolas", às vezes fazendo recomendações opostas, e refletindo, talvez, interesses especiais, desvios psicológicos (orgulho, fanatismo) e posicionamentos ideológicos. Elas sobrevivem devido à falta de dados cuja análise poderia refutá-las (ou comprová-las). Alguns estudiosos, perplexos com a confusão, até negam a possibilidade de estudar macro e perguntar por que há subidas simultâneas de preços — a inflação; ou crises gerais de produção em muitos setores ao mesmo tempo — a recessão; ou o desemprego generalizado em certas ocasiões. Querem evitar a controvérsia e os problemas difíceis (mas são problemas importantes!).

Na "construção" da macroeconomia é possível (e até provável) que haja "pedaços da verdade" em cada uma das "escolas". Tais pedaços só serão extraídos examinando cuidadosamente os dados, vendo como se encaixam, considerando a experiência de outros países etc.

Felizmente estamos na época da revolução do *data science*, de muitas informações disponíveis e de grande capacidade de organizá-las e analisá-las estatisticamente com computadores. A quantidade de informação (*hard data*) nova disponível nos últimos 20 anos é maior do que a disponível desde o início dos tempos até 20 anos atrás, segundo os especialistas da área. E isso tem sido usado, pelos que trabalham em macro, para produzir vários resultados confiáveis e aplicáveis ao Brasil atual. Para citar três:

— o desenvolvimento da capacidade (possibilidade) de empreender é crucial para aumentar a produtividade e o crescimento econômico;

— o banco central (o órgão emissor da moeda), com algum grau de independência em relação à "tirania do governo eleito pela maioria", e com metas claras de estabilização da economia, é crucial para evitar as flutuações excessivas de produção e as inflações galopantes;

— o processo de orçamentação do setor público, compatível com a sustentabilidade de sua dívida e de sua capacidade de investir (a chamada "regra de ouro"), é crucial para a estabilidade e o crescimento da economia.

Seria importante que tais resultados fossem seriamente considerados no Brasil.

A seguir, analisa-se outra questão econômica relevante: a distribuição de renda e a pobreza.

4. Justiça social: pobreza e distribuição de renda

4.1 Aspectos gerais

A justiça social é um assunto importante. Envolve aspectos relacionados entre si, embora diferentes, como a:
   (i) desigualdade de oportunidades entre as pessoas;
   (ii) desigualdade de resultados na distribuição pessoal da renda;
   (iii) miséria e a pobreza extrema, isto é, pessoas com renda abaixo de certo nível mínimo;
   (iv) desigualdade horizontal de rendimentos e da pobreza, ou seja, incidência diferenciada entre as regiões do país e/ou entre grupos sociais diversos pela sua etnia, raça, religião etc.

Para ilustrar os diferentes aspectos, considere que, mesmo se houvesse absoluta igualdade de oportunidades, a distribuição de renda final não seria igualitária. Refletiria as desigualdades inatas entre as pessoas, por exemplo, de saúde, inteligência, habilidades ou mesmo diferenças de sorte, o que é um fator não desprezível na vida.

A miséria e a pobreza extrema se referem às pessoas com nível de renda muito baixo, convencionando-se, em geral, como menor que US$ 1,90 por dia (segundo os Objetivos de Desenvolvimento Sustentável (ODS) das Nações Unidas). Com esse nível de renda, a pessoa não consegue aproveitar as oportunidades que aparecem; fica excluída de grande parte das atividades da sociedade. Nesse sentido, a pobreza é um problema mais sério que a concentração de renda; há filósofos, como Rawls (1971), que defendem ser necessário garantir às pessoas um mínimo decente de rendimentos. E, na mesma linha, há economistas, como McCloskey (2017), que consideram a pobreza extrema como O problema social, com O maiúsculo, não importando muito a distribuição de renda em um país cuja economia cresça, gerando oportunidades.

A questão da maior pobreza de certos grupos sociais, devido à região em que nasceram/habitam, ou à raça, etnia, religião, ou a outro aspecto específico, é considerada importante no mundo atual. A globalização e a migração, o maior contato entre as culturas humanas, aumentaram a relevância do problema da discriminação. No Brasil, há algum tempo são praticadas políticas públicas visando reduzir as diferenças regionais. E, recentemente, foram adotadas várias medidas para aumentar as oportunidades dos grupos considerados discriminados (as chamadas *affirmative actions*).

4.2 A medição da desigualdade

Os economistas usam diversas maneiras de avaliar a distribuição de renda em determinado país. Uma medida frequente é o chamado coeficiente de Gini: quanto maior a desigualdade, maior é o valor desse coeficiente, podendo chegar ao máximo de 1, ou seja, 100% de desigualdade. Nos diversos países do mundo (capazes de promover sua medição) os coeficientes de Gini variam de 25 a 65%, aproximadamente. Como exemplos de países bem igualitários (Gini entre 25 e 30%) há o Japão, a Islândia, a Noruega e outros do norte da Europa; os mais desiguais se encontram na África. Nesse particular, o Brasil não figura bem. Os dados da tabela 4 sugerem que somos o 11º país mais desigual do mundo.

Tabela 4
Os países com maior índice de Gini

	País	%	Ano
1	África do Sul	63	2014
2	Namíbia	61	2009
3	Botsuana	60,5	2009
4	Suriname	57,6	1999
5	Zâmbia	57,1	2015
6	República Centro-Africana	56,2	2008
7	Lesoto	54,2	2010
8	Moçambique	54	2014
9	Belize	53,3	1999
10	Suazilândia	51,5	2009
11	Brasil	51,3	2015

Fonte: Banco Mundial.

O coeficiente de Gini é uma medida muito usada, mas sua formulação é bastante técnica; uma comparação mais intuitiva pode ser obtida examinando o gráfico 3, retirada de Mankiw (2014). Esse gráfico mostra que, no Brasil, os 10% mais ricos da população têm renda média 40 vezes maior que os 10% mais pobres. No México tal relação é de 21 vezes, nos EUA, de 16, e no Japão 4,5 vezes.

Gráfico 3
Razão entre as rendas dos 10% mais ricos e dos 10% mais pobres (2012)

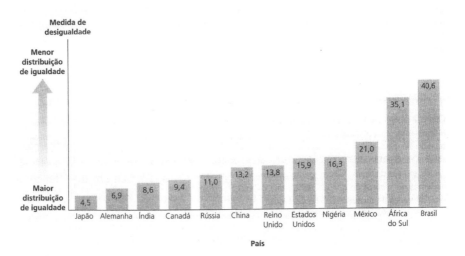

Fonte: Mankiw (2014).

No que se refere à pobreza, há no país quase 10 milhões de pessoas vivendo abaixo da chamada linha de pobreza (rendimentos abaixo de 1,90 dólar por dia). Há também as desigualdades horizontais. Por exemplo, entre os estados brasileiros, a renda *per capita* do estado mais rico é seis vezes a do mais pobre. Em relação à raça, 26% dos 10% mais ricos se declaram negros ou pardos; mas entre os presidiários 64% se declaram negros ou pardos. Há consequências importantes dessas disparidades, em termos de relações sociais tensas.

4.3 A pobreza: aritmética e realidade

A situação de pobreza e desigualdade causa surpresa quando se faz um simples cálculo aritmético. No Brasil, se os 10% mais ricos transferissem 2,5% de sua renda para os 10% mais pobres, estes teriam seus rendimentos dobrados. É incrível como um pequeno sacrifício distributivo de certo grupo teria um impacto determinante: praticamente eliminaria a pobreza absoluta no país. Na verdade, esse raciocínio aritmético, se fosse aplicado ao planeta, levaria à conclusão de que a pobreza no mundo seria eliminada se cada adulto, americano ou europeu, transferisse para os pobres do planeta 50 centavos de dólar por dia (Deaton, 2017).

Essas contas sugerem que, numericamente, o problema parece ser de solução simples. Mas a persistência da desigualdade e da pobreza mostra que esse não é o caso. Por quê?

Há algumas possibilidades a serem exploradas para responder à pergunta. A primeira seria considerar que as pessoas ricas talvez sejam desinformadas, indiferentes, individualistas, egoístas. Mas não seria do interesse dos próprios ricos, egoístas que sejam, viver em um mundo mais seguro, com menos tensões sociais? Por que então não transferem, voluntariamente, a (para eles) pequena quantia necessária?

Há aqui uma dificuldade conhecida em economia como o problema do carona: para eliminar a pobreza e reduzir as tensões sociais é preciso que todos, ou pelo menos a grande maioria dos ricos, participem do esforço. Se apenas alguns o fizerem, gastariam seu dinheiro e não haveria redução substancial da pobreza. No jargão econômico, diz-se que participar do esforço não é um equilíbrio de Nash.[7] (É interessante, neste particular, considerar a atuação de alguns indivíduos muito ricos — Bill Gates, por exemplo —, contribuindo, mas induzindo outros ricos a fazê-lo também, deixando boa parte de suas fortunas para uma fundação que aplica socialmente, sobretudo na África.)

---

[7] Na análise das combinações (contratos) entre as pessoas, um equilíbrio de Nash é uma situação tal que, se a outra parte cumprir o combinado, é de interesse da primeira parte também cumprir; e vice-versa. Por exemplo, se todas as demais pessoas aceitarem um certo papel-moeda, digamos o Real, como o dinheiro para pagar o que produzem (ou o serviço em que trabalham), é de interesse de cada pessoa aceitar esse dinheiro para poder participar das trocas na economia. Logo, o Real passa a ser generalizadamente aceito, e (quase) ninguém reclama que tentou pagar uma mercadoria com notas (verdadeiras) de Reais, mas a outra parte não aceitou. Na verdade, devido à aceitação geral do dinheiro em circulação, sua unidade costuma ser usada para medir e comparar valores na economia (o que é, de fato, um outro equilíbrio de Nash). Os pagamentos das taxas condominiais não são um equilíbrio de Nash. Se todos os demais (exceto o "caroneiro") pagarem o condomínio, as benfeitorias do prédio vão continuar a funcionar. E o "caroneiro" aproveita as benfeitorias sem pagar por elas.

Em uma situação como esta, de haver um ótimo social fora de alcance por não ser um equilíbrio de Nash, a atuação do governo — devido à sua capacidade impositiva — seria uma solução. Pode-se imaginar um imposto especial para a redistribuição de renda. Incidiria sobre as heranças, ou sobre as grandes fortunas, ou sobre as rendas mais altas. Não precisaria ser vultoso, nem ter caráter vingativo, supondo implicitamente que os ricos sejam "culpados" pela concentração de renda. Há pessoas pobres no mundo, mas não necessariamente porque outros são ricos; o mundo econômico cresce, é criativo, não é um jogo de soma zero. E não se deve eliminar a riqueza, inclusive porque isso seria ruim para os pobres; deve-se eliminar a pobreza.

O imposto para a redistribuição de renda pode ser interpretado como um seguro social. Quando as pessoas usufruem plenamente da liberdade de decidir sobre suas vidas, podem, eventualmente, tomar decisões desastrosas. Daí a necessidade de um seguro. Talvez essa seja a razão pela qual muitos filósofos e economistas, de tendência liberal, defendam políticas como a de renda mínima, ou o imposto de renda negativo (Friedman, 1979).

Para mitigar a pobreza no Brasil, o imposto para a redistribuição de renda precisaria arrecadar cerca de 5% do valor atual da arrecadação fiscal dos governos (federal, estaduais e municipais); menos de R$ 5/mês por brasileiro. Não é um programa caro, ameaçador do equilíbrio orçamentário do governo. Mas nesse ponto surge outra dificuldade séria. O governo que arrecada o tributo é composto de pessoas com propósitos próprios. E elas poderiam se apoderar de um quinhão razoável do dinheiro arrecadado (não necessariamente por meio de corrupção deslavada). Poderiam, por exemplo, "prestar serviços" aos pobres: serviços de educação, de saúde, de fornecimento de moradia ou mesmo de alimentação. Há analistas que defendem os serviços governamentais, gratuitos e universais (inclusive para os que não precisam), como a forma adequada de reduzir a pobreza e redistribuir a renda.

No entanto, as baitas organizações necessárias para prestar esses serviços universais podem não atender adequadamente aos pobres (atenderão certamente às demandas de emprego dos indicados pela elite). Muitas vezes passam a ter o objetivo primordial de cuidar bem dos seus servidores, não dos pobres (Buchanan, 1972).

Em termos internacionais, há vários casos conhecidos em que órgãos do governo de um país pobre, que recebe ajuda internacional, vendem a ajuda (comida, roupa) para seus pobres (Deaton, 2017). No Brasil noticiou-se recentemente que as ONGs, promotoras de invasões de prédios abandonados, cobram aluguel dos pobres moradores e os expulsam se não pagarem.

Para contornar o problema de "intermediários", os recursos arrecadados devem ser entregues o mais diretamente possível aos pobres, provavelmente via um esquema de transferências em dinheiro. Tais transferências precisam ser "vigiadas" por organizações independentes, para evitar que não pobres aufiram o benefício, e que ele seja concedido (e eventualmente aumentado) em troca de apoio político.[8] E também para que os recipientes da ajuda sejam orientados, estimulados, para conseguir sair da pobreza. Não devem "seguir carreira" como pobres, e até se organizar para obter o aumento das transferências.

O sucesso de um programa como o Bolsa Família brasileiro se mede, ao longo do tempo, não pela crescente extensão de sua cobertura (mais e mais pessoas recebendo), mas pela redução paulatina dessa extensão, paralelamente à diminuição da pobreza. As políticas a favor dos pobres não devem aumentar a dependência deles em relação ao Estado.

Certamente a resistência das pessoas ricas, aos programas de eliminação da pobreza, aumenta quando percebem que estão financiando apoio político e uma gorda burocracia intermediária, com clientela de pobres "profissionais". Por exemplo, a ajuda internacional aos países pobres como um percentual do PIB dos países ricos, com a qual vários países desenvolvidos se comprometeram, tem sido bem inferior à prometida. Possivelmente por duas razões: a ajuda concedida mal chega aos pobres; e, além do mais, os doadores muitas vezes a condicionam a interesses políticos, concessões para suas empresas, para seus cidadãos etc.

---

[8] O sentido da expressão organização independente, nesta frase, é de ser uma organização de Estado e não de governo. A administração pública se compõe de organizações de Estado e de governo.
A Polícia, o Exército, o Poder Judiciário, por exemplo, são tipicamente organizações de Estado. Prestam serviços à população e contas aos Tribunais de Conta. Mas não estão sujeitas (na realidade, estão menos sujeitas) às mudanças e às variações decorrentes da alternância política dos governos. São, até certo ponto, protegidas do "aparelhamento político" e da "tirania do governo eleito pela maioria". O debate e as definições de quais organizações públicas devem ser independentes em uma sociedade, no sentido explicado anteriormente, são importantes para a atuação eficiente do setor público. Em particular, o debate sobre o Banco Central (o órgão emissor de dinheiro), sobre quão independente deve ser, tem sido constante no Brasil de hoje.

Enfim, a redistribuição de renda não é um problema meramente aritmético. É um assunto organizacional e de disputa pelo poder dos mais complicados. Mas muito relevante.

4.4 A pobreza e o crescimento econômico

O pessimismo sobre o combate à pobreza, decorrente das dificuldades apontadas pela análise anterior, muda ao se considerarem as consequências do crescimento econômico.

É comum o pensamento equivocado de que, para a economia crescer, é preciso concentrar a renda: "crescer para depois distribuir". Tal opinião decorre das ideias dos chamados economistas clássicos, de que a fonte principal do investimento é o lucro das empresas. Então, se para crescer for preciso investir, é necessário haver lucros elevados, salários baixos etc., enfim, concentração de renda. Criou-se um falso dilema entre o crescimento econômico e uma distribuição de renda mais equitativa. Mas muitos estudos empíricos exaustivos, realizados nos últimos 50 anos a respeito do crescimento econômico, sugerem que essas ideias são simplesmente errôneas (na verdade, países muito ricos — Japão, norte da Europa — têm distribuições de renda bem equitativas).

Em primeiro lugar, para crescer uma economia depende muito de produtividade. Essa se relaciona com a eficiência das empresas, do governo, à existência de instituições propícias ao empreendedorismo, ao preparo da mão de obra, à meritocracia, à estabilidade econômica e assim por diante (ver o item 2 anterior).

Em segundo lugar, hoje em dia os assalariados, por meio de seus fundos de pensão (no Brasil, inclusive o FGTS), constituem uma grande fonte de recursos para o investimento. O lucro das empresas não é a fonte exclusiva. Um mercado de capitais competitivo e eficiente, sem apadrinhamentos e subsídios, direcionaria esses imensos recursos para os investimentos de mais alto retorno. A maior produtividade impulsionaria o crescimento da economia e as rendas das pessoas, inclusive dos pobres.

Na verdade, a pobreza tende a se reduzir fortemente com o crescimento, conforme ilustra o gráfico 4.

Gráfico 4
Percentual da população mundial em extrema pobreza, 1820-2015

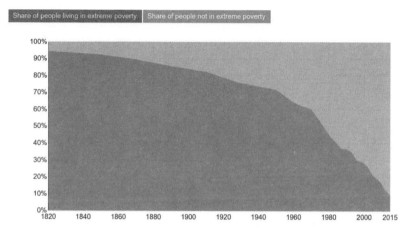

Fonte: World Povery in absolute numbers (Max Roser on World Bank and Bouguignon and Morrisson, 2002). Disponível em: <OurWorldInData.org/a-history-of-global-living-conditions-in-5-charts/>.

Esse gráfico mostra que, a partir de 1820 e até 2015, durante quase 200 anos, o percentual da população mundial absolutamente pobre caiu de quase 95% para pouco mais que 10% (pobreza absoluta sendo definida como renda menor que US$ 1,90 por dia, ou o equivalente na época). Ironicamente, tal redução, inédita na história mundial, começou logo depois que Malthus (2015) previu a permanente miséria da humanidade no futuro, no seu famoso livro *Essay on the principle of population*. A revolução científica, tecnológica e organizacional destruiu as previsões catastrofistas, graças ao enorme aumento da produtividade.

Pode-se dizer mesmo que o crescimento econômico é um grande remédio para a pobreza, embora nem sempre melhore a distribuição de renda em determinado país.

Por exemplo, no mundo atual a globalização de mercados, consequente da revolução tecnológica de redução do custo de transporte de mercadorias e do custo de comunicação entre as pessoas, levou à incorporação ao mercado mundial de grandes massas de chineses e indianos pobres. Passaram a ter rendimentos bem maiores. A distribuição de renda no mundo como um todo melhorou, o mesmo acontecendo com a pobreza absoluta. Segundo o Banco Mundial, entre 1990 e 2013, o número de pessoas extremamente pobres no mundo diminuiu de 1,85 bilhão para 767 milhões (citado na revista *The Economist* de 5/5/2018, p. 80;

ver também Milanovic, 2016). Ao mesmo tempo a eficiência e a produtividade também aumentaram.

Mas a distribuição de renda piorou nos Estados Unidos e na Europa, pois muitos chineses e indianos passaram a competir no mercado global com os trabalhadores menos qualificados dos países desenvolvidos, dificultando o aumento ou reduzindo seus salários. Piketty (2014) constatou a piora da distribuição de renda nos países desenvolvidos, a qual atribuiu a outras razões.

Tal fato talvez explique a eleição de Trump e a popularidade, em vários países desenvolvidos, de políticos nacionalistas, com discursos contra os produtos estrangeiros (e, por tabela, reduzindo o emprego da mão de obra estrangeira em seu país de origem; o que é uma incoerência, pois os nacionalistas também se opõem à imigração). Vários eventos no mundo atual atestam a grande influência da pobreza e da distribuição de renda na política, sobretudo nos países democráticos.

Referências

ACEMOGLU, D.; ROBINSON, J. *Why nations fail*. Nova York: Randon House, 2012.

APOSTOLIDE, A. et al. *English gross domestic product 1300-1700*: some preliminary estimates. Working Paper, University of Warwick, 26 nov. 2008.

BUCHANAN, J.; TOLLISON, R. *Theory of public choice*. Michigan: University of Michigan Press, 1972.

CURADO, M. et al. *Desafios da nação*. Rio de Janeiro: Ipea, 2018.

DEATON, A. *A grande saída*: saúde, riqueza e a origem da desigualdade. Rio de Janeiro: Intrínseca, 2017.

DIAMOND, J. *Guns, germs, and steel*: the fates of human societies. Nova York: Norton, 1997.

FERREIRA, P. et al. (Org.). *Desenvolvimento econômico*: uma perspectiva brasileira. Rio de Janeiro: Elsevier, 2013.

FRIEDMAN, M. et al. *Free to choose*. Nova York; Londres: Harcourt Brace Jovanovich, 1979.

FUKUYAMA, F. (Ed.). *Ficando para trás*. Rio de Janeiro: Rocco, 2010.

MALTHUS, T. *An essay on the principle of population*. Londres: Penguin Classics, 2015.

MANKIW, N. G. *Introdução à economia*. 6. ed. São Paulo: Cengage Learning, 2014.

MCCLOSKEY, D. *Os pecados secretos da economia*. São Paulo: Ubu, 2017.

MILANOVIC, B. *Global inequality*: a new approach for the age of globalization. Londres: Belknapp Press of Harvard University Press, 2016.

MOOG, Viana. *Bandeirantes e pioneiros*. 22. ed. Rio de Janeiro: José Olympio, 2011.

NORTH, Douglas C. *Transaction costs, institutions and economic performance*. Occasional Paper v. 30, International Center for Economic Growth, 1992.

OCDE. *Relatórios econômicos OCDE*: Brasil 2018. Paris: OCDE, 2018.

PIKETTY, T. *Capital in the twenty-first century*. Londres: Belknapp Press of Harvard University Press, 2014.

PRADO JÚNIOR, C. *Formação do Brasil contemporâneo*. São Paulo: Companhia das Letras, 2011.

RAWLS, J. *A theory of justice*. Cambridge, Mass.: Harvard University Press, 1971.

SACHS, J. *The end of poverty*: economic possibilities for our time. Nova York: Penguin, 2005.

CAPÍTULO 3

Consequencialismo, racionalidade e decisão jurídica: o que a teoria da decisão e a teoria dos jogos podem oferecer?

Fernando Leal

1. Introdução

Este trabalho possui dois objetivos. Em primeiro lugar, pretende-se apresentar elementos de teoria da escolha racional e de teoria dos jogos úteis para modelar e conduzir processos de tomada de decisão jurídica orientados por considerações consequencialistas. Para tanto, propõe-se um diálogo entre, de um lado, exigências jurídicas de justificação de decisões (com foco no raciocínio judicial) e, de outro, tanto o conhecimento da estrutura e dos problemas de juízos consequencialistas como a apresentação de elementos de teoria da decisão destinados a caracterizar — e, assim, diferenciar — situações decisórias e a fornecer critérios de justificação de cursos de ação em função dos seus efeitos. Em segundo lugar, o presente trabalho almeja problematizar tanto o emprego recorrente de juízos consequencialistas no direito como a utilidade de teorias jurídicas normativas que se sustentam sobre idealizações das capacidades epistêmicas de magistrados reais e desconsideram traços dos arranjos institucionais no âmbito dos quais eles são chamados a decidir para efetivamente orientarem processos de tomada de decisão jurídica.

Para realizar os objetivos propostos, o texto se organiza em cinco partes e uma conclusão. Na primeira parte, discute-se a aceitabilidade de justificações consequencialistas no direito a partir de uma tensão entre a orientação decisória para o passado, que caracterizaria tradicionalmente o raciocínio jurídico em um estado de direito, e o futuro, foco de raciocínios preocupados com os efeitos de possíveis alternativas de decisão. Na segunda parte são apresentados elementos fundamentais de teoria da decisão a partir da sugestão de um modelo formal de raciocínio consequencialista. Na terceira parte, por sua vez, são diferenciados típicos problemas de decisão individual de problemas de decisão interativa e apresentadas algumas contribuições da teoria da escolha racional para modelar e orientar processos decisórios do primeiro tipo. Na quarta seção o texto se concentra em problemas de decisão interativa. Para tanto, são apresentados elementos básicos de teoria dos jogos e alguns conceitos de solução de jogos na forma normal. Na quinta parte, finalmente, são problematizados alguns pressupostos de racionalidade que orientam as contribuições da teoria da escolha racional e da teoria dos jogos para a compreensão e condução de processos decisórios reais a partir do conceito de racionalidade limitada e da influência de fatores intuitivos na tomada de decisão humana.

2. O raciocínio jurídico entre o passado e o futuro

O raciocínio jurídico considerado tradicional, no sentido daquele que costuma ser forjado por meio de métodos e teorias normativas da tomada de decisão no direito, é predominantemente orientado para o passado. Ainda que a existência de uma maneira tipicamente jurídica de pensar seja uma hipótese controvertida, referenciais de justificação como regras mandatórias, precedentes competências e o trabalho dogmático parecem desempenhar um papel preponderante quando se pensa na fundamentação de processos argumentativos preocupados com a decisão judicial (Schauer, 2009:5). O que há de comum em torno de todos esses parâmetros normativos de decisão é o fato de eles obrigarem advogados, tomadores de decisão e acadêmicos críticos a pensarem retrospectivamente quando estão diante de problemas concretos, ou seja, a buscarem algum elemento jurídico autoritativo preexistente à tomada de decisão para justificar a imposição de cursos de ação definidos no momento presente em que o caso é enfrentado.

O passado, nesse quadro, exerce permanente pressão sobre as decisões do presente. E é exatamente nessa capacidade que o direito teria de vincular fatos futuros a âncoras previamente fixadas no passado que estaria a chave para o desempenho de suas funções de promotor de segurança e estabilizador social de expectativas normativas (Falcão, Schuartz e Arguelhes, 2006:90). A concretização de virtudes caras ao ideal de estado de direito dependeria, assim, que o raciocínio jurídico fosse eminentemente retrospectivo. Na tradução mais recorrente da relação entre estado de direito e raciocínio orientado para o passado, concebe-se o Judiciário como um aplicador de leis. Na versão mais extremada, identifica-se o juiz ideal como o de perfil "neutral, [como um] asséptico observador de uma realidade por ele não vivenciada" (Nalini, 2000:342).

Dentro do arcabouço teórico desenhado, a possibilidade de decisões jurídicas — notadamente decisões judiciais — justificarem-se com base nos seus possíveis efeitos futuros representaria um desafio conceitual para qualquer estado de direito. Esse argumento se torna especialmente forte quando se considera alguma situação em que o direito preexistente à tomada de decisão e incidente em determinado caso sugere uma resposta que aponta para o sentido oposto àquele que a consideração de consequências recomenda.

No AgRg na Pet 1.495/PR apreciado pelo STJ no ano de 2003, por exemplo, a empresa Asea Brown Boveri Ltda. pedia a suspensão de um contrato de mais de US$ 5 milhões celebrado entre um consórcio de empresas e Itaipu para a ampliação de uma subestação da usina. O argumento apresentado para o pedido era o descumprimento de um requisito do edital de licitação pelas empresas executantes do serviço. Observar a legalidade, nessa visão resumida do problema, sugeriria a suspensão da execução da obra, como havia feito anteriormente o TJPR. Contudo, o cenário nacional era de grave crise energética e Itapu alegava que "eventuais falhas no Sistema Elétrico Paraguaio, que necessita[va] de obra suspensa, haja vista estar operando com sobrecarga, pode[ria]m se propagar negativamente no Sistema Elétrico Brasileiro".[1] Considerados os efeitos negativos atrelados à alternativa decisória de suspender a execução da obra (no caso, deixar cidades inteiras do país no escuro), talvez fosse preferível optar pelo caminho oposto àquele recomendado por regras jurídicas incidentes no caso. E, assim, o STJ manteve a execução do contrato.

Como se nota, privilegiar certos cursos de ação no presente em razão do que pode vir a acontecer, ou mesmo a partir de compromissos explícitos com a promoção de certos estados de coisas, poderia diluir definitivamente as amarras que garantiriam os níveis de previsibilidade, certeza e confiabilidade capazes de tornar o direito uma prática social valiosa. Decidir com base nas consequências ou conceber a decisão judicial como um meio para atingir objetivos sociais relevantes (como a distribuição da riqueza ou a promoção

---

[1] AgRg na Pet 1.495/PR, de 9/12/2003, p. 1 do Relatório.

de alguma concepção de justiça social) não seria, porém, apenas criticável por sua incompatibilidade conceitual com o estado de direito.[2]

Do ponto de vista dos seus efeitos econômicos, um consequencialismo judicial permanente, que aumenta os níveis de incerteza sobre o resultado de disputas jurídicas, poderia estar correlacionado com taxas de juros de curto prazo mais altas (Arida, Bacha e Lara Rezende, 2005) ou a *spreads* bancários elevados (Pinheiro, 2003), especialmente quando esse tipo de comportamento judicial está vinculado à frustração constante de expectativas normativas de agentes econômicos estabelecidas com base em disposições contratuais e regras jurídicas. Quando essas disposições e regras, que pretendem administrar os níveis de incerteza futuros relacionados com o comportamento de agentes econômicos, são desconsideradas em razão de considerações atuais sobre os efeitos negativos para uma das partes da aplicação daqueles padrões para o desfecho do caso, tem-se um tipo de atuação judicial que poderia ser considerada (ao menos economicamente) disfuncional. Nesse cenário, custos de transação aumentam e o desempenho econômico é negativamente afetado. Rever contratos ou não garantir direitos de propriedade em razão de considerações consequencialistas, como indica Pinheiro, pode implicar, no limite,

> que agentes econômicos racionais podem optar por não participar de contratos com partes que sejam percebidas como sendo mais favorecidas do que eles pela justiça, a menos que haja outros mecanismos de estímulo ao cumprimento do contrato (por exemplo, a perspectiva de um novo contrato) e o risco do oportunismo não penalizado pelo Judiciário seja embutido nos preços. Esta é uma explicação de porque há tão pouco crédito imobiliário voluntário para famílias pobres. [Pinheiro, 2003:7]

Razões jurídicas e econômicas, portanto, estariam por trás de uma ampla rejeição de posturas judiciais consequencialistas. O problema, no entanto, é que não só essa rejeição pode ser combatida com concepções diversas sobre o direito e o estado de direito (Falcão, Schuartz e Arguelhes, 2006), ou com diferentes estudos econométricos (contra a tese de Arida, Bacha e Lara--Resende, 2005, por exemplo, ver Gonçalves, Holland e Spacov, 2007), como

---

[2] Como se nota, o argumento diz respeito tanto a raciocínios propriamente consequencialistas como a raciocínios teleológicos. Embora seja possível distingui-los (Leal, 2014:53 e ss.), os dois tipos de raciocínio serão tratados indistintamente neste trabalho como espécies de raciocínios prospectivos que pressupõem relações do tipo meio-resultado.

ela parece ser excessivamente exigente, especialmente se considerarmos (i) que agentes racionais costumam considerar as consequências de alternativas decisórias quando decidem, (ii) que, em certos casos, é o próprio direito positivo que exige a consideração de consequências para a tomada de decisão[3] e (iii) que decisões judiciais, querendo qualquer teoria normativa sobre o raciocínio judicial, ou não, produzem efeitos no mundo e esses efeitos não podem ser, em muitos casos, simplesmente apagados no momento da tomada de decisão.

Tome-se, por exemplo, o que se discutia na ADC 9, que envolvia a apreciação da constitucionalidade da Medida Provisória nº 2.152-2, de 1º/6/2001, e posteriores reedições, destinada a criar um sistema de incentivos para a redução do consumo de energia elétrica em um cenário em que medidas dessa natureza pareciam ser cruciais para evitar um "apagão" no país, ou o que estava em jogo no julgamento da ADPF 165, o caso dos chamados "planos econômicos", em que já se chegou a defender que, caso o Supremo Tribunal Federal declarasse os planos Bresser, Verão e Color II inconstitucionais, o Brasil sentiria uma retração de um trilhão de reais no mercado de crédito.[4] Nos dois casos, efeitos de grande magnitude foram levantados e soa pouco crível dizer que eles deveriam ser — e que, efetivamente, seriam — simplesmente desconsiderados em qualquer um dos problemas de decisão.

Se, portanto, por um lado, parece haver boas razões conceituais ou econômicas para evitar considerações consequencialistas em processos reais de tomada de decisão jurídica, parece, por outro, inevitável que o direito conviva com raciocínios dessa natureza. Pensar o raciocínio jurídico — com especial destaque para o raciocínio judicial — de uma maneira metodologicamente rigorosa a partir de uma perspectiva consequencialista se faz necessário, por isso, para além de disputas normativas ou conceituais sobre o direito ou o tipo de postura decisória judicial desejável em um estado de direito (ainda que não independentemente delas). É essa visão que nos leva à teoria da decisão.

---

[3] As alterações promovidas na Lei de Introdução às Normas de Direito Brasileiro pela Lei nº 13.655/2018 são os exemplos mais claros de como decidir com base em consequências significa observar exatamente o que o direito prescreve. O artigo 20, por exemplo, dispõe que "[n]as esferas administrativa, controladora e judicial, não se decidirá com base em valores jurídicos abstratos sem que sejam consideradas as consequências práticas da decisão". O artigo 21 da mesma lei prevê orientação semelhante, ao determinar que "[a] decisão que, nas esferas administrativa, controladora ou judicial, decretar a invalidação de ato, contrato, ajuste, processo ou norma administrativa deverá indicar de modo expresso suas consequências jurídicas e administrativas".
[4] STF começa a decidir se bancos devem pagar perdas com planos econômicos. *IstoÉ*, 2016. Disponível em: <https://istoe.com.br/336675_STF+COMECA+A+DECIDIR+SE+BANCOS+-DEVEM+PAGAR+PERDAS+COM+PLANOS+ECONOMICOS/>. Acesso em: 8 maio 2018.

3. Teoria da decisão: elementos fundamentais

Ao contrário do que o rótulo inicialmente pode sugerir para alguém com formação jurídica, "teoria da decisão" não é uma disciplina preocupada com métodos de interpretação, teorias hermenêuticas ou outras recomendações baseadas em concepções sobre a natureza do direito, democracia ou separação de poderes que pretendem conduzir e, assim, limitar a discricionariedade judicial. Na síntese de Resnik, "teoria da decisão é o produto de esforços comuns de economistas, matemáticos, filósofos, cientistas sociais e estatísticos [além de certamente o trabalho daqueles que trabalham com psicologia cognitiva] voltado a dar sentido a como indivíduos e grupos tomam e devem tomar decisões" (Resnik, 2006:3). Como se nota, o que se encontra sob o rótulo "teoria da decisão" envolve tanto uma dimensão positiva ou descritiva, preocupada em compreender como as pessoas, de fato, decidem, e uma dimensão normativa, voltada para a determinação de como agentes racionais devem decidir.

Nesse sentido, "teoria da decisão" envolve um conjunto de saberes mais amplos que, ainda que não se dirijam exclusivamente ao raciocínio jurídico, podem ser apropriados por teorias jurídicas preocupadas em conhecer como os juízes decidem e/ou determinar como deveriam decidir, na medida em que o tema envolve tomada de decisão de agentes pretensa e desejavelmente racionais. No caso específico dos debates apresentados na seção anterior, a teoria da decisão se revela um campo especialmente promissor exatamente porque tem como foco agentes preocupados na seleção de cursos de ação em razão dos seus efeitos esperados para promover — ou mesmo *maximizar* — certas preferências. Em linguagem de teoria da decisão, por exemplo, uma "decisão" envolve, "seja ela individual ou coletiva, uma escolha entre duas ou mais opções ou cursos de *ação*, que, cada qual, produzirá um ou vários *resultados*" (Resnik, 2006:6, ênfases no original). Assim, a teoria da decisão pode jogar luzes muito úteis para se compreender melhor o raciocínio consequencialista no direito, como torná-lo mais consistente e identificar seus limites.

3.1 A estrutura básica de um raciocínio consequencialista

Um modelo formal pode auxiliar a decompor um processo de decisão orientado por um raciocínio consequencialista. Ao analisar um problema de decisão que envolve a escolha de um curso de ação, seria possível identificar essencialmente três componentes e duas dimensões. Os componentes são: (i) as diferentes alternativas de decisão; (ii) as consequências (efeitos) vinculadas a cada uma dessas alternativas; e (iii) um critério de valoração com base no qual essas consequências serão ordenadas (Leal, 2014:57). A relação entre alternativas e consequências envolve considerações sobre os diferentes cursos de ação que se apresentam para o tomador de decisão e informações sobre a realidade (ou os "estados do mundo") em que as ações podem ser empreendidas. Essa interação é a base para se determinarem os resultados ou efeitos de cada um dos diferentes cursos decisórios.

No exemplo de Resnik (2006:6-7), podemos considerar uma situação em que alguém adentra uma garagem escura com forte cheiro de gasolina. Após tatear as paredes do recinto e não encontrar um interruptor de luz, o agente considera acender um fósforo para ver o que há ali dentro. Mas, quando cogita fazê-lo, hesita ao especular que uma explosão pode ocorrer. A situação de decisão, portanto, envolveria basicamente duas alternativas decisórias: acender ou não o fósforo naquele ambiente. A realidade também pode se apresentar de duas maneiras: ela pode conter ou não algum elemento explosivo. Assim, quatro seriam as consequências possíveis atreladas às alternativas decisórias. O quadro de decisão seguinte ilustra a análise.

		Estados do mundo	
		Gás explosivo	Sem gás explosivo
Cursos de ação	Acender um fósforo	*Explosão*	*Nada*
	Não acender um fósforo	*Nada*	*Nada*

O quadro ilustra as relações entre os dois primeiros elementos básicos de um raciocínio consequencialista: a identificação das alternativas de decisão e as correspondentes consequências vinculadas a cada uma delas. Essas relações envolvem a dimensão *positiva* ou *descritiva* de um raciocínio consequencialista. Nesse ponto ainda não há propriamente decisão, mas simplesmente prognoses sobre o que pode ocorrer caso o tomador de decisão opte por qualquer um dos possíveis caminhos decisórios. O processo decisório ocorre quando um critério de valoração dos efeitos é indicado e aplicado para ordená-los/ranqueá-los. Nesse ponto se localiza a dimensão *normativa* do raciocínio, no âmbito da qual se prescreve a adoção do curso de ação ao qual estiverem vinculadas as consequências preferíveis relativamente às outras associadas a diferentes cursos possíveis de ação (Schuartz, 2008:131-132).

Note-se que a estrutura do raciocínio não pressupõe nenhum compromisso particular com um critério de valoração. O que importa para a decisão são a escolha e a aplicação consistente de um critério, pois a racionalidade da decisão depende da escolha da alternativa que promove (ou, no limite, *maximiza*) determinada preferência. Os níveis de consistência esperados nesse ponto, por isso, são meramente internos, o que quer dizer que, não importa qual seja o critério de valoração dos efeitos, pode ser considerada racional a decisão que privilegia a alternativa que o realiza na maior medida possível.[5] Isso não significa que essa estrutura não seja compatível com teorias normativas sobre o comportamento de agentes econômicos que se comprometem com valores determinados. A análise econômica do direito, por exemplo, pressupõe que as pessoas são agentes que decidem seguindo o modelo consequencialista exposto, mas que se diferencia dele por eleger algum sentido de *eficiência* como o valor a ser buscado em processos decisórios reais (Posner, 2007:24 e ss.).

Esses três componentes e as duas dimensões podem ser utilizados para analisar decisões jurídicas. Tomemos como exemplo o RE 407.688/SP, em que o Supremo Tribunal Federal declarou incidentalmente constitucional o art. 3º, VII, da Lei nº 8.009/1990, que retira da proteção do bem de família o bem imóvel dado em garantia em contrato de locação. A decisão reverte o que já tinha sido assentado no RE 352.940/SP, em que a corte declarou incidentalmente inconstitucional o mesmo dispositivo por alegada restrição ao direito social de moradia. Ministros como Cezar Peluso e Nelson Jobim se serviram de um raciocínio eminentemente prospectivo para a tomada de decisão no novo caso e usaram a "promoção do direito de moradia" como critério de valoração de consequências.

No julgamento, as duas alternativas decisórias eram facilmente identificáveis: declarar o dispositivo constitucional ou declará-lo inconstitucional. Ao conjecturarem sobre os efeitos atrelados à segunda alternativa (exatamente a que foi privilegiada no caso anterior), os ministros alegaram que, ao declararem o dispositivo inconstitucional, estaria o STF retirando garantia tradicional do mercado de locação que sempre esteve relacionada com altos níveis

---

[5] Nesse sentido, por exemplo, o conceito de princípios como mandamentos de otimização de Robert Alexy pressupõe o desenvolvimento de um raciocínio consequencialista por aplicadores do direito (Leal, 2014:196 e ss.).

de segurança para o locador. Sem ela, as incertezas sobre a possibilidade de reaver os valores devidos em casos de inadimplemento por parte do locatário aumentariam. O aumento dessas incertezas levaria ao aumento do custo que os locatários deveriam assumir para obterem um imóvel, estejam esses custos relacionados com a apresentação de novas garantias ou mesmo com o preço dos aluguéis. Assim, comparando essa situação com uma realidade em que o dispositivo é declarado constitucional, os ministros consideraram que o direito à moradia é mais restringido no primeiro cenário, pois o acesso à moradia a quem dela precisa (os locatários) se torna mais difícil em uma possível realidade em que o dispositivo é declarado inconstitucional e o bem de família do fiador não pode ser executado. Aplicado o critério de valoração, portanto, a decisão a ser tomada é aquela que privilegia a alternativa decisória "declarar o dispositivo constitucional". E assim foi feito pela maioria. Nas palavras do ministro Peluso, "castrar essa técnica legislativa [...] romperia equilíbrio de mercado, despertando exigência sistemática de garantias mais custosas para as locações residenciais, com consequente desfalque do campo de abrangência do próprio direito constitucional à moradia".

3.2 Certeza, risco e incerteza

No exemplo anterior, a passagem transcrita do voto do ministro Peluso evidencia que, para ele, os efeitos associados à declaração de inconstitucionalidade pareciam inevitáveis. O ministro não levanta qualquer possibilidade de dúvida a respeito dos efeitos negativos para os locatários: se o STF declarasse o dispositivo da lei de bem de família inconstitucional, teríamos uma realidade marcada por locações mais custosas e, em razão desse fato, uma restrição ao direito de moradia. A relação entre a alternativa decisória e suas consequências correspondentes parece se dar sob condições de certeza. O ministro decide como se soubesse que sua prognose fosse incontestável.

Independentemente da possibilidade de se criticar o juízo de certeza que parece estar subjacente na justificação da decisão tomada pelo ministro, nem sempre as relações entre alternativas decisórias e consequências se dão sob condições de *certeza*. O futuro nem sempre pode ser antecipado com certeza. Por isso, podemos também cogitar de contextos decisórios em que as relações entre alternativas e consequências não são certas. Quando essa incerteza pode ser de alguma forma mensurada, ou seja, quando é possível pelo menos determinar as probabilidades de ocorrência de eventos futuros, diz-se que o contexto decisório se dá sob condições de *risco*.

Em um jogo de dados, por exemplo, não é *certo* (no sentido em que o evento se dará necessariamente) que, se eu disser que um dos objetos terminará o movimento, após lançado, com a face de número "5" para cima, isso acontecerá. Contudo, posso estimar as chances de isso ocorrer: tenho seis resultados possíveis, todos com a mesma chance de ocorrer, o que equivale a dizer que cada um tem aproximadamente 17% de chance de ser o "número para cima".

Em alguns contextos, porém, sequer é possível estimar as incertezas com que certos resultados podem ocorrer. O futuro é completamente desconhecido. Esses cenários são conhecidos como contextos decisórios marcados por *incerteza* ou *ignorância*. A ideia de "véu da ignorância", usada por Rawls para caracterizar os indivíduos que precisam definir critérios de justiça que regerão sua vida em sociedade no que chama de "posição original", remete, por exemplo, a um contexto decisório marcado por uma incerteza dessa natureza (Rawls, 1999:118 e ss.).

Embora criticável em diversos níveis e representar, no fundo, uma simplificação idealizada das diferentes configurações da realidade (Resnik, 2006:14), a classificação de problemas de decisão como problemas sob condições de certeza, risco e incerteza é amplamente aceita no âmbito da teoria da decisão e usada como base para se buscar critérios específicos para lidar com cada uma dessas situações. No domínio do direito ambiental, por exemplo, o chamado "princípio da precaução" funciona como regra de decisão aplicável precisamente nos contextos de tomada de decisão sob condições de incerteza/ignorância (Leal, 2016a).

3.3 Problemas estruturais de raciocínios consequencialistas

Indicados os componentes de um raciocínio consequencialista, e visto que as relações entre alternativas decisórias e consequências nem sempre são *determinísticas* (*i.e.*, se dão sob condições de certeza), é possível identificar alguns desafios estruturais que afetam processos decisórios orientados para o futuro. Conhecê-los é fundamental para o desenvolvimento de metodologias de decisão capazes de elevar os níveis de racionalidade de processos decisórios, dentro ou fora do direito, orientados na valoração de efeitos de diferentes cursos de decisão.

Os problemas estruturais estão relacionados com cada uma das dimensões do raciocínio consequencialista. Na dimensão positiva, dois são os principais problemas; na dimensão normativa, três.

O primeiro problema da dimensão positiva diz respeito a uma necessária assimetria existente entre o presente futuro e o futuro presente (Luhmann, 1981:6-7). Com outras palavras, o futuro que imaginamos agora não necessariamente será o futuro que se cristalizará quando chegar. E, quanto mais distante no tempo é o exercício dessa "futurologia", mais forte é a assimetria. Por tal motivo, a validade de juízos consequencialistas desenvolvidos em condições de risco ou incerteza depende da confiabilidade das prognoses que sustentam as relações entre alternativas decisórias e seus correspondentes efeitos. Como critério epistêmico geral para lidar com essa assimetria, MacCormick (1983) sugere que argumentos consequencialistas deveriam exercer maior pressão sobre o processo decisório quanto mais confiáveis forem as prognoses sobre o futuro.

Consideremos novamente o caso dos planos econômicos. Um dos efeitos possíveis atrelados à alternativa de decisão "declarar os planos inconstitucionais" era, como visto, uma retração de um trilhão de reais do mercado de crédito. Mas, se olharmos para os números sugeridos por outros atores, como a PGR e alguns *amici curiae*, localizaremos resultados bem diferentes. O valor do impacto de eventual declaração de inconstitucionalidade poderia atingir "meros" 2,5 bilhões de reais, passando por valores como 6 bilhões, 24 bilhões, 101,4 bilhões, 105 bilhões, 149 bilhões, 180 bilhões e 341,5 bilhões (Leal, 2016c). Afinal, qual é o valor a ser considerado? Como avaliações de impacto podem variar de 2,5 bilhões a 1 trilhão? Há variações de metodologias de avaliação ou consideração de elementos diferentes? Qual é a prognose confiável? Superar as dificuldades relacionadas com prognoses sobre o futuro pode depender, como se nota, de diálogos diretos com outras áreas do saber e, em certos assuntos, também do estágio de evolução do conhecimento científico disponível, o que torna o manejo adequado de análises prospectivas no direito um desafio mais profundo (Schuartz, 2008:131).

O segundo problema da dimensão positiva, por sua vez, está relacionado com a extensão das cadeias de consequências. Cursos de ação geram efeitos que podem produzir novos efeitos que, por seu turno, podem produzir novos efeitos e assim sucessivamente. Nesse aspecto, a questão relevante a ser enfrentada é determinar até quando consequências devem ser consideradas. Argumentos do tipo "efeito dominó" são problemáticos porque pressupõem relações de causalidade que vão se sucedendo no tempo, mas são de difícil comprovação. Além disso, estão sujeitas à incidência de falácias, como a falácia do declive escorregadio (*slippery slope*) (Walton, 1999:252).

Na dimensão normativa, o primeiro problema está relacionado com a definição dos critérios de valoração. Esse é um especial problema para a tomada de decisão jurídica, uma vez que tradicionalmente raciocínios consequencialistas são associados a razões extrajurídicas ou não institucionais exatamente por não dependerem necessariamente dos referenciais retrospectivos do direito ou da sua observância para que possam ser empreendidos (assim Ávila, 2001). Na mesma linha de crítica, referências políticas determinando escolhas judiciais estariam no centro das objeções a um tipo de teleologia judicial preocupada com a promoção de justiça social ou a redistribuição de riqueza, mesmo que, para fazê-lo, seja necessário não observar regras jurídicas ou disposições contratuais (Pinheiro, 2003). O problema ocorre porque o tomador de decisão é, em princípio, livre para valorar efeitos de alternativas de decisão com base nos critérios que julgar relevantes. Teorias normativas podem reivindicar a preferência por certos critérios (por exemplo, a eficiência) ou mesmo a exclusão de outros, mas sua utilidade para além da possibilidade de crítica *ex post* de decisões que se orientaram em critérios diferentes (por exemplo, na justiça social, em vez da eficiência, como sugerido no exemplo anterior) depende de incorporação à prática judicial. O controle dos critérios usados para ordenar estados de coisas é o primeiro desafio metodológico da dimensão normativa.

O segundo problema envolve a definição e a estabilização dos sentidos dos critérios de valoração, sobretudo quando vagos. Esse também é um problema especialmente relevante no direito. Isso porque, se o uso de princípios pode lidar de alguma forma com a dificuldade explorada no problema anterior, de reconduzir raciocínios consequencialistas ao domínio do direito (Arguelhes, 2005), não necessariamente juízos consequencialistas serão mais seguros se orientados por critérios como "razoabilidade", "eficiência" ou "interesse público" (Leal, 2016b:29).

Por fim, o terceiro problema na dimensão normativa diz respeito à possibilidade de conflito entre critérios de valoração, que, quando aplicados, podem sustentar resultados diferentes — no limite, opostos — para a mesma questão. Métodos de decisão jurídica têm a pretensão de conseguir lidar com conflitos desse tipo. Esse é o caso por excelência da proporcionalidade, ainda, porém, objeto de inúmeras controvérsias entre teóricos do direito a respeito da sua real aptidão para limitar a discricionariedade judicial (Leal, 2014).

3.4 Decisões individuais e decisões interativas

Os desafios estruturais de raciocínios consequencialistas no direito colocam como problema permanente sua aceitabilidade. Os elementos básicos de teoria da decisão apresentados até este ponto permitem diferenciar problemas de decisão em função do tipo de informação disponível sobre o futuro, no momento da decisão, e o conhecimento dos componentes e dimensões de um raciocínio consequencialista. No entanto, nada ainda foi dito sobre como obter níveis mais altos de racionalidade em decisões orientadas por consequências.

Um dos caminhos usuais para elevar os níveis de compreensão de problemas de decisão e determinar as soluções para eles está no emprego de modelos. Esses modelos seriam "representações simplificadas da realidade", úteis na medida em que permitem a análise de situações de decisão e exigem a explicitação dos pressupostos para sua aplicação (Schuartz, 2005:5). Nessa linha, a teoria da escolha racional envolve os principais empreendimentos intelectuais para o desenvolvimento de modelos decisórios para problemas de decisão individual, ou seja, para situações decisórias que envolvem escolhas de *um* agente, suas preferências e as consequências que podem ser produzidas em função das suas possíveis opções, assim como do ambiente no âmbito do qual elas podem se dar (Resnik, 2006:121). Considere, por exemplo, a seguinte situação:

> Polyana tem um problema com a sua operadora de telefonia. Cliente há muito tempo, ela resolveu há um ano incluir o número de telefone de sua melhor amiga, para quem telefonava (e ainda telefona) com bastante frequência, como "favorito" a fim de reduzir o valor da sua conta. Infelizmente, no entanto, Polyana percebeu que seu desejo não foi cumprido e que, ao longo do último ano, pagou equivocadamente à operadora cerca de R$ 3.000,00 em ligações feitas para sua melhor amiga. Diante de tal fato, Polyana procura a operadora e solicita urgentes providências. Esta oferece à sua cliente uma oferta de R$ 3.500,00 em bônus sobre serviços para encerrar o problema. Em dúvida sobre o que fazer, Polyana consulta um advogado buscando informações sobre o que aconteceria caso optasse por

ingressar em juízo solicitando uma indenização no valor pago equivocadamente. Seu advogado informa que, em casos desse tipo, é possível pedir a "repetição do indébito, por valor igual ao dobro em que pagou em excesso", conforme prevê o parágrafo único do art. 42 do Código de Defesa do Consumidor. O advogado, contudo, alerta que, diante da ausência de provas concretas sobre a alteração contratual solicitada por Polyana há um ano, existe uma chance de 20% de o seu pedido ser indeferido. Conhecedor da jurisprudência do Judiciário local, o advogado informa ainda que, em casos semelhantes, em cerca de 40% dos casos os consumidores recebem apenas o valor pago erroneamente (ou seja, sem a repetição do indébito previsto pelo Código de Defesa do Consumidor). Finalmente, Polyana é informada que, caso opte por ingressar em juízo, ainda que sem o suporte de um advogado, os custos fixos de litigância totalizarão R$ 200,00. Com base nessas informações, justifique se Polyana, para quem é indiferente receber qualquer valor indenizatório em dinheiro ou em bônus em suas futuras contas de telefone, deve ou não aceitar a proposta de acordo oferecida pela operadora de telefonia.

Essa situação relativamente comum expressa um problema de decisão de um único agente (Polyana), que deveria selecionar o curso de ação (propor uma ação ou aceitar a proposta de acordo da operadora de telefonia) que maximiza suas preferências (no caso, a opção que lhe garante o maior retorno monetário) em um cenário em que a única certeza é a de que, aceitando o acordo, receberá R$ 3.500,00 em bônus. A opção de propor a ação é narrada como envolvendo um típico problema de tomada de decisão sob condições de risco, já que os resultados não são certos, mas a probabilidade de sua ocorrência é conhecida.

Um modelo, como antecipado, seria uma maneira de representar analiticamente os principais elementos do problema anteriormente narrado para a recomendação apropriada do curso de ação que deveria ser selecionado por Polyana. Em casos como esse, uma maneira simples de modelar um problema de decisão é tratá-lo como uma sequência de decisões que vão produzindo efeitos no tempo. Nesse aspecto, uma "árvore de decisão" seria um esquema útil para representar essas sequências. Nessa "árvore", os galhos podem representar tanto os cursos de ação como os estados do mundo atrelados a cada alternativa possível de decisão.

Para diferenciar o que cada um dos ramos representa, utilizam-se quadrados para representar o ponto que une ramos que significam cursos de ação e círculos para expressar os diferentes estados de coisas que podem ser produzidos por cada curso de ação. Os "quadrados" são chamados de "nós

CONSEQUENCIALISMO, RACIONALIDADE E DECISÃO JURÍDICA

de decisão" e os círculos, "nós de estados do mundo". Ao final de cada nó, caso não haja novas decisões ou estados do mundo, indica-se o valor do efeito (*payoff*) associado a cada uma das alternativas decisórias ou estados do mundo. Observe na figura abaixo a representação do problema de decisão de Polyana com base em uma árvore de decisão.

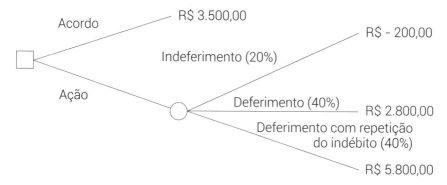

As árvores de decisão são modelos úteis para representar problemas de decisão individuais. Atreladas a técnicas de decisão (como a de indução retroativa) e critérios de decisão (como a predileção pelo ramo do nó de decisão que maximiza o valor monetário esperado de cada uma das alternativas), é possível prever ou prescrever o comportamento de um agente racional nessas circunstâncias. No caso, o valor da incerteza (o "valor esperado") atrelado ao nó "propositura da ação" (ou o valor monetário esperado, obtido pela soma de cada *payoff* multiplicado pela sua probabilidade de ocorrência) equivale a R$ 3.400,00, o que sugere que Polyana deve, nas circunstâncias apresentadas no problema, optar pelo acordo, que lhe garante um ganho certo de R$ 3.500,00.

Contudo, nem toda situação decisória envolve problemas como o de Polyana. Se considerarmos situações decisórias como as que envolvem escolhas em jogos como o de xadrez ou "pedra-papel-tesoura", veremos que há diferenças cruciais entre eles. Nos últimos dois casos, a definição do curso de ação mais apropriado para um determinado decisor (aquele que o leva à vitória ou a passos que contribuam para tanto) não depende exclusivamente das suas preferências e das suas opções decisórias. Ao contrário, a decisão adequada depende necessariamente de como o(s) outro(s) decisor(es) envolvido(s) no jogo se comportará(ão). E isso vale para cada decisor envolvido no mesmo problema. Há, portanto, uma interdependência entre os possíveis cursos de ação a serem selecionados nesses casos, caracterizados como *situações de jogo*. Para modelá-las precisamos de um novo conjunto de ferramentas.

4. Teoria dos jogos: noções básicas

Analisar o comportamento humano em situações de decisão interativa não é uma ambição recente. Matemáticos têm se ocupado com jogos de salão buscando a identificação de estratégias ótimas (e obtendo sucesso) desde o século XVIII (Watson, 2013:1). Já no século XX, os elementos básicos de uma "teoria dos jogos" são desenvolvidos de maneira rigorosa por John von Neumann e Oskar Morgenstern, que "escreveram o livro seminal sobre teoria dos jogos, o qual propunha de maneira detalhada como representar jogos de um modo matemático preciso e oferecia um método geral para analisar o comportamento [dos jogadores]" (Watson, 2013:2). A teoria dos jogos, no entanto, ganhou um impulso definitivo graças ao trabalho de John Nash, "que cunhou a distinção-chave entre modelos teóricos cooperativos e não cooperativos e criou conceitos de comportamento racional — os chamados 'conceitos de solução' — para os dois campos" (Watson, 2013:2).

A teoria dos jogos, de larga aplicação, cuida da análise e da previsão ou prescrição do comportamento racional esperado nas já apresentadas "situações de jogo". Sua utilidade para o direito é elevada, uma vez que problemas jurídicos podem envolver tanto situações de interdependência, em que os atores em situação de jogo (os jogadores) podem se comunicar para coordenar estratégias (jogos cooperativos), como casos em que os interesses são opostos e a coordenação não é possível, ainda que haja regras permitindo a comunicação entre os jogadores (os chamados jogos não cooperativos) (Resnik, 2006:126-127). Além disso, entender como situações de jogo são encaradas por agentes racionais é importante para que normas jurídicas possam induzir certos comportamentos considerados necessários quando a cooperação é desejável, ou mesmo para evitar ações estratégicas em jogos não cooperativos capazes de frustrar completamente expectativas normativas fixadas por agentes racionais em razão do comportamento de terceiros.

As situações de jogo podem ser modeladas também a partir de árvores (a chamada "forma extensiva"), quando as interações estratégicas se dão sequencialmente. A representação das interações por meio de uma matriz (a chamada "forma normal") é a maneira por excelência para representar jogos simultâneos, ou seja, problemas de decisão nos quais as decisões precisam ser tomadas sem o conhecimento das ações dos demais jogadores. Como se nota, a simultaneidade não se refere a decisões que precisam ser tomadas no mesmo momento no tempo, mas sim a escolhas que devem se dar sem o

CONSEQUENCIALISMO, RACIONALIDADE E DECISÃO JURÍDICA 101

conhecimento do comportamento dos outros atores envolvidos na mesma situação de jogo (Schuartz, 2005:44-45). Um jogo de par-ou-ímpar estilizado, por exemplo, em que os dois jogadores anotam os seus números em um papel com um intervalo de um dia entre eles e o segundo papel só é aberto três dias após a abertura do primeiro, continua sendo um jogo simultâneo, ainda que o jogo tenha se prolongado por pelo menos cinco dias.

4.1 A forma normal

Em razão dos limites deste texto, focaremos a apresentação dos elementos básicos de teoria dos jogos tomando como referência a forma normal. Seus elementos básicos são: (i) a identificação dos jogadores, (ii) das suas estratégias de decisão, (iii) e dos *payoffs* de cada jogador para cada interação entre estratégias. O conhecido "dilema dos prisioneiros" é um exemplo de jogo modelado na forma normal. A história que costuma ser usada para ilustrá-lo é a de dois suspeitos pelo cometimento de um crime que são colocados em celas separadas e são avisados que, caso delatem o companheiro, obterão um benefício (por exemplo, a redução da pena a um único ano de reclusão, ao contrário dos nove anos de reclusão que lhes seriam aplicados caso fossem considerados culpados pelo crime). Sendo os dois delatados pelo seu companheiro, o benefício ainda se aplicaria, mas cada suspeito seria condenado a quatro anos de reclusão. Na situação, por fim, em que nenhum dos dois jogadores delata o outro, os indícios levantados seriam considerados suficientes apenas para condená-los a dois anos de reclusão.

Toda essa longa narrativa poderia ser modelada (e, por conseguinte, analisada) da seguinte maneira recorrendo-se à forma normal:

		Prisioneiro 2	
		Delatar	Não delatar
Prisioneiro 1	Delatar	-4, -4	-1, -9
	Não delatar	-9, -1	-2, -2

Nessa matriz, cada jogador possui duas estratégias de decisão (delatar e não delatar) e os números representam o tempo de reclusão aplicado a cada um deles em cada interação entre estratégias. Como os *payoffs* estão vinculados a "tempo de prisão" e se pressupõe que ficar preso não é algo valorizado pelos jogadores, os números são negativos. Assim, maximiza a escala de preferências de cada jogador a estratégia que lhe garantir o menor tempo possível de prisão (ou seja, o número mais próximo de zero). As estratégias do prisioneiro 1 (o primeiro "jogador") são identificadas na horizontal (elas correspondem às linhas da tabela), enquanto as estratégias do prisioneiro 2 (o segundo "jogador") são colocadas na vertical (elas correspondem às colunas da tabela). Nos pares de *payoffs*, os primeiros números correspondem aos *payoffs* do jogador 1, enquanto os segundos números, aos *payoffs* do segundo jogador. Na combinação de estratégias, por exemplo, "prisioneiro 1 não delata" e "prisioneiro 2 delata", o par (-9, -1) representa, respectivamente, o tempo de reclusão do primeiro prisioneiro (nove anos) e o segundo número o tempo de reclusão do segundo prisioneiro (um ano).

A forma normal, como indicado, tem como principal função a compreensão da situação de jogo. A previsão do resultado que deveria prevalecer em uma interação desse tipo, pressupondo que os jogadores possuem todas as informações sobre as interações de estratégias e que todos são agentes racionais, no sentido de buscarem maximizar suas preferências, é feita com o auxílio de *conceitos de solução*. O mais famoso deles é o conhecido "equilíbrio de Nash". Mas, antes de conhecê-lo, é importante se familiarizar com o conceito de "dominância".

4.2 Conceitos de solução: dominância e equilíbrio de Nash

O conceito de situação de jogo pressupõe que a determinação do curso de ação a ser escolhido por um agente racional depende das decisões de pelo menos outro agente racional na mesma situação e vice-versa. Contudo, em certas situações, uma das estratégias de determinado jogador pode lhe garantir sempre os melhores *payoffs* independentemente da escolha dos cursos de ação de outro jogador. Isso significa que, não importa a escolha do outro jogador, determinado curso de ação sempre produzirá consequências melhores para um jogador relativamente aos *payoffs* que as outras alternativas de decisão disponíveis na situação poderiam lhe garantir. Quando isso ocorre, chamamos a estratégia de decisão com aquelas características de *estratégia estritamente dominante*. Ela é a melhor escolha para um jogador, qualquer que seja a escolha do outro jogador (Baird, Gertner e Picker, 2002:11). A principal consequência da identificação de uma estratégia dominante é esperar que um agente racional a escolha como o curso de ação adequado na situação de jogo. Sabê-lo é fundamental para antecipar o comportamento esperado do jogador que possui uma tal estratégia ou para prescrever qual deve ser o comportamento por ele adotado na situação de jogo.

Para o direito, conhecer as estratégias estritamente dominantes de indivíduos envolvidos em determinadas situações de jogo também é crucial, seja para avaliar a efetividade de uma legislação que almeja promover estratégias dominantes em atores sociais, seja para justificar a necessidade de um ato normativo qualquer capaz de levar indivíduos à adoção de certa estratégia estritamente dominante, que levará ao resultado global considerado socialmente desejável.

Interações entre motoristas e pedestres no trânsito é um clássico exemplo de situação de jogo em que "exercer precaução" deveria ser uma estratégia estritamente dominante para as duas categorias de atores. No entanto, nem sempre motoristas e pedestres agem dessa maneira no mundo real. Um regime de responsabilidade civil, por exemplo, que torne altamente custoso para motoristas ou pedestres não exercer precaução em caso de acidentes de trânsito pode ser uma maneira de tornar o exercício da precaução uma estratégia estritamente dominante para motoristas e pedestres e, assim, levá-los ao resultado considerado socialmente desejável (sobre essa hipótese, ver Baird, Gertner e Picker, 2002:14-19).

O dilema dos prisioneiros é um tipo de jogo em que cada um dos jogadores possui uma estratégia estritamente dominante. No caso, "delatar" garante a cada um dos jogadores o menor tempo de reclusão (ou seja, os melhores *payoffs* para a preferência "ficar preso o menor tempo possível") independentemente da escolha do outro jogador. Se considerarmos o jogador 1, veremos que, caso o jogador 2 opte por "delatar", "delatar" é a melhor estratégia para o jogador 1, pois o *payoff* -4 é maior do que o *payoff* -9 associado à adoção da estratégia "não delatar", quando o jogador 2 opta por "delatar". Da mesma forma, caso o jogador 2 selecione a estratégia "não delatar", "delatar" segue sendo o melhor curso de ação a ser adotado pelo jogador 1. Isso porque o *payoff* -1 associado à estratégia "delatar" é maior do que o *payoff* -2 associado à estratégia "não delatar", quando o jogador 2 opta por "não delatar". Se o mesmo tipo de raciocínio for empregado para as estratégias do jogador 2, veremos igualmente que "delatar" é uma estratégia estritamente dominante, porque, independentemente da escolha do jogador 1, "delatar" garantirá ao jogador 2 sempre os melhores *payoffs*. Assim, como cada jogador possui uma estratégia estritamente dominante, é possível dizer que a solução do jogo se localiza em um *equilíbrio em estratégias estritamente dominantes*. No caso, o par de estratégias {delatar; delatar} é o equilíbrio do dilema dos prisioneiros. A seguir é possível visualizar por que a estratégia "delatar" é estritamente dominante para o jogador 1 no dilema dos prisioneiros anteriormente apresentado:

Prisioneiro 2

	Delatar	Não delatar
Delatar	-4, -4	-1, -9
Não delatar	-9, -1	-2, -2

Prisioneiro 1

Prisioneiro 2

	Delatar	Não delatar
Delatar	-4, -4	-1, -9
Não delatar	-9, -1	-2, -2

Prisioneiro 1

É certo que nem sempre um jogador possui uma estratégia estritamente dominante. No entanto, às vezes é possível identificar uma estratégia que, comparativamente a pelo menos uma das demais estratégias que podem ser adotadas pelo jogador, garante-lhe *payoffs* sempre menores, independentemente das escolhas do outro jogador. Quando isso ocorre, chamamos a estratégia que sempre "perde" para pelo menos uma outra do mesmo jogador, para qualquer escolha privilegiada pelo outro jogador envolvido na mesma situação de jogo, de *estratégia estritamente dominada*. Identificar estratégias dessa natureza também é útil para a solução de jogos, uma vez que, para um agente racional, a estratégia estritamente dominada *nunca* será selecionada. Em termos simples, jogadores racionais não "jogam" estratégias estritamente dominadas (Watson, 2013:51), de modo que elas podem ser simplesmente *eliminadas* do rol de alternativas decisórias passíveis de escolha para o jogador.

No dilema dos prisioneiros, como cada jogador possui apenas duas estratégias e, dado que uma delas é estritamente dominante (no caso, a estratégia "delatar"), isso significa que a estratégia "não delatar" é, para cada jogador, estritamente dominada por "delatar". Isso porque, para cada jogador, "não delatar" lhe garante sempre piores *payoffs* do que a estratégia "delatar", independentemente da estratégia escolhida pelo outro jogador. Como, no jogo, cada jogador possui uma estratégia estritamente dominada, que pode ser eliminada para cada um, restará para cada jogador apenas a estratégia "delatar", de modo que, no dilema dos prisioneiros, o par {delatar; delatar} também poderia ser caracterizado como um *equilíbrio por eliminação de estratégias estritamente dominadas*.

O último conceito de solução a ser apresentado é o de equilíbrio de Nash. Se os conceitos de estratégia estritamente dominante e de estratégia estritamente dominada indicam, respectivamente, os cursos de ação que serão ou não serão privilegiados por um agente racional, independentemente das estratégias possivelmente escolhidas pelo outro jogador, o conceito de equilíbrio de Nash pressupõe o encontro de *melhores respostas mútuas* (Watson, 2013:97), ou, em outras palavras, o da constatação de que uma determinada estratégia de um jogador é a melhor resposta para a estratégia do outro e vice-versa (Baird, Gertner e Picker, 2002:21). Assim, o conceito de equilíbrio de Nash não envolve a indicação de melhores estratégias, mas de *combinações* de estratégias. Isso significa que, para a noção de equilíbrio, o que o *outro* jogador envolvido na situação de jogo escolhe é determinante para a solução do problema, ao contrário dos outros conceitos de solução, que sempre se definiam com a parte "independentemente das escolhas do outro jogador". Uma das consequências facilmente apreensíveis dessa noção inicial é que, sendo um equilíbrio de Nash uma combinação de estratégias, um mesmo jogo pode possuir mais de um equilíbrio de Nash. Considere o jogo seguinte, por exemplo:

		Jogador 2	
		C	D
Jogador 1	A	2,2	0,0
	B	0,0	1,1

No jogo, como se nota, nenhum jogador possui uma estratégia estritamente dominante ou estritamente dominada. Contudo, o jogo possui dois equilíbrios de Nash. O primeiro deles é o par {A;C}. Isso porque, se o jogador 1 selecionar a estratégia A, C é a melhor resposta possível para o jogador 2, uma vez que o *payoff* 2 é maior do que o *payoff* 0, garantido pela estratégia D. Ao mesmo tempo, se o jogador 2 optar pela estratégia C, A é a melhor estratégia para o jogador 1, pois o *payoff* 2 é maior do que o *payoff* 0 associado à estratégia B. O segundo equilíbrio de Nash está na combinação de estratégias {B;D}. Mais uma vez, B é a melhor resposta para o jogador 1, dada a estratégia D do jogador 2 (porque o *payoff* 1 é maior do que o *payoff* 0 associado à estratégia A), e D é a melhor estratégia do jogador 2, caso o jogador 1 opte pela estratégia B (porque o *payoff* 1 é maior do que o *payoff* 0 associado à estratégia C).

Portanto, um par de estratégias {X;Y}, em que X é uma estratégia do jogador 1 e Y é uma estratégia do jogador 2, é um equilíbrio de Nash quando X for a melhor resposta para o jogador 1, dada a estratégia Y do jogador 2, e Y é a melhor resposta para o jogador 2, dada a estratégia X do jogador 1. Para testarmos mais uma vez a definição, no dilema dos prisioneiros anteriormente apresentado, a combinação {não delatar; não delatar} *não* é um equilíbrio de Nash do jogo porque, dada a estratégia "não delatar" do jogador 1, "delatar" é a melhor resposta para o jogador 2 (e não a estratégia "não delatar"), pois o *payoff* -1 associado à estratégia "delatar" é maior do que o *payoff* -2 associado à estratégia "não delatar". Esse dado já é suficiente para que a definição não seja satisfeita. No caso do dilema dos prisioneiros há apenas um equilíbrio de Nash, que será exatamente o equilíbrio em estratégias estritamente dominantes.

5. Racionalidade limitada e o papel de fatores intuitivos na tomada de decisão humana

Elementos de teoria da decisão e de teoria dos jogos podem contribuir para o aumento de racionalidade dos processos jurídicos orientados pela consideração de consequências na medida em que oferecem um instrumental pretensamente sofisticado para a compreensão e orientação de processos decisórios reais. Eles podem auxiliar na análise mais acurada de problemas de decisão e na previsão ou prescrição de respostas para problemas de decisão individual, ou de interação estratégica entre atores sociais. Assim, podem fornecer um conjunto de ferramentas mais rico e rigoroso para lidar com processos de tomada de decisão jurídica, comparativamente a métodos tradicionais que têm a pretensão de conduzir decisores em processos de justificação orientados para o futuro, como o cânone teleológico de interpretação ou algum tipo de inclinação pragmática que se limita a despertar a sensibilidade de julgadores para os efeitos das suas escolhas.

As vantagens anunciadas dos *inputs* que essas teorias podem trazer para o raciocínio jurídico, no entanto, não são isentas de críticas. Uma das mais fortes objeções ataca os pressupostos de racionalidade por elas compartilhados. Como regra, o que vimos nas seções anteriores parte de certa compreensão idealizada da racionalidade humana. O decisor ideal usado como referência de modelos decisórios é considerado o indivíduo que conhece completamente suas preferências sobre as consequências de diferentes alternativas decisórias e que age sempre buscando a maximização de sua escala de preferências (Resnik, 2006:4; Jones, 1999:299). Esse seria um ator econômico plenamente racional. Em alguns casos, esses modelos também pressupõem que tomadores de decisão possuem informações perfeitas sobre a realidade e sobre as preferências envolvidas no mesmo problema decisório. Essas idealizações, se, por um lado, atuam como referenciais normativos úteis para a construção de modelos, podem, por outro lado, reduzir o potencial analítico desses mesmos modelos para descrever e a sua aptidão efetiva para orientar processos *reais* de tomada de decisão.

Será que nós somos decisores com as características presumidas por esses modelos? Durante os anos 1940 e 1950, Herbert Simon desenvolveu um modelo de escolha voltado a desafiar os pressupostos compreensivos de racionalidade usados na construção e teorias econômicas (Jones, 1999:299), especialmente por meio do reconhecimento da necessidade de diálogos com a psicologia cognitiva para se entender, de fato, como pessoas reais encaram problemas e tomam decisões. Seu argumento central é o de que somos seres cognitivamente limitados e que isso torna o "*economic man*", referencial especialmente relevante para teorias econômicas normativas, um ideal inatingível e, por isso, provavelmente pouco útil para amparar prescrições sobre como agir no mundo real. Nas palavras de Simon:

> a teoria clássica é a teoria de um indivíduo escolhendo entre alternativas postas e conhecidas, para cada qual são vinculadas consequências conhecidas. No entanto, quando percepção e cognição intervêm entre o tomador de decisão e

o seu ambiente objetivo, esse modelo não se prova mais adequado. Precisamos de uma descrição do processo de escolha que reconhece que alternativas não são dadas, mas devem ser procuradas; e uma descrição que considera a ardorosa tarefa de determinar quais consequências se seguirão de cada alternativa. [Simon, 1959:272]

Para Simon, quanto a economia depende de diálogos com a psicologia depende, entre outros fatores, de até que ponto podemos confiar na suposição de que é possível se aproximar desse ideal de decisor (Simon, 1959:279). Isso porque, ao contrário do que modelos econômicos pressupõem, possuímos memória limitada, habilidades computacionais limitadas e cometemos erros lógicos e matemáticos (Adler, 2008:4). Assim, ao contrário do que modelos econômicos pressupõem, não agimos sob condições de plena racionalidade, mas de *racionalidade limitada*. Reconhecê-lo não significa afirmar que pessoas de carne e osso são seres irracionais. "Pessoas tomando decisões pretendem agir racionalmente. O problema é que nem sempre são capazes de fazê-lo" (Jones, 1999:298).

Estudos cognitivos realizados na segunda metade do século passado, inspirados no ataque geral de Simon, notadamente os conduzidos por Daniel Kahneman e Amos Tversky (ver, para uma iniciação no assunto, Kahneman e Tversky:2012), revelaram como fatores intuitivos interferem nos nossos julgamentos. O conceito de racionalidade limitada se completa, assim, pela conclusão de que a observância de certos padrões de decisão baseados na experiência (as chamadas *heurísticas*) nos leva a cometer com alguma frequência erros cognitivos em casos particulares, produzindo *vieses* cognitivos (sobre o assunto e com uma análise real da influência da heurística de ancoragem sobre julgamentos envolvendo a fixação de danos morais em Juizados Especiais Cíveis do Rio de Janeiro, ver Leal e Molhano, 2016).

O mapeamento dessas heurísticas, e de como elas influenciam processos de conhecimento e de decisão, amplifica o argumento de que nós não somos seres completamente racionais nos termos pressupostos por modelos decisórios. Na verdade, experimentos revelam que sequer somos seres maximizadores (Vermeule, 2005).

Para o direito, essas não são conclusões irrelevantes. Afinal, uma das implicações da visão de que somos dotados de capacidades limitadas para obter e processar informações, e de que nem sempre agimos conscientemente buscando a maior realização possível das nossas preferências, é a de que "juízes, como outros tomadores de decisão, nunca são plenamente racionais" (Vermeule, 2006:155). Dessa forma, assim como elementos de teoria da decisão podem ser úteis para a compreensão e a orientação mais adequadas de processos jurídico-decisórios preocupados com as consequências de diferentes alternativas de decisão, o conceito de racionalidade limitada é útil para o desenvolvimento de reflexões sobre a incorporação desses elementos no direito em pelo menos dois sentidos. Por um lado, levar a sério que decisores reais agem sob condições de racionalidade limitada é importante para que possamos entender os *limites* das contribuições da teoria da decisão para descrever e, sobretudo, orientar a justificação de decisões judiciais. Por outro, a ideia de racionalidade limitada pode desempenhar um papel fundamental para, em uma perspectiva mais ampla, criticar as pretensões de teorias normativas sobre o raciocínio judicial que partem de *idealizações* sobre nossas capacidades cognitivas (nessa linha, por exemplo, ver o "juiz Hércules" de Dworkin, objeto de críticas por idealizar tomadores de decisão em Sunstein e Vermeule, 2003:904). As limitações próprias das habilidades humanas para obter e processar informações, assim como aspectos institucionais que pretendem moldar e condicionar processos decisórios reais, são características que, em um ambiente repleto de limitações, deveriam ser considerados por teorias compreensivas e normativas sobre a tomada de decisão jurídica voltadas, entre outros aspectos, a orientar juízes não ideais. O direito, inclusive, pode desempenhar um papel relevante como mecanismo capaz de neutralizar a influência de certos vieses (Sunstein e Jolls, 2006). Levar a sério essas possibilidades já seria suficiente para justificar como os debates em torno da teoria da decisão e da teoria dos jogos podem ser relevantes para a construção de teorias jurídicas.

6. Conclusão

O ponto de partida deste texto foi uma possível tensão entre, por um lado, a inevitabilidade de raciocínios consequencialistas no plano da tomada de decisão jurídica (notadamente da decisão judicial) e o seu caráter desejável em um estado de direito. Por um lado, os argumentos tradicionalmente usados para criticar o emprego de raciocínios prospectivos no direito podem ser considerados problemáticos, por partirem de idealizações sobre o direito (por exemplo, ao não levarem a sério seu caráter estruturalmente indeterminado) e endossarem certas concepções normativas sobre o comportamento judicial (por exemplo, partindo do pressuposto de que juízes devem apenas "aplicar" o direito, em um sentido que exclui qualquer atividade criativa) (Falcão, Schuartz e Arguelhes, 2006). No entanto, por outro, certas dificuldades que afetam necessariamente a estrutura de raciocínios consequencialistas (tanto em sua dimensão descritiva/positiva como na sua dimensão normativa) mantêm processos decisórios preocupados com efeitos de alternativas decisórias repletos de incertezas. Assim, mesmo que as razões comumente fornecidas para distanciar o raciocínio jurídico de considerações consequencialistas sejam enfraquecidas, como lidar com as dificuldades estruturais das dimensões positiva e normativa de juízos prospectivos continua sendo um desafio a ser encarado por teorias jurídicas que pretendem legitimar ou orientar magistrados reais preocupados em justificar decisões para casos concretos em função dos efeitos projetáveis das suas decisões.

Para lidar com esses problemas, diálogos com a teoria da decisão e a teoria dos jogos podem ser frutíferos, para melhor compreender, analisar e orientar a tomada de decisão jurídica. O sucesso dessas empreitadas, no entanto, depende da consideração das limitações cognitivas que interferem no raciocínio humano e de variáveis institucionais que podem afetar a utilidade real desses diálogos em ambientes reais de tomada de decisão jurídica. Sem isso, as consequências de uma incorporação livre de elementos de teoria da decisão e da teoria dos jogos nas fronteiras do direito, no sentido de desacompanhada de mecanismos propriamente jurídicos de estabilização do seu uso (como trabalho dogmático e a definição de regras de ônus de prova), especialmente quando levarem à ingênua crença de que o simples manejo adequado desses conhecimentos pode garantir necessariamente mais racionalidade para processos judiciais e, assim, incentivarem comportamentos judiciais particularistas e maximalistas, podem não se justificar, ironicamente, em razão das suas próprias consequências (nessa linha, por exemplo, ver Sunstein, 2011).

Referências

ADLER, M. D. *Bounded rationality and legal scholarship*. Faculty Scholarship (University of Pennsylvania Law School). Paper 196, p. 1-27, 2008. Disponível em: <http://scholarship.law.upenn.edu/faculty_scholarship/196>. Acesso em: 8 maio 2018.

ARGUELHES, D. W. Argumentação consequencialista e estado de direito: subsídios para uma compatibilização. In: ENCONTRO NACIONAL DO CONPEDI, XIV. *Anais...* Florianópolis: Fundação Boiteaux, 2005.

ARIDA, P.; BACHA, E.; LARA-RESENDE, A. Credit, interest and jurisdictional uncertainty: conjectures on the case of Brazil. In: GIAVAZZI, F.; GOLDFAJN, I.; HERRERA, S. (Org.). *Inflation targeting, debt, and the Brazilian experience*: 1999 to 2003. Cambridge, MA: MIT Press, 2005.

ÁVILA, H. B. Argumentação jurídica e a imunidade do livro eletrônico. *Revista Diálogo Jurídico*, Salvador, v. I, n. 5, p. 1-32, ago. 2001. Disponível em: <www.direitopublico.com.br>. Acesso em: ago. 2003.

BAIRD, D. G.; GERTNER, R. H.; PICKER, R. C. *Game theory and the law*. Cambridge: Harvard University Press, 2002.

FALCÃO, J.; SCHUARTZ, L. F.; ARGUELHES, D. W. Jurisdição, incerteza e estado de direito. *Revista de Direito Administrativo*, Rio de Janeiro, v. 243, p. 79-111, 2006.

GONÇALVES, E.; HOLLAND, M.; SPACOV, A. Can jurisdictional uncertainty and capital controls explain the high level of real interest rates in Brazil? Evidence from panel data. *Revista Brasileira de Economia*, Rio de Janeiro, v. 61, n. 1, p. 49-75, jan./mar. 2007.

JACKSON, H. E. et al. *Analytical methods for lawyers*. Nova York: Foundation Press, 2008.

JONES, B. D. Bounded rationality. *Annual Review of Political Science*, n. 2, p. 297-321, 1999.

KAHNEMAN, D.; TVERSKY, A. Julgamento sob incerteza: heurísticas e vieses. In: KAHNEMAN, D. *Rápido e devagar*: duas formas de pensar. São Paulo: Objetiva, 2012. p. 524-539.

LEAL, F. A retórica do Supremo: precaução ou proibição. *Jota*, [2016a]. Disponível em: <www.jota.info/stf/supra/retorica-supremo-precaucao-ou--proibicao-13062016>. Acesso em: 8 maio 2018.

_____. Inclinações pragmáticas no direito administrativo: nova agenda, novos problemas. O caso do PL 349/15. In: LEAL, F.; MENDONÇA, J. V. de (Org.). *Transformações do direito administrativo*: consequencialismo e estratégias regulatórias. Rio de Janeiro: FGV, 2016b. p. 25-30.

_____. Os impactos dos planos econômicos e a encruzilhada do Supremo. *Jota*, [2016c]. Disponível em: <https://jota.info/colunas/supra/os-impactos--dos-planos-economicos-e-encruzilhada-supremo-15082016.> Acesso em: 8 maio 2018.

_____. *Ziele und Autorität*. Zu den Grenzen teleologischen Rechtsdenkens. Baden-Baden: Nomos, 2014.

_____; MOLHANO, L. O direito é sempre relevante? Heurística de ancoragem e fixação de valores indenizatórios em pedidos de dano moral em Juizados Especiais do Rio de Janeiro. *Direitos Fundamentais & Justiça*, n. 135, p. 253-284, jul./dez. 2016.

LUHMANN, Niklas. Selbstreferenz und Teleologie in gesellschaftstheoretischer Perspektive. *Neue Hefte für Philosophie*, Göttingen, v. 20, p. 1-30, 1981.

MACCORMICK, N. On legal decisions and their consequences: from Dewey to Dworkin. *New York University Law Review*, v. 58, p. 239-258, 1983.

NALINI, J. R. O juiz e a privatização. In: PINHEIRO, A. C.; GIAMBIAGI, F. (Org.). *A privatização no Brasil*: o caso dos serviços de utilidade pública. Rio de Janeiro: BNDES, 2000. p. 341-354.

PINHEIRO, A. C. O componente judicial dos spreads bancários. In: BANCO CENTRAL DO BRASIL. *Economia bancária e crédito*: avaliação de 4 anos do projeto juros e spread bancário. Brasília, DF, 2003. p. 1-11. Disponível em: <www.bcb.gov.br/Pec/SeminarioEcoBanCre/Port/IV%20-%20Judici%C3%A1rio%20-%204JSB.pdf>. Acesso em: 8 maio 2018.

POSNER, R. A. *Economic analysis of law*. 7. ed. Chicago; Nova York: Wolters Kluwer, 2007.

RAWLS, J. *A theory of justice*. Edição revista por Belknap Press of Harvard University Press. Cambridge: Belknap Press of Harvard University Press, 1999.

RESNIK, M. D. *Choices*. An introduction to decision theory. Minneapolis: University of Minnesota Press, 2006.

SCHAUER, F. *Thinking like a lawyer*. A new introduction to legal reasoning. Cambridge: Harvard University Press, 2009.

SCHUARTZ, L. F. Consequencialismo jurídico, racionalidade decisória e malandragem. *Revista de Direito Administrativo*, Rio de Janeiro, v. 248, p. 130-158, 2008.

_____. *Teoria da decisão*. Rio de Janeiro: FGV Direito Rio, 2005. Disponível em: <https://direitorio.fgv.br/sites/direitorio.fgv.br/files/u1882/teoria_da_decisao_2016-1_0.pdf>. Acesso em: 8 maio 2018.

SIMON, H. A. Theories of decision-making in economics and behavioral science. *The American Economic Review*, v. 49, n. 3, p. 253-283, 1959.

SUNSTEIN, C. Deve o formalismo ser defendido empiricamente? In: RODRIGUEZ, J. R. (Org.). *A justificação do formalismo jurídico*. São Paulo: Saraiva, 2011. p. 201-236.

____; JOLLS, C. Debiasing through Law. *The Journal of Legal Studies*, v. 35, p. 199-241, jan. 2006.

____; VERMEULE, A. Interpretation and institutions. *Michigan Law Review*, v. 101, n. 4, p. 885-951, 2003.

VERMEULE, A. *Judging under uncertainty*. An institutional theory of legal interpretation. Cambridge: Harvard University Press, 2006.

____. Three strategies of interpretation. *San Diego Law Review*, v. 42, p. 607-628, 2005.

WATSON, J. *Strategy*: an introduction to game theory. 3. ed. Nova York: Norton, 2013.

WALTON, D. Historical origins of argumentum ad consequentiam. *Argumentation*, v. 13, p. 251-264, 1999.

CAPÍTULO 4

Empresas, consumidores e mercados: fundamentos microeconômicos

Luciana Yeung

1. Introdução

Este capítulo introduz elementos básicos da teoria econômica, considerados a partir da ótica do comportamento dos agentes econômicos. São apresentados os pressupostos básicos de grandes temas da microeconomia, a saber: a racionalidade econômica, a teoria do consumidor, a teoria da firma, estruturas e equilíbrio de mercado e excedente e teoria do bem-estar. Serão discutidos os pressupostos da racionalidade econômica e explicado como ela fundamenta toda a ciência econômica. Após essa discussão inicial, serão apresentadas duas das teorias basilares da microeconomia: a teoria do consumidor e a teoria da firma, que levam às duas forças principais dos mercados: a demanda e a oferta. Com isso, será possível entender as estruturas e o funcionamento dos mercados. Em seguida, as noções de excedente do consumidor e excedente do produtor serão apresentadas para a discussão da importante teoria econômica do bem-estar. Ao fim do capítulo, uma seção irá discutir como os conceitos clássicos da microeconomia podem ser aplicados a questões mais gerais, para além das econômicas, que não implicam necessariamente resultados monetários. Algumas dessas questões são aquelas defrontadas por magistrados e operadores do direito em seu trabalho do dia a dia.

2. Racionalidade econômica

A ciência econômica tem como objetivo descrever e prever o comportamento humano, entendido este como algo resultante de uma decisão consciente. Como definido pelo economista britânico Lionel Robbins (1932), a economia é a ciência que estuda o comportamento humano enquanto os recursos são escassos e têm usos alternativos. Dado que o comportamento é fruto de um processo de tomada decisão, então, a economia irá ocupar grande parte do seu tempo com o entendimento desse processo. Diferentemente de outros cientistas humanos, o economista não considera que as decisões humanas sejam tomadas de maneira aleatória; pelo contrário, assume-se que exista um processo coerente — que inclusive diferencia seres humanos de outros animais, indivíduos capazes dos não capazes (capacidade no sentido jurídico) — e que pode ser descrito de uma maneira consistente na maior parte das circunstâncias. Ou seja, existe uma *racionalidade* por trás da tomada de decisão humana.

A racionalidade econômica, como entendida pelos economistas, pode ser descrita como a busca de satisfações ou benefícios em um mundo onde existem restrições ou recursos limitados (escassos). Reconhecer a existência dessas restrições é essencial para compreender a lógica econômica. Sem limitação de recursos, todos os indivíduos almejariam alcançar níveis infinitos de benefícios, ganhos e bem-estar. No entanto, no universo real, todos os recursos são limitados: tempo, dinheiro, possibilidades etc. Isso faz com que muitas das escolhas desejadas não sejam efetivamente factíveis, e, nessas situações, uma decisão racional precisará ser tomada: Quais das opções existentes são possíveis? Qual delas gera mais satisfação ou menos custos, dados os recursos disponíveis? Uma decisão feita com base nesse raciocínio, seguindo essa coerência, será uma decisão racional (seja ela feita de maneira consciente ou inconsciente). Em outras palavras, uma decisão racional avalia todas as oportunidades existentes, identifica aquela com o menor custo, e decide com base nela. O conceito de custos de oportunidade, então, também é inerente à decisão racional.

Um exemplo clássico de decisão baseada na racionalidade, dentro de um contexto puramente econômico, é aquele apresentado pela teoria do consumidor (que veremos na seção seguinte): uma consumidora sempre preferirá obter o máximo de bens de consumo (assumindo que sejam "bens" no sentido literal do termo, ou seja, objetos e serviços que geram benefícios e não prejuízo; bens são, portanto, desejáveis, sempre). No entanto, bens normalmente custam e ela sempre terá restrições de recursos para gastar com eles.[1] Então, com base na sua limitação de recursos monetários e materiais,[2] a consumidora fará a escolha de quanto gastará e quais bens irá adquirir de maneira a maximizar seu benefício e bem-estar. É fácil perceber que, mesmo que diferentes consumidores tenham restrições de recursos idênticas, eles poderão fazer escolhas diferentes, pois têm preferências diferentes pelos bens disponíveis para o consumo. Discutiremos mais sobre isso na seção a seguir.

A escolha baseada na racionalidade econômica poderia, então, ser resumida como uma escolha baseada na *análise de benefício-custo* que os indivíduos farão quando defrontados com uma situação em que há diversas escolhas possíveis e os recursos são limitados.

Muitas vezes, tende-se a imaginar que somente pessoas com alta escolaridade seriam capazes de tomar decisões racionais. Puro engano. Até mesmo pessoas analfabetas, iletradas e sem capacidade de fazer conta alguma podem ser (e normalmente são!) racionais. Para isso, basta que elas saibam o que elas desejam/precisam/gostam e o que elas devem fazer/gastar/investir para conseguir o que desejam.

Por exemplo, um morador de rua precisa de alimentos: isso representa seu bem almejado, aquilo que lhe trará algum tipo de benefício. Por outro lado, ele sabe que não cairá comida do céu, gratuitamente em suas mãos. Para consegui-la, ele tem algumas possibilidades: pedir esmola, fazer um "bico" para ganhar dinheiro (e pagar pela comida), furtar e, eventualmente, plantar sua própria comida. Entre essas possibilidades, ele escolherá uma, e a escolha será baseada na sua habilidade, capacidade e nas oportunidades que estarão à sua volta etc. Ou seja, dependerá de quanto lhe *custará* cada uma dessas alternativas. Não é difícil perceber que ele sempre fará a escolha que lhe for menos incômoda, que lhe for "mais fácil", ou seja, que lhe custar menos. Suponha que ele considere que, de todas as alternativas, a "melhor" seja pedir esmola

---

[1] Mesmo grandes milionários têm restrição de recursos: ela pode ser menor do que a maioria das pessoas, mas existe. O motivo é que nenhum recurso — pelo menos entre aqueles concernentes à sobrevivência do ser humano — é infinito ou ilimitado. Se todos os recursos são finitos, então sempre existirão restrições.

[2] A limitação do tempo também gera impactos na decisão dos consumidores: mesmo que tenham uma grande quantidade de recursos materiais para gastar com os bens, consumidores podem não ter tempo para ir às compras ou mesmo podem não ter tempo para consumir. Isso também faz com que, eventualmente, se escolha por consumir menos.

— pela facilidade, pelo baixo risco, por estar perto de uma vizinhança onde as pessoas são mais caridosas etc. Se ele efetivamente acaba pedindo esmola para conseguir sua comida, esse comportamento foi fruto de uma decisão econômica racional, no seu sentido mais puro.

Uma última discussão sobre este tópico: não se deve confundir o conceito da racionalidade econômica com problemas de informação, que podem estar presentes durante o processo decisório. A problemática da assimetria de informação e das informações imperfeitas é uma área à parte na microeconomia, com modelos e teorias bastante sofisticados (e que renderam alguns prêmios Nobel).[3] O objetivo deste capítulo certamente não é se aprofundar nessa temática; chama-se a atenção aqui apenas para a distinção entre esses conceitos.[4] Por exemplo, uma decisão baseada na racionalidade econômica pode sofrer de informação imperfeita, o que geraria resultados indesejáveis. Por exemplo, suponha que o morador de rua descrito anteriormente decida que, para conseguir sua comida, a melhor das alternativas seja furtar dinheiro dos transeuntes. Essa decisão pode ter sido tomada porque ele acreditava que o policiamento na região era fraco; no entanto, essa informação era equivocada, sem fundamentos realistas. Por causa disso, ao furtar alguém, o morador de rua é preso pela polícia: além de não conseguir a comida que tanto desejava, ele ainda acaba sendo punido pelo crime. Qual foi o problema na sua tomada de decisão? Foi a informação imperfeita — sua fonte de informações era deficiente — e não a falta de racionalidade na sua decisão que levou a um resultado ruim para ele. Se fosse verdade que o policiamento na região era fraco, furtar poderia ser efetivamente a melhor decisão disponível para esse indivíduo, aquela menos "custosa" para se conseguir a comida que ele precisava.

O que seria uma decisão economicamente *irracional*? Em princípio, qualquer uma que não gerasse o máximo de benefício, dados os custos envolvidos, ou o mínimo de custos, dado um certo benefício. Por exemplo, tomar certo caminho em que os custos são significativamente maiores que os benefícios. Típico exemplo são os comportamentos de pessoas viciadas: sabe-se do mal que o vício gera, mas, mesmo assim, as pessoas "decidem" por continuar com seus vícios. Da mesma maneira, há ações que claramente trariam mais benefícios do que custos para as pessoas, mas elas não conseguem tomar deci-

---

[3] George Akerlof, Michael Spence e Joseph Stiglitz, coganhadores do Prêmio Nobel de Economia no ano de 2001.
[4] Àqueles que queiram iniciar seus estudos neste importante, moderno e interessante tema da microeconomia: Mankiw (2013: cap. 22); Mackaay e Rousseau (2015: parte I, cap. 4).

sões de acordo: por exemplo, a prática de exercícios físicos, a adoção de dieta equilibrada etc. Esses também seriam exemplos de decisões irracionais.[5]

Pode-se então derivar as primeiras conclusões com relação ao conceito da *racionalidade econômica*. Primeiro, ela se aplica ao processo de decisão no dia a dia das pessoas. Segundo, ela não está limitada a pessoas com conhecimentos técnicos ou numéricos: tudo o que é necessário é que elas percebam benefícios que podem ser derivados à custa de algum tipo de custo (tempo, dinheiro etc.). Terceiro, da mesma maneira que os custos, os benefícios auferidos pelos bens de consumo não se limitam aos econômicos. Por exemplo, pode-se desejar férias e descanso, mesmo que elas não gerem nenhum tipo de benefício pecuniário. Alguns economistas[6] chegam a acreditar que "fazer bens de caridade" — por gerarem benefícios psicológicos, emocionais e espirituais — também poderia ser considerado bem no sentido microeconômico, pois o processo da decisão de se fazer mais ou menos caridade é análogo à decisão de se adquirir mais ou menos bens materiais (gera benefícios emocionais, custando tempo e dedicação). Finalmente, relacionado com este último ponto, a racionalidade econômica pode ser aplicada não somente a decisões feitas nos mercados de compra e venda de bens e serviços, mas também a situações não mercantis. Sobre esse ponto, discutiremos mais na seção 7 deste capítulo.[7]

---

[5] No entanto, uma vertente de economistas tem preferido enxergar estes problemas como derivados das altas *taxas de desconto intertemporal*: o prazer do vício é instantâneo, enquanto a abstinência gera um sofrimento presente para realizar um benefício no longo prazo; por outro lado, comportamentos saudáveis geram custos instantâneos e benefícios apenas no longo prazo. O ser humano tende a dar mais valor para eventos que acontecem no presente e menos valor para aqueles que acontecem no futuro (alta taxa de desconto intertemporal). Então, no caso do vício, o prazer instantâneo é muito maior do que o benefício no longo prazo de acabar com o vício; no caso dos exercícios saudáveis, sair do sedentarismo para praticar os exercícios gera um custo muito maior do que o custo de se ficar doente na idade mais velha. Para esses economistas, até mesmo o vício e a não disciplina para ter hábitos saudáveis seriam decisões passíveis de serem entendidas pelo conceito da racionalidade econômica.

[6] Por exemplo: Margolis (1984), Simon (1993) e Andreoni et al. (1996).

[7] Algumas recentes áreas da ciência econômica têm formulado críticas ao pressuposto da racionalidade econômica. Já na década de 1960, Herbert Simon ficou conhecido como um dos primeiros a formular a ideia de *racionalidade limitada*, ao invés de racionalidade perfeita. Tal conceito influenciou fortemente as bases da nova economia institucional e, mais recentemente, a economia comportamental (para um ótimo tratamento, ver capítulo 22 de Mankiw, 2013). No entanto, apesar de o conceito ser amplamente reconhecido, não há até agora uma nova teoria econômica integralmente baseada no pressuposto de racionalidade limitada, capaz de substituir a teoria microeconômica clássica como vista aqui. Esta continua sendo a teoria *mainstream*, aquela que oferece as melhores previsões do comportamento humano em sociedade.

3. Teoria do consumidor

Conforme discutido, o objetivo da teoria microeconômica é explicar o processo da tomada de decisão dos indivíduos. Para tanto, os economistas utilizam modelos analíticos para fazer suas interpretações e descrições. A vantagem é que, apesar de simplificados, os modelos têm poder explicativo extremamente alto e são poderosos instrumentos de previsão. Métodos alternativos de investigação da realidade, como estudos de caso e pesquisas qualitativas de amostra limitada, que se atêm aos detalhes do caso a caso, apesar de serem ricos no realismo descritivo, têm pouco ou nenhum poder preditivo, pois valem apenas para aquele caso em discussão.

O objetivo dos principais conceitos que fundamentam a teoria microeconômica é, então, oferecer modelos analíticos de grande generalidade, mas de forte poder descritivo e preditivo. Somente modelos com essas características serão úteis como subsídios para a criação de políticas públicas, já que o objetivo delas é justamente gerar algum tipo de efeito desejado (mais consumo de produtos saudáveis, ou mais crianças na escola), ou evitar algum efeito indesejado (por exemplo, menos consumo de cigarros, ou menos crime na sociedade). É preciso, de antemão, ser possível prever com o máximo de acurácia os efeitos dessas políticas públicas.

A teoria do consumidor explica o processo de escolha do indivíduo que quer adquirir um bem para atender às suas necessidades pessoais. Então, se quer prever como um consumidor-padrão fará sua escolha dado que ele(a) tem recursos limitados e, portanto, não poderá adquirir tudo o que gostaria. Para isso, os economistas se utilizam de dois conjuntos de conceitos: de um lado, utilidade e curvas de indiferença — para representar o benefício gerado pelo consumo de bens e serviços — e, de outro, restrições orçamentárias — para representar a limitação de seus recursos e os custos envolvidos na aquisição desses bens.

a. Utilidade e curvas de indiferença

Se os bens em discussão geram benefícios, e não prejuízos, então, todo consumidor preferirá consumir o maior número possível: quanto mais bens forem consumidos, mais benefício, maior o nível de satisfação, ou maior o nível de *utilidade* alcançado. Se pudessem ser traçadas curvas representando esses níveis de crescente satisfação à medida que se aumenta a quantidade de bens consumidos, teríamos algo como o gráfico 1.

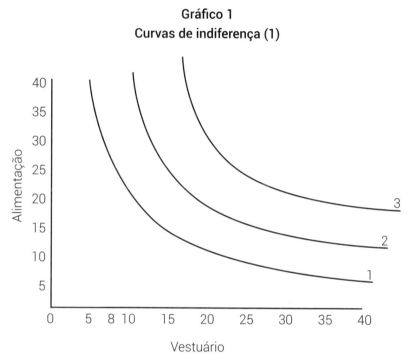

Fonte: Elaboração própria.

Têm-se representadas três curvas, que os economistas chamam de *curvas de indiferença*. Elas representam o nível de satisfação ou utilidade gerada por diferentes quantidades de bem 1 (alimentação) e de bem 2 (vestuário). Na origem do gráfico, no ponto "0", há zero unidades de alimentação e zero de vestuário. O eixo vertical é usado para medir unidades de alimentação, e o eixo horizontal, para medir a quantidade de vestuário. À medida que se vai "subindo" no gráfico, aumenta-se a quantidade de alimentos; por outro lado, à medida que se vai "caminhando para a direita", aumenta-se a quantidade de vestuário. A curva de número 3 gera mais satisfação (ou mais utilidade) do que a curva 2, porque todos os pontos da curva 3 são preferíveis aos pontos da curva 2 (estão em nível mais alto). Por sua vez, a curva 2 gera mais utilidade do que a curva 1. Seria possível ainda desenhar infinitas curvas de indiferença acima de 3 representando curvas com combinações de quantidades cada vez maiores de alimentação e vestuário, que geram níveis cada vez mais altos de utilidade.

Cada curva de indiferença, por sua vez, é formada por diversos pontos, que representam combinações de diferentes quantidades destes dois bens. Vamos comparar algumas dessas combinações.

Gráfico 2
Curvas de indiferença (2)

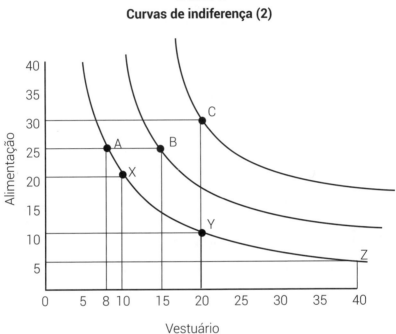

Fonte: Elaboração própria.

No ponto A, estão combinadas 25 unidades de alimentação, com oito unidades de vestuário. Já o ponto B representa uma combinação das mesmas 25 unidades de alimentação, com 15 de vestuário. Claramente, o ponto B é preferível ao ponto A, pois tem mais unidades de vestuário, mantendo-se a mesma quantidade de alimentos. Então, o ponto B pertence a uma curva de indiferença mais alta (curva 2), ou seja, gera mais utilidade do que a curva de indiferença que passa no ponto A (curva 1).

Pode-se ainda comparar o ponto C com o ponto B: agora, têm-se 30 unidades de alimentação e 20 unidades de vestuário, ou seja, o ponto C tem mais de alimentação e também mais de vestuário do que o ponto B; está numa curva de indiferença mais alta (curva de indiferença 3), gerando um nível maior de utilidade.

Por outro lado, os pontos A, X, Y e Z estão todos em cima da mesma curva de indiferença 1, querendo dizer que geram todos o mesmo nível de utilidade; ou seja, o consumidor ficaria *indiferente*,[8] em termos de satisfação ou utilidade geradas, entre consumir qualquer uma das cestas de bens representadas por esses quatro pontos. Isso acontece porque, quando se passa de um ponto a outro, há compensação da quantidade de um bem pela de outro: aumenta-se a quantidade de vestuário, enquanto se diminui a quantidade de alimentação, ou vice-versa. Isso acontece, por exemplo, quando se passa do ponto A ao X (ou qualquer movimento para "baixo" e direita ao longo da curva de indiferença 1). Por outro lado, pode-se diminuir a quantidade de vestuário, enquanto se aumenta a quantidade de alimentação: por exemplo, quando se passa do ponto Z ao ponto Y (ou qualquer movimento para "cima" e esquerda, ao longo da curva 1).

Como saber qual dos pontos o consumidor efetivamente escolherá consumir? Não é possível responder a essa pergunta baseado somente nas curvas de indiferença. A única coisa que sabemos por ora é que, se dependesse do consumidor, ele iria consumir uma combinação de bens representada por pontos situados nas curvas de indiferença o mais altas possível.

Para saber qual escolha será efetivamente feita, precisamos traçar as restrições orçamentárias desse consumidor em particular.

b. Restrições orçamentárias

Curvas de indiferença representam o bem-estar, a utilidade derivada pelo consumo de bens; ou seja, o lado do "benefício" na conta da decisão econômica racional. É preciso agora avaliar os custos, as restrições dos recursos que são limitados. Para isso, é possível apelar, mais uma vez, à análise gráfica.[9]

---

[8] Daí vem o termo *curvas de indiferença*: cada curva representa diferentes pontos que geram o mesmo nível de utilidade, ou seja, tornam o consumidor indiferente a elas.
[9] A alternativa à análise gráfica, inclusive a que é efetivamente usada pelos economistas acadêmicos, é a análise matemática, baseada integralmente em equações. No entanto, sua utilização exige domínio dos métodos de cálculo matemático e de análise real (uma linguagem matemática altamente teórica e abstrata). Para o aprendizado iniciante da teoria microeconômica, o método objetivo e intuitivo é o gráfico (apesar de muitos juristas não acreditarem quando economistas dizem isso...).

Gráfico 3
Restrição orçamentária
(renda=$ 1.000, preço a=$ 25, preço v=$ 100)

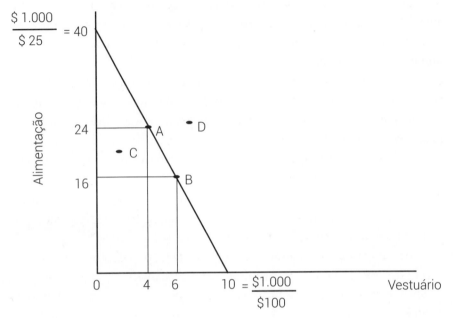

Fonte: Adaptado de Stockman (1999).

Para o exemplo aqui discutido, vamos assumir que o total de recursos de que dispõe o consumidor é de R$ 1.000; que cada unidade de alimentação custa R$ 25, e que cada unidade de vestuário custa R$ 100. É possível agora entender como a restrição orçamentária (reta inclinada) do gráfico foi traçada. Caso o consumidor gastasse toda sua receita com alimentação, ele poderia comprar 40 unidades (R$ 1.000 de sua receita totalmente gasta em alimentos, ao preço de R$ 25 cada unidade). Do contrário, caso gastasse toda sua receita com vestuário, ele poderia comprar 10 unidades. Esses são os dois pontos "de canto" (extremos) que sua restrição orçamentária possibilita (ou um ou outro, não os dois ao mesmo tempo). São possibilidades, não necessariamente o que ele vai de fato escolher. Outras possibilidades que sua restrição orçamentária dá são pontos intermediários, com combinações positivas dos dois bens. Um exemplo seria o ponto A, onde o consumidor pode comprar 24 unidades de alimentação e quatro unidades de vestuário. Outra escolha possível com sua restrição orçamentária seria o ponto B, com 16 unidades de alimentação e seis unidades de vestuário. Ainda há várias outras combinações entre alimentação e vestuário possíveis com a mesma restrição orçamentária (ou seja, com um orçamento de R$ 1.000 e preços de R$ 25 e R$ 100, respectivamente).

Assume-se, por fim, que o consumidor gastará todo seu orçamento adquirindo esses dois bens — caso ele não gaste todo seu orçamento, ele estaria em algum ponto abaixo da reta de restrição orçamentária, por exemplo, o ponto C. Essa hipótese pode ser facilmente relaxada em modelos mais realistas.[10] Da mesma maneira, aos preços correntes, existem diversas combinações de unidades de alimentação e de vestuário que custariam mais do que o orçamento total do consumidor, estando, portanto, fora do alcance de sua restrição orçamentária. O ponto D representa uma destas combinações: com 24 unidades de alimentação e seis unidades de vestuário, custa R$ 1.200 (portanto, mais do que a receita do consumidor, de R$ 1.000) e, por isso, é inalcançável dada a restrição orçamentária desse indivíduo.

c. Decisão ótima do consumidor

Agora que temos a modelagem analítica do nível de utilidade (pelas curvas de indiferença) e também do custo do consumidor (pela restrição orçamentária), é possível saber qual escolha exatamente ele fará. Para isso, vamos combinar as duas análises — de benefício e de custo, exatamente o que caracteriza a escolha baseada na racionalidade econômica.

Voltando à discussão anterior, o consumidor tenderia a escolher o maior nível de utilidade existente pelo consumo dos bens, ou seja, ele *quer* sempre alcançar a mais alta curva de indiferença. No entanto, os bens custam e seu orçamento é limitado; então, é a restrição orçamentária que dirá o que ele *pode* efetivamente consumir. Enquanto seu *querer* almeja alcançar curvas de indiferença cada vez mais altas, seu *poder* vai "puxá-lo" para baixo, para onde efetivamente ele consegue alcançar. São essas duas forças, do *querer* (utilidade) e do *poder* (restrição orçamentária), que irão determinar qual será a combinação de bens que este indivíduo efetivamente vai consumir: tentará

---

[10] A maneira mais simples de incorporar situações em que os indivíduos não gastam toda sua receita com consumo é considerar a poupança como um outro bem particular: se alguém consome 10 bens e, depois desse consumo, ainda poupa $ 10 de sua receita original, é como se tivesse "consumido" 11 bens, em que o décimo primeiro (a poupança) tivesse custado $ 10 e, após isso, não lhe sobrasse nenhum orçamento.

alcançar a curva de indiferença mais alta, contanto que seja alcançável pela sua restrição orçamentária. Podemos ver o resultado seguinte.

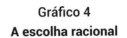

Gráfico 4
A escolha racional

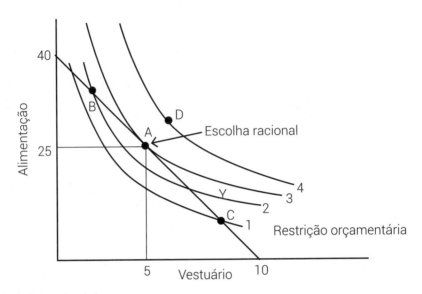

Fonte: Elaboração própria.

O gráfico 4 é a combinação dos gráficos 2 e 3 (curvas de indiferença combinadas com a restrição orçamentária). Somente pontos sobre a restrição orçamentária são *possíveis* de serem consumidos. Então, os pontos B, A e C representam combinações de unidades de vestuário e alimentação que este consumidor pode adquirir, dada sua restrição orçamentária. No entanto, percebe-se que o ponto C está ao mesmo tempo sobre a curva de indiferença 1, mais baixa. O ponto B, que também está sobre a restrição orçamentária, faz parte da curva de indiferença 2. Já o ponto A, que igualmente está sobre a restrição orçamentária do consumidor, faz parte da curva de indiferença 3, de nível mais alto do que as curvas 1 e 2. Apesar de os três pontos A, B e C serem igualmente alcançáveis (factíveis) pela restrição orçamentária, eles geram diferentes níveis de utilidade a esse consumidor. Apesar de os três custarem o mesmo valor, o ponto A é preferível ao ponto B, que é preferível ao ponto C. O motivo é que, pelas preferências individuais desse consumidor (dadas pela sua psicologia, necessidades pessoais etc.), a combinação de vestuário e alimentação em A lhe agrada mais do que a combinação em B, e esta mais do que em C. Então, sendo um indivíduo dotado de racionalidade econômica, a escolha desse consumidor será no ponto A, com 25 unidades de alimentação e cinco unidades de vestuário. O ponto A é a *escolha ótima* nessas circunstâncias.

Podemos ainda ver um ponto D, com combinação de um número maior de alimentos e de vestuário, localizando-se em uma curva de indiferença superior (nível 4). Mas ele está fora do alcance da restrição orçamentária desse indivíduo: seria uma escolha desejável, mas não possível, dadas as condições (receita e preços) presentes.

Vale observar que todas as vezes em que os preços de um ou de mais bens, ou o orçamento do consumidor, mudarem, haverá uma nova restrição orçamentária (a reta nos gráficos 3 e 4 se deslocará), o que, por sua vez, levará o consumidor a uma nova escolha ótima, mesmo que as curvas de indiferença (ou seja, suas preferências) não se alterem.[11]

4. Teoria da empresa

Da mesma maneira que modelamos a tomada de decisão do indivíduo consumidor, aquele que adquire bens e serviços para satisfazer sua utilidade, também é possível modelar a tomada de decisão do produtor, aquele que oferta esses bens e serviços no mercado. É disso que trata a teoria da empresa.

a. Receitas, custos e lucros

Como toda decisão baseada na racionalidade econômica, a decisão das empresas produtoras também é baseada em uma avaliação de benefícios e custos. Para avançar no nosso entendimento sobre esse tema, vale iniciarmos com algumas importantes definições.
- *Receita total*: a receita total de uma empresa é o total recebido, em um determinado período de tempo, pelo exercício de suas atividades, ou seja, a venda de seus produtos e serviços. Em linguagem coloquial, é "tudo o que entra no caixa" da empresa.

---

[11] Para uma discussão e análise detalhadas das mudanças nas escolhas ótimas causadas por alterações nas restrições orçamentárias, verificar capítulo 21 de Mankiw (2013).

- *Receita marginal*: a receita marginal é a receita obtida pela empresa ao vender uma determinada quantidade *adicional* de seus bens ou serviços. Economistas, baseados no conceito matemático de *margem*, costumam pensar em quantidades adicionais infinitamente pequenas, por exemplo: a receita marginal de uma empresa é normalmente pensada como a receita obtida quando a empresa vende uma quantidade adicional infinitamente pequena de bens. Na prática, pode-se usar esse conceito para medir a receita adicional obtida pela empresa quando ela vende uma unidade a mais, ou mesmo um lote a mais de seus bens ou serviços.
- *Custo total*: o custo total de uma empresa é todo o dispêndio que ela tem durante um determinado período de tempo para manter-se em funcionamento. Normalmente, no curto prazo, a empresa tem *custos fixos* e *custos variáveis*. Custos fixos são aqueles que ela tem que incorrer, independentemente da quantidade de bens e serviços que produz e vende. Já os custos variáveis dependem do quanto ela efetivamente produz. Exemplos de custos fixos são, por exemplo, o aluguel do imóvel onde a empresa funciona. Já custos variáveis podem ser representados pela matéria-prima que ela usa para produzir seus bens; quanto mais ela produzir, mais ela vai ter que gastar em matéria-prima, sendo esses custos diretamente proporcionais à sua produção. Há ainda o conceito de *custo médio*, que é o valor do custo total dividido pela quantidade total produzida de bens. Por exemplo, se a empresa tem custo total de R$ 1.000 por mês e se sua produção nesse mês é de 100 unidades, cada unidade tem custo médio de R$ 10 (R$ 1.000 dividido por 100).
- *Custo marginal*: o conceito de custo marginal é análogo ao de receita marginal: representa o custo gerado pela produção *adicional* de uma pequena quantidade de bens pela empresa. De maneira geral, pode-se dizer que o custo marginal é aquele gerado pela produção de uma unidade adicional de bem.
- *Lucro contábil*: o conceito de lucro contábil é o mais intuitivo e utilizado no dia a dia das pessoas: é a diferença entre a receita total obtida pela empresa e seu custo total; ou seja, quanto efetivamente sobra para a empresa quando se descontam todos os custos de produção daquilo que ela obtém com a venda de seus bens e serviços.
- *Lucro econômico*: o conceito de lucro econômico difere do lucro contábil, pois considera que a remuneração para o empresário é

também um custo. A ideia é que, da mesma maneira que a remuneração paga aos funcionários, a remuneração do empresário — pelo tempo e trabalho que ele(a) tem gerido a empresa — também é devida. Essa remuneração é o mínimo que ele espera obter para continuar sendo empresário, caso contrário, ele não terá nenhum incentivo para continuar com essa atividade, preferindo trabalhar em alguma outra atividade. Então, além dos *custos explícitos*, o lucro econômico leva em conta também os *custos implícitos*, sobretudo a remuneração empresarial. Por esse motivo, o lucro econômico terá sempre valor *menor* do que o lucro contábil.

Lucro econômico = receita total − custos explícitos − custos implícitos

Figurativamente podemos ver a diferença entre os dois lucros:

Figura 1
Lucro contábil × lucro econômico

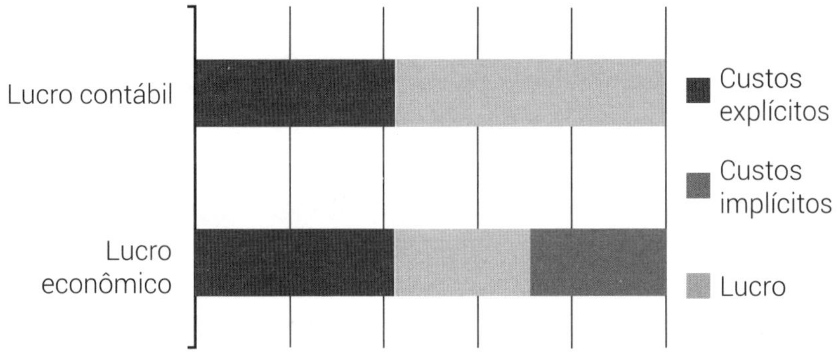

Fonte: Elaboração própria.

b. Decisão ótima da empresa

Qual será a decisão ótima da empresa? Intuitivamente é muito simples: vender aquela quantidade que maximiza o lucro (o lucro econômico, porque o empresário precisa ser remunerado). Essa resposta é correta, porém, não suficiente, e é possível ser mais específico do que isso. Vejamos o exemplo numérico de uma empresa que vende um bem ao preço de R$ 6 a unidade. Seus custos variam de acordo com a tabela 1.

Tabela 1
Decisão ótima da empresa

Produção Total (unid.)	Receita total (RT) (p = $ 6 por unid.)	Custo Total (CT)	Lucro = RT − CT	Receita Marginal (RT)t+1 − (RT)t	Custo Marginal (CT)t+1 − (CT)t	Variação no Lucro (RMg − CMg)
0	−	$3	−$3	$6	−	−
1	$6	5	1	6	$2	+$4
2	12	8	4	6	3	+3
3	18	12	6	6	4	+2
4	24	17	7	6	5	+1
5	30	23	7	6	6	+0
6	36	30	6	6	7	−1
7	42	38	4	6	8	−2
8	48	47	1	6	9	−3

Fonte: Mankiw (2013: cap. 14). Adaptado.

A receita total da empresa é a quantidade total produzida e vendida multiplicada pelo seu preço unitário (R$ 6). O custo total é uma função dada, que cresce com o volume de produção.[12] A receita marginal, como definido anteriormente, é a receita obtida quando se vende uma unidade adicional do produto. Dado que neste exemplo o preço de venda é constante em R$ 6, cada unidade adicional vendida pela empresa gera R$ 6 a mais de receita, ou seja, sua receita marginal será sempre constante (independentemente de quanto ela produz) e igual a R$ 6. Já o custo marginal deve ser calculado com base na coluna do custo total. Por exemplo, quando a empresa vende um total de três unidades, seu custo total é de R$ 12, ou R$ 4 a mais do que quando produzia duas unidades (quando o custo total era de R$ 8). Portanto, o custo marginal dessa terceira unidade é de R$ 4. E assim deve ser calculado o custo marginal para cada unidade adicional vendida pela empresa.

---

[12] A partir de agora, iremos sempre considerar o custo total como sendo a soma dos custos explícitos *e implícitos*; portanto, o lucro aqui representado é o *lucro econômico*, que é o relevante para a análise econômica.

O lucro máximo da empresa será alcançado quando ela vender uma quantidade em que a receita marginal se igualar ao custo marginal. No exemplo anterior, esta produção ótima seria de cinco unidades, pois a quinta unidade gera uma receita marginal de R$ 6 e também tem custo marginal de R$ 6; o lucro gerado para esse volume de produção é R$ 7. O fato de o lucro ser máximo na quantidade onde a receita marginal iguala ao custo marginal não é uma coincidência, nem um fato isolado desse exemplo em particular. Na verdade, essa é a regra válida para toda tomada de decisão racional: *a decisão ótima da empresa é produzir/vender a quantidade onde receita marginal iguala o custo marginal; neste ponto, é certo que seu lucro será o máximo que ela conseguirá gerar.*[13]

5. Estruturas e equilíbrios de mercado

A análise microeconômica até aqui focou em indivíduos particulares: o consumidor e suas curvas de indiferença e restrições orçamentárias, a empresa e suas funções de receita e custo. No entanto, para entender a economia de fato, é preciso entender a dinâmica dos consumidores e das empresas em conjunto; isto é, em nível agregado. É muito importante entender as estruturas do mercado e suas situações de equilíbrio (quando existem ou quando são atingidas). Vamos começar com a estrutura mais simples.

a. Mercado competitivo[14]

Em um mercado competitivo, consumidores agirão de maneira autônoma e livre, fazendo suas escolhas ótimas, como explicado pela teoria do consumidor.

---

[13] Algumas empresas, por motivos diversos, não conseguem gerar lucros positivos, incorrendo sempre em prejuízos ("lucros negativos"). Nesses casos, a quantidade onde receita marginal iguala ao custo marginal gerará prejuízo mínimo. Então, continuará sendo o melhor que a empresa pode fazer, e produzir essa quantidade continuará sendo a decisão ótima.

[14] O objetivo desta seção não é descrever detalhadamente a dinâmica do equilíbrio nos mercados competitivos, mas apenas de apresentar esses conceitos de maneira intuitiva. Para compreender detalhadamente o processo que leva indivíduos e empresas, de maneira individualizada mas agregada, a alcançarem equilíbrio em mercados competitivos, vale o estudo por qualquer manual de microeconomia. A recomendação, no entanto, vai para o excelente capítulo 3, da parte I, de Mackaay e Rousseau (2015), livro este dedicado a juristas. Na verdade, o livro é recomendado em sua íntegra.

Ao mesmo tempo, as firmas farão suas escolhas ótimas produzindo quantidades em que a receita marginal iguala seu custo marginal, como visto na teoria da firma. Aqui, há um número suficientemente grande de consumidores e de firmas de tal forma que nenhum deles é capaz de influenciar o mercado.

Na concepção microeconômica, a principal característica dos mercados competitivos é que todos são *tomadores de preços* (em anteposição a *formadores de preços*). Nessa situação, pode-se dizer que há forças comparáveis de demanda e oferta, onde a interação dinâmica de longo prazo faz com que consumidores e empresas, sem intervenção externa de qualquer tipo, engajem em processos livres de barganha, o qual leva ao fim e ao cabo ao *equilíbrio de mercado*. Haverá convergência de preços e de quantidade ofertados e demandados pelas diferentes empresas e diferentes consumidores. Conforme descrito por Mackaay e Rousseau (2015:95), é "a emergência de uma ordem espontânea. Diz-se, então, 'o' preço de mercado, O [sic] fenômeno...".

b. Monopólio e oligopólio[15]

Em anteposição à situação de mercado competitivo, existem as situações de monopólio (uma única empresa ofertante) e de oligopólio (poucas empresas ofertantes). Em ambas as situações, as empresas não são *tomadoras de preço* e têm grande *poder de mercado*.

Conforme definido por Araujo Jr. e Shikida (2014:65-66), "uma empresa é denominada monopolista em um mercado quando não existem substitutos próximos no mercado. É importante destacar que, neste caso, o conceito de 'mercado' é essencial. Por exemplo, uma empresa pode ser um monopolista local, mas não em nível regional". De fato, autoridades de defesa de concorrência, como o Cade, no Brasil, têm como principal tarefa no seu dia a dia justamente definir o *mercado relevante* em situações onde há indícios de violação ilícita da competição no mercado.[16] Essa tarefa é mais complexa do que

---

[15] Referência excelente para uma discussão detalhada é o capítulo 9 ("The theory of monopoly") do clássico livro de Posner (2003). Em português, a referência da última nota de rodapé, Mackaary e Rousseau (2015), vale também nesse caso.

[16] De acordo com Azevedo (2014:274, n. 11), mercado relevante refere-se à abrangência geográfica do mercado; além disso, "o mercado relevante também é definido na dimensão do produto, sendo as possibilidades de substituição pelo lado do consumidor ou pela das empresas [...] os principais elementos observados para a delimitação do mercado".

aparenta à primeira vista e neste livro temos um capítulo de discussão teórica e prática que foca mais detidamente nela.

Sendo a empresa monopolista, portanto, a única ofertante do mercado, ela tem poder suficiente para estipular um preço mais alto do que aquele que seria praticado em um mercado competitivo. No entanto, um erro comum é acreditar que o monopolista pode "cobrar o preço que quiser". O aumento de preços pelo monopolista ocorre à custa de perdas de um número cada vez maior de consumidores, pois, como já visto, consumidores têm restrições orçamentárias, precisam consumir outros bens, e a empresa não pode obrigar os consumidores a comprarem seus produtos. Seu poder de mercado, garantido pelo monopólio, lhe dá maior capacidade para se apropriar do excedente dos consumidores (conceito a ser discutido em seguida), mas a empresa continua sujeita às restrições de sua própria capacidade produtiva (ou de sua estrutura de custos), da capacidade orçamentária de seus clientes e da lei da demanda (a ser discutida na subseção "d" adiante).

Os mercados dominados por empresas oligopolistas têm uma peculiaridade com relação ao monopolista. As ações e decisões estratégicas de cada uma das empresas concorrentes nesse mercado têm grandes impactos na sua receita, em seus clientes, e também em seus concorrentes. Então, a interação é mais bem descrita por *jogos estratégicos*, modelados pela fascinante área microeconômica da *teoria dos jogos*. Nela, os conceitos de dilema dos prisioneiros, estratégias dominantes, equilíbrios de Nash etc. são discutidos.

Por outro lado, empresas oligopolistas podem ter incentivos de se aliarem entre si, para dominar o mercado de maneira conjunta. Essas práticas de *conluio e cartel* são, na grande parte dos países, práticas ilícitas, combatidas pelos órgãos governamentais de defesa de concorrência.[17]

c. Concorrência monopolística

No mundo moderno, com a existência de produtos diferenciados, uma estrutura de mercado encontrada com bastante frequência é a *concorrência monopolística*. Nesse caso, existem muitas empresas ofertantes no merca-

---

[17] Para um estudo mais aprofundado sobre o assunto de estruturas de mercado, direito e economia da Defesa de Concorrência, inclusive as formas de punição às infrações do livre mercado, ver Azevedo (2014) e Yeung (2018).

do, mas seus produtos e serviços apresentam características diferenciadas; ou seja, na essência não se diferenciam daqueles ofertados por empresas concorrentes, mas há diferenciais de um para outro que, aos olhos do consumidor, podem ter importância decisiva.[18] Em termos de funcionamento, a empresa operante em concorrência monopolística se assemelhará às empresas monopolistas e oligopolistas, pois ela não é tomadora de preços; no entanto, ela não tem poder de mercado e não consegue impor barreiras à entrada de potenciais concorrentes. Por suas características, diferentemente dos mercados competitivos, o mercado de concorrência monopolística não é considerado eficiente, pois gera capacidade ociosa, *peso morto* e desperdícios desnecessários.

d. Efeitos do mercado competitivo e do monopólio[19]

Em mercados competitivos, onde o número de empresas e consumidores é tão grande que nenhum indivíduo tem poder de afetar o mercado, o equilíbrio ocorre quando, a um determinado preço, ofertantes e demandantes estão dispostos a vender e comprar exatamente a mesma quantidade de produto. A oferta de mercado é a somatória da oferta individual de cada produtor (que, por sua vez, é representada por seus respectivos custos marginais) e é crescente, como explica a *lei da oferta*: a quantidade ofertada de um bem aumenta quando seu preço aumenta (e vice-versa). Isso quer dizer que os produtores estarão dispostos a oferecer mais quando o preço é mais alto e a oferecer menos quando o preço é mais baixo (tudo o mais constante).

---

[18] Por exemplo, para o consumo de refrigerante de cola, há diversas marcas possíveis. Para muitos, o fato de ser o refrigerante da Coca-Cola ou da Pepsi-Cola é diferença determinante. E isso se aplicaria a todos os outros bens de consumo para o qual existam marcas diferentes.
[19] Esta seção é, em grande parte, baseada em Yeung (2018).

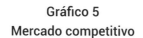

Gráfico 5
Mercado competitivo

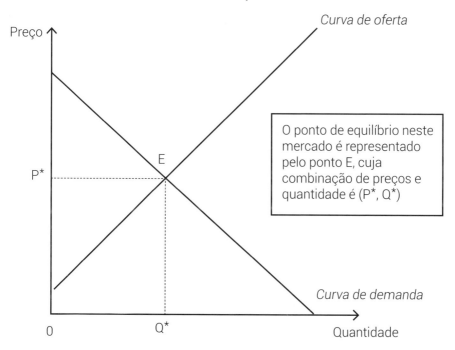

Fonte: Yeung (2018).

A *curva de oferta* vem das curvas de custos marginais de cada uma das empresas; como os custos marginais são crescentes, aumentando com a quantidade produzida, a curva de oferta também é positivamente inclinada.[20] No gráfico anterior, o eixo vertical mede o preço e o eixo horizontal mede a quantidade de bens produzida/vendida pelas empresas: quanto mais alto o preço, mais as empresas estarão dispostas a vender e produzir.

Já a *curva de demanda* representa a somatória das curvas de demanda individuais dos consumidores existentes no mercado. Sua derivação é um tanto mais complexa do que a derivação da curva de oferta e vem das decisões ótimas do consumidor, baseada nas suas curvas de indiferença e restrições orçamentárias, conforme discutido na seção 2.[21] A *lei de demanda* explica que, com tudo o mais constante, a quantidade demandada de um bem

---

[20] Ver seção 3.
[21] Para a derivação completa da curva de demanda a partir das decisões ótimas do consumidor, ver Mankiw (2013: cap. 21).

diminui quando seu preço aumenta (e vice-versa). Dado que a quantidade demandada e o preço andam em sentidos opostos, a curva de demanda é negativamente inclinada.

No entanto, somente a curva de demanda *do mercado* será decrescente, já que a curva de demanda enxergada por cada empresa em particular será constante (uma linha horizontal). Isso porque cada empresa é tomadora de preços, ela não pode vender a nenhum outro preço que não o P*, preço de equilíbrio de mercado. A curva de demanda como enxergada por uma empresa em um mercado competitivo é, portanto, horizontal, igual à sua curva de receita marginal, conforme o gráfico 6.

Gráfico 6
Empresa no mercado competitivo

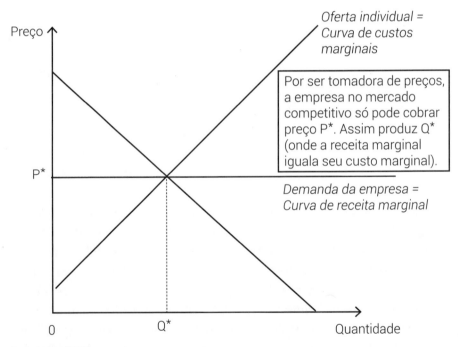

Fonte: Yeung (2018).

A empresa no mercado competitivo não pode vender a nenhum preço acima de P*, caso contrário, perderá todos os seus clientes, que passarão a comprar de seu concorrente. Assim, sua receita marginal será sempre P* e o lucro será maximizado quando produzir uma quantidade em que seu custo marginal também é P*: no gráfico 6, essa quantidade é Q*.

A situação é bastante diferente no caso de empresas com significativo poder de mercado, tal qual na situação de monopólios ou oligopólios. O gráfico 7 ilustra a situação do ponto de vista de um monopolista.

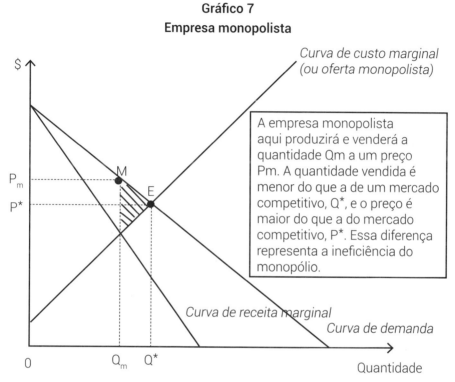

Fonte: Yeung (2018).

A curva de receita marginal da empresa monopolista (e também da oligopolista e de concorrência monopolística) não se iguala à curva de demanda: para "convencer" o consumidor a comprar mais unidades, o monopolista terá que reduzir preços.[22] Como produtora racional, que maximiza lucro, a empresa escolherá produzir a quantidade Q_m, dada pelo cruzamento (ou igualdade) das curvas de custo marginal e receita marginal. Sendo monopolista, no entanto, ela poderá cobrar o preço P_m, mais alto que sua receita marginal, e que

---

[22] Exceto nos casos em que não existirem substitutos minimamente próximos aos bens vendidos por este monopolista, somado ao fato de serem bens absolutamente essenciais. Na prática, são raríssimos esses casos no mundo real. Por isso, é equivocada a crença de que o monopolista "pode cobrar o preço que quiser".

é dada pela curva de demanda. Assim, o monopolista escolhe racionalmente produzir e cobrar no ponto "M", a combinação de preço-quantidade, $P_m Q_m$.

O ponto M gera mais ineficiência do que o ponto que seria dado por uma hipotética concorrência perfeita neste mercado, o ponto E. Nesse ponto, a quantidade produzida, vendida e comprada no mercado seria Q^*, maior do que Q_m, e o preço cobrado/pago seria P^*, menor do que P_m, o preço do monopolista. As diferenças entre os preços e as quantidades de uma situação de mercado competitivo e do mercado monopolista (ou oligopolista) são mostradas graficamente pelo triângulo hachurado, com vértices M e E. Ele representa a perda social incorrida pela presença do monopolista. É uma perda para a sociedade, pois agora ela consome menos e paga mais. Há uma redução na produção de bens, que pode implicar menor grau de emprego de trabalhadores e de insumos, o que é claramente indesejável. A essa perda, os economistas chamam de *peso morto*, a materialização da ineficiência gerada pela ausência de mercados competitivos.

Existe outra justificativa de longo prazo para a desejabilidade dos mercados competitivos, que se deve à sua capacidade de gerar inovação tecnológica. Essa discussão é feita, por exemplo, por Mackaay e Rousseau:

Mercados competitivos (concorrenciais) e a dinâmica das economias modernas

Concorrência é processo contínuo no qual os empresários, mediante recurso a uma gama infinita de estratégias, entre as quais preços, serviços, inovações em matéria de produção, de gestão e de oferta ao mercado, procuram e tentam, em seu benefício, realizar combinações de clientes e produtos que lhes deem vantagens sobre outros empresários que os clientes percebem como concorrentes. O processo de concorrência faz emergirem possibilidades até então ignoradas. A introdução de inovações, e sua aceitação pelos consumidores, permite descobrir o que estes procuram e o que os fornecedores podem lhes oferecer ao preço que sejam capazes de pagar. Não se trata de simples declarações de intenção, mas de possibilidades realistas. É a esta realidade que alude Hayek ao qualificar a concorrência de *procedimento de descobertas*.

O processo de concorrência é uma *destruição criativa*, conforme a célebre expressão de Schumpeter. A introdução contínua de inovações pelos empresários amplia as fronteiras do que é acessível aos seres humanos. Gera a obsolescência, por questões técnicas, de bens que são superados por outros mais recentes. Tal mudança se traduz, imediatamente, no preço do computador Macintosh, no qual estas linhas são escritas e foi adquirido por $ 4.000,00 há quatro anos e, hoje, não vale mais do que $ 500,00, mesmo funcionando de forma impecável. O mesmo se dá com talentos [...] O processo capitalista, em consequência da destruição criativa sobre a qual se apoia, não pode garantir a ninguém a situação estável indefinidamente. A segurança, em um sistema capitalista, vem da capacidade de se adaptar, de agarrar as novas possibilidades [...]. [Mackaay e Rousseau, 2015:114]

6. Excedente total e bem-estar

a. Excedente do consumidor

Como consumidores, muitas vezes, temos aquela grata sensação, ao sair da loja depois de uma compra, de ter pago um valor muito abaixo do que estávamos inicialmente dispostos a pagar; é como se tivéssemos tido um "lucro" fazendo aquela compra. Na linguagem microeconômica, foi gerado um *excedente do consumidor* nessas situações. De forma mais geral, existe uma diferença positiva entre o quanto o consumidor está disposto a pagar por um bem/serviço e o quanto ele efetivamente acaba pagando.

Caso existisse alguma maneira de as empresas descobrirem quanto cada consumidor está disposto a pagar no máximo, elas cobrariam de cada pessoa — separadamente — exatamente esse valor, nada menos. A capacidade de fazer com que os consumidores paguem preços diferentes de acordo com suas disponibilidades é chamada de *discriminação de preços*. Então, a discriminação de preços ocorre quando a empresa ofertante consegue distinguir seus clientes pela sua capacidade de pagamento ou pelas suas diferentes preferências. Os preços cobrados de cada um dos consumidores são próximos aos seus respectivos *preços de reserva*, ou seja, o preço mais alto que cada um estaria disposto a pagar por aquele bem/serviço. Se a discriminação é *perfeita*, cada consumidor paga um preço diferente, exatamente igual ao seu preço de reserva; neste caso, todo o excedente do consumidor da economia é apropriado pela(s) empresa(s) discriminadora(s). Se a discriminação é *imperfeita*, os preços serão cobrados em categorias para grupos segmentados de consumidores; o excedente do consumidor é apropriado apenas de maneira *parcial* pela empresa.

A discriminação de preços acontece, por exemplo, em ingressos de cinema e espetáculos (mais barato para idosos e jovens estudantes), passagens aéreas (preços diferenciados dependendo da hora do voo) etc. Em todos esses casos, a discriminação de preços é imperfeita.

b. Excedente da empresa

Muitas empresas, por estarem em um mercado competitivo, não determinam o preço que querem vender, pois são *tomadoras de preço* e praticam o preço de equilíbrio desse mercado, P* (conforme discutido anteriormente). Nesses casos, há muitas empresas que estariam dispostas a vender por um preço mais baixo do que é efetivamente o preço de equilíbrio; então, vender a esse preço faz com que seja gerado um benefício para elas. É o chamado *excedente da empresa* (ou *excedente do produtor*).

O porquê de algumas empresas estarem dispostas a vender por um preço mais baixo relaciona-se com sua competitividade, sua estrutura produtiva que lhe possibilita produzir a custos menores.[23]

c. Eficiência de mercado

Na definição econômica, será *eficiente* a situação de produção ou de distribuição de recursos que gera o máximo de bem-estar (utilidade) para a totalidade dos indivíduos e empresas na economia. Outra maneira de definir *eficiência* usando a teoria do consumidor e da firma é como sendo aquela alocação de recursos[24] que maximiza a soma dos excedentes do consumidor e do produtor. Por toda a discussão anterior, feita no presente capítulo, não é difícil de observar que a eficiência será garantida quando os mercados forem competitivos, ou seja, quando consumidores e empresas forem livres e tão

---

[23] No entanto, o excedente do produtor não é exatamente a medida de lucro. O motivo é que este é medido pela diferença do valor recebido pelas empresas e seu *custo marginal*, diferentemente do lucro que, como vimos, é medido pela diferença do valor recebido e *custo total*.

[24] O termo "alocação de recursos" é bastante utilizado na economia. De maneira geral, pode-se entendê-lo como sinônimo de "distribuição de recursos", mas sem a ideia de ter um ente efetivamente fazendo a distribuição (por exemplo, o Estado). A alocação de recursos poderia ser entendida como uma distribuição aleatória e natural de recursos em um dado momento de tempo.

numerosos a ponto de serem todos tomadores de preços, ou seja, quando nenhum deles tem impacto na quantidade e nos preços de equilíbrio. Nesses casos, a quantidade de equilíbrio do mercado Q^* será comprada e vendida, ao nível de preço de equilíbrio P^*, e os excedentes do consumidor e do produtor serão maximizados. Em quaisquer outras situações, quando os mercados não forem competitivos e houver poder de mercado, não haverá eficiência.

d. Teorema fundamental do bem-estar

Um resultado importante da discussão desta seção é o *primeiro teorema fundamental do bem-estar*. Ele mostra que, em um mercado competitivo, o equilíbrio alcançado naturalmente pela oferta e demanda representa uma *eficiência de Pareto*: ou seja, uma situação em que não é possível melhorar a situação de alguém, sem prejudicar a situação de outrem. Para nossos propósitos, podemos entender como sendo a situação de eficiência máxima, ou seja, onde não é mais possível aumentar o benefício gerado socialmente pelo aumento do excedente do produtor e do consumidor. O resultado do primeiro teorema do bem-estar pode ser demonstrado matematicamente, mas, por ora, ele é suficiente para entendermos por que a teoria microeconômica é enfática na defesa da concorrência nos mercados.

7. Aplicação da microeconomia para além da economia

Neste capítulo, foram apresentados diversos conceitos clássicos da microeconomia, usados para descrever os mercados, as decisões de consumidores e empresas, ou seja, a atividade econômica do dia a dia. No entanto, a teoria microeconômica é muito mais poderosa do que isso: ela pode e é aplicada para entender as escolhas dos indivíduos em situações além dos mercados, dos resultados monetários e dos interesses de lucro. Microeconomistas hoje se especializam em estudos sobre educação, saúde, discriminação, crime, direito etc. — todos usando as ferramentas vistas aqui.

Um dos pioneiros (e certamente mais geniais) aplicadores da microeconomia em áreas não "tradicionais" foi Gary Becker, laureado com o Prêmio Nobel de 1992. A Fundação Nobel assim justifica seu prêmio: "por ter estendido a análise microeconômica a uma ampla gama de comportamentos e interações humanas, incluindo comportamentos não comerciais".[25] De fato, Becker é o criador de, pelo menos, meia dezena de áreas de estudo, a saber: economia da discriminação, economia da família, economia da educação, economia do crime, economia do vício, além de ter contribuído, direta ou indiretamente, para outras como, por exemplo, a análise econômica do direito. Vale a pena ler trechos selecionados de seu discurso na premiação do Nobel, intitulado "A maneira econômica de olhar para o comportamento".[26]

> A minha pesquisa usa a perspectiva econômica para analisar questões sociais que vão além daquelas usualmente consideradas pelos economistas [...] Diferentemente da análise marxista, a perspectiva econômica à qual me refiro não assume que os indivíduos são motivados somente por egoísmo ou ganhos materiais [...]. Ações são restringidas por renda, tempo, memória e capacidade de cálculo imperfeitas, e outros recursos limitados, e também pelas oportunidades disponíveis na economia e em outros lugares [...]. Restrições diferentes são decisivas para diferentes situações, mas a restrição mais fundamental é o tempo limitado. [...].
>
> Um passo importante na análise tradicional de escolha racional é incorporar na teoria uma classe muito mais rica de atitudes, preferências e cálculos. Este passo é proeminente em todos os exemplos que considero. A análise da discriminação [por exemplo] inclui nas preferências uma antipatia por preconceitos contra membros de determinados grupos, como negros ou mulheres. [Por sua vez] ao decidir se deve participar de atividades ilegais, presume-se que criminosos em potencial ajam como se considerassem os ganhos e os riscos, incluindo a probabilidade de serem pegos e a severidade das punições. Na teoria do capital humano, as pessoas avaliam racionalmente os benefícios e custos das atividades, como educação, treinamento, gastos com saúde, migração e formação de hábitos que alteram radicalmente o modo como são. A abordagem econômica da família assume que mesmo decisões íntimas como casamento, divórcio e tamanho da família são alcançadas por meio da avaliação entre vantagens e desvantagens de escolhas alternativas. Os pesos são determinados por preferências que dependem criticamente do altruísmo e sentimentos de dever e obrigação para com os membros da família.

---

[25] Tradução livre. Disponível no site da Fundação Nobel em: <www.nobelprize.org/nobel_prizes/economic-sciences/laureates/1992/becker-facts.html>. Acesso em: 14 jul. 2018.
[26] Becker (1993; tradução livre). Todos que têm domínio no idioma devem ler este discurso na íntegra; é a concretização do que é a teoria microeconômica em sua natureza mais genuína.

Dado que a abordagem da escolha econômica ou racional baseia-se em uma teoria de decisões individuais, críticas a esta teoria geralmente concentram-se em suposições particulares sobre como essas decisões são feitas. Entre outras coisas, críticos negam que os indivíduos ajam consistentemente ao longo do tempo, e questionam se o comportamento é voltado para o futuro, particularmente em situações que diferem significativamente daquelas consideradas pelos economistas — como aquelas que envolvem crimes, vícios, família ou comportamento político. [...] Eu simplesmente afirmo que nenhuma abordagem de generalidade comparável foi desenvolvida até agora, ou oferece concorrência séria à teoria da escolha racional [...]. Meu trabalho pode ter assumido racionalidade demais, mas talvez seja um contraponto para as extensas pesquisas que não creditam as pessoas com racionalidade suficiente.

Fico impressionado com a quantidade de economistas querendo trabalhar com questões sociais, ao invés de questões que formam o núcleo tradicional da teoria econômica. Ao mesmo tempo, especialistas de áreas que lidam com questões sociais têm sido frequentemente atraídos para a maneira econômica de modelar o comportamento, por causa de seu poder analítico, baseado na hipótese de racionalidade individual. [Atualmente há diversas] escolas prósperas em teóricos e pesquisadores empíricos da escolha racional, por exemplo, a sociologia, o direito, a ciência política e a história e, em menor grau, a antropologia e a psicologia.[27]

O modelo de escolha racional fornece a base mais promissora atualmente disponível para uma abordagem unificada de análise do mundo pelos estudiosos de diferentes ciências sociais.

Referências

ANDREONI, J. et al. *Giving according to Garp*: an experimental study of rationality and altruism. Madison, WI: Social Systems Research Institute, University of Wisconsin, 1996.

---

[27] Nota desta autora e tradutora: isso não é mais verdade, com o grande desenvolvimento da área conhecida como economia comportamental, que já rendeu dois Prêmios Nobel, para estudos na área interdisciplinar da psicologia e economia: Daniel Kahneman, em 2002 (ele um psicólogo), e Richard Thaler, em 2017.

ARAUJO JR., A. F.; SHIKIDA, C. D. Microeconomia. In: TIMM, L. B. *Direito e economia no Brasil*. 2. ed. São Paulo: Atlas, 2014.

AZEVEDO, P. F. Análise econômica da defesa da concorrência. In: TIMM, L. B. *Direito e economia no Brasil*. 2. ed. São Paulo: Atlas, 2014. p. 266-295.

BECKER, G. S. Nobel lecture: the economic way of looking at behavior. *The Journal of Political Economy*, v. 101, n. 3, p. 385-409, jun. 1993.

COOTER, R.; ULEN, T. *Direito e economia*. 5. ed. Porto Alegre: Bookman, 2010.

FRIEDMAN, D. *Law's order*: what economics has to do with law and why it matters. Princeton: Princeton University Press, 2000.

MACKAAY, E.; ROUSSEAU, S. *Análise econômica do direito*. Tradução de Rachel Sztajn. 2. ed. São Paulo: Atlas, 2015.

MANKIW, N. G. *Introdução à economia*. 6. ed. São Paulo: Cengage Learning, 2013.

MARGOLIS, H. *Selfishness, altruism, and rationality*. Chicago: University of Chicago Press, 1984.

PINHEIRO, A. C.; SADDI, J. *Direito, economia e mercados*. Rio de Janeiro: Campus, 2005.

PORTO, A. J. M.; SAMPAIO, P. R. P. (Org.). *Direito e economia em dois mundos*: doutrina jurídica e pesquisa empírica. Rio de Janeiro: Editora FGV, 2013.

POSNER, R. A. *Economic analysis of law*. 6. ed. Nova York: Aspen Publishers, 2003 [1973].

ROBBINS, L. *An essay on the nature & significance of economic science*. Londres: Macmillan & Co., Limited, 1932.

SHAVELL, S. *Foundations of economic analysis of law*. Cambridge: Belknap Press, 2004.

SIMON, H. A. Altruism and economics. *The American Economic Review*, v. 83, n. 2, p. 156-161, 1993.

STOCKMAN, A. C. *Introduction to economics*. 2. ed. Orlando: The Dryden Press, 1999.

YEUNG, L. Análise econômica do direito antitruste. In: RODAS, J. G. (Coord.). *Direito concorrencial*: avanços e perspectivas — edição comemorativa aos 5 anos de vigência da Lei 12.529/2011. Curitiba: Prismas, 2018. (Coleção Biblioteca de Direito e Economia — v. 5, 2017).

PARTE II

Direito, economia e mercados

CAPÍTULO 5

Direito e economia no mercado de crédito

Jairo Saddi

> Economias de mercado de sucesso podem ser facilitadas por instituições jurídicas que demonstram preocupação com outros — terceiros e interesse público, que nem sempre avança por meio da busca fragmentada dos interesses próprios.[1]

A citação anterior, do professor Robin Malloy, da Universidade de Syracuse, sintetiza o objetivo deste texto: facilitar aos iniciados a atuação de instituições jurídicas que demonstram preocupações com outros, em especial, o Poder Judiciário. O método da economia aplicada ao direito pode causar estranheza, especialmente pelas críticas que o acompanham, mas não é incompatível com os ideais de justiça.[2] É, na verdade, uma ferramenta adicional em sua busca.

Trata-se simplesmente de um método de análise que usa conceitos da economia como lente de análise do direito e apresenta várias utilidades. Por meio desse método, podemos quantificar, entender e desvelar atributos de

---

[1] Malloy (2004:20). No original: *"Successful market economies can be understood as being facilitated by legal institutions that promote a concern for others — for third parties and for the public interest that is not always advanced by the fragmented pursuit of self-interest"*. (Tradução livre do autor).

[2] Identificamos três conjuntos de críticas ao movimento de *law & economics*; uma delas é em relação à conceituação. Alguns autores apontam que as bases do método partem de premissas de origem histórica liberal, e que, portanto, ele despreza critérios de natureza ética e social em sua busca desenfreada pela eficiência. Entendemos que essa e todas as outras críticas são válidas, inclusive em razão de seu pano de fundo ser comum a qualquer teoria em ciências sociais, apontando que um método encontrará embaraços face às complexidades da realidade. Pinheiro e Saddi (2005:92).

institutos jurídicos e seus efeitos, permitindo uma visão mais abrangente dos impactos econômicos da intervenção estatal — que, no sentido amplo adotado neste trabalho, inclui a atuação judicial. O objetivo do presente texto consiste em usar as ferramentas metodológicas fornecidas pela *law & economics* para promover uma análise que compreenda o crédito em seu contexto, desmitificando a visão puramente jurídica e entendendo os mecanismos econômicos que o impactam, bem como sua importância social. Para tanto, o trabalho é dividido em três partes. A primeira compreende a contextualização do crédito. A segunda trata da apresentação de alguns conceitos básicos de economia aplicados ao direito, bem como de alguns dos mecanismos econômicos que dão forma ao crédito. A terceira e última parte cuida do fortalecimento do Judiciário como instituição de proteção ao crédito e de medidas pontuais que podem contribuir no cumprimento dessa função.

1. O crédito e seu contexto

O crédito, visto em seu contexto, revela-se como um verdadeiro direito fundamental. Para justificar essa afirmativa, precisamos revisitar algumas bases constitucionais. A Carta Magna (Brasil, 1988) consagra os valores sociais do trabalho e da livre iniciativa,[3] o direito à propriedade,[4] o livre exercício de qualquer atividade econômica,[5] além do próprio princípio da eficiência[6] para a administração pública. Essas bases configuram o sistema capitalista de produção e de distribuição de recursos e nele o crédito é essencial para a efetivação desses e de tantos outros direitos e fundamentos constitucionalmente previstos, como a erradicação da pobreza[7] e a igualdade[8] material e regional,[9] dentro do conceito de democracia econômica.

Partindo das bases constitucionais, adotamos as seguintes premissas para tratar do crédito: este possibilita o investimento que catalisa o desenvolvimento econômico, permite que indivíduos saiam da linha da miséria e ga-

---

[3] Art. 1º, IV, art. 170, *caput* (Brasil, 1988).
[4] Art. 5º, XXII e art. 170, II (Brasil, 1988).
[5] Art. 170, Parágrafo Único (Brasil, 1988).
[6] Art. 37 (Brasil, 1988).
[7] Art. 3º, III (Brasil, 1988).
[8] Art. 5º, *caput*, e art. 5º, I (Brasil, 1988).
[9] Art. 3º, III (Brasil, 1988).

rante melhor e maior bem-estar social numa economia de mercado (Saddi, 2007:23).

Por meio dessas premissas, podemos entender o crédito como um fenômeno complexo que tem essa dimensão social imprescindível, bem como uma dimensão jurídica e outra econômica. Ele nunca se desfaz de qualquer delas, apresentando apenas perspectivas diversas. O crédito não perde importância visto sob o ângulo econômico, pois, sem o crédito, o consumo e o investimento não poderiam ser antecipados. Haveria a necessidade de geração de renda anterior, inviabilizando a existência de indústrias e do comércio (Rizzardo, 2000:15). Não se contesta que um país não se desenvolve sem um mercado de crédito farto em ofertantes e tomadores de crédito, a preços acessíveis. Logo, ele é essencial a uma economia de mercado saudável, sustentável e inclusiva.

Para o direito, o crédito é um direito obrigacional em que seu beneficiário é o devedor, ao passo que quem o concede é o credor. Já, economicamente, o crédito se apresenta como uma transferência de bens presentes, cuja contrapartida é futura e normalmente diferida. Ele se exprime em moeda, muito embora não possa ser confundido com ela.[10] Trata-se do resultado de acúmulo de moeda por uns poupadores, chamados de superavitários, que é transmitido a deficitários (Pinheiro e Saddi, 2005:434 e ss.), permitindo que essas células deficitárias adquiram poder de compra atual e, assim, impulsionem investimentos e produção, ou satisfaçam necessidades de consumo.[11]

Tendo entendido o crédito em um plano maior, e sua importância além da definição jurídica, passaremos à segunda parte deste trabalho para entender os mecanismos que dão forma ao crédito, que o influenciam e impactam, dando-lhe base e contorno.

2. Mecanismos que conformam o mercado de crédito

O crédito é a transferência de recurso com um lapso temporal entre as prestações e contraprestações, que se vale de múltiplas transações entre agentes econômicos e faz parte de uma estrutura maior de trocas que se configura

---

[10] Da mesma maneira, o crédito não pode ser confundido com mútuo, que é uma forma contratual na qual existe o crédito.
[11] Esse aspecto do crédito nos remete à função principal das instituições financeiras, intermediadoras de crédito, que viabilizam as fontes superavitárias proverem fontes deficitárias.

como um mercado. É essencial entender o mercado de crédito para garanti-lo, o que significa em última análise incentivar sua oferta acessível ao preço mais baixo possível.

Analisaremos os seguintes mecanismos conformadores do crédito: (1) demanda e oferta de crédito; (2) formação das taxas de juros e da taxa Selic; (3) política monetária; (4) riscos e inadimplência; e (5) *spreads* bancários ou precificação do crédito.

A demanda e a oferta de crédito oscilam dependendo do preço do crédito, o qual é definido com base na taxa de juros básica da economia, que é a taxa Selic, cuja influência se faz sentir nas demais taxas de juros. O Estado, em sua função reguladora, atinge esse mercado, entre outros, com fatores, tributários, econômicos e jurídicos, por meio de sua política monetária, a qual sofre impacto de três fenômenos que precisam ser levados em consideração: a concentração bancária, o direcionamento do crédito e a inflação. Para completar essa análise, é preciso entender como os riscos e a inadimplência influenciam o crédito, alterando seu preço. Por fim, tratamos do cálculo do preço do crédito como um todo, determinado principalmente pelo custo de captação dos bancos, que segue essencialmente a taxa Selic, fixada pelo Banco Central, e pelos *spreads* bancários, os quais encontram base nos primeiros fenômenos que abordamos.

Trata-se de uma análise circular sobre fenômenos interconectados que provocam e sofrem reações, por isso a adoção do termo "mecanismos". Todos esses componentes se movem conforme a oscilação dos outros, em um sistema permeável, mas racional, pois é possível prever ou contabilizar essas movimentações. Percebemos então que é possível garantir o direito ao crédito, entendendo essas forças que conformam seu mercado.

Entretanto, antes dessa análise, é necessário revisitar brevemente algumas premissas do método da economia aplicada ao direito, para introduzirmos as bases do pensamento econômico, necessário ao entendimento dos mecanismos que conformam o crédito.

2.1 As bases de *law & economics*

A economia assume como pressuposto que as pessoas tendem à maximização de seus anseios, ou seja, realizam escolhas de tal forma que elas elencam e optam pelas alternativas que resultarão em mais benefícios a menores custos (Cooter e Ulen, 2000:12). Maximizar significa optar racionalmente pela alternativa que conceda mais daquilo que se deseja alcançar.[12] Essa premissa é válida para bens materiais e imateriais também, como amizade, fama e até mesmo a felicidade humana.

A maximização parte da racionalidade dos agentes,[13] outro pressuposto da economia. Da mesma forma, os mercados também são tidos como racionais. Por se comportarem racionalmente, os mercados tendem ao equilíbrio,[14] conforme as leis da oferta e da demanda que se relacionam ao preço. A demanda aumenta se os preços descem, ao passo que a oferta aumenta se os preços sobem. O contrário é verdadeiro, a demanda diminui se os preços sobem, e a oferta diminui quando os preços descem. Por outro ângulo, os preços podem cair como resultado da diminuição da demanda, com uma oferta estável, ou com o aumento da oferta, sem a contrapartida de aumento da demanda. Da mesma forma, eles podem aumentar, caso haja aumento da demanda e estabilidade de oferta, ou diminuição da oferta, com demanda constante ou maior.

A proporcionalidade da reação da oferta e da demanda em relação às alterações dos preços é um último conceito econômico relevante para este texto, pois, em alguns casos, a demanda e a oferta serão muito afetadas pelas alterações dos preços; em outros, não. Trata-se da elasticidade-preço. A elasticidade do preço é uma avaliação da proporção da resposta das quantidades demandadas ou ofertadas, conforme o caso, aos preços. Dizer que uma demanda é inelástica, por exemplo, é dizer que o preço pode flutuar bastante sem que a demanda seja afetada por ele. O contrário se aplica quando se trata, por exemplo, de uma oferta elástica: pequenas variações do preço geram grandes flutuações da quantidade ofertada.

---

[12] Destacamos que a natureza individualista do pressuposto de maximização não é sem fundamento, a análise econômica parte de um individualismo metodológico, não de uma presunção de que pessoas sempre são egoístas. Muitos economistas adotam pressupostos de maximização de pessoas agindo em prol de outras, como pais em relação aos filhos, por exemplo. Kerkmeester (1999:383).
[13] Existem inúmeras críticas ao pressuposto da racionalidade, inclusive entre economistas, os quais entendem que se trata de um pressuposto metodológico necessário para desenvolver uma linha de análise, mas não um conceito irrefutável, que não seja imune a críticas. Em verdade, muitos questionam a validade dos resultados apresentados por autores da análise econômica do direito, na medida em que se aprofundam em estudos de economia comportamental. Alguns trabalhos, por exemplo, questionam capacidades simples de atribuição de valor e justiça aos preços. Nesse sentido, veja: Ariely (2010) e Posner (2003:19 e ss.).
[14] A estabilidade também é um conceito básico para a análise econômica do direito. Ela compreende uma situação estável, que só pode ser alterada no caso de forças externas atingirem o cenário (Cooter e Ulen, 2000:11).

Demanda, oferta, preço e elasticidade dependem de muitas variáveis para serem mensurados, e dentro do mercado de crédito essas variáveis são pesquisadas por meio de estudos econômicos complexos, muitas vezes empíricos. Não pretendemos entrar nessa seara mais específica. Vamos, porém, apontar os agentes e as forças econômicas que influenciam essas categorias do mercado de crédito, o que vai nos permitir pensar economicamente nos mecanismos que conformam o crédito: os primeiros e mais básicos são a demanda e a oferta de crédito; passemos à sua análise.

2.2 A demanda e a oferta de crédito

A demanda é determinada pelos tomadores de crédito em sua relação com as instituições financeiras. O resultado de uma pesquisa do Ipea aponta que a demanda de crédito no Brasil diminui na medida em que o desemprego aumenta, da mesma forma que cresce proporcionalmente ao aumento do PIB (Mendonça e Sachsida, 2013:27). O aquecimento do mercado de trabalho costuma elevar a demanda por crédito, pois, com mais renda, os indivíduos tendem a consumir mais e a tomar crédito. Além disso, um aumento do consumo aumenta a demanda de uma série de produtos, possibilitando um cenário favorável ao crescimento de empresas, que muitas vezes passam a tomar crédito.

A oferta de crédito depende essencialmente dos agentes superavitários, que têm recursos para ofertar, bem como das instituições financeiras, em especial os bancos,[15] que viabilizam a transferência de recursos. Vejamos: os bancos tomam recursos de agentes superavitários com a contrapartida do pagamento de juros. Os bancos conseguem pagar esses juros, pois eles repassam esses recursos a um agente deficitário, que tomará o crédito e o retornará com juros também. Trata-se do custo do dinheiro no tempo. Ao observar essa transação, é possível perceber que a oferta de crédito nos bancos ocorre em sua operação ativa, quando eles se tornam credores de agentes deficitários. Logo, a oferta de crédito é definida, em outras palavras, precificada, por meio dos percentuais de juros cobrados às células deficitárias, o que já introduz o mecanismo seguinte.

---

[15] Ao tratar de instituições financeiras, falamos principalmente em bancos, pois os mecanismos econômicos que analisaremos são operados majoritariamente por meio de bancos. Ademais, o conceito de instituição financeira apresenta imprecisões dentro da Lei nº 4.565/1964. Brasil (1965).

2.3 Formação das taxas de juros e da taxa Selic

Qualquer atividade econômica é guiada pela expectativa de ganho, e o ganho dos bancos está na diferença entre os juros cobrados de seus devedores, tomadores de crédito, e os juros concedidos às células superavitárias. Essa diferença de valor envolve outros custos (em sentido amplo) que recaem sobre os bancos, tema que aprofundaremos adiante. Neste momento, o que nos importa é entender que a oferta de crédito será precificada considerando o patamar médio dos juros que os bancos pagam em suas operações passivas às células superavitárias, em aplicações como as CDBs, por exemplo, ou a própria poupança. E que esse valor de juros das operações passivas não é fixado aleatoriamente, mas é influenciado pela taxa básica de juros da economia, a taxa Selic.

Trata-se do Sistema Especial de Liquidação e Custódia (Selic), que reúne títulos públicos federais, e é calculado por meio da taxa média ajustada dos financiamentos diários desses títulos. Os valores anunciados pelo Comitê de Política Monetária (Copom) compreendem a meta para a taxa Selic, não seu valor em si. O Estado ajusta seus instrumentos indutores para promover a política monetária e, entre inúmeros outros objetivos, ajustar a taxa Selic real à sua meta.

2.4 Política monetária

Por seu turno, a política monetária se apresenta como importante fator determinante ao crédito, sendo uma política pública reguladora do Sistema Financeiro Nacional. Ela personifica o exercício de controle do Estado sobre a moeda e seus instrumentos, em razão da função estatal de regulação que conduz a economia, apresentando metas, objetivos e instrumentos. Há consenso no entendimento de que a política monetária tem alto impacto nos mercados, e o de crédito não é exceção; porém, a forma como a política monetária se concretiza e efetivamente afeta a economia provoca debates (Bernanke e Gertler, 1995:27).

No entanto, não há dissenso sobre quais são os três principais instrumentos de política monetária: redesconto, recolhimentos compulsórios e operações de mercado aberto. O redesconto compreende crédito direto realizado pelos bancos públicos. Recolhimentos compulsórios são depósitos impostos aos bancos privados para o controle da alavancagem bancária e da liquidez, pois diminuem a base sobre a qual a moeda é multiplicada nos bancos. E operações de mercado aberto são aquelas nas quais o Estado regulador compra e vende títulos da dívida pública, controlando o volume de moeda (Saddi, 1997:49).

A política monetária considera a importância do crédito e se preocupa com sua oferta, a preços acessíveis, especialmente considerando as dificuldades no cenário nacional[16] – é indiscutível que a oferta de crédito no Brasil é problemática, pois o crédito é pequeno, volátil e caro no país. Vejamos um gráfico sobre a evolução do percentual do saldo de crédito no Brasil em relação ao PIB (em inglês Gross Domestic Product — GDP).

Gráfico 1
Operações em crédito em % do PIB

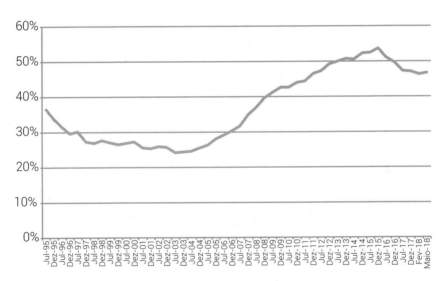

Fonte: Bacen.

O dado mais recente para a razão crédito/PIB no Brasil, conforme o Bacen (Banco Central do Brasil, 2018a), é de 46,6%. Para ilustrar melhor, o índice de crédito/PIB ao setor privado em 2016 (mais abrangente do que o apresentado

---

[16] Inclusive, crédito mais barato é um dos quatro pilares temáticos da agenda do Bacen, a chamada "BC+".

pela Bacen), conforme o Banco Mundial,[17] era de 62,2% no Brasil, 77,2% na Alemanha, 161,7% no Japão, 85,7% na Itália, 110,4% na Holanda, 111,3% na Espanha, 192,2% nos EUA e 112,1% no Chile. A média da União Europeia é de 96,2%, dos membros da OCDE, de 144,8%, da América Latina, de 46,1%.

Em função desse cenário e da importância do crédito para a política monetária, analisaremos três fatores econômicos relevantes na orientação dessa política em relação ao crédito: o primeiro é a concentração bancária, o segundo é o direcionamento do crédito e o terceiro é a inflação. Esses fatores muitas vezes foram apontados como razões para explicar o estado da oferta de crédito no Brasil, muito embora sejam temas complexos não tão facilmente delineados. Por exemplo, um estudo de Oreiro, com base no artigo de Stiglitz e Weiss (1981:393), aponta que a concentração bancária tem um efeito ambíguo na oferta do crédito bancário, o que nos leva ao próximo tema (Oreiro, 2005:105).

2.4.1 Concentração bancária

A concentração bancária configura uma imperfeição que causa graves distorções no mercado de crédito, uma vez que a oferta fica nas mãos de pouquíssimos agentes, ampliando o poder econômico de determinados participantes. Um exemplo recente dessa dificuldade e da perda de potência indutora do Estado em razão da concentração do setor é a resistência e a lentidão na queda dos juros cobrados em financiamentos bancários, após a queda histórica da taxa Selic em 2018. Esse era um evento esperado, considerando que a taxa Selic é a base da precificação dos juros bancários, mas vem se mostrando um efeito obstado, com bastante atrito.

De acordo com o Relatório de Estabilidade Financeira de 2018, publicado pelo Banco Central do Brasil (2018b), os quatro principais bancos atuantes no Brasil detinham 78,5% do mercado de crédito em 2017, ou seja, apenas quatro grupos são responsáveis por quase 80% do crédito.[18] Sem dúvida, a concentração bancária gera distorções na oferta de crédito, o que leva a distorções também na demanda, afetada pelos altos preços, fenômeno que contribui para o baixo acesso ao crédito, visto que sua oferta é pequena e cara.

---

[17] Banco Mundial (2016). A diferença principal parece vir do fato de o Banco Mundial incluir, entre outras, operações de mercado de capitais, como títulos corporativos de renda fixa (debêntures, notas promissórias, certificados de recebíveis imobiliários etc.) comprados por fundos de pensão, seguradoras etc., enquanto o dado do Banco Central se refere unicamente a crédito concedido pelos bancos.

[18] Banco do Brasil, Bradesco, Caixa Econômica Federal e Itaú-Unibanco.

2.4.2 Direcionamento de crédito

A política monetária também é realizada por meio do direcionamento do crédito. O crédito direcionado se opõe ao crédito livre e se dá por meio da obrigação legal da aplicação de recursos bancários em determinados produtos financeiros fixados por políticas públicas. O Estado determina as taxas de juros desse crédito ou sua fonte de recursos, incentivando linhas específicas de crédito setorial, como ocorre com o crédito rural e o imobiliário. Esse incentivo é realizado diretamente com linhas de crédito dos bancos públicos, ou indiretamente, utilizando mecanismos reguladores. Nesse caso, bancos privados são incentivados a ofertar crédito forçosamente, por meio de metas de concessão de crédito direcionado a taxas de juros controladas, muitas vezes demandando que as quantias depositadas sejam compulsoriamente usadas para esses fins específicos.

O crédito direcionado representa uma fatia grande do crédito no Brasil — em 2017, mais da metade do total de crédito (Romero, 2017) — e cresceu bastante na última década, especialmente se comparado com o crescimento do crédito livre, que passou de 25% para 28% do PIB em 2012, ao passo que o direcionado passou de 40% a 52% do total do crédito (Bonomo, Brito e Martins, 2015:9). Essa foi uma estratégia na contenção dos efeitos da crise de 2008, mas, ao contrário do que era esperado, que esse desnivelamento cessasse ao fim do ciclo, ele aumentou. Essa situação desperta atenção, pois o direcionamento do crédito tem papel ambíguo: pode tanto consertar e prevenir quanto causar distorções no mercado. Pode, por exemplo, impulsionar a abertura de linhas de crédito mais barato e mais abrangente, especificamente em áreas cujo potencial lucrativo é baixo, e o social, alto.[19]

Nesse sentido, como medida para ajuste de ciclos econômicos ou em momentos de crise econômica, o crédito direcionado também pode apresentar bons resultados, como ocorreu com a contenção da crise de 2008 (Bonomo, Brito e Martins, 2015:2). Contudo, utilizando esse mesmo caso, o crédito direcionado após esse período deveria cair, mas, pelo contrário, foi expandido, e de forma duvidosa, pois empresas maiores e mais velhas, com baixo interesse social, apresentavam chances muito maiores de acessar crédito direcionado, especialmente

---

[19] Quando aludimos a "potencial social" ou "interesse social", nos referimos principalmente ao interesse potencial de empreendimentos inovadores, provenientes de empresas menores, com capacidade de tornar os mercados mais correntes e competitivos, bem como de empreendimentos que investem em infraestrutura, cuja contrapartida é menos lucrativa do que outras áreas, e merecem incentivos.

o concedido diretamente pelo BNDES, criando um fluxo de recursos públicos a empresas de baixo interesse social (Bonomo, Brito e Martins, 2015:19).

Contrariamente aos objetivos da política monetária, o crédito direcionado pode dificultar sua aplicação, pois diminui a sensibilidade do mercado à alteração da taxa de juros básica (Selic), já que os juros desses créditos são fixados por regulação, demandando medidas mais abrangentes e específicas para influir no mercado e manter sua estabilidade. Ademais, quando os bancos não conseguem manejar algumas taxas de juros com flexibilidade, eles tendem a alterar as taxas do crédito livre como medida compensatória. Destacamos que a maior parte do crédito direcionado apresenta taxas de juros bem mais baixas do que as praticadas em crédito livre nos mesmos setores (Lundberg, 2011:34). Conforme o atual presidente do Banco Central, Ilan Goldfajn: "Temos benefícios na economia e nossa percepção é que os benefícios não têm custo. Eles têm sua justificativa, mas não assimilamos custo a essa iniciativa. Os que pagam entrada inteira vão ter de pagar meia-entrada para o resto" (Martello, 2017). Logo, o crédito direcionado pode distorcer o equilíbrio da precificação, orientado pela oferta e demanda, incentivando o aumento do preço do crédito livre, criando subsídios cruzados para compensar a falta de controle sobre essas linhas de crédito.

2.4.3 Inflação

De outra ordem, a inflação é um fator importante a se considerar. Seu controle no início dos anos 1990 possibilitou a consolidação de um mercado de crédito (Mendonça e Sachsida, 2013:7), pois a maior parte do crédito se adianta no tempo, e a inflação descontrolada obsta o crédito a médio e longo prazo. A inflação trazia linhas lucrativas aos bancos, mas eles se mantinham preparados para reagir rapidamente, considerando uma possível mudança brusca do cenário de controle da inflação, e essa reação se deu justamente por meio da maior oferta de crédito (Carvalho, 2003:2).

Sob outro enfoque, a inflação é um fator relevante para o mercado de crédito, pois altos índices implicam a perda de receita ao credor, corroendo o valor da moeda. Esse efeito é levado em conta pelos bancos e é compensado por meio do aumento da taxa de juros creditícia. Em contrapartida, quando baixa, a inflação permite a manutenção do poder de compra de tomadores de crédito, que passam a ter incentivos para tanto.

A inflação também é relevante, pois influencia fortemente a política monetária de um país, que muitas vezes é elaborada tão somente para seu controle e estabilização. Nesses casos, o mais comum é a adoção da política monetária mais restritiva, com taxas de juros altas. O impacto da manutenção de altas taxas de juros é o custo alto do crédito, que induz os bancos a reduzirem sua oferta, prejudicando a demanda dos tomadores, especialmente as pessoas físicas (Oreiro, 2005:105; Mishkin, 1995:7). Esse é o chamado canal de transmissão de crédito da política monetária.[20]

A inflação é um imposto regressivo sobre toda a sociedade. Escalando o nível geral dos preços, todos perdem: empregados, que veem seu poder de compra reduzido, empresários e empreendedores, que aumentarão tanto seu custo produtivo quanto o custo de levantar capitais, e mesmo o Estado, que vê sua soberania monetária se tornar uma ilusão. De forma clássica, a forma para controlar a escalada inflacionária é o aumento de juros. Com o capital mais caro, em tese, a demanda se desaquece e os preços param sua escalada.

Essa consideração encerra a análise da inflação e da política monetária e já apresenta os contornos do próximo mecanismo a ser abordado, os riscos e a inadimplência, considerando seu impacto nos preços do crédito.

2.5 Riscos e inadimplência

Os riscos são fatores que afetam em muito a precificação do crédito, visto que interferem em um aspecto fundamental do crédito: a confiança.[21] Para que ela seja incentivada, ou seja, para que se aumente a oferta de crédito, deve haver confiança entre as partes. Contudo, como garantir a viabilização do crédito e, ao mesmo tempo, promover a confiança entre as partes? A intermediação do crédito entre inúmeras partes que nunca terão qualquer contato além daquela relação depende da força das instituições, que, em princípio, devem garantir o cumprimento dos compromissos assumidos. Dessas necessidades, denota-se o papel fundamental dos bancos na intermediação financeira. Os

---

[20] Como alertamos anteriormente, existe dissenso quanto aos efetivos impactos da política monetária, e eles se perfazem nas discussões sobre os mecanismos de transmissão, em especial, de crédito. Bernanke e Gertler (1995:34) alegam que não há estudos empíricos com resultados que comprovam o impacto severo do aumento do custo do capital no consumo de indivíduos. E adicionam que os investimentos e o consumo são impactados por políticas monetárias constritivas, com altos juros que aumentam o custo do capital de formas diferentes, em tempos diferentes. Alguns reagem instantaneamente, ao passo que outros sentirão os efeitos dessas políticas em meses ou anos.

[21] A palavra *crédito* se origina do latim e significa *crença* e *confiança*, no sentido de *acreditar*.

depósitos e tomadas de crédito seriam inviáveis sem os bancos, pois os custos de transação[22] seriam muito grandes (Saddi, 2007:72 e 79).

Ademais, são os bancos que viabilizam as operações para além da redução dos custos de transação. Eles promovem a diminuição da assimetria informacional, tomam os riscos do crédito e podem garantir o real acesso democrático a ele, se seguirem as boas práticas bancárias, obedecendo aos limites prudenciais da oferta de crédito, considerando seu tamanho, capilaridade, posição no mercado e liquidez, e se efetivamente controlarem as baixas causadas pela inadimplência (Saddi, 2007:81).

Risco e inadimplência estão intimamente conectados. A inadimplência é um dos principais fenômenos geradores de risco e certamente um dos mais impactantes no preço do crédito. O risco sob controle é tolerado, visto que sua probabilidade é concomitante àquela de lucro. Os riscos anteriores à tomada de crédito são os relacionados com defeitos no cálculo dos riscos da oferta, como a assimetria informacional e a forma em que se manifesta, a seleção adversa. A assimetria informacional aumenta os riscos posteriores à tomada, ou seja, os de inadimplência, com todas as suas consequências: custos em recuperação de ativos, execução de garantias e do não pagamento em si, e isso ocorre por meio da seleção adversa, vale dizer, quem aceita pagar juros mais elevados é exatamente quem tem maiores chances de inadimplir suas obrigações. Existe, então, um impacto no preço do crédito, aumentando-o. Os bancos encontraram soluções para lidar com o risco de crédito: provisão adequada para devedores duvidosos, que não diminui o risco, mas antecipa a perda esperada, o que significa que as provisões são fundamentais para a saúde de uma instituição financeira. Ao reservar um percentual para créditos de baixa probabilidade de retorno, ou ainda, em razão da limitação das operações com ativos ou clientes individuais e da limitação autoimposta de alavancagem operacional, os bancos são obrigados a obedecer regras prudenciais.[23] Essas soluções partem do binômio de padronização de procedimentos para aumentar a eficiência da tomada de decisões e diversificação do portfólio.[24]

---

[22] Custos de transação podem ser bem ilustrados como o atrito dos cálculos de física do campo econômico. Trata-se de um encargo que implica a subida do preço. Ele advém das transações econômicas e das complexidades enfrentadas nessas operações (Pinheiro e Saddi, 2005:60 e ss.).
[23] Discutimos o risco de crédito noutra oportunidade. Saddi (2015).
[24] A diversificação do portfólio é uma opção muito comum de mitigação do risco. Esse conceito é bem ilustrado na obra de Richard Posner ao tratar da análise econômica dos mercados de capitais. Se as probabilidades de retorno são aleatórias, os riscos de múltiplos investimentos tendem a se anular. Se os riscos não forem aleatórios, são interdependentes e podem ser

Mas existem exemplos práticos que desafiam esse modelo de precificação. Um deles é a diminuição das taxas de juros de crédito do Banco do Brasil e da Caixa Econômica Federal no governo Dilma Rousseff, o que provocou um aumento substancial da oferta de crédito em 2012, época em que a taxa Selic variava entre 7% e 11%. O raciocínio declarado pelas instituições públicas federais era que havia equilíbrio dos calotes em decorrência do aumento expressivo no volume do crédito; volume compensando inadimplência. O presidente da Caixa Econômica Federal na época, Jorge Hereda, declarou que crédito mais barato torna a cobrança da dívida mais fácil e que é possível lucrar com juros mais baixos.[25]

O cenário usual não se dá dessa forma. Os bancos calculam o risco médio de um calote e, com base nesse valor, estabelecem um percentual para cobrar a mais de todos os tomadores para suprir essa falha calculada no recebimento, encarecendo o crédito. Trata-se de raciocínio similar ao da compensação das taxas de juros do crédito livre, tendo em vista o cenário imposto pelo crédito direcionado. O mesmo foi dito em relação às taxas de juros pagas pelos bancos para células superavitárias que aplicam moeda, e à taxa Selic, que emprega patamar mínimo a esses valores de juros, como já tratamos. Mas elas não são as únicas variáveis determinantes do preço do crédito, existem outras, tratadas no item seguinte.

2.6 *Spreads* bancários ou precificação do crédito

O preço do crédito é calculado pelos bancos por meio do chamado *spread* bancário. Trata-se da diferença entre o que os bancos pagam às células superavitárias e o que eles cobram das deficitárias. Os *spreads* são a diferença entre a taxa de captação e a taxa de aplicação; vale dizer, a taxa de juros paga aos poupadores de recursos aplicados nos bancos, cuja base, por seu turno, é a taxa Selic e a taxa de crédito que o banqueiro empresta. Os outros fatores são relacionados com os custos dos bancos: das operações, da inadimplência, do fisco, das restrições monetárias e da margem de sua remuneração (Pinheiro e Saddi, 2005:444 e ss.).

---

manipulados por meio de *design* de vários empreendimentos interdependentes, cujas perdas em um investimento acarretarão ganhos em outro que depende inversamente dos primeiros (Posner, 2003:446).

[25] Relatamos com mais profundidade esse caso em matéria ao jornal *Valor Econômico*. Saddi (2012).

Os primeiros são relacionados com os custos de promover a intermediação financeira, a manutenção de funcionários, de estabelecimentos comerciais, de recuperação de ativos, avaliação de bens, entre outros.

A inadimplência representa um custo que é repassado para todos os tomadores de crédito. Os bancos qualificam suas carteiras e elencam-nas por risco. Juros menores são concedidos em créditos menos arriscados, e vice-versa. Da mesma forma que o risco impacta o preço do crédito, o preço do crédito pode impactar o risco. Quando o crédito é escasso e/ou caro, com altas taxas de juros, a demanda diminui; logo, o conjunto de tomadores que tem interesse e possibilidade de tomar esse crédito diminui também. A tendência nesse cenário é que os tomadores interessados sejam aqueles menos propensos a pagar suas dívidas (Stiglitz e Weiss, 1981:393), mais arriscados, gerando a falha da seleção adversa. O mesmo pode ocorrer com a qualidade das garantias; juros altos fazem com que as garantias percam valor de liquidação, não dependendo da qualidade ou rapidez de sua exigibilidade (Saddi, 2007:90), aumentando consideravelmente o risco e o potencial custo da inadimplência.

Os valores pagos ao fisco também são repassados para os clientes tomadores de crédito, o que torna a ideia comum de tributar ainda mais os bancos pouco atrativa, dado que o efeito da majoração da cunha fiscal pouco afeta os lucros dos bancos, sendo repassado ao preço do crédito na maior parte das vezes. Certamente uma das principais razões para apresentarmos *spreads* altos, e crédito escasso e caro, é a tributação bancária — alta em complexidade e valor.

No Brasil, há incidência de seis tributos sobre a atividade bancária: IR, IOF, CSLL, PIS, Cofins e ISS. Em 2013, a carga tributária total do país correspondia a 33,63% do PIB, maior parte da qual transita pelos bancos com efeitos multiplicadores quando se refere a crédito. Trata-se de um valor importante a ser revisto, considerando o preço do crédito, bem como a simplificação da tributação, já que a atual também gera custos de transação altos. A ideia de tributar mais os bancos é popular e pode parecer sedutora, mas traz efeitos econômicos nocivos, como vimos, de aumento do preço do crédito, por meio de aumento do *spread* bancário e da diminuição da oferta de crédito. Ela parte de uma noção equivocada de que banqueiros perseguem lucro fácil, ou que não há outro meio capaz de impedir abusos.

As restrições monetárias, por seu turno, advêm dos depósitos compulsórios, um dos instrumentos de política monetária tratados anteriormente. As leis e a regulamentação do Banco Central exigem que um percentual dos depósitos captados pelos bancos seja depositado no próprio BC (os depósitos à vista não têm qualquer remuneração), ou seja, utilizado de forma direcionada, para setores específicos, na forma de crédito direcionado. Trata-se de medida para mitigar o risco sistêmico de instabilidade financeira, por meio do controle do volume e da circulação de moeda. Essas práticas representam um custo na medida em que os bancos perdem a oportunidade de aplicar esses recursos de forma mais rentável, fora do Banco Central e livremente, no setor e taxa que mais lhes convierem.

Os bancos, enquanto companhias que visam ao lucro, fazem cálculos para não arcar com "prejuízos",[26] ou para tentar minimizá-los, e, assim, lucrar. Por isso eles repassam todos os custos que têm aos tomadores de crédito, partindo dos patamares limpos das taxas de juros base do banco e da economia, e, por isso, também sua margem de lucro é fator de aumento dos *spreads*. Para ilustrar e demonstrar a variação de impacto de cada componente, apresentamos o gráfico 2 (Banco Central do Brasil, 2017) de decomposição da taxa média dos *spreads* bancários de 2011-17.[27]

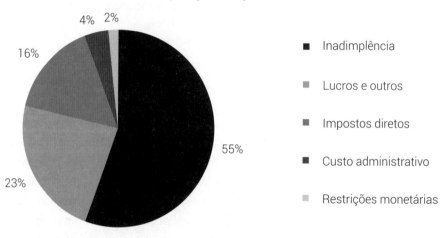

Gráfico 2
Decomposição do *spread* bancário

Fonte: Bacen.

---

[26] Tecnicamente, os bancos arcam com os prejuízos, em especial os da inadimplência, pois assumem os riscos intrínsecos a sua atividade. O que fazem na verdade é diminuir o efeito econômico do prejuízo, por meio de todas as medidas de mitigação do risco de que tratamos, e da compensação das perdas com a adoção de taxas mais altas de juros a todos, repassando esse custo ao tomador de crédito.

[27] A metodologia que trata do tema pode ser encontrada no Projeto *Spread* Bancário, do Banco Central do Brasil (2017). Trata-se, na verdade, de um problema circular: a inadimplência é alta porque os juros são altos e os juros são altos porque a inadimplência é alta.

Logo, por mais que restrições monetárias apareçam, por exemplo, com percentuais pequenos, são altamente impactantes na economia como um todo. Partindo desse gráfico e do entendimento das proporções refletidas nos índices, podemos entender a proporção da inadimplência como principal elemento causador dos elevados *spreads* bancários, bem como a importância da tributação nesse cenário, que se mostra com alto impacto também, assim como a margem de lucro.

O que se pode extrair de mais importante da análise dos *spreads* é que cada um dos fatores que os compõem responde pela precificação do crédito.

3. Judiciário e crédito

Nesta terceira parte deste texto, cabe-nos discutir pontos de convergência entre a atuação judicial e a proteção ao crédito. Podemos dividir a análise em dois conjuntos: a análise do Judiciário como instituição e a apresentação dos casos pontuais que podem contribuir concretamente ao mercado de crédito.

3.1 O Poder Judiciário como instituição de proteção ao crédito

Sob a análise econômica do direito, o Judiciário deve ser entendido como uma instituição[28] econômica que impacta o mercado de crédito e tem o poder-dever de colaborar com sua proteção e incentivar sua oferta de forma acessível a baixo custo, contribuindo para o controle inflacionário, a manutenção de taxas baixas de juros, o aumento do crescimento econômico, do PIB e para a contenção dos *spreads* bancários. Por isso foi necessário entender mecanismos que conformam o crédito, para analisar os impactos econômicos da atuação judicial.[29]

---

[28] Para fins de análise econômica, entendemos os Poderes e o direito como instituições, pois buscamos compreender os efeitos macro dessas forças reunidas em conjuntos coordenados em seu contexto fático, não apenas abstrato, visto que "boas leis não substituem instituições fracas". Saddi (2007:221 e ss.).

[29] O reconhecimento da importância e necessidade de atuação judicial qualificada e atenta aos impactos econômicos não implica defesa de intervenção estatal intensa e abrangente. São pontos diferentes. No primeiro há consenso, ao contrário do segundo, alvo de debates intensos.

O direito, não apenas o Judiciário, desempenha algumas funções básicas para o bom funcionamento do mercado de crédito:[30] protege os direitos de propriedade, cria e aplica regras para negociação entre agentes públicos e privados, bem como aquelas de acesso e retirada do mercado, entre outras. Além disso, o direito é responsável por promover a concorrência e regular a conduta nos setores em que há falhas ou monopólios (Saddi, 2007:236). Como indutor de comportamentos, o direito deve promover normas e sua aplicação de tal forma que incentive o cumprimento dessas funções básicas, aumentando os preços de ações indesejáveis e diminuindo os custos das desejáveis. Os agentes econômicos se comportam da mesma forma, reagindo aos preços para maximizar seus interesses, e respondem aos estímulos econômicos promovidos pelo Estado.

Nesse sentido, é mais fácil visualizar a atividade dos Poderes Legislativo e Executivo na construção e efetivação de políticas públicas, em especial da política monetária, considerando principalmente as ações dos órgãos reguladores responsáveis pelo controle de práticas concorrenciais e financeiras. O Judiciário, todavia, desempenha outras funções não menos importantes. Ele deve se fortalecer como instituição de proteção ao crédito para garantir uma atuação eficiente, visto que o mercado de crédito precisa de instituições legais eficientes.

Em termos econômicos, uma atuação judicial boa é uma atuação judicial eficiente (Bianco, Jappelli e Pagano, 2005:2). A economia discute os inúmeros sentidos de eficiência, mas, em termos genéricos, é possível entender a eficiência como a maximização da utilidade, ou a opção pela melhor alternativa entre os meios legais para atingir mais e melhores objetivos. Uma medida eficiente seria aquela que viabilizasse a melhor alocação possível de recursos, entre as possibilidades jurídicas, considerando as principais falhas: os custos de transação e a assimetria informacional. Dessas premissas, podemos extrair quatro condições básicas que o Judiciário deve atender para garantir a eficiência: agilidade, custo de acesso, neutralidade e previsibilidade (Saddi, 2007:224 e ss.).

A agilidade é relacionada com o tempo de resolução das demandas apresentadas ao Judiciário. Ela depende da complexidade das lides e das expectativas dos agentes, mas não se pode esperar que um pedido de execução

---

[30] Partimos do pressuposto de que instituições fortes resultam em mercados econômicos com boa performance, convergindo com muitos estudos que validam esse argumento. Costa e Mello (2008:155).

de um cheque, por exemplo, demore anos. O custo de acesso é relacionado com o custo de se sujeitar ao processo judicial. Se o custo de um processo for mais alto do que o valor da causa, então o Judiciário é ineficiente. O preço do acesso ao Judiciário é majorado pela falta de agilidade. Ele soma os custos contabilizáveis, como custas judiciais, honorários de advogados, peritos e o tempo gasto, aos não contabilizáveis, como desgosto, frustração e potenciais oportunidades perdidas.

Em relação à neutralidade, é evidente que um Judiciário parcial não é eficiente, visto que ele não aplica as leis. Existem argumentos que contestam a pressuposição de completa neutralidade. Não pretendemos refutar ou desconsiderar essas críticas, mas apenas destacar que a neutralidade defendida existe a despeito delas. Trata-se de neutralidade como estabilidade em sentido econômico, ou seja, de uma situação estável de equilíbrio, a qual, sem estímulos externos, não pode ser modificada. A neutralidade parte de um contexto de equilíbrio no qual os magistrados não sofrem influências externas, sendo capazes de agir conforme a legislação, sem interferências de outros agentes. A questão de os juízes apresentarem convicções próprias, prévias e tendências não é o que se refuta, mas a falta de independência na formulação de seus entendimentos com base na lei.

Por fim, a previsibilidade implica um Judiciário que age de forma clara, coesa, coerente e reiterada, conforme seus próprios ditames e de acordo com as normas. Decisões que modificam entendimentos pacificados, excetuam casos pontuais por motivos incomuns, criam brechas, ou não apresentam clareza em seus fundamentos são grandes fontes de insegurança jurídica, e essa insegurança se exterioriza em aumento de custos e riscos.

A teoria econômica dos contratos explica a relação de causalidade entre insegurança jurídica e custos. Antes de estabelecer contratos, os agentes se preocupam com suas estratégias;[31] afinal, seu objetivo é maximizar seus interesses. Eles calculam as probabilidades de cooperação e não cooperação, por mais simples que seja o contrato, e consideram o quanto as instituições jurídicas serão capazes de fazer os termos daquele contrato valerem, caso não haja cooperação do outro agente. Se houver a aplicação segura pelo Judiciário de leis bem elaboradas, os riscos do inadimplemento, e do acaso, diminuirão. Os contratantes não precisarão estipular regras para eventualidades altamen-

---

[31] Estratégias são planos de ação que levam em consideração os planos e opções alheias (Cooter e Ulen, 2000:34).

te improváveis, que ampliam custos de transação na redação e negociação dos contratos. Eles não precisarão incluir no preço do contrato o valor das probabilidades de perda no caso de inadimplemento, nem necessitarão exigir garantias (excluindo do crédito aqueles que não as têm para oferecer), gastar com suas avaliações ou calcular a probabilidade de aumento de custo em caso de perda dessas garantias. Dessa forma, a atuação judicial que atende à segurança jurídica incentiva contratos menos custosos, mais simples e com baixo incentivo à ruptura.

No mercado de crédito, o raciocínio é o mesmo, apenas se transfere aos contratos bancários.[32] Quando tratamos de riscos e de inadimplência, entendemos esses elementos como fatores importantes que compõem os *spreads* bancários e podem aumentar o preço e a inacessibilidade do crédito. Os bancos, como qualquer contratante, calculam a probabilidade de inadimplência, assim como o valor que poderá ser recuperado nesses casos. Se essa probabilidade de inadimplência for alta, e a de recuperação for baixa, o custo do crédito aumentará, pois haverá o repasse para todos dos custos gerados com alguns contratos. Dessa forma, quando o Judiciário não protege o teor das cláusulas dos contratos bancários, ou diminui a probabilidade de recuperação desses valores, ele aumenta o custo do crédito e as taxas de juros, por meio do aumento do *spread* bancário.

Ademais, ele incentiva o comportamento não cooperativo na execução de contratos diferidos, pois, ao não infligir consequências aos inadimplentes, ele diminui o custo da quebra do contrato. Sob a análise da teoria econômica dos contratos, o papel fundamental do Judiciário é incentivar seu cumprimento, transformando soluções não cooperativas em cooperativas, aumentando o preço da quebra e diminuindo os custos da sua execução. A mera expectativa de determinadas decisões judiciais pode influenciar a percepção dos bancos em relação ao aumento do risco e provocar aumentos no preço do crédito (Costa e Mello, 2008:175).

Destacamos que esses não são argumentos que defendem direitos de credores, sem qualquer análise, em toda e qualquer hipótese; muito pelo contrário, a correção de contratos abusivos é importante para assegurar a boa alocação dos recursos, equilibrando situações com partes díspares. As falhas causadas por assimetrias informacionais e vulnerabilidades sociais precisam

---

[32] Dissertamos sobre o tema específico de contratos bancários em outra oportunidade. Saddi (2006:28 e ss.).

de atenção judicial. O que defendemos é a manutenção dos termos do contrato para dar segurança às relações contratuais, quando vulnerabilidades e abusos não são constatados, quando as partes bem informadas de seus riscos e possibilidades realizam contratos, apresentam garantias, consentem com termos negociados. Não se pode considerar que a hipossuficiência econômica e jurídica seja razão irremovível para justificar todo e qualquer inadimplemento, sem que o Judiciário aplique os termos e consequências do contrato. Essas decisões contribuem para a insegurança contratual e o aumento do preço do crédito, ou seja, para um mercado de crédito pequeno, volátil e caro. Trata-se apenas de coerência com o sistema econômico estabelecido pela Constituição, que concede importância ímpar ao crédito e o consagra como direito fundamental.

A segurança jurídica é essencial para um Judiciário forte como instituição econômica, pois os agentes dos mercados precisam de segurança para empreender em mais contratos de crédito cada vez mais sólidos, acessíveis e baratos. Entretanto, verificamos que a insegurança jurídica é um problema nacional e, por isso, também o Judiciário se apresenta economicamente como uma instituição potencialmente nociva e, ao mesmo tempo, eminentemente benéfica para o mercado de crédito. Se houver atenção aos impactos econômicos de sua atuação, a probabilidade de impactos positivos nesse mercado aumenta muito, tanto em sentido macroeconômico quanto em microeconômico, podendo ampliar a eficiência da política monetária e ajudar a diminuir os custos dos bancos, com o objetivo de diminuir os *spreads* bancários. O oposto também é verdadeiro, pois um Judiciário que age em detrimento de considerações econômicas pode fomentar situações opostas aos ditames Constitucionais e aos próprios fundamentos jurídico-legais que embasam suas decisões. Desconsiderar o impacto de decisões que liberam devedores bancários sem fundamento em efetivo abuso contratual é um bom exemplo disso.

3.2 Casos concretos

Para dar mais concretude ao potencial benefício advindo da atuação do Judiciário, apresentaremos alguns temas específicos de proteção ao crédito que precisam de atenção judicial. De forma geral, a preocupação com a segurança jurídica e a diminuição dos custos do mercado de crédito perpassam estes temas. Vejamos: a proteção das garantias, o cadastro positivo e uma possível reforma do Código de Defesa do Consumidor (CDC).

3.2.1 Proteção de garantias

Em tópico anterior, abordamos sucintamente a proteção das garantias ao tratar de riscos e inadimplemento; porém, faz-se necessário aprofundar o tema. A despeito da frase icônica de Shylock, na obra *O mercador de Veneza*, de William Shakespeare, *"This kindness will I show"*, antes de demandar uma garantia visceral em um crédito, o sistema de garantias não é uma gentileza, mas uma medida de segurança para redirecionar o custo do inadimplemento à execução da garantia. Ela previne o repasse desse custo a outros contratos, especialmente os bancários, e diminui o custo da retomada do valor não adimplido. Alguns exemplos de institutos que fortalecem, ao menos em princípio, a proteção das garantias são o crédito consignado e a alienação fiduciária em garantia.

Ambos significam processos simplificados e mais seguros de execução de garantias: a primeira recai sobre o salário e a segunda não necessita de transferência da propriedade ou da posse do devedor ao credor, pois esse último tem a posse indireta do bem dado em garantia, e a propriedade do domínio resolúvel. Há quem acredite que a alienação fiduciária não contribuiu para a queda dos juros, apesar dessa expectativa, foi o que ocorreu a partir da entrada em vigor da Lei nº 10.931/2004 (art. 51), que ampliou a alienação fiduciária em garantia para todos os contratos.

É verdade que os juros não caíram, mas também é verdade que o instituto não é aplicado conforme a expectativa dos legisladores. Será que o Poder Judiciário dificulta a realização de direitos? O mesmo ocorre com a consignação em pagamento, que trouxe a complicação de envolver juízes do Trabalho em discussões sobre o mercado de crédito, obstando a aplicação desse instituto e o restringindo, de tal forma que os benefícios da confiança e da segurança de obter o crédito concedido diminuem, são diluídos pelos riscos apresentados por decisões judiciais que não observam a repercussão econômica de sua atuação.

A pesquisa do Ipea, já citada, traz dados empíricos que corroboram a hipótese de o crédito consignado ser responsável por baixar o preço do crédito, mas foi o que ocorreu (Mendonça e Sachsida, 2013:27), sendo considerado uma das razões para explicar o ciclo de expansão econômica no Brasil entre 2004 e 2007, na qual a razão crédito/PIB passou de 25% a 47% (Araújo,

2012:7). Além disso, conforme dados do Bacen (Banco Central do Brasil, 2017), o valor dos *spreads* médios entre 2011 e 2016 foi de 83,7% no crédito pessoal, ao passo que no crédito pessoal consignado esses *spreads* foram muito menores, de 15,2%. Tais dados são compatíveis com a proporção da inadimplência na composição dos *spreads*, considerando que o crédito consignado diminui exatamente o risco da inadimplência e indica a força do potencial desse instituto jurídico na garantia de crédito acessível a baixo custo.

Entendemos que as decisões que desconsideram tais dados levam em conta outros direitos fundamentais como alimentação, saúde, trabalho e assistência social. Entretanto, elas não podem servir como escusa para o inadimplemento de créditos tomados voluntariamente, no caso de ausência de abuso e na presença de consentimento informado. O crédito será completamente abandonado se todos os contratos bancários forem considerados abusivos. E muito embora tal presunção seja extremamente prejudicial, é muito comum.

Destacamos também que a efetividade das execuções, quando concedidas, é importante. Quando falamos em agilidade e custo de acesso, nos referimos a casos como esses. Muitas vezes a prestação judicial concede a tutela ao credor e reforça o cumprimento do contrato, mas não é capaz de lhe prover compensação, seja pela morosidade na apreensão e liquidação das garantias, seja pela restrição econômica ou jurídica em encontrar e penhorar bens. Nesse contexto, a impenhorabilidade do bem de família é um exemplo de instituto jurídico que dificulta a satisfação do direito do credor. Ele tem sua razão de ser, o direito à moradia, à vida, à dignidade é consagrado pela Constituição, mas se fosse aplicado de forma diferente, mais flexível, em especial nos casos de imóveis de alto valor, concederia mais segurança ao crédito, diminuindo seu preço.

A perda de valor das garantias, ou sua inviabilidade perante outros atos constritores, provenientes de outras obrigações, também enfraquece a segurança ao crédito, especialmente em contratos diferidos de longo prazo.

Em relação a esse fenômeno, uma política monetária eficiente diminuiria essa possibilidade, mantendo condições favoráveis para que as companhias e os indivíduos preservem seus bens em regime de inadimplência. Em relação ao segundo risco, o contrato fiduciário pode influenciar esse cenário.[33] Trata-

---

[33] Defendemos a aprovação do contrato fiduciário em matéria ao jornal *Valor Econômico*. Saddi (2018).

-se de um instituto ainda não incorporado à legislação brasileira dentro do Projeto de Lei do Senado PLS-487, projeto do Novo Código Comercial. Ele é muito comum e presente em países-membros da OCDE, e é conhecido como *trust*. Nele, um conjunto de bens é transferido para a administração de um *trustee*, que ganha a titularidade dos bens dados em fidúcia, para sua administração. Por conta dessa segregação, o conjunto de bens do *trust* torna-se a garantia ideal. Sem dúvida é um instituto de aplicação mais viável em transações com valores maiores, mas tem o potencial de fortalecer o mercado de crédito, por meio de garantias mais sólidas.

3.2.2 Cadastro positivo

Em relação ao cadastro positivo, ele foi introduzido na legislação, por meio de Medida Provisória nº 518/2010, posteriormente convertida na Lei nº 12.414/2011, e compreende uma base de dados de adimplemento de obrigações. É uma ideia que inverte o paradigma da concessão de informações. Não importaria na classificação de um potencial devedor, tomador de crédito, apenas por dívidas inadimplidas, que podem ser resultado de eventos esparsos, muitas vezes injustos, considerando inclusive as inserções indevidas em cadastros de inadimplência. O tomador seria visto e classificado conforme a maior parte deles se comporta, como indivíduo probo que cumpre com suas obrigações e paga suas dívidas em dia, independentemente de exceções pontuais. Esse cadastro seria importante para reduzir a assimetria informacional entre os bancos e seus clientes, permitindo a adoção de faixas de taxas de juros adaptadas de acordo com o perfil do cliente e sua classificação como bom pagador de dívidas, conforme seu cadastro positivo, não somente como "pagador sem inadimplência".

Essa é uma forma de mitigar o risco, pois evidencia o perfil de cumprimento de obrigações dos tomadores de crédito, reforçando a confiança no contrato de crédito. A diminuição do risco e o aumento da confiança levam à diminuição do *spread* bancário e, portanto, das taxas de juros, pois o risco de inadimplemento é calculado levando em consideração também o bom perfil do cliente.

O conceito é excelente, mas precisa de aplicação cuidadosa, pois implica a exposição de dados financeiros que são protegidos pelo Sistema Nacional de Defesa do Consumidor e pode ferir o direito à privacidade e ao sigilo bancário. Por conta dessas implicações, a lei em vigor não ousou em muitos aspectos, sem colher os efeitos esperados de ampliação substancial da oferta de crédito.

Já existe uma proposta de alteração da Lei nº 12.414/2011 que pretende atacar os pontos mais sensíveis do tema (Campos, 2017). A proposta substitui a autorização prévia em vigor (art. 4º) pelo modelo de inscrição automática, com possibilidade ampla e irrestrita de saída do consumidor. Ela também retira do texto legal a responsabilidade subsidiária de administradores de bancos de dados. O cadastro passaria a conter informações sobre outros pagamentos, como água, luz e telefone, não somente informações de instituições financeiras. E, por fim, a proposta contém dispositivo que afasta a incidência do sigilo bancário das informações constantes dos bancos de dados do cadastro positivo.

Essas reformas têm o potencial de alinhar o país aos contornos internacionais, porém elevam a preocupação com a preservação dos direitos de privacidade, que dependem de consentimento prévio, ou de notificação e facilidade de retirada. Entretanto, os cadastros negativos já não são opcionais, e o novo modelo de adesão automática prevê o compartilhamento das notas dos tomadores de crédito, não de todos os seus dados (Mello e Moura, 2018). Isso permitiria o uso de dados individualizados como forma de diminuir o custo do crédito. Na reforma também há a previsão de penas severas para o vazamento de dados, o que pode aumentar a segurança na instituição desse cadastro.

Nesse caso, o Judiciário deve se orientar pelo potencial de aumentar a oferta de crédito a preços mais baixos, garantindo a opção do consumidor em usar seus dados para pagar juros creditícios menores, mas, como em todos os contratos, deve verificar e punir abusos, especialmente no trato dos dados bancários sigilosos não compreendidos pelo cadastro, bem como no acesso indevido aos dados não autorizados pelos consumidores.

3.2.3 Reforma do CDC

Por fim, destacamos uma possível reforma do CDC como medida de fortalecimento do crédito.[34] Trata-se de uma medida legislativa, como o contrato fiduciário e a reforma na Lei nº 12.414/2011, mas que merecerá, em caso de aprovação, aplicação justa e coerente do Judiciário, que precisa entender sua importância e suas consequências econômicas.

---

[34] Abordamos essa reforma em outro artigo. Saddi (2012).

Essa reforma está em discussão no Senado e teria como objetivo principal promover a prevenção do superendividamento e contribuir para a propagação de informações corretas aos consumidores de crédito. A assimetria informacional provoca falhas comuns nos contratos de crédito e, muitas vezes, leva os consumidores, em especial, pessoas físicas, a tomarem muito mais crédito do que conseguem suportar. Casos extremos levam ao superendividamento.

As propostas formuladas pela comissão de juristas são: proibição de promover publicidade de crédito com as expressões "crédito gratuito", "sem juros", "sem acréscimo", ou "taxa zero"; imposição do aconselhamento ao consumidor, sob pena de diminuição dos juros cobrados; criação da figura do assédio de consumo, caracterizado por uma pressão ao consumidor, em especial se idoso, analfabeto ou doente, em estado de vulnerabilidade agravada, a distância, ou se houver prêmios; e a conciliação em caso de superendividamento para a repactuação de dívidas, com a reunião de todos os credores, para um pagamento em cinco ou mais anos, preservado o "mínimo existencial".

Tal reforma contribuiria para a diminuição da assimetria informacional, ao incentivar a educação financeira e o comportamento mais leal de instituições fornecedoras de crédito, pois, se é indispensável que haja mais oferta de crédito acessível e de baixo custo, é também imprescindível que essa oferta seja feita da forma mais transparente, leal e informativa possível. Caso contrário, a abusividade dos contratos continuará sob o risco de aumentar ainda mais, ensejando motivo justo para a legitimação do não cumprimento das obrigações contratuais.

Conclusão

O crédito é uma medida de cidadania, um direito fundamental, que deve ser mais bem observado e genuinamente tutelado, pois onde não há certeza e justiça, também não há crédito.

Não se pode dar suficiente ênfase à importância que o Judiciário tem no processo de oferta de crédito no país, atualmente ainda considerada escassa.

É preciso, portanto, aprofundar a relação entre o Poder Judiciário, o direito e o crédito no Brasil e a sua contraposição ao desenvolvimento econômico. Ainda que a relação entre o desenvolvimento econômico e o crédito seja mais conhecida na literatura acadêmica, sua abordagem jurídica tem sido sistematicamente desprezada como mera consequência das reformas institucionais.

Referências

ARAÚJO, V. L. de. *Preferência pela liquidez dos bancos públicos no ciclo de expansão do crédito no Brasil, 2003-2010*: texto para discussão. Brasília, 2012. Disponível em: <repositorio.ipea.gov.br/bitstream/11058/1235/1/TD_1717.pdf>. Acesso em: 6 maio 2018.

ARIELY, D. *Predictably irrational*: the hidden forces that shape our decisions. Nova York: Harper Collins, 2010.

BANCO CENTRAL DO BRASIL. *Estatísticas monetárias e de crédito*. 2018a. Disponível em: <www.bcb.gov.br/htms/notecon2-p.asp>. Acesso em: 5 abr. 2018.

_____. Projeto *spread* bancário. Brasília, 2017. Disponível em: <www.bcb.gov.br/pec/appron/apres/Apresentacao _Painel_Projeto_Spread_Bancario.pdf>. Acesso em: 22 jul. 2018.

_____. *Relatório de Estabilidade Financeira*, v. 17, n. 1, abr. 2018b. Disponível em: <www.bcb.gov.br/>. Acesso em: 13 abr. 2018.

BANCO MUNDIAL. *International monetary fund, international financial statistics and data files, and World Bank and OECD GDP estimates*, 2016. Disponível em: <https://data.worldbank.org/indicator/FS.AST.PRVT.GD.ZS>. Acesso em: 13 abr. 2018.

BERNANKE, B. S.; GERTLER, M. Inside the black box: the credit channel of monetary policy and transmission. *Journal of Economic Perspectives*, v. 9, n. 4, p. 27-48, outono 1995. Disponível em: <www.jstor.org/stable/2138389? seq=1#page_scan_ tab_contents>. Acesso em: 20 abr. 2018.

BIANCO, M.; JAPPELLI, T.; PAGANO, M. Courts and banks: effects of judicial enforcement on credit markets. *Credit and Banking*, v. 37, n. 2, p. 223-244, abr. 2005. Disponível em: <www.jstor.org/stable/3838925?seq=1#page_scan_tab_contents>. Acesso em: 5 abr. 2018.

BONOMO, M.; BRITO, R.; MARTINS, B. The after crisis government-driven credit expansion in Brazil: a firm level analysis. *Journal of International Money and Finance*, 2015. Disponível em: <www.insper.edu.br/wp-content/uploads/2012/05/BBM_JIMF15_ii.pdf>. Acesso em: 22 jul. 2018.

BRASIL. Constituição da República Federativa do Brasil de 1988, de 5 de outubro de 1988. *Diário Oficial da República Federativa do Brasil*, Brasília, DF, 5 out. 1988. Disponível em: <www.planalto.gov.br/ccivil_03/constituicao/constituicaocompilado.htm>. Acesso em: 13 fev. 2018.

_____. Lei n. 4.595 (Recepcionada como Lei Complementar), de 31 de dezembro de 1964. Dispõe sobre a Política e as Instituições Monetárias, Bancárias e Creditícias, Cria o Conselho Monetário Nacional e dá outras providências. *Diário Oficial da República Federativa do Brasil*, Brasília, DF, 31 jan. 1965. Disponível em: <www.planalto.gov.br/ccivil_03/leis/L4595.htm>. Acesso em: 3 maio 2018.

CAMPOS, E. Cadastro positivo vai ao Plenário no Senado em outubro, diz Monteiro. *Valor Econômico*, s.l., 20 set. 2017. Disponível em: <www.valor.com.br/politica/5127030/cadastro-positivo-vai-plenario-no-senado-em-outubro-diz-monteiro/>. Acesso em: 15 maio 2018.

CARVALHO, C. E. *Bancos e inflação no Brasil*: da crise dos anos 1980 ao Plano Real. 2003. Disponível em: <www.abphe.org.br/arquivos/2003_carlos_eduardo_carvalho_bancos-e-inflacao-no-brasil_da-crise-dos-anos-1980-ao-plano-real.pdf>. Acesso em: 13 abr. 2018.

COOTER, R.; ULEN, T. *Law and economics*. 3. ed. Nova York: Addison Wesley Longman, 2000.

COSTA, A. C. A.; MELLO, J. M. P. de. *Judicial risk and credit*: market performance micro evidence from Brazilian payroll loans. University of Chicago Press, 2008. Disponível em: <www.nber.org/chapters/c4777.pdf>. Acesso em: 12 fev. 2018.

KERKMEESTER, H. *Methodology*: general. 1999. Disponível em: <https://reference.findlaw.com/>. Acesso em: 20 fev. 2018.

LUNDBERG. E. L. Bancos oficiais e crédito direcionado — o que diferencia o mercado de crédito brasileiro? *Trabalhos para discussão do Banco Central do Brasil*, Brasília, n. 258, 2011. Disponível em: <www.bcb.gov.br/pec/wps/port/TD258.pdf>. Acesso em: 20 abr. 2018.

MALLOY, R. P. *Law in a market context*: an introduction to market concepts in legal reasoning. Nova York: Cambridge Press University, 2004.

MARTELLO, A. BC quer reduzir custo do crédito de forma sustentável nos próximos anos. *G1*, Brasília, 7 fev. 2017. Disponível em: <https://g1.globo.com/economia/noticia/bc-quer-reduzir-custo-do-credito-de-forma-sustentavel-nos-proximos-anos.ghtml>. Acesso em: 13 abr. 2018.

MELLO, J. M. P. de; MOURA, M. C. de M. Cadastro que positiva. *Folha de S.Paulo*, 5 maio 2018. Disponível em: <www1.folha.uol.com.br/opiniao/2018/05/joao-manoel-pinho-de-mello-e-mauricio-costa-de-moura-cadastro-que-positiva.shtml>. Acesso em: 3 abr. 2018.

MENDONÇA, M. J.; SACHSIDA, A. *Identificando a demanda e a oferta de crédito bancário no Brasil*: texto para discussão. Rio de Janeiro, 2013. Disponível em: <repositorio.ipea.gov.br/bitstream/11058/1276/1/TD_1837.pdf>. Acesso em: 20 abr. 2018.

MISHKIN, F. Symposium on the monetary transmission mechanism. *Journal of Economic Perspectives*, v. 9, n. 4, p. 3-10, outono 1995. Disponível em: <www.aeaweb.org/articles?id=10.1257/jep.9.4.3>. Acesso em: 25 abr. 2018.

OREIRO, J. L. Preferência pela liquidez, racionamento de crédito e concentração bancária uma nova teoria pós-keynesiana da firma bancária. *Estudos Econômicos*, São Paulo, v. 35, n. 1, p. 101-131, 2005. Disponível em: <www.scielo.br/>. Acesso em: 20 abr. 2018.

PINHEIRO, A. C.; SADDI, J. *Direito, economia e mercados*. Rio de Janeiro: Elsevier, 2005.

POSNER, R. A. *Economic analysis of law*. 6. ed. Nova York: Aspen Publishers, 2003.

RIZZARDO, A. *Contratos de crédito bancário*. 5. ed. São Paulo: Revista dos Tribunais, 2000.

ROMERO, C. É hora de rever o crédito direcionado. *Valor Econômico*, s.l., 15 mar. 2017. Disponível em: <www.valor.com.br/brasil/4899908/e-hora-de-rever-o-credito-direcionado>. Acesso em: 1º jul. 2018.

SADDI, J. A natureza econômica do contrato bancário. In: FONTES, M. R. F.; WAISBERG, I. Bancos públicos e expansão do crédito. *Valor Econômico*, São Paulo, 6 abr. 2012. Disponível em: <www.valor.com.br/opiniao/2840706/bancos-publicos-e-expansao-do-credito/>. Acesso em: 13 abr. 2018.

_____. Contrato fiduciário. *Valor Econômico*, São Paulo, 26 mar. 2018. Disponível em: <www.valor.com.br/opiniao/5407499/contrato-fiduciario>.

_____ (Coord.). *Contratos bancários*. São Paulo: Quartier Latin, 2006.

_____. *Crédito e judiciário no Brasil*: uma análise de direito & economia. São Paulo: Quartier Latin do Brasil, 2007.

_____. *O poder e o cofre*: repensando o Banco Central. São Paulo: Textonovo, 1997.

_____. Risco de crédito. *Valor Econômico*, São Paulo, 23 mar. 2015. Disponível em: <www.valor.com.br/opiniao/3969152/risco-de-credito/>. Acesso em: 13 abr. 2018.

_____. Superendividamento. *Valor Econômico*, São Paulo, 25 jun. 2012. Disponível em: <www.valor.com.br/opiniao/2726112/superendividamento/>. Acesso em: 13 abr. 2018.

STIGLITZ, J.; WEISS, A. Credit rationing in markets with imperfect information. *The American Economic Review*, s.l., v. 71, n. 3, p. 393-410, jun. 1981. Disponível em: <www.jstor.org/stable/1802787?seq=1#page_scan_tab_ contents>. Acesso em: 13 abr. 2018.

CAPÍTULO 6

Por que tutelar a livre concorrência? Notas sobre direito e economia na prevenção e repressão ao abuso do poder econômico

Patrícia Regina Pinheiro Sampaio

1. Introdução

O presente capítulo tem por objetivo traçar um panorama sobre o ramo que é considerado o percussor do movimento de direito e economia: a defesa da concorrência.[1] A repressão jurídica a práticas anticompetitivas nasce no final do século XIX, tendo como marco a promulgação do Sherman Act nos Estados Unidos em 1890, diploma legal que criminalizou práticas relacionadas com a formação e o exercício de poder econômico, assim como atos em restrição ao comércio.

Como qualquer política pública, a promoção da liberdade de concorrência requer a congregação de esforços e recursos públicos na investigação e repressão de um conjunto de práticas mercantis que são reputadas ilícitas. Vale a pena? Esse é o primeiro tópico que enfrentamos nas páginas que se seguem. Pretendemos responder afirmativamente a essa questão, ao mesmo tempo que comentamos os pontos de proximidade e diferenciação entre defesa da concorrência e do consumidor.

Na sequência, apresentamos os principais institutos de direito concorrencial: o combate a práticas anticompetitivas e a prevenção à criação e ao fortalecimento de poder econômico, por meio da análise dos atos de concentração.

---

[1] Richard Posner observa que "até os anos 1960, análise econômica do direito era quase sinônimo de análise econômica do direito antitruste", embora o autor reconheça a existência de alguns estudos anteriores em direito tributário, societário e de regulação de infraestrutura (Posner, 1998:25).

Ao final, trazemos breves notas acerca do papel do Poder Judiciário na tutela da concorrência. Essa atuação inclui decisões judiciais que analisam a existência ou não de infrações antitruste, enfrentam situações em que foi reconhecido o direito à reparação de danos decorrentes de uma decisão do Conselho Administrativo de Defesa Econômica (Cade), ou, ainda, em que houve persecução criminal a infrações da ordem econômica. Ao Judiciário compete, também, rever as decisões do Cade para assegurar sua juridicidade.

É preciso esclarecer, desde logo, que o objeto de investigação do presente texto consiste na proteção da defesa da concorrência como direito difuso. O direito possui também normas que protegem os concorrentes individualmente considerados, como as que proíbem atos de concorrência desleal: esses são coibidos pelas normas de direito civil, penal e de propriedade industrial.

Todavia, nosso foco de análise neste texto se prende ao conjunto de normas que se dedica a prevenir e a coibir práticas de mercado que tenham potencial de distorcer os mercados, aproximando-os artificialmente de situações de monopólio e, por consequência, gerando perdas de bem-estar (*deadweight loss*).[2]

2. Por que defender a concorrência?

Dados da Organização para Cooperação e Desenvolvimento Econômico (OCDE, 2005) informam que, em mercados cartelizados, clientes pagam sobrepreço da ordem de 20 a 30%. Essa situação implica transferência de renda dos consumidores para os produtores e, ainda, impede o acesso de outros clientes e fornecedores ao mercado. Tendo em vista a escassez de recursos que constitui o princípio fundador da ciência econômica, parece intuitivo que a sociedade deva se organizar para reprimir (juridicamente) situações que artificialmente restrinjam a oferta e levem a aumentos de preços.

Liberdades de iniciativa e concorrência podem ser compreendidas como dois lados de uma mesma moeda. A primeira permite que um agente possa ser realmente livre para ingressar no mercado e empreender, enquanto a segunda impede que agentes adotem condutas voltadas ao exercício do poder de mercado, como a formação de cartéis ou o abuso unilateral de posição dominante.

---

[2] "O monopólio força algumas pessoas a desistirem da operação que era a sua primeira escolha e teria produzido o maior benefício. Em seu lugar, elas ficam com a segunda opção, que produz menores benefícios. [...] O custo social do monopólio é a diferença em valor social entre um mercado monopolizado e um mercado competitivo" (Hovenkamp, 1999:162).

No Brasil, a liberdade de iniciativa está prevista expressamente em dois momentos na Constituição Federal: no primeiro, aparece entre os fundamentos da República, (art. 1º, IV); no segundo, como princípio fundador da Ordem Econômica (art. 170, *caput*, CRFB/88).[3]

Amartya Sen, após destacar, a partir de lição de Adam Smith, que "a liberdade de troca e transação é ela própria parte essencial das liberdades básicas que as pessoas têm razão para valorizar", observa que "ser genericamente contra os mercados seria quase tão estapafúrdio quanto ser genericamente contra a conversa entre as pessoas". E conclui: "a liberdade de trocar palavras, bens ou presentes não necessita de justificação defensiva com relação a seus efeitos favoráveis, mas distantes; essas trocas fazem parte do modo como os seres humanos vivem e interagem na sociedade" (Sen, 2000:21).

A troca de mercadorias representa então o desdobramento dessa liberdade no campo econômico (Sen, 2000). Nessa perspectiva, não se trata apenas de buscar uma forma de melhor alocar os recursos escassos, mas sim de garantir aos indivíduos direito de escolha. Segundo o autor, a principal razão pela qual o mercado se mostra uma resposta qualitativamente superior quando comparada aos sistemas de organização planificada reside no fato de que, por meio da garantia de participação, respeita-se o direito de escolha individual também na seara econômica.[4]

---

[3] A doutrina costuma atribuir um significado mais amplo à primeira previsão, que representaria a proteção que a República confere ao indivíduo para que se realize plenamente, concretizando suas aspirações e anseios livremente (Leite, 2002). O fundamento republicano de livre-iniciativa tem, então, um desdobramento específico na Ordem Econômica, relacionado com a liberdade de iniciativa econômica (art. 170, *caput*, CRFB/88), englobando liberdades de empresa, trabalho, produção e contratação (Derani, 2002).

[4] Nesse sentido, Sen observa que, ainda que tanto o sistema de mercado quanto o planificado fossem capazes de alocar igualmente os recursos, ainda assim sobressairia a superioridade do primeiro, porque resultado de um processo que respeita a liberdade do agente econômico (Sen, 2000). Em sentido semelhante, merece menção a doutrina anteriormente desenvolvida por Friedrich Hayek, o qual ressaltou a superioridade da solução do mercado sobre uma organização planificadora centralizada, ao entendimento de que as informações econômicas não preexistem ao mercado, mas são resultado da interação dos agentes econômicos, donde a importância de se resguardar a liberdade de participação no mercado: "A característica peculiar do problema de uma ordem econômica racional é determinada precisamente pelo fato de que o conhecimento das circunstâncias das quais devemos fazer uso não existe de forma concentrada ou integrada, mas somente como pedaços dispersos de conhecimentos incompletos e frequentemente contraditórios que cada indivíduo possui. O problema econômico da sociedade não é apenas um problema de como alocar recursos 'dados' — se 'dado' significa fornecidos por uma única mente que deliberadamente resolve problemas postos por essas 'informações'. É antes um problema de como assegurar o melhor uso dos recursos conhecidos por qualquer dos membros da sociedade, para fins cuja importância somente esses indivíduos conhecem" (Hayek, 1948:77).

Contudo, muitas vezes falta isonomia entre os participantes no mercado e o exercício dessas liberdades termina tolhido pela ausência de paridade de forças: mercados em concorrência perfeita são extremamente raros; no dia a dia, lida-se frequentemente com mercados que possuem um ou um conjunto de agentes dominantes, e o exercício unilateral ou coordenado de poder econômico pode afetar o bem-estar social.

A teoria econômica aponta que situações próximas às de monopólio são almejadas pelos agentes econômicos por permitir-lhes, por meio da redução da oferta e do aumento de preços, auferir lucros superiores aos que obteriam em uma situação de concorrência.[5] Hovenkamp observa que a principal preocupação da defesa da concorrência reside na restrição da oferta, que pode ser medida tanto em termos de quantidade quanto de inovação.[6]

O direito da concorrência visa, então, a garantir o processo econômico de escolha no mercado, proporcionando a difusão de informação a partir da diluição dos centros de poder. Trata-se de princípio instrumental à concretização dos objetivos constitucionalmente relacionados com a democracia econômica (Salomão Filho, 2003). A política de defesa da concorrência tem por finalidade prevenir a formação de poder de mercado e reprimir o seu exercício; a possibilidade de criação de peso morto e transferência de renda de clientes a produtores justifica a existência de um aparato institucional vocacionado a evitá-las.

No ordenamento jurídico brasileiro, a livre concorrência tem *status* constitucional e vai autorizar a intervenção do Estado na economia por meio do controle de concentrações e do combate a práticas anticompetitivas. Conforme explana Fernando Aguillar,

> o agente econômico é livre para empreender o que bem entenda, desde que não prejudique a liberdade, de outros agentes econômicos, de concorrer. Em sentido inverso, para que haja liberdade de concorrer é preciso que não se utilize em termos absolutos a liberdade de empreender, o que somente pode ser obtido mediante restrições a esta última. [Aguillar, 1999:273-274]

---

[5] "Quanto menor o número das empresas participantes, menor o grau de competição; no limite, o monopólio seria sinônimo de completa ausência de competição, representando, salvo na presença de fortes economias de escala, uma estrutura industrial ineficiente, devido à alocação estática de recursos subótima" (Fagundes, 2003:62-63).

[6] "Uma restrição na oferta, como um cartel, força os preços para cima porque a mesma quantidade de clientes terá que lutar por menos bens. Uma restrição à inovação força clientes a aceitarem um produto, serviço ou método de distribuição inferior, quando um mercado sem restrições poderia ter produzido algo melhor" (Hovenkamp, 2005:13-14).

Nessa perspectiva, a positivação da concorrência como princípio constitucional tem por efeito fazer com que algumas práticas de mercado devam ser proibidas pelo direito. Conforme observa Natalino Irti, "a disciplina da concorrência [...] tem por finalidade tutelar a liberdade de iniciativa econômica e a liberdade de escolha individual", uma vez que "a pluralidade competitiva das empresas, multiplicando a oferta de mercadorias, é condição necessária da escolha: concorrência entre empresas e preferências dos consumidores são lados do mesmo fenômeno" (Irti, 1995:97-110). A tutela jurídica da livre concorrência reflete, então, o conhecimento acumulado pela teoria econômica no sentido de ser o embate dos agentes no mercado, em regra, a forma de se obter a melhor alocação possível dos recursos escassos, propiciando o maior nível de bem-estar social.[7]

Em síntese, a liberdade que é conferida aos agentes econômicos pelo ordenamento para atuar no mercado encontra-se delimitada, desde a origem, por um vasto conjunto de normas de tutela da livre concorrência, entre elas, o princípio constitucional da livre concorrência (art. 170, IV, CF/88); a determinação de que o Estado reprima o abuso do poder econômico, na forma da lei (art. 173, §4º, CF/88); a Lei nº 12.529/2011 (Lei Geral de Defesa da Concorrência) e a Lei nº 8.137/1990 (que dispõe sobre crimes contra a ordem econômica). Integram ainda esse rol de proteção a norma que criminaliza cartel em licitações (art. 90, Lei nº 8.666/1993) e, ainda, a Lei nº 12.846/2013, que, ao reprimir atos contra a administração pública, pune objetivamente pessoas jurídicas que pratiquem cartéis em licitações (art. 5º, IV).[8]

---

[7] Nesse sentido, um mercado será mais eficiente quanto mais se aproximar do modelo de concorrência perfeita. Conforme observam Stiglitz e Walsh: "No modelo básico de concorrência perfeita, em que cada consumidor e cada firma aceitam o preço de mercado como dado, o equilíbrio entre demanda e oferta garante que o ganho conjunto de consumidores e firmas seja o máximo possível" (Stiglitz e Walsh, 2003: passim).

[8] Além da tutela da concorrência, a liberdade de empreender também se encontra em muitos pontos condicionada por deveres constitucional e legalmente consagrados de proteção aos interesses da coletividade, o que pode ser observado a partir do rol de princípios estatuídos dos incisos do art. 170 da Constituição (função social da propriedade, defesa do consumidor, respeito ao meio ambiente, proteção à empresa de pequeno porte), além dos deveres a que estão submetidos os particulares que executam a prestação de serviços públicos (conforme art. 175, parágrafo único, CRFB/88) e as demais atividades sujeitas, em maior ou menor grau, à regulação estatal.

2.1 Defesa da concorrência e defesa do consumidor: duas faces da mesma moeda?

Defesa da concorrência e tutela do consumidor são políticas relacionadas, mas que não se confundem. A primeira protege o processo de trocas no mercado e, ao fazê-lo, indiretamente beneficia o cliente do mercado (na maior parte das vezes, o consumidor). A segunda tem por objetivo proteger diretamente o consumidor, definido, no direito brasileiro, como a pessoa física ou jurídica que adquire ou utiliza o produto ou serviço como seu destinatário final (art. 2º da Lei nº 8.078/1990 — Código de Defesa do Consumidor — CDC).

Nesse sentido, o interesse do consumidor é protegido pelas normas de defesa da concorrência de forma mediata, enquanto a livre-iniciativa e a livre concorrência são princípios imediatamente tutelados. A título de ilustração, observe-se que, embora a prática de preço predatório beneficie imediatamente o consumidor (ao menos no curto prazo), trata-se de conduta sancionada pelas leis antitruste (Forgioni, 1998). Além disso, o direito da concorrência protege os clientes dos mercados em geral, os quais nem sempre se subsumem à categoria jurídica de "consumidor" descrita no CDC.[9]

De outra perspectiva, a Escola de Chicago advoga que a finalidade única da política de defesa da concorrência deveria ser o bem-estar do consumidor (*consumer welfare*), em um contexto que busca alijar dos seus objetivos finalidades outras como a proteção de pequenas empresas (Bork, 1993).

Discussão relevante decorre do fato de ser a defesa do consumidor um dos princípios de orientação de aplicação da Lei nº 12.529/2011 (art. 1º). Tendo em vista essa previsão, há uma interpretação segundo a qual o Brasil teria adotado normativamente o critério de *price standard*, ao invés da maximização do bem-estar social total, como vetor necessário de análise das questões antitruste.

---

[9] A esse respeito, decidiu o Tribunal Regional Federal da 1ª Região, em caso no qual se requeria reparação civil por danos causados por cartel de combustíveis: "Assim como a lei antitruste não mira o consumidor, a SDE e o Cade não são órgãos de sua defesa, mas da livre-iniciativa e concorrência para que o mercado não destrua o mercado. Sendo a imputação feita às pessoas jurídicas privadas de lesão à ordem econômica e defesa da competitividade e afastamento de conduta ilícita com pedido de reparação de dano pela prática linear de preços, a causa de pedir e o pedido com relação aos agentes econômicos não têm por base o Direito do Consumidor". (AC 0003631-44.2002.4.01.4000, j. em 17/10/2012) A Secretaria de Direito Econômico do Ministério da Justiça (SDE) era órgão integrante do Sistema Brasileiro de Defesa da Concorrência (SBDC) segundo a legislação anterior de defesa da concorrência (Lei nº 8.884/1994, já revogada), e não mais subsiste.

Sob essa interpretação, o Cade deveria restringir operações que resultassem em transferência de renda dos consumidores aos produtores, ainda que maximizassem o bem-estar social total, situação que ocorre quando o que os produtores ganham suplanta o que os consumidores perdem. A título ilustrativo, considere-se uma situação em que o que os produtores economizarão com ganhos de eficiência suplantará o montante a maior que os consumidores pagarão em virtude de um aumento de preço. Pela teoria de maximização do bem-estar total, uma operação com esse resultado deveria ser aprovada; já pela teoria do *price standard* deveria ser rejeitada, pois não poderia haver prejuízo aos consumidores.[10] Esse foi um dos argumentos utilizados pelo Cade para determinar, à época, a desconstituição da operação Nestlé-Garoto.[11]

3. As duas vertentes da política de defesa da concorrência: repressiva e preventiva

Pode-se definir poder de mercado como a possibilidade de uma empresa aumentar seus lucros por meio da redução da oferta e da cobrança de preços superiores ao competitivo.[12] Consiste na capacidade de um agente determinar comportamentos econômicos de terceiros diversamente do que se verificaria em um ambiente concorrencial, tanto do ponto de vista da oferta como da demanda.[13]

Em mercados competitivos, o preço é função (ou resultado) das interações do mercado; ele não preexiste às interações entre vendedores e compradores, mas delas resulta. Já em mercados concentrados e com elevadas

---

[10] O excedente do consumidor refere-se ao valor, acima daquele efetivamente pago, que um consumidor estaria disposto a pagar por uma unidade de determinado produto para viabilizar seu consumo. O total desse excedente pode ser definido como a soma das diferenças relativamente a cada consumidor individual e calculado a partir da curva de demanda do produto em questão. O excedente do produtor, por sua vez, consiste na diferença entre o valor recebido pela venda de unidade de certo produto e o valor associado ao custo de produzi-la (Schuartz, 2002).
[11] Conforme trecho da ementa da decisão: "[...] Estudos quantitativos e simulações mostram que operação reduz rivalidade no mercado de chocolates sob todas as formas. Adequação do modelo *price standard* às condições definidas no §1º do artigo 54 da Lei 8.884/94" (Cade. Ato de Concentração 08012.001697/2002-89). A decisão foi objeto de revisão judicial, reenvio e, finalmente, nova decisão do Cade, com celebração de acordo em controle de concentração.
[12] "Poder de mercado é a possibilidade de uma firma aumentar seus lucros através da redução da oferta e cobrança de preços superiores aos competitivos por seus produtos" (Hovenkamp, 1999).
[13] "O poder econômico é a capacidade de determinar comportamentos econômicos alheios, em condições diversas daquilo que decorreria do sistema de mercado, se nele vigorasse um sistema concorrencial puro" (Bruna, 2001:104-105).

barreiras à entrada, um ou mais agentes econômicos são formadores de preço e, nesse sentido, capazes de determinar preços ou quantidades.

Os órgãos de defesa da concorrência costumam exercer suas competências tendo por substrato decisório o tripé estrutura — conduta — desempenho: a estrutura (grau de concentração e barreiras à entrada) dos mercados influencia a conduta de seus membros (por exemplo, mercados oligopolizados seriam mais propensos à cartelização), o que, por sua vez, produz efeitos sobre a eficiência (Pinheiro e Saddi, 2005). A concentração de poder é, por conseguinte, um malefício a ser extirpado do processo econômico, e a doutrina brasileira tem destacado a importância da difusão de conhecimento econômico como mecanismo necessário a uma redistribuição mais equitativa dos recursos sociais e, portanto, para a superação do subdesenvolvimento (Salomão Filho, 2002).

A necessidade de uma pluralidade dos centros disseminadores de informação mostra-se ainda mais premente, em se considerando que o poder econômico tende a transbordar os limites do mercado e se expandir para a seara político-legislativa, na qual tem possibilidade de movimentar a elaboração e a aplicação do direito. O risco da captura do Estado por um grupo de agentes econômicos é reduzido quando esses se encontram sob estrita e constante vigilância de concorrentes, fornecedores e clientes, que, no jogo econômico, farão contraponto a seus atos.[14]

O direito brasileiro apresenta tanto mecanismos repressivos do abuso de posição dominante quanto preventivos de formação ou reforço de poder econômico. Na próxima seção detalhamos as práticas proibidas pelo direito brasileiro por serem violadoras da liberdade de concorrência e, adiante, mencionamos a disciplina da prevenção à concentração econômica.

3.1 A repressão ao ilícito antitruste

O art. 173, §4º, da Constituição Federal, determina que a lei reprimirá o abuso do poder econômico que vise à dominação dos mercados, à eliminação da concorrência e ao aumento arbitrário dos lucros. Densificando o conteúdo da norma constitucional, o art. 36 da Lei nº 12.529/2011 estabelece que os atos, sob qualquer forma manifestados, que tenham por objeto ou possam produzir os efeitos de limitar, falsear ou de qualquer forma prejudicar a li-

---

[14] Sobre o risco de captura do processo político por agentes econômicos, ver Stigler (1971).

vre concorrência ou a livre-iniciativa; dominar mercado relevante de bens ou serviços; aumentar arbitrariamente os lucros; ou exercer de forma abusiva posição dominante constituem infrações à ordem econômica.

A inclusão do aumento arbitrário dos lucros entre os ilícitos antitruste pode ser objeto de crítica: como definir a abusividade de lucros? A partir de que percentual de ganho pode-se afirmar que o fornecedor estaria obtendo "lucros arbitrários"? Trata-se de indagações de difícil resposta, se a premissa é o livre mercado — lucros resultam das interações entre compradores e vendedores. Além disso, lucros abusivos podem ser transitórios em um mercado oligopolizado, constituindo incentivo ao ingresso de novos agentes e, nessa perspectiva, não seriam intrinsecamente contrários ao princípio da livre concorrência, mas antes um estágio dele decorrente na sua concretização (Sampaio, 2009).[15]

A legislação brasileira mostra-se conservadora no que tange à presunção de posição dominante. A Lei nº 12.529/2011 prevê como indicativa dessa situação a detenção de apenas 20% do mercado relevante (art. 36, §2º).

Nos termos do art. 36 da Lei nº 12.529/2011, a responsabilidade por dano à ordem econômica é objetiva, ou seja, independe da existência de culpa do agente causador do dano. Tampouco a materialidade do dano é necessária para a configuração do ilícito, de forma que um ato pode ser sancionado como prejudicial à livre concorrência independentemente de haver produzido efeitos sobre o mercado ou não: a mera potencialidade da ocorrência desse prejuízo é suficiente à caracterização do ilícito.

As condutas anticompetitivas dividem-se em horizontais e verticais, conforme envolvam agentes atuantes na mesma etapa ou em etapas distintas da cadeia produtiva. As restrições verticais geralmente envolvem questões entre fornecedores (fabricantes), distribuidores, varejistas e prestadores de serviços. De acordo com as definições constantes do Anexo 1 à Resolução Cade nº 20/1999:[16]

Práticas Restritivas Horizontais: As práticas restritivas horizontais consistem na tentativa de reduzir ou eliminar a concorrência no mercado, seja estabelecendo acordos

---

[15] Ilustrando a pouca (ou nenhuma) aplicabilidade do instituto, ver Sampaio e Guimarães (2012:293). Após analisarem a jurisprudência do Cade até 2012, constataram que todas as denúncias de preços abusivos nos mercados de medicamentos haviam restado arquivadas, "não tendo sido encontradas condenações de fabricantes de medicamentos pela prática de preço abusivo ou aumento injustificado de preços".

[16] Apesar de o texto principal dessa resolução ter sido revogado, as definições constantes dos seus anexos continuam podendo ser utilizadas, tendo em vista seu caráter meramente orientador e teórico.

entre concorrentes no mesmo mercado relevante com respeito a preços ou outras condições, seja praticando preços predatórios. Em ambos os casos visa, de imediato ou no futuro, em conjunto ou individualmente, o aumento de poder de mercado ou a criação de condições necessárias para exercê-lo com maior facilidade.

Práticas Restritivas Verticais: As práticas restritivas verticais são restrições impostas por produtores/ofertantes de bens ou serviços em determinado mercado ("de origem") sobre mercados relacionados verticalmente — a "montante" ou a "jusante" — ao longo da cadeia produtiva (mercado "alvo").

Tendo em vista a dificuldade na obtenção de provas das condutas anticompetitivas, o Cade pode requerer ao Poder Judiciário autorização para que seja realizada busca e apreensão de objetos de investigados, bem como pode celebrar acordos de leniência e termos de compromisso de cessação de infração (TCC).

A principal sanção aplicada pelo Cade consiste em uma multa pecuniária que varia de 0,1 a 20% do faturamento bruto da empresa, grupo ou conglomerado no último exercício anterior à instauração do processo administrativo, no ramo de atividade empresarial em que ocorreu a infração, a qual nunca será inferior à vantagem auferida, quando for possível sua estimação.[17] Há, ainda, a possibilidade de aplicação de sanções acessórias, como a publicação de extrato da decisão condenatória em jornal de grande circulação, a proibição de contratar com instituições financeiras oficiais e participar de licitações por prazo não inferior a cinco anos, entre outras.

3.1.1 Condutas horizontais

Os cartéis são acordos entre concorrentes com o objetivo de aumentar conjuntamente os lucros de seus membros. A coordenação na atuação de concorrentes faz com que esses possam se comportar de forma aproximada a um monopólio, restringindo a quantidade de opções de oferta disponíveis no mercado.

São características que propiciam a colusão:

---

[17] Há valores predeterminados para o caso de pessoas não empresárias e para os administradores: de acordo com o art. 37 da Lei nº 12.529/2011, no caso das demais pessoas físicas ou jurídicas de direito público ou privado, bem como quaisquer associações de entidades ou pessoas constituídas de fato ou de direito, ainda que temporariamente, com ou sem personalidade jurídica, que não exerçam atividade empresarial, não sendo possível utilizar-se o critério do valor do faturamento bruto, a multa será entre R$ 50.000,00 e R$ 2.000.000.000,00. No caso de administrador, direta ou indiretamente responsável pela infração cometida, quando comprovada a sua culpa ou dolo, multa de 1% a 20% daquela aplicada à empresa ou às pessoas jurídicas não empresárias.

- pequeno número de agentes, o que facilita o monitoramento das participações de mercado (*market share*);
- preços que não flutuam de forma independente e podem ser facilmente conhecidos;
- agentes que vendem o mesmo produto e estão localizados na mesma etapa da cadeia de produção, uma vez que, se há agentes verticalmente integrados, torna-se mais difícil aferir se está ocorrendo ou não desvio na participação no cartel (Schuartz, 2002).

Embora os cartéis que se organizam na forma de combinação de preços sejam os mais comumente lembrados, são também condutas cartelizantes acordos sobre quantidade e divisão geográfica, assim como a divisão entre concorrentes nos mercados de licitações públicas.

3.1.2 Condutas restritivas verticais

As condutas restritivas verticais têm origem no fato de que diferentes grupos econômicos podem se engajar em distintas etapas de uma mesma cadeia produtiva (por exemplo, fabricação, distribuição e revenda). A organização da produção econômica por meio de sistemas contratuais de distribuição e revenda constitui uma realidade observada a partir dos séculos XVIII e XIX, quando o desenvolvimento e a complexidade das relações mercantis deram ensejo ao aparecimento de intermediários entre o produtor e o consumidor final.

Com o desenvolvimento das relações mercantis, a figura do distribuidor cresce de importância até tornar-se, em muitos casos, o "centro essencial de decisão", passando a ser responsável pelo estabelecimento de relações duradouras com o fornecedor e garantindo que os produtos atinjam os mercados consumidores. Com o crescimento da produção e o acirramento da concorrência, constata-se que, mais importante do que produzir, passa a ser garantir os meios de escoar a produção (Cunha, 1998).

Do ponto de vista concorrencial, as restrições verticais podem engendrar duas principais espécies de preocupação, quais sejam, (i) a criação de barreiras à entrada e (ii) a coordenação da atuação de distribuidores no intuito de diminuir a rivalidade entre si (Pondé, Fagundes e Possas, 1997). Por outro lado, a exclusão de agentes econômicos nem sempre resulta de condutas anticoncorrenciais, mas antes pode ser consequência de sua ineficiência, ou seja, de haver "perdido a guerra concorrencial" (Manzini, 1994).

A própria existência de riscos à concorrência associados a atos restritivos verticais não se mostra matéria pacífica na doutrina. Autores da Escola de Chicago defenderam a impossibilidade de danos à concorrência advindos de tais práticas, uma vez que seria sempre possível ao fabricante integrar-se verticalmente e praticar toda a atividade de distribuição e revenda de seus produtos diretamente. Dessa forma, a concessão de exclusividade territorial ou a exigência de observância de tabela de preços de revenda, por exemplo, não poderiam ocasionar danos ao ambiente concorrencial, não merecendo, portanto, ser sancionadas pelas autoridades antitruste.[18]

Uma preocupação comumente associada a condutas verticais — o risco da alavancagem, segundo o qual um monopolista utilizar-se-ia do seu poder no mercado de origem para cobrar preços monopolistas em outro verticalmente relacionado — é igualmente refutada pelos neoclássicos de Chicago. Segundo Posner e Easterbrook, não merecem guarida as preocupações associadas ao fenômeno da alavancagem, pois, desde a perspectiva do consumidor, não existiria a alegada separação de lucros entre dois mercados verticalmente relacionados: haveria um preço máximo único, resultante da soma dos preços relativos a ambos os bens, que o consumidor estaria disposto a pagar.[19]

---

[18] Conforme menciona Bork: "Um fabricante, por exemplo, poderia sempre praticar ele mesmo a revenda; por conseguinte, nada é perdido se, ao invés, ele requer que seus revendedores independentes mantenham preços de revenda, ou vendam apenas em territórios predeterminados, ou concordem em comercializar com exclusividade os seus produtos" (Bork, 1978:29).

[19] De acordo com esses autores, desde a perspectiva do consumidor, como decorrência das restrições verticais o fabricante poderia obter apenas um só lucro de monopólio, sendo indiferente, para o adquirente, se o empresário o divide entre duas ou mais etapas da cadeia produtiva, ou o concentra em apenas uma: na presença de dois bens relacionados, os preços resultariam de uma relação de proporcionalidade inversa, no sentido de que o aumento do preço de um impõe uma correspondente diminuição do outro, de forma que obter, por meio da alavancagem, uma posição dominante no segundo mercado e explorá-la abusivamente levaria a uma única consequência — a redução da demanda para ambos. A teoria da "alavancagem" (*leveraging*) é observada também no plano da venda casada, mas Posner e Easterbrook a rechaçam nos seguintes termos: "A explicação para esse resultado é que o comprador não está interessado nos custos separados [...]. Ele está interessado no produto ou serviço final [...] para o qual ele está disposto a pagar um certo preço. Como esse montante é alocado entre os diferentes componentes do serviço é uma questão indiferente para ele. O fornecedor de serviço não pode afetar a demanda pelo serviço, ou os custos do serviço e, portanto, ele não pode afetar os lucros que ele aufere pela prestação do serviço, por meio do seu método de alocar valores entre os seus componentes. Colocado de um modo mais formal, os lucros de um monopolista são maximizados pela minimização do custo de produtos complementares" (Easterbrook e Posner, 1981:803).

A alocação interna dos preços seria irrelevante, e, caso o agente com posição dominante tentasse cobrar um preço superior ao valor máximo que o consumidor estaria disposto a pagar por ambos, a consequência seria a redução de vendas.

No entanto, a maioria dos estudiosos entende que atos restritivos verticais podem, em determinadas circunstâncias, produzir efeitos prejudiciais à concorrência, tais como incremento de barreiras à entrada; fechamento de mercados, com consequente aumento de preços; e prejuízos à inovação. Segundo Pondé, Fagundes e Possas (1997), para que práticas restritivas verticais possam ter efeitos anticompetitivos, duas condições devem ser satisfeitas. Em primeiro lugar, é preciso que a empresa fornecedora de produtos ou serviços ensejadora da restrição vertical possua poder de mercado. Adicionalmente, faz-se necessário que a conduta em questão tenha potencialidade de eliminar parcela substancial dos canais de escoamento dos produtos e serviços, ou da matéria-prima.

Por outro lado, restrições verticais podem ser promotoras de eficiências, especialmente quando estiverem presentes as seguintes condições: (i) os consumidores não disponham de capacidade para coletar e analisar os dados necessários a uma correta avaliação dos serviços pré e pós-venda que acompanham o produto adquirido; (ii) sejam elevados os custos relacionados com o monitoramento e fiscalização, pelo fabricante, das atividades das empresas responsáveis pela distribuição e venda; e (iii) existam custos associados à implementação de mudanças na forma de organização das redes de distribuição, decorrentes dos ativos específicos envolvidos na relação entre o fabricante e seus distribuidores. Nesses casos, o risco de atitudes oportunistas justificaria uma ação mais enérgica por parte do fabricante, no intuito de proteger a qualidade do produto e a integridade da marca (Pondé, Fagundes e Possas, 1997).

Adicionalmente, a contratação de restrições verticais pode conferir ao distribuidor/revendedor a segurança necessária à realização de investimentos em propaganda e em ativos específicos que propiciem economia de recursos com a comercialização. Nesse sentido, restrições verticais poderão ser compatíveis com a tutela da concorrência, especialmente em razão de constituírem incentivos aos distribuidores para que realizem despesas com promoção dos produtos, para assegurar o controle de qualidade na distribuição e garantir investimentos em ativos específicos (por exemplo, um programa de computador que melhore o fornecimento e a logística de distribuição) (Glynn e Howe, 2003).[20]

Tendo em vista essa ambiguidade teórica (seriam as restrições verticais pró ou anticompetitivas?), elas são analisadas sob a regra da razão.[21] As justificativas legitimadoras anteriormente elencadas têm em comum o fato de traduzirem questões objetivas e que não caracterizam discriminação subjetiva, mas são fático-dependentes. Nesse sentido, a doutrina antitruste, especialmente a de matiz norte-americana, há tempos diferencia as práticas comerciais entre as que são ilícitas *per se* e as que devem ser analisadas sob a "regra da razão", classificação que passamos a apresentar.

3.1.3 Regra per se e regra da razão

Como visto no tópico anterior, nem todas as limitações à concorrência são essencialmente deletérias, havendo justificativas econômicas racionais, tais como redução de custos, incremento da distribuição dos produtos, possibilidade de acesso ao mercado e geração de inovação, que podem justificar certas práticas comerciais restritivas da competição.

Assim, a partir de 1911 a jurisprudência norte-americana passou a reconhecer a necessidade de temperamento da redação literal do Sherman Act que parecia exigir a repressão de todo e qualquer acordo em restrição ao comércio. Em seu voto vencedor no caso Standard Oil,[22] o juiz White afirmou que as proibições estatuídas no Sherman Act deveriam ser interpretadas à luz da razoabilidade, pois uma interpretação literal da locução "acordos em restrição do comércio" do Sherman Act levaria à possibilidade de condenação de práticas usuais de mercado, sem potencial de dano à concorrência.

A partir dessa decisão, o direito norte-americano passou a adotar o entendimento de que a maioria das práticas mercantis restritivas da concorrência

---

[20] Glynn e Howe (2003) observam, entretanto, que casos nos quais um agente detenha poder de mercado devem inspirar maior escrutínio por parte das autoridades, uma vez que a imposição de restrições como exclusividade na distribuição podem impedir o acesso de concorrentes ao mercado do produto da firma dominante.

[21] Conforme explana Dennis Carlton: "Mas, ainda quando a teoria sugere a possibilidade de dano à concorrência, a dificuldade em se identificar esse dano e em se distinguir um dano à concorrência de um dano ao concorrente sugerem cautela. [...] Eficiências são de difícil mensuração e o benefício da dúvida deveria ser dado ao réu e não ao demandante, a menos que alguém esteja preparado para prejudicar a geração contínua dos amplos benefícios de eficiência, responsáveis por aumentar o nosso padrão de vida" (Carlton, 2001:21).

[22] Standard Oil Co. v. United States, 211 U.S. 1 (1911). Disponível em: <www.findlaw.com>. Acesso em: 1º jan. 2005.

não pode ser taxada de ilícita *a priori*, mas têm de ser analisadas casuisticamente, com base na potencialidade de produção de efeitos anticompetitivos: adotou-se, assim, a *rule of reason*, para condenar apenas os atos que desarrazoadamente restrinjam o comércio.[23]

Dessa forma, a utilização da regra *per se* — em que o dano à concorrência pode ser presumido como decorrência necessária da prática mercantil — justifica-se apenas naquelas situações em que a experiência e os precedentes tenham mostrado serem mínimas as possibilidades de haver justificativas capazes de conferir licitude à conduta à luz do direito antitruste.

Nesses casos, cujo exemplo mais notório são os cartéis, os elevados custos a serem incorridos pela sociedade com a produção de provas quanto aos seus potenciais efeitos anticompetitivos no caso concreto associados à existência de sólida teoria econômica comprovando seus efeitos intrinsecamente nocivos permitem que as Cortes possam dispensar a produção de prova do potencial efeito anticoncorrencial no caso concreto. Assim, agentes econômicos podem ser condenados apenas com base, por exemplo, na prova de existência do acordo de fixação de preços ou divisão de mercados entre concorrentes.[24] Além disso, tais presunções, legitimadas pela experiência e pelo tempo, operam no sentido de reduzir as incertezas e o risco de erros na aplicação do direito.[25]

---

[23] Standard Oil Co. v. United States, 211 U.S. 1 (1911). Disponível em: <www.findlaw.com>. Acesso em: 1º jan. 2005. Especificamente sobre a adoção da regra da razão como critério aferidor da legalidade dos atos, o juiz conclui: "Se o critério pelo qual se determina em todos os casos se qualquer contrato, combinação etc. é uma restrição ao comércio à luz do entendimento da lei é o do efeito direto ou indireto dos atos envolvidos, então claramente a regra da razão se torna o guia". De acordo com a decisão, a conduta analisada no julgamento merecia ser condenada por constituir "*a combination in unreasonable restraint of inter-State commerce*".
[24] "Com efeito, a distinção se refere a tipos diferentes — e, mesmo aqui, não radicalmente diferentes — de regras de análise de condutas para fins de determinação qualitativa da natureza de seus prováveis efeitos competitivos. É o reconhecimento dessas regras (fundado em argumentos de procedência científico-econômica sancionados pela experiência acumulada no contencioso administrativo e judicial) e sua formulação explícita sob a forma de critérios de delimitação e distribuição de obrigações referentes à questão probatória que tornam um sistema de prevenção e repressão de condutas anticompetitivas suficientemente previsível, e isso tanto para as autoridades aplicadoras como para os agentes econômicos privados. Assim é que, bem ao contrário do que se teme, os ganhos para o setor privado vinculados à previsão expressa da regra *per se* mais que compensariam os eventuais custos, já que, ao pequeno número de condutas sancionáveis sob orientação dessa regra, corresponderia um enorme número de condutas cuja licitude estaria também assegurada *per se*" (Schuartz, 2002:116).
[25] Ensina Ronald Dworkin que, instada a pronunciar-se sobre se a primeira seção do Sherman Act devia ser tratada como uma regra em seus próprios termos (que anula todo contrato que restrinja o comércio), ou como um princípio (que proporciona uma motivação para anular um

3.2 Atos de concentração

A economia brasileira nasceu e se desenvolveu sob os auspícios da concentração econômica.[26] É fato que circunstâncias de caráter político e econômico referentes ao projeto de desenvolvimento adotado até o fim da década de 1980 — por meio do modelo monopolístico de sociedades estatais e reservas de mercado — tornaram a defesa da concorrência um princípio de pouca aplicabilidade prática, ainda que o Cade estivesse formalmente constituído e o país possuísse legislação de defesa da concorrência, de forma ininterrupta, desde 1962 (Lei nº 4.137/1962).[27]

---

contrato desde que não haja razões para decidir-se em contrário), a Suprema Corte entendeu que esse preceito funcionava substancialmente como um princípio, pois continha a expressão "irrazoável". Em suma, a Corte decidiu que os tribunais deveriam ter em conta se a restrição sob exame se mostrava irrazoável (o que pressupõe, inclusive, análises de conteúdo econômico), para somente em caso afirmativo declarar nulo o contrato (Dworkin, 1999:79).

[26] Como destaca Calixto Salomão Filho, de uma perspectiva histórica "Com efeito, concentração econômica sempre foi sinônimo de desenvolvimento no país. Sempre houve a crença de que para que o país se desenvolvesse seria preciso concentrar o sistema econômico. Essa crença tem razões históricas. A estrutura econômica do país foi construída a partir do poder econômico, que, de início, se sobrepôs ao próprio poder estatal interno. Essa sobreposição do poder econômico estrangeiro, de origem estatal e não estatal, ao próprio poder governamental interno é característica imanente à exploração colonial. Basta lembrar que a forma básica da exploração do Brasil-Colônia era o monopólio da Metrópole para o fornecimento dos produtos de consumo". O autor prossegue: "O grande problema é que essas origens criam raízes e se perpetuam nos sistemas econômicos. A dependência estrutural da economia do poder econômico perpetua-se após a Independência. No Brasil independente, ainda uma monocultura exportadora, inteiramente dependente do Exterior, a importação dos bens de consumo, não mais obrigatória da Metrópole, passa a ser monopolizada pelos grandes comerciantes de escravos, que impõem preços e que, de tão fortes financeiramente, afugentam do mercado quaisquer potenciais concorrentes. O mercado interno continua, portanto, diretamente dependente de agentes com poder monopolista.
Tampouco a passagem para uma economia industrial traz consigo a democratização da vida econômica. Com efeito, são sobretudo os grandes exportadores que têm capitais suficientes para investir na industrialização. O grande volume de capitais necessários para investir na substituição de importações faz com que o poder financeiro obtido através da exploração da monocultura exportadora se transforme diretamente em poder econômico na economia industrial brasileira. Essa tendência só faz se acentuar após os planos desenvolvimentistas brasileiros, destinados a proporcionar nosso salto industrial" (Salomão Filho, 2001:129 e 130).

[27] "Muitas empresas brasileiras só surgiram pela forte proteção ora tarifária, ora cambial e, às vezes, por ambas conjuntamente, de tal sorte que qualquer esforço no sentido da industrialização era marcado pelo êxito, se entendermos por êxito a mera viabilização financeira da empresa dentro da realidade brasileira. Pensava-se a essa altura, ingenuamente, que o processo industrial, por si mesmo, iria levando o País em níveis superiores de riqueza e desenvolvimento" (Bastos, 1997:99).

A importância secundária atribuída à regulação do mercado pelas normas concorrenciais pode ser ilustrada pela edição da Lei Delegada nº 4/1962, apenas poucos meses após a promulgação da Lei nº 4.137/1962, para dispor sobre a intervenção do Estado no domínio econômico visando assegurar a livre distribuição de produtos necessários ao consumo do povo, atribuindo competência à União para controlar a compra, armazenamento, distribuição e venda de uma extensa lista de produtos, bem como para fixar preços e controlar quantidades ofertadas ao mercado (controle do abastecimento). Também em 1962 foi promulgada a Lei Delegada nº 5, que criou a Superintendência Nacional de Abastecimento (Sunab) e conferiu-lhe "competência específica e exclusiva para fixar preços e disciplinar o sistema de seu controle" (Meirelles, 1995).

Práticas de fixação artificial de preços, controle da distribuição de produtos e imposição de quantidades de oferta obstaculizam — ou até mesmo impedem — o estabelecimento de condições de concorrência nos mercados. Além disso, a conjuntura político-econômica era historicamente de estímulo à formação de grandes conglomerados.[28]

Esse contexto político-econômico foi sem dúvida determinante para a pouco expressiva atuação do Cade até a década de 1990.[29] A doutrina menciona, ainda, que a revisão das decisões do Cade pelo Poder Judiciário também operou no sentido de reduzir a efetividade da atuação do órgão.[30]

---

[28] Conforme ensina Modesto Carvalhosa: "Contrariando a tendência mundial de repressão às concentrações empresariais, a partir dos fins do século XIX (Lei Sherman e Clayton Act), nosso II PND (1973-1975) estabeleceu um amplo programa de formação de conglomerados financeiro-industrial-comerciais, pois considerava tal regime concentracionista fundamental para o revigoramento das atividades empresariais do setor privado nacional. (...) Inspiraram-se, à época, as autoridades econômicas governamentais (II PND) na implementação de uma política de criação do Poder Nacional baseada nos sistemas de concentração japonês (kaibatsu) e alemão (konzern). Em consequência, a reforma da nossa lei societária de 1976 deveria, como efetivamente ocorreu, institucionalizar a prática oligopolística, tendo como modelo legal a reforma societária alemã de 1965. E o veículo escolhido pelo I PND para a criação dos conglomerados institucionais entre nós foi a lei societária de 1976, cujos mecanismos previstos no Capítulo XXI permitiriam a formação de grupos societários convencionais visando ao alinhamento de fatores de produção das empresas do grupo para a criação de uma economia de escala necessária ao surgimento da Grande Empresa Nacional — o Poder Nacional" (Carvalhosa, 1998: v. 4, t. II, p. 246 e 247).

[29] Conforme observa Lucia Helena Salgado, "Em sua primeira fase, de 1963 a 1990, o Cade cuidou de 337 procedimentos ingressados, dos quais foram instaurados 117 processos e apenas 16 foram condenados. Desses, todos tiveram a condenação suspensa pelo Poder Judiciário, após recurso das partes inconformadas" (Salgado, 1997:176).

[30] "Um dos principais problemas enfrentados na concretização das disposições da Lei nº 4.137

A situação começa a se alterar com a crise econômica vivenciada nos anos 1980 e a promulgação da Constituição Federal de 1988, que, calcada na livre-iniciativa, reordenou a relação entre Estado e mercado na sociedade brasileira. O Programa Nacional de Desestatização lançado em 1990, a abertura do país às importações com o fim da reserva de mercado, e, finalmente, a edição da Lei nº 8.884/1994 — que transformou o Cade em autarquia, deu-lhe autonomia reforçada e instituiu um sistema de controle de atos de concentração — fizeram com que a política de defesa da concorrência adquirisse relevância no cenário nacional. No entanto, contrariando a melhor prática internacional, fixou-se, naquele momento, o entendimento de que a aprovação de fusões e aquisições pelo Cade não seria prévia, permitindo-se, em regra, a consumação de operações antes da sua aprovação.[31]

A Lei nº 12.529/2011 trouxe importantes avanços ao Sistema Brasileiro de Defesa da Concorrência (SBDC), tendo as principais inovações ocorrido no âmbito do controle de concentração de empresas: a mudança do controle de concentração para prévio talvez seja a mais relevante alteração no marco legal de defesa da concorrência, visando dotar as decisões do Cade de maior efetividade.[32] Com efeito, a dinâmica da Lei nº 8.884/1994 produzira situações jurídica e economicamente muito questionáveis, sendo paradigmática a operação Nestlé/Garoto, que, realizada em 2002 e reprovada pelo Cade em 2004, veio a ter sucessivas decisões no Judiciário que terminaram com a determinação de seu rejulgamento e solução final por meio de acordo celebrado entre as partes e o Cade apenas em 2016.[33]

---

pelo Cade derivou da atuação do Poder Judiciário, agindo para salvaguarda das garantias individuais dos cidadãos, constitucionalmente asseguradas. Assim, a grande maioria das decisões do Cade acabou por ter seus efeitos suspensos em decorrência de mandados de segurança impetrados pelas empresas coordenadas na esfera administrativa" (Forgioni, 1998:127).

[31] Ressalvados os casos em que fossem impostas medidas cautelares de natureza administrativa impeditivas da consumação antes da análise do Cade, ou firmado Acordo para a Preservação da Reversibilidade das Operações (Apro), instituto criado por meio de exercício de poder normativo pela entidade.

[32] Nesse sentido, o §2º do art. 88 determinou que "o controle dos atos de concentração de que trata o *caput* deste artigo será prévio e realizado em, no máximo, 240 (duzentos e quarenta) dias, a contar do protocolo de petição ou de sua emenda" (ver §9º sobre hipóteses de prorrogação deste prazo). O §3º, por sua vez, estabeleceu que "os atos que se subsumirem ao disposto no caput deste artigo não podem ser consumados antes de apreciados, [...] sob pena de nulidade, sendo ainda imposta multa pecuniária".

[33] BRASIL. Conselho da Justiça Federal. *TRF1: decisão do ato de concentração Nestlé/Garoto*. Disponível em: <www.cjf.jus.br/cjf/outras-noticias/2012-1/setembro/trf1-decisao-do-ato-de--concentracao-nestle-garoto>. Acesso em: 6 jul. 2017. G1. *Conselho aprova solução para o caso da venda da Garoto para a Nestlé*. Disponível em: <http://g1.globo.com/espirito-santo/noti-

Nos termos da Lei nº 12.529/2011, a tentativa de implementar a operação antes do aval da autoridade concorrencial é punida com multa, além de os atos praticados serem reputados nulos de pleno direito. Essa inovação introduziu na agenda antitruste nacional discussões em torno da prática conhecida como *gun jumping*, que consiste em atos perpetrados pelas partes tendentes a consumar a operação antes que a autoridade antitruste tenha proferido decisão, os quais passaram a ser reprimidos pelo direito pátrio.[34]

Também os critérios que ensejam o dever de notificação foram profundamente alterados com o advento da nova lei. De um lado, foi retirado do ordenamento o requisito de participação de mercado como critério ensejador do dever de submissão de uma operação ao Cade. Esse era criticado por sua insegurança, pois casos complexos podem trazer dúvida sobre a correta definição do mercado relevante. De outro lado, a lei introduziu um segundo critério de faturamento: passaram a ser relevantes os faturamentos no país de ao menos dois grupos econômicos envolvidos na operação, sendo o primeiro de, ao menos, R$ 750 milhões, e o segundo de, pelo menos, R$ 75 milhões.[35]

Por fim, a nova lei delineou, em seu art. 90, o que são atos de concentração para efeitos de notificação obrigatória, categorizando-os em quatro situações principais:

- Fusões entre duas empresas anteriormente independentes;
- Atos por meio dos quais uma ou mais empresas adquirem, direta ou indiretamente, por compra ou permuta de ações, quotas, títulos ou valores mobiliários conversíveis em ações, ou ativos, tangíveis ou intangíveis, por via contratual ou por qualquer outro meio ou forma, o controle ou partes de uma ou outras empresas;
- Situações em que uma ou mais empresas incorporam outra ou outras empresas;
- Casos em que mais empresas celebram contrato associativo, consórcio ou *joint venture*.

---

cia/2016/10/conselho-aprova-solucao-para-o-caso-na-venda-da-garoto-para-nestle.html>. Acesso em: 6 jul. 2017.

[34] Ver, sobre o tema, Cade (2015).

[35] Esses valores não são os expressos na lei, mas decorreram de alteração introduzida pela Portaria Interministerial MJ/MF nº 994/2012, a partir de autorização legal. Assim, a definição dos atos de concentração obrigatórios deve ser realizada conjugando-se os arts. 90 e 88 da Lei nº 12.529/2011 com a Portaria Interministerial nº 994/2012.

A nova lei criou uma isenção ao dever de notificação, inexistente na legislação anterior, referente aos contratos associativos, consórcios ou *joint ventures* firmados para participação em licitação e os contratos dela decorrentes.[36]

Na vigência da Lei nº 8.884/1994, todos os atos de concentração de notificação obrigatória eram decididos pelo Plenário do Cade, em sessão colegiada. A Lei nº 12.529/2011, por sua vez, inaugurou a possibilidade de arquivamento monocrático, pelo superintendente-geral do Cade, dos atos que, *prima facie*, após uma análise inicial, não despertem preocupações anticoncorrenciais. Dessa forma, apenas os atos que possam trazer preocupações concorrenciais serão objeto de análise pelo colegiado de conselheiros, rebatizado na nova lei de Tribunal Administrativo de Defesa Econômica.[37]

4. A tutela da livre concorrência pelo Poder Judiciário

O direito brasileiro não confere exclusividade ao Cade na tutela da concorrência, em que pese esse ser o ente administrativo com poder para fiscalizar e impor as sanções estabelecidas na Lei nº 12.529/2011. Ilustrando o papel do Poder Judiciário na tutela da concorrência, pode-se citar a decisão proferida pelo Superior Tribunal de Justiça (STJ) que condenou terminal portuário por prática anticoncorrencial consistente na cobrança da tarifa de sobrestadia de 15 dias. O argumento da decisão consistiu em que essa cobrança por prazo mínimo imporia custos excessivos aos rivais, retirando a competitividade dos terminais retroalfandegados.[38]

---

[36] Sobre o tema, ver Sampaio (2013:230).

[37] A Resolução Cade nº 2/2012 (e suas alterações) estabeleceu um rol de operações que, por terem menor potencial ofensivo, seriam objeto de rito sumário, sendo permitida, inclusive, a apresentação de um formulário de notificação mais simples, com menos informações.

[38] "1. O Poder Judiciário é competente para examinar Ação Civil Pública visando à proteção da ordem econômica, independentemente de prévia manifestação do Conselho Administrativo de Defesa Econômica — Cade ou de qualquer outro órgão da Administração Pública. 2. A tarifa de armazenagem, *in casu*, caracteriza cobrança por serviço não prestado, com consequências nefastas na ordem concorrencial e no plano do princípio da boa-fé objetiva. No essencial, desestimula o desembaraço rápido de mercadorias, no prazo de até 48 horas, e a sua transferência para armazenamento em Eadis ou portos secos, já que mantidas no próprio terminal portuário pelo período total abrangido pela tarifa de armazenagem de 15 (quinze) dias. 3. É abusiva a cobrança, contratual ou não, por produtos ou serviços total ou parcialmente não prestados, exceto quando houver inequívoca razão de ordem social [...]." (REsp 1181643/RS, rel. ministro Herman Benjamin, Segunda Turma, julgado em 1º/3/2011, *DJe* 20/5/2011)

Adicionalmente, fornecedores, concorrentes ou clientes que se sintam prejudicados por práticas observadas no mercado podem propor ações judiciais para fazer cessar condutas que reputem ter natureza anticompetitiva, bem como requerer indenização por terem sido vítimas dessas práticas.[39] Também o Ministério Público pode ajuizar medidas para proteção da concorrência com fundamento na Lei da Ação Civil Pública (Lei nº 7.347/1985), que estabelece a responsabilidade por danos morais e patrimoniais causados, entre outras razões, por infração da ordem econômica.

Além disso, a persecução criminal de ilícitos antitruste é exclusivamente judicial, podendo ser perpetrada com base, por exemplo, na Lei nº 8.137/1990, que estipula os crimes contra a ordem econômica, e no art. 90 da Lei nº 8.666/1993, que criminaliza o ato de "frustrar ou fraudar, mediante ajuste, combinação ou qualquer outro expediente, o caráter competitivo do procedimento licitatório, com o intuito de obter, para si ou para outrem, vantagem decorrente da adjudicação do objeto da licitação".

O Poder Judiciário também exerce relevante função de proteção da livre concorrência ao realizar o controle judicial das decisões do Cade, em atenção do princípio de que a lei não excluirá da apreciação do Poder Judiciário lesão ou ameaça a direito (art. 5º, XXXV, Constituição Federal). Nesse sentido, o Poder Judiciário, se provocado, deverá, por exemplo, declarar a nulidade de processos administrativos e decisões em que se verifiquem violação do contraditório e da ampla defesa, vícios de motivação, ou sejam produzidas provas ilícitas.[40]

Por outro lado, não é papel do Cade nem do Poder Judiciário igualar situações entre fornecedores, concorrentes ou clientes. Nesse sentido, merece ser lembrado o caso em que o STJ não reconheceu a revendedor direito ao mesmo preço que o distribuidor ofertava a outro agente do mercado, destacando que, ausente evidência de prática anticompetitiva, a negociação de preços faz parte da dinâmica do mercado.[41]

---

[39] Sobre questões jurídicas relevantes em torno da responsabilidade civil concorrencial, ver Gândara de Carvalho (2012).
[40] Faz-se necessário reconhecer que a constitucionalização do direito administrativo tornou bastante complexo traçar as linhas definidoras da extensão e dos limites da revisão judicial sobre decisões administrativas, especialmente em razão da força normativa dos princípios.
[41] REsp 1317536/MA, rel. ministro Paulo de Tarso Sanseverino, Terceira Turma, julgado em 1/7/12/2015, *DJe* 3/2/2016.

5. Conclusão

O presente capítulo apresentou breves linhas sobre a relação entre direito e economia na defesa da concorrência, que pode ser considerado o primeiro campo de desenvolvimento da disciplina. Observou-se que a tutela da concorrência constitui direito difuso, que visa à proteção da sociedade de forma indistinta, e possui duas vertentes principais de atuação: a repressiva e a preventiva. A primeira, por sua vez, subdivide-se em práticas anticompetitivas horizontais e verticais. A segunda consubstancia-se nas normas que conferem ao Cade poder para analisar e, se for o caso, condicionar a aprovação ou mesmo reprovar atos de concentração que sejam de submissão obrigatória.

Ao final do texto, procurou-se mostrar que o Poder Judiciário possui papel relevante a desempenhar na tutela da concorrência, seja avaliando a juridicidade da atuação do Cade (revisão dos atos administrativos), seja aplicando diretamente a Lei nº 12.529/2011 e determinando a cessação de práticas anticompetitivas observadas no mercado, ou, ainda, reconhecendo reparação civil de danos por ilícitos anticoncorrenciais e promovendo a persecução penal dos crimes contra a ordem econômica.

Referências

AGUILLAR, F. H. Direitos econômicos e globalização. In: SUNDFELD, C. A.; VIEIRA, O. V. (Coord.). *Direito global*. São Paulo: Max Limonad, 1999. p. 269-283.

BASTOS, C. R. O Brasil na encruzilhada. In: MARTINS, I. G. (Coord.). *Desafios do século XXI*. São Paulo: Pioneira; Academia Internacional de Direito e Economia, 1997. p. 94-112.

BORK, R. *The antitrust paradox*: a law at war with itself. Nova York: The Free Press, 1978.

BRUNA, S. V. *O poder econômico e a conceituação do abuso em seu exercício*. São Paulo: Revista dos Tribunais, 2001.

CADE. *Guia para análise da consumação prévia de atos de concentração econômica*. Brasília: Cade, maio 2015.

CARLTON, D. A general analysis of exclusionary conduct and refusal to deal — why Aspen and Kodak are misguided. 2001. Disponível em: <www.nber.org/papers/w8105.pdf>. Acesso em: jan. 2003.

CARVALHOSA, M. *Comentários à Lei de Sociedades Anônimas*. São Paulo: Saraiva, 1998.

CUNHA, M. *Da restrição da concorrência na Comunidade Europeia*: a franquia de distribuição. Coimbra: Almedina, 1998.

DERANI, C. *Privatização e serviços públicos*: as ações do Estado na produção econômica. São Paulo: Max Limonad, 2002.

DWORKIN, R. *Los derechos en serio*. Barcelona: Ariel, 1999.

EASTERBROOK, F.; POSNER, R. A. *Antitrust*: cases, economic notes and other materials. St. Paul: West Publishing Co., 1981.

FAGUNDES, J. *Fundamentos econômicos das políticas de defesa da concorrência*: eficiência econômica e distribuição de renda em análises antitruste. São Paulo: Singular, 2003.

FORGIONI, P. *Os fundamentos do antitruste*. São Paulo: Revista dos Tribunais, 1998.

GÂNDARA DE CAVALHO, L. C. Responsabilidade civil concorrencial: elementos de responsabilização civil e análise crítica dos problemas enfrentados pelos tribunais brasileiros. *Revista do Ibrac*, São Paulo, a. 19, v. 21, p. 331-351, jan./jun. 2012.

GLYN, D.; HOWE, M. Distribution: vertical restraints in UK and EU competition law. *Competition Law Insight*, p. 14-17, jul./ago. 2003.

HAYEK, F. The use of knowledge in society. In ____. *Individualism and economic order*. Londres: Routledge & Kegan Paul Ltd., 1948. p. 77-91.

HOVENKAMP, H. *Federal antitruste policy*: the law of competition and its practice. 2. ed. St. Paul: The West Group, 1999.

____. *The antitrust enterprise*: principle and execution. Cambridge: Harvard University Press, 2005.

IRTI, N. Persona e mercato. *Rivista di Diritto Civile*, Padova, a. XLI, n. 3, p. 290-298, maio/jun. 1995.

LEITE, F. C. A defesa da concorrência e dos interesses dos consumidores: os valores sociais da livre-iniciativa como fundamento do Estado brasileiro. *Revista do Ibrac*, São Paulo, v. 9, n. 1, 2002.

MANZINI, P. *L'esclusione della concorenza nel diritto antitrust comunitário*. Milão: Giuffrè, 1994.

MEIRELLES, H. L. *Direito administrativo brasileiro*. São Paulo: Malheiros, 1995.

OCDE. *Hard core cartels*: third report on the implementation of the 1998 Council Recommendation. 2005. Disponível em: <www.oecd.org/daf/competition/cartels/35863307.pdf>. Acesso em: 19 abr. 2018.

PINHEIRO, A. C.; SADDI, J. *Direito, economia e mercados*. Rio de Janeiro: Campus, 2005.

PONDÉ, J. L.; FAGUNDES, J.; POSSAS, M. Custos de transação e política de defesa da concorrência. *Economia Contemporânea*, n. 2, p. 115-135, jul./dez. 1997.

POSNER, R. A. *Economic analysis of law*. Nova York: Aspen Publishers, 1998.

SALGADO, L. H. *A economia política da ação antitruste*. São Paulo: Singular, 1997.

SALOMÃO FILHO, Calixto. Direito como instrumento de transformação social e econômica. *Revista de Direito Público da Economia*, Belo Horizonte, a. 1, n. 1, jan./mar. 2003.

_____. *Regulação da atividade econômica* (princípios e fundamentos jurídicos). São Paulo: Malheiros, 2001.

_____. Regulação e desenvolvimento. In: _____. *Regulação e desenvolvimento*. São Paulo: Malheiros, 2002.

SAMPAIO, P. R. P. A relevância da defesa da concorrência para a concretização da democracia econômica. In: BANDEIRA DE FREITAS, D.; LIRIO DO VALLE, V. R. *Direito administrativo e democracia econômica*. Belo Horizonte: Fórum, 2012.

_____. *Direito da concorrência e obrigação de contratar*. Rio de Janeiro: Elsevier, 2009.

_____. *Regulação e concorrência*: a atuação do Cade em setores de infraestrutura. São Paulo: Saraiva, 2013.

_____; GUIMARÃES, H. C. de A. Competências da autoridade concorrencial em setores regulados: considerações à luz da jurisprudência do Cade no setor de medicamentos. *Economic Analysis of Law Review*, v. 3, n. 2, p. 281-306, jul./dez. 2012.

SCHUARTZ, L. F. Ilícito antitruste e acordos entre concorrentes. In: POSSAS, M. (Coord.). *Ensaios sobre economia e direito da concorrência*. São Paulo: Singular, 2002. p. 47-71.

SEN, A. *Desenvolvimento como liberdade*. São Paulo: Companhia das Letras, 2000.

STIGLER, G. The theory of economic regulation. *Bell Journal of Economics and Management Sciences*, v. 2, n. 1, p. 3-20, primavera 1971.

STIGLITZ, J.; WALSH, C. *Introdução à microeconomia*. Rio de Janeiro: Campos, 2003.

CAPÍTULO 7

Infraestrutura e sua regulação

Thiago C. Araújo

Introdução

É cada vez mais comum afirmar que o Judiciário brasileiro necessita conhecer e aplicar noções advindas da economia para resolver adequadamente as questões a ele submetidas. Por que isso? Por que juízes e tribunais devem compreender, por exemplo, o impacto de suas decisões sobre projetos de infraestrutura? Por que magistrados deveriam se debruçar sobre numerosas planilhas a fim de estabelecer a adequada Taxa Interna de Retorno de um contrato de concessão? Por que devem ser levadas em consideração questões como a projeção de custos, despesas e investimentos do particular? Em que medida o Judiciário deve considerar a promoção da competição e a repressão de práticas anticoncorrenciais ao analisar novos arranjos institucionais implementados nos setores regulados?

Essas questões não são etéreas, tampouco trazem consequências apenas para os acionistas das empresas concessionárias, sem qualquer repercussão para os usuários e cidadãos. Pelo contrário, existe uma relação direta entre infraestrutura e o Índice de Desenvolvimento Humano (IDH).[1] Afinal, a capacidade de atração de investimentos, o incentivo ao empreendedorismo, a geração de empregos e até mesmo a qualidade de vida da população estão diretamente relacionados com os elementos que compõem a estrutura logística de uma

---

[1] O IDH é uma medida comparativa usada pelo Programa de Desenvolvimento das Nações Unidas, que considera aspectos como educação, demografia e saúde, renda, trabalho, habitação e vulnerabilidade social.

determinada localidade ou região.[2] Imprescindível, portanto, que a questão seja compreendida de maneira holística e interdisciplinar, até mesmo para ser funcionalizada como uma *condição de possibilidade* da melhoria do IDH, que, em última instância, pode ser compreendida como a métrica da concretização dos objetivos fundamentais da República, insculpidos no art. 3º da CRFB/88.

Nessa ordem de ideias, a regulação da infraestrutura mostra-se, talvez, como o tema de fronteira entre o direito e a economia (e também da ciência política), devendo ser vislumbrado sob um ponto de vista multidisciplinar. Assim, os juristas poderão se beneficiar de *insights* acerca da eficiência ou não de regras que conformam a conduta dos agentes, elas próprias produtos da ação de grupos de interesse que agem na esfera política, valendo-se muitas vezes de *capturas regulatórias* e *lobbies*. A questão é que a compreensão do fenômeno exclusivamente sob a lente normativa parece não ser suficiente ao entendimento completo da matéria.

O propósito deste texto é capacitar o leitor a atuar em temas afetos à regulação da infraestrutura, permitindo, a partir de uma mirada interdisciplinar, a compreensão do impacto das decisões e interferências judiciais sobre os projetos de infraestrutura e os contratos em execução.

Para tanto, o trabalho encontra-se estruturado da seguinte forma. Na primeira parte serão brevemente apresentadas as principais funções e finalidades que, segundo a opinião dominante, justificam a intervenção regulatória do Estado na economia. Após, serão expostos alguns conceitos e classificações imprescindíveis para que se compreendam os arranjos regulatórios dos setores de infraestrutura nacional.

Na sequência, será esboçada a regulação dos setores que têm características de monopólio natural, apontando as vantagens e desvantagens desse modelo de organização setorial ante o bem-estar social. Na terceira parte do texto, a regulação dos segmentos econômicos verticalmente integrados será vista, apresentando ao leitor as principais medidas por meio das quais a competição vem sendo introduzida nesses setores que apresentam essa organização estrutural.

Por fim, na parte final deste trabalho, iremos expor o arcabouço regulatório dos diversos setores de infraestrutura regulados (setor elétrico, setor de

---

[2] Diversos estudos mostram que uma infraestrutura adequada é essencial para o desenvolvimento econômico local. Por todos, ver: Romminger; Campos Neto e Conceição (2014).

telecomunicações, setor de transportes e setor de água e saneamento), analisando as modificações e os avanços pelos quais tais setores vêm passando em função da necessidade de adaptação ao avanço tecnológico, bem como às transformações da economia nacional que precisa se adequar ao competitivo mercado internacional.

1. Noções introdutórias: justificativas da função regulatória estatal, principais classificações e conceitos regulatórios operacionais

A intervenção regulatória do Estado na economia, de acordo com a opinião dominante,[3] apresenta-se como uma resposta às denominadas falhas de mercado.[4] Essas falhas são, em sua maioria, situações em que, contrariamente ao afirmado pela clássica teoria da mão invisível,[5] o mercado fracassa ao, por si só, alocar recursos eficientemente.

Em tais hipóteses, a regulação estatal deve intervir de modo a alterar os incentivos ou o conjunto de possíveis ações dos agentes privados, de forma que estes, ao agir em busca de seu próprio interesse, acabem fazendo o que é melhor para a coletividade. É dizer, por meio da regulação, o Estado atua fixando regras que conduzam o agente regulado a mudar seu comportamento

---

[3] Segundo a doutrina econômica de *mainstream*, a regulação inspirada na teoria econômica neoclássica é uma resposta às falhas de mercado, que consistem em discrepâncias em relação ao ideal de um mercado competitivo. Nesse sentido: Macavoy (1992). Para uma visão mais moderna acerca das finalidades da regulação, ver: Fiani (2004).

[4] Segundo a OCDE, o termo "falhas de mercado" é um termo geral que descreve situações em que os resultados do mercado não são Pareto eficientes. "*Market failure is a general term describing situations in which market outcomes are not Pareto efficient. Market failures provide a rationale for government intervention. There are a number of sources of market failure. For the purposes of competition policy, the most relevant of these is the existence of market power, or the absence of perfect competition. However, there are other types of market failure which may justify regulation or public ownership. When individuals or firms impose costs or benefits on others for which the market assigns no price, then an externality exists. Negative externalities arise when an individual or firm does not bear the costs of the harm it imposes (pollution, for example). Positive externalities arise when an individual or firm provides benefits for which it is not compensated.*" OCDE. Glossary of *Statistical Terms*. Disponível em: <https://bit.ly/2sEgTod/>. Acesso em: 21 mar. 2018.

[5] Segundo a teoria da "mão invisível", atribuída a Adam Smith, em um mercado competitivo, com informação perfeita e outras condições idealizadas, os agentes econômicos, ao procurarem maximizar seu bem-estar individual, acabariam também maximizando o bem-estar coletivo, o que faria com que esse mercado funcionasse de forma perfeita.

natural, de modo a ajustar suas condutas futuras a determinadas pautas por aquele estabelecidas (Moreira, 2014:111).

Paralelamente a isso, entretanto, alguns autores postulam que a presença da regulação também pode derivar de objetivos de caráter social, como a universalização do acesso aos serviços. É que, segundo o entendimento desses estudiosos, notadamente de formação jurídica, a correta compreensão do conceito de eficiência deve levar em considerações valores morais e preocupações éticas centrais.[6]

Com efeito, a eficiência, buscada pela regulação aplicada aos setores de infraestrutura, em uma acepção alargada ante o conceito aplicado pela economia,[7] não se limitaria apenas à busca de uma distribuição ótima de recursos ou do melhor resultado possível,[8] mas abarcaria também a realização satisfatória de finalidades públicas impostas pelo ordenamento jurídico (Modesto, 2001).

Isso porque, no Brasil, a Constituição determina ao Estado que tutele uma série de outros interesses, razão pela qual, à custa ou não de maior eficiência nos mercados, pode intervir para garantir o cumprimento dos mandamentos constitucionais. Isto é, para além de corrigir falhas de mercado (aumentar a eficiência), é possível intervir no domínio econômico: a) para garantir equidade (justiça social); b) por questões de ordem moral, para incentivar ou desencorajar determinadas relações no mercado; c) por motivos essencialmente paternalistas;[9] e, até mesmo, d) para garantir a autonomia (liberdade) dos agentes privados. Em qualquer desses casos, frise-se, diferentemente do que ocorre na intervenção para corrigir falhas de mercado, a atuação estatal pode ter por consequência, inclusive, uma redução na eficiência do mercado.

---

[6] Nesse sentido, Fernando Leal esclarece que "a releitura jurídica do conceito de eficiência agrega exigências que vão além do que se entende por consulta eficiente em outras áreas do saber. Não basta mirar os custos; há de se considerar sempre as finalidades e o atendimento de certos requisitos materiais mínimos para que esteja realizado o dever de eficiência. A eficiência pressupõe economicidade, mas vai além dela. Daí o seu referido caráter substantivo" (Leal, 2008:55-56).

[7] Uma discussão e crítica da apropriação do conceito econômico de eficiência feito pelo direito é feita em Araújo (2017).

[8] Do ponto de vista econômico, existem dois conceitos famosos de eficiência, a saber: o critério de Pareto e o critério de Kaldor-Hicks. Segundo o critério de Pareto, uma distribuição de recursos é considerada eficiente quando não for possível melhorar a situação de uma pessoa sem piorar a situação de outrem(s). Por sua vez, o critério de Kaldor-Hicks afirma que uma medida é eficiente quando produz o máximo de bem-estar para o maior número de pessoas (os benefícios de "A" superam os prejuízos de "B").

[9] Como exemplo deste último fundamento, podemos citar a RDC nº 173, de 8 de julho de 2003, da Anvisa, que por fundamentos protecionistas veda às farmácias e drogarias a comercialização de produtos que não sejam medicamentos.

À vista disso, é possível defender a linha que o nosso modelo constitucional é compatível tanto com a intervenção do Estado para reduzir as falhas de mercado (promover a eficiência) quanto com aquela voltada para promover medidas distributivas (equidade) e para promover o crescimento econômico. Ressalte-se, entretanto, seja qual for o fundamento da intervenção, o governo deve levar em conta que os recursos são escassos e que é necessário, portanto, analisar os custos e benefícios das medidas e, por conseguinte, dos gastos governamentais, mesmo em âmbito regulatório (Ragazzo, 2011:37).

Na prática, entretanto, a regulação nem sempre cumpre essa finalidade. Isso porque também é sujeita a falhas, denominadas de "falhas de governo" (*government failure*[10] ou *non-market failure*).[11] Isto é, situações em que o governo falha na tentativa de corrigir as falhas de mercado.

Com efeito, percebe-se que o regime regulatório da infraestrutura é fundamental para o desenvolvimento e para o bem-estar social, motivo pelo qual o objetivo deste trabalho é explorar a forma como é feita essa regulação no Brasil e como ela se compara com a prática em outras jurisdições.

Antes de avançar na análise setorial de alguns segmentos da infraestrutura, mostra-se conveniente expor alguns conceitos e classificações que serão utilizados a fim de que se compreendam os arranjos regulatórios específicos detalhados mais à frente.

Nesse sentido, merece destaque, primeiramente, a distinção entre a regulação por contratos (*regulation by contract*) e a regulação discricionária (*discretionary regulation*), apresentando como principais aspectos de diferenciação: (i) o instrumento de conformação/vinculação da atividade do agente econômico, (ii) o grau de flexibilidade de cada uma; e (iii) o nível de proteção conferido ao agente regulado (Gómes-Ibanez, 2006:30-31).

Na regulação por contratos, o órgão regulador realiza estudos prévios e delineia o quadro regulatório a que sujeitará o agente econômico, antes mesmo de este ingressar no mercado, diretamente no módulo concessório. De outra parte, na regulação discricionária, a conformação da atividade é construída pela atuação unilateral do ente regulador que, paulatinamente, impõe regras que afetam os agentes econômicos de forma estatutária (Gasiola, 2015:238-256).

Outra diferença importante diz respeito ao grau de flexibilidade, isto é, a possibilidade de modificação de cada uma dessas formas de regulação. É que,

---

[10] Nesse sentido: Mckean (1965).
[11] Por sua vez, preferindo a terminologia *non-market failure*: Wolf Jr. (1986).

sendo a regulação discricionária baseada em normas expedidas pelo agente regulador, esta se apresenta mais flexível, pois pode ser mais facilmente modificada para lidar com incertezas e incorporar inovações. Em contrapartida, embora a regulação por contrato simplifique o monitoramento do agente regulado ao incorporar *ex ante*, no contrato, as principais regras de remuneração e investimento do agente, esta somente pode ser alterada de comum acordo entre as partes, o que reduz sua flexibilidade (Camacho e Rodrigues, 2014).

Além disso, os dois tipos de regulação administrativa podem ser diferenciados quanto ao nível de proteção que produziram para o agente regulado. Isso porque, embora ambos os tipos de regulação sejam passíveis de alteração, eles conferem níveis diferentes de proteção jurídica ao agente econômico. Enquanto na regulação contratual o agente tem seus interesses protegidos pela conservação do equilíbrio econômico-financeiro do contrato, na regulação discricionária os interesses do agente somente são tutelados nos casos de violação a uma legítima expectativa do agente regulado.[12]

Ressalte-se, porém, que essa divisão não é rígida, pois a regulação contratual não exclui a regulação discricionária unilateral implementada pela agência reguladora.[13] Não por outro motivo, Pedro Costa Gonçalves afirma que

> o estabelecimento de um sistema duplo de regulação — regulação por contrato combinada com a regulação por agência — pretende introduzir, no processo regulatório, as vantagens do compromisso contratual (com a diminuição da discricionariedade regulatória da agência) e da protecção reforçada do equilíbrio entre o que se exige da empresa regulada e o que se lhe dá em troca, em termos de garantia do retorno do investimento efectuado. [Gonçalves, 2010:987-1023]

Um segundo conceito que merece destaque é o de regulação por incentivos. Como vimos ao analisarmos as falhas de mercado, o agente regulado detém melhores informações sobre sua atividade e as características do mer-

---

[12] Gasiola (2015). Nas palavras de Flávio Amaral Garcia, "a *contratualização da regulação* pode ser uma estratégia garantidora de maior segurança jurídica para os investidores, mormente em países em desenvolvimento, pois estes são, em tese, propensos a fluxos de instabilidade política e econômica. Por sua vez, com a contratualização, incorporam-se direitos e obrigações para ambos os contraentes sob o manto do ato jurídico perfeito, o que pode tornar mais tormentosas as adequações que decorram da flexibilidade e mutabilidade inerentes a esses arranjos contratuais duradouros" (Garcia, 2014).
[13] Alguns autores defendem, inclusive, que se trata de uma falsa dicotomia. Nesse sentido: Bakovic, Tenenbaum e Wool (2003).

cado em que atua do que o regulador (assimetria de informação). Assim, para que o regulador aumente o bem-estar econômico, ele precisa estabelecer um mecanismo de monitoramento que seja capaz de, a um só tempo, verificar a compatibilidade da conduta do agente regulado com as normas regulatórias e ainda se valer do conhecimento específico que o agente regulado tem sobre o mercado para alcançar um resultado social ótimo.

É aí que surge o modelo de regulação por incentivos. Nesse modelo, o regulador estabelece metas predefinidas ao agente regulado que, por sua vez, possui um poder discricionário limitado para escolher como implementá-las. Isso facilita a ação do regulador que passa a se limitar a monitorar o cumprimento das metas e impor punições caso o agente regulado não aja de forma adequada. Em resumo, as características desse modelo regulatório podem ser sintetizadas em dois aspectos: (i) o estabelecimento de metas regulatórias claras e o desenho de mecanismos específicos para seu monitoramento; e (ii) o reconhecimento de um poder discricionário *limitado* ao agente regulado, permitindo que este maximize seu desempenho operacional e sua rentabilidade.[14]

Nesse contexto ganha relevância a inserção do denominado "Fator X", nos contratos de concessão, como um instrumento apto a incentivar que as concessionárias busquem ganhos de eficiência. Explica-se.

Os contratos de concessão, como espécie do gênero contrato administrativo, devem respeitar o equilíbrio econômico-financeiro inicialmente estabelecido pelas partes. Significa dizer que, durante toda a relação contratual, deve ser mantida a relação entre os encargos da concessionária e a retribuição do usuário para a justa remuneração do serviço objeto do ajuste. Essa relação encargo-remuneração deve ser mantida durante toda a execução do serviço a fim de que a concessionária não venha a sofrer a indevida redução nos lucros normais do empreendimento (Meirelles, 2001:197).

Assim, para que seja mantido o equilíbrio econômico-financeiro no contrato de concessão é comum que se estabeleçam, contratualmente, três mecanismos de atualização tarifária (é assim, por exemplo, nos contratos assinados pela Aneel com as distribuidoras de energia elétrica): (i) a revisão periódica; (ii) a revisão extraordinária; e (iii) o reajuste anual.

As revisões periódicas são revisões ordinárias feitas a cada cinco anos e que têm por objetivo restabelecer o equilíbrio econômico-financeiro da con-

---

[14] Para mais informações sobre regulação por incentivos, vale a leitura das considerações sobre a metodologia de cálculo do Fator X presente na Nota Técnica SRE/Aneel nº 214/2003. Disponível em: <www2.aneel.gov.br/> Acesso em: 29 abr. 2018.

cessão. Já as revisões extraordinárias são realizadas sempre que algum evento provoque significativo desequilíbrio econômico-financeiro da concessão. Por fim, o reajuste diz respeito à atualização de periodicidade anual dos preços mediante critérios previstos de antemão no contrato de concessão. Em síntese, o reajuste atualiza anualmente a tarifa de modo a manter seu valor real.

Ocorre que, em alguns setores regulados, como é o caso do setor de distribuição de energia elétrica, é comum a previsão de um fator de correção (Fator "X") no reajuste tarifário anual. Esse "Fator X" tem como principal objetivo "induzir a concessionária a explorar as oportunidades de melhoria da eficiência econômica de sua concessão" (Oliveira, 2005:144).

Na prática, o "Fator X" funciona da seguinte maneira: os contratos de concessão estabelecem que a receita tarifária da concessionária de serviços públicos é composta por duas parcelas, "A" e "B". A Parcela "A" representa os "custos não gerenciáveis", isto é, todos os custos que sejam alheios à capacidade administrativa da concessionária. Por sua vez, a Parcela "B" diz respeito aos denominados "custos gerenciáveis", isto é, aqueles relacionados diretamente com a gestão comercial da atividade pela concessionária.

Ambas as parcelas são reajustadas anualmente, mas cada uma segue um procedimento específico de reajuste. Os custos não gerenciáveis (Parcela A) são diretamente repassados à tarifa (em uma aproximação com o sistema de custo de serviço). Por outro lado, os custos gerenciáveis (Parcela B) são corrigidos pelo índice de inflação eleito (por exemplo, o IGP-M), menos um valor "X" (denominado de Fator "X"), que corresponde a um aumento de produtividade da Concessionária presumido pelo órgão regulador. Perceba que, nesse cenário, o índice de reajuste aplicado sobre os custos gerenciáveis funciona como um teto ao reajuste (*price cap*), do qual será subtraído o Fator "X", estabelecido pelo regulador.[15]

---

[15] A fórmula de regulação de preços denominada *price cap* basicamente determina que o reajuste máximo para tarifa seja correspondente a uma variação geral de um índice geral de preços mais um crescimento esperado de produtividade (Pires, 2002). Esse Fator "X" consiste em um percentual de eficiência calculado pelo regulador composto por três componentes: (i) a variação dos custos operacionais, (ii) o índice de satisfação do consumidor e (iii) um componente específico relacionado com o custo de mão de obra. O Fator "X" reflete, portanto, um aumento de produtividade da empresa concessionária presumido pelo regulador. Assim, para que a concessionária tenha um aumento real no seu lucro, ela tem que alcançar um ganho de produtividade superior àquele presumido pelo órgão regulador (Fator "X"), o qual, como dito, será descontado do índice de correção aplicado sobre os custos gerenciáveis (Parcela B).

Dessa forma, o Fator "X" funciona como um mecanismo de incentivo à eficiência da concessionária, já que para esta obter um aumento no seu lucro deverá ter um ganho de produtividade em margem superior ao que foi presumido pelo órgão regulador. Ou seja, a remuneração da concessionária dependerá da gestão eficiente dos seus custos gerenciáveis (Parcela B).[16]

Por fim, trata-se da "assimetria regulatória", termo empregado para descrever a quase totalidade dos arranjos regulatórios setoriais que analisaremos adiante. Como o próprio nome já nos permite antecipar, o conceito refere-se à pluralidade de regimes jurídicos que pode incidir sobre os agentes que exploram determinada atividade econômica.

Nesse sentido, Floriano de Azevedo Marques Neto define a assimetria regulatória como "a admissão, na exploração de serviços públicos de vários operadores submetidos a graus de incidência regulatória diferenciados" (Marques Neto, 2002:23). Por sua vez, Alexandre Santos de Aragão explica que "pela assimetria regulatória distinguem-se as atividades aplicando-se-lhes uma maior ou menor dose de concorrência, de acordo com as peculiaridades de cada uma delas" (Aragão, 2013:434-435). Trata-se, em suma, da existência de uma diversidade de regimes jurídicos para a prestação de um mesmo serviço.

---

[16] O regulador, porém, deve tomar muito cuidado quando for calcular o Fator "X", pois se ele for muito alto pode inviabilizar os negócios da empresa, e se for baixo demais, pode garantir lucros extraordinários demasiadamente elevados para a concessionária, fazendo com que o preço caminhe para aqueles que seriam praticados em um ambiente de monopólio. Com efeito, diante da dificuldade de se calcular o Fator "X" — uma vez que o regulador não dispõe de todas as informações necessárias para a determinação do valor real de X —, uma alternativa é a regulação por comparação (ou *yardstick regulation*). Neste esquema, "adota-se uma empresa modelo cujos custos são estimados com base nos custos médios de outra(s) empresa(s) considerada(s) eficiente(s), de características estruturais similares e atuantes no mesmo mercado. Isso possibilita estimar os ganhos de produtividade desejáveis para o setor, de forma que as empresas reguladas seriam levadas a adotar padrões semelhantes aos da 'empresa modelo' dentro de um determinado período de tempo. Com isso, as dificuldades de informação para a correta determinação do valor de X seriam sanadas pelo conhecimento dos parâmetros da empresa de referência, utilizados como meta de eficiência" (Rosa, 2004:28-29).

2. Regulação de monopólios naturais

Como dito, uma das hipóteses que justificam a regulação é a existência de mercados não competitivos. Nesse contexto, emerge como questão particularmente importante a regulação dos chamados monopólios naturais, nos quais a tecnologia, a impossibilidade econômica (elevados custos) ou mesmo barreiras físicas inviabilizam a duplicação da estrutura, fazendo com que a maneira mais *eficiente* de produzir (isto é, a de menor custo) seja por meio de uma única empresa.[17]

Como consequência do seu surgimento, os monopólios naturais tendem a minimizar o bem-estar social. Isso porque, uma vez que o monopolista é a única empresa que oferece um determinado produto ou serviço, ele poderá usar seu poder de monopólio para elevar arbitrariamente o preço do produto, haja vista que não terá que se preocupar com concorrentes.[18]

Dito de outra maneira, o monopólio natural pode resultar em um conflito entre eficiência produtiva[19] — uma vez que o monopolista minimiza seu custo de produção — e a eficiência alocativa, isto é, a quantidade produzida e consumida do bem ou serviço que maximiza o bem-estar social.[20] Explica-se.

Em um cenário de monopólio, o agente monopolista minimiza seu custo de produção empregando os recursos de produção abaixo de sua capacidade máxima, o que resulta em uma baixa eficiência alocativa, isto é, em uma

---

[17] Indústrias caracterizadas como monopólios naturais são também marcadas por importantes custos fixos, alta intensidade de capital, longos prazos de maturação (*break even* postergado) e ativos específicos com custos. Depois de instalada a infraestrutura, o custo de oportunidade do empreendimento é significativamente inferior do que antes da construção. Essa possível discrepância entre o acordado *ex ante* e o realizado *ex post* afeta significativamente as decisões de investimentos, representando um importante empecilho para expansão da infraestrutura.
[18] Frise-se, porém, que isso não significa, entretanto, que poderá cobrar qualquer preço que desejar, pois cobrar um preço muito elevado pode reduzir de tal maneira a demanda que o lucro do monopolista será menor.
[19] A eficiência *produtiva* é alcançada quando, além de estarem plenamente empregados e não ociosos, os recursos mobilizados estão operando no limite máximo de seus potenciais. Daí por que somente se considera que uma economia está operando na plenitude de sua eficiência alocativa quando as possibilidades de produção são mobilizadas em seus níveis mais elevados.
[20] A eficiência *alocativa* está relacionada com a adequada distribuição de recursos às ilimitadas necessidades sociais.

quantidade de bens produzida e consumida abaixo daquela que seria necessária para maximizar o bem-estar social.[21]

No Brasil existem diversos segmentos de infraestrutura em que ainda prevalece o monopólio natural, como o de saneamento básico ou o de transmissão de energia elétrica. Dado o caráter monopolista que marca essas indústrias, a regulação faz-se necessária para promover custos eficientes e inibir a presença de lucros de monopólio, isto é, a prática de preços acima dos prevalecentes em ambientes de competição e lucros econômicos.

Assim, como a maior parte dos consumidores não dispõe de formas alternativas de suprimento para os serviços prestados, a necessidade de regulação torna-se ainda mais premente, de modo a garantir uma quantidade de bens produzida e consumida capaz de maximizar o bem-estar social, além da expansão eficiente da infraestrutura.

Em que pese os preceitos trazidos pela teoria da regulação, historicamente o tratamento dos monopólios naturais no Brasil sempre foi feito de duas formas: a assunção direta do serviço pelo poder público, que assume o papel do provedor dos serviços, ou sua delegação à iniciativa privada. Nessa última hipótese, sempre predominou o entendimento de que a atuação do poder público deveria se restringir a uma regulação de preços e tarifas voltada a impedir a cobrança de lucros supracompetitivos.[22] A opção estatal por esse modelo regulatório se justifica por ser uma forma de regulação mais direta e com resultados mais aparentes e imediatos do que a regulação das outras variáveis.

---

[21] A afirmativa de que os monopólios naturais gerariam ineficiência é controvertida. Isso porque parte dos adeptos da escola de Chicago entende que mesmo os monopólios podem levar a resultados eficientes. Nesse sentido, Calixto Salomão entende que: "Para os teóricos neoclássicos, esse valor se sobrepõe e elimina qualquer outro objetivo que possa ter o direito concorrencial, inclusive a própria existência da concorrência. Os teóricos neoclássicos de Chicago não hesitam em admitir a existência de monopólios ou de restrições à concorrência, caso esses sejam instrumentais relativamente ao objetivo definido: a maximização da eficiência". (Salomão Filho, 2002:23).

[22] Como enunciam Musacchio e Lazzarini (2015), durante a vigência desse modelo, muitas vezes, preços e tarifas eram determinados como forma de exercer políticas públicas, haja vista o impacto que os mesmos podem trazer à economia de um país e à percepção da sociedade. Assim, a determinação de preços e tarifas em setores-chave, como os mais à frente analisados (telecomunicações, transporte e energia elétrica), era predominantemente utilizada como forma de controle inflacionário ou para exercer políticas populistas. A utilização desses instrumentos dessa forma ocasionou em muitas das vezes uma ineficiência das empresas estatais, que absorveram grandes perdas financeiras e levaram à necessidade de auxílio do capital privado para o desenvolvimento dos diversos setores.

Essa abordagem, entretanto, tornou-se alvo de intensa crítica. Assim, passou a se compreender que, se a finalidade da intervenção estatal é reduzir os efeitos de um monopólio natural e garantir a qualidade dos serviços prestados, o mais adequado seria regular não apenas o preço, mas também a qualidade ao mesmo tempo que se criassem condições de entrada em segmentos nos quais a duplicação da infraestrutura resultasse em uma solução tecnicamente inviável ou socialmente indesejável.[23]

Com efeito, na atualidade, diversos setores antes vistos como monopólios naturais passaram a apresentar algum grau de concorrência e, portanto, começaram a submeter sua organização aos parâmetros de mercado e se sujeitar a intensa regulação estatal.[24] É o caso dos setores de energia elétrica e telecomunicações, em que a ação dos reguladores passou a incorporar preocupações como a promoção da competição e da repressão de práticas anticoncorrenciais.[25] Nesse novo cenário, a regulação econômica e os preceitos da defesa da concorrência se aproximam, e resultam em novos arranjos institucionais.

---

[23] Como afirma Armando Castelar, a alteração da forma de atuação do Estado na economia, com as privatizações e o surgimento de agências reguladoras, resultou em um *modus operandi* diferenciado do passado, o que trouxe impactos significativos. A partir da década de 1990, a regulação com relação a preços e tarifas de serviços passou a ser mais voltada à estruturação e desenvolvimento de cada setor, sendo especificamente elaborada para cada um deles e preocupada também com a viabilização do negócio, portanto, com o equilíbrio econômico-financeiro e a possibilidade de competição e livre-iniciativa. (Pinheiro, 2003).

[24] Tomando como exemplo o setor ferroviário, Armando Castelar Pinheiro e Leonardo Coelho Ribeiro explicam que a inserção de concorrência em setores de monopólio natural pode se dar de quatro formas: (i) pela privatização; (ii) pela separação horizontal; (iii) pela desverticalização; e (iv) pela desregulação. Segundo os autores: (i) à privatização corresponde uma concorrência *pelo* serviço, notável no processo licitatório de disputa pela celebração de um contrato de concessão; (ii) à separação horizontal corresponde a criação de uma gestão descentralizada e mais focada no mercado local; e, por sua vez, (iii) à desverticalização e (iv) à desregulação corresponde uma concorrência *no* serviço (intramodal), entre agentes ofertantes de uma mesma atividade dentro do próprio segmento. Além disso, os autores apontam também a existência de espaço para se falar naquela que segundo eles é a mais importante modalidade de concorrência experimentada pelos setores de monopólio natural, qual seja: (iv) a concorrência *entre* serviços (intermodal), observada, por exemplo, na disputa pelo transporte das cargas entre os modais ferroviário, rodoviário, hidroviário, e dutoviário (Pinheiro e Ribeiro, 2017).

[25] Exemplo disso é a edição da Resolução Normativa Aneel nº 797/2017, que estabelece os procedimentos para o compartilhamento de infraestrutura de concessionárias e permissionárias de energia elétrica com agentes do mesmo setor, bem como com agentes dos setores de telecomunicações, petróleo, gás, com a administração pública direta ou indireta e com demais interessados.

Uma das ferramentas utilizadas para essa finalidade consiste na denominada teoria das instalações essenciais (*essential facilities doctrine*),[26] que é aplicável às hipóteses em que uma empresa (incumbente) possui um bem sem o qual é inviável às demais competir com a incumbente (Aragão, 2013:425-426), como é o caso do monopólio natural.

Nessa hipótese, a intervenção regulatória surge para criar a obrigação de os agentes econômicos negociarem a forma como se dará o compartilhamento das redes e infraestruturas existentes, cuja duplicação se afigura inviável, quer sob o prisma econômico, quer sob os aspectos fático ou jurídico, e cuja utilização é essencial para a prestação de determinado serviço. O compartilhamento tem sido tema recorrente e vem sendo utilizado em maior ou menor medida em diversos setores, tais como telecomunicações, ferrovias e energia.[27]

3. Regulação em setores verticalmente integrados

Setor verticalmente integrado é aquele no qual duas ou mais atividades de uma determinada cadeia produtiva se encontram sob o controle de um mesmo agente econômico. Significa dizer que, nos setores verticalmente integrados, todas as atividades usadas direta e indiretamente ao longo de um determinado processo produtivo encontram-se concentradas em um mesmo agente econômico.

Entre nós, era o caso, por exemplo, do setor elétrico, no qual a energia era gerada em uma etapa, transmitida em alta tensão em uma segunda etapa, e depois levada em baixa tensão aos consumidores pelas redes de distribuição elétrica em uma terceira etapa. Havia, portanto, uma integração vertical entre

---

[26] O instituto nasceu nos Estados Unidos em um julgamento realizado pela Suprema Corte, em 1912. O caso em questão dizia respeito a uma situação de monopólio natural que abrangia as linhas e terminais ferroviários que faziam a conexão com a cidade de St. Louis. Foi, contudo, no julgamento MCI Communications Corp *vs.* AT & T, realizado pelo Sétimo Circuito da Justiça dos EUA, em 1983, que a doutrina em questão ganhou contornos generalistas e os requisitos indispensáveis para a sua aplicação foram estabelecidos. MCI Communications Corp *vs.* AT & T (708 F.2d 1081, 1132 (7th Cir.), Cert. Denied, 464 U.S. 891 (1983).

[27] A título de exemplo, a Anatel publicou, em 2017, seu regulamento de compartilhamento de infraestrutura de suporte prestação do serviço de telecomunicações, o qual estabelece as condições para o compartilhamento das torres, dutos e postes em poder das operadoras de telecomunicações (Resolução nº 683, de 5 de outubro de 2017).

geração, transmissão e distribuição, em que o operador em uma etapa utilizava serviços ou bens gerados na etapa anterior.

O problema dessa forma de estruturação é que, devido à sua posição dominante e à assimetria de informações em relação aos demais agentes do setor, o agente integrado dispõe de todos os mecanismos para capturar lucros anormais em sua atividade e limitar a competição. Isso porque esse modo específico de organização favorece o desenvolvimento de fortes barreiras à entrada de novos agentes.[28]

A introdução de forças de mercado (concorrência) é uma importante ferramenta de regulação para esses setores. Há duas formas pelas quais a competição pode ser estabelecida em setores com esse contexto.

A primeira forma é intervir estruturalmente definindo e separando claramente os segmentos de determinado setor, seccionando aqueles nos quais o monopólio natural é inexorável à atividade daqueles em que a competição pode ser introduzida. Uma vez feita essa definição, ocorre a separação total entre as duas etapas, passando a existir dois tipos de agentes econômicos: (i) aquele que só atua na etapa em que há monopólio natural, e que fornece serviços para todos os demais agentes, e (ii) os agentes que atuam na etapa competitiva (Sampaio, 2013:81).

Esse é o caso do setor elétrico, por exemplo, no qual cada etapa do segmento foi privatizada separadamente, mantendo-se a estrutura verticalizada apenas nas empresas públicas federais — Furnas, Eletronorte e Chesf (geração/transmissão) — e nas estatais estaduais — Cemig e Copel (geração/transmissão/distribuição).

A segunda hipótese é a implementação do chamado *unbundling*, no qual o agente verticalmente integrado continua operando em todos os segmentos do setor, tanto naquele em que há monopólio natural quanto naqueles em que a competição é possível, mas com a obrigação de fornecer o acesso aos serviços dos quais tem monopólio a outras empresas (Pinheiro e Ribeiro, 2017:94). Um exemplo de *unbundling* é o que ocorreu no sistema de telecomunicações brasileiro, onde se possibilitou que os operadores entrantes — destituídos de infraestrutura — pudessem ofertar serviços de telecomunicações por meio das redes existentes.

---

[28] Nesse sentido: OCDE. *Structural separation in regulated industries. Report on implementing the OECD recommendation*. 2016. Disponível em: <https://bit.ly/2J8RU7D/> Acesso em: 19 mar. 2018.

Perceba que, embora o *unbundling* produza um resultado muito semelhante àquele que seria alcançado com a aplicação da doutrina das *essential facilities* — no que diz respeito aos efeitos práticos alcançados[29] —, os institutos não se confundem.

O *unbundling* tem lugar na hipótese em que os segmentos de determinado setor (originalmente verticalizado) são separados, mas ainda há um agente verticalmente integrado que continua operando em todos os segmentos do setor, tanto naquele em que há monopólio natural quanto naqueles em que a competição é possível. Nesse caso, a regulação servirá para controlar a atuação do agente que atua concomitantemente nas etapas concorrenciais e na etapa em que há monopólio natural, de modo a evitar que este cobre uma tarifa adequada e atue eficientemente com os demais agentes do setor.

Por sua vez, a teoria das instalações essenciais é aplicável em qualquer setor que se apresente como um monopólio natural, ainda que o mesmo não represente um segmento de uma cadeia verticalizada. Basta apenas que o monopolista detenha o controle de equipamento considerado "infraestrutura essencial". Além disso, o compartilhamento pode se dar até mesmo entre agentes que atuam em segmentos diversos e não são concorrentes entre si, desde que um deles detenha o controle de equipamento essencial ao exercício da atividade dos demais.[30]

4. Regulação da infraestrutura no Brasil

Desde meados dos anos 1990, os setores de infraestrutura passaram por grandes transformações nos seus marcos institucionais, na natureza e número dos agentes atuantes, nas formas de financiamento, nos incentivos à eficiência e nas estratégias corporativas. Além disso, a necessidade de maior eficiência e o ideal de atendimento às expectativas da sociedade levaram o setor público a

---

[29] Aliás, a própria Suprema Corte Norte-Americana já reconheceu a semelhança entre a doutrina das *essential facilities* e o *unbundling*, afirmando que somente o que poderia ser considerado *"essential facility"* poderia ser objeto de *unbundling*, e não todo e quaisquer elementos integrantes das redes internas de telefonia local. AT&T Corp. et al. *vs.* Iowa Utilities Board et al. 525 US 360 (1999).

[30] A título de exemplo podemos citar a Resolução Conjunta Aneel/Anatel/ANP nº 001/1999, que fixa diretrizes para o compartilhamento (uso conjunto) de infraestrutura entre agentes dos setores de energia elétrica, telecomunicações e petróleo.

reformar e reconstruir o modelo de atuação estatal adotado, por meio de uma reforma gerencial.[31]

Com isso, ocorreu uma verdadeira "reengenharia do estado" (Souto, 2004:3), que não apenas reduziu o tamanho da máquina estatal, mas principalmente redirecionou a atuação do Estado a fim de compatibilizá-la com sua concepção mais moderna, de que não lhe cabe ocupar espaços empresariais, excluindo ou competindo com a inciativa privada em setores que podem ser atendidos a contento pelos particulares, concretizando o princípio da subsidiariedade, de índole constitucional.[32]

Foi dentro desse contexto de reforma do Estado que o Brasil passou a adotar o modelo de estado regulador como uma nova forma institucional de o Estado atuar sobre o domínio econômico. Esse modelo é marcado pela criação de órgãos reguladores independentes, as denominadas agências reguladoras (Mattos, 2006:212). O tratamento jurídico dado às agências reguladoras, detentoras de ampla independência decisória em relação às outras instâncias, pressupõe que tais instituições poderiam ser embasadas na neutralidade técnica das decisões ante os conflitos entre cidadãos, concessionárias e Executivo. Dessa forma, imbuídas de uma possível isenção nas decisões, as agências arbitrariam diante dos diversos interesses políticos.[33]

A opção por esse modelo se justifica uma vez que os setores transferidos à iniciativa privada demandavam investimentos elevados em infraestrutura, cuja amortização deveria ser feita em longo prazo. Assim, como forma de conferir aos particulares que assumiriam a execução desses serviços a necessária segurança jurídica para a realização desses investimentos, adotou-se o modelo de agências reguladoras independentes.

Apresentado o contexto político e econômico em que se deu a reforma estatal e o surgimento das entidades reguladoras autônomas, a seguir iremos analisar os mais relevantes setores da infraestrutura econômica nacional de maneira individualizada.

---

[31] "[…] prefiro falar em uma *reforma gerencial* do Estado e, portanto, que a transição do Estado produtor para o Estado gerencial vai além de criar agências reguladoras: é também o Estado democrático e eficiente, que financia a fundo perdido os serviços sociais e de pesquisa científica e age como capacitador (*enabler*) da competitividade das empresas privadas" (Pereira, 2000:7).
[32] A afirmação é polêmica. Fazendo uma revisão bibliográfica do tema e adotando posição divergente, ver Mendonça e Souza Neto (2007).
[33] "O papel das agências é fundamental no processo de afastamento do Estado como executor dos serviços públicos, pois elas devem atuar como uma 'blindagem' contra a interferência dos interesses políticos ou individuais nas questões que devem sofrer análises meramente técnicas" (Pires, 2003:3).

4.1 O setor elétrico

O setor elétrico brasileiro já foi caracterizado por uma estrutura vertical que consistia em um parque gerador em uma ponta, a transmissão no meio e, em outra ponta, a distribuição. Ou seja, uma estrutura hierarquizada com o Estado controlando todas as fases do processo (geração, transmissão e distribuição).[34]

O esgotamento da capacidade de financiamento do Estado, aliado à necessidade de investimentos para a expansão e melhoria da infraestrutura dos serviços, levou à desestatização do setor como forma de angariar investimentos privados (Aragão, 2013:263).

Em meados da década de 1990, a partir do Projeto de Reestruturação do Setor Elétrico Brasileiro (RE-SEB), o Ministério de Minas e Energia apontou a necessidade de que fossem promovidas as seguintes mudanças institucionais e operacionais no setor elétrico nacional: (i) a criação de um ente regulador autônomo (a Agência Nacional de Energia Elétrica — Aneel), para direcionar as políticas de desenvolvimento, bem como regular o setor, sem postar-se como executor em última instância; (ii) a desverticalização das empresas de energia elétrica, ou seja, a separação dos segmentos de geração, transporte e comercialização de energia, que passaram a ser administrados e operados por agentes distintos; (iii) o incentivo à caracterização dos segmentos de geração e comercialização como segmentos competitivos;[35] (iv) a manutenção sob regulação estatal dos setores de distribuição e transmissão de energia elétrica, considerados monopólios naturais; (v) a criação de um operador para o sistema elétrico nacional (Operador Nacional do Sistema Elétrico — ONS); e (vi) a criação de um ambiente para a realização das transações de compra e venda de energia elétrica (o então Mercado Atacadista de Energia Elétrica — MAE).[36]

Após a conclusão desse projeto, em agosto de 1998, o modelo regulatório do setor elétrico passou por diversas transformações estruturais. A primeira foi a privatização de boa parte das empresas públicas federais e estaduais. Em menos de três anos, mais de 50% da distribuição de energia elétrica do país

---

[34] Leme (2010). Para um histórico completo sobre o processo de desenvolvimento estatizado do setor elétrico, ver: Ferreira (2000). Ainda sobre o mesmo tema, ver: Santiago Junior (2010).
[35] Essa modificação somente foi possível a partir da promulgação da Emenda nº 06/1995, que deu nova redação ao artigo 176, §1º, da Constituição, para permitir que a exploração privada dos potenciais de energia elétrica do país se desse mediante autorização ou concessão da União.
[36] Disponível em: <https://bit.ly/2sJjo94/>. Acesso em: 4 jun. 2018.

já eram realizados pelo setor privado e algumas grandes empresas de geração já haviam sido vendidas em quase sua totalidade. A venda desses ativos angariou cerca de R$ 20,8 bilhões aos cofres públicos da União e dos estados (Ferreira, 2000).

Concomitantemente à privatização, o setor elétrico foi desverticalizado,[37] sendo o primeiro passo para isso a promulgação da Lei nº 9.074/1995, que decompôs os vários elos da cadeia da indústria elétrica, a saber: a geração, a transmissão, a distribuição e a comercialização da eletricidade.[38]

Daí por que, atualmente, a indústria de energia elétrica é constituída por esses quatro segmentos distintos. As geradoras produzem a energia, as transmissoras a transportam do ponto de geração até os centros consumidores, de onde as distribuidoras a levam até a casa dos usuários finais, notadamente residenciais e comerciais. As comercializadoras, por sua vez, são empresas autorizadas a comprar e vender energia para os consumidores livres (em geral consumidores que absorvem maior quantidade de energia).

A mesma lei também introduziu o regime de *assimetria regulatória* nos diversos segmentos do setor de energia elétrica. Isso porque, ao promover a quebra da cadeia do setor, a referida lei passou a admitir regimes distintos de atuação para cada etapa da cadeia de produção de energia elétrica, de acordo com suas peculiaridades.[39] No caso do segmento de geração, a assi-

---

[37] Conforme explica Cristiane Derani, "normalmente, a privatização como venda de ativos do Estado vem acompanhada pela quebra do monopólio — liberalização —, a fim de que um monopólio público não se transforme em monopólio privado. Também chamada abertura à concorrência, a liberalização consiste em limitar o campo do monopólio" (Derani, 2002:113).

[38] Segundo Santiago Júnior, "para que a concorrência fosse introduzida mais facilmente no setor elétrico, foi necessário romper a integração vertical das atividades exercidas pelas empresas do setor. Com efeito, foi dito que uma empresa verticalmente integrada [que explora simultaneamente, numa mesma estrutura jurídica, as atividades de produção, transmissão e distribuição de eletricidade] pode facilmente falsear a concorrência em um setor determinado atribuindo subvenções cruzadas provenientes das atividades mais rentáveis (ou exercidas sob regime de monopólio) para outras menos rentáveis (ou exercidas sob regime de concorrência), no intuito de eliminar concorrentes indesejáveis" (Santiago Junior, 2010:47).

[39] De acordo com o artigo 4º, da Lei nº 9.074/1995, é possível a exploração do serviço de geração tanto pela concessão como pela autorização. O fundamento para esse modelo de autorização para a delegação dos serviços encontra-se descrito no art. 21, XI e XII, da Constituição, e se verifica, por exemplo, no regime de telecomunicações, de energia elétrica e de portos, setores em que vigora um modelo de assimetria regulatória, caracterizado pela convivência harmônica entre alguns prestadores sob regime de serviço público e outros prestadores sob regime de atividade econômica em sentido estrito.

metria regulatória foi além, admitindo-se simultaneamente a possibilidade de a geração ser encarada como atividade econômica (com a criação da figura do produtor independente de energia elétrica) ou ainda como serviço público.

Como resultado das mudanças, criou-se um novo sistema regulatório nacional para o setor de energia elétrica, no qual: (i) a atividade de geração de energia elétrica pode ser sujeita aos regimes jurídicos de serviço público ou geração independente de energia elétrica; (ii) a atividade de transmissão de energia elétrica é sujeita ao regime jurídico de serviço público; (iii) a atividade de distribuição de energia elétrica é sujeita ao regime jurídico de serviço público; e (iv) a atividade de comercialização de energia elétrica não é sujeita ao regime jurídico de serviço público.

Os agentes do setor também tiveram que ser parcialmente modificados e adaptados. Assim, passou a haver agentes de governo responsáveis pela política energética do setor, sua regulação, operação centralizada e comércio de energia. Além, é claro, dos agentes diretamente ligados à produção e transporte de energia elétrica.

A regulação e fiscalização do setor são exercidas pela Agência Nacional de Energia Elétrica (Aneel), autarquia em regime especial, vinculada ao MME, criada em dezembro de 1996 por meio da Lei nº 9.427/1996.

A reforma do setor elétrico implicou também o surgimento de algumas instituições de direito privado primordiais à gestão do setor elétrico brasileiro. Essas entidades são o Operador Nacional do Sistema Elétrico (ONS), a Câmara de Comercialização de Energia Elétrica (CCEE) e a Empresa de Pesquisa Energética (EPE). O papel dessas entidades é extremamente heterogêneo e importante para o funcionamento do mercado elétrico nacional. Explica-se.

Conforme dito, a reforma do setor elétrico implementou a desverticalização das empresas de energia elétrica, ou seja, a separação dos segmentos de geração, transporte e comercialização de energia, que passaram a operar separadamente, sendo administrados e operados por agentes distintos. Ocorre que todo o sistema elétrico é conectado, exigindo, portanto, o balanço perfeito e simultâneo entre tudo o que é produzido e consumido. Isso porque, diferentemente de outros sistemas de redes, como saneamento e gás, a energia elétrica não pode ser armazenada de forma economicamente viável, e isso implica a necessidade de equilíbrio constante entre oferta e demanda. Em outras palavras, toda a energia consumida deve ser produzida instantaneamente e, quando há desequilíbrios, mesmo que por frações de minuto, todo o sistema corre o risco de desligamentos em cascata, os chamados "apagões".

Com efeito, a reforma do setor colocou o transporte de eletricidade de alta tensão sob a gestão de uma única entidade de direito privado,[40] o Ons.[41] Esse é um órgão colegiado, composto por representantes de todas as atividades ligadas ao mercado de eletricidade e conectadas à rede básica. Desta forma, compõem a referida entidade as empresas de geração, de transporte, de distribuição, os importadores e exportadores de eletricidade detentores de infraestruturas conectadas ao Sistema Interligado Nacional (SIN) e também os consumidores livres, desde que estejam conectados à rede básica (Santiago Junior, 2010:91).

O ONS coordena e controla a operação das instalações de geração e transmissão de energia elétrica nos sistemas interligados brasileiros. Sua atuação busca especialmente minimizar a perda de coordenação ocasionada pela introdução da concorrência no setor. Em paralelo, o ONS também possibilita o acesso indiscriminado à rede de transporte. Frise-se, entretanto, que o ONS não é proprietário dos ativos de transmissão. As empresas de transmissão delegam a esse órgão os direitos de comercialização dos serviços prestados pelas suas linhas, recebendo uma remuneração pela cessão de seus direitos. O ONS responde ainda pelo acompanhamento do consumo de energia e do nível de água dos reservatórios das principais usinas do país.

Mas não é só. Conforme mencionado, a reforma previu a criação de um ambiente para a realização das transações de compra e venda de energia elétrica. Tratou-se do MAE. Este era uma pessoa jurídica de direito privado, sem fins lucrativos, criada na forma da Lei nº 10.433, de 24 de abril de 2002, que atuava sob autorização, regulação e fiscalização da Aneel. Sua principal atribuição era servir como ambiente de negócios relacionados com compra e venda de energia elétrica. Em 2004, o MAE foi sucedido pela CCEE, que lhe sucedeu em suas atribuições.

A CCEE é uma associação civil integrada pelos titulares de permissão, autorização e concessão e ainda por outros agentes vinculados aos serviços e às instalações de energia elétrica, bem como os consumidores livres. Sua

---

[40] A natureza jurídica do ONS é de sociedade civil de direito privado sem fins lucrativos.
[41] Instituído pela Lei nº 9.648/1998, com redação alterada pela Lei nº 10.848/2004, e regulamentado pelo Decreto nº 5.081/2004, o ONS teve seu funcionamento autorizado pela Aneel por meio da Resolução nº 351/1998, passando a exercer sua função de controle da operação do Sistema Interligado Nacional a partir de 1º de março de 1999.

finalidade é viabilizar a comercialização de energia elétrica no SIN, nos ambientes de contratação regulada e livre, além de efetuar a contabilização e a liquidação financeira das operações realizadas no mercado de curto prazo.

Por último, a EPE[42] é uma empresa pública, pessoa jurídica de direito privado, cujo capital pertence integralmente à União. A EPE realiza estudos destinados a subsidiar a elaboração da política energética em todas as fontes energéticas. Especificamente no que diz respeito ao setor elétrico, as principais funções da EPE são: (i) realizar pesquisas para ampliar a produção e transmissão de eletricidade; (ii) realizar os estudos de impacto ambiental destinados à instalação das indústrias de eletricidade; e (iii) fornecer suporte para a integração energética com países limítrofes.

A seguir, iremos analisar brevemente as atividades permitidas e reguladas exercidas pelos demais agentes do setor: geradores, transmissores, distribuidores e comercializadores.

4.1.1 Geração

A geração é o segmento da indústria de eletricidade que produz energia elétrica e a injeta nos sistemas de transporte (transmissão e distribuição) para que chegue aos consumidores. No Brasil, esse segmento é bastante pulverizado: segundo o Banco de Informações de Geração da Aneel, existem atualmente 4.927 empreendimentos em operação, totalizando 158.486.157 kW de potência instalada.[43-44]

A geração é um segmento competitivo marcado por um regime de assimetria regulatória no qual convivem agentes que produzem energia como atividade econômica ao lado de outros que atuam como concessionários de serviços públicos. Assim, segundo a legislação em vigor, existem três tí-

---

[42] A criação da EPE foi autorizada pela Lei nº 10.847/2004, a qual foi regulamentada pelo Decreto nº 5.184/2004.
[43] Disponível em: <https://bit.ly/28INSwk/>. Acesso em: 4 jun. 2018.
[44] Em âmbito nacional, a principal fonte de geração é a hidrelétrica (água corrente dos rios), que responde a 64,59% da capacidade instalada em operação no país; seguida da energia proveniente de combustíveis fósseis (petróleo, carvão mineral e gás natural), que corresponde a 17,18%; a energia eólica corresponde a 7,54% do total; a biomassa corresponde a 8,81%; a energia nuclear e a solar correspondem, respectivamente, a apenas 1,19% e 0,68% do total das fontes utilizadas no Brasil. Fonte: <https://bit.ly/2sGXovr>.

tulos jurídicos habilitantes[45] à produção de eletricidade em nosso país: a comunicação,[46] a autorização[47] e a concessão.

Nos casos de comunicação e autorização, em decorrência de seu caráter não exclusivo e não essencial, é dispensável a realização de licitação. A concessão, por sua vez, é o título habilitante destinado (i) ao aproveitamento de potenciais hidráulicos e a implantação de usinas termoelétricas de potência superior a 50.000 kW destinados a *execução de serviço público*; ou (ii) ao aproveitamento de potenciais hidráulicos de potência superior a 50.000 kW destinados a *produção independente de energia elétrica*.

Como se percebe, a concessão pode servir como título habilitante para a exploração tanto de força hidráulica quanto de usinas termoelétricas. Além disso, pode ser utilizada tanto para a "execução de serviço público" quanto para a "produção independente de energia elétrica", hipótese em que a atividade se sujeitará ao regime privado. Essa afirmação pode ser referendada tanto pelo art. 11 da Lei nº 9.074/1995, que afirma que o produtor independente que seja concessionário ou autorizatário do poder concedente produz energia elétrica "destinada ao comércio de toda ou parte da energia produzida, por sua conta e risco".[48] Percebe-se então o nítido regime privado do produtor

---

[45] Como se sabe, no Brasil, os serviços públicos (atividades de prestação de bens e serviços) são, via de regra, titularizados pelo Estado com exclusividade (*res extra commercium*). Assim, para que tais serviços sejam ofertados à coletividade por um particular, é necessário que este receba da administração um título jurídico (por exemplo, a concessão) que lhe legitime a prestar esses serviços. Em outras palavras, um título jurídico habilitante é um ato de eficácia constitutiva que confere ao particular o direito de implementar as medidas úteis necessárias para desenvolver, concretamente, materialidades em prol da sociedade (Aragão, 2006).

[46] Segundo o artigo 8º da Lei nº 9.074/1995, a comunicação é o título habilitante adequado na hipótese em que se busca o aproveitamento de potenciais hidráulicos ou a implantação de usinas termoelétricas de potência igual ou inferior a 5.000 kW. Nesses casos, basta comunicar o exercício dessa atividade ao regulador para fins de registro. Segundo Paulo César Melo da Cunha, "a atividade comunicada representa um incremento à competição com vistas à eficiência. O papel da atividade é fornecer ao Estado elementos necessários ao controle das ações privadas. [...] Quando muito, diante de uma atividade comunicada, o ente regulador poderia entender, mediante motivação técnica, que tal atividade prejudicaria o desempenho do serviço público ou as liberdades privadas, hipótese em que negaria a autorização e determinaria a paralisação, sem, no entanto, que caiba qualquer penalidade pelo exercício da liberdade comunicada" (Cunha, 2006:255-268).

[47] A autorização, por sua vez, é reservada (i) à implantação de usinas termoelétricas de potência superior a 5.000 kW e (ii) ao aproveitamento de potenciais hidráulicos de potência superiores a 5.000 kW até a 50.000 kW. Em ambos os casos, o autorizatário pode destinar a energia produzida ao uso próprio (quando será denominado de autoprodutor) ou à comercialização a terceiro, dando origem à figura do chamado produtor independente de energia.

[48] Segundo Geral Caldas, "o produtor independente de energia não é considerado um presta-

independente, que tem na geração de energia sua mercadoria de comércio, cujo consumidor pode ser tanto o concessionário de serviço público como o usuário final, observado o tratamento legal dado a cada tipo.[49]

Com o crescimento da viabilidade econômica de pequenos geradores elétricos, entre eles os geradores de fontes renováveis, um novo paradigma de operação dos sistemas elétricos se apresenta de forma crescente: a geração distribuída (GD). A partir da descentralização crescente da geração, que tem ocorrido em diversos países no mundo, as redes de distribuição passam a ter papel protagonista na operação do sistema, contrabalançando os efeitos intermitentes desses pequenos geradores e aumentando a qualidade do fornecimento de energia.

4.1.2 Transporte (transmissão e distribuição)

Por sua vez, os setores de transporte da energia — transmissão e distribuição — são considerados monopólios naturais, pois sua estrutura física torna economicamente inviável a competição entre dois agentes em uma mesma área de concessão. Assim, esses dois segmentos são mantidos sob regulação estatal, predominando o modelo de regulação de preços ou *regulação por incentivos*.

O segmento de transmissão transporta grandes quantidades de energia provenientes das usinas geradoras em todas as regiões até os grandes consumidores ou, como é mais comum, às empresas distribuidoras. No Brasil, ele conta com 77 concessionárias responsáveis pela administração e operação de mais de 100 mil quilômetros (km) de linhas de transmissão.[50] Atualmente, a transmissão se submete única e exclusivamente ao regime de serviço público (Aragão, 2013:265).

---

dor de serviço público, pois oferece sua produção em um mercado competitivo, com preços não regulados pelo Poder Público, isto é, o PIE não é remunerado por uma tarifa como são as concessionárias que tenham geração. [...] A Lei procura descaracterizar o PIE como um prestador de serviço público embora também venda energia elétrica para os consumidores concorrendo com a concessionária que tem sua remuneração fixada por tarifa, diferentemente do PIE" (Caldas, 2001:170-171).

[49] Souto (2018). Ressalte-se que o segmento de geração era considerado um segmento competitivo no Brasil até 2012, pois a maioria absoluta dos geradores era livre para negociar seus preços, seja diretamente com consumidores livres, seja por meio de leilões regulados. A partir de 2013, porém, muitas usinas hidroelétricas antigas passaram a ter seus preços controlados pela Aneel, pois essa foi a condição para a renovação antecipada de seus contratos de concessão.

[50] Disponível em: <https://bit.ly/2kM2W48>. Acesso em: 4 jun. 2018.

O segmento de distribuição, por sua vez, recebe a energia do sistema de transmissão, rebaixa sua tensão, para permitir que ela mesma seja distribuída de forma pulverizada, e a faz chegar a consumidores médios e pequenos, como residências, pequenos comércios e indústrias.[51] Em regra, a distribuição é realizada mediante concessão.[52] As concessionárias são responsáveis pela administração e operação de linhas de transmissão de menor tensão (abaixo de 230 mil volts), como aquelas instaladas nas ruas e avenidas das grandes cidades.

Diferentemente da geração, a transmissão e a distribuição de energia, no Brasil, têm seus preços regulados pela Aneel, em geral no contexto dos contratos de concessão, que usualmente contam com mecanismos de revisões e reajustes tarifários periódicos, operacionalizados pela própria agência reguladora.[53]

4.1.3 Comercialização

O segmento de comercialização de energia é relativamente novo, tanto no Brasil quanto no mundo. Ele surgiu com a reestruturação do setor elétrico na década de 1990 e seu papel está mais relacionado com o contexto econômico e institucional do que propriamente com o processo físico de produção e transporte da energia.

---

[51] No Brasil, a distinção entre transmissão e distribuição é feita com base no nível de tensão e não na função exercida dentro do sistema. Com efeito, todos os ativos com tensão igual ou superior a 230kW são definidos como ativos de transmissão da Rede Básica. Por sua vez, segundo a Aneel, "a distribuição se caracteriza como o segmento do setor elétrico dedicado à entrega de energia elétrica para um usuário final. Como regra geral, o sistema de distribuição pode ser considerado como o conjunto de instalações e equipamentos elétricos que operam, geralmente, em tensões inferiores a 230 kV, incluindo os sistemas de baixa tensão" (Fonte: <https://bit.ly/2JoIt3r>). Sobre o tema, ver: Santiago Junior (2006).

[52] A distribuição pode ser exercida também por meio de autorização, na hipótese de pequenas cooperativas de eletrificação rural que atendem exclusivamente aos seus cooperados; ou mediante permissão, na hipótese de cooperativas de eletrificação rural que atendem não apenas aos cooperados, mas ao público em geral.

[53] Importante mencionar que em 2012, a MP 579, convertida na Lei nº 12.783/2013, estabeleceu a antecipação da renovação das concessões que venciam entre 2015 e 2017 uma única vez pelo prazo de até 30 anos. Em contrapartida à renovação antecipada e à segurança de continuarem com a titularidade do serviço pelos próximos 30 anos, as empresas concordaram em alterar a forma de remuneração pactuada. Com isso, as empresas passaram a ser remuneradas apenas pelos investimentos realizados em operação e manutenção de equipamento e deixaram de receber receitas mais elevadas, que incluem a amortização dos ativos não amortizados e não depreciados. Estes serão indenizados pelo poder concedente, e não mais integrarão o cálculo da tarifa. Na prática, isso representaria uma redução tarifária de 20%. Após quase seis anos da publicação desse ato regulamentar, diversas empresas geradoras, transmissoras e distribuidoras de energia já passaram pelo processo de renovação, adaptação e redução de receitas.

No Brasil, o primeiro contrato de comercialização de energia elétrica, nos moldes do novo modelo, ocorreu em 1999, aproximadamente dois anos após a criação da Aneel. Atualmente, existem mais de 100 agentes de comercialização de energia elétrica no Brasil, muitos deles atuando como intermediários entre usinas e consumidores livres.

Vale mencionar que, no ano de 2018, o Ministério de Minas e Energia encaminhou o projeto de lei sobre a reforma do setor elétrico à Presidência da República. Entre outras alterações, o projeto propõe o acesso de empresas de menor porte ao mercado livre de energia, onde podem negociar diretamente com as geradoras.

A abertura do mercado livre a partir de janeiro de 2026, na prática, deverá reduzir os custos da energia para empresas menores. Hoje, apenas grandes consumidores podem comprar diretamente das geradoras, sem a intermediação das distribuidoras. É o caso das montadoras de veículos, por exemplo. Com as mudanças propostas, um supermercado, que hoje não pode fazer essa compra direta, passaria a poder. Para os clientes residenciais, porém, nada muda. O texto sugere a realização de estudos para elaborar uma proposta para o segmento até 2022.

O projeto marca o fim de uma visão intervencionista sobre o mercado por parte do governo.

4.2 O setor de telecomunicações

A origem do setor de telecomunicações, tal como conhecemos hoje, remonta à década de 1960, com a edição do Código Brasileiro de Telecomunicações (Lei nº 4.117/1962), primeira legislação que sistematizou o setor de telefonia. A lei em questão criou o Sistema Nacional de Telecomunicações e, em seu art. 42, autorizou o Poder Executivo Federal a constituir uma sociedade autônoma, sob a forma de empresa pública, para explorar os serviços de telecomunicações sob o regime de monopólio.

Com base nessa autorização legislativa, o então presidente Castelo Branco criou a Empresa Brasileira de Telecomunicações (Embratel), em 16 de setembro de 1965.[54] A missão da Embratel consistia em explorar e expandir indus-

---

[54] Disponível em: <https://bit.ly/2LnrWtV/>. Acesso em: 4 jun. 2018.

trialmente os serviços de telecomunicações em geral (Art. 67 do Decreto nº 52.026/1963). Os primeiros anos de atuação da empresa (1965-72) foram marcados pela implantação de um sistema nacional e internacional de telecomunicações (serviços de telecomunicações de longa distância), interligando todas as capitais e as principais cidades do país, de modo a alavancar o progresso econômico e social. Pode-se citar, entre as principais realizações da estatal, a implantação da Rede Nacional de Televisão e a Discagem Direta à Distância (DDD).

Como resultado dos investimentos realizados na década de 1960, o setor de telecomunicações experimentou um avanço significativo na década de 1970. Nesse período foi criada a Telebras, empresa que consolidou a telefonia no Brasil. Com o surgimento da Telebras, as várias empresas que operavam telefonia no país foram agrupadas em apenas uma por estado, com a Telebras passando a ser a *holding* de um sistema empresarial constituído de 27 operadoras estaduais e de uma operadora de longa distância, a Embratel, que, em agosto de 1972, foi transformada em uma sociedade de economia mista controlada pela Telebras. Em 1974, o Decreto nº 73.379 designou a Telebras como "concessionária-geral para a exploração dos serviços de telecomunicações em todo o território nacional".

Tratava-se, portanto, da instituição de um monopólio em favor do "Sistema Telebras", o qual era bastante fragmentado, por ser constituído por várias empresas locais e regionais. Esse monopólio agia livremente no mercado, sem nenhum tipo de restrição ou imposição normativa específica. Esse arranjo institucional permaneceu após o advento da Constituição de 1988, que, na redação original de seu art. 21, XI, previa que o serviço de telecomunicações seguiria sendo prestado pela União ou por empresas controladas pelo Estado.

A partir da década de 1990, contudo, com as transformações econômicas de viés mais liberal implementadas no Brasil, passou-se a rever a presença do Estado na economia, problematizando-se a existência de um excesso de estatais que, além de tudo, atuavam de forma ineficiente. Não bastasse isso, o advento da tecnologia de comunicação por células móveis e da tecnologia de fibras ópticas, durante os anos 1990, revolucionou o campo das telecomunicações ampliando as possibilidades de oferta de serviços, com maior capacidade, velocidade e qualidade no atendimento, o que viabilizou a concorrência na prestação de serviços e facilitou seu acesso às várias camadas da população.[55]

---

[55] Nesse sentido, comentam Alessandro Oliveira e Frederico Araújo Turolla: "há setores de infraes-

Em 1995, o arranjo institucional do setor veio a ser modificado com o advento da Emenda Constitucional nº 8. Essa emenda reestruturou o setor de telecomunicações, ao quebrar o monopólio público e permitir a prestação dos serviços de telecomunicações mediante *autorização, concessão ou permissão*, o que viabilizou as privatizações.

Em 1997, foi promulgada a Lei nº 9.472/1997 (atualmente em vigor), também denominada Lei Geral de Telecomunicações (LGT), que delimitou o atual modelo do mercado de telecomunicações brasileiro. Essa nova lei disciplinou a privatização do Sistema Telebras e a implementação de um novo regime de prestação dos serviços de telecomunicações caracterizado pela sua abertura à iniciativa privada e pela introdução da concorrência.

É dizer, quebraram-se os monopólios existentes no setor de telecomunicações, mais especificamente na telefonia fixa, ao mesmo tempo que se proporcionou um novo modelo de regulamentação. O objetivo desse novo modelo, segundo o art. 2º da LGT, era a promoção do desenvolvimento das telecomunicações do país, de modo a dotá-lo de uma moderna e eficiente infraestrutura de telecomunicações, a qual fosse capaz de oferecer serviços adequados, diversificados e a preços razoáveis, em todo o território nacional.

A LGT instituiu um modelo pluralista para a prestação dos serviços de telecomunicação, no qual os serviços são classificados segundo o âmbito dos interesses a que atendem (art. 62 da LGT) e conforme o regime jurídico em que são prestados (art. 63 da LGT). Destarte, utilizando esses dois aspectos, os serviços de telecomunicações, à luz das modificações introduzidas pela LGT, podem ser repartidos em três grupos distintos: (i) o dos serviços públicos prestados, sempre, com base no interesse coletivo; (ii) o das atividades econômicas prestadas em regime privado e com base no interesse coletivo; e (iii) o das atividades econômicas prestadas em regime privado e no interesse restrito do próprio executante ou de determinados grupos de usuários (Ramires, 2005:139-140).

A distinção essencial relativa a cada um dos referidos regimes diz respeito ao grau e ao gênero da regulação incidente sobre cada um dos serviços (Aragão, 2013:260). Quando o serviço for classificado como "serviço de interesse coletivo", ele deverá ser oferecido a todos aqueles que se enquadrarem

---

trutura que, apesar de apresentarem configuração de monopólio natural, contêm alguns segmentos mais dinâmicos que são capazes de romper o estágio quatro, revertendo a condições relativamente favoráveis à competição, mesmo que o restante do setor mantenha-se em estágio anterior. Um importante exemplo é o serviço de telefonia. Inovações tecnológicas importantes vêm permitindo competição no setor, em especial nos serviços de longa distância" (Oliveira e Turolla, 2013:23).

no regulamento específico, ou seja, o prestador não pode deixar de prestá-lo quando solicitado, desde que seja técnica e economicamente viável.[56] Por outro lado, tratando-se de serviço de uso restrito, o mesmo será destinado exclusivamente ao uso do executante ou de um grupo de pessoas naturais ou jurídicas determinado (por exemplo, um serviço de comunicação prestado aos passageiros de um determinado navio) — art. 18 da Resolução nº 73/1998 da Anatel.

O serviço de telecomunicações em *regime público* é sempre de interesse coletivo e é aquele prestado mediante *concessão* ou *permissão*, com atribuição a sua prestadora de obrigações de universalização e de continuidade (art. 63, parágrafo único, da Lei nº 9.472/1997). Incluem-se nesse caso as diversas modalidades do serviço telefônico fixo comutado, de qualquer âmbito, destinado ao uso do público em geral (art. 1º, do Decreto nº 6.654/2008).

Já o serviço prestado sob regime privado pode ser de interesse coletivo (art. 16 da Resolução nº 73/1998 da Anatel) ou restrito (art. 18 da Resolução nº 73/1998 da Anatel) e está sujeito a regras mais flexíveis e com menor interferência na sua liberdade de atuação. Não há, por exemplo, controle de tarifas. Por esse motivo, Carlos Ari Sundfeld, um dos juristas que ajudou a criar a LGT, afirma que tais serviços estão sujeitos apenas a condicionamentos negativos, isto é, destinados a evitar que sua exploração prejudique a sociedade.[57] O serviço prestado no regime privado é outorgado, em regra, mediante autorização, salvo nas exceções legalmente previstas, como é o caso do Serviço Móvel Celular (SMC), que é objeto de concessão (art. 77 da Resolução nº 73/1998 da Anatel).

Assim, no setor de telecomunicações, estabeleceu-se um regime de assimetria regulatória, em que atividades afins são prestadas tanto em regime de

---

[56] Disponível em: <https://bit.ly/2JcVYne/>. Acesso em: 4 jun. 2018.
[57] Sundfeld (2004). É interessante mencionar dois aspectos aqui. O primeiro é que a autorização para a exploração de serviços de telefonia em regime privado não deixa as empresas que atuam em regime privado completamente imunes à imposição de deveres de condicionamento pelo Estado. Conforme ressalta Raquel Dias da Silveira, "a despeito de as autorizatárias não estarem sujeitas a obrigações como universalização e continuidade, submetem-se às metas de qualidade, cujo descumprimento poderá acarretar, inclusive, a caducidade da autorização e a retomada do serviço pela agência" (Silveira, 2003:123). O segundo é que o artigo 66 da Lei nº 9.472/1997 determina que, quando um serviço de telecomunicações for prestado simultaneamente em regime público e privado, deverão ser adotadas medidas que garantam a viabilidade econômica da sua prestação no regime público, de modo a evitar que as obrigações impostas aos agentes que exploram o serviço em regime público inviabilizem sua concorrência com os agentes em regime privado que não estão sujeitos às mesmas obrigações.

concessão (isto é, como serviço público, tal como ocorre com o serviço de telefonia fixa comutada) como de autorização (atividade privada outorgada pelo poder público ao particular, tal como ocorre com o serviço de telefonia móvel). Esse modelo de assimetria regulatória dos serviços de telecomunicações foi referendado pelo Supremo Tribunal Federal no julgamento da medida cautelar na ADI 1668,[58] quando o STF reconheceu expressamente a possibilidade de tratamento assimétrico (*i.e.*, em diferentes regimes) para um mesmo serviço.[59]

A LGT estabeleceu também que seria elaborado um Plano Geral de Metas de Universalização e um Plano Geral de Outorgas (PGO). O primeiro, aprovado pelo Decreto nº 7.512/2011, visa estabelecer metas de aperfeiçoamento dos serviços essenciais exigidas pela União. Por sua vez, o PGO (aprovado pelo Decreto nº 2.534/1998 e posteriormente substituído pelo Decreto nº 6.654/2008) dividiu o país em áreas com específicas determinações procedimentais quanto à forma da prestação do serviço.

Por fim, o art. 8º da LGT criou a Agência Nacional de Telecomunicações (Anatel), entidade integrante da administração pública federal indireta, submetida a regime autárquico especial e vinculada ao Ministério das Comunicações, com a função de órgão regulador das telecomunicações. A função da Anatel é regular e fiscalizar as atividades de telecomunicações, adotando as medidas necessárias para o atendimento do interesse público e para o desenvolvimento das telecomunicações brasileiras.[60] Ressalte-se, porém, que,

---

[58] ADI 1668 MC, rel. min. Marco Aurélio, Tribunal Pleno, julgado em 20/8/1998, *DJ* 16/4/2004.

[59] Nesse sentido, afirma Egon Bockmann Moreira que, no julgamento da medida cautelar da ADI 1668, restou decidido que "são constitucionais as leis que disciplinam o regime de Direito Privado para serviços imputados à União no art. 21 da Constituição". Mais que isso: ao referendar o modelo de assimetria regulatória das telecomunicações, o STF admitiu que "é constitucional a sua outorga por meio de autorizações, sem licitação e que cabe ao legislador ordinário e à agência reguladora setorial a definição da atividade a ser executada e como ela dever ser executada" (Moreira, 2014:63).

[60] Nos termos do art. 19 de sua lei de criação, a Agência possui entre suas principais competências: (i) implementar, em sua esfera de atribuições, a política nacional de telecomunicações; (ii) representar o Brasil nos organismos internacionais de telecomunicações, sob a coordenação do Poder Executivo; (iii) propor ao presidente da República, por intermédio do ministro de Estado das Comunicações, a instituição ou eliminação da prestação do serviço na modalidade de regime público, concomitantemente ou não com sua prestação no regime privado; (iv) elaborar e propor ao presidente da República, por intermédio do ministro de Estado das Comunicações, a aprovação do plano geral de outorgas de serviço prestado no regime público; (v) elaborar e propor ao presidente da República, por intermédio do ministro de Estado das Comunicações, a aprovação do plano geral de metas para a progressiva universalização de

por força do art. 211 da LGT, o serviço de radiodifusão encontra-se fora da jurisdição da Anatel, permanecendo no âmbito de competências do Poder Executivo. Cabe à Anatel, no tocante a este último serviço, tão somente a fiscalização, quanto aos aspectos técnicos, das respectivas estações.

4.3 O setor de transportes

A análise da regulação do setor de transportes perpassa dois aspectos distintos e complementares, a saber: (i) a competência dos entes federativos envolvidos; e (ii) as especificidades dos diferentes modais de transporte que compõem o Sistema Nacional de Viação (SNV).

No que diz respeito ao primeiro desses aspectos, o art. 21, XII, alíneas d e f, da CRFB conferiu à União a competência para explorar, diretamente ou mediante autorização, concessão ou permissão, a prestação dos serviços de transporte ferroviário e aquaviário entre portos brasileiros e fronteiras nacionais, ou que transponham os limites de estado ou território, bem como dos serviços de transporte rodoviário interestadual e internacional de passageiros.

Além disso, compete privativamente à União legislar sobre as diretrizes da política nacional de transportes e sobre trânsito e transporte (Art. 22, da CRFB, incisos IX e XI). No exercício dessa competência, a União editou duas leis básicas de regência do SNV: a Lei nº 10.233/2001, que criou as agências reguladoras ANTT e Antaq, dispôs sobre a ordenação dos transportes aquaviário e terrestre nacional e reorganizou o gerenciamento do Sistema Federal de Viação, disciplinando a prestação de serviços de transporte; e a Lei nº 12.379/2011, que trata da composição, objetivos e critérios de formação do SNV, além de disciplinar o transporte aeroviário federal.

---

serviço prestado no regime público; (vi) propor ao presidente da República, por intermédio do ministro de Estado das Comunicações, a autorização da participação de empresa brasileira em organizações ou consórcios intergovernamentais destinados ao provimento de meios ou à prestação de serviços de telecomunicações; (vii) expedir normas quanto à outorga, prestação e fruição dos serviços de telecomunicações no regime público; (viii) editar atos de outorga e extinção de direito de exploração do serviço no regime público; (ix) celebrar e gerenciar contratos de concessão e fiscalizar a prestação do serviço no regime público, aplicando sanções e realizando intervenções; (x) controlar, acompanhar e proceder à revisão de tarifas dos serviços prestados no regime público, podendo fixá-las nas condições previstas nesta Lei, bem como homologar reajustes.

Por sua vez, a Constituição Federal conferiu aos municípios, na forma do art. 30, inciso V, a competência para organizar e prestar, diretamente ou sob regime de concessão ou permissão, os serviços públicos de interesse local, incluindo o de transporte coletivo, atribuindo-lhe caráter geral. Aos estados, de outra parte, restou a competência para prestar residualmente, nos termos do art. 25, §1º, da CRFB, os serviços que não sejam de competência da União ou dos municípios, o que significa dizer que os estados são competentes para regular a prestação dos serviços intermunicipais.

Esse arranjo de competências foi expressamente reconhecido pelo art. 2º, §1º, Lei nº 12.379/2011, o qual aduz que o SNV é composto pelo Sistema Federal de Viação e pelos sistemas de viação dos estados, do Distrito Federal e dos municípios. Frise-se, porém, que tal dispositivo deverá ser interpretado levando-se em consideração a diretriz geral de gerenciamento descentralizado da infraestrutura de transporte terrestre prevista na Lei nº 10.233/2001, segundo a qual, sempre que possível, a União deverá transferir a prestação dos serviços de transporte por ela titularizados a outras entidades públicas (mediante convênio) ou privadas (mediante a outorga de concessões, permissões e autorizações) (Aragão, 2013:281).

Vale ressaltar ainda que, no exercício de sua competência para a edição de normas gerais, o legislador federal estabeleceu, no art. 11 da Lei nº 10.233/2011, os princípios gerais que deverão ser observados pelos entes federativos no gerenciamento e operação da infraestrutura dos vários modais de transporte de pessoas e bens postos sob sua jurisdição.

No que diz respeito aos modais de transporte que compõem o SNV, temos que, nos termos do art. 3º da Lei nº 12.379/2011, o SNV é formado por quatro modais distintos: i) o rodoviário; ii) o aquaviário; iii) o aeroviário; e iv) o ferroviário, cada qual com características operacionais específicas e, consequentemente, estruturas de custos específicas, diferenciando seu funcionamento e vocacionados a produtos e operações distintas. Na sequência, analisaremos cada um desses modais.

4.3.1 O setor rodoviário

Entre os quatro modais de transporte integrantes do SNV, o rodoviário é o mais utilizado em toda a extensão do território nacional, o que se deve principalmente ao fato de ele consistir em um modal de transporte rápido e com uma rota flexível.

Por transporte rodoviário considera-se o serviço de transporte executado por veículos automotores, tais como carros, ônibus e caminhões, por meio de estradas, rodovias, ruas e outras vias, pavimentadas ou não, com a intenção de movimentar materiais, pessoas ou animais de um ponto a outro.[61] De acordo com dados da Confederação Nacional do Transporte (CNT), o modal rodoviário predomina na matriz de transporte brasileira, possuindo uma participação de mais de 61% na matriz de transporte de cargas e de 95% na de passageiros, além de ser o principal responsável pela integração de todo o sistema de transporte no país.[62] A exceção cabe à região amazônica, onde, devido à significativa rede hidrográfica natural, predomina o transporte por vias fluviais.[63]

Segundo Dias, citado por Armando Castelar e Leonardo Coelho (Pinheiro e Ribeiro, 2017:48), as principais vantagens do modal rodoviário em relação aos demais seriam: i) o manuseamento mais simples (possibilidade de transporte de cargas menores a um custo menor); ii) a grande competitividade em distâncias curtas/médias; iii) o elevado grau de adaptação; iv) o baixo investimento para o operador; v) a rapidez e eficácia; vi) os custos mais baixos de embalagem; e vii) a grande cobertura geográfica. Por outro lado, seriam desvantagens desse modal: i) o aumento do preço com a distância; ii) a existência de limitações com relação ao espaço e peso da carga; iii) a sujeição às condições atmosféricas; iv) a sujeição à circulação do trânsito; e v) a sujeição a restrições de circulação e horário.

Ressalte-se que, segundo o art. 12 da Lei nº 10.636/2002, a administração e a exploração das rodovias federais poderão ser delegadas a entidades públicas ou à iniciativa privada. Na primeira hipótese, a administração e a exploração das rodovias federais será delegada, pela União, aos municípios, estados e Distrito Federal mediante convênio, na forma do art. 3º da Lei 9.277/1996. Nesse caso, o ente federativo beneficiário da delegação poderá explorar a via delegada pela União diretamente ou por meio de concessão, conforme previsto no art. 4º da mesma lei. Na segunda hipótese, a administração e a exploração da rodovia federal é delegada a uma pessoa da iniciativa privada mediante regime de concessão, permissão ou autorização. O parâmetro para a

---

[61] Definição disponível em: <www.transportes.gov.br>. Acesso em: 10 abr. 2018.
[62] A informação é do Relatório Gerencial da Pesquisa CNT de rodovias, editada em 2017, disponível em: <https://bit.ly/2xGuHUT/>. Acesso em: 10 abr. 2018.
[63] Informação disponível em: <www.brasil.gov.br>. Acesso em: 10 abr. 2018.

adoção de cada um dos instrumentos é estabelecido pela Lei nº 10.233/2001, conforme a natureza e as condições de cada serviço.

Vale citar que, em âmbito federal, a Lei nº 10.233/2001 criou a Agência Nacional de Transportes Terrestres (ANTT), agência reguladora setorial da área de transportes terrestres, que possui ampla competência na atuação e na regulação das matérias afetas aos transportes no âmbito de competência da União.

Nos estados, percebe-se uma tendência para adoção de modelo regulatório independente, exercido por meio de agência reguladora, ainda que a maior parte dessas unidades federativas tenha optado pelo modelo de regulação multissetorial, em que a entidade reguladora atua na regulação de serviços de diversos setores da economia.

Por fim, no tocante às competências municipais, observa-se que a regulação ainda se dá de forma pouco estruturada, sendo feita pelos próprios órgãos da administração direta. Embora alguns municípios já estejam buscando mudar esse quadro, com a criação de consórcios públicos reguladores,[64] o que se percebe é que a regulação do setor de transportes em âmbito municipal ainda é muito incipiente no Brasil.

4.3.2 O setor aquaviário

O modal aquaviário corresponde ao transporte por meio de embarcações navegáveis que utilizam os mares, quando o transporte for marítimo, ou os rios/lagos, quando o transporte for fluvial/lacustre.[65] O Brasil possui 63 mil quilômetros de vias naturalmente navegáveis, algumas delas interligando o país com seus vizinhos continentais e outras provenientes de rios internos, lagos e lagunas. Possui ainda 8,5 mil quilômetros de costa navegáveis, razão pela qual mais de 90% das exportações realizadas para o mercado exterior são feitas por meio dos portos do país (Pinheiro e Ribeiro, 2017:49). Trata-se, portanto, de um modal extremamente importante para a economia, principalmente no que tange ao comércio internacional.

Em que pese a importância desse modal de transporte, de acordo com relatório divulgado pela Confederação Nacional do Transporte (CNT), em novembro de 2013, dos 63 mil quilômetros de extensão existentes, apenas 41.635 km são de vias navegáveis e, destas, apenas 20.956 km (50,3%) são

---

[64] Os consórcios reguladores intermunicipais existentes no Brasil são voltados para a regulação do serviço de saneamento básico.
[65] Definição disponível em: <https://bit.ly/2JgVg4z/> Acesso em: 25 jan. 2017.

economicamente navegadas,⁶⁶ o que demonstra que os investimentos no setor são baixos e não exploram efetivamente o potencial de águas navegáveis do país.

O setor portuário representa a principal estrutura do modal aquaviário no Brasil. Aliás, segundo dados divulgados pela Agência Nacional de Transportes Aquaviários (Antaq), a movimentação total de cargas no setor portuário brasileiro, no ano de 2016, foi de 998.068.793 toneladas.⁶⁷ De modo semelhante ao que ocorre no setor rodoviário nacional, a Lei nº 9.277/1996 autorizou a União a delegar aos municípios, estados e Distrito Federal, mediante convênio, a administração e a exploração dos portos federais, podendo o ente federativo beneficiário da delegação explorar o porto delegado pela União diretamente ou por meio de concessão.

O arranjo institucional do setor portuário encontra-se regulado na Lei nº 12.815/2013. Com a clara intenção de fomentar a competição e ampliar os investimentos da iniciativa privada dentro do setor portuário nacional, a referida lei estabeleceu um modelo bipartido para a prestação dos serviços portuários: o de serviço público e o de exploração privada. Assim, de um lado, a lei estabeleceu Terminais Portuários de Uso Público (arrendamentos portuários), situados dentro dos Portos Públicos e cujas atividades seguem o regime jurídico inerente aos serviços públicos, e, de outro lado, os Terminais Portuários de Uso Privado.

É que, ao eliminar a distinção antes existente entre movimentação de "carga própria" e "carga de terceiros", o atual marco regulatório do setor portuário permitiu a exploração da atividade portuária em regime de competição entre agentes econômicos em regime de serviços públicos (arrendatários, titulares de subconcessões de serviços públicos) e de atividades econômicas reguladas (terminais de uso privado, titulares de autorizações administrativas).

Daí por que se pode afirmar que, a partir da entrada em vigor da Lei nº 12.815/2013, a atividade portuária nacional passou a adotar um regime jurídico caracterizado pela assimetria regulatória, tracejada pela poligonal de cada porto organizado, fazendo coexistirem arrendamentos portuários e terminais privados, cada qual com um regime jurídico próprio.⁶⁸

---

[66] Pesquisa CNT da Navegação Interior 2013. Disponível em: <https://bit.ly/2kOqXr6/>. Acesso em: 26 mar. 2018.

[67] Disponível em: <https://bit.ly/2Js5NgI/>. Acesso em: 4 jun. 2018.

[68] Vale frisar que as diferenças entre terminais públicos e privados têm gerado controvérsias desde os anos 1990. Para mais informações a respeito do aspecto histórico dessa controvér-

Nesse contexto, consideram-se terminais públicos aqueles construídos e aparelhados para atender a necessidades de navegação, de movimentação de passageiros ou de movimentação e armazenagem de mercadorias, e cujo tráfego e operações portuárias estejam sob jurisdição de autoridade portuária, dentro da poligonal definidora da área do porto organizado, ao passo que os terminais de uso privado seriam aqueles instalados fora da área do porto organizado e explorados mediante autorização da Antaq.[69]

4.3.3 O setor aeroviário

O transporte aeroviário diz respeito ao movimento de pessoas e mercadorias através do ar com a utilização de aviões ou helicópteros.[70] Nos termos do art. 34 da Lei nº 12.379/2011, a infraestrutura aeroviária nacional é constituída pelos aeródromos públicos que atendam ao tráfego aéreo civil, regular e alternativo, doméstico e internacional, pelo conjunto de aerovias, áreas terminais de tráfego aéreo e demais divisões do espaço aéreo brasileiro necessárias à operação regular e segura do tráfego aéreo, bem como pelo conjunto de facilidades, instalações e estruturas terrestres de proteção ao voo e auxílio à navegação aérea.

À semelhança de outros setores de transportes vistos anteriormente, o art. 21, inciso XII, da CRFB, permitiu que a exploração da infraestrutura aeroportuária fosse realizada mediante autorização, concessão ou permissão, abrindo espaço para que a legislação infraconstitucional determine quais atividades estarão submetidas ao regime público de concessão e permissão e quais estarão submetidas ao regime privado inerente às autorizações (Chambarelli, 2015:318).

Seguindo a determinação constitucional, o legislador infraconstitucional estabeleceu regimes distintos para a exploração da infraestrutura aeroportuária e para a concessão do serviço de transporte aéreo em si. De um lado, temos um

---

sia, e sobre o novo marco regulatório portuário, ver: Moreira Neto e Freitas; (2014), Schirato (2008) e Pereira (2013).

[69] A quem incumbe a regulação: (i) da navegação fluvial, lacustre, de travessia, de apoio marítimo, de apoio portuário, de cabotagem e de longo curso; (ii) dos portos organizados e as instalações portuárias neles localizadas; (iii) das instalações portuárias de que trata o art. 8º da Lei na qual foi convertida a Medida Provisória nº 595, de 6 de dezembro de 2012; (iv) do transporte aquaviário de cargas especiais e perigosas; e (v) da exploração da infraestrutura aquaviária federal. Além da atividade fiscalizatória, a Antaq também possui importante papel no desenvolvimento de estudos e pesquisas para o desenvolvimento do setor de transporte aquaviário no Brasil.

[70] Disponível em: <https://bit.ly/2sF05h7/>. Acesso em: 4 jun. 2018.

regime tradicional de delegação da exploração de aeroportos, no qual a delegação à iniciativa privada se dá por meio de concessão ou permissão, obedecendo ao regime público inerente à prestação de serviços públicos e cujo objeto é a administração de um bem público federal, qual seja, a estrutura do aeroporto.[71]

As concessões para a exploração da infraestrutura aeroportuária foram regulamentadas pelo Decreto nº 7.624/2011, o qual determina que os aeródromos concedidos poderão ser usados por quaisquer aeronaves, sem distinção de propriedade ou nacionalidade, bem como que o concessionário deverá prestar serviço adequado aos usuários e observar as normas legais e regulamentares relativas a aspectos técnicos e de segurança sobre aviação civil expedidas pela Agência Nacional de Aviação Civil (Anac) e pelo Ministério da Defesa.

De outro lado, a possibilidade de exploração de aeródromos privados em regime de autorização é expressamente prevista no art. 8º, inciso XXIV, da Lei nº 11.182/2005, o qual estabelece a competência da Anac para autorizar a exploração da infraestrutura aeroportuária, no todo ou em parte. As condições para a delegação da exploração de aeródromos civis públicos por meio de autorização encontram-se previstas no Decreto nº 7.871/2012, o qual dispõe que a autorização é o instrumento cabível para a delegação da exploração de aeródromos civis públicos destinados exclusivamente ao processamento de operações de serviços aéreos privados, de serviços aéreos especializados ou de táxi-aéreo (art. 2º).

No Brasil, a participação do modal aeroviário ainda é pouco expressiva no que tange à movimentação de cargas, devido ao seu elevado custo, o que faz com que a utilização desse meio seja reservada para produtos com alto valor agregado ou que, dada a sua natureza perecível, exijam rapidez e segurança no traslado.[72] Segundo dados do Boletim estatístico CNT de outubro

---

[71] Insta salientar que a natureza jurídica da delegação da exploração de aeroportos é tema discutido na doutrina, que controverte a respeito de se tratar de uma concessão de serviço público ou de uma concessão de uso de bem público. Floriano de Azevedo Marques Neto explica a distinção entre uma concessão de uso de bem público, a qual pode ser aplicada a distintas situações ocorrendo até mesmo confundir-se com demais modalidades de concessão. Assim comenta o autor: "[...] Como vimos, no âmbito da concessão de serviços públicos muita vez há uma cessão de uso privativo de bem público. Igualmente, a concessão de obra pública não deixa de ser também uma concessão de uso de bem público, apenas marcada pelo fato de que esse bem é produzido ou requalificado pelo próprio concessionário no cumprimento de suas obrigações contratuais. [...]" (Marques Neto, 2015).

[72] Segundo Dias, "o sistema aéreo, dentro de uma primeira avaliação, não se apresenta como o ideal ao transporte de mercadorias de baixo valor, principalmente em virtude de seu baixo patamar da relação valor peso" (Dias, 2012:39).

de 2016, apenas 0,4% do total da carga transportada em território nacional é conduzida por via aérea.[73]

A regulação do transporte aéreo no Brasil é feita pela Agência Nacional de Aviação Civil (Anac), autarquia especial vinculada ao Ministério da Defesa, com competências para: (i) representar o Brasil em convenções, acordos, tratados e atos de transporte aéreo internacional com outros países ou organizações internacionais de aviação civil; (ii) estabelecer o modelo de concessão de infraestrutura aeroportuária, a ser submetido ao presidente da República; (iii) outorgar serviços aéreos; (iv) fornecer suplementação de recursos para aeroportos de interesse estratégico, econômico ou turístico; e (v) determinar as regras aplicáveis ao instituto da concessão ou da permissão na exploração comercial de serviços aéreos.

4.3.4 O setor ferroviário

O transporte ferroviário, segundo Armando Castelar e Leonardo Coelho, "consiste na transferência de pessoas ou bens, entre dois locais geograficamente separados, por meio de veículos, normalmente dispostos em comboio — por exemplo, os trens —, os quais circulam em uma via férrea composta por carris dispostos ao longo de um percurso determinado" (Pinheiro e Ribeiro, 2017:52). O transporte ferroviário é o mais seguro dos transportes terrestres, além de apresentar outras vantagens como produzir um baixo impacto ambiental, possuir baixo custo operacional e de manutenção e ser o modal mais indicado para o transporte de cargas pesadas, como minérios, produtos agrícolas, siderúrgicos e alimentares.[74]

Em que pese suas aptidões, porém, o modal ferroviário ainda é extremamente subaproveitado no país. Como visto anteriormente, no nosso país, entre os transportes terrestres, predomina, em larga escala, o rodoviário. Destarte, segundo números fornecidos em 2017 pela Especialista em Logística e Supply Chain (Ilos), apenas 21% da produção nacional passa pelas ferrovias nacionais, enquanto o transporte aquaviário movimenta em torno de 13% das cargas.[75] Não obstante isso, recentemente a Agência Nacional de Transportes Terrestres (ANTT) apontou que, em 2017, a movimentação de cargas no modal ferroviário foi de 375 bilhões de TKU (ton/km), o que demonstra um aumento de 10% em relação ao transportado no ano anterior.[76]

---

[73] Boletim estatístico CNT, out. 2016. Disponível em: <www.cnt.org.br>. Acesso em: 25 jan. 2017.
[74] Disponível em: <https://bit.ly/2JmKSvx/>. Acesso em: 4 jun. 2018.
[75] Disponível em: <https://bit.ly/2JjliE7/>. Acesso em: 4 jun. 2018.
[76] Disponível em: <https://bit.ly/2Ll3vwX/>. Acesso em: 4 jun. 2018.

No Brasil, a história do setor de ferrovias ganha contornos mais nítidos no início da década de 1950, quando, visando ao financiamento de um programa de reaparelhamento dos setores de infraestrutura da economia brasileira, formou-se, no âmbito do Ministério da Fazenda, a Comissão Mista Brasil-Estados Unidos para o Desenvolvimento Econômico, composta por técnicos das duas nacionalidades.[77] Como resultado final de seu estudo, essa Comissão produziu, em 1953, um relatório que apontava os principais problemas do país, indicando possíveis soluções, especialmente no que diz respeito ao transporte e à energia.[78]

Seguindo a orientação do referido relatório, o governo federal instituiu, dentro do Ministério da Viação e Obras Públicas, por meio do Decreto nº 37.131/1955, a denominada Comissão Especial de Organização da Rede Ferroviária Federal. Como resultado dos trabalhos dessa Comissão, o governo federal editou a Lei nº 3.115, de 16 de março de 1957, a qual autorizou a criação de uma sociedade por ações, sob a denominação de Rede Ferroviária Federal Sociedade Anônima (RFFSA), à qual foram incorporadas as 22 estradas de ferro de propriedade da União, tornando-se a *holding* estatal da malha ferroviária federal. Aliás, o art. 7º da referida lei deixava clara a função de *holding* da RFFSA ao afirmar que competiria à mesma, entre outras funções, "administrar, explorar, conservar, reequipar, ampliar, melhorar e manter em tráfego as estradas de ferro a ela incorporadas".

Conforme dito anteriormente, porém, durante a década de 1990 a privatização e a reforma regulatória alcançaram diversos setores da infraestrutura nacional, não sendo diferente com o modal ferroviário. Assim, em 10/3/1992, a RFFSA foi incluída no já mencionado Programa Nacional de Desestatização (PND), instituído pela Lei nº 8.031/1990. Contudo, a desestatização da malha ferroviária federal somente foi completamente concluída em 1999, com a divulgação, pelo Ministério dos Transportes, do Relatório Anual de Acompanhamento das Concessões Ferroviárias.[79]

Com efeito, a malha ferroviária federal com extensão de 25.895 km, que antes se encontrava concentrada "nas mãos" da *holding* da RFFSA, foi desmembrada e fracionada entre sete malhas ferroviárias distintas e suas respectivas ferrovias.[80]

---

[77] Ver: <http://cpdoc.fgv.br/>. Acesso em: 4 jun. 2018.
[78] Disponível em: <www.centrocelsofurtado.org.br/>. Acesso em: 4 jun. 2018.
[79] Disponível em: <https://bit.ly/2sxIFUf/>. Acesso em: 4 jun.2018.
[80] Nesses termos, a Ferrovia Novoeste S/A assumiu a Malha Oeste cuja extensão é de 1.621 km; a Ferrovia Centro-Atlântica S.A. obteve a concessão da Malha Centro-Leste de 7.080 km; a MRS Logística S/A passou a operar a Malha Sudeste com 1.674 km de extensão; a Ferrovia Tereza Cristina S/A assumiu a Malha Tereza Cristina que contava com apenas 164 km de ex-

Concomitantemente a esse processo, o governo federal instituiu, por meio do Decreto nº 1.832/1996, o novo marco regulatório que deveria ser aplicado ao setor ferroviário após a desestatização, o qual foi singelamente denominado, na forma da ementa do Decreto, de "Regulamento dos Transportes Ferroviários". A função do regulamento em questão era fornecer ao investidor suporte suficiente para entrar em um contrato de longo prazo (30 anos), em um contexto no qual a legislação pertinente à concessão de serviço público era ainda relativamente incipiente (Pinheiro e Ribeiro, 2017:37).

Por ser a opção que lhe parecia então a melhor para o desenvolvimento do setor — aliada ao fato de manter a mesma organização produtiva utilizada pela RFFSA —, o governo estabeleceu, por meio do Decreto nº 1.832/1996 e dos contratos de concessão do setor, um arranjo regulatório pautado no modelo verticalmente integrado, no qual a exploração da infraestrutura ferroviária está associada à prestação do serviço. Em outras palavras, há um único operador, o qual é responsável tanto pela gestão de infraestrutura quanto pela operação do transporte.[81]

Ocorre que essa opção do poder concedente implicou certo monopólio regional da concessionária detentora da outorga da malha ferroviária, o que resultou em pouca competição pelas concessões ferroviárias e na concentração do setor, que já é naturalmente dotado de um número restrito de agentes econômicos, uma vez que o mesmo tem natureza de monopólio natural.[82]

Atendendo às críticas suscitadas em relação a esse modelo, o governo federal anunciou que os novos empreendimentos de ferrovias adotariam um modelo distinto, denominado de *open access*, adotado em países como Alemanha, Espanha e o Reino Unido. Nesse modelo, também denominado de

---

tensão; a Companhia Ferroviária do Nordeste passou a operar a malha Nordeste com 4.534 km de extensão; a Ferrovia Sul-Atlântico S/A — atualmente, América Latina Logística S/A (ALL) — adquiriu a exploração da Malha Sul de 6.586 km; e, por fim, a Malha Paulista de 4.236 km de extensão foi leiloada à Ferrovia Bandeirantes S/A. Fonte: <https://bit.ly/2sxIFUf/>.

[81] Ribeiro (2014:78). Nas palavras do autor, "neste modelo, que pode ser tido como vertical ou concentrado, acabaram por se acumular na figura do concessionário não só as atividades de construção e manutenção da malha ferroviária, como também o papel de prestador do serviço público de transporte ferroviário de cargas (operação), e do próprio usuário/proprietário da carga a ser transportada".

[82] Segundo Fabio Ferreira Durço, "no setor ferroviário brasileiro, a produção ou a prestação do serviço por uma única empresa conduz à precificação acima dos custos incorridos, com o propósito de maximizar o lucro das concessionárias. Para alcançar a eficiência alocativa, é necessário que existam empresas competindo com preço abaixo do custo marginal. Portanto, há um argumento favorável para a intervenção do agente regulador quando o mercado é caracterizado como monopólio natural" (Durço, 2011:69).

"modelo horizontal", há uma separação entre a operação e a exploração de infraestrutura. Significa dizer que há um gestor da infraestrutura ferroviária (público ou privado) e vários operadores de transporte.

Como forma de implementar essa mudança, o governo federal editou a Lei nº 12.743/2012, a qual alterou o art. 13 da Lei nº 10.233/2001 para incluir uma alínea "d" que contempla a possibilidade de prestação do serviço de transporte de carga não associado à exploração da infraestrutura. Isso deu origem à figura do Operador Ferroviário Independente (OFI), isto é, a pessoa jurídica detentora de autorização para transporte ferroviário de cargas desvinculado da exploração da infraestrutura (Ribeiro, 2014).

Na sequência, as diretrizes para a instalação desse novo modelo na infraestrutura ferroviária brasileira foram estabelecidas por meio do Decreto nº 8.129/2013, que instituiu a política de livre acesso ao Subsistema Ferroviário Federal, dispondo sobre a atuação da Valec para o desenvolvimento dos sistemas de transporte ferroviário.[83]

A desagregação dos serviços de transporte ferroviário foi complementada ainda pela edição de três resoluções da ANTT, a saber: (i) a Resolução ANTT nº 3.694/2011, que instituiu o Regulamento dos Usuários dos Serviços de Transporte Ferroviário de Cargas; (ii) a Resolução ANTT nº 3.695/2011, que estabeleceu o Regulamento das Operações de Direito de Passagem e Tráfego Mútuo; e (iii) a Resolução ANTT nº 3.696/2011, que instituiu o Regulamento para Pactuar as Metas de Produção por Trecho e as Metas de Segurança.

A primeira dessas resoluções abriu a possibilidade de que os usuários e outras concessionárias induzissem investimentos na rede de terreiros. A segunda fortaleceu os mecanismos de compartilhamento de infraestrutura ferroviária nas malhas utilizadas abaixo de sua capacidade plena, objetivando a implantação do *unbundling* nas ferrovias. Por fim, a última alocou o ônus de

---

[83] Aliás, o art. 1º do referido Decreto era categórico ao dizer que "fica(va) instituída a política de livre acesso ao Subsistema Ferroviário Federal, voltada para o desenvolvimento do setor ferroviário e para a promoção de competição entre os operadores ferroviários". O parágrafo único complementava essa regra ao afirmar que "as concessões de infraestrutura ferroviária serão outorgadas conforme as seguintes diretrizes: (i) separação entre as outorgas para exploração da infraestrutura ferroviária e para a prestação de serviços de transporte ferroviário; (ii) garantia de acesso aos usuários e operadores ferroviários a toda malha integrante do Subsistema Ferroviário Federal; (iii) remuneração dos custos fixos e variáveis da concessão para exploração da infraestrutura; e (iv) gerenciamento da capacidade de transporte do Subsistema Ferroviário Federal pela Valec — Engenharia, Construções e Ferrovias S.A., inclusive mediante a comercialização da capacidade operacional de ferrovias, próprias ou de terceiros".

justificar a recusa em compartilhar ou expandir a infraestrutura ferroviária ao concessionário titular da malha.

Após sofrer numerosas críticas, entre elas a de que a reforma introduziria mais problemas do que os que pretendia resolver,[84] o governo federal retomou o modelo antigo de concessão ferroviária com a edição do Decreto nº 8.875/2016, o qual revogou o Decreto nº 8.129/2013 e, por conseguinte, as diretrizes e forma de funcionamento do modelo *open access*. Com a decisão, restou mantido o modelo atual de outorga ferroviária que, conforme apontado, pressupõe a concessão do trecho ferroviário para uma única empresa, que passa a ser responsável por sua operação e manutenção.

Frise-se, porém, que permanece vigente, no art.13, inciso V, alínea d, da Lei nº 10.233/2001, a previsão legal que permite o transporte ferroviário de cargas não associado à titularidade da infraestrutura por operador ferroviário independente, bem como as supracitadas resoluções da ANTT. Além disso, de acordo com o site da ANTT, entre os temas constantes da agenda regulatória da Agência para este ano encontra-se "a atualização da Resolução ANTT nº 3.695/2011 de forma a fazê-la refletir as diretrizes políticas e a base legal vigente, viabilizando a atuação do OFI no contexto atual das concessões".[85] Assim, o estudo do modelo *open access* permanece relevante.

4.3.5 O setor de água e saneamento

Um dos grandes desafios na área de infraestrutura urbana no Brasil é a ampliação da infraestrutura e do alcance do serviço de saneamento básico.[86] Segundo o art. 3º da Lei nº 11.445/2007, o serviço de saneamento básico compreende as atividades e todo o conjunto de serviços e infraestruturas e instalações operacionais destinadas: (i) ao abastecimento público de água potável, desde a captação até as ligações prediais e respectivos instrumentos de medição; (ii) à coleta, transporte, tratamento e disposição final adequados dos esgotos sanitários, desde as ligações prediais até seu lançamento final no meio ambiente; e (iii) à coleta, transporte, transbordo, tratamento e destino final do lixo doméstico e do lixo originário da varrição e limpeza de logradouros e vias públicas.[87]

---

[84] Para um panorama geral das críticas a esse modelo de *open access*, ver Lohbauer e Barata (2013).
[85] Disponível em: <http://agendaregulatoria.antt.gov.br/>. Acesso em: 4 jun. 2018.
[86] Segundo uma pesquisa divulgada pelo Datafolha — em parceria com o Instituto Máquina —, a falta de água para consumo é um dos fatores que mais preocupam os brasileiros. Conforme a pesquisa, mais de 30 milhões de pessoas não possuem acesso à água potável no país. Informação disponível em: <https://bit.ly/2sJmx8S/> Acesso em: 2 abr. 2018.
[87] Cabe mencionar a respeito dessa definição legal a pertinente crítica feita por Carlos Emma-

No Brasil, o setor de saneamento somente passou a receber a devida relevância a partir da década de 1970, quando o governo brasileiro, à época sob regência da ditadura militar, estabeleceu como prioridade a universalização do serviço de saneamento básico para a população e a expansão da rede de fornecimento de água e esgoto. Até então, o serviço era realizado de forma descentralizada e geralmente pelas autoridades municipais (Aragão, 2013:291).

Em 1971, o governo federal instituiu o denominado Plano Nacional de Saneamento (Planasa), com o objetivo específico de aumentar a cobertura do serviço. Como decorrência da introdução do Planasa, foram instituídas as chamadas Companhias Estaduais de Saneamento (Cesbs). As Cesbs eram sociedades de economia mista estaduais criadas para o fornecimento de água e esgoto. Como forma de "estimular" os municípios a delegarem os serviços de saneamento anteriormente prestado por eles às Cesbs, o governo federal estabeleceu que os municípios que ficassem de fora do Planasa não teriam acesso aos financiamentos fornecidos pelo Banco Nacional de Habilitação (Motta e Moreira, 2004:3).

Com efeito, historicamente, desde a instituição do Planasa, o serviço foi via de regra prestado por empresas estaduais. Com a promulgação da Constituição de 1988, porém, a disputa entre governos federal, estadual e municipal sobre quem deveria gerenciar e prestar os serviços de saneamento tornou-se ainda mais acirrada.

De um lado, os municípios defendiam que os serviços de saneamento seriam serviços de interesse meramente local e que o art. 30, inciso V, da Cons-

---

nuel Joppert Ragazzo. Nas palavras do autor, "[...] a possível abrangência dos serviços que compõem o saneamento básico passou a constar de item específico do projeto que veio a se tornar a Lei nº 11.445/2007. De um lado, existia uma proposta minimalista em que os serviços seriam apenas os de abastecimento de água (o que inclui uma série de etapas desde a captação até a distribuição) e os de esgotamento sanitário (o que inclui a coleta e o tratamento de esgoto). E, de outro, uma visão mais extensa, que o saneamento básico incluiria também os serviços de limpeza urbana, o manejo de resíduos sólidos e a drenagem das águas pluviais urbanas. Esta última posição acabou prevalecendo na Lei nº 11.445/2007 em dispositivo legal específico. [...] No entanto, os serviços apresentam características muito distintas. O abastecimento de água e o esgotamento sanitário refletem uma estrutura de rede com altos investimentos em ativos específicos (com altos custos fixos). Já os serviços de limpeza urbana e de manejo de resíduos sólidos precisam de investimentos mais tímidos, sendo certo ainda que os ativos não apresentam a mesma especificidade. [...] daqui por diante, entenderei saneamento básico apenas englobando os serviços incluídos no abastecimento de água e no esgotamento sanitário" (Ragazzo, 2011:273-275). Em sentido semelhante, Alexandre Santos de Aragão afirma que "o serviço de saneamento básico pode ser dividido [apenas] nas atividades de captação e distribuição de água, coleta e tratamento de esgoto" (Aragão, 2013:291).

tituição teria fornecido uma nova configuração à matéria ao lhes atribuir a competência para a prestação de serviços de interesse local.

De outra parte, os estados invocavam o argumento de que a água utilizada para a prestação do serviço advém de bacias hidrográficas que abrangem mais de um município, as quais nos termos do art. 26, inciso I, da CRFB seriam bens de sua titularidade. Além disso, os estados argumentavam em defesa de sua competência que a questão ambiental decorrente do tratamento do esgoto não se encerra em âmbito local, demandando soluções de âmbito regional (Souto, 2004:289).

Em reforço a esse argumento, os estados invocavam ainda o art. 25, §3º, da CRFB de 1988, que dispõe que "os Estados poderão, mediante lei complementar, instituir regiões metropolitanas, aglomerações urbanas e microrregiões, constituídas por agrupamentos de municípios limítrofes, para integrar a organização e a execução de funções públicas de interesse comum". Para a parcela da doutrina que defendia a Competência Estadual, o dispositivo em questão seria a consagração em sede constitucional dos limites da autonomia municipal e da "capacidade avocatória" (Tácito, 1998:324) conferida pela Constituição aos estados para executar funções públicas que ultrapassassem o interesse local (Barroso, 2002:265).

Somados aos argumentos jurídicos defendidos por ambos os lados, poderiam ser apresentados ainda argumentos econômicos capazes de justificar a competência para ambos os entes. É que, sendo a bacia hidrográfica um bem público (não rival e não excludente) que atende a mais de um município, o ente federativo com melhores condições de regular a utilização do bem em um nível ótimo seria o estado. Isso porque o ente regional teria melhores condições de organizar o processo produtivo de maneira que fosse alcançada a máxima utilização dos fatores envolvidos no processo produtivo, reduzindo os custos de prestação do serviço e alcançando o máximo possível de beneficiários.[88] Além disso, conferindo a prestação do serviço aos estados, seria possível a implementação de subsídios cruzados, de modo que os municípios superavitários subsidiariam os deficitários, garantindo uma tarifa equitativa e homogênea para toda a região (Ragazzo, 2011:356).

Por outro lado, considerando que o custo de instalação inicial da infraestrutura utilizada para a prestação do serviço é muito alto — e que isso inviabiliza a duplicação da mesma —, a infraestrutura de saneamento apresenta

---

[88] Nesse sentido, Jouravlev (2004:355).

características de monopólio natural (ao menos no que diz respeito aos serviços de captação de água e tratamento de esgoto) (Ragazzo, 2011:309), o que justificaria a descentralização, uma vez que a pluralidade de prestadores ampliaria a possibilidade de concorrência *por comparação* entre os prestadores do serviço (Ragazzo, 2011:355).[89]

Outro argumento em prol da titularidade municipal seria o fato de que, devido à sua proximidade em relação às áreas beneficiárias e os destinatários finais do serviço, os municípios teriam melhores condições de coletar as informações sobre o setor e verificar a adequação do desempenho das companhias prestadoras, o que, aliás, poderia gerar uma assimetria de informação entre o estado e os municípios, ocasionando um *moral hazard* caso a prestação do serviço fosse atribuída àquele com exclusividade.

Diante desse contexto de indefinição das competências estaduais e municipais, aliado ao fato de existirem argumentos econômicos e jurídicos em prol tanto da competência dos estados quanto dos municípios, muitos passaram a defender também a implementação de uma política harmônica entre os diversos entes federativos, de forma a melhor atender os interesses públicos envolvidos (Marques Neto, 2001:82).

Após anos de intensa discussão, foi promulgada, no dia 5 de janeiro de 2007, a Lei Federal nº 11.445, a Lei Nacional do Saneamento Básico (LNSB). A referida lei entrou em vigor em de 22 de fevereiro do mesmo ano e estabeleceu as diretrizes nacionais para o saneamento básico no Brasil, bem como definiu as funções do governo federal, estadual e municipal no que tange aos serviços de saneamento e água. Além disso, a lei regulamentou a participação de empresas privadas no saneamento básico.

Destarte, segundo a referida lei, caberia à União, no âmbito das políticas de saneamento, estabelecer as diretrizes e orientações gerais, contribuindo para o desenvolvimento nacional e a redução das desigualdades regionais. Entre as atribuições da União, merece destaque a competência para elaborar os planos regionais de saneamento básico, elaborados e executados em articulação com os estados, Distrito Federal e municípios e de elaborar, sob a coordenação do

---

[89] Segundo o autor, "como o setor de saneamento envolve instâncias nada desprezíveis de monopólio natural, a solução para emular os efeitos da concorrência, incentivando a eficiência, seria a implementação de uma proposta de comparação entre as prestadoras. Os órgãos reguladores ficariam responsáveis pela análise das informações coletadas, bem como pela adoção de incentivos negativos e positivos para performance. O Chile já utiliza proposta semelhante (*benchmark competition*) com resultados proveitosos em pouco tempo".

Ministério das Cidades, o Plano Nacional de Saneamento Básico (PNSB), que contém os objetivos e as metas nacionais e regionalizadas, de curto, médio e longo prazos para a universalização dos serviços de saneamento básico. Por sua vez, aos estados foi atribuída a competência para operar e manter sistemas de saneamento, além de estabelecer as regras tarifárias e de subsídios nos sistemas operados por estes. Aos municípios foi delegada a competência para prestar, diretamente ou via concessão a empresas privadas, os serviços de saneamento básico, coleta, tratamento e disposição final de esgotos sanitários.

Segundo a legislação, os municípios também são responsáveis por elaborar os chamados Planos Municipais de Saneamento Básico (PMSB), que consistem em estudos financeiros para prestação do serviço, definição das tarifas e outros detalhes. O município que não preparar o plano fica impedido de contar com recursos federais disponíveis para os projetos de água e esgoto.

Com a promulgação da referida lei, parcela da doutrina passou a defender que os municípios haveriam conquistado implicitamente a titularidade dos serviços de saneamento, pois não haveria como atribuir obrigações sem estabelecer aos mesmos a competência e responsabilidade pela prestação do serviço.

Em que pese isso, a titularidade dos serviços de saneamento básico somente foi definida em março de 2013, quando o STF julgou a Ação Direta de Inconstitucionalidade 234. Na ocasião, o STF fixou o entendimento de que a competência para a prestação do serviço de abastecimento de água é dos municípios, podendo, porém, a mesma ser delegada por concessão a empresa estadual. É que, segundo entendeu o STF, o fornecimento de água potável e a eliminação de detritos sanitários domiciliares, incluindo a captação, condução, tratamento e despejo adequado, seriam atribuições precípuas de tais entes, uma vez que a Constituição lhes atribuiu a competência para legislar sobre os assuntos locais.

Superada a histórica controvérsia sobre a competência para prestação dos serviços de saneamento, que por tanto tempo ocasionou insegurança que inviabilizou os investimentos da iniciativa privada no setor, o setor de saneamento passou a ser umas das principais prioridades do Programa de Parcerias para Investimentos (PPI) e do Banco Nacional do Desenvolvimento (BNDES).

Desta forma, em setembro de 2016 o governo federal lançou, por meio da Resolução nº 4 do Conselho do Programa de Parcerias de Investimentos da Presidência da República, o Programa de Privatização de Companhias Estaduais de Saneamento. De acordo com o art. 1º da referida resolução, esta "opina pela qualificação de empreendimentos públicos estaduais de saneamento por meio de contratos de parceria com o setor privado". Vale apontar que, de modo a tornar mais atrativa a privatização das estatais do setor de saneamento, o BNDES foi autorizado a financiar até 80% dos investimentos da iniciativa privada nessas parcerias.[90]

Contudo, embora 17 estados federados já chegassem a aderir ao programa, atualmente apenas nove estados-membros seguem nele, de modo que a eventual privatização das estatais só deverá ocorrer a partir de 2019.[91] Entre os fatores que causaram o desinteresse pelo programa podemos mencionar: (i) a demora do governo federal em definir a proposta de modelo de desestatização, a qual ainda deverá ser submetida à aprovação de cada uma das assembleias legislativas dos estados envolvidos; (ii) o fato de que alguns governos estaduais buscavam fechar parcerias público-privadas (PPPs) para melhorar sua operação quando aderiram ao programa, mas o governo optou pela desestatização das companhias estaduais, o que teria contrariado os interesses desses estados;[92] e, por fim, (iii) as empresas contratadas pelo BNDES para estruturar os estudos para a proposta final do modelo de desestatização reclamam que estariam sofrendo entraves políticos, especialmente em virtude da proximidade das eleições.

Cabe ainda mencionar a existência de órgãos que são responsáveis pelo monitoramento e condução das políticas públicas, metas e estratégias para o setor de saneamento, como a Agência Nacional de Águas (ANA). Esta é uma autarquia em regime especial, com autonomia administrativa e financeira, vinculada ao Ministério do Meio Ambiente. Sua função específica é a de disciplinar a implementação, operacionalização, controle e avaliação dos recursos hídricos que integram o Sistema Nacional de Gerenciamento de Recursos Hídricos (Singreh). Significa dizer que a Agência é o órgão responsável pela utilização dos recursos hídricos em âmbito nacional.[93]

---

[90] DIESE. *Nota técnica nº 183: privatização do setor de saneamento no Brasil*. Disponível em: <https://bit.ly/2xNqK14/>. Acesso em: 30 abr. 2018.
[91] Disponível em: <https://bit.ly/2JhI6UO/>. Acesso em: 4 maio 2018.
[92] Disponível em: <https://bit.ly/2JhI6UO/>. Acesso em: 4 maio 2018.
[93] Muito embora a ANA não fiscalize os serviços de saneamento e nem possua competência para aplicar penalidades ou editar atos para sua regulação, ela possui a importante atribuição de produzir esporadicamente levantamentos sobre os sistemas produtores de abastecimento em todos os municípios do Brasil. Isso permite aos entes federativos identificarem quais são as infraestruturas e mananciais responsáveis pelo abastecimento de água em sua cidade, ao mesmo tempo que permite aos municípios racionalizar os recursos empregados nos serviços de abastecimento de água.

Outro ator relevante do sistema de saneamento básico é o denominado Sistema Nacional de Informação sobre Saneamento (Snis). Este é o maior e mais importante sistema de informações sobre saneamento no Brasil. Em suma, o Snis é um banco de dados concebido, estruturado e implementado pela Secretaria Nacional de Saneamento Ambiental do Ministério das Cidades, o qual contém informações de caráter institucional, administrativo, operacional, gerencial, econômico-financeiro, contábil e de qualidade sobre a prestação de serviços de água, de esgotos e de manejo de resíduos sólidos urbanos.[94]

Por fim, importante informar que o governo federal está elaborando projeto de lei visando à alteração do marco regulatório do setor de saneamento básico. Até o fechamento deste texto, o projeto de lei ainda não havia sido enviado ao Congresso Nacional.

Referências

ARAGÃO, A. S. de. *Direito dos serviços públicos*. Rio de Janeiro: Forense, 2013.

____. Regulação da economia: conceito e características contemporâneas. In: PECI, A. *Regulação no Brasil*: desenho, governança e avaliação. São Paulo: Atlas, 2007.

____. Serviços públicos e defesa do consumidor: possibilidades e limites da aplicação do CDC. In: LANDAU, E. (Org.). *Regulação jurídica do setor elétrico*. Rio de Janeiro: Lumen Juris, 2006. p. 163-186.

ARAÚJO, T. C. *Análise econômica do direito no Brasil*: uma leitura à luz da teoria dos sistemas. Rio de Janeiro: Lumen Juris, 2017.

BAKOVIC, T.; TENENBAUM, B.; WOOL, F. F. *Regulation by contract*: a new way to privatize electricity distribution? Washington, DC: The World Bank, 2003.

BARROSO, L. R. Estado e livre-iniciativa na experiência constitucional brasileira. In: RIBEIRO, L. C.; FEIGELSON, B.; VÉRAS, R. *A nova regulação da infraestrutura e da mineração*. Belo Horizonte: Fórum, 2015. p. 21-29.

---

[94] Ministério das Cidades. *Manual de fornecimento das informações*. Diagnóstico do manejo de resíduos sólidos urbanos. Brasília, ago. 2012. Disponível em: <https://bit.ly/2J9HCnF/> Acesso em: 4 abr. 2018.

_____. *Saneamento básico*: competências constitucionais da União, estados e municípios. *Revista de informação legislativa*, v. 38, n. 153, p. 255-270, jan./mar. 2002. Disponível em: <www2.senado.leg.br/bdsf/bitstream/handle/id/762/R153-19.pdf?sequence=4>. Acesso em: 12 jan. 2019.

BINENBOJM, G. Assimetria regulatória no setor de transporte coletivo de passageiros: a constitucionalidade do art. 3º da Lei nº 12.996/2014. *Revista de Direito da Cidade*, v. 9, n. 3, p. 1268-1285, 2017.

CALDAS, G. P. *Concessões de serviços públicos de energia elétrica face à Constituição Federal de 1988 e o interesse público*. Curitiba: Juruá, 2001.

CAMACHO, F. T.; RODRIGUES, B. da C. L. *Regulação econômica de infraestruturas*: como escolher o modelo mais adequado? 2014. Disponível em: <www.bndes.gov.br/bibliotecadigital>.

CARVALHO, A. C. *Infraestrutura sob uma perspectiva pública*: instrumentos para o seu desenvolvimento. São Paulo: USP/Faculdade de Direito, 2013.

CHAMBARELLI, R. L. A concessão da infraestrutura aeroportuária — construção do modelo brasileiro. In: RIBEIRO, L. C.; FEIGELSON, B.; VÉRAS, R. *A nova regulação da infraestrutura e da mineração*. Belo Horizonte: Fórum, 2015. p. 315-347.

CUNHA, P. C. M. da. As atividades comunicadas e o controle do exercício das liberdades. In: SOUTO, M. J. V.; OSÓRIO, F. M. (Org.). *Direito administrativo*: estudos em homenagem a Diogo de Figueiredo Moreira Neto. Rio de Janeiro: Lumen Juris, 2006. v. 1.

DERANI, C. *Privatização e serviços públicos*. São Paulo: Max Limonad, 2002.

DIAS, M. A. *Logística, transporte e infraestrutura*: a armazenagem, operador logístico, gestão via TI, multimodal. São Paulo: Atlas, 2012.

DURÇO, F. F. A regulação do setor ferroviário brasileiro: monopólio natural, concorrência e risco moral. Dissertação (mestrado em economia) — Escola de Economia de São Paulo, Fundação Getulio Vargas, São Paulo, 2011. Disponível em: <http://bibliotecadigital.fgv.br/>.

ELSTER, J. Weakness of will and the free-rider problem. *Mathematical Social Sciences*, v. 10, p. 293-294, 1985.

FELIPE, J. M. A. *Embratel, história e cultura*: efeitos da política nacional de telecomunicações no desenvolvimento socioeconômico do Espírito Santo (1980-1989). Dissertação (mestrado) — Programa de Pós-Graduação em História Social das Relações Políticas, Centro de Ciências Humanas e Naturais, Universidade Federal do Espírito Santo, Vitória, 2005. Disponível em: <http://repositorio.ufes.br/>.

FERREIRA, C. K. L. Privatização do setor elétrico no Brasil. In: PINHEIRO, A. C.; FUKASAKU, K. (Org.). *A privatização no Brasil*. O caso dos serviços de utilidade pública. Rio de Janeiro: Banco Nacional de Desenvolvimento Econômico e Social, 2000.

FIANI, R. Afinal, a quais interesses serve a regulação? *Economia e Sociedade*, Campinas, v. 13, n. 2 (23), p. 81-105, jul./dez. 2004.

GARCIA, F. A. A mutabilidade e incompletude na regulação por contrato e a função integrativa das agências. *Revista de Contratos Públicos* [Recurso Eletrônico], Belo Horizonte, v. 4, n. 5, mar. 2014/ago. 2015. Disponível em: <www.bidforum.com.br/PDI0006.aspx?pdiCntd=181532>. Acesso em: 12 jan. 2019.

GASIOLA, G. G. Regulação de infraestrutura por contrato. *Revista Digital de Direito Administrativo*, v. 2, n. 1, p. 238-256, 2015.

GÓMES-IBANEZ, J. A. *Regulating infrastructure*: monopoly, contracts and discretion. Cambridge: Harvard University Press, 2006.

GONÇALVES, P. C. Regulação administrativa e contrato. In: UNIVERSIDADE DE LISBOA. Faculdade de Direito. *Estudos em homenagem ao prof. doutor Sérvulo Correia*. Coimbra: Coimbra, 2010. v. II.

JOCHIMSEN, R. *Theorie der infrastruktur*: grundlagen der marktwirtschaftlichen entwicklung. Tübingen: J. C.B. Mohr (Paul Siebeck), 1966.

JOURAVLEV, A. *Los servicios de água potable y saneamento em el umbral del siglo XXI*. Recursos naturales e infraestructura. Santiago do Chile: Cepal, 2004. n. 74.

LEAL, F. Propostas para uma abordagem teórica-metodológica do dever constitucional de eficiência. *Revista Eletrônica de Direito Administrativo Econômico (Redae)*, Salvador, n. 15, p. 1840-1879, ago./set./out. 2008.

LEME, A. A. O setor elétrico e a América Latina: Argentina, Brasil e México em abordagem preliminar. *Revista de Estudos e Pesquisas sobre as Américas*, v. 4, n. 2, p. 101-121, 2010.

LOHBAUER, R. M.; BARATA, R. S. *Novo modelo de concessão traz desafios à Valec*. 2013. Disponível em: <www.conjur.com.br>.

MACAVOY, P. W. *Industry regulation and the performance of the American economy*. Nova York: W. W. Norton & Co., 1992.

MARQUES NETO, F. de A. A nova regulação dos serviços públicos. *Revista de Direito Administrativo*, Rio de Janeiro, v. 228, p. 13-29, abr./jun. 2002.

_____. Aspectos regulatórios em um novo modelo para o setor de saneamento básico no Brasil. *Revista de Direito Administrativo*, Rio de Janeiro, v. 224, p. 79-94, abr./jun. 2001.

_____. *Concessões*. Belo Horizonte: Fórum, 2015.

MATTOS, P. T. L. *O novo estado regulador no Brasil*: eficiência e legitimidade. São Paulo: Singular, 2006.

MCKEAN, R. N. The unseen hand in government. *American Economic Review*, v. 55, n. 3, p. 496-506, 1965.

MEIRELLES, H. L. *Direito administrativo brasileiro*. 18. ed. São Paulo: Malheiros, 2001.

MENDONÇA, J. V. S. de; SOUZA NETO, C. P. de. Fundamentalização e fundamentalismo na interpretação do princípio constitucional da livre-iniciativa. In: SARMENTO, D.; SOUZA NETO, C. P. de (Coord.). *A constitucionalização do direito*: fundamentos teóricos e aplicações específicas. Rio de Janeiro: Lumen Juris, 2007. p. 709-741.

MODESTO, P. Notas para um debate sobre o princípio constitucional da eficiência. *Revista Diálogo Jurídico*, Salvador, v. I, n. 2, p. 81-106, maio 2001.

MOREIRA, E. B. Passado, presente e futuro da regulação econômica no Brasil. *Revista de Direito Público da Economia*, Belo Horizonte, a. 11, n. 44, p. 87-118, out./dez. 2013.

_____. Portos brasileiros e seus regimes jurídicos. In: _____. *Portos e seus regimes jurídicos*. Belo Horizonte: Fórum, 2014. p. 33-73.

_____. Qual é o futuro do direito da regulação no Brasil? In: SUNDFELD, C. A.; ROSILLO, A. (Org.). *Direito da regulação e políticas públicas*. São Paulo: Malheiros, 2014.

MOREIRA NETO, D.; FREITAS, R. V. de. *A nova regulação portuária*. Belo Horizonte: Fórum, 2014.

MOTTA, R. S. da; MOREIRA, A. R. B. *Efficiency and regulation in the sanitation sector in Brazil*. Texto para discussão nº 1059. Rio de Janeiro: Ipea, 2004. Disponível em: <http://ipea.gov.br/agencia/images/stories/PDFs/TDs/ingles/dp_139.pdf>.

MUSACCHIO, A.; LAZZARINI, S. *Reinventando o capitalismo de Estado*: o Leviatã nos negócios: Brasil e outros países. São Paulo: Portfolio-Penguin, 2015. cap. 3: A evolução do capitalismo de Estado no Brasil.

NUSDEO, F. *Curso de economia*: introdução ao direito econômico. São Paulo: Revista dos Tribunais, 2013.

OLIVEIRA, A. de. Conceitos econômicos para reajuste e revisão tarifária. In: ARAÚJO, J. L. de (Org.). *Diálogos da energia*: reflexões sobre a última década, 1994-2004. Rio de Janeiro: 7 Letras, 2005.

OLIVEIRA, A. V. M.; TUROLLA, F. A. Financiamento da infraestutura de transportes. *Journal of Transport Literature*, Manaus, v. 7, n. 1, 2013. Disponível em: <www.scielo.br/scielo.php?script=sci_arttext&pid=S2238-10312013000100007>.

ORBACH, B. What is government failure. *Yale Journal on Regulation Online*, Local, n./v. 30, 2013.

PEREIRA, C. A. G. A Medida Provisória nº 595: mudanças no marco regulatório do setor portuário no Brasil. *Informativo Justen, Pereira, Oliveira e Talamini*, Curitiba, n. 70, dez. 2012. Disponível em: <www.justen.com.br>. Acesso em: 12 jan. 2019.

PEREIRA, L. C. B. A reforma gerencial do Estado de 1995. *Revista de Administração Pública*, a. 34, jul./ago. 2000. Disponível em: <http://bibliotecadigital.fgv.br/ojs/index.php/rap/article/download/6289/4880>.

_____. Uma reforma gerencial da administração pública no Brasil. *Revista do Serviço Público*, a. 49, n. 1, jan./mar. 1998. Disponível em: <https://revista.enap.gov.br/index.php/RSP/article/view/360/365>.

PINHEIRO, A. C. *Regulatory reform in Brazilian infrastructure*: where do we stand? Texto para Discussão n. 964, Ipea, jul. 2003.

_____; RIBEIRO, L. C. *Regulação das ferrovias*. Rio de Janeiro: Editora FGV, 2017.

_____; SADDI, J. *Direito, economia e mercados*. Rio de Janeiro: Elsevier, 2005.

PIRES, E. *Anteprojeto de lei do Poder Executivo que dispõe sobre a gestão, a organização e o controle social das agências reguladoras*. Brasília: Câmara dos Deputados, 2003.

PIRES, J. C. L. Avaliação dos modelos tarifários: price-cap, retorno sobre investimento, benchmark regulation, yardstick competition. In: SARAIVA, E.; PECI, A.; BRASÍLICO, E. A. (Org.). *Regulação, defesa da concorrência e concessões*. Rio de Janeiro: Editora FGV, 2002. p. 147-168.

RAGAZZO, C. E. J. *Regulação jurídica, racionalidade econômica e saneamento básico*. Rio de Janeiro: Renovar, 2011.

RAMIRES, E. A. de O. *Direito das telecomunicações*: a regulação para a competição. Belo Horizonte: Fórum, 2005.

RIBEIRO, L. C. A regulação do operador ferroviário independente. *Revista de Direito Público da Economia — RDPE*, Belo Horizonte, a. 12, n. 47, p. 175-201, jul./set. 2014.

ROMMINGER, A. E.; CAMPOS NETO, C. A.; CONCEIÇÃO, J. P. R. *Investimento público em infraestrutura de transporte*: impacto de curto e longo no PIB brasileiro. 2014. Disponível em: <www.anpet.org.br/index.php/pt/pu>. Acesso em: 12 jan. 2019.

ROSA, A. G. da. *Implicações do fator X nas empresas de distribuição de energia elétrica*. Monografia (bacharel em ciências econômicas) — Departamento de Ciências Econômicas, Universidade Federal de Santa Catarina, Florianópolis, 2004. Disponível em: <http://tcc.bu.ufsc.br/Economia301271.PDF>. Acesso em: 12 jan. 2019.

SAMUELSON, P. A. The pure theory of public expenditure. *The Review of Economics and Statistics*, v. XXXVI, p. 387-389, nov. 1954.

SALOMÃO FILHO, C. *Direito concorrencial*. As estruturas. 2. ed. São Paulo: Malheiros, 2002.

SAMPAIO, P. R. P. *Regulação e concorrência*: a atuação do Cade em setores de infraestrutura. São Paulo: Saraiva, 2013.

SANTIAGO JUNIOR, F. A. *A regulação do setor elétrico brasileiro*. Belo Horizonte: Fórum, 2010.

_____. Distribuição e fornecimento de energia no Brasil: integração ou desverticalização? *RDPE*, n. 13, p. 129-140, 2006.

SCHIRATO, V. R. A experiência e as perspectivas da regulação do setor portuário no Brasil. *Revista de Direito Público da Economia — RDPE*, Belo Horizonte, a. 6, n. 23, p. 171-190, jul./set. 2008.

SILVEIRA, R. D. da. *Regime jurídico dos serviços de telefonia fixa*. Belo Horizonte: Fórum, 2003.

SOUTO, M. J. V. A Aneel e a desestatização dos serviços de energia elétrica. Disponível em: <www.pge.sp.gov.br/centrodeestudos/revistaspge/revista3/rev3.htm>. Acesso em: 29 mar. 2018.

_____. *Direito administrativo das concessões*. Rio de Janeiro: Lumen Juris, 2004.

SUNDFELD, C. A. A regulação das telecomunicações. In: FIGUEIREDO, M. *Direito e regulação no Brasil e nos EUA*. São Paulo: Malheiros, 2004.

SUNSTEIN, C. *After rights revolution*: reconceiving the regulatory state. Massachussetts: Harvard University Press, 1993.

TÁCITO, C. Parecer. *Revista de Direito Administrativo*, Rio de Janeiro, v. 213, p. 323-328, jul./set. 1998.

WOLF JR., C. *Markets or governments*: choosing between imperfect alternatives. Santa Mônica: The Rand Corporation, 1986.

CAPÍTULO 8

Introdução às instituições financeiras e sua regulação

João Manoel de Lima Junior

1. Introdução

O objetivo do presente capítulo é apresentar uma introdução sobre o arcabouço teórico e o aparato institucional para a regulação do mercado financeiro brasileiro. Nessa apresentação serão encontradas informações sobre (a) um pouco da história do desenvolvimento da atividade bancária, da formação e da atual organização do Sistema Financeiro Nacional (SFN); (b) alguns dos problemas teóricos e jurídicos a respeito de conceitos relevantes para a compreensão das áreas de atuação das instituições financeiras e do SFN; (c) alguns dos princípios econômicos e jurídicos necessários para a compreensão do escopo e do modo de funcionamento da regulação do SFN; (d) a relação entre a economia real e a economia financeira e a atuação das instituições financeiras na circulação de moeda; e (e) consequentemente, como as decisões de poupança e investimento podem ser impactadas positiva ou negativamente pela atuação dessas instituições.

A atividade de intermediação financeira é muito antiga. Assim, os registros de atividades hoje consideradas tipicamente bancárias, como a custódia de valores e a concessão de empréstimos, remontam até a Antiguidade (Sandroni, 2001:30; Erling, 2015:54). Contudo, é correto afirmar que as instituições financeiras bancárias modernas surgiram na Europa no início do século XV; mais especificamente, na Itália,[1] com a criação do Banco de San Giorgio,

---
[1] Por exemplo, a instituição financeira mais antiga ainda em operação no mundo é o Banca Monte dei Paschi di Siena, em operação desde 1472. Maiores informações em: <www.mps.it/>. Acesso em: 15 maio 2018.

em 1406.[2] As atividades deste e de outros intermediários financeiros estabelecidos nessa época fomentaram desde o desenvolvimento econômico, em especial do comércio, até as grandes campanhas religiosas do período.

No Brasil, a atividade bancária teve início em 12 de outubro de 1808, com a fundação do primeiro Banco do Brasil, por d. João VI, e desde então o mercado financeiro brasileiro se expandiu, consolidou e se tornou mais complexo. Esse ganho de complexidade se deveu ao avanço e à modernização da economia e da sociedade como um todo, e foi marcado pela inclusão de novas atividades no objeto social das instituições financeiras bancárias. Atualmente, além da tradicional atividade de concessão de crédito, os bancos prestam uma série de serviços convencionais (que são ofertados indiscriminadamente para todos os clientes da instituição financeira) e não convencionais (que são oferecidos para alguns clientes da instituição financeira). Tais serviços não convencionais vão desde a locação de cofres até a estruturação de operações financeiras no mercado de capitais.

O sistema financeiro brasileiro atual foi estruturado a partir das reformas econômicas implantadas após o golpe empresarial-militar de 1964. Esse plano de reforma econômica, de caráter progressista e de modernização autoritária, denominado Plano de Ação Econômica do Governo (Paeg), teve entre seus principais objetivos reformar o Sistema Financeiro Nacional (SFN), o que foi feito por meio de uma série de medidas legislativas, com destaque para as Leis n°s 4.357/1964 (Lei da Correção Monetária), 4.380/1964 (Lei do Plano Nacional de Habitação), 4.595/1964 (Lei de Reforma Bancária), e 4.728/1965 (Lei do Mercado de Capitais).

As principais instituições públicas criadas nesse período para regular o mercado financeiro brasileiro foram as autoridades monetárias Conselho Monetário Nacional (CMN) e Banco Central do Brasil (BCB). Ao CMN foi confiada a formulação das principais políticas econômicas (creditícia, cambial e monetária) para o setor financeiro (*policy development*), ao passo que o BCB foi criado com o objetivo principal de implementar as políticas econômicas, fiscalizar as atividades exercidas pelas instituições atuantes no setor financeiro e gerir os sistemas de pagamento e de meio circulante (*policy implementation*).

Em relação à legislação promulgada após as reformas da década de 1960, merecem destaque para a análise do SFN os seguintes atos norma-

---

[2] É possível conjecturar que isso ocorreu nesse local e período histórico por conta da criação do método de contabilidade por partidas dobradas.

tivos: na década de 1970, as Leis n⁰ˢ 5.768/1971 (Lei da Captação da Poupança Pública), 6.404/1976 (Lei das Sociedades Anônimas) e a 6.385/1976 (Lei que cria a CVM); e, mais recentemente, as Leis n⁰ˢ 9.514/1997 (Lei do Sistema Financeiro Imobiliário), 10.303/2001 (Reforma da Lei das S.A.), 10.214 (Lei do Sistema de Pagamentos Brasileiro) e 12.865/2013 (Lei dos Arranjos de Pagamento).

A atual definição jurídica de instituição financeira está no art. 17 da Lei nº 4.595/1964, que considera como tal uma pessoa jurídica, pública ou privada, que tenha como atividade principal ou acessória a coleta, a intermediação ou a aplicação de recursos financeiros, próprios ou de terceiros, em moeda nacional ou estrangeira, e a custódia de valores de propriedade de terceiros. Nos termos do parágrafo único desse artigo, consideram-se, por equiparação, como instituições financeiras as pessoas físicas que exerçam, de forma permanente ou eventual, qualquer uma das atividades descritas no *caput* do art. 17 da Lei nº 4.595/1964.

Pode-se criticar essa definição legal de instituição financeira porque o método legislativo por ela utilizado (da enumeração de atividades de coleta, intermediação ou aplicação de recursos e custódia de valores de terceiros como sendo típicas das instituições financeiras) ignora a principal função econômica e social das instituições financeiras: a multiplicação de moeda por meio do multiplicador bancário (*money creation*, que será exemplificada a seguir).

Essa crítica é atual e relevante porque, na forma como o mercado financeiro está estruturado atualmente no Brasil, as atividades indicadas no mencionado art. 17 não são mais exclusivas das instituições financeiras, podendo ser exercidas por outros tipos de agentes econômicos. Por exemplo, a atividade de aplicação de recursos de terceiros é exercida pelas pessoas naturais ou pessoas jurídicas, constituídas sob qualquer tipo societário, que receberem a autorização da Comissão de Valores Mobiliários (CVM) para administrar carteiras de valores mobiliários, nos termos da Instrução CVM nº 558/2015. Por outro lado, a capacidade de multiplicação de moeda ainda é exclusiva das instituições financeiras, haja vista que depende da autorização legal para captar depósitos à vista e a prazo e para conceder empréstimos. Atividades que somente as instituições financeiras bancárias podem desempenhar.

Para finalizar a presente introdução, deve-se ressaltar que a expressão mercado financeiro é utilizada no âmbito do presente trabalho em seu sentido amplo, o que inclui, para além das atividades de captação de recursos de agentes superavitários para transferi-los para agentes deficitários por meio de empréstimos e financiamentos (sentido estrito), o mercado de títulos, ativos financeiros e valores mobiliários (sentido lato). O presente artigo está dividido em mais três seções além desta introdução e uma conclusão: (a) princípios básicos e objetivos da regulação financeira; (b) estrutura institucional da regulação do SFN; e (c) panorama das instituições financeiras em atuação no Brasil.

2. Princípios básicos e objetivos da regulação financeira

As instituições financeiras exercem um importante papel na economia de mercado. Além da prestação de serviços bancários diversos, que vão da locação de cofres até a prestação de consultoria de investimentos, passando pela operação do sistema de pagamentos e a captação de depósitos à vista, elas são as principais responsáveis por carrear recursos financeiros (moeda e crédito) dos agentes superavitários da economia para os agentes deficitários, via concessão de empréstimos, desconto de títulos etc.

Do ponto de vista macrojurídico, as instituições financeiras são responsáveis por ativar o instituto do direito econômico da circulação, mais especificamente, viabilizando a circulação da moeda (fluxo financeiro da economia) e atuando como agentes intermediários responsáveis por dar capilaridade à política econômica adotada pelo Estado. Assim, as instituições financeiras são fundamentais na efetivação da regulação e disciplina macrojurídica das decisões de poupança, de investimento e de crédito (arts. 174 e 192 da CF/88 e art. 4º, inc. VIII da Lei nº 4.595/1964).

O instituto da circulação, próprio do direito econômico (Souza, 1980:513), permite analisar juridicamente o trânsito de riqueza entre os agentes econômicos. Riqueza essa representada, de um lado, pela circulação de bens e serviços (fluxo real da economia) e, de outro, pela circulação da moeda e crédito (fluxo financeiro da economia) entre diversos agentes de mercado (cada um com sua unidade patrimonial e obrigacional própria, objeto dos demais ramos do direito privado: esfera microjurídica, disciplinada pelo direito civil, do consumidor, empresarial).

Essas movimentações de bens e serviços ocorrem por meio de mercados; ou seja, de grupos de pessoas que se reúnem para que os compradores interessados em trocar dinheiro (moeda) por bens e serviços encontrem os vendedores interessados em trocar bens e serviços por dinheiro (moeda). Assim, é possível afirmar que as instituições financeiras — por meio de sua atividade de intermediação de recursos — permitem a conexão entre o fluxo real e o fluxo financeiro da economia, viabilizando a circulação de moeda e de crédito na economia de mercado. A título de esclarecimento, a figura 1 demonstra o funcionamento do fluxo circular da economia.

Figura 1
Fluxo circular da economia

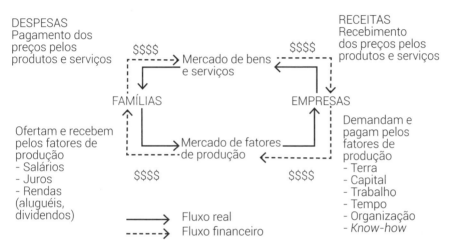

Fonte: Elaborada pelo autor.

Além disso, por meio de suas atividades, especialmente o recebimento de depósitos à vista e a concessão de empréstimos, as instituições financeiras multiplicam o estoque de moeda na economia, dando origem ao que se convencionou chamar de "moeda escritural". Diz-se escritural porque é uma moeda que é "criada" contabilmente, por meio da atuação das instituições financeiras. A multiplicação bancária é permitida pelo sistema de reversas fracionárias, em que a instituição financeira mantém uma parcela dos recursos recebidos e aplica o restante em empréstimos ou investimentos (Fortuna, 2017:17).

Assim, a moeda escritural é o fator multiplicador da quantidade de moeda de curso forçado sob custódia perante uma instituição financeira (moeda legal) e a quantidade de empréstimos ou investimentos em ativos financeiros que essa instituição financeira realiza. Dessa forma, a quantidade de vezes em que, por exemplo, uma instituição financeira, de um lado, recebe depósitos à vista e, de outro, retém parte desses recursos em tesouraria e reservas perante o BCB (encaixe bancário) e com o resto concede empréstimos ou realiza investimentos, tem o efeito prático de aumentar os meios de pagamento da economia para além da quantidade de moeda de curso forçado emitida pelo Estado (moeda legal). Assim, conforme ensinam os eminentes professores Armando Castelar Pinheiro e Jairo Saddi (2005:449):

> [O] total de moeda na economia é um múltiplo da base monetária — soma de papel moeda com as reservas bancárias no BC —, que é o agregado monetário cuja oferta é diretamente controlada pelo BC. À razão entre a oferta total de moeda e a base monetária dá-se o nome de multiplicador monetário. A política monetária administrada pelas autoridades monetárias, objetiva, em grande medida, influenciar esse multiplicador, de forma a controlar a inflação.

Um excelente exemplo do funcionamento deste mecanismo de multiplicação monetária pode ser encontrado no Voto-vista proferido pelo ministro Eros Grau no julgamento da ADI nº 2.591/DF, julgada em 4/5/2006 pelo Tribunal Pleno do Supremo Tribunal Federal (STF):

> [S]upondo-se existisse somente o banco A em determinada localidade e que nenhum dos titulares de depósito à vista nele tivesse sacado valores, contra esses depósitos, para mantê-los entesourados consigo, debaixo do colchão — teremos que:
> [i]   originariamente foram depositados 100 no banco A;
> [ii]   o banco A emprestou 80 a B, C e D;
> [iii]   os terceiros, que receberam pagamentos de B, C e D, depositaram esses 80 no banco A;
> [iv]   o banco A conservou 20% [= encaixe] desses 80, emprestando 64 a E, F e G;
> [v]   os terceiros, que receberam pagamentos de E, F e G, depositaram esses 64 no banco A;
> [vi]   o banco A conservou 20% [= encaixe] desses 64, emprestando, em números redondos, 51 a H, I e J;
> [vii]   os terceiros, que receberam pagamentos de H, I e J, depositaram esses 51 no banco A;
> [viii] o banco A conservou 20% [= encaixe] desses 51, emprestando, em números redondos, 40 a K, L e M;
> [ix]   os terceiros, que receberam pagamentos de K, L e M, depositaram esses 40 no banco A.

[...]

O banco A, assim, a partir dos 100 recebidos em moeda circulante de seus originários depositantes, terá emprestado 235, multiplicando por mais do que dois aquela quantidade de moeda circulante; terá 335 em depósito, recebidos de seus originários depositantes e dos terceiros que receberam pagamentos de B, C, D, E, F, G, H, I, J, K, L e M.

[...]

Eis como o banco A, a partir dos 100 que recebeu de seus originários depositantes em moeda circulante, pode "criar" um volume de moeda adicional no valor de 235.

Conforme demonstrado do exemplo anterior, as instituições financeiras bancárias podem utilizar os recursos captados via depósitos à vista para conceder empréstimos. Com isso, as instituições financeiras bancárias mantêm passivos (obrigações de entregar imediatamente os recursos depositados pelos correntistas) que são muito mais líquidos (ou seja, exigíveis a qualquer momento) do que os seus ativos (direitos de receber os valores de principal, juros e rendimentos dos empréstimos e investimentos realizados pelas instituições financeiras com os recursos depositados). Deste modo, alguns dos principais riscos a serem controlados pelas instituições financeiras são o risco de liquidez, de descasamento (entre operações ativas e passivas) e sistêmico.

Se todos os depositantes sacarem ao mesmo tempo os valores depositados, as instituições financeiras não vão ter como devolver o dinheiro na hora, o que levará a quebras de instituições financeiras e a uma grande contração do crédito e da atividade econômica, por meio da redução da circulação de moeda. Por isso o BCB faz o papel de emprestador de última instância (*lender of last resort*) das instituições financeiras públicas e privadas e, consequentemente, reduzindo e gerenciando o risco do mercado financeiro e da economia como um todo (risco sistêmico). Segundo Paulani (1995:16), é justamente essa função de emprestador de última instância que determina o caráter público dos bancos centrais.

Vale destacar que as autoridades monetárias, no caso brasileiro, o CMN e o BCB, dispõem de instrumentos para assegurar que as operações bancárias passivas (captação de recursos pelas instituições financeiras) e ativas (concessão de empréstimos e financiamentos) estejam alinhadas com determinados objetivos de política pública (principalmente a proteção da poupança popular, dos consumidores, da capacidade de solvência das instituições financeiras e da higidez do mercado financeiro como um todo). Desta forma, a autoridade monetária regula o potencial de multiplicação da moeda pelas instituições financeiras ao fixar os percentuais de recursos recebidos por estas que devem ser obrigatoriamente mantidos em contas de reservas bancárias abertas pelas instituições financeiras junto ao BCB (os "depósitos compulsórios"). Atualmente, este percentual está em 25% do valor captado pelas instituições financeiras por meio de depósitos à vista, nos termos do art. 4º da Circular nº 3.632/2013, conforme alterada pela Circular nº 3.888, de 28.3.2018:[3] "Art. 4º A exigibilidade do recolhimento compulsório sobre recursos à vista é apurada aplicando-se sobre a base de cálculo de que trata o art. 3º a alíquota de 25% (vinte e cinco por cento)".

Adicionalmente, a autoridade monetária adota uma série de medidas e instrumentos-padrão de regulação bancária prudencial da atuação das instituições financeiras, tais como a adoção de exigências mínimas de capital e de patrimônio a serem mantidos pelas instituições financeiras, controle de acesso e monitoração das reputações dos profissionais nomeados para ocupar cargos de administração em instituições financeiras, controle de estruturas de remuneração dos diretores de instituições financeiras, supervisão constante e monitoração das informações periódica e obrigatoriamente enviadas pelas instituições financeiras e, ainda, adoção de instrumentos disciplinares e punitivos contra os eventuais atos ilícitos (administrativos e/ou penais) cometidos no setor financeiro.

Tendo em vista sua importância para o funcionamento da economia, o mercado financeiro demanda uma atenção especial do Estado sobre seu funcionamento, e sobre a organização e a disciplina das instituições que nele exercem suas atividades empresariais. O Sistema Financeiro Nacional (SFN) pode ser subdividido em dois subsistemas principais, que garantem seu funcionamento e a constante busca de equilíbrio. O primeiro é o subsistema regulatório, composto pelas instituições públicas e privadas responsáveis pela regulação e autorregulação do SFN; e o segundo, o subsistema operativo, composto pelas instituições financeiras bancárias, não bancárias e de natureza especial, públicas e privadas, autorizadas a funcionar pelo BCB e/ou, conforme o caso, pela Comissão de Valores Mobiliários (CVM).[4]

---

[3] Vale ressaltar que as instituições financeiras também são obrigadas ao recolhimento compulsório sobre os recursos depositados em contas poupança (20%), os depósitos a prazo (34%) e as garantias realizadas (45%). Maiores informações sobre os recolhimentos e encaixes obrigatórios e sobre os direcionamentos de recursos podem ser obtidas no site do BCB: <www.bcb.gov.br/htms/novaPaginaSPB/Resumo_das_normas_dos_compuls%C3%B3rios.pdf>. Acesso em: 25 jul. 2018.

[4] Além das instituições financeiras, as câmaras de compensação, instituições mantenedoras de arranjos de pagamento atuantes no Sistema de Pagamentos Brasileiro (SPB), depositárias centrais, registradoras, escrituradoras, administradoras de mercados organizados de ativos

As instituições integrantes do subsistema regulatório do SFN são o CMN, o BCB e a CVM. O primeiro, conforme detalhado no item 3, tem competência como autoridade monetária e órgão regulador da atuação das instituições financeiras bancárias e não bancárias no Brasil. A CVM é responsável pela regulação do mercado de valores mobiliários, onde as instituições financeiras atuam como prestadoras de serviços, ora dos investidores superavitários (por exemplo, na consultoria e análise de oportunidades de investimentos para sociedades empresariais interessadas na aquisição de participações acionárias, análise *buy side*), ora dos agentes deficitários demandantes de recursos (por exemplo, atuando como instituições distribuidoras e corretoras de valores mobiliários, formadoras de mercado ou *underwriters* em operações de abertura de capital de companhias).[5]

Assim, no mercado financeiro em sentido estrito, a atuação é direta, porque as instituições financeiras assumem o risco de crédito, de juros e de descasamento de prazo entre suas operações ativas e passivas. Já no mercado de valores mobiliários, elas atuam indiretamente, pois outros investidores assumem esses riscos na concessão de recursos para os agentes deficitários. A classificação das formas de atuação das instituições financeiras em direta e indireta é relevante, porque mostra como a relação que se estabelece entre o mercado financeiro em sentido estrito e o mercado de valores mobiliários é mais de complementaridade do que de competição ou de substituição do crédito bancário por operações no mercado de capitais. Vale ressaltar que no Brasil as instituições financeiras bancárias (e/ou, conforme o caso, as sociedades empresárias integrantes dos seus conglomerados financeiros) podem participar de ambos os mercados.

Conforme apontam Pinheiro e Saddi (2005:450-451), existem justificativas econômicas e jurídicas para regular o sistema financeiro. Segundo eles, as justificativas de ordem econômica têm um duplo objetivo. O primeiro é buscar a eficiência do mercado e o segundo é evitar a ocorrência de crises, mantendo o mercado em relativo equilíbrio. Do ponto de vista jurídico, por outro lado, as normas indicativas para a regulação do mercado

---

financeiros, títulos e valores mobiliários, desenvolvedoras de tecnologia de negociação e pós-negociação eletrônica de ativos, por exemplo, também exercem atividades econômicas fundamentais para a existência e higidez do mercado financeiro.

[5] Registre-se, porém, que nesse mercado elas atuam apenas indiretamente, ou seja, não disponibilizam parcelas de seus próprios patrimônios para conceder, via crédito, os recursos necessários para os agentes deficitários da economia financiarem suas atividades.

financeiro apresentam ainda "três objetivos de política legislativa: estabilidade, eficiência e equidade" (Pinheiro e Saddi, 2005:450). Os três objetivos apresentam, entre si, algumas incompatibilidades que dificultam a regulação do sistema financeiro. Por um lado, conforme exemplificam esses autores, a busca da eficiência poderia gerar instabilidade no mercado; por outro, a busca da estabilidade poderia ter um viés de manutenção do *status quo* no mercado financeiro regulado. As figuras 2 e 3 resumem os princípios econômicos que regem o funcionamento e a regulação microeconômica do mercado financeiro.

Figura 2
Justificativas microeconômicas para a regulação do mercado financeiro

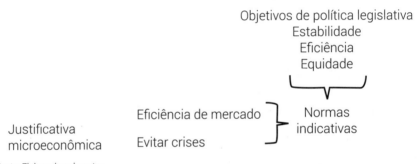

Fonte: Elaborada pelo autor.

Figura 3
Motivação e natureza da regulação microeconômica do mercado financeiro

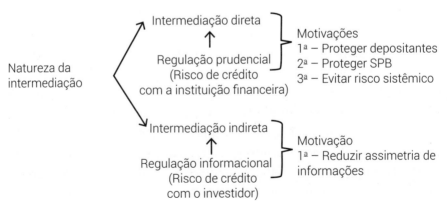

Fonte: Elaborado pelo autor.

Ainda segundo Pinheiro e Saddi (2005), além dos princípios e objetivos de ordem econômica indicados anteriormente, a regulação microeco-

nômica do mercado financeiro obedece a cinco princípios de proteção do cidadão:
(1) princípio da proteção da mobilização da poupança nacional: esse princípio diz respeito à atividade-fim das instituições financeiras, de captar recursos (poupança) de agentes econômicos superavitários e carreá-los para agentes econômicos deficitários;
(2) princípio da proteção da economia popular: esse princípio exige que sejam adotadas medidas regulatórias e institucionais para evitar a quebra de instituições financeiras e, especialmente, o contágio de tal quebra pelo mercado financeiro como um todo (risco sistêmico), no que às vezes se chama de "corrida bancária";
(3) princípio da estabilidade da entidade financeira: princípio corolário da proteção à economia popular, implica a necessidade de monitorar a solvência e a segurança patrimonial de cada instituição financeira atuante no mercado financeiro nacional;
(4) princípio do sigilo bancário: insculpido nos incisos X e XII do art. 5º da Constituição Federal de 1988, esse princípio assegura que as informações sobre as movimentações financeiras dos clientes das instituições financeiras estejam abrangidas pela proteção conferida à proteção da privacidade dos cidadãos; e
(5) princípio da transparência de informação: princípio que assegura o direito dos investidores e demais clientes das instituições financeiras de serem informados, na maior extensão possível, sobre todas as características relevantes para a tomada de decisões de investimento ou desinvestimento (especialmente as informações de risco, retorno, custos, garantias e liquidez dos ativos financeiros e produtos bancários).

Além dos pontos tratados anteriormente, Pinheiro e Moura (2001:48) destacam que a regulação do sistema financeiro também deve levar em conta a tendência dos controladores das instituições financeiras bancárias a assumir riscos excessivos em suas operações de crédito em decorrência do incremento da concorrência no setor. Segundo esses autores, a partir do ingresso de novos agentes no mercado financeiro, há uma redução (a) no valor do relacionamento entre a instituição financeira e seus clientes construído e decantado ao longo do tempo, (b) no valor da "informação privativa" (Pinheiro e Moura, 2001:49) gerada pelo relacionamento e (c) no valor da posição ocupada pela instituição financeira no mercado[6] e um aumento no estímulo à concessão de empréstimos e financiamentos com maior nível de riscos. Ademais, a regulação financeira deve se ocupar ainda de outras falhas do mercado financeiro que incentivam as instituições financeiras à assunção de riscos superiores ao que seria ideal e desejável pelos seus depositantes. Por exemplo, os problemas de ação coletiva (tal como o risco sempre presente de corridas bancárias), as assimetrias de informações entre os clientes e as instituições financeiras, que fazem com que os depositantes não acompanhem a composição de ativos dos bancos, e o incentivo para a assunção de riscos excessivos provocados por prêmios de seguros de depósitos bancários[7] calculados sem considerar os níveis de risco assumidos pelas instituições financeiras seguradas.

A análise do funcionamento e regulação do sistema financeiro necessariamente demanda que sejam tecidas algumas considerações sobre o conceito de *risco*, cuja gestão está umbilicalmente relacionada com as atividades exercidas pelas instituições financeiras. O risco pode ser definido como a probabilidade e a extensão de perdas financeiras de um determinado agente de mercado (instituição financeira ou não), em decorrência de eventos negativos que impactam seus resultados financeiros ou o exercício de suas atividades econômicas.

O conceito de risco, ao contrário dos de perigo ou incerteza, se caracteriza pela sua possibilidade de mensuração e de quantificação. O risco pode se materializar de diferentes formas. Por exemplo, existem riscos de perdas decorrentes de mudanças nas regras jurídicas que disciplinam a atuação da instituição financeira (risco legal), decorrentes do inadimplemento das contrapartes

---

[6] Pinheiro e Moura (2001), amparados em produção acadêmica internacional, utilizam a expressão "carta patente" para se referir à autorização governamental para o exercício da atividade econômica organizada de intermediação financeira, contudo ressalta-se que no Brasil, por força do §1º do art. 192 (atualmente revogado pela Emenda Constitucional nº 40/2003), o regime de cartas patentes para o exercício da atividade bancária foi extinto. No modelo de cartas patentes, havia uma barreira à entrada de novas instituições financeiras no mercado brasileiro porque o CMN definia um número máximo de instituições financeiras que poderiam atuar. Assim, novos agentes que quisessem ingressar no mercado de intermediação financeira precisariam adquirir a carta patente de uma instituição financeira já existente e autorizada a funcionar.

[7] No Brasil, existe desde 1995 o Fundo Garantidor de Créditos, uma associação civil sem fins lucrativos, com personalidade jurídica de direito privado, que oferece aos depositantes (pessoa física ou jurídica) uma garantia contra perdas limitadas a (1) até 250 mil reais por operação e (2) um milhão de reais por cliente segurado em cada período de quatro anos. Fonte: <www.fgc.org.br/garantia-fgc/sobre-a-garantia-fgc>. Acesso em: 31 ago. 2018.

da instituição financeira em contratos privados (risco de crédito), decorrentes de flutuações inesperadas nos mercados onde a instituição financeira opera (risco de mercado) e decorrentes de erros ou falhas humanas, de sistemas ou processos adotados pela instituição financeira (risco operacional).

Diante da complexidade do mercado financeiro atual (globalização dos mercados, conglomerados financeiros, emissão e negociação eletrônica de títulos, ativos financeiros e valores mobiliários, constantes inovações financeiras e tecnológicas), as instituições financeiras estão expostas à possibilidade de perdas financeiras de diferentes origens. Nesse sentido, Duarte Junior (2001), Zeno (2007), Mellagi Filho e Ishikawa (2012) e Pereira (2014) propõem a seguinte classificação para os riscos inerentes à atuação das instituições financeiras:

Figura 4
Riscos inerentes à atividade bancária

Fonte: Adaptada de Pereira (2014:102) e Zeno (2007).

Além dos tipos de riscos identificados, que têm em comum o fato de serem passíveis de mitigação por meio de estratégias de gerenciamento de riscos adotadas pelas instituições financeiras, existe, ainda, outro tipo de risco que é fundamental para a compreensão do mercado financeiro: o risco sistêmico. O risco sistêmico pode ser definido como a possibilidade da insolvência (*default*) de uma instituição financeira afetar a capacidade de solvência de outras instituições financeiras e sociedades empresárias, reduzindo o valor do mercado como um todo.

Na abordagem tradicional da regulação do mercado financeiro, parte-se da premissa de que o risco sistêmico será reduzido se todas as instituições financeiras, individualmente consideradas, tiverem diminuídas sua exposição ao risco. Porém, segundo o International Center for Monetary and Banking Studies (ICMB, 2009:15), essa premissa é incorreta, porque existiriam situações em que a tentativa de mitigação do risco individual de uma instituição financeira poderia, na verdade, aumentar o risco do sistema financeiro como um todo. Por exemplo, caso uma instituição financeira venda um determinado ativo financeiro após perceber que os riscos desse ativo aumentaram, o ativo perderá valor e o risco sistêmico terá sido aumentado, especialmente se todas as demais instituições financeiras fizerem o mesmo. Algo assim aconteceu no início da crise financeira internacional do início deste século.

O risco sistêmico, ao contrário dos demais tipos de riscos a que uma instituição financeira está exposta, não é passível de diversificação e gerenciamento. Ou seja, não pode ter seus potenciais efeitos negativos contrabalanceados pelas instituições financeiras por meio de outros ativos financeiros que possam ser integrados às suas carteiras de investimento.

A experiência da crise econômica que se iniciou nos EUA em 2007, e que, no ano seguinte, atingiu toda a economia mundial, mostrou para os reguladores dos mercados financeiros globais que o aparato institucional e regulatório dos diversos segmentos do mercado financeiro apresentava algumas insuficiências. Essas insuficiências regulatórias se referiam principalmente à potencial incapacidade dos reguladores setoriais (mercado financeiro em sentido estrito, de seguros, de valores mobiliários, previdência complementar) para tratar da possibilidade de contágio entre instituições financeiras atuantes em um mesmo mercado (risco sistêmico), entre as instituições financeiras atuando no mercado financeiro em sentido estrito e os demais segmentos do mercado financeiro, entre as instituições financeiras e os demais setores de economia (ver o contágio entre o mercado imobiliário e o mercado financeiro no contexto da crise de 2008) e entre os mercados financeiros de diversos países.

Por isso, em grande parte as respostas regulatórias à crise de 2008 focaram em corrigir esses problemas. Por exemplo, passou-se a considerar (1) a possibilidade de criar redes de regulação internacional e (2) a adoção de reguladores únicos de conduta, prudenciais e de segmentos do mercado financeiro capazes de monitorar toda a exposição a riscos das instituições financeiras e entre os segmentos financeiro, mercado de valores mobiliários, previdência e de seguros.

A percepção da inadequação da estrutura institucional da regulação do mercado de capitais se deve ao fato de os conglomerados financeiros atuarem em diferentes mercados e, portanto, estarem sujeitos a tipos de riscos também distintos, com potencial para comprometer a solvabilidade de todo o conglomerado, uma possibilidade que não estava nos radares dos órgãos reguladores com atuação fragmentada. Isto pois estes tratam exclusivamente de segmentos de mercado específicos e, portanto, se mostraram despreparados para realizar uma análise holística da situação financeira dos conglomerados financeiros.

Por exemplo, no Brasil os mercados financeiros em sentido estrito, de valores mobiliários, de previdência complementar e de seguros são regulados por órgãos diferentes. No caso, CMN e BCB (mercado financeiro em sentido estrito), CMN e CVM (mercado de valores mobiliários), Conselho Nacional de Seguros Privados (CNSP) e Superintendência Nacional de Seguros Privados (Susep) (mercado de seguros) e Conselho Nacional de Previdência Complementar e CNPC e Secretaria de Previdência Complementar (Previc) (mercado de previdência complementar). Não por acaso, após a eclosão da crise de 2008 foram reforçadas as iniciativas de diálogo e cooperação entre esses órgãos reguladores.

No âmbito supranacional, uma das principais medidas de regulação prudencial adotadas pela regulação do sistema financeiro internacional foi a revisão das regras de adequação de capital mínimo exigidas para as instituições financeiras com a revisão do Acordo de Capital da Basileia (International Convergence of Capital Measurement and Capital Standards) adotado pelo Comitê de Supervisão Bancária da Basileia (Basel Committee on Banking Supervision — BCBS) ("Basileia III"). No Brasil, a obrigatoriedade de adequação da atuação das instituições financeiras às recomendações de Basileia III foi implementada principalmente pela Resolução CMN nº 4.192, de 1º de março de 2013, e tem como principais características uma maior preocupação com a gestão de liquidez pelas instituições financeiras e pela qualidade dos ativos que compõem o capital mínimo exigido.

A versão atual do Acordo de Capital da Basileia é denominada de Basileia III porque sua versão original, datada de 1988, e que previa os requisitos de capital mínimo para a atuação das instituições financeiras, passou por uma ampla revisão em 2004 (Basileia II) para adoção dos três pilares da regulação prudencial bancária: (I) controle de capital, com foco na análise, mensuração e controle dos riscos de crédito, operacional e de mercado; (II) fiscalização pelo regulador do mercado financeiro, com destaque para a supervisão das estimativas de assunção de riscos pelas instituições financeiras; e (III) disciplina de mercado e transparência, com foco na elaboração e divulgação de informações pelas instituições financeiras.

A adequação da regulação do sistema financeiro nacional às recomendações de Basileia III implica, de um lado, a adoção ou o aprimoramento ou adoção de várias medidas de controle operacional pelas instituições financeiras e, de outro, o aumento do rigor fiscalizatório do BCB sobre as atividades praticadas pelas instituições financeiras. Por exemplo: apenas em relação à estrutura de capital das instituições financeiras, o aprimoramento dos conceitos de patrimônio de referência, requerimentos mínimos de capital e base de apuração (conglomerados prudenciais), aprimoramento nos quesitos identificação e reconhecimento contábil de ativos ponderados pelos riscos (de crédito, de mercado, operacional e de liquidez), adoção de indicadores de alavancagem.[8]

3. Estrutura institucional da regulação do sistema financeiro nacional

Depois da breve introdução às instituições financeiras feitas nos itens anteriores, pode-se agora apresentar as linhas gerais da regulação do mercado financeiro (em sentido estrito) brasileiro. Nesse sentido, se apresentam abaixo as características de funcionamento, competência, estruturação e natureza jurídica das autoridades monetárias brasileiras; a saber, o CMN e o BCB.

3.1 Conselho Monetário Nacional (CMN)

O CMN foi criado em 1964, no âmbito das reformas modernizantes do mercado financeiro promovidas após o golpe empresarial-militar; mais precisamente, após a extinção da Superintendência da Moeda e do Crédito (Sumoc).[9]

---

[8] Maiores informações sobre Basileia III estão disponíveis na página do BCB: <www.bcb.gov.br/fis/supervisao/basileia.asp>. Acesso em: 31 ago. 2018.
[9] A Sumoc fora criada em 1945 e era vinculada ao Banco do Brasil (BB), o qual teve as competências de autoridade monetária brasileira até a criação do CMN e do BCB.

O Conselho é o órgão de cúpula na organização, normatização e definição da política econômica (creditícia, cambial e monetária) brasileira; portanto, ocupa posição privilegiada na estrutura do Poder Executivo para exercer a capacidade normativa de conjuntura no SFN.

Segundo o eminente professor e ministro aposentado do STF Eros Grau (2008:232), capacidade normativa de conjuntura é o exercício da função regulamentar (dever-poder) pelo Poder Executivo (no caso, especificamente pelo CMN) no sentido de regular o funcionamento das instituições integrantes do SFN e para dar correção aos potenciais desvios cometidos no curso (a) dos processos econômicos pelas sociedades empresárias e profissionais participantes do mercado financeiro e (b) das políticas públicas que o Estado implemente no setor. Essa função regulamentar do CMN está voltada para a ordenação de matérias conjunturais relativas ao funcionamento do mercado financeiro e, ainda segundo esse autor (Grau, 2008:243), independe do exercício pelo Poder Executivo de funções legislativas delegadas porque a capacidade normativa de conjuntura é imanente da administração pública.

A. Marco legal: Lei nº 4.595, de 31 de dezembro de 1964, que dispõe sobre a política e as instituições monetárias, bancárias e creditícias, criou o CMN e o (BCB),[10] com as alterações introduzidas (a) pelos Decretos-Leis nº 48/1966, de 18 de novembro, nº 278/1967, de 28 de fevereiro, nº 581/1969, de 14 de maio, nº 1.079/1970, de 29 de janeiro, nº 1.959/1982, de 14 de setembro, nº 2.290/1986, de 21 de novembro, nº 2.321/1987, de 25 de fevereiro, e nº 2.376/1987, de 25 de novembro; e (b) pelas Leis nº 4.829/1965, de 5 de novembro, nº 5.362/1967, de 30 de novembro, nº 5.710/1971, de 7 de outubro, nº 6.045/1974, de 15 de maio, nº 7.730/1889, de 31 de janeiro, nº 8.392/1991, de 30 de dezembro, nº 9.650/1998, de 27 de maio, nº 9.069/1995, de 29 de junho, e nº 13.506/2017, de 13 de novembro.

B. Natureza jurídica: o CMN é um órgão colegiado integrante das estruturas organizacional e regimental do Ministério da Fazenda (respectivamente, art. 2º, inciso III, alínea "a)", e Anexo I ao Decreto nº 7.482, de 16 de maio de 2011).

---

[10] Denominação conferida ao órgão pelo Decreto-Lei nº 278, de 28/2/1967, que alterou o inciso III do art. 1º da Lei nº 4.595/1964.

C. Competência material: o CMN tem como competência principal formular a política da moeda e do crédito, como previsto na Lei nº 4.595/1964, objetivando o progresso econômico e social do país. As competências administrativas do CMN, nos termos do art. 4º da Lei nº 4.595/1964 e do art. 7º do Regimento Interno do CMN, constante como Anexo ao Decreto nº 1.307/1994, e sempre seguindo as diretrizes do Presidente da República, são listadas no apêndice 1.

D. Regime jurídico: o CMN é atualmente composto por três membros, dos quais dois são agentes políticos (os ministros da Fazenda e do Planejamento) e um técnico (o presidente do BCB).[11] Por ser a esfera normativa central do SFN, pode-se afirmar que a principal controvérsia jurídica relacionada com o regime jurídico do órgão diz respeito à eventual impossibilidade de inovações na ordem jurídica decorrentes do exercício de poder normativo por órgão integrante da administração pública federal (Poder Executivo). Segundo os críticos do exercício de poder normativo primário pela administração pública, o exercício do poder normativo pelo CMN implicaria o ilegal exercício de poder legislativo pelo Poder Executivo.[12] Essa concepção se funda em uma leitura dos arts. 59, inc. IV, e 68 da Constituição Federal, os quais estabelecem que só pode haver delegação legislativa em hipóteses excepcionais e mediante ato expresso de delegação do Poder Legislativo (resolução do Congresso Nacional, art. 59, §2º, da CF/88) para o presidente da República (chefe do Poder Executivo).

---

[11] O presidente do Banco Central ocupa Cargo de Natureza Especial (CNE), porém é importante ressaltar que entre 16 de agosto de 2004 e 2 de novembro de 2017 o presidente do Banco Central manteve *status* de ministro de Estado (durante a vigência da Lei nº 10.683/2003 conforme alterada pela Medida Provisória nº 207/2004 (posteriormente convertida na Lei nº 11.036/2004). A Lei nº 10.683 foi recentemente revogada pela Lei nº 13.502, de 1º de novembro de 2017.

[12] Desde a criação das agências reguladoras, na década de 1990, a doutrina jurídica nacional é pródiga em analisar o exercício de poder normativo pela administração pública federal. Contudo, uma análise pormenorizada desse debate foge ao escopo do presente trabalho. Para maiores informações sobre os limites da legalidade e legitimidade democrática do exercício da capacidade normativa de conjuntura do mercado financeiro pelo CMN, ver: Guerra (2011:261-273), Veiga da Rocha (2004) e Duran (2013).

3.2 Banco Central do Brasil (BCB)

A. Marco legal: a Lei nº 4.595, de 31 de dezembro de 1964, que dispõe sobre a política e as instituições monetárias, bancárias e creditícias, e criou o CMN e o BCB.

B. Natureza jurídica: o BCB é uma autarquia federal (administração indireta) vinculada ao Ministério da Fazenda (art. 2º, inc. IV, alínea a), número 1, da Estrutura Regimental do Ministério da Fazenda constante como Anexo I ao Decreto nº 7.482/2011), com sede e foro na Capital da República e atuação em todo o território nacional, tendo personalidade jurídica de direito público interno (art. 5º, Inc. I, do Decreto-Lei nº 200/67) e patrimônio próprio (art. 8º da Lei nº 4.595/1964 e art. 1º do Regimento Interno do BCB).

C. Competência material: o BCB exerce uma tripla competência institucional no quadro da administração pública federal brasileira. A primeira, como autoridade monetária responsável pela execução das políticas creditícia, monetária e cambial definidas pelo CMN; a segunda, como órgão regulador setorial do mercado financeiro em sentido estrito; e, a terceira, como instituição responsável pela gestão do Sistema de Pagamentos Brasileiro (SPB) e do Sistema de Meio Circulante (CIR) e pelas relações financeiras com o exterior.

As competências do BCB estão previstas nos arts. 97 e 164 da Constituição Federal, 10 e 11 da Lei nº 4.565/1064 e 2º do Regimento Interno do BCB. As competências do BCB para atuar como autoridade monetária estão previstas no art. 164 da CF/88, nos incisos I, III, IV, V, VI, VII, VIII e XI do art. 10 e nos incisos I a V e VIII do art. 11, ambos da Lei nº 4.595/1964. As competências do BCB para atuar como órgão regulador setorial do mercado financeiro estão previstas nos incisos IX, X, XI e XIII do mencionado art. 10 e VI e VII do mencionado art. 11. O apêndice 2 prevê uma lista das competências específicas do BCB em cada uma das três dimensões citadas.

Assim, o BCB reúne competências e exerce várias funções necessárias para a consecução de seus plúrimos objetivos institucionais. Para tal finalidade, a autarquia conta com uma série de instrumentos próprios de regulação e de política pública sumarizados na tabela 1.

Tabela 1
Objetivos e instrumentos de regulação do setor bancário pelo Banco Central do Brasil

Objetivos da regulação/supervisão	Instrumentos
Prevenção do risco sistêmico	• Operações de mercado aberto • Emprestador de última instância das instituições financeiras • Redesconto
Promoção da saúde financeira e da estabilidade das instituições financeiras e garantia da confiança dos depositantes	• Monitoração da solvência das instituições financeiras (Basileia III) • Supervisão do Fundo Garantidor de Crédito (FGC)
Proteção dos depositantes em caso de insolvência de instituições financeiras	• Intervenção • Liquidação extrajudicial • Regime Especial de Administração Temporária (Reat)
Redução de assimetrias de informação no mercado financeiro	• Promoção de medidas de educação, cidadania e inclusão financeira (Agenda BC+) • *Ranking* de instituições financeiras por Índice de Reclamações • Registrato — Extrato do Registro de Informações no Banco Central • Sistema de Informações de Crédito do Banco Central (SCR) • BacenJud • Cadastro de Clientes do Sistema Financeiro (CCS)
Transparência e prestação de contas no sistema financeiro nacional	• Divulgação periódica de estatísticas • Divulgação periódica de dados consolidados sobre o SFN • Divulgação de informações sobre o patrimônio das instituições financeiras • Acordo de cooperação técnica com a Comissão de Valores Mobiliários (CVM)
Combate aos ilícitos financeiros ou aos ilícitos cuja prática seja viabilizada por meio do sistema financeiro nacional	• Fiscalização das instituições participantes do SFN • Processos administrativos sancionadores • Acordo de cooperação com o Ministério Público Federal (MPF) • Acordo de cooperação técnica com o Conselho de Controle de Atividades Financeiras (Coaf)

Fonte: Elaborada pelo autor.

D. *Regime jurídico*: por ser uma autarquia federal não sujeita a regime especial definido na sua lei de criação, o BCB não dispõe do reconhecimento legal de sua autonomia como autoridade monetária, pois (a) é uma autarquia vinculada ao Ministério da Fazenda, (b) seu presidente e diretores podem ser destituídos *ad nutum* pelo presidente da República, e (c) atua como executor da política monetária definida pelo CMN. Adicionalmente, devido à acumulação de funções como autoridade monetária e como órgão regulador setorial, as penalidades aplicadas pelo BCB podem ser objeto de recurso encaminhado pelos agentes privados punidos para o Conselho de Recursos do Sistema Financeiro Nacional (CRSFN), nos termos do art. 1º do Decreto nº 91.152, de 15 de março de 1985.[13]

Essa observação é importante porque demonstra que a discussão sobre a autonomia e independência do BCB toma no Brasil contornos e complexidade próprios, ao reunir dois campos de discussão que geralmente são analisados de forma segregada. Por um lado, autores interessados na relação entre o direito e a economia discutem a autonomia do BCB como autoridade monetária (Saddi, 1997; Duran, 2013); e, por outro, autores de direito administrativo interessados na conformação jurídica do Estado regulador no Brasil discutem a eventual proximidade entre o regime da autonomia decisória do BCB (autarquia) e o espectro de atuação das agências reguladoras independentes (autarquias sob regime especial) criadas após a década de 1990, com a reestruturação institucional do Estado regulador no Brasil. Neste sentido, Verçosa (2005:81) informa:

> A questão da autonomia de órgãos governamentais reveste-se, atualmente, de grande atualidade e de uma abrangência maior do que a ligada exclusivamente aos bancos centrais, tanto no exterior quanto no Brasil. No nosso caso, em decorrência direta do processo de privatização e da necessidade que tem o Estado de fiscalizar a atuação das empresas que estão operando em áreas privatizadas, foram criadas diversas *agências reguladoras*, que, dos pontos de vista estrutural e técnico, apresentam os mesmos problemas e as mesmas necessidades dos bancos centrais, às quais temos nos referido. Poder-se-ia, até, falar de uma teoria geral das agências reguladoras, assunto merecedor de um estudo mais aprofundado [...]. Entre essas agências, que agora somam-se ao Banco Central do Brasil (Bacen), à Comissão de Valores Mobiliários (CVM) e à Superintendência de Seguros Privados (Susep), encontramos a Agência Nacional de Energia Elétrica (Aneel), a Agência Nacional de Telecomunicações (Anatel) e a Agência Nacional de Petróleo (ANP), entre outras, que receberam competência legal para atuar em cada área de sua especialização e um poder de polícia dela decorrente. [itálicos no original]

---

[13] Além da competência como instância recursal administrativa prevista no Decreto nº 91.152, de 15 de março de 1985, o CRSFN teve a sua competência administrativa alargada ao longo dos anos. Um resumo da competência administrativa do CRSF está disponível em: <http://fazenda.gov.br/orgaos/colegiados/crsfn/institucional/historico-e-competencia>. Acesso em: 16 ago. 2018.

É importante, assim, destacar na análise da atuação do BCB que a existência de uma margem de autonomia decisória da autoridade monetária é insuficiente para alçá-la à categoria de *agência*. As agências reguladoras são autarquias com algumas feições e poderes-deveres especiais em relação às autarquias comuns, categoria esta em que se inclui o BCB, em que pese ele ser dotado de ampla discricionariedade decisória. Por exemplo, se o BCB fosse uma "agência", nos mesmos moldes das repartições criadas após as reformas do Estado da década de 1990, seria possível questionar a legalidade da existência de recurso hierárquico impróprio das decisões tomadas pelo BCB em processos administrativos sancionadores. Assim, quando o BCB atua de forma discricionária na execução da política econômica governamental, ele nada mais faz do que exercer sua discricionariedade técnica com base em uma autonomia operacional que depende de consenso político entre o governo e a instituição (Duran, 2013:117).

Em sua atuação como autoridade monetária, as decisões do BCB sobre a quantidade de moeda em circulação na economia não estão totalmente segregadas das potenciais interferências políticas do governo executivo. Da mesma forma, em sua atuação como órgão regulador do mercado financeiro, as decisões do BCB no sentido de aplicar penalidades aos profissionais ou instituições participantes do mercado financeiro ainda podem ser objeto de recurso hierárquico impróprio para o Ministério da Fazenda (haja vista que se trata de uma autarquia vinculada ao MF, art. 8º da Lei nº 4.595/1964).

Vale ressaltar que a descrição das competências legais atribuídas ao BCB indicadas no item "C.", acima, e listadas no apêndice 2 não é isenta de críticas. Por exemplo, Saddi (1997) critica a abrangência da sua atuação. Para esse autor, a excessiva acumulação de funções, que englobariam o exercício de funções "legislativas", "executivas", "judiciárias", "policiais" e "diplomáticas", todas *atípicas* para uma autoridade monetária, reduziria a especialização do BCB e, portanto, comprometeria sua autonomia. Ainda segundo esse autor, o BCB deveria ter poderes regulatórios apenas para garantir a estabilidade da moeda, o que insularia o órgão das ingerências políticas e o poria em "sintonia com o balaústre da autonomia da autoridade monetária: ter uma missão estatutária e livrar-se das ingerências políticas tão maléficas à moeda" (Saddi, 1997:216-217).

4. Panorama das instituições financeiras em atuação no Brasil

Neste ponto do trabalho, será brevemente apresentado um panorama das instituições públicas e privadas que compõem o subsistema operativo do SFN.

Segundo o último Relatório de Evolução do SFN disponibilizado pelo BCB, existem atualmente 1.734 instituições autorizadas a funcionar pelo BCB em atividade no Brasil. Contudo, apesar desse número de instituições autorizadas a funcionar pelo BCB, a maior parte dos ativos do setor financeiro está concentrada em um pequeno número de conglomerados financeiros. Por exemplo, segundo o Relatório de Evolução do SFN, em 2013,[14] os cinco, 10 e 20 maiores bancos em atuação no Brasil detinham, respectivamente, 68,5%, 80,2% e 89,6% dos ativos totais do setor financeiro.

Tabela 2
Quantitativos de instituições autorizadas por segmento

Segmento	Sigla	2013 Dez.	2014 Dez.	2015 Dez.	2016 Dez.	2017 Dez.	2018 Mar.
Banco Múltiplo	BM	132	130	132	133	132	131
Banco Comercial	BC	23	22	21	21	21	21
Banco de Desenvolvimento	BD	4	4	4	4	4	4
Caixa Econômica Federal	CE	1	1	1	1	1	1
Banco de Investimento	BI	14	14	13	14	13	12
Banco de Câmbio	B Camb	3	3	3	3	3	4
Sociedade de Crédito, Financiamento e Investimento	CFI	58	55	53	53	56	56
Sociedade Corretora de Títulos e Valores Mobiliários	CTVM	93	92	87	79	75	75
Sociedade Corretora de Câmbio	CC	62	66	63	63	61	61
Sociedade Distribuidora de Títulos e Valores Mobiliários	DTVM	116	108	102	101	95	94

▶

---

[14] Fonte: Banco Central do Brasil. Relatório de Evolução do SFN, disponível em: <www.bcb.gov.br/htms/deorf/r201312/T4OD_Quadro%2024%20-%20Participa%C3%A7%C3%A3o%20nos%20ativos%20totais%20do%20segmento%20banc%C3%A1rio%20dos%205,%2010%20e%2020%20maiores%20bancos%20em%20ativos%20totais.pdf>. Acesso em: 3 set. 2018. Vale ressaltar que a concentração de ativos totais do setor financeiro em um grupo cada vez menor de instituições vem sendo destacada em trabalhos acadêmicos e na imprensa especializada. Contudo, no presente trabalho se optou por utilizar os dados oficiais divulgados pelo BCB e 2013 é o último ano em que a concentração dos ativos totais dos cinco, 10 e 20 maiores bancos do Brasil está informada no Relatório de Evolução do SFN. As informações disponibilizadas pelo BCB sobre a evolução do setor financeiro entre os anos de 1998 e 2017 estão disponíveis no site da autarquia: <www.bcb.gov.br/?REVSFN>. Acesso em: 3 set. 2018.

Segmento	Sigla	2013 Dez.	2014 Dez.	2015 Dez.	2016 Dez.	2017 Dez.	2018 Mar.
Sociedade de Arrendamento Mercantil	SAM	29	27	27	25	24	23
Sociedade de Crédito Imobiliário e Associação de Poupança e Empréstimo	SCI e APE	11	9	8	4	3	3
Sociedade de Crédito ao Microempreendedor e à Empresa de Pequeno Porte	SCM	38	40	40	38	38	38
Agência de Fomento	AG FOM	16	16	16	16	16	16
Companhia Hipotecária CH		8	7	8	9	7	7
Instituição de Pagamento IP		1	6	6			
	subtotal	608	594	578	565	555	552
Cooperativa de Crédito	COOP	1209	1163	1113	1078	1023	1009
	subtotal	1817	1757	1691	1643	1578	1561
Sociedade Administradora de Consórcio	CONS	199	186	172	166	156	154
	Total	2016	1943	1863	1809	1734	1715

Fonte: Banco Central do Brasil.[15]

A atividade de intermediação financeira, na forma como estruturada atualmente, abrange uma série de agentes além dos que são tradicionalmente objeto de estudo e discussão (os bancos comerciais). Por exemplo, as agências ou bancos de fomento, cooperativas de crédito, sociedades de empréstimo entre pessoas, depositários centrais, câmaras de liquidação, provedores de tecnologia de pagamentos, negociação e pós-negociação de ativos financeiros etc. Para tentar cobrir essas várias instituições, esta seção se divide em três, seguindo a classificação das instituições financeiras de acordo com as atividades por elas exercidas.

4.1 Instituições financeiras monetárias

As instituições financeiras monetárias são as instituições financeiras autorizadas pelo BCB a captar depósitos à vista. Essas instituições financeiras são

---

[15] Fonte: Banco Central do Brasil. Relatório de Evolução — SFN, ano de 2017, disponível em: <www.bcb.gov.br/htms/deorf/r201712/T1ES_Quadro%2001%20-%20Quantitativo%20de%20institui%C3%A7%C3%B5es%20autorizadas%20a%20funcionar.pdf>. Acesso em: 3 set. 2018.

os bancos comerciais,[16] os bancos cooperativos, as caixas econômicas e as cooperativas de crédito. As instituições financeiras monetárias são as principais instituições financeiras em atividade no Brasil. Conforme o Manual de Organização do Sistema Financeiro (Sisorf) (Título 4, Capítulo 3, Seção 30, Subseção 160, itens 6 e 7), os bancos comerciais podem ter como objeto social: (a) proporcionar o suprimento de recursos necessários para financiar, no curto e no médio prazo, o comércio, a indústria, as empresas prestadoras de serviços, as pessoas físicas e terceiros em geral; (b) realizar captação de depósitos à vista e a prazo; (c) administrar carteiras de valores mobiliários; (d) descontar títulos; (e) realizar operações especiais de crédito rural, de câmbio e de comércio exterior; (f) obter recursos com as instituições oficiais para repasses aos clientes; (g) desempenhar funções de liquidante e de custodiante central referentes às operações cursadas em bolsa; (h) prestar serviços de pagamento relativos às modalidades de emissor de moeda eletrônica, de instrumento de pagamento pós-pago e credenciador; e (i) praticar operações de compra e venda no mercado físico de ouro, por conta própria ou de terceiros.

Além dos bancos comerciais, também são instituições financeiras monetárias os bancos múltiplos, que são as instituições financeiras bancárias que podem cumular a operação de carteiras de banco comercial com carteiras de investimento, de crédito imobiliário, de crédito, financiamento e investimento e de arrendamento mercantil.[17]

Por se tratar obrigatoriamente de sociedades anônimas (art. 25 da Lei nº 4.595/1976), os bancos comerciais são sociedades institucionais por excelência, haja vista que suas atividades demandam uma estrutura de capital e robustez substanciais para fazer frente às obrigações assumidas perante seus clientes, governo, empregados, fornecedores, agências de análise de risco de crédito (agências de *rating*), investidores e credores, bem como as demais partes interessadas (*stakeholders*) nas atividades empresariais por elas exercidas. Dessa forma, o exercício da atividade bancária impõe a necessidade de uma considerável estrutura corporativa interna, para que a instituição financeira possa se estabelecer, exercer suas atividades empresariais e se relacionar com os setores público e privado.

Também são consideradas instituições financeiras monetárias a Caixa Econômica Federal (CEF) (art. 1º do Decreto-Lei nº 759/1969); os bancos

---

[16] Comumente chamados de "bancos de varejo" ou de "bancos de agência".
[17] Os bancos públicos e múltiplos também podem operar carteiras de banco de desenvolvimento.

cooperativos, que são os bancos comerciais ou múltiplos cujo titular do controle acionário é uma cooperativa central de crédito (arts. 1º e 3º da Resolução CMN nº 2.788/2000); e as cooperativas de crédito, constituídas com as características previstas no art. 4º da Lei nº 5.764/1971.

4.2 Instituições financeiras não monetárias

As instituições financeiras não bancárias são todas as instituições autorizadas a funcionar pelo BCB que não podem captar depósitos à vista. Se incluem nessa categoria os bancos de investimento, os bancos de desenvolvimento, os bancos de câmbio, as agências de fomento, as associações de poupança e empréstimo, as companhias hipotecárias, as sociedades de crédito, financiamento e investimento, as sociedades de crédito imobiliário, as sociedades de arrendamento mercantil, as sociedades de crédito ao microempreendedor, as sociedades de crédito direto e as sociedades de empréstimo entre pessoas.[18]

Os bancos de investimento se destacam na categoria de instituição financeira não monetária, pois são instituições financeiras de natureza privada, especializadas principalmente na realização de operações que envolvam a aquisição temporária de participações societárias, o financiamento da atividade produtiva para suprimento de capital fixo e de giro e a administração de recursos de terceiros, nos termos do art. 1º da Resolução CMN nº 2.624/1999.

4.3 Instituições financeiras de natureza especial

Além das instituições financeiras privadas monetárias ou não monetárias, também compõem o mercado financeiro as instituições financeiras de natureza especial, que são as instituições financeiras de natureza pública, controladas pelo Estado e que, portanto, exercem suas atividades econômicas inspiradas também pelos objetivos de política pública previstos na lei que aprovou sua constituição (interesse público primário). Incluem-se nessa categoria os bancos de desenvolvimento e fomento de alcance nacional ou regional, tal

---

[18] As sociedades de crédito direto e as sociedades de empréstimo entre pessoas foram recentemente introduzidas na regulação do sistema financeiro nacional por meio da Resolução nº 4.656, expedida pelo CMN em 26 de abril de 2018, para atrair as plataformas eletrônicas de crédito (as *fintechs* de crédito) para o perímetro regulatório do Banco Central do Brasil.

como o Banco Nacional de Desenvolvimento Econômico e Social (BNDES), o Banco do Nordeste (BNB), o Banco da Amazônia (Basa), o Banco de Desenvolvimento de Minas Gerais (BDMG), o Banco de Desenvolvimento do Espírito Santo (Bandes) e o Banco Regional de Desenvolvimento do Extremo Sul (BRDE).

5. Conclusão

Foi apresentada no presente capítulo uma breve introdução sobre o arcabouço teórico e o aparato institucional para a regulação do mercado financeiro brasileiro. Nessa apresentação foram indicados uma breve história do desenvolvimento da atividade bancária, da formação e da atual organização do SFN e alguns dos problemas teóricos e jurídicos a respeito de conceitos relevantes para a compreensão das áreas de atuação das instituições financeiras e do SFN. Além disso, buscou-se abordar alguns dos princípios econômicos e jurídicos necessários para a compreensão do escopo e do modo de funcionamento da regulação do SFN, a relação entre a economia real e a economia financeira e a atuação das instituições financeiras na circulação de moeda.

Acredita-se que as informações reunidas e nos apêndices tenham introduzido e clarificado um pouco o funcionamento dos subsistemas normativo, institucional e operativo do SFN e permitam uma abordagem mais circunstanciada e detalhada dos problemas e questões práticas relacionados com o mercado financeiro com que seus leitores venham a se deparar em suas atividades acadêmicas e profissionais.

Referências

ABRÃO, N. *Direito bancário*. 16. ed. São Paulo: Saraiva, 2016.
ANTUNES, J. E. *Instrumentos financeiros*. 3. ed. Coimbra: Almedina, 2017.
BINNIE, R. *Transparência dos bancos*. São Paulo: Almedina, 2011.
CATAPANI, M. F. *Títulos públicos*: natureza jurídica e mercado. São Paulo: Quartier Latin, 2014.
D'ÁVILA, D. P. *A atuação da Comissão de Valores Mobiliários como* amicus curiae *nos processos judiciais que envolvem o mercado de capitais*. São Paulo: Almedina, 2015.

DUARTE JUNIOR, A. M. *Gestão de riscos para fundos de investimento*. São Paulo: Pearson, 2005.

_____. *Riscos*: definições, tipos, medição e recomendações para seu gerenciamento: gestão de risco e derivativos. São Paulo: Atlas, 2001.

DURAN, C. V. *A moldura jurídica da política monetária*: um estudo do Bacen, do BCE e do FED. São Paulo: Saraiva, 2013.

ERLING, M. L. G. *Regulação do sistema financeiro nacional*: desafios e propostas de aprimoramento institucional. São Paulo: Almedina, 2015.

FONTES, M. R. F.; WAISBERG, I. *Legislação bancária*. São Paulo: Quartier Latin, 2006.

FORTUNA, E. *Mercado financeiro*: produtos e serviços. 21. ed. Rio de Janeiro: Qualitymark, 2017.

GANZI, J. et al. *Leverage for the environment*: a guide to the private financial services industry. Washington, DC: World Resources Institute, 1998.

GRAU, E. R. *O direito posto e o direito pressuposto*. 7. ed. São Paulo: Malheiros, 2008.

GREMAUD, A. P.; TONETO JUNIOR, R. A "política" na independência do Banco Central. *Informações Fipe*, n. 15, p. 13-14, jan. 1992.

GUERRA, S. Função normativa do Conselho Monetário Nacional: regulação sistêmica e a capacidade normativa de conjuntura. *Revista de Direito Administrativo*, Rio de Janeiro, v. 254, p. 261-273, 2011.

HAENSEL, T. *A figura dos gatekeepers*. São Paulo: Almedina, 2014.

ICMB. International Center for Monetary and Banking Studies; CEPR. Centre for Economic Policy Research. The fundamental principles of financial regulation. *Geneva Reports on the World Economy*, n. 11, 2009. Disponível em: <www.princeton.edu/~markus/research/papers/Geneva11.pdf>. Acesso em: 14 jun. 2018.

LOPES, A. B.; GALDI, F. C.; LIMA, I. S. *Manual de contabilidade e tributação de instrumentos financeiros e derivativos*. 2. ed. São Paulo: Atlas, 2011.

MELLAGI FILHO, A.; ISHIKAWA, S. Mercado financeiro e de capitais. 2. ed. São Paulo: Atlas, 2012.

MOURÃO, M. *Financiamentos estruturados*. São Paulo: Almedina, 2016.

OLIVEIRA, G.; PACHECO, M. *Mercado financeiro*: objetivo e profissional. 3. ed. São Paulo: Fundamento, 2017.

OLIVEIRA, M. *Moeda, juros e instituições financeiras*: regime jurídico. 2. ed. Rio de Janeiro: Forense, 2006.

PAULANI, L. M. O público e o privado na questão da independência do Banco Central. *Informações Fipe*, n. 177, p. 15-16, jun. 1995.

PEREIRA, A. L. Riscos e incertezas associados aos investimentos no mercado financeiro. *Periódico Científico Negócios em Projeção*, v. 5, n. 2, p. 97-111, 2014.

PINHEIRO, A. C.; MOURA, A. *Segmentação e uso de informação nos mercados de crédito brasileiros*. 2001. Disponível em: <https://web.bndes.gov.br/bib/jspui/handle/1408/14495>. Acesso em: 31 ago. 2018.

____; SADDI, J. *Direito, economia e mercados*. Rio de Janeiro: Elsevier, 2005.

SADDI, J. *O poder e o cofre*: repensando o Banco Central. São Paulo: Textonovo, 1997.

SANDRONI, P. *Dicionário de administração e finanças*. São Paulo: Best Seller, 2001.

SILVA, J. C. da. *Titul[ariz]ação de créditos*: securitization. 2. ed. Coimbra: Almedina, 2005.

SOUZA, W. P. A. de. *Direito econômico*. São Paulo: Saraiva, 1980.

VEIGA DA ROCHA, J.-P. *A capacidade normativa de conjuntura no direito econômico*: o déficit democrático da regulação financeira. Tese (doutorado) — Faculdade de Direito, Universidade de São Paulo, São Paulo, 2004.

VERÇOSA, H. M. D. *Bancos centrais no direito comparado*: o sistema financeiro nacional e Banco Central do Brasil (o regime vigente e as propostas de reformulação). São Paulo: Malheiros, 2005.

WAISBERG, I.; FONTES, M. R. F. *Contratos bancários*. São Paulo: Fundamento, 2017.

YAZBEK, O. *Regulação do mercado financeiro e de capitais*. Rio de Janeiro: Elsevier, 2007.

ZENO, J. M. *Risco legal*: uma introdução ao seu gerenciamento no atual cenário corporativo. Dissertação (mestrado profissionalizante em administração) — Faculdade de Economia e Finanças, Instituto Brasileiro de Mercado de Capitais, Rio de Janeiro, 2007.

Apêndice 1

Diretrizes do Conselho Monetário Nacional

(a) Autorizar as emissões de papel-moeda pelo Banco Central do Brasil;
(b) Estabelecer condições para que o Banco Central do Brasil emita moeda-papel;
(c) Aprovar os orçamentos monetários, preparados pelo Banco Central do Brasil;
(d) Determinar as características gerais das cédulas e das moedas;
(e) Fixar as diretrizes e normas da política cambial, inclusive compra e venda de ouro e quaisquer operações em moeda estrangeira e em Direitos Especiais de Saque;
(f) Disciplinar o crédito em todas as suas modalidades e todas as formas de operações creditícias e prestação de garantias pelas instituições financeiras;
(g) Coordenar a política do CMN (prevista no art. 3º da Lei nº 4.595/1964) com a política de investimentos do governo federal;
(h) Regular a constituição, o funcionamento, a fiscalização das sociedades e profissionais que participam do mercado financeiro;
(i) Aplicar as penalidades cabíveis às sociedades e profissionais que participam do mercado financeiro;
(j) Limitar, quando necessário, as taxas de juros, descontos, comissões e outras formas de remuneração de operações e serviços bancários ou financeiros que se destinem à promoção de atividades agropecuárias definidas nos itens do inciso IX da Lei nº 4.595/1964;
(k) Determinar a percentagem máxima dos recursos que as instituições financeiras podem emprestar a um mesmo cliente ou grupo de sociedades empresárias (*legal lending limit*);
(l) Estipular índices e outras condições técnicas sobre encaixes, mobilizações e outras relações patrimoniais a serem observadas pelas instituições financeiras;
(m) Expedir normas gerais de contabilidade e estatística a serem observadas pelas instituições financeiras;
(n) Delimitar o capital mínimo das instituições financeiras privadas;
(o) Determinar o recolhimento dos depósitos compulsórios a serem mantidos em conta de reservas bancárias abertas perante o BCB pelas instituições financeiras públicas e privadas;

(p) Enviar os relatórios e mapas demonstrativos da aplicação dos recolhimentos compulsórios mensalmente para o Congresso Nacional;
(q) Regulamentar as operações de redesconto e de empréstimo efetuadas com as instituições financeiras bancárias públicas e privadas;
(r) Quando e se necessário, outorgar ao Banco Central do Brasil o monopólio das operações de câmbio;
(s) Estabelecer normas a serem observadas pelo Banco Central do Brasil em suas transações com títulos públicos e de entidades de que participe o Estado;
(t) Autorizar o Banco Central do Brasil e as instituições financeiras públicas federais a efetuar a subscrição, compra e venda de ações e outros ativos financeiros emitidos ou de responsabilidade das sociedades de economia mista e empresas públicas;
(u) Disciplinar as atividades dos corretores e da bolsa de valores;
(v) Estatuir normas para as operações das instituições financeiras públicas, para preservar sua solidez e adequar seu funcionamento aos objetivos previstos na Lei nº 4.595/1964;
(w) Fixar o limite além do qual os excedentes dos depósitos das instituições financeiras serão recolhidos ao Banco Central da República do Brasil;
(x) Decidir sobre as suas próprias regras de funcionamento;
(y) Decidir sobre a estrutura técnica e administrativa do Banco Central da República do Brasil e fixar seu quadro de pessoal;
(z) Conhecer dos recursos de decisões do Banco Central da República do Brasil;
(aa) Aprovar o regimento interno, as contas, o orçamento, os sistemas de contabilidade do Banco Central do Brasil;
(ab) Decidir sobre a forma e prazo de transferência dos resultados do Banco Central do Brasil para o Tesouro Nacional;
(ac) Aplicar aos bancos estrangeiros que funcionem no país as mesmas vedações ou restrições aplicáveis aos bancos brasileiros;
(ad) Colaborar com o Senado Federal, na instrução dos processos de empréstimos externos dos estados, do Distrito Federal e dos municípios;
(ae) Expedir normas e regulamentação para as designações e funcionamento de suas Comissões Consultivas (art. 7º da Lei nº 4.595/1964);
(af) Baixar normas que regulem as operações de câmbio, inclusive *swaps*, fixando limites, taxas, prazos e outras condições;

(ag) Regular os depósitos a prazo de instituições financeiras e demais sociedades autorizadas a funcionar pelo Banco Central do Brasil, inclusive entre aquelas sujeitas ao mesmo controle acionário ou coligadas.

Apêndice 2

Competências do Banco Central do Brasil:

Como autoridade monetária
(a) Emitir papel-moeda (art. 164 da CF/88 e art. 10, Inc. I, da Lei nº 4.595/1964);
(b) Receber os recolhimentos compulsórios (art. 10, Inc. III, da Lei nº 4.595/1964);
(c) Receber os recolhimentos voluntários (art. 10, Inc. IV, da Lei nº 4.595/1964);
(d) Realizar operações de redesconto (art. 10, Inc. V, da Lei nº 4.595/1964);
(e) Controlar a disponibilidade de crédito (art. 10, Inc. VI, da Lei nº 4.595/1964);
(f) Ser depositário das reservas oficiais de ouro e moeda estrangeira (art. 10, Inc. VIII, da Lei nº 4.595/1964);
(g) Comprar e vender títulos públicos federais (art. 10, Inc. XII, da Lei nº 4.595/1964);
(h) Atuar no sentido do funcionamento regular do mercado de câmbio (art. 11, Inc. XII, da Lei nº 4.595/1964);
(i) Efetuar a compra e a venda de títulos emitidos por empresas públicas e sociedades de economia mista (art. 11, Inc. IV, da Lei nº 4.595/1964);
(j) Emitir títulos de responsabilidade própria (art. 11, Inc. V, da Lei nº 4.595/1964);
(k) Realizar empréstimos de curto prazo para instituições financeiras (art. 28, §2º, da Lei Complementar nº 101/2000).

Como órgão regulador setorial

(a) Autorizar o funcionamento das instituições financeiras (art. 10, Inc. X, da Lei nº 4.595/1964);
(b) Fiscalizar as instituições financeiras (art. 10, Inc. IX, da Lei nº 4.595/1964);
(c) Autorizar a nomeação de diretores das instituições financeiras (art. 10, Inc. XI, da Lei nº 4.595/1964);
(d) Determinar o cadastro de clientes das instituições financeiras (art. 10, Inc. XIII, da Lei nº 4.595/1964);
(e) Autorizar o funcionamento de instituição responsável por realizar leilões de precatórios (art. 97, §9º, Inc. I, da CF/88);
(f) Decretar a liquidação extrajudicial das instituições financeiras (art. 15 da Lei nº 6.024/1974);
(g) Decretar a intervenção das instituições financeiras (art. 15 da Lei nº 6.024/1974);
(h) Decretar o Regime de Administração Especial Temporária (Raet) das instituições financeiras (art. 1º do Decreto-Lei nº 2.321/1987).

Como agência executiva e técnica

(a) Executar os serviços de meio circulante (art. 10, Inc. II, da Lei nº 4.595/1964 e art. 2º do RIBCB);
(b) Representar o governo brasileiro perante instituições financeiras internacionais (art. 11, Inc. I, da Lei nº 4.595/1964 e art. 2º do RIBCB);
(c) Colocar empréstimos internacionais (art. 11, Inc. II, da Lei nº 4.595/1964);
(d) Secretariar os trabalhos do CMN (art. 11, Inc. VIII, da Lei nº 4.595/1964).

PARTE III

Direito e economia: indivíduos e sociedades

CAPÍTULO 9

Teoria econômica da propriedade e dos contratos

Gustavo Kloh

1. A relação sistêmica entre direito e economia

O direito é, por excelência, o instrumento de organização social, um sistema de normas destinadas a regular diversos interesses presentes na sociedade, harmonizando interesses individuais e coletivos, com a finalidade de preservar as condições necessárias para a existência do homem em sociedade. Para tanto, o direito passa a definir fronteiras ao exercício da liberdade e das manifestações de poder, por meio de uma interação entre esses domínios.

Economia é uma parcela do fenômeno social, um aspecto da sociedade, ao qual o direito também se dedica. Na perspectiva econômica, o direito passa a exercer o papel de integração social, na busca da realização dos ideais de ordem, segurança, justiça social e desenvolvimento, interagindo dialeticamente com a realidade social.

O processo de criação do direito é realizado perante os valores e ideais eleitos pela sociedade, que podem ser alterados em razão de circunstâncias históricas, políticas e econômicas próprias do dinamismo da vida em sociedade. É a visão dinâmica da realidade a que o direito deve estar atento para reduzir as complexidades e contingências oriundas das relações sociais. Dessa forma, o direito passa de estrutura a função, ou seja, da harmonização de interesses a ferramenta para realização de certos fins.

Essas ponderações importam para o estudo dos principais institutos de contato entre o direito e a economia: a propriedade privada e o contrato.

Por essa razão, a melhor forma de definir a relação entre direito e economia não é pela causa e efeito, ou por forma e conteúdo, mas por interação e por integração, como cita Grau (1981:24):

> o que se descobre, no entanto, do exame da relação entre Direito e Economia, como adverte Miguel Reale, é que, em verdade, há um processo de interação dialética entre o econômico e o jurídico, no qual variam as forças atenuantes em intensidade, de situação para situação [...].

O direito passa a ser compreendido como ferramenta a auxiliar a economia na realização do valor econômico da eficiência, sem, no entanto, se esquecer dos ideais sociojurídicos de ordem, certeza, segurança, justiça social, paz e desenvolvimento.

A respeito da relação entre as duas ciências sociais, assesta Grau (1981:48):

> é na ordem econômica, parcela da ordem jurídica, que iremos encontrar os princípios fundamentais da ordenação macrojurídica da atividade econômica. Tais princípios gravitam em torno de um núcleo, que podemos identificar como os regimes jurídicos da propriedade e do contrato. Tais princípios existiam no Estado Liberal, estruturando-se então de modo espontâneo aqueles regimes, não sujeitos que estavam a princípios juridicamente definidos. O espectro fundamental da ordem econômica decorre da fixação de regimes jurídicos específicos para a propriedade e o contrato.

É a partir dessa premissa que se passa ao estudo do papel do direito na economia, inclusive sob o enfoque do intervencionismo, e como a intervenção jurídica opera em relação aos institutos da propriedade e do contrato; e das consequências para a economia: incentivo, desenvolvimento e redução dos custos de transação, por exemplo.

1.1 A propriedade privada e seu regime jurídico

A propriedade se projeta como um dos fatos mais expressivos ao permitir a satisfação das necessidades primárias e complementares do ser humano, favorecendo o desenvolvimento socioeconômico.

O direito às propriedades faz parte, inclusive, da própria dignidade da pessoa, tendo em vista que para agir com desejável independência o indivíduo tem necessidade de apropriar-se, exclusivamente, de certos bens para orientar sua atividade segundo suas aspirações e gostos.

Por outro lado, os direitos de propriedade são instituições sociais básicas que determinam incentivos para produções, investimentos e comércio. Esses direitos vão desde a definição do acesso, uso e transferência de propriedade tangível, como a terra, até a propriedade mais intangível, como é o caso de ações e títulos.

Mais amplamente, o direito de propriedade confere as posições e responsabilidades das partes no mercado e nas empresas. Nos mercados, esses direitos definem os vendedores e compradores, os bens trocados, a natureza dos pagamentos, o tempo das transações, a fiscalização e a resolução de eventuais conflitos. Nas empresas, os direitos de propriedade definem a especialização da produção, a entrega, a gestão, o *marketing* e a distribuição de custos e retornos entre proprietários e empregados.

No Brasil, os direitos afetos à propriedade possuem seu regramento fundamentado na Constituição, e são garantidos, desde que se atenda sua função social.

As normas constitucionais evidenciam que a propriedade deve ser apreciada como instituição de ordem e relações econômicas, conforme previsão do art. 170, incisos II e III, da Constituição, afinal, os princípios gerais que regem a atividade econômica existem para "assegurar a todos existência digna, conforme os ditames da justiça social" (Grau, 2015:99).

No art. 5º, inciso XXIII, da Constituição Brasileira, há a previsão de que "A propriedade atenderá a sua função social". Portanto, a utilização, gozo e desfrute de um bem deve se dar em consonância com a conveniência social da utilização da coisa. Deve ajustar-se aos interesses da sociedade, e, em caso de conflito, o interesse social pode prevalecer sobre o interesse individualizado.

No mesmo contexto o Código Civil Brasileiro, em seu art. 1.228, §§1º e 2º, prevê que

> o direito de propriedade deve ser exercido em consonância com suas finalidades econômicas e sociais e de modo que sejam preservados, de conformidade com o estabelecido em lei especial, a flora, a fauna, as belezas naturais, o equilíbrio ecológico e o patrimônio histórico e artístico, bem como evitada a poluição do ar e das águas.

Ao passo que "são defesos os atos que não trazem ao proprietário qualquer comodidade, ou utilidade, e sejam animados pela intenção de prejudicar outrem".

Exemplos de pleitos não faltam nos tribunais que tocam sobre reforma agrária, desapropriação de imóveis e usucapião de terras, bens considerados essencialmente escassos que, supostamente, não estariam sendo usufruídos de forma eficiente. Por essa razão, o tema sobre a análise econômica do direito de propriedade é relevante para que decisões eficientes sejam proferidas e seja aos moldes constitucionais promovida a função social da propriedade.

A teoria econômica do direito de propriedade, que ora se estuda, não tenta explicar o significado de propriedade e seus direitos, mas busca prever os efeitos das normas relacionadas com o direito de propriedade do ponto de vista da eficiência, e quando possível da distribuição dos direitos inerentes à propriedade.

1.2 Análise econômica do direito e os direitos de propriedade

Entende-se a análise econômica do direito (AED) o método de estudo da teoria econômica relativamente a estruturação, formação, impacto e consequências de eventual aplicação de instituições jurídicas e textos normativos. Esse movimento denominado de *law and economics* é concepção teórica norte-americana que remonta à tradição do utilitarismo e do pragmatismo e que propõe que o direito seja estudado a partir de vetores econômicos.

Os direitos de propriedade são um importante tema abordado pela AED, pois pretende-se refletir como e por que de sua concessão; o que seria objeto de propriedade privada; quais providências a serem tomadas em defesa dos direitos de propriedade e quais ações podem ser utilizadas pelos titulares desses direitos.

A AED justifica tais questionamentos sob a égide da *eficiência maximizada*. Para tal estudo há necessidade de se criar exclusividade sobre determinados bens para que sejam usados de forma eficiente, do ponto de vista social. Significa dizer que, quando um recurso não é alocado corretamente, não se obtém a correta informação acerca de uma potencial escassez daquele bem, o que pode levá-lo a ser explorado até sua extinção, gerando prejuízos para a coletividade. A propriedade privada, assim, é uma forma de estabelecer um valor justo e adequado face à potencial escassez de um determinado recurso.

Segundo Richard Posner (2005), a AED pode suscitar melhor compreensão do universo normativo e, ainda, promover o bem para um maior volume de pessoas: para ele, o direito não é uma entidade, é uma atividade. Nessa senda, os direitos de propriedade, miríade de assuntos normativos que contemplam reflexos econômicos, precisariam de uma compreensão junto à fundamentação econômica (Posner, 2005).

Desse modo, a teoria econômica visa analisar as regras legais aplicáveis à propriedade, ou seja, quais bens, materiais e imateriais, podem ser legalmente protegidos como propriedade, quais os direitos dos titulares da propriedade, bem como as obrigações que os proprietários têm com relação a terceiros.

Ademais, o estudo da ciência econômica possibilita ao operador do direito a previsão dos efeitos de vários remédios possíveis de serem adotados e, portanto, fornece uma ferramenta para escolher o melhor e mais adequado ao caso.

Para tanto se conceituam alguns vetores que inferem na análise econômica do direito de propriedade como escassez, racionalidade, incentivos, externalidades, custos de transação ou negociação e eficiência.

1.2.1 Escassez

Diferentemente do que ocorre com as necessidades humanas, os recursos disponíveis à coletividade para a satisfação de seus interesses são finitos e limitados. A escassez de recursos (bens) implica a necessidade de os indivíduos efetuarem escolhas.

1.2.2 Racionalidade

A racionalidade diz respeito à busca de maximização dos benefícios. No entanto, os humanos não são perfeitamente racionais, mas sim dotados de uma racionalidade limitada, imperfeita, uma vez que não possuem acesso a toda informação possível, e ainda que tivessem, a análise das informações estaria sujeita a informações cognitivas prévias, emocionais, religiosas e psicológicas, todas as influências absorvidas durante a vida.

1.2.3 Incentivos

Os incentivos são preços implícitos. Os indivíduos buscam maximizar seus benefícios realizando escolhas que minimizem seus custos. Os incentivos são os estímulos que fazem com que os agentes ajam em determinada direção, por atender seus anseios. Os incentivos podem ser eficientes ou ineficientes. Serão eficientes quando, por exemplo, uma legislação locatícia proteger os direitos do locador, caso se pretenda aumentar a oferta de imóveis a serem locados e diminuir o preço do aluguel. Por outro lado, serão ineficientes os incentivos quando proferida uma decisão judicial ideológica de revisão de contrato de crédito, quando se pretenda aumentar o crédito e diminuir os juros, uma vez que tal decisão terá o condão de fazer com que a instituição de crédito diminua a quantidade de crédito ofertada ou aumente as taxas de juros, em razão do aumento do risco.

1.2.4 Eficiência

Em economia, o termo eficiência comporta inúmeras acepções. Pode referir-se, por exemplo, à maximização dos benefícios e minimização dos custos.

Na visão econômica, almeja-se, sempre, a maior eficiência na alocação do bem, objeto do direito de propriedade. Márcia Carla Pereira Ribeiro e Irineu Galeski (Ribeiro e Galeski, 2009:86) muito bem explicam o sentido de eficiência:

> Acerca do conceito de *eficiência*, a teoria econômica apresenta dois modelos mais conhecidos: o de Pareto e o de Kaldor-Hicks. Sobre estes dois construtos, Sztajn leciona que o primeiro é mais usual, segundo o qual os bens são transferidos de quem os valoriza menos para aqueles que lhes atribuem maior valor. Portanto, seria a troca em que numa determinada sociedade alguém tivesse sua condição melhorada sem que houvesse a piora na condição de outrem. Outrossim, o segundo critério, de Kaldor e Hicks, parte da premissa de que as normas devem ser planejadas com objetivo de causar o máximo de bem-estar para o maior número de pessoas, de modo que os ganhos totais compensem, de forma teórica, as eventuais perdas sofridas por alguns.

Geralmente, nas hipóteses em que um bem é uso comum e pode ser livremente usufruído por vários agentes, não ocorre a utilização mais eficiente do mesmo, pois as atuações de cada agente geram maiores custos e exaurimento do bem em escassez, gerando prejuízo da coletividade. Nesse ponto, acerca da "eficiência" e AED, afiguram-se adequadas as palavras de Bruno Salama (2008:24):

> A questão, portanto, não é tanto se eficiência pode ser igualada à justiça, mas *sim como a construção da justiça pode se beneficiar da discussão de prós e contras, custos e benefícios*. Noções de justiça que não levem em conta as prováveis consequências de suas articulações práticas são, em termos práticos, incompletas. Num certo sentido, o que a Escola de Direito e Economia de New Haven buscou é congregar a ética consequencialista da Economia com a deontologia da discussão do justo. O resultado é, em primeiro lugar, a abertura de uma nova janela

do pensar, que integra novas metodologias (inclusive levantamentos empíricos e estatísticos) ao estudo das instituições jurídico-políticas, *de forma que o Direito possa responder de modo mais eficaz às necessidades da sociedade*. E, em segundo lugar, o enriquecimento da gramática do discurso jurídico tradicional, com uma nova terminologia que auxilia o formulador, o aplicador, e o formulador da lei na tarefa de usar o Direito como instrumento do bem comum. [grifos nossos]

A essência da análise econômica dos direitos de propriedade é que, ao se determinarem os titulares dos bens e seus direitos, haverá maior bem-estar social, pois em geral o ganho e benefício alcançado será maior que os prejuízos, e, consequentemente, haverá utilização mais eficiente, mais racional e mais duradoura do bem. Afirmam Márcia Carla Ribeiro e Irineu Galeski:

> [...] o segundo critério, de Kaldor e Hicks, parte da premissa de que as normas devem ser planejadas com objetivo de causar o máximo bem-estar para o maior número de pessoas, de modo que os ganhos totais compensem, de forma teórica, as eventuais perdas sofridas por alguns. [Ribeiro e Galeski, 2009:86]

Armando Castelar Pinheiro e Jairo Saddi explicam que uma alocação de recursos será eficiente quando "não há mudança que melhore a situação de um agente sem piorar a situação de pelo menos um outro agente". Ponderam os autores, de acordo com o critério de Pareto, não será eficiente uma dada situação, caso seja possível beneficiar alguém sem implicar prejuízos para outras pessoas (Pinheiro e Saddi, 2005:120).

1.2.5 Das externalidades

A definição dos direitos de propriedade também contribui para esclarecer de que modo as pessoas podem se beneficiar ou se prejudicar, bem como quem deve indenizar a quem em decorrência de atos ilícitos praticados por terceiros. Há estreita relação entre direitos de propriedade e fatores externos ou as chamadas *externalidades*. Mankiw (2009), acerca do conceito de externalidade, expõe que:

> Uma *externalidade* surge quando uma pessoa se dedica a uma ação que *provoca impacto no bem-estar de um terceiro que não participa dessa ação, sem pagar nem receber nenhuma compensação por esse impacto*. Se o impacto sobre o terceiro é adverso, é chamado de externalidade negativa; se é benéfico, é chamado de externalidade

positiva. Quando há externalidades, o interesse da sociedade em um resultado de mercado vai além do bem-estar dos compradores e vendedores que participam do mercado; passa a incluir também o bem-estar de terceiros que são indiretamente afetados. Como os compradores e vendedores desconsideram os efeitos externos de suas ações quando decidem quanto demandar ou ofertar, o equilíbrio de mercado não é eficiente quando há externalidades. Ou seja, o equilíbrio não maximiza o benefício total para a sociedade como um todo. [grifos nossos]

Há que se refletir, neste ponto, acerca da possibilidade de se *internalizar as externalidades*, de modo que os efeitos de uma externalidade gravitem sobre todos os agentes que interagem, sendo-lhes possível internalizar os benefícios e os custos.

Exemplo trazido pela doutrina é o da exploração de um terreno pastoril por inúmeros criadores de animais. Caso não haja limites a serem impostos por um criador aos demais criadores, naturalmente, todos envidariam seus esforços para aumentar seus ganhos, criando cada vez mais um maior número de animais. Obviamente, tal panorama levaria ao exaurimento do bem escasso (o pasto) e consequente prejuízo a todos.

Destarte, caso não seja estabelecido o direito de propriedade, todos os interessados em auferir lucro com a exploração pastoril o fariam sem limites, sem racionalidade, sem especificação dos animais próprios, sem respeitar os intervalos de tempo necessários à recuperação do pasto, entre outros fatores inerentes à atividade.

Esse fato, certamente, ocasionaria um prejuízo maior à coletividade, pois rapidamente o bem escasso (pasto) seria exaurido, impedindo a maximização de riquezas e interesses. Assim, um território de propriedade comum, no qual cada pessoa possua o direito livre de explorar o terreno, economicamente, não se mostraria interessante em tal hipótese. Afinal, o indivíduo que pretendesse maximizar seus direitos e lucrar, caçará mais, ou explorará ainda mais a terra, o que diminuiria a quantidade de animais e a própria capacidade de exploração ao longo do tempo.

Para ilustrar essas questões, a doutrina estrangeira traz o caso dos direitos de propriedade por meio da unitização de reservatórios de petróleo e gás natural na América do Norte para mitigar as perdas das pesquisas. São celebrados *contratos de unitização* que designam uma única empresa para explorar um depósito de hidrocarbonetos e com isto elimina as perdas da extração competitiva, e definem os direitos de propriedade dos arrendamentos de campos de petróleo (Libecap, 2002). No entanto, esses contratos normalmente são muito difíceis de elaborar e, geralmente, são incompletos, pois não conseguem prever a ocorrência de todos os fatores ao longo da execução do direito de uso. O exame do caso do petróleo e do gás demonstra as complexidades envolvidas na formação e modificação dos direitos.

1.2.6 Custos de transação

O conceito de custos de transação ou custos de negociação foi introduzido por Ronald H. Coase em seu artigo "*The nature of the firm*", de 1937, ao apontar como custos em sentido econômico também os custos que as partes suportam para estabelecer e executar os acordos que as vinculam.

Esses custos não decorrem da produção, mas do funcionamento dos mercados, com a coleta de informação, negociação e confecção de contratos.

A teoria do custo de transação está compreendida nas relações entre os agentes econômicos como condição para a organização e o desenvolvimento da economia, ou seja, atividade de produção e reprodução do material necessário ao crescimento econômico que envolve uma diversidade de interações, como tomada de decisões e comportamentos entre agentes no decorrer de um longo período de tempo.

Assim, quando há dificuldades de compatibilização das condutas das partes em suas interações realizadas no mercado e dentro das empresas, incorrem custos relevantes de coordenação das transações que afetam diretamente o desempenho econômico das partes, podendo os custos de transação ser definidos como:

> [...] o dispêndio de recursos econômicos para planejar, adaptar e monitorar as interações entre os agentes, garantindo que o cumprimento dos termos contratuais se faça de maneira satisfatória para as partes envolvidas e compatível com a sua funcionalidade econômica. [Pondé, 1993:29]

A partir da definição de custos de transação, Coase elaborou o seu teorema de Coase, segundo o qual qualquer definição inicial de direitos conduzirá a um resultado economicamente eficiente, desde que os custos de transação sejam nulos, ou seja, desde que esses direitos possam ser livremente transacionados pelos agentes econômicos.

A teoria econômica da propriedade é estritamente ligada ao teorema de Coase, vez que, quando os custos de transação são suficientemente baixos, os recursos serão usados de forma eficiente, não obstante a atribuição inicial dos direitos de propriedade. Entretanto, quando os custos de transação são elevados, o uso eficiente dos recursos dependerá da alocação inicial dos direitos de propriedade. O teorema de Coase, ao ser aplicado para resolução de disputas, tem as seguintes implicações: *(i) quando os custos são baixos, as partes que disputam o direito de propriedade estão na melhor posição para resolver o conflito; (ii) quando os custos são elevados, a intervenção do sistema legal é recomendada.*

Os elementos do custo de transação dividem-se em custos de busca de informações, custos de negociação e custos de execução, que determinam a regra legal a ser adotada. Importa dizer que as partes em disputa pelo direito de propriedade estão mais aptas a avaliar o bem, sendo a negociação preferível, pois assegurarão que os direitos fiquem nas mãos da parte que os valoriza mais. O teorema de Coase vai além e preconiza que o "sistema legal deve estruturar-se para remover os impedimentos aos acordos privados", *reduzindo os custos transacionais que são exógenos e endógenos do sistema legal.*

É crível que os indivíduos possam acordar os limites da exploração do recurso. Contudo, os "custos" para realizar esse acordo de limitação de direitos podem se mostrar inviáveis. Os "custos de negociação" ou de transação podem ser muito altos para se chegar a um consenso. Como frisa Demsetz (1967):

> *Pero tenemos que lidiar aún con las externalidades. Bajo el sistema de propiedad comunal, la maximización del valor de los derechos de propiedad comunal se llevará a cabo sin dar importancia a muchos costos porque el propietario de un derecho comunal o puede excluir a otros de disfrutar los beneficios de su propio esfuerzo y porque los costos de negociación son demasiado altos para que todos se pongan de acuerdo conjuntamente acerca de cuál es la mejor conducta. El desarrollo de derechos privados permite al propietario economizar el uso de aquellos recursos de los cuales él tiene el derecho de excluir a otros.*

A teoria da negociação é a base da teoria econômica da propriedade. Ao negociar em conjunto, os indivíduos frequentemente concordam com as condições para interagir e cooperar. Mas às vezes as condições de interação e cooperação são impostas aos indivíduos por lei. As condições costumam ser mais eficientes quando os indivíduos concordam com elas do que quando a lei as impõe. Segue-se que a lei é desnecessária e indesejável quando a negociação é bem-sucedida, e que a lei é necessária e desejável quando a negociação falha (Cooter e Ulen, 1998:113).

Vale mencionar que as disputas impõem custos de transação, pois é sempre um processo de distribuição de valor. Na tentativa de cada parte maximizar seu resultado, sabendo que as demais estarão se comportando de forma semelhante, são inviabilizadas soluções que produzam um resultado agregado mais elevado.

A interação entre direito e economia torna-se um desafio essencial para o desenvolvimento e funcionamento de um sistema seguro e eficiente para a preservação de direitos. Partindo desta premissa, Rachel Sztajn (2006:235) diz que "a função dos institutos de Direito é dar juridicidade a operações econômicas, criando condições de certeza e segurança, e com isso, levando a redução dos custos de transação".

2. Articulações entre bens públicos e privados

Os bens que são descritos como puramente privados têm a característica que seu uso por uma determinada pessoa impede o uso por outra, ressalvada a autorização do uso. Essa limitação no uso é na maioria das vezes considerada uma rivalidade no consumo de bens privados. O oposto, o bem puramente público, não apresentaria rivalidade no consumo.

Outro atributo que também distingue os bens privados dos públicos é que a definição dos direitos de propriedade à propriedade privada promove sua execução de forma relativamente a custo baixo. Especificamente, o proprietário pode excluir outrem do uso de tais bens a baixo custo.

O relacionamento entre as categorias é: *a eficiência exige que a propriedade privada seja propriedade privada e a propriedade pública seja propriedade pública*. Em outras palavras, a eficiência exige que os bens rivais e excluídos sejam controlados por indivíduos ou por pequenos grupos de pessoas, como o Estado. Portanto, a distinção entre bens privados e públicos deve orientar a elaboração de regras de propriedade para responder a pergunta: o que pode ser o objeto da propriedade privada?

A eficiência exige que a pessoa ou grupo que mais valorize o bem o tenha como propriedade particular. Portanto, a lei pode alcançar a alocação eficiente de bens privados, por exemplo, reduzindo os custos de negociação, atribuindo direitos de propriedade claros e simples. Uma vez que o Estado reconheça os direitos de propriedade privada, o proprietário dela pode excluir outros do uso ou consumo desse direito, exceto com seu consentimento.

Na abordagem jurídica, bens públicos são bens de uso comum do povo, como bens pertencentes às pessoas jurídicas de direito interno (Brasil, CC/2002, art. 99). Na abordagem econômica, bens públicos são aqueles "não rivais" e "não excludentes", isto é, aqueles que podem ser consumidos sem que terceiros se privem deles e aqueles aos quais não se pode evitar que terceiros tenham acesso. O sistema jurídico e o ar que respiramos são exemplos de bens não rivais e não excludentes, por isso, bens públicos.

No entanto, existem muitos exemplos de bens privados de propriedade pública. Propriedade pública de um bem privado geralmente leva à má alocação, isto é, quando usado ou consumido em particular por alguém que não seja a pessoa que mais o valoriza.

Como exemplo de bem público na sociedade atual tem-se o direito de propriedade da informação, a qual deveria ser um bem economicamente público, pois pode ser consumida por várias pessoas, simultaneamente, sem qualquer atenuação de suas características. No entanto, bens públicos acarretam um problema específico: a falta de motivação para produzi-los, pois não é eficiente despender tempo e esforço para a produção de um bem não rival e não excludente (Blair e Cotter, 2005). Essa situação onde a oferta não atende a demanda sem uma intervenção externa é denominada, em economia, de "falha de mercado" *(market failure)* e, para contorná-la, é necessário atribuir-se ao bem público uma exclusividade, transformando-o em bem privado sob o ponto de vista econômico.

Assim, com algumas condições específicas como limitações de procedimento, escopo e duração, e por uma definição jurídica, atribui-se ao titular do direito o poder de evitar que terceiros controlem o bem jurídico que incorpora aquela informação. Portanto, neste exemplo, eis o sistema de propriedade intelectual como forma jurídica para contornar um problema econômico que decorre de a informação ser um bem público.

2.1 *"A tragédia dos comuns"* — The tragedy of the commons

Um pesquisador americano da Universidade da Califórnia, Garrett Hardin (1915-2003), em 1968, publicou um artigo sob o título de "A tragédia dos comuns". O texto analisa os problemas relacionados com o exercício do uso de um bem comum. O estudo apresenta, na verdade, traços do comportamento humano, que em síntese revela: *a maioria das pessoas, sempre que puder beneficiar-se de um bem comum, será incentivada a fazer o mínimo de esforço para preservá-lo, ao mesmo tempo que será tentada a extrair o máximo de vantagem desse bem.*

No texto, o exemplo reporta as pastagens, pois era comum em diversos países europeus, e especialmente na Inglaterra, que as terras fossem exploradas coletivamente. Todos plantavam e criavam gado utilizando-se das pastagens comuns. O termo "comum" provém da expressão inglesa *commons*, que era utilizada para designar as pastagens, as florestas e os campos compartilhados livremente por uma comunidade rural. Contudo, esse sistema dava margem à superexploração: *frequentemente um pastor descobria que, se ele aumentasse seu rebanho, somente ele teria mais lucro, ao passo que o custo disso seria suportado por todos.* A "tragédia" sobreviria assim que todos passassem a agir da mesma forma, e com esse comportamento a terra logo se esgotaria e, em pouco tempo, todos perderiam (Neto, 2015).

Outro exemplo sempre incluído nos livros de economia política: no início da colonização americana chamada de Plymouth, por volta do ano de 1621, as propriedades e as terras seriam administradas e cultivadas de forma comum por todos os colonos. Porém, em pouco tempo, a colônia afundou em miséria, pois sua produção não era suficiente nem para alimentar as famílias ali estabelecidas. Logo se concluiu que o sistema de exploração comum não funcionava, pois cada colono esperava que o outro trabalhasse mais que ele próprio. O sistema de exploração comum foi então abolido, e cada um dos colonos passou a cuidar de suas próprias terras.

Esse comportamento predatório se revela em várias outras oportunidades, como nos condomínios em que o consumo de água não é medido individualmente, a conta costuma ser bem mais alta do que quando se instalam medidores que indicam o consumo de cada família. Questões ambientais também sofrem o mesmo impacto, pois se a pesca é liberada, todos procuram retirar o máximo de peixe das águas, ainda que isso, ao final, possa eventualmente prejudicar a todos da coletividade.

Em 1990, a cientista política Elinor Ostrom ofereceu uma das mais compreensivas críticas ao modelo da tragédia dos comuns. O seu estudo se baseou no conflito do Sul da California com uma população numerosa, agricultura e pecuária extensivas, clima desértico e poucos recursos hídricos perenes. A cientista investigou como grupos locais se articularam para gestão do lençol freático. A comunhão de recursos comuns (*common-pool resource*) pelas partes interessadas seria eficaz sem necessitar regulação vinda de cima se atendesse a alguns requisitos. Segundo o modelo de Ostrom, haveria oito princípios fundamentais a serem observados para solucionar o dilema da tragédia dos comuns: (i) limites claramente definidos; (ii) equivalência proporcional entre benefícios e custos; (iii) implantação das decisões coletivas; (iv) monitoramento; (v) sanções gradativas; (vi) resolução rápida e justa de conflitos; (vii) autonomia local; e (viii) relações apropriadas com outros níveis de autoridade reguladora (governança policêntrica).[1]

Denota-se na proposta de Ostrom que uma rede de colaboração entre as diversas famílias ou indivíduos garante a maximização dos ganhos coletivos do grupo face a desafios internos e pressões externas. Como remédio, há alternativas desde pedágios, regulamentações ou privatizações até o investimento na autogestão por parte dos grupos interessados.

3. Intervenção estatal nos direitos de propriedade e nos contratos: maximizar a eficiência?

Como visto, os direitos de propriedade na percepção econômica garantem acesso, uso e transferência de valiosos recursos, sejam eles tangíveis ou intangíveis.

Furubotn e Richter (1997) delinearam os elementos básicos dos direitos de propriedade: *(i) o direito de usar o ativo; (ii) o direito de se apropriar dos retornos do ativo; e (iii) o direito de mudar sua forma, substância e localização, incluindo o direito de transferência para outros por meio de negociações de mercado ou para herdeiro por meio da herança.*

Esses direitos podem ser conferidos a particulares, grupos determinados ou ao Estado, e cada qual terá diferentes custos de transação para tomada de decisão e uso desses recursos. Independentemente da natureza da alocação (destinação, afetação), os direitos de propriedade devem ser claramente especificados, aplicados e exclusivos para serem efetivos, e o grau de especificidade depende do valor do ativo coberto (Demstez, 1967).

Importa dizer que para ativos/recursos de valor relativamente baixo ou nos casos em que o número de partes é pequeno e onde há um histórico de interação, as normas informais e os costumes locais geralmente são suficientes para definir e fazer valer os direitos de propriedade. De outro lado, para propriedade de ativos de valor mais alto, onde o número de concorrentes é

---

[1] Esse modelo de gestão resultou no Prêmio Nobel de Economia de 2009 para Elinor Ostrom.

maior e onde a entrada é comum e lucrativa, se tornam necessárias estruturas de governança mais formais, como a definição legal dos direitos de propriedade. Nessa hipótese, a intervenção do Estado é necessária para suplementar as restrições informais sobre o acesso e uso dos recursos.

Dessa forma, a política intervencionista do Estado amplia o número de agentes os quais devem ser considerados nas negociações para atribuição e execução dos direitos de propriedade. A aquisição do título da propriedade facilita o investimento e a ampliação do mercado, porque o título permite que as propriedades sirvam de garantia para acessar os mercados de capitais.

Libecap (2002) aduz que ante a falta de concessão de títulos por questões políticas, pode o Estado forçar um acordo de direitos de propriedade que pode vir a prejudicar algumas partes, reduzindo, potencialmente, o bem-estar agregado à delimitação dos direitos.

O ideal social do desenvolvimento impôs ao Estado a tarefa de proporcionar o bem-estar social e o desenvolvimento socioeconômico, autorizando-o, por consequência, a intervir na economia, com a finalidade de corrigir os desvios e abusos gerados pelo liberalismo. O Estado, então, passa a desempenhar a função de corrigir distorções trazidas pelo liberalismo econômico, visando a preservação dos mercados e dos valores da propriedade privada, da liberdade contratual e da iniciativa econômica que operam no mercado.

Outra questão é que, quando os direitos de propriedade não são bem definidos ou quando são restringidos por um grupo ou pelo Estado, há implicações para o comportamento e o desempenho econômicos. A atenuação dos direitos de propriedade de um recurso afeta as expectativas do seu titular sobre seu uso, tempo e valor, o que, consequentemente, leva à redução dos incentivos ao investimento e à troca.

A negociação subjacente à criação ou modificação de direitos envolve o debate sobre os benefícios agregados do novo arranjo e a distribuição desses benefícios entre as diversas partes interessadas no exercício do direito. Conflitos podem surgir diante de sérias assimetrias de informação entre as partes em relação aos benefícios e custos, problemas de medição e incapacidade de criar indenizações para compensar aqueles que acreditam que serão prejudicados pelas mudanças nos direitos de propriedade.

Os custos de transação associados a disputas de equidade e mensuração podem atrasar ou bloquear o desenvolvimento de acordos efetivos de direitos de propriedade. Já compromissos e indenizações estipulados podem modificar o exercício de direitos de propriedade com importantes implicações de eficiência. É útil ver os direitos de propriedade como resultados contratuais, negociados pelas partes ou em contextos políticos, sujeitos a reduzidos custos de transação. Ao analisar os detalhes das negociações sobre o exercício desses direitos, incluindo as posições tomadas pelas partes envolvidas, suas características e a informação disponível, pode-se determinar que, quanto maiores forem os benefícios totais de se criar novos ou modificar antigos direitos de propriedade, mais provável é o acordo. Além disso, quanto mais homogêneas forem as partes, maior a probabilidade de que elas consigam construir e concordar com uma cessão de direitos de propriedade, priorizando, assim, a eficiência (Libecap, 2002).

Quando há grande divergência entre as partes, a exemplo sobre o custo de produção ou ao acesso a informações sobre o valor do ativo, o acordo sobre regras de compartilhamento de propriedade será mais difícil de ocorrer. E, se os custos forem elevados, os custos de implementação do acordo serão aumentados.

Certo é que estipular a forma do exercício dos direitos de propriedade propicia a redistribuição de riqueza e poder político e muda a natureza da produção, o que muitas vezes é o fator motivador. No entanto, embora a definição no exercício dos direitos, há incertezas quanto ao resultado, pois este envolve problemas de medição, e haverá quem se sinta "vencedor" e "perdedor" diante de tais circunstâncias.

A intervenção do Estado "não deve ser nem mínima nem máxima, deve ser necessária" (Montoro, apud Barral, 2005). O grande desafio é o equilíbrio entre um possível excesso de intervencionismo e as dificuldades dessa intervenção, encontrar um meio-termo onde não haja uma restrição ao funcionamento do mercado e altos custos fiscais impostos para atingir a eficiência esperada.

3.1 Regras de propriedade, responsabilidade e inalienabilidade

Questão atinente à determinação do direito de propriedade relaciona se esse direito pode ser objeto de uma regra de responsabilidade ou de inalienabilidade.

O artigo clássico de Guido Calabresi e A. Douglas Melamed, "Regras de propriedade, regras de responsabilidade e inalienabilidade: uma visão da catedral", datado de 1972, trouxe uma nova abordagem das categorias de direitos, diferenciando as regras de propriedade, de responsabilidade civil e de inalienabilidade. O artigo apresentou um conceito para o *entitlement*, delimitando-o como um benefício ou garantia jurídica para situações concretas, ou simplesmente como a atribuição da titularidade de direito. E, feita essa delimitação inicial, examinou qual o modelo das regras que deveriam reger a sua dinâmica.

Na visão dos autores, a primeira coisa que qualquer sistema jurídico deve enfrentar é sobre *"a titularidade dos direitos"*. Cada vez que o Estado se depara com um conflito de interesses entre duas ou mais pessoas ou entre dois ou mais grupos de pessoas, deve o ente decidir a qual delas (deles) deve favorecer. Quando o Estado não decide sobre a titularidade e o exercício do direito, este será decidido pela "lei do mais forte", pessoas mais fortes e mais capacitadas poderão impor a titularidade da propriedade e seu exercício pelas próprias mãos (Calabresi e Melamed, 1972).

Além da decisão inicial de titularidade e exercício do direito, deve o Estado decidir questões correlacionadas como instrumentos de defesa e os limites da garantia jurídica. A título de exemplo, quando e como o direito poderá ser alienado, quais os meios de proteção e quais negociações são aceitáveis.

Para tanto, Calabresi e Melamed apontam três critérios para decidir qual regra deve se aplicar na proteção dos direitos: eficiência econômica, objetivos de distribuição e outros critérios de justiça que podem interferir na atribuição de direitos. Em relação à eficiência econômica, o vetor utilizado são os custos de transação, pois, se eles forem baixos, o titular do direito pode decidir como irá transferir o direito, de forma voluntária.

No entanto, com os custos de transação elevados, impedindo a transferência de direitos que podem ser eficientes para as partes e coletividade, a regra aplicada é a da responsabilidade, segundo a qual o direito seria protegido, mas o Estado poderia estipular uma indenização para os casos de transferência involuntária ou destruição do direito. E se não é considerada aceitável a transferência de um direito, a regra aplicável é a inalienabilidade, como é o caso do direito de personalidade no regime jurídico brasileiro.

Para utilizar uma regra jurídica que atribui direito de propriedade no Brasil, o art. 1.228 do Código Civil de 2002 verbaliza que, quando uma pessoa possui direitos em face de um imóvel, ela tem as faculdades de usar, fruir e dispor do bem, e essa última faculdade — a de dispor — permite dizer que a pessoa tem legitimidade para transferir ou vetar a transferência de seu direito sobre o bem. Nesse caso, a possibilidade de vetar caracteriza a regra de propriedade apregoada por Calabresi e Melamed.

No entanto, há hipóteses normativas em que a pessoa pode ser forçada a transferir seu bem imóvel como: (*i*) *desapropriação; (ii) evicção ou penhora para fins de execução; e (iii) construções fora dos limites.* Nessas hipóteses, por critério de eficiência econômica ou metas de distribuição, o titular do direito protegido poderá ser obrigado a transferir o bem, recebendo em troca uma indenização. Nos três casos apresentados a regra da propriedade será substituída pela regra da responsabilidade.

Destaca-se que na aplicação da regra de responsabilidade o foco central deixa de ser a preservação da titularidade e passa a ser a busca da indenização adequada considerando os custos internalizados pelo titular do bem e centrando-se na função social do bem.

As regras de propriedade, no exemplo, também podem ser substituídas pela regra de inalienabilidade, como a desapropriação para reforma agrária de imóveis de pequenas áreas rurais e de propriedades produtivas, conforme a norma do art. 185 da Constituição da República de 1988.

Observa-se assim que a proposta de atribuição de direitos de Calabresi e Melamed preconiza que um mesmo direito, a depender da situação do caso concreto, pode ter intervenção de regras de propriedade, responsabilidade ou de inalienabilidade.

4. Análise econômica dos contratos

O direito contratual é muito receptivo às aplicações e análises econômicas. Pode-se inferir que a formação de um contrato aumenta a riqueza e a utilidade de seu objeto. De outro lado, uma vez que o comportamento é examinado, novas questões surgem como consentimento, capacidade e eficiência. O estudo da economia contratual pode ser visto sob dois componentes distintos: macro e micro. Da perspectiva macro, têm-se quais os motivos da existência do direito contratual ou as razões que levam à execução de promessas gratuitas. Na perspectiva micro, têm-se questões como o que constitui uma oferta, as razões de inexecuções do objeto contratual e qual remédio contratual é o mais adequado.

Enquanto o direito de propriedade determina a configuração dos direitos que formam a base da produção e da troca, o direito contratual define as regras para as trocas (comércio) individuais de direitos e, assim, determina a maneira com que a sociedade poderá usufruir de seus benefícios.

Deve-se ter em mente que são identificadas duas visões quanto ao papel a ser desempenhado pelo contrato. Uma primeira visão é comandada pelos preceitos de eticidade, socialidade e operacionalidade aderidos pelo Código Civil de 2002, sendo o contrato utilizado como instrumento para atingir melhorias na distribuição de renda e do poder entre as partes. Numa segunda visão, o contrato é um instrumento facilitador da produção e da troca de riquezas, provendo as bases jurídicas da atividade econômica, desde que não infrinja normas públicas.

Imantado pela segunda percepção da figura contratual, deve-se ponderar o uso da função do contrato, pois esta pode deslanchar uma insegurança jurídica, desestímulo ao empreendedorismo e a consequente diminuição da atividade produtiva.

A análise das diferenças existentes sobre o uso do contrato para se atingir sua função permite apontar dois pontos a serem estudados: (i) o uso de cláusulas abertas na implementação de um conceito etéreo como o de função social do contrato como causa de maior grau de imprevisibilidade, acarretando prejuízos sociais, e (ii) o estímulo empreendedor das pessoas, essencial ao bom funcionamento das economias de mercado, pode ser prejudicado pela intervenção excessiva no direito de contratar, e pelo aumento nos riscos que revisões arbitrárias por parte do Poder Judiciário podem induzir.

4.1 O contrato como instrumento econômico

Na dicção de Roppo (2009:11), "o contrato é a veste jurídico-formal de operações econômicas". Entende-se por operações econômicas qualquer forma de transferência de riquezas, correspondendo a um interesse, ainda que não patrimonial.

É a formalização jurídica da operação econômica, operada pelas normas legais, pelas decisões de tribunais e pela doutrina. O direito dos contratos, portanto, é um conjunto de regras e princípios dotados de conformação para funcionalizar determinados fins e interesses, a considerar uma dimensão de realidade em que está inserido. A visão tradicional, de acordo bilateral, não é negada, mas ampliada e ressignificada.

Assim, são considerados arranjos contratuais internos que definem as relações entre agentes especializados na produção, bem como os arranjos externos que regulam as transações entre pessoas ou grupos independentes, podendo ser estendidos para as transações entre o Estado e o setor privado (regulação) (Zylbersztajn e Sztajn, 2005). Em resumo, a ciência econômica tende a identificar o contrato como "uma maneira de coordenar as transações".

4.2 O contrato e a propriedade

Há um nexo de subordinação e instrumentalidade entre o contrato e a propriedade. O contrato é o instrumento de circulação da propriedade, e assim é *considerada a propriedade em movimento*.

Antes, na nascente sociedade capitalista, a propriedade era considerada o alicerce de todo processo econômico, única fonte de produção e fruição das utilidades econômicas, enquanto o contrato tinha o exclusivo papel de circulação dessa propriedade. Assim, *o contrato não criava riqueza, somente limitava-se a transferi-la* (Roppo, 2009:64).

Com o progresso do modo de produção capitalista, com a complexidade das relações econômicas há um movimento de *mobilização e desmaterialização da riqueza* aspirando retirar do direito de propriedade (o exercício) a supremacia entre os instrumentos de gestão da riqueza, pois esta passa a não se identificar apenas pelas coisas materiais e o direito de usá-las, mas consiste em bens imateriais, em relações, em promessas alheias e no correspondente direito ao comportamento de outrem. Passa a incluir o comportamento do indivíduo, a moral, o intangível, e não necessariamente uma coisa a ser possuída em propriedade (Roppo, 2009:64).

A título de exemplo, tem-se um contrato de licença de patente onde A, titular do direito de uso exclusivo de uma invenção industrial, concede ao empresário B o direito de desfrutá-la economicamente. Desse modo, B não adquire a propriedade de um bem material, mas nem por isso deixa de se apropriar de uma fonte de riqueza, pressuposto para obter proveitos consideráveis. O mesmo vale para um contrato de sociedade a concessão de uma opção sobre uma carteira de ações. A substância econômica do fenômeno acionário não se encontra na propriedade e disponibilidade material do instrumento, mas nos direitos e expectativas econômicas que ele simboliza. Nessa senda, a relação entre propriedade e os contratos vai muito além de uma simples transferência: uma possibilidade de criação de direitos. Pode-se aduzir, com isso, que dentro de um sistema capitalista, como o do Brasil, é o "contrato, e já não a propriedade, o instrumento fundamental de gestão de recursos e de propulsão da economia" (Roppo, 2009:66).

4.3 O contrato e a empresa

Como se pode depreender num processo de mobilização e desmaterialização da riqueza, ante uma sociedade capitalista, o processo econômico é determinado e impulsionado pela atividade economicamente organizada com vistas à produção ou à troca de bens ou de serviços — *empresa*, e já não pela propriedade.

O contrato, assim, se transforma, de mecanismo funcional e instrumental da propriedade, em mecanismo funcional e instrumental da empresa. É o instrumento necessário para a definição das relações entre empresários e trabalhadores, bem como para as relações com terceiros que a empresa estabelece para aquisição de bens e serviços essenciais ao desenvolvimento de suas atividades produtivas.

4.4 O contrato e o Estado

A intervenção estatal no campo da atividade econômica gerou uma gama de transformações no direito, em especial no regime dos contratos ao impactar a liberdade de contratar que viabiliza a realização dos efeitos e virtualidades da propriedade privada dos bens de produção.

Observa-se a transformação dos contratos na economia de mercado administrado, organizado, em instrumentos dinâmicos voltados ao alcance não apenas para os fins almejados pelas partes, mas também, na medida em que conformados pelo Estado, dos fins da ordem econômica (Grau, 2015). Por esse ângulo, René Savatier (Savatier, 1950 apud Grau, 2015) enfatiza que os contratos não são mais de livre construção da vontade humana, mas uma contribuição das atividades humanas à arquitetura geral da economia de um país, arquitetura esta que o Estado passa a definir. Os contratos se transformam em condutos da ordenação dos mercados, impactados por normas jurídicas que não se contêm tão só nos limites do direito civil: passam a ser apostos preceitos que instrumentam a intervenção do Estado no domínio econômico na busca de soluções de desenvolvimento e paz social (Grau, 2015).

4.5 Custos de transação nos contratos

Referem-se os custos de transação a todos os eventos que intercedem uma finalidade econômica e sua efetiva concretização, isto é, todos os esforços envidados para obtenção de resultados eficientes.

Na teoria contratual, a noção de custos de transação corresponde a três causas principais: (i) custos de redação dos termos-custos de complexidade; (ii) custos de disciplina contratual-normatividade; e (iii) contingências imprevistas.

De outro lado, são três os efeitos condicionadores da maximização das trocas e que separam bem-estar privado e bem-estar social no plano dos contratos: (i) os efeitos sobre terceiros; (ii) as assimetrias e insuficiências das informações; e (iii) as diferenças de poder negocial ou de mercado-vulnerabilidades (Araújo, 2007).

Especificamente, os custos de transação envolvem:

> [...] os custos *ex ante* de preparação, negociação e salvaguardar um acordo bem como os custos *ex post* dos ajustamentos e adaptações que resultam quando a execução de um contrato é afetada por falhas, erros, omissões e alterações inesperadas. Em suma, são os custos de conduzir o sistema econômico. [Williamson, 1985:20]

Os custos *ex ante* estão presentes no processo de negociação das cláusulas contratuais, que envolvem estudos, cálculos e tempo para definir o objeto da transação, bem como a formalização de todos os procedimentos cabíveis em caso de divergências entre as partes. Esses custos tendem a ser mais elevados quanto maiores forem as dificuldades em delimitar as precondições planejadas.

Todavia, não é possível assegurar a coordenação da transação somente pelas características *ex ante* do contrato, em função dos atributos de complexidade que envolve os bens negociados, da relação desses fatores com a incerteza do ambiente onde operam, bem como dos atributos comportamentais das partes. Existe, portanto, os custos *ex post* do contrato, gerados a partir da necessidade de adaptação da relação transacional a novas circunstâncias, supervenientes à celebração do contrato.

4.6 Princípio do equilíbrio contratual e os custos da previsibilidade: a teoria do contrato incompleto

Diante de todas as recentes transformações havidas no direito contratual, é inegável o aumento da sensação de insegurança das partes na confecção das cláusulas de seus instrumentos. Se, por um lado, a nova base principiológica privilegiou valores de dignidade e solidariedade antes pouco considerados, por outro lado, a ampliação dos poderes dos magistrados na modificação e revisão dos contratos significou incerteza no cumprimento do contrato.

A consagração do princípio do equilíbrio contratual, por exemplo, com a possibilidade de revisão das condições contratadas, a fim de afastar a onerosidade excessiva suportada por uma das partes, fez com que os contratos se tornassem cada vez mais extensos, buscando prever todas as eventuais ocorrências futuras e o tratamento a ser dado em cada caso. Ocorre que, além de utópico, tal processo é extremamente custoso, por exigir um aprimoramento profissional sobre cada aspecto da negociação.

Diante desse cenário, surge a teoria econômica do contrato incompleto, como uma nova forma de ver a teoria geral do contrato, em especial, os fundamentos da teoria da imprevisão para revisão dos contratos de longo termo. Essa teoria visa buscar o equilíbrio entre as cláusulas gerais e conceitos jurídicos indeterminados, interpretados e aplicados pelo Judiciário, tendentes à redução de incertezas e a estabelecer uma estrutura estável para as relações contratuais e as consequências econômicas advindas dessas garantias que podem inviabilizar a plena eficácia e efetividade do contrato.

Consiste a teoria do contrato incompleto num meio alternativo de gerir riscos supervenientes por meio de características distintas daquelas reconhecidas pela teoria da imprevisão. Suas "lacunas" servem às partes para introduzir na relação a flexibilidade necessária para que o contrato possa continuamente adequar-se às mudanças das situações supervenientes.

Pode se considerar vantagem dos contratos incompletos a governança não só por regras legais, mas por regras extralegais provenientes da relação jurídica, as quais incentivam os contratantes na fase de execução do contrato a proceder corretamente, com boa-fé diante de eventuais mudanças circunstanciais (Caminha e Lima, 2014).

Vislumbra a teoria deixar em aberto previsões contratuais e substituir os custos de transação por decisões administrativas entre empresas visando a evitar custos transacionais desnecessários. Diverge do modelo clássico do direito dos contratos, no qual deve o jurista afastar a aplicação da teoria da imprevisão e incentivar as partes contratantes, quando da ocorrência de circunstâncias supervenientes, a adotar um clima de cooperação.

Há um longo caminho a ser percorrido até se chegar ao contrato incompleto como solução ideal para os contratos de longa duração, que se revela na cooperação entre as partes, na eliminação de cláusulas de onerosidade excessiva e no reconhecimento da importância de eliminar custos transacionais desnecessários, deixando em aberto determinadas previsões contratuais a serem dirimidas posteriormente. Aqui cabe fazer uma referência ao papel de um Judiciário eficiente, ao resolver as questões em aberto, respeitando o espírito original do contrato.

É possível concluir que a teoria econômica do contrato incompleto (*incomplete contract*) amplia a hipótese de revisão com base na teoria da imprevisão, inovando a ordem jurídica, possibilitando uma estabilidade das relações jurídicas, ao assegurar aos contratantes uma base mais sólida aos contratos de longa duração.

5. Propriedade, contratos, Judiciário e desenvolvimento

Como se observa, áreas distintas das ciências sociais se intercomunicam, criando um espaço interdisciplinar, promovendo um cenário para que o Estado possa se desenvolver e crescer.

A taxa de crescimento de um país está correlacionada com o nível de investimentos que recebe que, por sua vez, está intimamente ligado à sensação de segurança jurídica que o Estado oferece. Assim, a decisão de investimento circunda quanto à proteção de direitos.

Um dos fatores relevantes na promoção do desenvolvimento econômico é a criação de instituições com credibilidade. North (Lopes, 2013) demonstra que as instituições são estruturas que comprometem o funcionamento do processo econômico e que podem gerar custos adicionais na medida em que sofrem problemas de credibilidade ou de eficiência.

Para Douglass North (Lopes, 2013:627):

> instituições são restrições (normas) construídas pelos seres humanos, que estruturam as interações social, econômica e política. Elas consistem em restrições informais (sanções, tabus, costumes, tradições e códigos de conduta) e regras formais (constituições, leis e direitos de propriedade).

À vista dessa concepção, North conduz para o desenvolvimento de uma teoria das instituições e realça sua influência sobre o desempenho econômico. Em seu estudo, ao invés de abordar unicamente os mercados, sua análise prioriza as instituições, em suas diversas concepções, destacando os direitos de propriedade, que estimulam os investimentos, reduzem a incerteza futura, garantem os rendimentos dos inovadores e, assim, estimulam o aumento no estoque de capital físico e humano, o avanço do conhecimento, a produtividade e, finalmente, o desenvolvimento econômico (North, 1994 apud Lopes, 2013). Constata que são as instituições, sejam elas políticas ou econômicas, que formam a estrutura de incentivos de uma sociedade. Portanto, o desempenho se torna uma decorrência das instituições e dos estímulos à inovação e à eficiência.

Com perspectivas no cenário de desenvolvimento, há uma preocupação com os efeitos negativos sobre o mercado, caso haja um mau funcionamento do Poder Judiciário ao tratar questões sobre o exercício do direito de propriedade em geral e sua circulação mediante instrumentos contratuais, ao não considerar os problemas decorrentes na alocação de recursos. O Judiciário é uma das instituições que produzem impacto efetivo sobre a condução da política econômica e, consequentemente, auxilia no ritmo do crescimento do país.

O desenvolvimento requer, assim, instituições jurídicas com credibilidade. Para tanto, merece a implantação de regras claras e previsíveis, propiciando um ambiente jurídico estável para investimentos, criação de riquezas, garantir liberdade e credibilidade. Nessa lógica, a existência de uma regra ruim no conjunto normativo é menos prejudicial à lógica do desenvolvimento que uma regra instável, pois uma regra ruim pode ser objeto de debate em processo legislativo, e uma regra instável cria acomodações de grupos sociais por influência, deslegitimando a existência do sistema jurídico. A eficiência do Judiciário é elemento essencial para garantir um papel positivo da ordem jurídica na promoção do desenvolvimento. Uma percepção de Judiciário ineficiente, corrupto ou tendencioso tem um efeito danoso tanto para o processo de desenvolvimento quanto para o crescimento econômico. No caso do processo de crescimento, a ineficiência do Judiciário serve como incentivo à inadimplência, impecilho ao investimento e à efetivação de contratos.

O desempenho do Judiciário deve ser avaliado segundo os serviços que ele produz em termos de garantia de acesso, previsibilidade e presteza dos resultados, além dos remédios adequados. Deve-se "focar na justiça enquanto uma entidade que presta serviços para a sociedade, e considerar a qualidade de seus serviços ofertados, de forma eficiente" (Timm, 2005:47).

Sobre eficiência, adverte Machado (Timm, 2005:47): "infelizmente ainda não está assimilada por todos, a ideia de que julgadores devem sopesar, em suas decisões, os reflexos econômico-sociais delas".

Segundo Armando Castelar Pinheiro (2005):

> O Judiciário é uma das instituições mais fundamentais para o sucesso do novo modelo de desenvolvimento que vem sendo adotado no Brasil e na maior parte da América Latina, pelo seu papel em garantir direitos de propriedade e fazer cumprir contratos. Não é de supreender, portanto, que há vários anos o Congresso Nacional venha discutindo reformas que possam tornar o Judiciário mais ágil e eficiente. O que se verifica, não obstante, é que apenas recentemente se começou a analisar e compreender as relações entre o funcionamento da justiça e o desempenho da economia, seja em termos dos canais dos quais esta influi no crescimento, seja em relação às magnitudes envolvidas.

Há quem advoga a necessidade de um Judiciário especializado para se adequar à realidade do conflito para uma prestação jurisdicional eficiente. Nesse contexto, além de as normas reduzirem os custos de transação, a atuação do Judiciário deve estar sintonizada na percepção da atividade econômica, aprimorando-se para além das fronteiras do direito.

5.1 Decisão judicial intersistêmica: breves considerações acerca da teoria dos sistemas

A teoria dos sistemas compreende um aporte teórico considerando a complexidade da sociedade como diversidade de sistemas comunicativos. Certo é que o direito e a economia são sistemas sociais comunicativos, que apesar de autônomos e autorreprodutivos recebem influência dos meios e de outros sistemas, inter-relacionados para a redução das complexidades que surjam na sociedade.

O sistema do direito se manifesta como meio de resolução e prevenção de conflitos oriundos das relações sociais. Nesse contexto, diante das complexidades sociais, não se limita a enxergar apenas a norma escrita, mas também o modo sociológico com a efetividade da aplicação das normas aos fins sociais como forma de resolução adequada de conflitos. Não apenas identifica o indivíduo como centro da sociedade, mas passa a compreendê-lo por meio de suas interações.

Vale mencionar que o direito como sistema autônomo consiste em direito responsivo com maior liberdade do Poder Judiciário, com a capacidade de resolução de problemas e complexidade no ato de julgar, a partir da instituição da ideia de julgamento com base em precedentes.

Dessa forma, a decisão judicial é o acoplamento estrutural entre os sistemas jurídico e econômico, diante das inúmeras possibilidades, considerando fatores e impactos, ante a complexidade da realidade social. No processo decisório devem ser investigados todos os sistemas, como as organizações envolvidas ativamente nas decisões (Rocha, 2013 apud Arrabal, Dias e Sá, 2014).

Cada sistema social tem sua comunicação. A exemplo, temos o contrato como estrutura de interconexão sistêmica. Na perspectiva econômica, o instrumento contratual apresenta sua análise baseada em preços. Já na perspectiva do direito é verificada a validade do conteúdo.

Uma decisão implica possibilidades de que suas consequências ocorram de diversas maneiras. As organizações são sistemas encarregados de reduzir a complexidade em determinado caso concreto e o Judiciário é uma organização encarregada de redução de complexidades e riscos na sociedade.

Deve-se ater que as decisões podem não atingir os fins, pois há muita possibilidade de frustrações e contingências. A fim de evitar tais frustrações nas decisões, a teoria dos sistemas proporciona uma análise de interconexão dos sistemas possíveis à solução do caso, permitindo antecipar o futuro para o presente. A imprevisibilidade do futuro que circunda os sistemas sociais complexos e contingentes faz com que se observem as possibilidades que são suscetíveis de ser realizadas, trazendo para a decisão uma solução mais eficiente.

Referências

ARAÚJO, F. *Teoria econômica do contrato*. Coimbra: Almedina, 2007.
ARRABAL, A. K.; DIAS, F. A.; SÁ, P. Z. de. A decisão judicial e sua relação intersistêmica jurídica e econômica. *Revista SJRJ*, Rio de Janeiro, v. 21, n. 41 p. 51-67, dez. 2014.
BARRAL, W. O. *Direito e desenvolvimento*: análise da ordem jurídica brasileira sob a ótica do desenvolvimento. São Paulo: Singular, 2005.

_____. *Direito e desenvolvimento*: um modelo de análise. São Paulo: Singular, 2005. v. 1.

BLAIR, R. D.; COOTER, T. F. *Intellectual property*: economic and legal dimensions of rights and remedies. Nova York: Cambridge, 2005.

CALABRESI, G.; MELAMED, A. D. *Property rules, liability rules, and inalienability*: one view of the cathedral. (1972). Faculty Scholarship Series. Paper 1983. Disponível em: <http://digitalcommons.law.yale.edu/fss_papers/1983>.

CAMINHA, U.; LIMA, J. C. Contrato incompleto: uma perspectiva entre direito e economia para contratos de longo termo. *Revista Direito GV*, São Paulo, v. 10, n. 1, p. 155-200, jan./jun. 2014.

COOTER, R.; ULEN, T. *Derecho y economía*. México: Fondo de Cultura Económica, 1998.

DEMSETZ, H. Hacia una teoria de los derechos de propriedad. *American Economic Review*, maio 1967. Disponível em: <www.eumed.net/cursecon/textos/Demsetz_teoria-derechos-propiedad.pdf>. Acesso em: 30 maio 2018.

FARINA, E. M. M. Q.; AZEVEDO, P. F. de; SAES, M. S. M. *Competitividade, mercado, Estado e organizações*. São Paulo: Singular, 1997.

FIANI, Ronaldo. A natureza multidimensional dos direitos de propriedade e os custos de transação. *Economia e Sociedade*, s.l., v. 12, n. 2, p. 185-203, jan. 2016. Disponível em: <https://periodicos.sbu.unicamp.br/ojs/index.php/ecos/article/view/8643064/10616>. Acesso em: 30 maio 2018.

FRANCISCO NETO, J. *A tragédia dos comuns*. 2015. Disponível em: <https://blogdoafr.com/articulistas/joao-francisco-neto/a-tragedia-dos-comuns/>. Acesso em: 10 jun. 2018.

FURUBOTN, E.; RICHTER, R. *Institutions and economic theory*: an introduction to and assessment of the new institutional economics. Ann Arbor, MI: University of Michigan Press, 1997.

GRAU, E. R. *A ordem econômica na Constituição de 1988*. 17. ed. São Paulo: Malheiros, 2015.

_____. *Elementos do direito econômico*. São Paulo: Revista dos Tribunais, 1981.

LANA, H. A. R. de P.; PIMENTA, E. G. *Notável relação entre análise econômica do direito e os direitos de propriedade*. Disponível em: <http://periodicos.pucminas.br/index.php/Direito/article/viewFile/9961/11238>. Acesso em: 30 maio 2018.

LIBECAP, G. D. A transactions-costs approach to the analysis of property rights. In: BROUSSEAU, E.; GLACHANT, J.-M. (Ed.). *The economics of contracts*. Theories and applications. Cambridge: Cambridge University Press, 2002. p. 140-156.

LOPES, H. C. Instituições e crescimento econômico: os modelos teóricos de Thorstein Veblen e Douglass North. *Brazilian Journal of Political Economy*, v. 33, n. 4, p. 619-637, 2013.

MACHADO, R. B. Cada um em seu lugar. Cada um com sua função: apontamentos sobre o atual papel do Poder Judiciário brasileiro, em homenagem ao ministro Nelson Jobim. In: TIMM, L. B. (Org.). *Direito e economia*. São Paulo: IOB Thomson, 2005. v. 1.

MANKIW, N. G. *Princípios de microeconomia*. Tradução de Allan Vidigal Hastings. São Paulo: Cengage Learning, 2009.

OSTROM, E. *Governing the commons*: the evolution of institutions for collective action. Cambridge, UK: Cambridge University Press, 1990. Disponível em: <http://wtf.tw/ref/ostrom_1990.pdf->. Acesso em: 10 jun. 2018.

PINHEIRO, A. C. *Direito e economia num mundo globalizado*: cooperação ou confronto? Direito e economia. São Paulo: IOB Thomson, 2005.

____; SADDI, J. *Direito, economia e mercados*. 2. reimp. Rio de Janeiro: Elsevier, 2005.

PONDÉ, J. L. *Coordenação e aprendizado*: elementos para uma teoria das inovações institucionais nas firmas e nos mercados. Dissertação (mestrado em economia) — Instituto de Economia, Universidade Estadual de Campinas, Campinas, 1993.

POSNER, R. A. El análisis económico del derecho en el common law, en el sistema romano-germánico, y en las naciones en desarrollo. *Revista de Economía y Derecho*, p. 7-25, inverno 2005.

RIBEIRO, M. C. P.; GALESKI, I. J. *Teoria geral dos contratos*. Contratos empresariais e análise econômica. Rio de Janeiro: Elsevier, 2009.

ROPPO, E. *O contrato*. Tradução de Ana Coimbra e M. Januário C. Gomes. Coimbra: Almedina, 2009.

SALAMA, B. M. *O que é direito e economia?* Disponível em: <www.ordemlivre.org/files/Bruno_Salama-O_que_e_pesquisa_em_DE.200.pdf>. Acesso em: 14 jan. 2019.

SARTO, V. H. R.; ALMEIDA, L. T. de. *A teoria dos custos de transação*: uma análise a partir das críticas evolucionistas. Disponível em: <https://perio-

dicos.fclar.unesp.br/iniciativa/article/download/7301/5563>. Acesso em: 6 jun. 2018.

SILVA, J. A. da. *Curso de direito positivo*. São Paulo: Malheiros, 2013.

SZTAJN, R. Direito e economia. *Revista de Direito Mercantil, Industrial, Econômico e Financeiro*, São Paulo, n. 114, p. 221-235, out./dez. 2006.

TIMM, L. B. (Org.). *Direito e economia*. São Paulo: IOB Thomson, 2005.

WILLIAMSON, O. E. *The economic institutions of capitalism*: firms, markets and relational contracting. Nova York: The Free Press, 1985.

ZYLBERSZTAJN, D.; SZTAJN, R. (Org.). *Direito e economia*: análise econômica do direito e das organizações. Rio de Janeiro: Elsevier, 2005.

CAPÍTULO 10

Responsabilidade civil extracontratual

Ivo Teixeira Gico Junior[*]

> Se [um homem arrancar de outro homem] um dente,
> ele deve pesar e entregar dois *shekels* de prata.
> Leis de Ur-Namma, §22[1]

1. Introdução

O direito de propriedade é o conjunto de regras que estabelece quais bens podem ser passíveis de apropriação (apropriabilidade), como se adquire ou se perde a propriedade (regras de aquisição) e o que pode e não pode ser feito com tais bens (limites de uso) dentro de uma determinada sociedade. Ao fazê-lo, o direito de propriedade limita o uso da força para a aquisição de bens e delimita os direitos de cada um. O direito de propriedade é, portanto, uma tecnologia institucional para reduzir a violência entre os membros de uma determinada sociedade e organizar o uso de recursos escassos, facilitando a cooperação.

A proibição da coação faz com que aqueles que desejem algo de outrem tenham de convencer o proprietário a abrir mão de seu direito e entregar-lhes a coisa (vontade). Surgem as barganhas, as trocas. Quando as trocas acontecem de forma imediata, há pouco espaço para o surgimento de conflito entre as partes, ainda que estes não sejam impossíveis (*e.g.*, vícios redibitórios, erro).

---

[*] Grupo de Pesquisa em Direito & Economia (GPDE/UniCeuB). Departamento de Direito, UniCeuB. Comentários devem ser enviados para gico@ghdadvogados.com.br.

[1] Lei retirada do Código de Ur-Namma, Rei de Ur, que reinou sobre a Suméria entre os anos 2112 e 2095 Antes da Era Comum (Roth, 1997:19).

Por outro lado, quando há um hiato temporal entre o cumprimento das obrigações, surge o que os juseconomistas chamam de problema de desconfiança recíproca, um verdadeiro dilema dos prisioneiros (caps. 3 e 9). Por ausência de confiança, um agente pode se recusar a entregar o que prometeu antes que a outra parte cumpra sua promessa. Esse agente, por sua vez, diante da recusa da entrega da coisa, pode pensar que o primeiro agente não tem intenção real de cumprir com o prometido (desconfiança) e, logicamente, recusar-se a entregar o que ele próprio prometeu. Diante da desconfiança recíproca, cada agente deixa de cooperar com o próximo e a troca, que seria benéfica para ambas as partes, deixa de ocorrer. Lamentavelmente, dois agentes racionais, agindo no seu próprio interesse, chegam a um resultado social que é pior para ambos e para a coletividade (menor bem-estar social). Todos perdem com a ausência de cooperação.

Para resolver esse dilema, a humanidade criou uma tecnologia institucional chamada direito contratual. De acordo com o direito contratual, se uma das partes não cumpre o que prometeu, a parte ofendida pode invocar o poderio do Estado para fazer valer a promessa descumprida. Como, na presença de um contrato, o resultado da interação social não depende apenas da vontade da contraparte, cria-se confiança suficiente entre os agentes para que aceitem cooperar mediante o estabelecimento de um compromisso crível. Ganham as partes e ganha a sociedade (aumento do bem-estar social).

O direito de propriedade e o direito contratual resolvem problemas relacionados com interações voluntárias e incentivam a cooperação. Todavia, nem toda interação social é voluntária. Às vezes, uma pessoa saindo de sua garagem não percebe a proximidade do carro do vizinho e o abalroa, gerando um prejuízo. Outras vezes, um trabalhador liberado mais cedo para um jogo de futebol faz uma brincadeira com uma escavadeira que dirigia e acaba por decapitar um colega.[2] Em ambos os casos, há uma interação social indesejada que não decorre da vontade comum de ambas as partes e, portanto, são problemas que o direito dos contratos e o direito de propriedade não resolvem. Justamente por isso, a humanidade inventou uma terceira tecnologia institucional, a Responsabilidade Civil Extracontratual (RCE).

A RCE é a resposta quase universal da humanidade para o problema das interações sociais involuntárias que geram danos a uma outra pessoa.[3] Poder-

---

[2] RR-64200-50.2008.5.03.0091, Tribunal Superior do Trabalho, 4ª Turma, min. relator Fernando Eizo Ono, 23/3/2011.

[3] Eu digo quase universal porque há casos como o da Nova Zelândia, que aboliu de seu orde-

-se-ia pensar que esse tipo de preocupação é algo relativamente novo, cuja necessidade decorre da vida moderna, supostamente marcada pelo risco, mas a verdade é que esse problema é universal e decorre da vida em sociedade desde os tempos ancestrais. Não é à toa que, como a epígrafe indica, o direito se preocupa com os danos causados por interações involuntárias desde os tempos da antiga Suméria.

Neste capítulo, vamos usar a metodologia da análise econômica do direito para entender a lógica por trás da RCE, seus mecanismos de funcionamento e suas limitações. Talvez o leitor se surpreenda ao perceber o quanto a sistemática atual, em realidade, possui uma lógica juseconômica subjacente; e esse fato não é uma mera coincidência. Sendo a RCE uma invenção humana desenvolvida ao longo de milhares de anos, várias regras e arranjos foram testados e adotados ao longo do tempo. O que funciona foi mantido e o que não funciona foi gradualmente descartado, em uma eterna experimentação social. Nosso sistema é o resultado dessa experiência acumulada e das decisões políticas de nosso povo, como consubstanciadas no Código Civil Brasileiro (CCB) e no Código de Defesa do Consumidor (CDC). A análise econômica do direito nos auxilia a entender o funcionamento desse instrumento e seu impacto sobre a sociedade.

A proposta do presente capítulo é realizar uma releitura juseconômica dos elementos essenciais da RCE para revelar a sua lógica intrínseca e a extensão de seus conceitos. De início, após uma breve introdução sobre os elementos essenciais (seção 2), demonstraremos na seção 2.1 que a função social da RCE é a internalização de externalidades negativas e que isso resulta em uma dupla função: reparadora e dissuasiva. Na seção 2.2 explicamos que dano é uma redução não consentida no bem-estar da vítima, e essa abordagem nos auxilia a entender por que há danos não indenizáveis (seção 2.2.1) e por que a indenização para danos reversíveis é diferente da indenização de danos irreversíveis (seção 2.2.2). Na seção 2.3 fazemos uma primeira abordagem ao que se chama de nexo de causalidade e explicamos como sua existência garante que a RCE internalize externalidades negativas e não seja utilizada meramente para transferir custos de um agente a outro. Já na seção 2.4 demonstramos que, quando

---

namento a RCE e, em seu lugar, criou um sistema social de seguridade contra todo e qualquer tipo de acidente baseado em um seguro. A ideia, à época, era eliminar os custos administrativos para as partes e para o Estado de gerir um sistema judicial de RCE e compensar as vítimas de acidentes de uma forma mais eficiente. O histórico e o contexto de criação da Accident Compensation Commission (ACC) podem ser consultados no endereço: <www.acc.co.nz/about-us/who-we-are/our-history>.

definimos culpa como a não adoção de um nível mínimo de cuidado juridicamente determinado, revelamos seu caráter regulatório e a necessidade de sua correta fixação pelo Judiciário em cada tipo de caso. Por fim, na seção 3, após uma releitura juseconômica de cada um dos elementos da RCE, mostramos como a RCE pode ser compreendida como um instrumento para a redução do custo social das interações sociais involuntárias, *i.e.*, acidentes.

2. Os elementos essenciais da RCE: uma análise juseconômica

Sendo este trabalho sobre análise econômica do direito, comecemos, então, pelo direito. A obrigação de indenizar pela prática de um ato ilícito está prevista no art. 927 do CCB:

> Art. 927. Aquele que, por ato ilícito (arts. 186 e 187), causar dano a outrem, fica obrigado a repará-lo.
>
> Parágrafo único. Haverá obrigação de reparar o dano, independentemente de culpa, nos casos especificados em lei, ou quando a atividade normalmente desenvolvida pelo autor do dano implicar, por sua natureza, risco para os direitos de outrem.

O *caput* do art. 927 deixa claro que apenas os atos ilícitos que causarem dano gerarão a obrigação de indenizar; logo, os atos lícitos que causem danos ou os atos ilícitos que não causem danos não gerarão qualquer obrigação. Assim, diferentemente do direito penal ou do direito concorrencial, nos quais a mera tentativa pode ser um ilícito em si (sendo a gravidade das consequências mero fator atenuante ou agravante da conduta), no direito civil, mesmo que um ato praticado seja ilícito, isso não é suficiente, por si só, para gerar qualquer obrigação de indenizar se não gerar prejuízos efetivos. Essa conclusão é reforçada pela simples leitura do art. 944 do CCB, segundo o qual "[a] indenização mede-se pela extensão do dano". Por óbvio, se não houve dano, sua extensão é nula, logo, a indenização decorrente também seria nula, *ergo*, inexistente. O dano é, portanto, um elemento essencial da RCE.

Além disso, de acordo com o parágrafo único do art. 927 do CCB, não basta o ato ilícito causar dano a outrem para que surja a obrigação de indenizar; via de regra, é necessário, também, que o agente tenha agido com culpa (responsabilidade subjetiva), salvo nos casos expressamente previstos em lei de responsabilização independentemente de culpa (responsabilidade objetiva). O art. 931 do CCB,[4] por exemplo, prevê a responsabilidade independentemente de culpa pelos danos causados por produto posto em circulação. Nesse sentido, apesar de a presença da culpa ser a regra geral para a responsabilização, não podemos dizer que ela é essencial à RCE, pois há hipótese de responsabilização sem sua presença.

A definição de ato ilícito nos é dada pelo art. 186 do CCB, segundo o qual "[a]quele que, por ação ou omissão voluntária, negligência ou imprudência, violar direito e causar dano a outrem, ainda que exclusivamente moral, comete ato ilícito". Nesse sentido, acrescentam-se mais dois elementos à RCE: a necessidade da prática de um ato (que pode ser comissivo ou omissivo) e que esse ato não seja o exercício regular de um direito. Assim, mesmo que um agente realize um ato e isso gere prejuízo a outrem, se o ofensor tiver o direito de praticar esse ato, não haverá a obrigação de indenizar. Por exemplo, quando um empresário atrai para si o cliente de um concorrente oferecendo-lhe preço mais baixo pelo mesmo produto, ele lhe gera um prejuízo. Nesse caso, todos os elementos da RCE estão presentes: ato (atrair), culpa (dolo) e dano (perda do cliente). No entanto, não há RCE, pois, apesar de o ato ter causado dano a outrem, trata-se de exercício regular de um direito.

Além disso, mesmo um ato inicialmente lícito pode se tornar ilícito se praticado de forma abusiva. É o que diz o art. 187: "[t]ambém comete ato ilícito o titular de um direito que, ao exercê-lo, excede manifestamente os limites impostos pelo seu fim econômico ou social, pela boa-fé ou pelos bons costumes". Esse dispositivo informa que quem abusa de um direito pode vir a ser responsabilizado pelos danos gerados em decorrência desse abuso. Retomando o exemplo anterior, se um concorrente desvia um cliente com preços abaixo do custo, dadas algumas condições,[5] tal ato pode constituir prática de infração contra a ordem econômica (preço predatório) e o ato, que normalmente seria lícito (venda a preços baixos), tornar-se-ia ilícito e geraria obrigação de indenizar.

Tradicionalmente, os requisitos da RCE discutidos anteriormente são organizados em três pontos:

(v) A existência de um *dano* sofrido pelo ofendido;
(vi) A prática de um *ato* ilícito omisso ou comissivo pelo ofensor; e
(vii) O *nexo de causalidade* entre o ato e o dano.

---

[4] Art. 931. Ressalvados outros casos previstos em lei especial, os empresários individuais e as empresas respondem independentemente de culpa pelos danos causados pelos produtos postos em circulação.
[5] Sobre preço predatório e seus requisitos, ver Gico Jr. (2007:454 e ss.).

Antes de passarmos a uma análise mais aprofundada de cada um desses elementos, em um texto de análise econômica do direito, a essa altura é conveniente discutir a função social desempenhada pela RCE, pois isso nos permitirá compreender melhor seus elementos e suas limitações.

2.1 A função social da RCE: uma primeira abordagem

O direito contratual permite que as partes negociem previamente a alocação de determinados custos decorrentes da interação voluntária. No entanto, considerando-se que muitas interações humanas não são voluntárias, é necessário outro instrumento para resolver esse problema. Quando as partes negociam determinados custos em um contrato, parte-se do pressuposto de que os agentes, sendo racionais, já inseriram o custo esperado no preço. Assim, quando o locador racional aluga sua casa ao locatário, ele já embute no preço do aluguel todos os seus custos, inclusive o de oportunidade, isto é, uma estimativa razoável da deterioração do bem locado em decorrência de seu uso regular (desgaste) e a remuneração pelo capital investido. Veja que, como a deterioração decorrente do uso regular foi incorporada ao preço, ao fim e ao cabo quem arca com o custo do desgaste é a mesma pessoa que o causou, o locatário, pois é ele quem paga o aluguel. Por isso, dizemos que, como quem gerou o desgaste é responsável por ele, seu custo foi internalizado. Há um elemento de justiça e equilíbrio nesse resultado.

Por outro lado, quando um locatário usa o bem locado para finalidade não prevista, que, por sua vez, aumenta extraordinariamente a deterioração do bem, o desgaste adicional não está refletido no preço e, portanto, quem arca com seu custo é o locador e não quem lhe deu causa, o locatário. Do ponto de vista ético, esse resultado gera objeções. Do ponto de vista econômico, decorre de um problema de comportamento oportunista que gera ineficiência e, no limite, pode até mesmo impedir a cooperação possibilitada pelo contrato de locação, excluindo o bem do mercado e, portanto, do amplo gozo pela sociedade.

Não por outra razão, neste caso o direito considera que o locatário praticou um ato ilícito contratual (art. 569, inc. IV do CCB) e, portanto, terá de reparar o locador. Ao obrigar o locatário a pagar uma indenização, *o custo da conduta é redistribuído ao seu causador*, a quem tem culpa. Com a indenização, o locador retorna, não ao *status quo ante*, que seria anterior à celebração do contrato, mas ao estado em que estaria, caso o contrato tivesse sido adimplido. Como o custo do comportamento oportunista do locatário foi realocado para o próprio, ele e todos os demais locatários *são desincentivados a incorrer na conduta danosa.*[6] Novamente, há um elemento de justiça e equilíbrio nesse resultado.

Frise-se que, no exemplo anterior, tanto o uso regular quanto o uso irregular da coisa impõem um custo ao locador. Então, como se explica que apenas o segundo gera a obrigação de indenizar, enquanto o primeiro não? A resposta deve ser óbvia a essa altura. O custo do uso regular está embutido no preço cobrado, foi internalizado pelo seu causador. O locatário, quando paga o aluguel, remunera o capital e indeniza pela deterioração. Já o custo do uso irregular não está refletido no preço e, portanto, não foi captado pelo causador, o que incentiva um nível ineficiente da conduta danosa. Do ponto de vista técnico, dizemos que esse custo foi externalizado pelo locatário ao locador. Nesse sentido, o custo decorrente de um ato ilícito civil é uma externalidade negativa e o chamamos, resumidamente, de dano. Assim, todo dano é um custo, mas nem todo custo é um dano.

Considerando-se que, por definição, a RCE só ocorre nos contextos em que não há contrato, é forçoso reconhecer que todos os custos impostos extracontratualmente ao ofendido são danos, pois o ofendido não aceitou tais custos, nem teve a oportunidade de incorporá-los em algum preço e repassá-los ao agente causador. Em resumo, assim como no ato ilícito contratual, na RCE, um agente (o ofensor), por dolo ou culpa, impõe um custo ao ofendido, que não concordou com isso e esse custo não decorre de um exercício regular do direito pelo ofensor. O dano é, pois, uma externalidade negativa.

É justamente por isso que se diz que *a RCE tem uma dupla função: reparadora e dissuasiva.* Ela é reparadora porque intenta restaurar o ofendido ao seu *status quo ante.* E ela é dissuasiva porque, ao redistribuir ao ofensor os custos de sua própria conduta, reduz os incentivos à prática do ato danoso e/ou aumenta os incentivos para a tomada de precauções para que o dano não ocorra. Ao fazê-lo, sinaliza aos demais agentes em situação semelhante que, se causarem danos a terceiros, responderão por isso.[7] A RCE, portanto, tem por finalidade internalizar externalidades negativas, fazendo com que o causador arque com as consequências de seus próprios atos.

---

[6] Sobre os efeitos sociais das decisões judiciais, ver Gico Junior (2013).
[7] Para uma discussão da função social do Judiciário na criação de previsibilidade de regras, ver Gico Junior (2013).

2.2 O dano: natureza e extensão

Demonstramos anteriormente que o dano pode ser interpretado como uma externalidade negativa imposta à vítima pelo ofensor e que a função da RCE é justamente internalizar o custo externalizado. Mas seria possível utilizar a análise econômica do direito para nos ajudar a compreender o que é o dano e não apenas a função da RCE? A resposta é positiva.

A doutrina tradicional encontra alguma dificuldade em conceituar o que venha a ser dano, como podemos ver em Santos (2001:75):

> Dano é prejuízo. É a diminuição de patrimônio ou detrimento a afeições legítimas. Todo ato que diminua ou cause menoscabo aos bens materiais ou imateriais pode ser considerado dano. O dano é um mal, um desvalor ou contravalor, algo que se padece com dor, posto que nos diminui e reduz; tira de nós algo que era nosso, do qual gozávamos ou nos aproveitávamos, que era nossa integridade psíquica ou física, as possibilidades de acréscimo ou novas incorporações [...].

Esse tipo de dificuldade de definição decorre de um simples fato: dano é sempre algo subjetivo e, portanto, depende da vítima. No caso dos danos materiais, é relativamente simples perceber que a coisa danificada teve seu valor de mercado alterado. Todavia, mesmo assim, o dano percebido pela vítima pode ser maior que o dano percebido pelo mercado[8] (o ofendido valorizava *mais* o bem do que os demais estavam dispostos a pagar por ele) ou pode ter sido menor (o ofendido valorizava *menos* o bem do que os demais estavam dispostos a pagar por ele). Já no caso do dano moral, não existe um mercado para o bem moral, razão pela qual sua avaliação é inteiramente subjetiva e, portanto, incalculável. Essa é a razão pela qual o jurista tradicionalmente usa o valor de mercado como uma aproximação imperfeita do verdadeiro valor do bem material (*proxy*) e simplesmente atribui um valor arbitrário ao dano moral.

Como podemos abordar essa questão de um ponto de vista juseconômico? Ainda que a teoria econômica não possa nos dar uma resposta ou uma fórmula para calcularmos tais danos de uma maneira exata, ela pode ao me-

---

[8] Aqui mercado está sendo entendido como o resultado da livre interação entre todos os interessados em adquirir (demanda) e alienar (oferta) um bem, de forma que o resultado dessa interação é o preço de mercado, que só reflete efetivamente o valor do bem para o comprador e para o vendedor marginais. Para todos os demais vendedores, o preço será maior que o valor atribuído (excedente do produtor) e, para todos os compradores, o preço será menor que o valor atribuído (excedente do consumidor). Para uma explicação mais detalhada, confira Gico Junior (2007: cap. 3).

nos nos ajudar a entender o que estamos tentando alcançar e, assim, diminuir a margem de erro no uso do ferramental da RCE.

Originalmente, o direito reconhecia a possibilidade de indenização apenas do dano material, mas essa posição excluía todos os outros fatos que, conquanto não diminuíssem o patrimônio de uma pessoa, claramente diminuíam seu bem-estar, como agressões ao seu nome, à sua honra ou à sua própria estética. A evolução do direito para incluir os danos a bens imateriais como passíveis de indenização tem uma lógica perfeitamente compatível com a abordagem econômica, a qual reconhece que o bem-estar de alguém não se limita a bens materiais.[9] Nesse sentido, de maneira mais sucinta possível, podemos dizer que *dano é uma redução não consentida no bem-estar da vítima*.

Cada um de nós valoriza coisas diferentes com intensidades diferentes. Podemos chamar essa variação de preferências. As preferências de cada indivíduo são idiossincráticas e subjetivas. Assim, se uma pessoa prefere bolo de chocolate a alface, dizemos que o primeiro é mais útil a ela que o segundo. Note que essa afirmação não carrega consigo qualquer julgamento de valor. Do ponto de vista nutricional ou médico, a alface certamente é mais interessante que um bolo de chocolate, mas quando a pessoa objeto da análise diz que prefere o bolo à alface, ela está dizendo que extrai mais satisfação do bolo que da alface. Utilidade é justamente essa satisfação revelada pelo agente.

Não é possível realizar a comparação intersubjetiva de utilidade. Todavia, para um mesmo indivíduo, é possível organizar suas preferências numa escala com graus diferentes de intensidade. A essa escala de preferências damos o nome de função utilidade. Uma função utilidade nada mais é do que a organização ordinal de todas as preferências de um indivíduo de maneira que, quanto maior a intensidade da preferência por um determinado bem ou cesta de bens, mais alto será o valor gerado pela função. Nesse sentido, em economia, a utilidade é uma forma de representar preferências e não a razão pela qual as preferências existem.

Podemos ilustrar o conceito de utilidade com o seguinte exemplo. Normalmente, as pessoas gostam de ter saúde e gostam de ter riqueza. Salvo os que herdaram ou ganharam na loteria, por exemplo, para conseguirmos riqueza precisamos trabalhar. Quanto mais trabalhamos, mais riqueza auferimos. Todavia, se gastarmos todo o tempo trabalhando, não teremos tempo para tratar da saúde e uma carga de trabalho excessiva pode desencadear uma série de problemas de saúde. Em termos econômicos, existe um *trade-off* entre riqueza

---

[9] Para uma discussão sobre a análise econômica como o estudo do comportamento humano, ver Gico Junior (2010).

e saúde.[10] Justamente porque há um *trade-off* entre esses dois bens, para se aumentar a quantidade de um, é necessário sacrificar algo do outro.

Se organizarmos todas as combinações possíveis entre saúde e riqueza de forma que o agente seja indiferente a qualquer uma dessas combinações e plotarmos todas essas combinações em um gráfico, teremos uma curva de indiferença. Note que sobre a curva de indiferença, como o próprio nome diz, o agente é indiferente entre qualquer uma das combinações representadas, isto é, qualquer ponto na curva lhe gera o mesmo nível de bem-estar (utilidade).

O gráfico seguinte ilustra duas curvas de indiferença entre saúde e riqueza. Teoricamente existem infinitas curvas de indiferença; quanto mais para cima e para a direita (nordeste), maior o nível de bem-estar representado, e quanto mais para baixo e para a esquerda do gráfico (sudoeste), menor o nível de bem-estar. Assim, a curva u_0 representa um nível de bem-estar superior ao da curva u_1.

Gráfico 1
O dano como decréscimo do nível de bem-estar

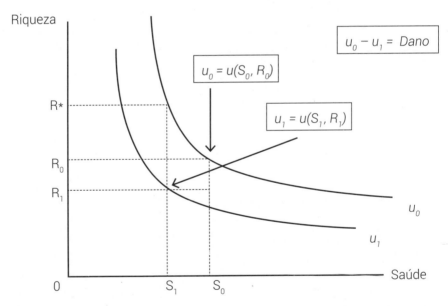

Fonte: Elaboração própria.

---

[10] Um *trade-off* é uma situação na qual um ganho requer um sacrifício, isto é, uma situação na qual para se ganhar algo é necessário tomar a decisão de sacrificar outra. Esse sacrifício é o custo da primeira decisão, que pode ser quantitativo ou qualitativo de outro bem. Por exemplo, a decisão de ter mais um filho envolve um *trade-off*. Para se ter mais um filho é necessário sacrificar uma quantidade de tempo e de recursos antes disponíveis para o casal e/ou para os demais filhos. Como tempo e dinheiro são recursos escassos, o incremento no número de filhos implica um *trade-off*.

Suponha que a curva u_0 represente o nível de bem-estar original de João Thiago, que foi atropelado por Rodrigo César e foi internado em um hospital privado. O laudo médico informa que o ofendido teve a perna esquerda fraturada e perdeu temporariamente parte dos movimentos da mão direita. Sua recuperação completa demorará seis meses, enquanto isso, não poderá trabalhar. A conta médica pelo período completo será de R$ 87.436,00. Suponha agora que a curva u_1 represente o nível de bem-estar do ofendido após o acidente. Basta uma simples consulta ao gráfico para perceber que o acidente colocou o ofendido em uma posição de desvantagem. Em termos econômicos, o acidente deslocou a curva de bem-estar do ofendido de u_0 para u_1, reduzindo seu bem-estar geral. E essa é justamente a definição econômica de dano, um deslocamento a sudoeste da curva de utilidade da vítima, ou, algebricamente, dano = $u_0 - u_1$.

Retomando o nosso paralelo com o contrato de locação, a provável razão pela qual o desgaste pelo uso regular da coisa constitui custo, mas não constitui dano, é que o desgaste foi previamente negociado e já está embutido no preço do aluguel pago ao locador; logo, com o pagamento do aluguel, o locador se torna indiferente ao desgaste. Em síntese, a cada pagamento de aluguel, o locatário substitui o desgaste do imóvel no período pelo valor equivalente em dinheiro de forma que o locador é compensado pelo desgaste em si.[11] O mesmo não pode ser dito com relação ao acidente mencionado no parágrafo anterior. O acidente efetivamente deslocou a curva de indiferença do ofendido para sudoeste, ou seja, o acidente diminuiu seu bem-estar e essa redução é o que chamamos de dano.

2.2.1 O dano não indenizável

Se no mundo contratual os custos da interação estão refletidos no preço e foram devidamente alocados a quem aceita suportá-los, no mundo da RCE tais custos estão sendo suportados por alguém que não os causou e não aceitou suportá-los. Todavia, nem todo dano, ainda que diminua o bem-estar da vítima, é indenizável. Como dito, para que haja RCE é necessário que o dano decorra de um ato ilícito. Por isso, se o ato danoso for autorizado pelo direito, mesmo que cause danos, não gerará a obrigação de indenizar. É o que dispõe o art. 187 do CCB e é reforçado pelo art. 188:

---

[11] Na realidade, se o aluguel cobrir todos os custos do aluguel, isto é, seu custo de oportunidade, isso significa que o valor pago cobrirá não apenas o desgaste do bem, mas também remunerará o capital investido, que gerará um ganho para o locador e o colocará em uma curva de indiferença a nordeste, aumentando seu bem-estar. É sua parte do excedente cooperativo da barganha e a provável razão pela qual ele entrou no contrato.

Art. 188. Não constituem atos ilícitos:
I — os praticados em legítima defesa ou no exercício regular de um direito reconhecido;
II — a deterioração ou destruição da coisa alheia, ou a lesão a pessoa, a fim de remover perigo iminente.
Parágrafo único. No caso do inciso II, o ato será legítimo somente quando as circunstâncias o tornarem absolutamente necessário, não excedendo os limites do indispensável para a remoção do perigo.

Mas qual seria a explicação econômica para a não reparação de todos os danos? Podemos arriscar uma primeira resposta. Espera-se que, em tais casos, o benefício social da conduta, ou seja, para a sociedade como um todo, seja maior que os custos impostos para um ou outro membro da comunidade. Assim, por exemplo, se um pastor evangélico afirma que uma outra crença, digamos, o umbandismo, é uma seita demoníaca, claramente estará afetando a honra, a integridade moral dos integrantes dessa última.[12] A existência do dano é clara. No entanto, é da essência da liberdade religiosa e da liberdade de expressão, direitos fundamentais, que se possa emitir juízos de valor depreciativos e até mesmo vexatórios sobre outras crenças, pois essa faculdade é da essência do exercício do próprio direito fundamental. Assim, se entendermos que um religioso pode falar mal da religião de outrem, haverá ato (blasfemar), haverá dano (vexame) e haverá nexo de causalidade (a blasfêmia gerou o dano), mas não haverá RCE.

Expressemos agora esse raciocínio em um formato juseconômico. Suponha que o direito proibisse a blasfêmia,[13] isto é, proibisse que alguém falasse ou fizesse algo que ofendesse os valores religiosos mais caros de alguma seita, religião ou culto. Nesse caso, a liberdade de expressão de todos os membros da sociedade estaria seriamente tolhida, única e exclusivamente para proteger a integridade religiosa de algum grupo. Além disso, mulheres não poderiam usar minissaias, pois há muçulmanos e mórmons entre nós. Não poderíamos trabalhar aos sábados, pois há adventistas de sétimo dia e não poderíamos comer

---

[12] Nesse caso, Telma da Cruz Almeida e Cristiano Almeida Costa, dois sacerdotes umbandistas da Comunidade Terreiro Cabocla Chica Baiana, de Macapá, processaram a Convenção Nacional das Assembleias de Deus Ministério Missão Pentecostal (Conademp), pelo fato de Geraldo Marques Pantoja, um pastor da congregação evangélica, em 2009, ter insinuado que seu culto umbandista seria demoníaco. Ação nº 0026980-69.2013.8.03.0001, 4ª Vara Cível e de Fazenda Pública de Macapá.
[13] Por definição, enunciado ou palavra que insulta a divindade, a religião ou o que é considerado sagrado.

carne durante a quaresma, pois também temos católicos. Todos esses atos são pecados ou inadequados para as respectivas religiões e todos violam moralmente essas crenças. Com maior razão ainda o ateu, que argumentará que todas essas crenças não passam de superstições primitivas e crenças infantis originadas em uma sociedade que não conseguia explicar o mundo à sua volta, o famoso Deus das Lacunas. Como há crenças que são mutuamente exclusivas e nossa sociedade optou por permitir todas elas, pela proteção à liberdade religiosa e de expressão, o resultado natural é que pessoas serão ofendidas por blasfêmias.

Outra forma de explicar esse ponto é, aplicando-se o teorema de Coase (1960), reconhecer que se trata de dano cruzado e que a existência de ao menos um dos danos é inevitável, razão pela qual o direito precisa optar pelo evento menos danoso. Formalizando o raciocínio, suponha que Telma encontre paz espiritual na prática da umbanda, fato que podemos indicar pela função $u_T = u(P_T, ...)$, onde u_T é sua função utilidade, P_T a quantidade de umbanda que ela pratica e ... indica todas as demais coisas que trazem utilidade para ela. Telma também gosta de poder exercer julgamentos de valor sobre a vida e expressá-los publicamente; portanto, gosta de exercer sua liberdade de expressão, o que podemos indicar acrescentando L_T à sua função utilidade, resultando em $u_T = u(P_T, L_T, ...)$. Por outro lado, Geraldo, um pastor de uma determinada igreja, tem a mesma estrutura em sua função utilidade, isto é, seu bem-estar também pode ser representado pela função $u_G = u(P_G, L_G, ...)$.

No entanto, notem que os insumos que aumentam o bem-estar de Geraldo não são os mesmos que os de Telma. Em nosso exemplo, eles são invertidos. Quando Telma pratica seus rituais de umbanda, isso afeta moralmente Geraldo, que acredita que tais práticas foram inspiradas pelo demônio e que afastam os umbandistas de deus. Em função disso, Geraldo expressa publicamente sua visão de mundo aos seus fiéis e na imprensa, o que obviamente ofende Telma, reduzindo a paz espiritual que antes ela gozava em suas práticas religiosas. Por causa disso, dizemos que u_T é decrescente em L_G; isto é, que o bem-estar de Telma decresce quando Geraldo exerce sua liberdade de expressão (L_G), mas isso aumenta o bem-estar de Geraldo, ou seja, u_G é crescente em L_G. Assim, P_T é uma função de L_G e pode ser expressa por $P_T(L_G)$.

Para dar simetria ao exemplo, suponha agora que Telma, por sua vez, ache que a Assembleia de Deus é uma fraude e que seus pastores apenas extorquem seus fiéis, vociferando em seu *blog* para que seus seguidores se libertem e procurem o verdadeiro deus. Obviamente, isso perturba Geraldo, que passa a ter menos paz de espírito em suas práticas religiosas, ao passo que Telma extrai utilidade justamente de poder manifestar seu pensamento livremente. Assim, teremos que $u_T = u(P_T(L_G), L_T(P_G), ...)$ e que $u_G = u(P_G(P_T), L_G(L_T), ...)$.

Nesse caso, não há como resguardar o direito de um sem ofender o direito de outrem. Em termos de RCE, não importa o resultado da regra jurídica aplicada, haverá um dano para alguém, mas impedir o dano ou determinar sua indenização significa não apenas ressarcir, mas efetivamente causar dano ao ofensor. Em um caso como esse, o dano é inevitável e o direito deve escolher a regra que gera o maior bem-estar social, isto é, aquela que atenda melhor à população como um todo. Essa é a lógica presente no art. 927 do CCB: apenas danos decorrentes de atos ilícitos serão indenizados. Os danos resultantes de atos lícitos, não.

2.2.2 A extensão do dano e a indenização integral

Agora que já demonstramos o que é o dano e explicamos o porquê de danos decorrentes de atos lícitos não serem indenizados, podemos avançar para a questão da extensão do dano, pois o art. 944 do CCB estabelece que "[a] indenização mede-se pela extensão do dano", ou seja, para a indenização ser perfeita, ela deve reparar todo o dano, o que os juristas chamam de indenização integral. Como seria a indenização integral no exemplo da seção anterior em que Rodrigo César atropelou João Thiago?

A resposta clássica para essa pergunta é fazer com que João Thiago retorne aos seu *status quo ante*. O gráfico 1 nos informou que originalmente João Thiago estava no ponto $u(S_0, R_0)$ e o acidente o deslocou para o ponto $u(S_1, R_1)$, onde seu nível de saúde é pior do que na situação anterior $(S_1 < S_0)$ e sua riqueza também foi diminuída, pois ele teve prejuízos materiais $(R_1 < R_0)$. Obviamente, essas reduções em S e R diminuíram seu nível de bem-estar, razão pela qual sua curva de indiferença se deslocou para sudoeste. A função da RCE é justamente fazer a vítima voltar ao nível de bem-estar anterior. Expliquemos.

Supondo que todos os ferimentos de João Thiago sejam reversíveis, para que o ofensor indenizasse a vítima integralmente, Rodrigo César deveria fazer com que a saúde de João Thiago voltasse de S_1 para S_0, o que pode ser feito apenas garantindo que ele tenha acesso a tratamento médico adequado e aos medicamentos e cirurgias necessários. Isso pode ser feito com Rodrigo arcando com as despesas médicas estimadas em R$ 87.436,00. Com isso, o estado de saúde de João Thiago terá voltado ao seu *status quo ante* $(S_1 \to S_0)$.

Além disso, lembremos que João Thiago também sofreu prejuízos materiais referentes à queda do nível de riqueza de R_0 para R_1. A indenização integral, nesse caso, nos leva a concluir que se Rodrigo indenizar João Thiago na diferença, isto é, $R_0 - R_1$, então, João Thiago terá retornado ao seu *status quo ante* em termos de riqueza ($R_0 \to R_1$). Como sua saúde já terá sido restabelecida, João Thiago terá retornado ao ponto $u(S_0, R_0)$. Veja o gráfico 2.

Gráfico 2
A extensão do dano e da indenização integral

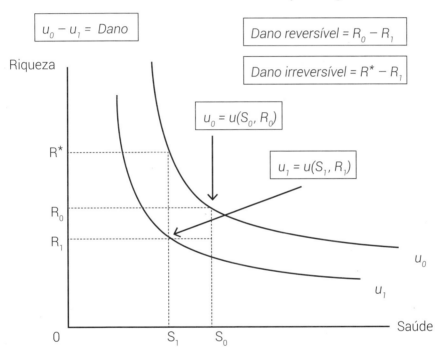

Fonte: Elaboração própria.

Suponha agora que o dano causado à saúde da vítima pelo ofensor seja irreversível. No presente exemplo, isso significa que, dado o conhecimento tecnológico disponível, não é possível fazer a saúde da vítima voltar de S_1 para S_0. Por exemplo, pense que, ao invés de uma fratura, a vítima tenha sofrido dano permanente aos nervos e perderá parcialmente os movimentos. Não temos tecnologia ainda para reparar nervos. Nesse caso, como retornar ao *status quo ante* se o dano é irreversível?

Aqui a abordagem juseconômica revela a lógica jurídica de forma muito clara. Como discutimos antes, a vítima é indiferente a qualquer ponto sobre uma determinada curva de indiferença, isto é, todas as combinações de bens que estejam sobre a curva geram o mesmo nível de bem-estar social para o agente. Assim, se não podemos deslocar S_1 para S_0, então, para que a vítima retorne ao mesmo nível de bem-estar anterior, basta que a sua indenização pecuniária seja $R^* - R_1$.

Se observamos o gráfico 2 veremos que, mantendo S_1 estável, é possível alcançar o nível de bem-estar u_0 aumentando a riqueza da vítima não para R_0, que era o seu estado original, mas para R^*, que é um nível de riqueza maior que a riqueza original ($R^* > R_0$). Em outras palavras, a solução (ainda que imperfeita) para o dano irreversível é aumentarmos a indenização pecuniária de tal modo que o agente fique indiferente entre sua posição final e a posição original, antes do acidente. Veja que nesse caso a vítima não estará exatamente nas condições anteriores ao acidente $u(S_0, R_0)$, pois isso é impossível, mas se a indenização foi perfeita a vítima estará em uma posição equivalente $u(S_1, R^*)$, isto é, no mesmo nível de bem-estar; logo, o dano terá sido reparado.

Assim, se interpretarmos a expressão retorno ao *status quo ante* como retorno ao nível de bem-estar anterior ao acidente, podemos realizar a indenização perfeita tanto nos casos de danos reversíveis quanto nos casos de danos irreversíveis. Veja que essa conclusão econômica é justamente a prática jurídica: danos permanentes geram indenizações maiores do que danos reversíveis. A explicação? O retorno ao *status quo ante* como a recomposição do bem-estar da vítima.

A interpretação de dano como uma diminuição involuntária no bem-estar da vítima nos ajuda a resolver o problema das indenizações de danos reversíveis e irreversíveis, e a análise econômica do direito revela a lógica por trás dessa solução. Com isso temos uma clareza conceitual muito maior do que a atualmente disponível nos livros de direito tradicionais, que visivelmente sofrem para tentar explicar o que venha a ser dano.

No entanto, não devemos nos iludir na esperança de que a abordagem juseconômica nos permitirá estimar com precisão matemática o *quantum debeatur*. Como já dito, dano é sempre algo subjetivo e, portanto, depende da vítima, de sua função utilidade. A estimativa de curvas de indiferença ou de funções utilidade não é algo que possa ser feito em tribunais de justiça. Essa é apenas uma teoria explicativa que nos ajuda a compreender melhor o mundo e o que estamos tentando fazer quando criamos a RCE ou quando damos indenizações maiores para danos irreversíveis. A teoria é útil porque ilumina, mas certamente não é uma panaceia para todos os problemas.

2.3 Nexo de causalidade

A ideia básica de nexo causalidade é associar o dano a ser indenizado a uma conduta do agente causador. Dizer que a RCE serve para internalizar custos é dizer que o agente que causou o dano deve arcar com o custo a que deu causa. Se houver responsabilidade de um agente sem que ele tenha dado causa ao dano (*no fault*), não haverá internalização de custo, mas mera transferência do custo para um inocente. É difícil explicar a alguém por que uma pessoa que não causou qualquer dano a outrem deve ser responsável por suportar seu custo. Estabelecer a causalidade de um dano é uma tarefa fácil em muitos casos, mas extremamente difícil em outros.

Comecemos pelos casos fáceis. Quando a conduta do ofensor é condição necessária e suficiente para a realização do dano, é relativamente simples perceber que ele causou o dano. Sem sua ação não teria havido o dano (condição necessária) e sua conduta, por si só, seria capaz de sozinha gerar o evento danoso (condição suficiente).

No entanto, a coisa começa a ficar mais complicada quando a conduta analisada é necessária, mas insuficiente para o dano se materializar. Assim, suponha que André esteja passando por uma encruzilhada e, desapercebido, avance o sinal, chocando-se com o carro de Octávio que, por sua vez, estava digitando no celular uma mensagem para Paulo. A colisão claramente só aconteceu porque André avançou o sinal (condição necessária), mas tendo em vista que André estava a uma velocidade baixa, o simples avanço não foi suficiente para causar o acidente, pois qualquer motorista minimamente atento poderia ter frenado a tempo e evitado o acidente (não é condição suficiente). A colisão só aconteceu porque Octávio não estava com o olho na direção. Nesse caso, é difícil dizer que a ação de André foi a causa do acidente. Trata-se de um exemplo com causas múltiplas, em que há várias causas necessárias, mas nenhuma delas é suficiente.

A solução jurídica para esse tipo de problema é considerar o ofensor como corresponsável pelo dano, ou seja, reconhece-se o nexo de causalidade de sua ação com o resultante dano, mas também reconhece-se que seu ato foi condição necessária, mas não suficiente para o resultado danoso e, ao fazê-lo, reduz-se o *quantum debeatur* na proporção da culpa dos demais agentes (múltiplas condições necessárias). Essa regra está prevista no art. 945 do CCB: "[s]e a vítima tiver concorrido culposamente para o evento danoso, a sua indenização será fixada tendo-se em conta a gravidade de sua culpa em confronto com a do autor do dano".

Aqui culpa e nexo de causalidade se entrelaçam, pois, ao invés de tentar resolver a difícil pergunta acerca do nexo de causalidade entre a conduta do ofensor e a conduta da vítima, o direito transfere o problema para uma perquirição mais tratável, ainda que também difícil, que é a determinação do nível de culpa de cada agente no resultado danoso. Dessa maneira, assume-se que todos os atos foram condições necessárias (causas múltiplas), mas o ônus do resultado será partilhado na proporção da contribuição de cada agente para o resultado final. Interessante notar que, nessa abordagem, a hipótese de o dano ser culpa exclusiva da vítima é, na realidade, um caso de ausência de nexo de causalidade. Caso a conduta da vítima tenha sido condição necessária e suficiente para o dano, então, foi ela quem causou o dano e não o ofensor.

A questão do nexo de causalidade, que já estava complicada nos exemplos anteriores, pode ser complicada ainda mais. Veja o seguinte caso real. Magnólia de Souza de Almeida e seu marido entraram com ação indenizatória contra o laboratório Sanofi-Aventis Farmacêutica pedindo indenização pelas despesas e danos resultantes do tratamento da Síndrome de Steven-Johnson supostamente adquirida por ela em função da ingestão do medicamento Novalgina, cujo composto ativo é a dipirona.[14] Segundo a autora, a ingestão de dois comprimidos do medicamento fabricado pelo laboratório teria desencadeado uma série de problemas que culminaram em sua internação, na queimadura de 90% de seu corpo, em insuficiência renal e na diminuição de sua capacidade visual. O casal teve de vender o imóvel onde residia para custear o tratamento particular em São Paulo para a recuperação da visão.

Em sua defesa, o laboratório alegou que os demandantes não comprovaram que a causa da síndrome envolvia o consumo do medicamento por ele fabricado. Primeiro, há outros fatores que podem causar sozinhos a Síndrome de Steven-Johnson, como enfermidades virais e bacterianas (*e.g.*, vírus herpes simples, HIV, coxsackie, influenza, hepatites, linfogranuloma venéreo, varíola e estreptococo beta hemolítico do grupo A, difteria, brucelose, microbactérias, microplasma, tularemia e febre tifoide). Além disso, outros medi-

---

[14] Ação nº 2009.07.1.008824-8, 4ª Vara Cível de Taguatinga, Juiz Omar Dantas Lima, 26/7/11.

camentos contêm dipirona, por exemplo: Neosaldina, Buscopan Composto, Sedalgina, Doridina, Migranette, Benegrip, Anador, Magnopyrol, Conmel, Difebril, Termopirona, Dipifarma, Termosil, Dorona, Hynalgin e Lisador.

O casal não apresentou nenhuma prova de aquisição do medicamento, nem de seu uso. Nenhum dos prontuários médicos da paciente menciona o uso do medicamento Novalgina. Havia apenas o depoimento do casal de que a vítima teria consumido Novalgina antes de desenvolver a síndrome. O juiz acabou por aceitar esse depoimento como prova e o laboratório foi condenado a pagar a indenização, que depois foi aumentada para um milhão de reais pela 4ª Turma Cível do TJDFT.

Suponha agora que o depoimento da vítima fosse um pouco diverso e que ela tenha dito que tomou Novalgina, mas que também tinha tomado Neosaldina e Buscopan, e ambos contêm dipirona. Suponha ainda que, em exame clínico, tenha sido detectado que ela era portadora do vírus do herpes e que tenha confessado que tinha tido uma crise duas semanas antes da internação. Nesse caso, obviamente, não teria sido estabelecido o nexo de causalidade entre o dano causado à vítima e qualquer conduta do laboratório, e o resultado do julgamento deveria ter sido diferente.

Note que independentemente do cenário construído, é incontroverso que a ingestão de Novalgina pode causar a Síndrome de Steven-Johnson, pois esse fato consta da bula do próprio remédio. No entanto, em nosso cenário, não teria sido possível demonstrar que foi a dipirona do laboratório que causou o dano e, por isso, não seria possível responsabilizá-lo. Lembre-se, a RCE serve para internalizar os custos da conduta do ofensor. Não se trata aqui de investigar se o laboratório teve culpa ou não, dado que sua responsabilidade seria objetiva (art. 186 do CCB e art. 14 do CDC), mas se não é possível estabelecer um nexo de causalidade entre um ato do laboratório e o dano, a indenização não será devida.

Perceba que o fato de o laboratório Sanofi-Aventis Farmacêutica colocar a Novalgina no mercado, por si só, expõe todos os seus consumidores ao risco de desenvolverem a Síndrome de Steven-Johnson, assim como quase todos os medicamentos estão associados a riscos de algum efeito colateral. No entanto, como discutimos na seção 2.2, isso não é suficiente para gerar a obrigação de indenizar, pois não houve dano, apenas risco. E o risco não é indenizável. Já o desenvolvimento da Síndrome de Steven-Johnson, por si só, não é condição suficiente para gerar a obrigação de indenizar, pois é necessário demonstrar também o nexo de causalidade entre o ato (colocar o remédio no mercado) e o dano (síndrome). O fato de a responsabilidade do laboratório ser objetiva, isto é, mesmo sem aferição de culpa, não muda o fato de que ainda precisa haver a demonstração de um nexo de causalidade entre a conduta e o dano. Esse requisito jurídico reforça o argumento desenvolvido na seção 2.1 de que a função social da RCE é a internalização de custos impostos à vítima pela conduta do ofensor. Sem nexo de causalidade, não há internalização, apenas transferência, o que não é juridicamente aceito.

A responsabilidade objetiva (sem aferição culpa) é a exceção no sistema jurídico brasileiro, sendo a regra a responsabilidade subjetiva (com aferição culpa), o que nos faz concluir que além dos elementos já vistos precisamos analisar este elemento e integrá-lo à nossa teoria juseconômica da RCE. É o que faremos a seguir.

2.4 A culpa

No direito brasileiro, há apenas duas fontes das obrigações: a lei e o contrato (ou vontade). De acordo com o inc. II, do art. 5º da Constituição Federal (CF): "ninguém será obrigado a fazer ou deixar de fazer alguma coisa senão em virtude de lei". Nesse sentido, para que alguém seja obrigado a pagar uma compensação a outrem é necessário que haja uma lei ou um contrato determinando essa obrigação. Caso o pagamento seja decorrente da livre manifestação de vontade das partes, então ele deverá estar previsto em contrato e sua lógica econômica foi descrita no capítulo 9 deste livro. O regramento jurídico está previsto no Título I do Livro II do CCB que trata dos Negócios Jurídicos. Por outro lado, se a obrigação de reparar não surge da vontade das partes, mas da lei, então, estamos no reino da RCE, nos termos do Título IX — Da Responsabilidade Civil. Tanto em um caso, quanto noutro, estaremos diante de Atos Ilícitos, tratados sistematicamente no Título II do CCB.

Não por outra razão, do ponto de vista ontológico, não existe qualquer diferença entre a responsabilidade contratual e a extracontratual, pois ambas decorrem da violação de uma obrigação, sendo a distinção apenas uma questão de fonte dessa obrigação. Mas o que significa dizer — no contexto extracontratual — que a origem da obrigação é a violação de um dever legal, que dever seria esse?

No direito romano não havia a RCE como a entendemos hoje, mas apenas uma lista de condutas específicas, que, se incorridas, gerariam a obrigação de indenizar (Beviláqua, 2001:362). Eram os delitos civis. A noção romana de delito tinha um caráter penal muito forte e essa característica se manteve durante sua história. Os delitos civis surgiram da vingança privada. Primeiro, o ofendido ganhava uma espécie de título para capturar o corpo do ofensor e matá-lo. Depois, tornou-se a pena mais proporcional para ser equivalente ao dano sofrido (*lex Talionis*) e a captura exigia um processo formal (*manus iniectio*). Mais adiante, a vítima poderia trocar seu direito de vingança por um equivalente, posteriormente, era obrigada a fazê-lo, e poderia cobrar do ofensor ou de seus parentes. Inicialmente, a dívida era paga em gado (*pecus*) e, mais tarde, em dinheiro (*pecúnia*).[15] No começo, a indenização era livremente negociada entre as partes até que se evoluiu para um sistema em que as indenizações eram fixadas pelo Estado, as chamadas *poenae* (Zimmermann, 1992:913-914).[16]

Entre os delitos civis, surgiu a *damnum iniuria datum* (perda injustamente causada), instituída pela *lex Aquilia*, que criava uma obrigação geral de indenizar danos físicos à propriedade.[17] Para a configuração do dano era necessário que houvesse uma avaria na coisa e essa avaria lhe reduzisse o valor de mercado. Caso não reduzisse o valor de mercado, apesar da avaria, não era dano. Assim, o dano a um escravo que lhe reduzisse o valor era indenizado, mas o dano pessoal a um indivíduo livre não. Já a noção de injusto implicava alguma responsabilidade além de mera causalidade. Algo muito semelhante ao que hoje chamamos de culpa. E, por fim, "causado" significava alguma forma direta de causalidade (Riggsby, 2010:188; Birks, 2014:195 e ss.).

Não por outra razão, durante vários séculos, muito se discutiu no direito civil sobre o dolo do agente e os tipos de dolo, sendo essa discussão finalmente abandonada e substituída pela figura do ato jurídico ilícito e o foco na culpa, como um "erro na conduta" do agente. Entretanto, apesar de a doutrina e o direito terem evoluído para a noção de culpa, exatamente o que era essa culpa não estava muito claro: "[a noção de culpa] está presente na composição do esquema legal do ato ilícito. É mesmo na culpa, definível como quebra do dever a que o agente está adstrito, que assenta o fundamento primário da reparação" (Pereira, 1996:418-419). Nessa linha, voltamos a perguntar: mas que dever seria esse?

---

[15] Note que até hoje, milhares de anos depois, ainda usamos a expressão pagamento em pecúnia para expressar o pagamento em dinheiro, tamanha a influência dos romanos sobre a nossa civilização.
[16] Veja que se compararmos essa evolução histórica do direito romano com a do direito assírio ou babilônico, perceberemos que, ao menos nesse aspecto, o direito assírio era muito mais evoluído, já tendo um sistema tarifário para a RCE com valores predefinidos 2.000 anos antes dos romanos, como o exemplo citado na epígrafe. Confira, em geral, Roth (1997).
[17] Novamente, até hoje, usamos a expressão responsabilidade aquiliana para nos referirmos à responsabilidade civil extracontratual.

A resposta a essa pergunta é relativamente simples: *o dever que, se violado, gera RCE é o dever geral de cautela que todos nós, que vivemos em sociedade, devemos ter e manter uns para com os outros*, um dever de cuidado previsto no art. 186 do CCB. Em outras palavras, no nosso dia a dia, devemos manter a todo tempo um nível geral de cautela de forma que, via de regra, nossos atos não causem danos ao próximo. Se falharmos nessa cautela, se não alcançarmos o padrão de comportamento que a sociedade nos impõe, seremos responsabilizados na hipótese de ocorrência de um dano, mas se adotarmos o nível de cuidado exigido, mesmo na ocorrência do dano, não seremos considerados culpados.[18]

Nesse sentido, culpa, que é um conceito jurídico indeterminado, precisa ganhar substância para deixar de ser um juízo etéreo, uma noção gris e tornar-se um conceito, uma ideia mais precisa que possa ser usada como requisito jurídico. A análise econômica do direito pode nos dar uma boa ideia do que seria esse dever.

Conforme dito, ao invés de perquirir o *animus* do agente, a culpa hoje é aferida *in abstracto* comparando a conduta em análise à diligência esperada de um bom pai de família (*bonus pater familias*) ou de um homem médio em face das circunstâncias de cada caso. Essa resposta é um avanço ao eliminar a investigação do *animus*, mas obviamente é insatisfatória, pois apenas empurra o problema um degrau adiante para perguntarmos qual é a conduta juridicamente esperada. Agora precisamos saber o que é ser um bom pai ou mãe de família e o que ele ou ela faria no caso concreto. Minha experiência mostra que, na média, mulheres são mais avessas a risco que homens; deveria isso ser considerado?[19] E se a pessoa for solteira? Obviamente essa noção é tanto tautológica quanto insatisfatória. Se usarmos o critério anglo-saxão, cuidados razoáveis, evitamos o patriarcalismo da linguagem, mas não resolvemos o problema. Agora precisamos saber o que é razoável no caso concreto.

Tentemos, então, colocar a questão em um formato juseconômico tradicional (*e.g.*, Cooter e Ulen, 2012:196-197) para ver se conseguimos algum *insight* para a construção do conceito de culpa. Suponha que a variável x re-

---

[18] Conforme discutido no início desta seção, aqui estamos tratando das hipóteses em que a culpa é relevante para a imposição jurídica de RCE. Para a análise econômica envolvendo dolo, ou seja, o desejo deliberado do resultado danoso, veja Cooter e Ullen (2012: cap. 12) sobre a teoria econômica do crime.

[19] Note que o valor pago pela apólice de seguro do mesmo automóvel por mulheres é inferior ao valor pago pelos homens na mesma faixa etária. Seria possível oferecer uma explicação juseconômica para essa discriminação?

presente o nível de cuidado do agente cuja conduta se encontra sob análise e que essa variável seja contínua. Para facilitar a visualização dessa evolução contínua do nível de cuidado, podemos representar o grau de cuidado espacialmente em uma reta real da seguinte forma:

Figura 1
Cuidado juridicamente exigível

Fonte: Elaboração própria.

Nessa representação fica claro o que queremos dizer com a expressão culpa. Juridicamente falando, um agente não será considerado culpado por um determinado fato danoso se o nível de cuidado que ele empregou for igual ou superior ao nível de cuidado juridicamente exigível ($\dot{x}$). Caso o nível de cuidado por ele empregado seja inferior a $\dot{x}$ então, ele será considerado juridicamente culpado.

Em alguns casos, o nível de cuidado juridicamente exigível já está previsto em lei. Por exemplo, um motorista pode ter bebido cinco, 10 ou 100 decigramas de álcool por litro de sangue antes de (tentar) dirigir, isto é, seu nível de cuidado pode variar continuamente. Nessa hipótese, originalmente, o Código de Trânsito Brasileiro (CTB) estabelecia que o nível de cuidado juridicamente exigível dos motoristas era ter ingerido, no máximo, seis decigramas por litro de sangue, *in verbis*: "Art. 165. Dirigir sob a influência de álcool, em nível superior a seis decigramas por litro de sangue, ou de qualquer substância entorpecente ou que determine dependência física ou psíquica".

Assim, se houvesse um acidente envolvendo um motorista e ele tivesse ingerido apenas cinco decigramas por litro de sangue, não seria possível afirmar que ele seria culpado pelo acidente apenas por estar dirigindo após ingerir um pouco de bebida alcóolica. Ele até poderia ser culpado por outros fatores, mas não por embriaguez. A lei estabeleceu expressamente o nível de cuidado juridicamente exigível.

Em 2008, o CTB adotou uma política de tolerância zero e o parâmetro jurídico de cuidado foi alterado para nenhum consumo, ou seja, a conduta (dirigir sob os efeitos do álcool) foi proibida: "Art. 165. Dirigir sob a influência de álcool ou de qualquer outra substância psicoativa que determine dependência: Infração — gravíssima". Com essa alteração, desde 2008, todo e qualquer motorista poderia ser responsabilizado por dirigir alcoolizado se tivesse bebido qualquer quantidade de álcool. Em outras palavras, o nível juridicamente exigível de cuidado foi alterado.

O mesmo raciocínio se aplica à velocidade de trânsito. Um motorista pode dirigir a cinco, 10 ou 100 quilômetros por hora. Quanto mais devagar, mais podemos dizer que ele está sendo cauteloso[20]. Quanto mais rápido, menos cauteloso. Onde está a fronteira da culpa? Aqui a resposta também é fácil, pois a própria lei determina essa velocidade. Se a velocidade máxima de uma via for 60 km/h e o motorista estiver a 80 km/h, ele estará sendo negligente ou imprudente. Se estiver a 60 km/h ou abaixo dessa velocidade, não estará sendo negligente ou imprudente.

Nesse sentido, a definição jurídica de culpa se liberta plenamente de qualquer elemento volitivo ou estado mental do agente e passa a ter um caráter objetivo, claramente regulatório, segundo o qual será considerado culpado quem não adotou o nível de cuidado juridicamente exigido e não será considerado culpado quem adotou esse cuidado. Assim, *culpa é a adoção de nível de cuidado inferior ao juridicamente exigido*.

Se algumas vezes a lei estabelece o nível de cuidado esperado, na vasta maioria das vezes esse nível será estabelecido pela jurisprudência. Como este autor já disse em outra oportunidade, trata-se de exemplo claro de *hermenêutica das escolhas* (Gico Junior, 2018), hipótese na qual, diante de um conceito jurídico indeterminado, em virtude da vedação ao *non liquet*,[21] caberá ao Judiciário criar regras jurídicas específicas para cada tipo de caso. Em outras palavras, se o art. 186 do CCB criou o dever geral de cuidado que todos nós devemos ter para com o próximo, o critério jurídico do que será considerado culpa (ausência de cuidado), na maioria dos casos, será construído pelo Judiciário.

---

[20] Para fins de simplificação, estamos ignorando que, no trânsito, uma velocidade muito baixa também pode ser perigosa e que existe uma velocidade mínima para trafegar em algumas vias, justamente para evitar esse risco. De acordo com o art. 62 do CTB: "[a] velocidade mínima não poderá ser inferior à metade da velocidade máxima estabelecida, respeitadas as condições operacionais de trânsito e da via".

[21] Proibição ao juiz de se furtar a decidir uma questão sobre a qual é competente em função de ambiguidade ou ausência de lei, prevista no art. 140 do Código de Processo Civil: "[o] juiz não se exime de decidir sob a alegação de lacuna ou obscuridade do ordenamento jurídico".

Agora que temos um conceito de culpa (a adoção de nível de cuidado inferior ao juridicamente exigido), devemos nos perguntar: será que o Judiciário tem como definir esse nível de cuidado de forma racional, sem estarmos sendo completamente arbitrários? Será que temos alguma forma superior ao mero bom senso para estabelecermos o nível ótimo de cuidado? A resposta, mais uma vez é sim, e — claro — envolve a análise econômica do direito.

3. A função social da RCE revisitada: redução do custo social dos acidentes

Na seção 2.1, demonstramos que a função social da RCE era a internalização de externalidades, isto é, sua função é fazer com que quem tenha gerado um dano arque com suas consequências e, ao fazê-lo, a RCE simultaneamente repararia o dano causado à vítima e dissuadiria novas condutas danosas. Na seção 2.4, demonstramos que a definição de culpa se refere a um nível de cuidado juridicamente estabelecido e que, em grande parte das vezes, é o Judiciário quem estabelece esse nível de cuidado. Nessa seção final, eu gostaria de refinar a ideia de função social da RCE para dizer que sua função maior é a redução dos custos sociais dos acidentes.

Considerando-se que no Brasil não existe uma fórmula preestabelecida para o cálculo do nível de cuidado (*standard of care*) necessário para a determinação da culpa em casos de RCE, será útil utilizarmos como ponto de início do raciocínio a abordagem norte-americana denominada fórmula de Hand, criada no caso United States *v*. Carroll Towing Co.[22]

Em 4 de janeiro de 1944, a barcaça *Anna C* afundou no porto de Nova York. *Anna C* estava carregada com farinha pertencente aos Estados Unidos e estava ancorada no Píer 52 com outras barcaças. As barcaças estavam amarradas juntas por cordões de ancoragem no Píer 52 e uma delas também estava amarrada a um outro grupo de barcaças ancoradas no píer público adjacente. No dia do naufrágio, a empresa de reboque Caroll Towing Co. foi enviada para remover uma barcaça do píer público. Para remover essa barcaça, o reboque removeu o cordão que unia o grupo de barcaças do Píer 52 com o grupo do píer público e refez o cordão de ancoragem, pois não havia

---

[22] United States v. Carroll Towing Co., 159 F.2d 169 (2d. Cir.1947).

tripulação nas barcaças. No entanto, as barcaças do Píer 52 acabaram por se soltar e *Anna C* colidiu com outra barcaça e naufragou.

Em 1947, o caso chegou ao Hon. Learned Hand, da Corte de Apelações do 2º Circuito, algo equivalente aos nossos Tribunais Regionais Federais, que, reconhecendo inexistir uma regra geral para casos de responsabilidade como esse, propôs a seguinte fórmula para aferição da culpa do acusado:

> Como há ocasiões em que todas as embarcações serão libertas de sua ancoragem, e como, se ela o fizer, ela se torna uma ameaça àqueles ao seu redor; o dever do proprietário, assim como em outras situações semelhantes, de prover contra danos resultantes é uma função de três variáveis: (1) a probabilidade de que ela se soltará; (2) a gravidade da perda resultante, caso ela se solte; (3) o ônus das precauções adequadas. A expressão dessa noção em termos algébricos possivelmente serve para esclarecer essa noção: seja a probabilidade chamada P; o dano, D; e o custo C; responsabilidade depende de C ser menor do que D multiplicado por P: *i.e.*, se C < PD.[23]

É interessante notar que um jurista e não um economista tenha chegado a essa conclusão. O que Hon. Hand disse de forma tão elegante foi simplesmente que alguém será considerado culpado (no caso, a expressão usada foi negligente) para o direito se não adotar cuidados razoáveis, e cuidado razoável no caso concreto será entendido como qualquer cuidado cujo custo (C) seja inferior ao prejuízo esperado decorrente da não adoção da precaução (PD), ou seja, C < PD. Essa é uma abordagem tão inovadora quanto reveladora.[24]

---

[23] No original: *"[s]ince there are occasions when every vessel will break from her moorings, and since, if she does, she becomes a menace to those about her; the owner's duty, as in other similar situations, to provide against resulting injuries is a function of three variables: (1) The probability that she will break away; (2) the gravity of the resulting injury, if she does; (3) the burden of adequate precautions. Possibly it serves to bring this notion into relief to state it in algebraic terms: if the probability be called P; the injury, L; and the burden, B; liability depends upon whether B is less than L multiplied by P: i.e., whether B < PL"*. United States v. Carroll Towing Co., 159 F.2d 169 (2d. Cir.1947).

[24] É interessante mencionar que a fórmula de Hand foi utilizada pelo TJRS para resolver milhares de casos envolvendo fumicultores no Rio Grande do Sul que acionaram as concessionárias de energia elétrica na busca de reparação por perdas da produção do fumo em razão da interrupção do fornecimento de energia elétrica durante o processo de secagem do fumo, quando o Judiciário percebeu que eles mesmos poderiam ter reduzido ou eliminado os danos pela simples instalação de estufas com geradores de emergência, como fazem os hospitais. A título de exemplo ver Apelação Cível nº 70077089860 (nº CNJ: 0074198-71.2018.8.21.7000), Nona Câmara Cível, Comarca de Camaquã, TJRS, des. rel. Eugênio Facchini Neto.

Como vimos na seção 2.4, a definição de culpa pode ser entendida como adoção de nível de cuidado inferior ao juridicamente exigido, e esse nível será definido pelo Judiciário, na maioria dos casos. O que a fórmula de Hand nos dá é justamente um parâmetro para estimar esse nível de cuidado e, ao fazê-lo, revela algo sobre a RCE que antes parecia estar oculto: no momento de estabelecimento do critério de culpa, necessariamente estaremos estabelecendo também o critério de cuidado, que expia a culpa. Se o dano impõe à vítima um custo, o cuidado também impõe ao ofensor um custo e, do ponto de vista social, isto é, se levarmos em consideração todas as pessoas que integram a sociedade e não apenas a vítima, devemos concluir que são os custos totais desse acidente para a sociedade que devem ser reduzidos e não apenas os custos para a vítima. Essa ideia foi desenvolvida por Guido Calabresi no clássico *The costs of accidents: a legal and economic analysis* (1970) e constitui a base da análise econômica do direito da RCE.

Dessa ideia de que culpado é apenas quem não toma os cuidados justificados pelo custo esperado do acidente chegamos à ideia de *custo social do acidente*, que inclui não apenas o custo do eventual dano à vítima, mas também o custo de precaução do acidente, inclusive para o autor. Para facilitar a compreensão, podemos aglutinar todas essas ideias em um único arcabouço.

Seja p a probabilidade de ocorrência de um acidente e x a quantidade de cuidado tomado. Quanto maior a precaução (maior o valor de x), menor a probabilidade de o acidente acontecer (menor o valor de p), logo, podemos dizer que p é uma função decrescente de x, ou seja, $p = p(x)$. Seja D o custo do acidente, caso ele ocorra, e supondo que D é um valor fixo, nesse modelo mais simples, teremos que o custo esperado do acidente para a vítima será dado pela expressão $p(x)\,D$. Esse é prejuízo esperado do acidente.

Mas de acordo com a fórmula de Hand também devemos levar em consideração o custo da precaução em si e não apenas o prejuízo esperado do acidente. Nesse sentido, seja w o valor em dinheiro do número de unidades de precaução empregadas (como discutido na figura 1 — Cuidado juridicamente exigível) e assumindo para fins de simplificação que w cresce de maneira linear, teremos que, quanto mais cuidado tomamos, em mais custos incorremos, ou seja, o gasto esperado com precaução cresce linearmente na medida do crescimento com o cuidado e é dado por wx. Note que tanto o ofensor quanto a vítima podem investir em precaução, mas não nos preocupemos com isso nesse momento.

Se somarmos o custo esperado do acidente com o gasto com precaução, teremos todos os custos que a sociedade terá de enfrentar em função do acidente, o que pode ser representado da seguinte forma:

Figura 2
O custo social do acidente

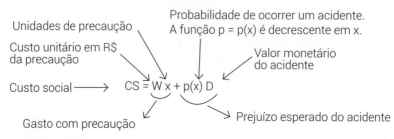

Fonte: Elaboração própria.

À luz desse modelo simplificado, podemos agora representar a evolução do custo social dos acidentes (*CS*), isto é, o comportamento do gasto com precaução (*wx*) e o comportamento do prejuízo esperado do acidente (*p(x)D*):

Gráfico 3
O comportamento do custo social do acidente

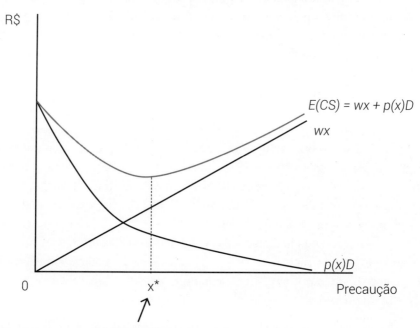

Fonte: Elaboração própria.

No gráfico 3 podemos perceber que à medida que aumentamos a precaução (deslocamento para a direita ao longo do eixo x), os custos com a precaução (wx) aumentam e os custos esperados com o acidente ($p(x)D$) caem. No entanto, para entendermos o comportamento do custo social do acidente, e não apenas do dano esperado, devemos somar ambos os custos. A curva resultante tem um comportamento bastante interessante. Veja que o custo social do acidente tem um comportamento diverso do das outras duas curvas. Em um primeiro momento, à medida que aumentamos a precaução, o valor do custo social cai. Todavia, em um dado momento, essa relação se inverte e o aumento da precaução começa a gerar mais custos do que benefícios: é quando a curva do custo social altera seu comportamento.

Se olharmos a curva do custo social, perceberemos que ela possui um ponto mais baixo que os demais, que ocorre quando a quantidade de precaução é x^*. Nesse ponto, o valor de $E(CS)$ indica o menor nível possível do custo social do acidente, isto é, o ponto onde o custo esperado para a sociedade é o menor. Note que à esquerda do ponto x^* o investimento em mais cuidado se justifica, pois o custo social do acidente diminui. Por outro lado, após o ponto x^*, o investimento em mais cuidado não se justifica, pois o gasto com precaução não é compensado com uma redução proporcional do custo esperado do acidente. Em outras palavras, após o nível de cuidado x^* não é socialmente desejável aumentar o nível de cuidado.

Podemos agora unir a fórmula de Hand[25] com a definição de culpa explorada na seção 2.4 para termos um resultado surpreendente.

---

[25] Para fins de simplificação, como Hand não esclareceu em sua notação se o valor referido é o total ou o marginal, estamos assumindo aqui que p = p'. Essa abordagem já foi usada antes em livros tradicionais de análise econômica do direito, como em Cooter e Ullen (2012:214).

Gráfico 4
A definição de culpa como nível de cuidado eficiente

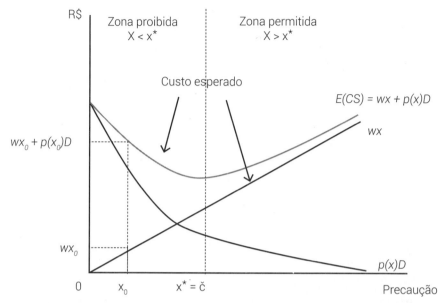

Fonte: Elaboração própria.

Se prestarmos atenção na formulação de Hand, veremos que ele disse que um nível de cuidado só seria juridicamente exigível quando seu custo (custo do cuidado ou *wx* acima) fosse menor que o custo esperado do acidente (*p(x)D*). Mas se esse nível de cuidado juridicamente exigível e determinado pelo Judiciário, que chamaremos de č, for igual a *x**, então o nível de cuidado que distinguirá a conduta culposa da conduta não culposa será justamente o nível de cuidado que reduz o custo social ao seu menor valor.

Nesse sentido, supondo que o Judiciário seja capaz de compreender que todo acidente tem um custo social (gasto com precaução + prejuízo esperado do acidente), então a fórmula de Hand é uma maneira relativamente simples de tentar estabelecer o nível de cuidado juridicamente exigível em cada contexto (*proxy*), ou seja, a definição do conceito jurídico de culpa no caso concreto, e, ao fazê-lo, gera incentivos para que o nível de cuidado adotado pelos agentes seja o mais eficiente possível, isto é, que o custo social esperado dos acidentes seja o menor possível, algo que, talvez, estejamos buscando desde os sumérios.[26]

---

[26] Note que a fórmula de Hand não necessariamente leva ao nível de precaução ótimo do ponto de vista do custo social, pois o ponto mínimo de E(CS) pode estar em ponto diverso do ponto

4. Conclusões

Na seção 2.1, demonstramos que a função social da RCE é a internalização de externalidades negativas e que isso resulta em uma dupla função: reparadora e dissuasiva. Na seção 2.2 explicamos que dano é uma redução não consentida no bem-estar da vítima, e essa abordagem nos auxilia a entender por que há danos não indenizáveis (seção 2.2.1) e por que a indenização para danos reversíveis é diferente da indenização de danos irreversíveis (seção 2.2.2)

Na seção 2.3 fizemos uma primeira abordagem ao que se chama de nexo de causalidade e explicamos como sua existência garante que a RCE internalize externalidades negativas e não seja utilizada meramente para transferir custos de um agente a outro. Já na seção 2.4 demonstramos que, quando definimos culpa como a não adoção de um nível mínimo de cuidado juridicamente determinado, revelamos seu caráter regulatório e a necessidade de sua correta fixação pelo Judiciário em cada tipo de caso.

A busca por um critério racional de fixação da culpa nos levou à descoberta da fórmula de Hand (seção 3) que, por usa vez, revelou-se um interessante instrumento analítico para fixação do nível de cuidado juridicamente exigível e, ao fim, ao esboço de uma teoria juseconômica da RCE que parece revelar que uma de suas funções sociais também pode ser reduzir os custos sociais dos acidentes. Daqui poderíamos partir para uma viagem quase sem fim na RCE, para discutirmos temas como tipos diversos de responsabilidade civil, precaução bilateral, penas civis (*punitive damages*), dano ricochete e outros tantos mais. Mas o objetivo deste texto não foi esgotar o tema, apenas instigar a curiosidade pela análise econômica do direito e assim, quem sabe, sejamos capazes de enxergar novas abordagens sobre velhos problemas e possamos, um dia, dizer que honramos a nobre e longa história da responsabilidade civil extracontratual, essa fantástica tecnologia institucional.

Referências

BEVILÁQUA, C. *Teoria geral do direito civil*. Campinas: RED Livros, 2001.
BIRKS, P. *The Roman law of obligations*. Edição de Eric Descheemaeker. Oxford: Oxford University Press, 2014.

---

onde C = PD, a depender do comportamento da função p(x)D, mas certamente a fórmula de Hand é uma aproximação razoável do que seria esse nível ótimo.

CALABRESI, G. *The costs of accidents*: a legal and economic analysis. New Haven: Yale University Press, 1970.

COOTER, R. D.; ULEN, T. S. *Law & economics*. 6. ed. Boston, MA: Addison-Wesley, 2012.

GICO JUNIOR, I. T. *Cartel*: teoria unificada da colusão. São Paulo: Lex, 2007.

____. Hermenêutica das escolhas e a função legislativa do Judiciário. *Revista de Direito Empresarial* — RDEmp, Belo Horizonte, a. 15, n. 2, p. 55-84, maio/ago. 2018.

____. Metodologia e epistemologia da análise econômica do direito. *Economic Analysis of Law Review*, v. I, n. 1, p. 7-33, jan./jun. 2010.

____. O capital jurídico e o ciclo da litigância. *Revista Direito GV*, v. 9, p. 435-464, jul./dez. 2013.

PEREIRA, C. M. da S. *Instituições de direito civil*. 18. ed. Rio de Janeiro: Forense, 1996. v. I.

RIGGSBY, A. M. *Roman law and the legal world of the Romans*. Nova York, NY: Cambridge University Press, 2010.

ROTH, M. T. *Law collections from Mesopotamia and Asia Minor*. 2. ed. Edição de Piotr Michalowski. Atlanta, Georgia: Society of Biblical Studies, 1997. v. 6.

SANTOS, A. J. *Dano moral indenizável*. São Paulo: Método, 2001.

ZIMMERMANN, R. *The law of obligations*: Roman foundations of the civilian tradition. Ndabeni, Cape: Juta & Co, Ltd, 1992.

Referências adicionais sugeridas

ACCIARRI, H. A. *Elementos de análisis económico del derecho de daños*. Alacde, 2009. (Coleción de derecho y economía).

BATTESINI, E. *Direito e economia*: novos horizontes no estudo da responsabilidade civil no Brasil. São Paulo: LTr, 2011.

COOTER, R.; ULEN, T. *Law & economics*. 6. ed. Boston: Addison-Wesley, 2012.

LANDES, W.; POSNER, R. A. *The economic structure of tort law*. New Haven: Harvard University Press, 1987.

MACKAAY, E.; ROUSSEAU, S. Análise econômica do direito. 2. ed. São Paulo: Atlas, 2015.

POSNER, R. A. *Economic analysis of law*. 7. ed. Nova York: Aspen Publishers, 2007.

SCHAFER, H. B.; OTT, C. *The economic analysis of civil law*. Northampton: Edward Edgar, 2004.

SHAVELL, S. *An economic analysis of accident law*. New Haven: Harvard University Press, 2007.

CAPÍTULO 11

Direito das empresas em dificuldade

Márcio Souza Guimarães

Introdução

Muito se discute sobre a interação entre direito e economia, por se tratar de ciências que, em uma primeira análise, têm objetivos completamente distintos. Enquanto aquele trataria de temas relativos à justiça, esta teria como foco o estudo da vida econômica. A interação entre direito e economia, contudo, é de extrema importância para o desenvolvimento econômico e para a compreensão das consequências das decisões judiciais. A repercussão dos sistemas jurídicos na economia é tamanha que pode ser considerada decisiva para o sucesso de uma atividade econômica ou para levá-la ao fracasso.

Em particular, é de suma importância a análise do direito das empresas em dificuldade na perspectiva da economia, a fim de conferir o grau máximo de eficiência às normas legais que tratam do tema. Para tanto, deve-se ter em conta diversos aspectos, entre os quais se destacam o papel do empresário como agente econômico essencial ao desenvolvimento do país, as funções do regime legal de insolvência e, por fim, as interações entre devedor e seus credores.

1. O empresário como agente econômico de desenvolvimento e sustentabilidade

Como responsável pela produção, distribuição e consumo de bens e serviços, o agente econômico ocupa um papel essencial na economia de um país. Nesse contexto, assume verdadeira responsabilidade social e deveres específicos, podendo estar sujeito ao regime de insolvência empresarial previsto na Lei nº 11.101/2005, assim entendido como instrumento de incentivo à eventual recuperação, bem como ao controle de sua atuação.

1.1 Função social do agente econômico

O exercício da atividade empresarial é tradicionalmente compreendido como uma prática que atende, preferencialmente, aos interesses privados de quem a exerce, mas não se pode olvidar a crescente obrigatoriedade de respeito à função social exercida pelo agente econômico (empresário e sociedade empresária).

A tradicional dicotomia entre o direito público e o direito privado já foi superada com o reconhecimento da convergência de inúmeros interesses presentes em relações de direito empresarial. A Constituição da República entabula regras fundamentais de convivência social, indicando o comportamento esperado dos cidadãos para alcance da harmonia social, política, financeira, cultural e de mercado, entre outros.

Especificamente no que diz respeito às atividades econômicas, a Carta Magna estipulou como princípios fundamentais a dignidade da pessoa humana, a valorização do trabalho humano e a livre-iniciativa, a propriedade privada, a função social da propriedade (função social da empresa), a livre concorrência, a defesa do consumidor, a defesa do meio ambiente, a redução das desigualdades regionais e sociais e a busca do pleno emprego.[1]

Por esse motivo, a insolvência se apresenta como um direito do agente econômico. Amparado pelo Estado, o empresário (pessoa natural ou jurídica) tem o direito a um processo de reestruturação diferenciado caso enfrente dificuldades, bem como ao encerramento de suas atividades quando a continuidade da empresa se mostre inviável por questões alheias à sua vontade, podendo se valer da recuperação judicial ou extrajudicial, com vistas ao seu soerguimento, ou declarando sua falência, com a extinção da atividade e respectiva liquidação pelo Estado-juiz.

Assim, verifica-se que o exercício da empresa não mais pode ser encarado sob o ângulo individualista, focado apenas nos interesses privados dos agen-

---

[1] Art. 170 da Constituição da República e incisos.

tes econômicos: estes devem também suportar, obrigatoriamente, a responsabilidade social da atividade exercida. Assim pontua Comparato (1983:296):

> de um lado, o exercício da atividade empresarial já não se funda na propriedade dos meios de produção, mas na qualidade dos objetivos visados pelo agente; sendo que a ordem jurídica assina aos particulares e, especialmente, aos empresários, a realização obrigatória de objetivos sociais, definidos na Constituição.

Foi justamente nessa conjuntura que foi editada a lei de recuperação de empresas e falências, que traz como preceito fundamental a ideia de que não apenas os interesses privados do agente empresário são relevantes sob o ponto de vista jurídico e econômico. É indispensável conciliar a busca pela riqueza, por parte de quem se dispõe a empreender, a manutenção de empregos e crédito, como consequência econômica e social, bem como protegendo a coletividade; itens que consubstanciam o denominado tríplice interesse transindividual societário (Guimarães, 2005).

Corroborando esse entendimento, o Superior Tribunal de Justiça vem, reiteradamente, reconhecendo o papel fundamental da atividade empresária para o desenvolvimento nacional, buscando sempre interpretar as leis da perspectiva da função social da empresa e do agente econômico. A sua 4ª Turma deu exegese à norma inserta no art. 47 da Lei nº 11.101/2005 como concretizadora do supramencionado tríplice interesse, ao afirmar que o dispositivo

> serve como um norte a guiar a operacionalidade da recuperação judicial, sempre com vistas ao desígnio do instituto, que é "viabilizar a superação da situação de crise econômico-financeira do devedor, a fim de permitir a manutenção da fonte produtora, do emprego dos trabalhadores e dos interesses dos credores, promovendo, assim, a preservação da empresa, sua função social e o estímulo à atividade econômica".[2]

A proteção jurídica conferida à empresa (atividade), entretanto, não se estende indiscriminadamente a todas as atividades que se prestam à produção ou circulação de bens ou serviços no mercado. A Lei nº 11.101/2005 restringe sua incidência apenas a algumas empresas eleitas como mais relevantes à economia — o que nem sempre, contudo, traz soluções justas.

---

[2] STJ, Resp 1207117/MG, 4ª Turma, min. Luis Felipe Salomão, julg. 10.11.15, *DJe* 25.11.15.

1.2 Legitimidade e crítica à restrita teoria da empresa

O art. 1º da Lei nº 11.101/2005 delimita a incidência das suas disposições, ao fixar que "disciplina a recuperação judicial, a recuperação extrajudicial e a falência do empresário e da sociedade empresária".

O conceito de empresário está disposto no art. 966 do Código Civil, consagrando a teoria da empresa com a regra de que "considera-se empresário quem exerce profissionalmente atividade econômica organizada para a produção ou a circulação de bens ou de serviços". A produção ou circulação de bens ou serviços é requisito de fácil constatação e engloba quase todas as atividades pilares da economia: indústria, comércio, agricultura, prestação de serviços, entre outros.

A profissionalidade, por sua vez, diz respeito à estabilidade e à habitualidade da atividade exercida, como destaca Tomazette (2014:14-15): esta "não depende da intenção do empresário, bastando que no mundo exterior a atividade se apresente objetivamente com um caráter estável". Assim, mesmo aquelas atividades que, por sua natureza, sofrem interrupções (ex.: atividades de temporada) podem ser caracterizadas como empresa.

O terceiro requisito do art. 966 do Código Civil é a organização econômica, que se traduz na existência de um mínimo de organização dos fatores de produção, entendidos como mão de obra, bens, tecnologia, e assim por diante. Um vendedor que diariamente vende seus produtos de porta em porta explora atividade de circulação de bens e de forma profissional. Não o faz, entretanto, de forma economicamente organizada, justamente por não ordenar fatores de produção.

O parágrafo único do art. 966, contudo, cria exceção ao conceito até então desenvolvido, indicando que "não se considera empresário quem exerce profissão intelectual, de natureza científica, literária ou artística, ainda que com o concurso de auxiliares ou colaboradores, salvo se o exercício da profissão constituir elemento de empresa". A dificuldade de definição exata do conceito de "elemento de empresa",[3] aliada às disposições legais que expressamente

---

[3] Para Campinho (2016:57), este se configura com o ordenamento da atividade, com o implemento de elementos materiais e imateriais para melhor realizar a exploração econômica, sendo o trabalho intelectual inserido nesse contexto apenas como mero componente daquilo que é oferecido pela sociedade. Gonçalvez Neto (2010:75), por outro lado, insiste que "é precisamente da atividade intelectual organizada com finalidade econômica que cuida a primeira parte do enunciado do parágrafo único do art. 966 para afastá-la do conceito de empresário; se econômica e organizada não fosse, já estaria excluída no próprio caput".

rotulam algumas atividades como não empresariais,[4] cria uma situação fática em que determinadas atividades, não obstante relevantes para a economia, permanecem em uma zona cinzenta de classificação.

Nesse contexto, o sistema de insolvência empresarial torna-se falho e, por muitas vezes, injusto. Há inúmeros casos em que verdadeiros agentes econômicos, indispensáveis ao desenvolvimento nacional, estarão excluídos do direito das empresas em dificuldades. Constata-se, nesse cenário, uma verdadeira inversão de valores: uma pequena loja, com três empregados, que contribui com pequena quantia de impostos, poderá postular a recuperação judicial ou extrajudicial, ou até mesmo sua falência. Uma cooperativa, por outro lado, mesmo que explore atividade de extrema relevância para a economia do país, contribuindo ativamente para o desenvolvimento econômico e social, será alijada do sistema de insolvência empresarial.[5]

A desigualdade e injustiça econômica verificada no âmbito de incidência da Lei nº 11.101/2005 evidencia o fato de que a teoria da empresa adotada pelo Código Civil é deveras ultrapassada, não mais condizendo com a atual realidade do país.

1.3 Responsabilidade fiduciária do agente econômico

A legislação brasileira, atenta à relevante função social das atividades empresariais, impôs alguns deveres aos administradores de sociedades empresárias, denominados deveres fiduciários (*fiduciary duty*). Como a denominação indica, são deveres relacionados com a confiança neles depositada para a direção da empresa, considerando seu papel no desenvolvimento econômico e social. O descumprimento dos deveres fiduciários poderá levar à responsa-

---

[4] Para citar alguns exemplos, é possível mencionar o caso dos empresários rurais não registrados na Junta Comercial (art. 971 do Código Civil); das associações (art. 53 do Código Civil); das cooperativas (art. 983, p. único do Código Civil), entre outros.

[5] Conforme apontamos em trabalho anterior (Guimarães, 2017:682-711), em algumas hipóteses, a própria lei excluirá do conceito de empresa pessoas (jurídicas) que efetivamente deveriam ser consideradas empresárias, como a atividade advocatícia: ainda que um escritório jurídico conte com centenas de advogados, empregando outras tantas centenas de trabalhadores e lide com um volume de negócios superior ao da maioria das empresas brasileiras, não poderá se beneficiar dos institutos previstos na Lei nº 11.101/2005, por força do disposto no art. 15 da Lei nº 8.906/1994.

bilização civil dos administradores, caso em que responderão pelos prejuízos que causarem à sociedade e a terceiros prejudicados.

a) Deveres fiduciários dos administradores e a teoria da deepening insolvency

Os encargos dos administradores compreendem, em síntese, a obrigatoriedade de exercer, na consecução do objeto social, suas funções com todo o cuidado, diligência e boa-fé objetiva. Mais que isso, não podem olvidar das exigências ao bem público e da função social da empresa. É o que se depreende da leitura do art. 1.011 do Código Civil e dos arts. 153 e 154 da Lei nº 6.404/1976.

A lei das sociedades anônimas (Lei nº 6.404/1976) estende ainda mais a lista dos deveres de seus administradores, mencionando expressamente outros, como o de lealdade,[6] consubstanciado no dever de respeito aos interesses da sociedade, que devem prevalecer sobre os interesses pessoais do administrador, e o de informação,[7] relacionado com a ampla divulgação de informações com o objetivo de reduzir a eventual atuação desonesta dos administradores, bem como a utilização indevida de informações privilegiadas.[8]

Além dos deveres já mencionados, discute-se se o administrador de sociedade empresária insolvente teria também o dever de declarar sua insolvência, requerendo a autofalência da sociedade. É que a redação do art. 105 da Lei nº 11.101/2005, ao determinar que o devedor "deverá" requerer ao juízo sua falência, abre espaço para um debate sobre a obrigatoriedade do requerimento.

Tomazette (2014:319) e Negrão (2010:318) afirmam que não se pode falar propriamente em um dever jurídico de requerer a autofalência ante a inexistência de sanção para seu descumprimento, sendo o pedido uma mera opção do devedor. Aqueles que defendem a obrigatoriedade da confissão de falência[9] sustentam, ainda, a possibilidade de responsabilização do devedor que, ciente do seu estado de insolvência, prolonga artificialmente as atividades empresariais. Aplicar-se-ia, nesse caso, o disposto no art. 82 da Lei nº 11.101/2005, asseverando que

---

[6] Art. 155 da Lei nº 6.404/1976.
[7] Art. 157 da Lei nº 6.404/1976.
[8] Ainda que a Lei nº 6.404/1976 imponha tais deveres apenas aos administradores das sociedades anônimas, nada impede sua extensão aos administradores dos demais tipos societários, por decorrerem diretamente do dever de boa-fé objetiva.
[9] Por todos, Bezerra Filho (2005:266).

a responsabilidade pessoal dos sócios de responsabilidade limitada, dos controladores e dos administradores da sociedade falida, estabelecida nas respectivas leis, será apurada no próprio juízo da falência, independentemente da realização do ativo e da prova da sua insuficiência para cobrir o passivo, observado o procedimento ordinário previsto no Código de Processo Civil.

Vislumbra-se a identificação da teoria da *deepening insolvency*, com origem no direito norte-americano, segundo a qual os administradores de sociedade empresária podem ser responsabilizados pelo agravamento da situação de insolvência nos casos em que deixam de agir para minimizar os danos. Ao criar um dever para os administradores, a teoria busca evitar uma situação em que o prolongamento artificial da atividade empresarial levaria à dissipação dos seus recursos e aumento dos débitos, prejudicando não só os credores, mas a coletividade.

Confira-se, a esse respeito, a lição de Sussman e Kleine (2006:793):

> *Deepening insolvency is a developing theory of law that entails the wrongful prolongation of a corporation's life beyond insolvency, thereby resulting in damage to the corporation caused by, e.g., increased debt, dissipation of assets, and/or decreased reputation [...].*

A julgar pela jurisprudência, entretanto, a aplicação dessa teoria no Brasil ainda é tímida. Ainda que não mencionada expressamente, foi reconhecida pela primeira vez no julgamento do pedido de autofalência da Varig,[10] criando importante precedente:

> Como bem disse o Ministério Público, é dever dos administradores da sociedade em crise econômico-financeira, que não vislumbrem possibilidade de recuperação, requerer a própria falência, conforme previsto no art. 105 da Lei 11.101/2005, sob pena de responsabilização pessoal, na forma do art. 82 da mesma lei. Nesse caso, o prolongamento da agonia patrimonial e financeira da sociedade somente prejudicaria os credores, com o aumento do passivo e, muito provavelmente, a redução do ativo.

---

[10] Processo nº 0260447-16.2010.8.19.0001, em curso na 1ª Vara Empresarial da Comarca da Capital do Rio de Janeiro.

A teoria da *deepening insolvency* surge, portanto, como corolário do princípio da boa-fé objetiva, que deve orientar a atuação dos administradores de sociedades empresárias, tendo em vista a função social dos agentes econômicos e as graves consequências para a coletividade quando do agravamento da crise econômico-financeira da empresa.

b) A teoria dos jogos aplicada ao sistema de responsabilidade civil dos administradores na insolvência

A teoria dos jogos estuda, em síntese, situações de conflito em que os jogadores tomam decisões comportamentais visando melhorar seu ganho. Nesses casos, o prêmio obtido por um dos jogadores depende não só de suas próprias ações, mas também das dos demais participantes, motivo pelo qual o pensamento estratégico é de suma importância (Posner apud Tomazette, 2014:48).

Para o direito, a teoria funciona como importante instrumento para o estudo da influência das normas jurídicas nos comportamentos dos agentes/jogadores, bem como para a compreensão das motivações estratégicas que orientam seus comportamentos.

Especificamente no que tange à responsabilidade civil dos administradores na insolvência, a teoria dos jogos pode auxiliar na busca de uma regra de responsabilização desejável de uma perspectiva econômica, no sentido de fornecer os incentivos adequados para que os agentes (quais sejam, tanto os administradores, quanto os credores) adotem níveis ótimos de precaução no exercício de suas atividades. Afinal, é desejável que medidas de cautela sejam tomadas no exercício da empresa; entretanto, em situações específicas, a adoção de tais medidas pode se mostrar excessivamente ineficiente e custosa. Por esse motivo, deve-se buscar um equilíbrio entre custos e benefícios das medidas de cautela.

Trazendo o raciocínio para o direito das empresas em dificuldades, imaginemos a situação de um administrador que constata uma grave crise econômico-financeira na sociedade empresária sob sua gestão. A hipótese é um típico caso de aplicabilidade da teoria dos jogos: os benefícios que os envolvidos poderiam obter nesse caso dependem não apenas de suas ações, mas também das ações dos demais jogadores. Sob o ponto de vista do administrador da sociedade empresária, suas opções são, basicamente: pedir a recuperação judicial; requerer a autofalência; ou permanecer inerte, deixando de tomar qualquer medida de precaução no que diz respeito à eventual ocorrência de danos. Em qualquer das hipóteses, há custos e benefícios relativos à medida de precaução que devem ser analisados, bem como eventuais ações dos demais envolvidos na atividade empresarial (fornecedores, credores etc.).

No primeiro cenário (pedido de recuperação judicial), o benefício imediato obtido seria a possibilidade de renegociação das dívidas, dando um novo fôlego à empresa e permitindo sua reestruturação, com a "desvantagem" de submeter-se a rigoroso controle do poder público estatal (Poder Judiciário e Ministério Público), em contrapartida à vantagem de evidenciar sua boa-fé e transparência (*disclosure*) dos seus atos, o que será levado em consideração em eventual análise da propositura de ação de responsabilidade pelos legitimados, notadamente pelo Ministério Público. Por outro lado, a conduta dos demais jogadores poderia ter impactos diretos no insucesso da reestruturação, como no caso de rejeição, por parte dos credores, das propostas apresentadas pelo devedor no plano, hipótese em que a recuperação judicial poderá ser convolada em falência.[11] Ademais, o pedido de recuperação judicial, nesse caso, poderia prejudicar a reputação da sociedade empresária no mercado, afastando eventuais investidores e dificultando a obtenção de financiamentos.

No segundo cenário (requerimento de autofalência), o prêmio obtido pelo administrador seria, em síntese, o mesmo do primeiro cenário: sua conduta transparente no que diz respeito à situação econômico-financeira da sociedade afastaria ou mitigaria sua responsabilidade pessoal pelos danos ocorridos. Mais que isso, tal conduta permitiria a tomada de medidas (como a arrecadação dos ativos, por exemplo) de maneira ágil, minimizando, assim, o prejuízo aos credores e à coletividade. Nesse aspecto, verifica-se que o direito incentiva o comportamento estratégico nesse sentido, recompensando a conduta de boa-fé do devedor que admite a impossibilidade de continuação de suas atividades. Ainda que exista um benefício incentivando esse tipo de conduta, por outro lado, também é preciso considerar os custos de precaução. O pedido de autofalência traz graves consequências sociais, eis que implica a extinção de um importante agente econômico que, nessa qualidade, promovia a circulação ou produção de bens ou serviços, bem como gerava empregos e recolhia tributos. Mais que isso, não há como se olvidar o impacto negativo que a confissão de falência gera na própria reputação do empresário/administrador.

---

[11] Art. 56, §4º da Lei nº 11.101/2005.

No terceiro e último cenário (inércia), poder-se-ia vislumbrar o benefício estratégico do ganho de tempo: o administrador, nesse caso, poderia não adotar qualquer das opções anteriormente mencionadas, buscando medidas extrajudiciais de superação da crise (negociações individuais com cada credor; criação de *dispute board resolution*; entre outras). O custo da medida para o administrador da sociedade, por outro lado, seria suportar a possibilidade do requerimento de falência por um dos credores e, eventualmente, ser responsabilizado pelo agravamento da crise, com base no art. 82 da Lei nº 11.101/2005.

Nesses cenários, todos os aspectos devem ser ponderados no momento da criação de uma estratégia de ação para os administradores das empresas em dificuldades, à luz da teoria dos jogos, eis que influenciam diretamente na aferição de sua responsabilidade civil por eventuais danos causados.

2. Objetivo do regime jurídico de insolvência empresarial

Ao dispor sobre o regime jurídico de insolvência empresarial, a Lei nº 11.101/2005 traçou objetivos claros com relação ao agente econômico, considerando seu papel essencial ao desenvolvimento econômico. Nesse sentido, a recuperação (judicial e extrajudicial) e a falência cumprem importantes funções como instrumentos de controle econômico e de combate às fraudes perpetradas no mercado.

2.1 A recuperação judicial e a falência como meios de recuperação da empresa e como instrumento de controle econômico

Conforme previamente mencionado, a atividade empresarial é um dos pilares da engrenagem econômica, imprimindo, nesse cenário, grande responsabilidade social. Ao vincular o exercício desse tipo de atividade às finalidades previstas em seu art. 170, a Constituição da República impõe que esta não mais seja desenvolvida para o proveito exclusivo de seu titular, devendo igual atenção aos demais interesses que a circundam, como o dos empregados, do fisco e da coletividade.

Com esse escopo, a Lei nº 11.101/2005 tem como principal fundamento a preservação da empresa, sempre que esta for economicamente viável, bem como sua extinção, nas hipóteses em que o agente econômico for pernicioso ao mercado, assim identificado quando se encontra em dificuldades financeiras, deixando de honrar com suas obrigações, gerando um efeito nocivo ao crédito e à circulação de riquezas.

A medida extrema da falência só deve ser adotada quando não houver mais qualquer possibilidade de continuação das atividades. É por esse motivo que a jurisprudência rechaça a possibilidade de decretação da quebra por débitos insignificantes[12] ou a utilização do requerimento de falência como substitutivo da ação de cobrança.[13]

Busca-se, neste panorama, manter a fonte produtiva, os postos de trabalho e a arrecadação de tributos sempre que possível — ainda que, para isso, sejam necessários alguns "sacrifícios", como a alteração da composição societária, a venda de unidades produtivas isoladas, e até mesmo a transferência total do controle da sociedade empresária para terceiros. Nesta última hipótese, vislumbra-se a supremacia da recuperação da empresa sobre o interesse do sujeito que exerce a atividade: nesse caso, dissocia-se o destino da empresa e o do empresário, estando este submetido a sanções pessoais (como aquelas previstas no art. 64 da Lei nº 11.101/2005), independentemente do futuro daquela, que poderá ser reestruturada ou liquidada, a depender da sua viabilidade econômica. O direito francês há muito entabulou o adágio *sort de l'homme et sort de l'entreprise* (Houin, 1965:609).

Sobre o tema, Campos Filho (2006:84) conclui que "a recuperação judicial não tem, portanto, como desiderato principal restabelecer a higidez econômico-financeira do devedor, sendo esta apenas o instrumento para se atingir os objetivos estampados em lei e, em última análise, motivadores da

---

[12] "A decretação da falência, ainda que o pedido tenha sido formulado sob a sistemática do Decreto-Lei 7.661/45, deve observar o valor mínimo exigido pelo art. 94 da Lei 11.101/2005, privilegiando-se o princípio da preservação da empresa. Precedentes" (REsp 1023172/SP, rel. ministro Luis Felipe Salomão, Quarta Turma, julgado em 19/4/2012, *DJe* 15/5/2012). "As graves consequências sociais da quebra, especialmente em função das dificuldades econômicas por que passa a sociedade brasileira, devem ser levadas em conta pelo Poder Judiciário nas ações falimentares, que devem ser limitadas às hipóteses em que, além da impontualidade do valor preconizado pela lei, o efetivo estado falimentar da empresa esteja caracterizado, quando então a continuidade do negócio é pior para o mercado do que a interrupção das atividades empresariais" (TJSP; Apelação 0003066-04.2004.8.26.0404; relator (a): Cesar Ciampolini; Órgão Julgador: 10ª Câmara de Direito Privado; Foro de Orlândia — 1ª Vara Judicial; Data do Julgamento: 23/2/2016; Data de Registro: 25/2/2016).

[13] "O pedido de falência não pode ser utilizado como simples substituto das vias executivas ordinárias" (AgRg no REsp 949.576/MG, rel. ministro Ricardo Villas Bôas Cueva, Terceira Turma, julgado em 25/6/2013, *DJe* 5/8/2013).

recuperação judicial". Isso não significa, contudo, que a recuperação (seja ela judicial ou extrajudicial) deverá ser concedida a qualquer custo. Em determinadas situações, a crise econômico-financeira é de tamanha magnitude que a melhor solução é liquidar o patrimônio da sociedade empresária e utilizar o produto da operação para o pagamento dos credores. Ainda que se trate de medida extrema, é a que resulta em maior ganho social nestas hipóteses: eliminando a sociedade empresária inviável do mercado, evita-se o agravamento da situação e uma maior lesão aos direitos dos credores. Sztajn (2005:221) aponta que,

> sendo inviável a recomposição da organização, melhor tratar de desfazê-la o mais rapidamente possível evitando a propagação dos danos e enviando claros sinais de que não serão feitas concessões a empresários ou empresas cuja continuidade não se justifique no plano econômico.

Mostra-se, assim, outra faceta do instituto da falência, que consiste em instrumento de controle econômico. Ao eliminar do mercado os agentes econômicos que não obtiveram sucesso em suas empreitadas, a falência funciona como verdadeiro instrumento de "seleção natural" dos melhores atores econômicos. Trata-se, na realidade, do fenômeno da *creative destruction*, teorizado por Schumpeter (1942:39), que se refere ao processo constante de renovação que destrói modelos de negócios antiquados e cria novos.

Não é apenas como seletores dos melhores agentes econômicos que atuam o regime jurídico de insolvência; afigura-se, também, como importante instrumento de coibição a fraudes no mercado.

2.2 A insolvência como ferramenta de combate a fraudes no mercado

É lamentável notar que, com grande frequência, os modelos societários de organização empresarial vêm sendo utilizados para a prática de atos escusos, visando o locupletamento pessoal em detrimento dos direitos dos credores.

Tendo em conta o relevante papel do empresário como agente econômico responsável pelo desenvolvimento do país, a lei falimentar trouxe ferramentas que visam coibir a prática desse tipo de fraude no mercado, buscando garantir, assim, a segurança jurídica necessária para seu regular funcionamento.

a) Desconsideração da personalidade jurídica

No direito brasileiro, estabeleceu-se a regra da autonomia patrimonial. A pessoa jurídica possui existência autônoma da de seus sócios, sendo capaz de direitos e deveres independentemente dos membros individuais que compõem o quadro societário. Como consequência, possui também responsabilidade patrimonial própria, respondendo por seus débitos dentro dos limites de seu patrimônio,[14] ficando a salvo o patrimônio individual dos sócios.

Em razão desse princípio, a diferenciação patrimonial serviu como incentivo, por parte de alguns menos comprometidos com a estabilidade econômica, à utilização da pessoa jurídica para a prática de fraudes, se prestando esta como ser imaterial servidor de abrigo ao fraudador.

Visando coibir tais abusos, surgiu a teoria americana da *disregard of legal entity*,[15] permitindo o alcance dos bens dos indivíduos que se camuflam no véu protetor da personalidade jurídica para a perpetração de fraudes em prejuízo de terceiros. No direito brasileiro, a *disregard doctrine* encontra amparo em diversos dispositivos legais,[16] podendo ser aplicada inclusive nos processos falimentares, desde que presentes os requisitos legais, a fim de que os bens dos sócios sejam arrecadados em benefício da massa falida. Para tanto, basta a instauração de incidente processual,[17] nos termos dos novos arts. 133 a 137 do Código de Processo Civil editado em 2015, cuja aplicação subsidiária é prevista pelo art. 189 da Lei nº 11.101/2005.

É entendimento corrente que sua aplicação deve ser feita com cautela, sob pena de abalo da segurança jurídica necessária ao bom convívio econômico. Afinal, como bem observado pelo Superior Tribunal de Justiça, "foi justamente a criação teórica da pessoa jurídica que permitiu o desenvolvimento da atividade econômica, ensejando a limitação dos riscos do empreendedor ao patrimônio destacado para tal fim".[18]

---

[14] Exceto nos modelos societários em que a responsabilidade dos sócios é ilimitada, como na sociedade em nome coletivo (art. 1.039 do Código Civil).
[15] Ao contrário do que muito se propala, a teoria da desconsideração não tem origem na Inglaterra, com o caso Salomon *v.* Salomon Co. Ltd., mas sim nos EUA, no caso Bank of United States *v.* Deveaux, como se verifica em Guimarães (2004:229).
[16] Art. 2º do Decreto-Lei nº 5.452/1943; art. 28 da Lei nº 8.078/1990; art. 4º da Lei nº 9.605/1998; art. 50 do Código Civil; Art. 34 da Lei nº 12.529/2011, entre outros.
[17] Na vigência do Código de Processo Civil de 1973, era desnecessária a instauração de incidente ou de ação própria para a aplicação da teoria da desconsideração. Nesse sentido, AgRg no AREsp 9.925/MG, rel. ministra Nancy Andrighi, Terceira Turma, julgado em 8/11/2011, *DJe* 17/11/2011.
[18] EREsp 1306553/SC, rel. ministra Maria Isabel Gallotti, Segunda Seção, julgado em 10/12/2014, *DJe* 12/12/2014.

A teoria da desconsideração foi positivada, pela primeira vez no Brasil, com a edição da Lei nº 8.078/90.[19] O art. 28 do referido diploma, em vigor até os dias atuais, determina que a personalidade jurídica poderia ser afastada toda vez que a diferenciação patrimonial da sociedade e do sócio se afigure como obstáculo à satisfação de credores, adotando a chamada *teoria menor* da desconsideração.

Parece-nos, contudo, que o dispositivo mencionado traz imprecisão conceitual nos requisitos que autorizam a efetivação da desconsideração da personalidade jurídica. Para a garantia da segurança necessária ao desenvolvimento econômico, mostra-se indispensável também a constatação de que houve a utilização do véu protetor da sociedade para camuflar atos eivados de fraude por parte do sócio. Da mesma forma, a decretação da falência, pura e simples, não pode se afigurar como justificativa para a desconsideração. O fundamento da sua aplicação é a fraude, caracterizada pela má administração, com o intuito de abusar da personalidade jurídica em benefício próprio ou de terceiros. Caso contrário, a insegurança seria muito grande, como no caso de falência decorrente de um fator externo à empresa, como a alta do dólar, que poderia levar à quebra uma sociedade que sempre cumpriu com suas obrigações, sem que houvesse qualquer influência adversa dos sócios sobre a causa da insolvência. Tal situação surpreenderia os sócios honestos, sem qualquer ingerência sobre o fato, acarretando em desincentivo ao investimento no país. Com efeito, a estabilidade dos investimentos (sócios), com previsibilidade de suas consequências jurídicas, é de curial importância para o fortalecimento da economia.

Nesse contexto, mostra-se acertada a redação do art. 50 do Código Civil, ao prever que, nos casos em que há abuso da personalidade jurídica, caracterizado pelo desvio de finalidade ou pela confusão patrimonial (rol exemplificativo), a personalidade jurídica poderá ser afastada para atingir os bens particulares dos sócios ou administradores.

Importante ressaltar que a desconsideração da personalidade jurídica é instituto diverso da extensão dos efeitos da falência. A referida distinção foi abordada em importante voto proferido pelo ministro Paulo de Tarso Sanseverino,[20] observando que

---

[19] "Art. 28 — o juiz poderá desconsiderar a personalidade jurídica da sociedade quando, em detrimento do consumidor, houver abuso de direito, excesso de poder, infração da lei, fato ou ato ilícito ou violação dos estatutos ou contrato social. A desconsideração também será efetivada quando houver falência, estado de insolvência, encerramento ou inatividade da pessoa jurídica provocados por má administração."

[20] REsp 1293636/GO, rel. ministro Paulo de Tarso Sanseverino, Terceira Turma, julgado em 19/8/2014, *DJe* 8/9/2014.

a desconsideração tem efeitos meramente patrimoniais contra o devedor, ao passo que a extensão da falência, além dos efeitos patrimoniais, sujeita o devedor a diversas obrigações de outra natureza, além de diversas restrições de direito, como a de "não se ausentar do lugar da falência", sem autorização judicial.

A única hipótese de extensão dos efeitos da falência prevista na Lei nº 11.101/2005 é aquela do art. 81, que determina que "a decisão que decreta a falência da sociedade com sócios ilimitadamente responsáveis também acarreta a falência destes, que ficam sujeitos aos mesmos efeitos jurídicos produzidos em relação à sociedade falida". Por se tratar de norma excepcional, não autoriza interpretação analógica nem extensiva (Lobo, 2009:486).

A jurisprudência, contudo, vem ordenando a *extensão dos efeitos da falência* a sócios de responsabilidade limitada, bem como a sociedades empresárias integrantes do mesmo grupo econômico do qual a falida faz parte, utilizando como fundamento o disposto no art. 50 do Código Civil. Trata-se, na realidade, da aplicação da própria *disregard doctrine*, apesar da (equivocada) denominação comumente dada em algumas decisões judiciais.[21]

---

[21] "Agravo de Instrumento. Falência — Decisão que determinou a extensão dos efeitos da falência à agravante — Elementos constantes dos autos que indicam que a falida exercia suas atividades por intermédio da empresa agravante — Confusão patrimonial e abuso da personalidade jurídica caracterizados pelo "modus operandi" das empresas — Manutenção da decisão agravada. Nega-se provimento ao recurso" (TJSP; Agravo de Instrumento 2131097-70.2015.8.26.0000; relator (a): Christine Santini; Órgão Julgador: 1ª Câmara de Direito Privado; Foro de Itaquaquecetuba — 3ª Vara Cível; Data do Julgamento: 8/3/2016; Data de Registro: 9/3/2016); "AGRAVOS DE INSTRUMENTO. DIREITO EMPRESARIAL. EXTENSÃO DOS EFEITOS DA FALÊNCIA À SÓCIA DA FALIDA. POSSIBILIDADE. PRESENÇA DOS SEUS REQUISITOS. CONFUSÃO PATRIMONIAL. ABUSO DE PERSONALIDADE. AUSÊNCIA DE LEGITIMIDADE DOS SÓCIOS DA PESSOA JURÍDICA PREJUDICADA PELA DECISÃO. CONHECIMENTO PARCIAL DO PRIMEIRO AGRAVO. NÃO CONHECIMENTO DOS DEMAIS. MANUTENÇÃO DA R. DECISÃO, NO RESTANTE. 1. Do criterioso exame dos autos, verifica-se que o D. Juízo *a quo*, em nenhum momento, desconsiderou a personalidade jurídica da GUIMTEX, apenas estendeu, a ela, os efeitos da falência decretada em desfavor da Companhia Têxtil Ferreira Guimarães S/A. [...] 10. Esses motivos, por si só, já são suficientes para entender como hígida a determinação de extensão dos efeitos da falência à primeira agravante, ante a notória e evidente confusão patrimonial e abuso de personalidade exercidos, em claro prejuízo aos credores da massa [...]" (TJRJ; Agravo de Instrumento 0060246-64.2017.8.19.0000; relator: des. Gilberto Clóvis Farias Matos, Data de julgamento: 24/4/2018, Décima Quinta Câmara Cível, Data de publicação: 26/4/2018).

b) Ação revocatória

Outro importante instrumento na repressão às fraudes no mercado é a ação revocatória, que tem como finalidade a declaração de ineficácia, com relação à massa falida, de alguns atos tidos como suspeitos, praticados pelo falido. Como consequência do reconhecimento da ineficácia do ato, eventuais bens ou valores retirados do patrimônio do devedor retornam à massa falida, reestabelecendo-se as condições dos credores antes da prática do ato (Tomazette, 2014:474).

Os atos considerados ineficazes, ressalte-se, não produzem efeitos jurídicos *apenas com relação à massa*. Sua validade não se compromete pela lei falimentar, conforme destaca Coelho (2011:392), produzindo amplamente todos os efeitos para os quais estavam preordenados em relação aos demais sujeitos de direito.

São duas as espécies de ineficácias previstas na lei falimentar. A primeira, prevista no art. 129 e incisos, trata da ineficácia objetiva dos atos praticados pelo falido; isto é, o reconhecimento da ineficácia se dá independentemente da intenção das partes, da prova da má-fé ou de fraude. Não se trata, portanto, de uma punição imposta ao falido, mas de medida assecuratória da igualdade entre os credores, evitando que uns se beneficiem em detrimento dos demais. Por prescindir da prova de má-fé ou fraude das partes, dispensa o ajuizamento de ação autônoma, bastando o enquadramento em uma das hipóteses previstas no art. 129 da Lei nº 11.101/2005 para seu reconhecimento que, inclusive, pode se dar de ofício pelo juiz. Nada impede, contudo, que se ajuíze ação específica com tais fins.

A segunda hipótese, prevista no art. 130 e incisos, por outro lado, exige a prova do conluio fraudulento entre os contratantes e do efetivo prejuízo sofrido pela massa falida. Por esse motivo, imprescindível o ajuizamento de ação autônoma, esta sim denominada ação revocatória, a ser ajuizada contra todos os que figurarem no ato impugnado ou que, por efeito dele, foram pagos, garantidos ou beneficiados. Salomão (2015:101-102) destaca, ainda, que por se tratar de ação tendente a reparar um dano experimentado pela massa, trata-se de clara solidariedade passiva, nos termos dos arts. 942, parágrafo único do Código Civil e art. 1.518, parágrafo único do Código Civil de 1916.

Por fim, ressalte-se que o §1º do art. 136 da Lei nº 11.101/2005 determina que, na hipótese de securitização de crédito, não será declarada a ineficácia ou revogado o ato de cessão em prejuízo dos direitos dos portadores de valores mobiliários emitidos pelo securitizador, quando este não tem ciência da intenção do devedor em prejudicar seus credores. Como bem observa Negrão (2010:538), "a norma visa dar segurança a possíveis investidores e prover o mercado de meio adequado à captação de recursos, não podendo ser admitida como instrumento de simulação e fraude contra credores da empresa beneficiada". Norma de contorno evidentemente econômico, gerando estabilidade jurídica ao ambiente de negócios brasileiro, ainda tão combalido, na forma indicada pelo relatório do Banco Mundial, em que o Brasil figura em 125º colocado no *easy of doing business rank*, num total de 190 países analisados![22]

3. Análise econômica da teoria dos contratos na recuperação da empresa em dificuldade

Do ponto de vista da economia, uma norma jurídica pode ser considerada eficiente e, por consequência, desejável, quando tem como resultado a satisfação do maior número de indivíduos de uma sociedade (maximização da utilidade). Dessa perspectiva, é possível analisar a eficiência dos principais institutos da recuperação das empresas em dificuldades, inclusive no que diz respeito ao plano de recuperação judicial e sua votação, bem como aos reflexos da cultura da litigiosidade nos processos de insolvência empresarial.

3.1 O plano de recuperação judicial como mecanismo central de soerguimento da empresa

De acordo com o art. 47 da Lei nº 11.101/2005, o objetivo precípuo da recuperação judicial é viabilizar a superação da crise econômico-financeira do devedor, promovendo, assim, a preservação da empresa, sua função social e o estímulo à atividade econômica.

O plano de recuperação judicial surge como principal mecanismo de soerguimento da empresa. Por seu intermédio, o devedor tem a oportunidade de demonstrar a viabilidade econômica da sua atividade e apresentar um

---

[22] Disponível em: <www.doingbusiness.org/~/media/WBG/DoingBusiness/Documents/Annual-Reports/English/DB2018-Full-Report.pdf>. Acesso em: 2 fev. 2017.

projeto de reestruturação de suas finanças, propondo formas alternativas de pagamento aos credores que permitam não só a quitação das dívidas, mas também a superação da crise econômico-financeira. Aprovado o plano de recuperação judicial, a sociedade empresária que enfrenta dificuldades ganha uma segunda chance (*second chance theory*)[23] para se reerguer no mercado, obtendo um *fresh start* em suas atividades.

Do ponto de vista econômico, a atual legislação de insolvência contribui significativamente para a eficiência das relações comerciais ao reduzir os custos transacionais (Pinheiro e Saddi, 2005:222). A negociação coletiva, sem dúvidas, consubstancia medida menos custosa do que a realização de acordos individuais com cada um dos credores, facilitando, ademais, a obtenção de ajustes que importem em menores sacrifícios para todos os envolvidos.

Além disso, a "ameaça" de decretação da quebra no caso de descumprimento do plano aprovado[24] concede uma verdadeira garantia aos credores de que esforços serão, de fato, envidados para a implementação dos ajustes. Mais uma vez observa-se a redução dos custos de transação, sendo desnecessária, nesse caso, a negociação das consequências do descumprimento do convencionado entre as partes, já que preestabelecidas em lei.

Adite-se que a convocação da coletividade de credores para deliberação em conjunto do plano de reestruturação importa em significativa redução da assimetria de informações, eis que grande parte das informações da situação econômico-financeira da sociedade empresária será divulgada e compartilhada.

A deliberação do plano de recuperação judicial se dá na assembleia geral de credores, conforme previsão do art. 35, I, 'a' da Lei nº 11.101/2005. O órgão possui papel fundamental no processo recuperacional, por se tratar de reunião em que todos os envolvidos terão a oportunidade de discutir e defender seus próprios interesses, atingindo, assim, uma solução equilibrada para o problema da crise da empresa, reduzindo, em muito, o custo de cobrança (*recovery cost*) do crédito.

---

[23] O regulamento europeu nº 848/2015, em vigor desde 26 de junho de 2017, adota a teoria da segunda chance ao dispor, em suas considerações iniciais (no 10) que: "*The scope of this Regulation should extend to proceedings which promote the rescue of economically viable but distressed businesses and which give a second chance to entrepreneurs*".

[24] Art. 61, §1º da Lei nº 11.101/2005.

3.2 A assembleia geral de credores como fórum de equilíbrio de forças

Ainda que o devedor em recuperação judicial mereça proteção em decorrência de sua função social, não se pode exigir que os credores aceitem condições extremamente desfavoráveis aos seus créditos eventualmente previstas no plano. É necessário levar em consideração o fato de que em muitos casos o credor também exerce atividades (empresárias ou não) de relevância econômica, que poderiam ser prejudicadas por especificações negativas previstas no plano.

Nesse aspecto, a assembleia geral de credores funciona como fórum de equilíbrio de forças. De um lado, o devedor, que, na qualidade de agente econômico, merece proteção estatal em razão de sua função social, e, do outro, o credor, na qualidade de financiador, que terá direito à observância ao pactuado nos contratos firmados.

São diversas as ferramentas previstas na Lei nº 11.101/2005 que, em atenção à necessidade de equilíbrio entre os interesses envolvidos, buscam reduzir os custos de transação e a assimetria de informações no processo recuperacional, bem como evitar eventuais condutas abusivas. A obrigatoriedade da apresentação de laudo econômico-financeiro e de avaliação dos bens e ativos do devedor no plano de recuperação judicial é um exemplo disso (redução da assimetria de informações). Da mesma forma, a possibilidade de aprovação do plano que não obteve aceitação na forma do art. 45 da Lei nº 11.101/2005 (*cram down*) visa coibir o abuso do direito de voto.

A assembleia geral de credores também pode, portanto, ser analisada à luz da teoria dos jogos, tratando-se de situação em que os interesses dos jogadores (o devedor e seus credores) estão em conflito, e cada um tomará uma decisão comportamental com vistas à maximização de suas vantagens. Da perspectiva do devedor, a aprovação do plano depende do seu sucesso no que diz respeito ao convencimento dos demais jogadores em aderir ao plano de reestruturação proposto. Estes últimos, por sua vez, deverão analisar os custos e benefícios de cada uma das opções (aprovação do plano ou decretação da quebra do devedor) antes de decidir seu comportamento estratégico na votação. Caso os credores optem pela aprovação do plano, terão que suportar as perdas nele previstas. A alternativa, contudo, é vantajosa na maior parte das vezes, considerando que a eventual decretação da quebra dificultará ainda mais o recebimento de seu crédito. A situação exposta trata de verdadeira ilustração do dilema dos prisioneiros, eis que, nesse caso, a conduta de cada grupo de interessados deverá ser levada em conta para a tomada de decisões estratégicas, sem que um credor saiba, na maioria das vezes, qual será a decisão dos demais, buscando um benefício próprio nos termos das cláusulas do plano de recuperação judicial negociadas ao tratamento do seu crédito. No caso da assembleia geral de credores, sob o enfoque da teoria dos jogos, a colaboração mútua se mostra como uma estratégia vantajosa, por ter como consequência a maximização simultânea dos interesses de todos os envolvidos.[25]

3.3 Cultura da litigiosidade e seus reflexos na recuperação de empresas em dificuldade

As estatísticas do nosso sistema judiciário[26] denunciam a atual cultura do litígio, que, como aponta Cahali (2017:29), surge como reflexo da incapacidade das pessoas em superar suas adversidades, acomodando-se na entrega de seus litígios para serem resolvidos por um terceiro (o Estado). Especificamente no caso dos processos de insolvência empresarial, tal realidade mostra-se prejudicial — afinal, o sucesso da recuperação de empresas e até mesmo da falência está diretamente relacionado com a possibilidade de diálogo entre credor e devedor. Por esse motivo, tanto a comunidade jurídica quanto o próprio governo (Wald e Fonseca, 2018) vêm incentivando o uso das alternativas adequadas de resolução de conflitos nos processos de insolvência empresarial, inclusive no que diz respeito à pouco utilizada recuperação extrajudicial.

---

[25] Ao analisar a possibilidade de modificação do plano de recuperação após o biênio de supervisão judicial, o Superior Tribunal de Justiça apontou que "por meio da 'Teoria dos Jogos', percebe-se uma interação estratégica entre o devedor e os credores, capaz de pressupor um consenso mínimo de ambos a respeito dos termos delineados no plano de recuperação judicial. Essas negociações demonstram o abandono de um olhar individualizado de cada crédito e um apego maior à interação coletiva e organizada". STJ — REsp: 1302735 SP 2011/0215811-0, relator: ministro Luis Felipe Salomão, Data de Julgamento: 17/3/2016, T4 — Quarta Turma, Data de Publicação: *DJe* 5/4/2016.

[26] De acordo com dados do CNJ, no final do ano de 2016 havia 79,7 milhões de processos em tramitação aguardando alguma solução definitiva, um crescimento de 2,7 milhões (3,6%) com relação ao ano anterior. Relatório Justiça em Números 2017, disponível em: <www.cnj.jus.br/files/conteudo/arquivo/2017/12/b60a659e5d5cb79337945c1dd137496c.pdf>.

a) Alternative Dispute Resolution *(ADR) nos processos de insolvência empresarial*

A adoção de métodos consensuais de solução de conflito surge no direito como alternativa ótima do ponto de vista econômico. Como propõe o teorema de Coase (1960:1-44), as partes envolvidas em uma disputa sobre direitos de propriedade estão na melhor posição para avaliar o bem da disputa, desde que os custos de transação não sejam excessivos. A negociação direta entre os envolvidos, nesse caso, garantirá uma solução eficiente para o conflito.

No que diz respeito aos processos de insolvência empresarial, sua aplicação é ampla,[27] podendo ser utilizada até mesmo para evitar a crise econômico-financeira. A criação de *dispute board resolution* (comitês de prevenção de disputas) para o acompanhamento da execução de grandes contratos ou operações societárias, por exemplo, ainda que feita de forma pontual, pode prevenir o surgimento e o escalonamento de conflitos que, no futuro, resultariam no nascimento da situação de insolvência.

Ainda que já concretizada a crise econômico-financeira, a adoção de medidas alternativas à solução de conflitos também se mostra vantajosa. Uma vez iniciado o processo de insolvência empresarial, as ADRs podem ser aplicadas desde a solução de conflitos societários até os procedimentos de aferição de créditos. Um exemplo desta última hipótese foi o processo de insolvência do banco Lehman Brothers, nos Estados Unidos, em que a mediação foi amplamente utilizada, resultando na realização de 424 acordos, nos 495 procedimentos abertos, resultando em acordos no montante de 3 bilhões de dólares, em diversos países, envolvendo 541 partes (Wessels, 2016:24). Na recuperação judicial do Grupo Oi,[28] da mesma forma, as mediações foram realizadas tanto para a negociação com pequenos credores quanto para a solução de conflitos societários entre dois de seus acionistas que disputavam poder interno na elaboração do plano de recuperação judicial.[29]

Sua implementação, contudo, não pode ser realizada de forma indiscriminada e a qualquer custo. Necessário analisar, em cada caso, a possibilidade

---

[27] A I Jornada de Prevenção e Solução Extrajudicial de Litígios editou o enunciado nº 45, com a seguinte redação: "A mediação e conciliação são compatíveis com a recuperação judicial, a extrajudicial e a falência do empresário e da sociedade empresária, bem como em casos de superendividamento, observadas as restrições legais".
[28] Processo nº 0203711-65.2016.8.19.0001, em curso na 1ª Vara Empresarial da Comarca da Capital do Rio de Janeiro.
[29] Disponível em: <www.valor.com.br/empresas/5426165/justica-determina-uma-mediacao--entre-oi-e-acionistas>. Acesso em: 26 abr. 2018.

de uma solução consensual. A *cross-border insolvency* da Nortel Networks Inc. confirma a hipótese: naquele caso, US$ 1,3 bilhão dos U$ 7,5 bilhões arrecadados foram gastos para o pagamento de profissionais em três rodadas infrutíferas de mediação entre os credores (Wessels, 2016).

As ADRs mostram-se, portanto, como alternativa para a prevenção da crise e o seu posterior tratamento, possibilitando, na medida do possível, uma solução eficiente do ponto de vista econômico.

b) A escassa recuperação extrajudicial

Embora a intervenção estatal nas negociações entre a sociedade empresária devedora e seus credores possa facilitar a obtenção de um acordo (como ocorre na recuperação judicial), não se pode olvidar que representa também maiores custos de transação, por exigir a atuação de diversos órgãos de controle (Judiciário, Ministério Público e administrador judicial).

Uma alternativa mais célere e informal à recuperação judicial é a recuperação extrajudicial, que se traduz em método legal de reestruturação das empresas em dificuldade, com o objetivo de homologar judicialmente o acordo firmado entre o devedor e seus credores (Negrão, 2010:237). Nesse caso, as negociações são realizadas diretamente entre os envolvidos, com participação mínima do poder estatal, que atua apenas para homologar o acordo firmado e, consequentemente, lhe conferir a força de título executivo.[30]

Ainda que se trate de procedimento simplificado quando comparado com a recuperação judicial, a recuperação extrajudicial ainda é medida subutilizada no Brasil.[31] Tal fato pode ser atribuído à já mencionada cultura da litigiosidade, que relega o diálogo direto entre as partes, sem a intervenção estatal, a um segundo plano. Ademais, uma das razões do desinteresse do devedor na recuperação extrajudicial é a ausência da suspensão das execuções em curso.

Conclusão

O agente econômico cumpre importante função social, considerando que o exercício da atividade econômica constitui instrumento de fomento de riquezas, manutenção de empregos e arrecadação de tributos (tríplice interes-

---

[30] Art. 161, §6º da Lei nº 11.101/2005.
[31] A prática nos leva a tal afirmação, que é corroborada com a ausência de dados estatísticos pelo Serasa Experian. Disponível em: <www.serasaexperian.com.br>.

se transindividual societário). Nessa qualidade, possui direito a um regime diferenciado de reestruturação (recuperação judicial ou extrajudicial) ou ao encerramento (falência) de suas atividades, quando a sua continuidade se apresentar inviável por questões alheias à sua vontade. A Lei nº 11.101/2005, ao dispor sobre o regime de insolvência empresarial, indica como seus destinatários o empresário e a sociedade empresária. O conceito de empresário, contudo, não abrange importantes agentes econômicos atuantes no mercado, se tornando, por vezes, injusto.

Em razão da função social exercida pela empresa, os empresários e as sociedades empresárias possuem deveres fiduciários (*fiduciary duty*) que devem ser cumpridos no exercício de suas atividades. Entre eles, inclui-se o dever de confessar a falência (*deepening insolvency*), cujo descumprimento pode levar à responsabilização pessoal dos administradores pelo agravamento da situação de insolvência. No que diz respeito ao sistema de responsabilidade civil dos administradores pelo descumprimento de seus deveres, a teoria dos jogos consubstancia importante ferramenta na busca de uma regra de responsabilização de uma perspectiva econômica, no sentido de permitir identificar os incentivos adequados para que os agentes adotem níveis ótimos de precaução no exercício de suas atividades.

O sistema de insolvência empresarial (recuperação judicial, extrajudicial e a falência) funciona como instrumento de controle econômico. Ao permitir a reestruturação da empresa viável, a recuperação judicial atende ao tríplice interesse transindividual societário. Ao eliminar do mercado aquelas inviáveis, a falência concretiza o fenômeno da seleção natural dos melhores atores econômicos.

A Lei nº 11.101/2005 traz diversos instrumentos de combate a fraudes no mercado, entre os quais se inserem a desconsideração da personalidade jurídica e a ação revocatória. Busca-se assim garantir a segurança jurídica necessária ao bom funcionamento do mercado.

No contexto da insolvência empresarial, o plano de recuperação judicial surge como principal mecanismo de soerguimento da empresa, conferindo ao devedor uma *segunda chance* para se reerguer no mercado, contando com o auxílio do Estado para a redução dos custos transacionais e das assimetrias de informações.

A assembleia geral de credores constituiu verdadeiro fórum de equilíbrio de forças: de um lado, o devedor; de outro, seus credores. A conduta de cada grupo de interessados deverá ser levada em conta para a tomada de decisões estratégicas por parte dos envolvidos, podendo ser analisada à luz da teoria dos jogos. Especificamente nesse caso, a colaboração mútua se mostra como uma estratégia vantajosa, por ter como consequência a maximização simultânea dos interesses de todos os envolvidos.

A cultura da litigiosidade é uma realidade a ser combatida, inclusive no que diz respeito ao direito das empresas em dificuldade. Tal conduta é responsável pela ineficiência de algumas recuperações judiciais. Para a otimização dos processos de reestruturação, deve ser incentivado o uso das *alternative dispute resolutions*, as quais são perfeitamente compatíveis com o regime de insolvência empresarial brasileiro.

Outra alternativa para a redução da litigiosidade é a recuperação extrajudicial, um mecanismo de incentivo de negociação direta entre o devedor e seus credores. Esta, contudo, ainda não alcançou seu objetivo, em razão da ausência de adequado tratamento legislativo que dê suficientes vantagens à sua adoção, como a suspensão das execuções em curso contra o devedor.

Referências

BEZERRA FILHO, M. J. *Nova Lei de Recuperação e Falências comentada*. São Paulo: Revista dos Tribunais, 2005.

CAHALI, F. J. *Curso de arbitragem*: mediação, conciliação, resolução CNJ 125/2010. 6. ed. São Paulo: Revista dos Tribunais, 2017.

CAMPINHO, S. *Curso de direito comercial*: direito de empresa. São Paulo: Saraiva, 2016.

CAMPOS FILHO, M. L. de. *Falência e recuperação*. Belo Horizonte: Del Rey, 2006.

COASE, R. H. The problem of social cost. *Journal of Law and Economics*, Chicago, v. 3, p. 1-44, out. 1960.

COELHO, F. U. *Manual de direito comercial*: direito de empresa. 23. ed. São Paulo: Saraiva, 2011.

COMPARATO, F. K. *O poder de controle na sociedade anônima*. 3. ed. Rio de Janeiro: Forense, 1983.

CUNHA, C. P. F. A. R. da. Deepening insolvency claims and fiduciary duties in corporations in the zone of insolvency. *RSDE*, jul. 2011.

GONÇALVEZ NETO, A. de A. *Direito de empresa*. 3. ed. São Paulo: Revista dos Tribunais, 2010.

GUIMARÃES, M. S. A ultrapassada teoria da empresa e o direito das empresas em dificuldades. In: WAISBERG, I.; RIBEIRO, J. H. H. R. (Org.). *Temas de insolvência*: estudos em homenagem ao professor Manoel Justino Bezerra Filho. São Paulo: Iasp, 2017.

_____. Aspectos modernos da teoria da desconsideração da personalidade jurídica. *Revista da Escola da Magistratura do Estado do Rio de Janeiro*, n. 25, v. 7, 2004.

_____. *O controle difuso das sociedades anônimas pelo Ministério Público*. Rio de Janeiro: Lumen Juris, 2005. v. 1.

HOUIN, R. *Permanence de l'entreprise à travers la faillite*. Liber amicorum, Baron Louis Frédéricq. Paris: Daloz, 1965.

LOBO, J. Extensão da falência e o grupo de sociedades. *Revista da Emerj*, Rio de Janeiro, v. 12, n. 45, p. 74, 2009.

NEGRÃO, R. *Manual de direito comercial e de empresa*. 5. ed. São Paulo: Saraiva, 2010. v. 3.

PINHEIRO, A. C.; SADDI, J. *Direito, economia e mercados*. Rio de Janeiro: Elsevier, 2005.

SALOMÃO, L. F.; SANTOS, P. P. *Recuperação judicial, extrajudicial e falência*: teoria e prática. 2. ed. Rio de Janeiro: Forense, 2015.

SCHUMPETER, J. A. *Capitalism, socialism and democracy*. Illinois: University of Illinois at Urbana-Champaign's Academy for Entrepreneurial Leadership Historical Research Reference in Entrepreneurship, 1942.

SUSSMAN, R. R.; KLEINE, B. H. What is deepening insolvency? *Norton Journal of Bankruptcy Law And Practice*, Londres, v. 15, p. 793, 2006.

SZTAJN, R. In: SOUZA JÚNIOR, F. S. de; PITOMBO, A. S. de A. de M. (Coord.). *Comentários à lei de recuperação de empresas e falência*. São Paulo: Revista dos Tribunais, 2005.

TOMAZETTE, M. *Curso de direito empresarial*: falência e recuperação de empresas. 3. ed. São Paulo: Atlas, 2014. v. 3.

WALD, A.; FONSECA, R. O Estado mediador. *Valor Econômico*, 5 mar. 2018. Disponível em: <www.valor.com.br/opiniao/5361665/o-estado-mediador>. Acesso em: 17 jan. 2019.

WESSELS, B. Mediation in restructuring and insolvency. *Eurofenix*, p. 24-25, primavera 2016.

CAPÍTULO 12

Uma introdução à análise econômica do direito tributário

Leonardo de Andrade Costa

1. Introdução

A tributação tem sido objeto de estudo de economistas e de juristas há muito tempo, bem antes de iniciado o movimento atualmente designado como *economic analysis of law* (Posner, 2014) ou *law & economics* (Calabresi, 2016).

Direito e economia, sob o ponto de vista tradicional, seriam dois mundos distintos e independentes de estudo. De um lado, o direito disciplinaria a incidência jurídica dos tributos e, de outro, a economia especularia acerca do processo decisório dos agentes econômicos, considerando os possíveis impactos da política fiscal em face da correlação fundamental entre os tributos e os preços nos mercados de bens e serviços e de fatores de produção.

No entanto, o crescente reconhecimento da interdependência estrutural entre essas duas áreas do conhecimento para o estudo da matéria tributária tem se tornado cada vez mais evidente ao longo dos tempos, por quatro razões fundamentais,[1] todas correlacionadas.

A primeira é que a instituição[2] de tributo no estado de direito moderno depende da edição de ato do parlamento, constitucionalmente fundamentado.

---

[1] A interdependência entre essas áreas do conhecimento é comprovada pelo caráter transdisciplinar do direito tributário, o qual incorpora ramos da matemática, como a aritmética, além de elementos da economia em sua estrutura de formação, como a capacidade econômica do contribuinte. A utilização de categorias da matemática no direito tributário já foi objeto de outro trabalho do autor: Costa (2012a:47-87).

[2] A possibilidade de instituição e aumento de tributo por meio de medida provisória já foi reconhecida pelo Supremo Tribunal Federal (STF), entre outras, na Ação Direta de Inconsti-

No caso brasileiro, considerando a extensa disciplina dos tributos e das limitações constitucionais ao poder de tributar na própria Constituição, o estudo econômico da incidência requer a compreensão de parte substancial do sistema jurídico-tributário. Um bom exemplo da necessidade de economistas também examinarem os aspectos jurídicos da tributação é a proposta usualmente indicada no sentido da adoção de uma alíquota única (*e.g.*, 20%) para o imposto de renda das pessoas físicas e jurídicas no país, modelo internacionalmente denominado como *flat tax*. O objetivo da adoção de uma alíquota única, sem exceções ou isenções (*flat tax* puro), é reduzir a complexidade e aumentar a eficiência do sistema tributário, incrementando a competitividade dos produtos e serviços nacionais no mercado globalizado. No entanto, como amplamente sabido por juristas, o princípio da progressividade, que se vincula a objetivos fundamentais da Federação brasileira, norteia o imposto de renda, consoante o disposto no inciso I do §2º do art. 153 da Constituição da República Federativa do Brasil de 1988 (CRFB/88). Dessa forma, o sistema jurídico estabelece algumas limitações à adoção do chamado *flat tax* no país, o que tem inquestionável relevância para o estudo econômico da tributação brasileira.

    O segundo motivo de interligação inevitável entre a economia e o direito na seara tributária é que a incidência *jurídica* de tributos tem como *pressuposto* a manifestação de *capacidade econômica do contribuinte*,[3] a qual também é, ao mesmo tempo, *parâmetro* de diferenciação e *limite* de oneração, para que não se caracterize o confisco (Costa, 2012b:169). Com efeito, o direito tributário elege "um índice ou indício para aferição da capacidade econômica ou contributiva dos sujeitos aos quais se atribui" (Falcão, 1964:62), juridicizados como fatos geradores da obrigação tributária. Nesses termos, há inequívoca interdependência estrutural entre a ciência jurídica e econômica em matéria tributária, sendo a interpretação da norma "simultaneamente jurídico-econômica, pois a finalidade econômica vive sempre *sub specie juris*" (Torres, 2006:162-163).

    A terceira razão que justifica a crescente conscientização da indissociável ligação entre a economia e o direito no estudo da tributação refere-se à correlação fundamental entre os *tributos* e os *preços*. A introdução da exação e as al-

---

tucionalidade 1417-DF, sendo a matéria atualmente disciplinada no §2º do art. 62 da própria Constituição da República Federativa do Brasil de 1988 (CRFB/88), dispositivo incluído pela Emenda Constitucional nº 32/2001.

[3] Para os efeitos deste artigo, o termo "capacidade econômica" é sinônimo de "capacidade contributiva", conforme entende Roque Carrazza (1999:75). Apesar da CRFB/88, em seu §1º do art. 145, utilizar o termo "capacidade econômica do contribuinte", há grande divergência na doutrina quanto ao tema. Sobre a controvérsia, ver Ferreira (2003:71-105).

terações da carga tributária modificam os preços absolutos e relativos dos bens e serviços e dos fatores de produção nos diferentes mercados, tendo em vista que a escassez de recursos e a estabilidade tecnológica no curto prazo impõem a realização de escolhas. Nesses termos, o exame isolado da incidência jurídica pouco revela quanto aos reais efeitos da tributação. É nesse campo que a microeconomia (teoria de formação de preços) oferece auxílio ao direito, para indicar quais os impactos econômicos das diferentes alternativas decisórias.

Por fim, a quarta justificativa para o reconhecimento da interdependência e relevância do estudo associado da economia e do direito tributário decorre do exponencial aumento da utilização de considerações consequencialistas para tomada de decisões jurídicas.[4] A direção e dimensão dos possíveis impactos que os tributos exercem sobre os preços de bens e serviços e de fatores de produção — os quais alteram a demanda e a oferta nos mercados — são elementos relevantes a serem considerados no processo decisório jurídico, o que pressupõe a compreensão do instrumental analítico microeconômico, por meio do qual se examina como consumidores e empresas interagem no mercado e são decididas as quantidades e os preços de equilíbrio.

Nesse contexto, este trabalho tem como propósito introduzir o estudo dos fundamentos da análise microeconômica como instrumento auxiliar do processo decisório jurídico na seara tributária, o que será realizado, além das considerações finais, em cinco capítulos, intitulados, respectivamente: 1) a interação dos agentes econômicos no mercado de fatores de produção e de bens e serviços e a tributação; 2) as alterações na quantidade demandada e o deslocamento da curva de demanda; 3) as alterações na quantidade ofertada e o deslocamento da curva de oferta; 4) a determinação do preço pela interação entre demanda e oferta no mercado de bens e serviços; e 5) a correlação fundamental entre preços e tributos.

2. A interação dos agentes econômicos no mercado de fatores de produção e de bens e serviços e a tributação

As pessoas naturais e jurídicas, incluindo as famílias, os empresários individuais e as sociedades empresárias, interagem em dois mercados distintos,

---

[4] Merece destaque o disposto no *caput* do art. 20 da Lei de Introdução às Normas do Direito Brasileiro (Decreto-Lei nº 4.657/1942), segundo o qual nas "esferas administrativa, controladora e judicial, não se decidirá com base em valores jurídicos abstratos sem que sejam consideradas as consequências práticas da decisão".

denominados (a) mercado de fatores de produção (*input markets*) e (b) mercado de bens e serviços (*output markets*).

Nesses mercados são negociados e firmados os contratos, pagos e recebidos os respectivos *preços*, para satisfazer ofertantes e demandantes. A determinação do preço e da quantidade de equilíbrio depende, entre outras variáveis, da renda e gosto dos consumidores, dos bens alternativos, além das características do mercado considerado, relativamente ao grau de competitividade. Isto é, se há muitos ofertantes concorrendo livremente ou se há elevada concentração e poder de influência na fixação de preços.

A interação nos mercados de fatores de produção e de bens e serviços, ainda sem considerar a existência do governo (tributando e gastando), do sistema financeiro nacional e das relações em âmbito internacional, pode ser visualizada por meio de um gráfico, o qual introduz a ideia da dinâmica anteriormente descrita, em escala simples, a qual será abaixo explicada.

Figura 1
A interação nos mercados de fatores de produção e de bens e serviços[5]

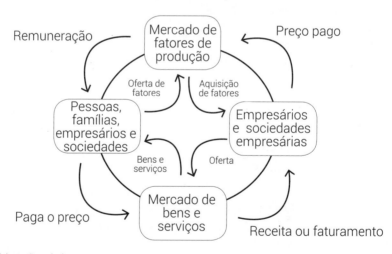

Fonte: Elaboração própria.

---

[5] Ao contrário do que se encontra nos textos básicos de economia em que se apresenta o fluxo circular da renda ou riqueza, onde são separados de um lado as pessoas e as famílias e de outro as empresas, na figura acima foi considerado que os empresários e as sociedades empresárias também podem ser titulares dos fatores de produção e proprietários de bens, e, portanto, ofertantes, ao mesmo tempo em que são também demandantes no mercado de bens e serviços produzidos por terceiros.

No mercado de fatores de produção são oferecidos e procurados os elementos necessários à realização da atividade econômica produtiva, como a terra, o capital, o trabalho, o empreendedorismo, a tecnologia etc. Cada fator de produção possui uma remuneração: o aluguel (terra), juro (capital), *royalty* (tecnologia), salário (trabalho), dividendo e lucro (capacidade empresarial). Nesse mercado, após decidir (a) o quanto devem produzir e ofertar, (b) o que produzir e oferecer e (c) como produzir e disponibilizar os bens e serviços, os empresários individuais e as sociedades empresárias adquirem os *inputs* necessários à organização da atividade e pagam aos fornecedores. A procura por fatores produtivos é chamada de *demanda derivada*, tendo em vista que "a demanda por insumos (mão de obra, capital) está condicionada (ou deriva) pela procura pelo produto final da empresa no mercado de bens e serviços" (Vasconcellos e Garcia, 2006:35).

No mercado de bens e serviços, por sua vez, os empreendedores, produtores e comerciantes ofertam e os consumidores demandam, de acordo com a utilidade atribuída a cada bem (pelas chamadas curvas de indiferença), das respectivas restrições orçamentárias e outras características de bens substitutos e complementares, além das expectativas quanto às futuras alterações nos preços, matéria a ser examinada no próximo tópico.

Com a introdução do poder público, do setor financeiro e das relações internacionais (o "resto do mundo") o modelo fica mais realista. Conforme será apresentado, também fica mais complexo o gráfico que representa a interação nos mercados de fatores de produção e de bens e serviços, sendo possível identificar quais são os pontos dentro do fluxo circular da renda ou riqueza que podem ser objeto de incidência jurídica de tributos.

Nesse contexto, saliente-se que várias são as fontes que financiam as despesas públicas, realizadas com o objetivo de atender as demandas coletivas incorporadas como dever jurídico do Estado (as chamadas "necessidades públicas"). Além da emissão de moeda e de títulos da dívida pública, o poder público também explora seu patrimônio (receitas originárias) e impõe multas pecuniárias que abastecem os cofres públicos.

Os tributos se destacam nesse cenário como uma das principais fontes de financiamento do Estado moderno, sem prejuízo de suas funções extrafiscais.

A manifestação de riqueza, que denota capacidade econômica do contribuinte e é requisito de tributação, se materializa de três formas: 1) auferindo *renda*, 2) pelo exercício de direitos sobre o *patrimônio*, que é a *renda imobilizada*, ou 3) pela aquisição e *consumo* de bens e serviços (*renda consumida*).

Assim, sob o ponto de vista econômico, os tributos podem incidir sobre: (I) o fluxo dos rendimentos, que pode ser (a) a remuneração dos fatores de produção (*e.g.*, imposto de renda sobre os salários, juros, dividendos etc.) ou (b) as receitas empresariais brutas (*e.g.*, contribuições sociais sobre faturamento/receita bruta) ou líquidas de custos e despesas (*e.g.*, imposto de renda da pessoa física do empreendedor ou da sociedade empresária, a contribuição social sobre o lucro líquido); (II) o estoque de capital acumulado, isto é, o patrimônio, incidindo sobre uma situação jurídica (*e.g.*, propriedade, posse etc.) ou a transmissão patrimonial, onerosa (*e.g.*, transmissão de bens imóveis) ou gratuita (*e.g.*, *causa mortis* ou doação) de bens e direitos, podendo ter como sujeitos passivos tanto as pessoas físicas como jurídicas, empreendedoras ou não (*e.g.*, imposto sobre a propriedade predial e territorial urbana, territorial rural, propriedade de veículo automotor etc.); (III) a produção e circulação de bens e serviços, normalmente cobrados dos produtores e comerciantes, sendo usualmente considerados incidentes sobre o *consumo*, por serem incorporados aos preços, mas cujo ônus econômico pode ser distribuído entre ofertantes e demandantes, ou recair apenas sobre um deles, dependendo das circunstâncias de cada caso, matéria a ser introduzida no tópico 4 deste trabalho. Os tributos que recaem sobre o comércio exterior (importação e exportação) são usualmente incorporados aos preços dos bens e serviços e, por isso, considerados, da perspectiva econômica, incidentes sobre *consumo*.

Na figura 2, pode-se visualizar a maior complexidade da interação nos mercados com a inclusão do poder público, tributando e realizando despesas, além do sistema financeiro nacional e das possíveis ligações com o exterior. Saliente-se que no século XXI essa dinâmica é extremamente complexa, pois os mercados compreendem também o ambiente virtual, tanto na rede mundial de computadores como nas redes privadas, por meio das quais se desenvolve a chamada internet das coisas (*internet of things*). Essa nova realidade amplia as possibilidades de erosão da base tributária e o desvio de lucros para jurisdições de baixa tributação, matéria tratada no *Final Report*[6] do *Action 1* do chamado Plano de Ação Beps (Base Erosion and Profit Shifting Action Plan), editado pela Organização para a Cooperação e Desenvolvimento Econômico (OCDE).

---

[6] Disponível em: <www.keepeek.com/Digital-Asset-Management/oecd/taxation/addressing-the-tax-challenges-of-the-digital-economy-action-1-2015-final-report_9789264241046-en#page1>. Acesso em: 4 out. 2018.

Figura 2
A interação nos mercados de fatores de produção e de bens e serviços[7]

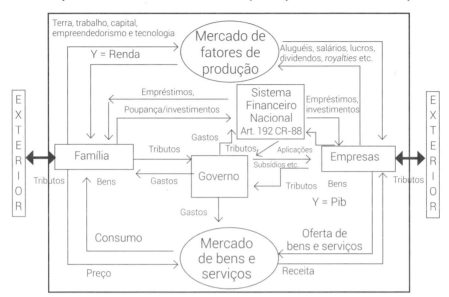

Fonte: Elaboração própria.

Não obstante a perfeita visualização dos pontos possíveis de incidência no contexto do fluxo da riqueza, a introdução da exação e as alterações da carga tributária modificam os preços absolutos e relativos dos bens e serviços e dos fatores de produção nos mercados de fatores de produção e de bens e serviços. Essa é a razão pela qual para compreender os reais efeitos da tributação é necessário o estudo da teoria de formação de preços. Nesse sentido, a microeconomia oferece auxílio ao direito para indicar quais as consequências econômicas das diferentes alternativas decisórias.

O estudo econômico da incidência tributária, no entanto, requer a introdução de alguns aspectos essenciais à compreensão do tema. O tópico a seguir dedica-se à apresentação das alterações na quantidade demandada e o deslocamento da curva de demanda no mercado de bens e serviços, suas características e distinções.

---

[7] Nessa figura 2, que expressa os pontos possíveis de tributação no fluxo circular da renda ou riqueza, são separadas, de um lado, as pessoas e as famílias e, de outro, as empresas, ao contrário da figura 1.

3. As alterações na quantidade demandada e o deslocamento da curva de demanda

Inicialmente, importante ressaltar a distinção entre "a demanda" e "a quantidade demandada". A "demanda" pode ser expressa em uma tabela que correlaciona preços e quantidades procuradas ou em uma "curva de demanda". Nos dois casos é indicado o conjunto de alternativas de um consumidor, ou que diversos consumidores podem aspirar, considerando a(s) sua(s) renda(s) constante(s), sua(s) necessidade(s) e gosto(s) imutável(is), e sem alteração nas características do próprio bem e dos bens substitutos. Dessa forma, "a demanda" exterioriza uma combinação de valores possíveis entre preços e quantidades, considerando constantes os demais elementos que influenciam a procura. Esse congelamento das demais variáveis ("todo o resto constante") é denominado *coeteris paribus* pelos economistas.

A "quantidade demandada", por sua vez, refere-se a uma entre as diversas possibilidades[8] existentes em uma "curva de demanda" em determinado período de tempo (por mês, ano etc.). Assim, parte-se inicialmente da premissa de que nada se altera além do preço e a quantidade demandada. Em seguida será possível verificar que as alterações na "demanda" decorrerão de modificações na renda ou gosto do consumidor, nos preços dos bens relacionados ou mesmo das expectativas de alterações nessas variáveis. Nesses casos, ocorre a alteração da própria "demanda" e "a curva" que a representa, conforme será explicado posteriormente.

Nesses termos, como dito, a "demanda", que representa a relação entre diferentes preços e diversas "quantidades demandas", pode ser explicitada em uma tabela ou escala de procura e, ainda, por meio de um gráfico contendo dois eixos (um vertical e outro horizontal), onde se visualiza a mencionada "curva de demanda". Nos dois casos o exame pode ser realizado em relação a um consumidor (individualmente), um conjunto de consumidores ou sua totalidade, no mercado considerado.

Suponha os seguintes exemplos hipotéticos:[9] se o preço de uma garrafa de vinho "A" é R$ 50,00, o consumidor "X", que tem renda mensal de R$ 20.000,00, está disposto a comprar 10 garrafas por mês. Caso o preço seja

---

[8] Esse aspecto é essencial à compreensão da distinção entre o movimento ao longo da curva de demanda e o deslocamento da própria curva de demanda, diferenciação fundamental para o entendimento dos possíveis impactos econômicos da tributação sobre os preços e quantidades demandadas em diferentes circunstâncias, tendo em vista a mencionada correlação entre tributo e preço.

[9] As hipóteses indicadas nas tabelas 1 a 7, que serão apresentadas a seguir, são baseadas nos exemplos formulados em Trivedi (1991:17-51).

de R$ 40,00, o mesmo consumidor poderia e desejaria comprar 20 garrafas por mês. Se o preço passa para R$ 30,00, o mesmo consumidor poderia e desejaria comprar 35 garrafas por mês. Na hipótese de o preço da garrafa ser fixado em R$ 20,00, "X" poderia e desejaria comprar 55 garrafas por mês. Por fim, caso o preço da unidade seja R$ 10,00, o consumidor poderia e desejaria comprar 80 garrafas por mês.

Pode-se representar essa escala de demanda do consumidor "X" por meio da tabela 1.

Tabela 1
A demanda do consumidor "X" pelo vinho "A"

Preços por garrafa de vinho (R$)	Quantidade de garrafas de vinho demandadas por mês
R$ 50,00	10
R$ 40,00	20
R$ 30,00	35
R$ 20,00	55
R$ 10,00	80

Fonte: Adaptação do exemplo 2.1 indicado em Trivedi (1991:17).

Essas mesmas alternativas de demanda do vinho "A" pelo consumidor "X", dependendo do preço da garrafa, podem ser apresentadas sob a forma da já mencionada "curva de demanda", a qual contém dois eixos e é negativamente inclinada.

Pode-se comprovar essa correlação inversa, entre preço e quantidade demandada, empiricamente ou por meio de um conjunto lógico de hipóteses comportamentais. É a "lei geral da demanda".

Alfred Marshall, economista inglês, em seu famoso livro *Principles of economics*, foi um dos primeiros a suscitar a ideia no sentido de que "a utilidade" de um bem para qualquer pessoa diminui com o aumento da quantidade disponível (Marshal, 1890:65). O termo "utilidade" já havia sido introduzido por Jeremy Bentham, para indicar quantidades de prazer e dor (Bentham, 1781:14-15). Esses conceitos e concepções serviram de base para o desenvolvimento da denominada "lei da utilidade marginal decrescente", a qual, apesar de possíveis críticas quanto ao subjetivismo de se medir a satisfação individual, auxilia na compreensão do formato da aludida curva de demanda e da mencionada "lei da demanda".

Assim, considerando os números hipotéticos anteriores, acerca da relação entre diferentes preços e diversas "quantidades demandas" de vinho, no eixo vertical são apresentados os preços por garrafa e, no eixo horizontal, a quantidade demandada por mês.

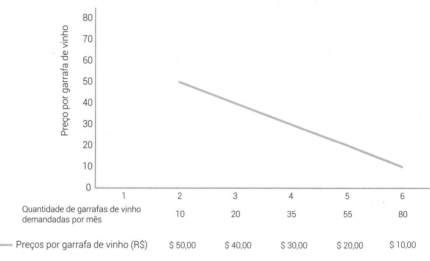

Gráfico 1
A curva de demanda
Demanda do consumidor "X" pelo vinho 'A'

Fonte: Elaboração própria.

A demanda de bens e serviços, conforme já salientado, é certamente influenciada por outros elementos além da variável preço, como é caso das preferências e renda dos consumidores, dos preços de outros bens e serviços (bens complementares, substitutos) etc.

A relação entre a renda e a demanda depende também do tipo de bem. No caso do bem normal, o aumento de renda do consumidor leva ao aumento da demanda do produto. Em sentido oposto, na hipótese dos chamados "bens inferiores", o aumento da renda causa uma redução da demanda, como ocorre, por exemplo, com o consumo da denominada "carne de segunda". Já os designados bens de consumo "saciado" não são influenciados diretamente pela renda dos consumidores (*e.g.*, sal, farinha, arroz etc.).

No caso do vinho "A", por exemplo, com o aumento da renda do consumidor "X" haverá natural aumento "da demanda". Nesse caso há um deslocamento da "curva de demanda" no sentido de seu aumento, para a direita.

Note que não houve nesse caso a simples alteração da quantidade demandada ao longo da mesma curva de demanda, mas sim o deslocamento da própria curva de demanda. O gráfico 2 auxilia a compreensão da distinção.

Gráfico 2
O deslocamento da curva de demanda

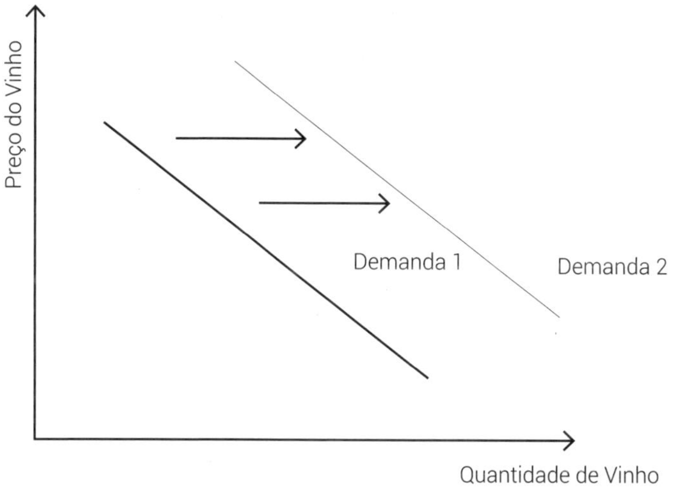

Fonte: Elaboração própria.

Supondo que o mesmo consumidor "X" acima referido teve um aumento de renda mensal líquida de R$ 20.000,00 (vinte mil reais) para R$ 40.000,00 (quarenta mil reais) ao mês. Nessa hipótese os efeitos sobre a quantidade demandada no mês são indicados na tabela 2.

Tabela 2
A demanda do consumidor "X" pelo vinho 'A'

Preços por garrafa de vinho (R$)	Quantidade de garrafas de vinho demandadas por "X" ao mês	
	com a renda de R$ 20.000,00	com a renda de R$ 40.000,00
R$ 50,00	10	22
R$ 40,00	20	30
R$ 30,00	35	45
R$ 20,00	55	67
R$ 10,00	80	91

Fonte: Adaptação do exemplo 2.2 indicado em Trivedi (1991:19).

Quando tinha uma renda mensal de R$ 20.000,00, para o preço de uma garrafa de vinho "A" a R$ 50,00 o consumidor "X" podia e estava disposto a comprar 10 garrafas por mês.

Com o aumento de sua renda para R$ 40.000,00 mensais, para o preço de uma garrafa de vinho "A" a R$ 50,00 o consumidor "X" pode e está disposto a comprar 22 garrafas por mês.

Por sua vez, se o preço no mercado for de R$ 10,00, o consumidor pode e deseja comprar 91 garrafas do vinho "A" por mês, e não apenas 80 garrafas.

A representação gráfica seguinte auxilia a compreensão dos efeitos do aumento da renda de "X", o que ocasiona o deslocamento da curva de demanda para a direita.

Gráfico 3
O deslocamento da curva de demanda
Demanda do consumidor "X" pelo vinho 'A'

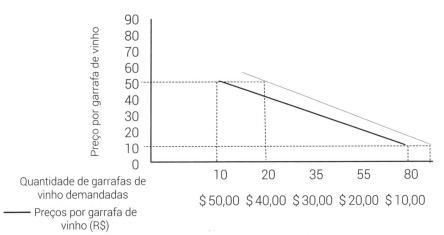

Fonte: Elaboração própria.

Outros eventos, além do aumento da renda real, que causam esse mesmo deslocamento da "curva de demanda" para direita são: (i) aumento do preço de produtos substitutos para o comprador (*e.g.*, o aumento do preço do espumante pode ocasionar um aumento da demanda por vinho); (ii) diminuição do preço de produtos complementares para o comprador (*e.g.*, diminuição dos preços dos queijos); (iii) evento natural (meteorológico, por exemplo) que torne o bem mais útil para o comprador (o tempo mais frio incrementa substancialmente o consumo do vinho tinto); (iv) evento demográfico (aumento do número de pessoas comprando no mercado que gostam do bem); (v) mudança de moda ou de gosto dos compradores, no sentido de desejarem maior quantidade do bem ou serviço; (vi) aumento da propaganda e *marketing* indireto; e (vii) redução da renda real das pessoas, se for um bem inferior.

Por fim, saliente-se que a curva de demanda de um conjunto de consumidores é o somatório da curva de demanda individual. No entanto, o perfil individual de consumo é distinto, podendo a demanda conter um conjunto de relações entre preços e quantidades diversos, o que se reflete nos distintos formatos da "curva de demanda" agregada.

O tópico a seguir dedica-se à apresentação das distinções entre a oferta e quantidade ofertada no mercado de bens e serviços.

4. As alterações na quantidade ofertada e o deslocamento da curva de oferta

A questão fundamental no lado da oferta é saber o que determina a quantidade de bens e serviços que serão produzidos e oferecidos no mercado. Em síntese, quais os elementos que influenciam a decisão empresarial acerca da quantidade a ser produzida e ofertada no mercado?

Inicialmente, entretanto, deve-se ressaltar que a quantidade oferecida no mercado não equivale necessariamente ao volume vendido. Com efeito, as vendas dependem da interação entre a demanda e a oferta, o que será apresentado posteriormente.

Os elementos que influenciam a quantidade a ser produzida e oferecida para venda são vários, destacando-se entre eles: (a) o preço do próprio produto no mercado; (b) os preços dos insumos e fatores de produção associados ao processo produtivo; (c) as expectativas quanto aos preços no futuro; (d) os objetivos da empresa; (e) o estágio tecnológico; (f) questões da natureza, como o tempo, que é elemento essencial no mercado agrícola; e (g) *os tributos* e subsídios, matéria a ser introduzida e examinada no tópico 6 deste trabalho.

A "curva de oferta" reflete o somatório da oferta individual de cada produtor, e decorre dos seus respectivos custos marginais. Nesses termos, quando o preço aumenta, a quantidade ofertada aumenta, ao passo que, se o preço cai, a quantidade ofertada diminui. É a chamada *lei da oferta*. Isso quer dizer que os produtores estarão dispostos a oferecer mais quando o preço é mais alto e a oferecer menos quando o preço é mais baixo (*coeteris paribus*).

De forma análoga ao que ocorre com a demanda, a relação entre quantidade ofertada e preço pode ser apresentada de duas formas: (a) uma tabela ou escala de procura e, ainda, (b) por meio de um gráfico contendo dois eixos (um vertical, outro horizontal), onde se visualiza a mencionada "curva de oferta". Suponha as seguintes relações entre preço e quantidade ofertada ao mês por um produtor "Y", do já conhecido vinho "A".

Tabela 3
A oferta do vinho "A" ao mês pelo produtor "Y"

Preços por garrafa de vinho (R$)	Quantidade de garrafas de vinho ofertadas por mês
R$ 50,00	60
R$ 40,00	50
R$ 30,00	35
R$ 20,00	20
R$ 10,00	5

Fonte: Adaptação do exemplo 2.4 indicado em Trivedi (1991:23).

Assim, quando o preço aumenta, a quantidade ofertada aumenta, ao passo que, se o preço cai, a quantidade ofertada diminui, caso mantidos constantes os demais elementos que influenciam a oferta (*coeteris paribus*). A mesma correlação entre preços e quantidades ofertadas pode ser representada graficamente pela curva de oferta, a qual é positivamente inclinada.

Gráfico 4
A curva de oferta de vinho "A" pelo produtor "Y"
Quantidade de garrafas de c=vinho ofertadas por mês

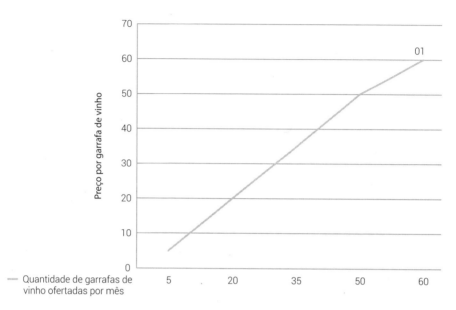

Fonte: Elaboração própria.

Um ponto na curva de oferta revela a quantidade ofertada a determinado preço, de forma semelhante ao que ocorre do lado da demanda.

Por sua vez, alguns eventos podem determinar o deslocamento da própria curva de oferta, ocasionando a retração da oferta ou seu aumento.

A introdução ou aumento de *tributos*, como aqueles incidentes sobre as vendas ou circulação do produto, aumenta os custos de produção, reduzindo a oferta, o que desloca a curva para o lado esquerdo. Outros eventos podem ocasionar a retração da oferta, como um evento da natureza que prejudique a produção (o frio excessivo ou calor muito intenso pode prejudicar a produção de vinho, por exemplo). O gráfico 5 ilustra a hipótese.

Gráfico 5
O deslocamento da curva de oferta, refletindo a sua retração

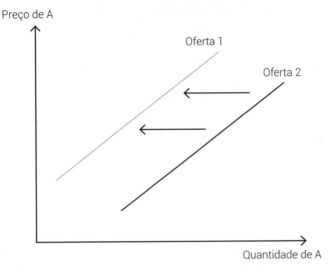

Fonte: Elaboração própria.

O gráfico 6 ilustra a hipótese do aumento da oferta, com o deslocamento para a direita.

Gráfico 6
O deslocamento da curva de oferta, refletindo a sua expansão

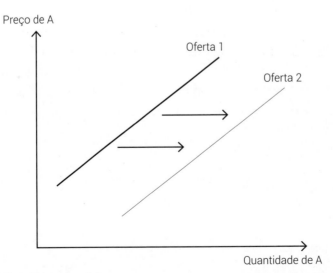

Fonte: Elaboração própria.

Esse aumento da oferta pode ser ocasionado por diversos fatores, destacando-se entre eles: (i) aumento do preço de um produto complementar "A" para o produtor "Y"; (ii) diminuição do preço de um produto substituto de "A" para o produtor "Y"; (iii) evento natural (meteorológico, por exemplo) que facilite a produção de "A"; (iv) evento demográfico (migração para o país de especialistas na produção de "A"); (v) progresso tecnológico na produção de "A"; (vi) redução do preço de um insumo usado na produção de "A".

5. A determinação do preço pela interação entre demanda e oferta no mercado de bens e serviços

A interação da demanda e da oferta ao mesmo tempo pode ocorrer em diferentes mercados, como aqueles em concorrência perfeita. Por hora, além da inexistência da intervenção do governo (tributando, por exemplo), somente serão consideradas as alterações dos preços do produto, deixando-se de lado outros elementos que influenciam a demanda e a oferta, o que simplifica o alcance do que se deseja demonstrar no momento.

Na tabela 4 são apresentadas quatro colunas para um mercado hipotético de vinho. Na coluna 1 são apresentados os preços já conhecidos. Nas colunas 2 e 3 são indicados os totais de quantidades ofertadas e demandadas por mês, respectivamente. Por fim, na coluna 4 são calculadas e listadas as diferenças para determinado preço, o que indica o excesso de oferta ou demanda no mercado. A questão relevante é determinar qual deve ser o preço e a quantidade de equilíbrio, considerando os parâmetros apontados.

Tabela 4
Os preços, a demanda, a oferta, excedente ou falta

Preços por garrafa de vinho (R$)	Total de garrafas de vinho ofertadas no mês	Total de garrafas de vinho demandada no mês	Excedente ou falta
R$ 50,00	12.000	2.000	+ 10.000
R$ 40,00	10.000	4.000	+ 6.000
R$ 30,00	7.000	7.000	0
R$ 20,00	4.000	11.000	- 7.000
R$ 10,00	1.000	16.000	-15.000

Fonte: Adaptação do exemplo 2.5 indicado em Trivedi (1991:27).

Poderia R$ 50,00 ser o preço de equilíbrio? Há sustentabilidade no mercado, considerando a quantidade ofertada e demandada?

Evidentemente, os produtores estariam dispostos a ofertar 12 mil garrafas ao mês por esse preço. No entanto, não há demanda no mercado para absorver toda a produção nesse patamar de preço.

Em suma, enquanto o preço relativamente alto de R$ 50,00 estimula produtores, há retração no lado da demanda, o que levaria ao aumento dos estoques não vendidos, o que demonstra a insustentabilidade da produção no montante de 12 mil garrafas ao mês.

Por sua vez, no outro extremo, pelo preço de R$ 10,00 há excesso de demanda, pois os produtores não se dispõem a produzir o volume desejado pelo mercado consumidor por esse preço. Poderia o preço se manter nesse patamar?

Com certeza não, pois os produtores não estariam dispostos a produzir esse volume, o que levaria os consumidores a disputar as garrafas de vinhos disponíveis por preços mais altos, deixando alguns sem o produto. Assim, a disputa entre consumidores levará o preço para cima. São as "forças" do mercado atuando.

Gráfico 7
A curva de oferta de vinho "A" pelo produtor "Y"

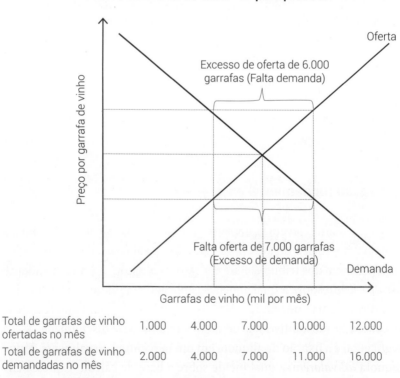

Fonte: Adaptação do gráfico pertinente ao exemplo 2.5 indicado em Trivedi (1991:28).

O preço de equilíbrio, portanto, considerando os dados acima, é de R$ 30,00, com 7 mil garrafas ofertadas e demandadas. Somente por esse preço a quantidade que os produtores estão dispostos a ofertar se iguala com a quantidade demandada pelos consumidores, razão pela qual representa uma situação que pode perdurar, enquanto outras variáveis não se alterem. Acima ou abaixo desse preço haverá excesso de demanda ou de oferta, o que pressionará os agentes econômicos a alterar o comportamento na direção do preço e quantidade de equilíbrio.

A combinação de inúmeros eventos no mercado de vinhos pode ser representada por alterações nas curvas de demanda e oferta, como uma forte geada que ocasione a quebra de parte da safra de uvas ou a redução da idade permitida para beber o vinho de 18 para 16 anos.

A quebra da safra ocasiona o deslocamento da curva de oferta de uvas para a esquerda, ocasionando o aumento do seu preço de equilíbrio, o que implicará aumento do preço de vinho, tendo em vista que a uva é o principal insumo para sua produção. Com efeito, conforme já ressaltado, um dos principais determinantes da oferta, além do próprio preço do bem, são os insumos necessários à sua produção.

Por outro lado, a redução da idade mínima permitida para o consumo de bebida alcoólica ocasionaria o deslocamento da curva de demanda para a direita, refletindo o aumento do mercado consumidor.

Fixados esses conceitos básicos, objetiva-se agora iniciar o estudo do instrumental analítico da microeconomia para análise dos efeitos da introdução e aumento dos tributos no contexto da correlação entre estes e os preços nos mercados.

6. A correlação fundamental entre preços e tributos

Os números ganham relevância ímpar no direito tributário, pois constituem parte essencial do núcleo de formação, estrutura e aplicação da disciplina jurídica de incidência dos tributos. Esse é o caso da alíquota nominal incidente e da *base de cálculo* sobre a qual aquela se aplica. Os números e a aritmética são utilizados na parte normativa das leis tributárias, a qual compreende o texto de conteúdo substantivo relacionado com a matéria disciplinada.

A regra geral é a fixação da alíquota em um percentual, usualmente designada alíquota *ad valorem*, a qual incide sobre a base de cálculo expressa em unidades monetárias[10]. Excepcionalmente, pode ser adotada a denominada alíquota específica (art.149, §2º, CR/88) ou *ad rem*, tendo como parâmetro de incidência uma unidade física de medida, como litros, metros etc. Assim, por exemplo, podem ser cobrados R$ 10,00 por litro de vinho ou R$ 0,50 por m^3 (metro cúbico) de combustível.

Suponha que no mesmo mercado de vinho já examinado, onde o preço de equilíbrio é de R$ 30,00, com 7 mil garrafas ofertadas e demandadas, o governo local decida introduzir um tributo a ser pago pela indústria, por garrafa de vinho vendida. Isto é, uma alíquota *ad rem*, no montante de R$ 10,00 por garrafa, que contém um litro de vinho. Antes do tributo, o preço pago pelo consumidor era equivalente ao preço recebido pelo vendedor.

Diante desse cenário, algumas perguntas se apresentam: qual o impacto do tributo? Quem suporta o ônus econômico? Haverá distribuição do impacto financeiro entre vendedores e consumidores ou o ônus será integralmente suportado por um deles? Quais os elementos que influenciam essa distribuição da oneração?

Importante salientar que as respostas a essas questões não interessam apenas aos formuladores da política tributária ou os agentes econômicos, empreendedores e consumidores. Considerando o disposto no art. 166 da Lei nº 5.172/1966 do Código Tributário Nacional (CTN),[11] a compreensão do fenômeno também é essencial para o operador do direito tributário, seja juiz, auditor fiscal, advogado, consultor ou contador.

A utilização do instrumental analítico microeconômico auxilia a compreender os efeitos do tributo no mercado considerado, conforme será constatado.

A introdução da exação no valor de R$ 10,00 sobre o vendedor na venda de garrafa de vinho ocasionará o deslocamento da curva de oferta para a esquerda (de Oferta 1 para Oferta 2), retraindo a disponibilidade do produto e aumentando o preço. Em qualquer ponto ao longo da curva a distância corresponderá ao montante do tributo.

---

[10] A aludida alíquota *ad valorem* é utilizada, por exemplo, no imposto de renda (IR), no imposto sobre produtos industrializados (IPI) e no imposto estadual sobre operações relativas à circulação de mercadorias e sobre prestações de serviços de transporte interestadual e intermunicipal e de comunicação (ICMS). Nessas hipóteses, e em outras que compõem a regra geral, o cálculo do tributo juridicamente devido pressupõe a realização de uma operação matemática, o que é inerente à própria constituição e aplicação da norma tributária.

[11] Dispõe o art. 166 do CTN: "A restituição de tributos que comportem, por sua natureza, transferência do respectivo encargo financeiro somente será feita a quem prove haver assumido o referido encargo, ou, no caso de tê-lo transferido a terceiro, estar por este expressamente autorizado a recebê-la".

Gráfico 8
O deslocamento da curva de oferta de vinho "A" em face do tributo

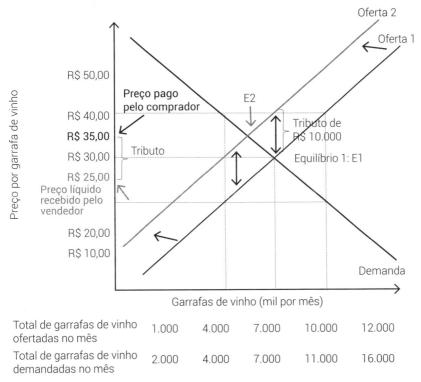

Total de garrafas de vinho ofertadas no mês	1.000	4.000	7.000	10.000	12.000
Total de garrafas de vinho demandadas no mês	2.000	4.000	7.000	11.000	16.000

Fonte: Adaptação do caso XI indicado em Trivedi (1991:52).

Para os dados anteriores, o novo preço de equilíbrio é de R$ 35,00, sendo demandadas e vendidas entre 4 mil e 7 mil garrafas, havendo uma distribuição equitativa do ônus entre vendedor e consumidor. Dos R$ 10,00 arrecadados pelo fisco, pagos pelo sujeito passivo da obrigação tributária (o vendedor), R$ 5,00 são suportados economicamente pelo consumidor, em razão do aumento do preço, e o restante (os mesmos R$ 5,00) pelo vendedor, que reduz sua margem de lucro.

A tabela 5 resume o ocorrido, indicando que o preço subiu para R$ 35,00 e o valor líquido recebido pelo vendedor foi apenas de R$ 25,00.[12]

---

[12] O pressuposto é que o preço total recebido pelo vendedor inclui o tributo, mas parte do preço, correspondente ao valor da exação, deve ser recolhida ao Fisco, razão pela qual o valor (o preço líquido) que fica com o vendedor deve considerar esse fato.

Tabela 5
A distribuição do ônus do tributo entre vendedor e consumidor

	Antes do tributo	Após o tributo
Preço pago pelo consumidor	R$ 30,00	R$ 35,00
Preço líquido recebido pelo vendedor	R$ 30,00	R$ 25,00

Fonte: Adaptação da tabela 3.1 do caso XI indicado em Trivedi (1991:53).

Mas será sempre distribuído o ônus do tributo nesses termos? Não.

Conforme já explicitado, os preços são fixados como resultado da interação entre a oferta e demanda nos mercados de fatores de produção e de bens e serviços. Assim, para que se possa verificar como se dará o impacto do tributo, deve-se levar em consideração, além das características dos elementos necessários à produção e dos bens e serviços envolvidos, também as características dos diferentes mercados, relativamente ao grau de competição. O mercado de bens e serviços é usualmente segmentado em: (a) concorrência perfeita; (b) concorrência imperfeita ou monopolista; (c) monopólio; e (d) oligopólio. Por sua vez, o mercado de fatores de produção é classificado como: (a) concorrência perfeita; (b) concorrência imperfeita; (c) monopsônio; e (d) oligopsônio (Vasconcellos e Garcia, 2006:39). O mercado pode apresentar, de modo simultâneo, algumas características de competição e outras de monopólio. Essa estrutura é chamada de competição monopolística.

No mercado de concorrência perfeita de bens e serviços, por exemplo, somente a curva de demanda do mercado como um todo será negativamente inclinada (decrescente), conforme tem sido até agora indicado. Isso porque a curva de demanda encarada por empresa individualmente considerada é constante (uma linha horizontal), tendo em vista que os produtos são homogêneos, não havendo barreiras à entrada para novos empreendedores no mesmo mercado, tampouco agente econômico dominante. Diante dessas hipóteses, cada empresa vendedora, individualmente, não tem a aptidão ou "força" para estabelecer seu próprio preço e definir sua margem de lucro, razão pela qual aplica o preço fixado pelo mercado. Em outras palavras, cada vendedor é "tomador de preços", não conseguindo alienar a nenhum outro valor que não o preço de equilíbrio de mercado. Assim, para os efeitos da introdução do tributo no mercado de concorrência perfeita, um vendedor em particular deve considerar a curva de demanda como uma linha horizontal, equivalente à sua curva de receita marginal. É o que os economistas chamam de "demanda perfeitamente elástica".

As elasticidades das curvas de demanda e oferta são determinantes para definir quem suporta o ônus ou encargo financeiro do tributo. As diferentes elasticidades refletem a variação na demanda ou na oferta em face da variação no preço de determinado produto.

Considerando um mercado em concorrência perfeita, com a curva de demanda perfeitamente elástica, isto é, uma linha horizontal, como seriam os efeitos da introdução do tributo de R$ 10,00 sobre o preço de equilíbrio e a distribuição do ônus entre o vendedor e o consumidor na venda de garrafa de vinho?

Gráfico 9
O deslocamento da curva de oferta em face do tributo — demanda elástica

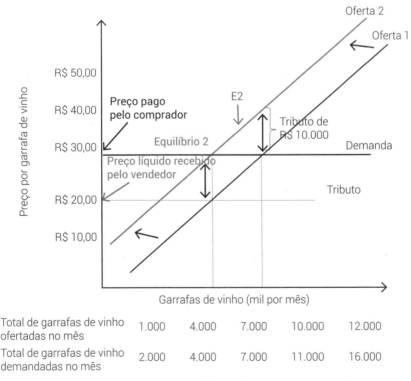

Fonte: Adaptação da situação B indicada em Trivedi (1991:62).

Com a curva de demanda perfeitamente elástica, o preço de equilíbrio não sobe, continua R$ 30,00, sendo demandadas e vendidas 5 mil garrafas. Agora, no entanto, todo ônus do tributo é suportado pelo vendedor. Os R$ 10,00 arrecadados pelo fisco são pagos e suportados economicamente pelo sujeito passivo da obrigação tributária (o vendedor), que tem sua margem de lucro reduzida em relação à situação inicial sem a exação.

A tabela 6 indica que o preço de equilíbrio se manteve em R$ 30,00, sendo o preço líquido, que fica com o vendedor, correspondente a R$ 20,00.

Tabela 6
A distribuição do ônus do tributo entre vendedor e consumidor

	Antes do Tributo	Após o Tributo
Preço pago pelo consumidor	R$ 30,00	R$ 30,00
Preço líquido recebido pelo vendedor	R$ 30,00	R$ 20,00

Fonte: Adaptação da tabela 4.2 indicada em Trivedi (1991:63).

Como dito, os R$ 10,00 arrecadados pelo fisco são pagos pelo sujeito passivo da obrigação tributária e suportados economicamente pelo próprio vendedor, integralmente.

Em sentido diametralmente oposto ao caso anterior, se os produtores e vendedores estiverem dispostos a oferecer uma quantidade de vinho superior à demanda do mercado, pelo preço de R$ 30,00, diz-se que *a oferta é perfeitamente elástica*.

Considerando a curva de oferta perfeitamente elástica, isto é, uma linha horizontal, como seriam os efeitos da introdução do tributo de R$ 10,00? Qual seria o preço de equilíbrio e como seria a distribuição do ônus do tributo entre o vendedor e o consumidor na venda de garrafas de vinho?

Essa nova hipótese pode ser representada nos seguintes termos.

Gráfico 10
O deslocamento da curva de oferta elástica em face do tributo

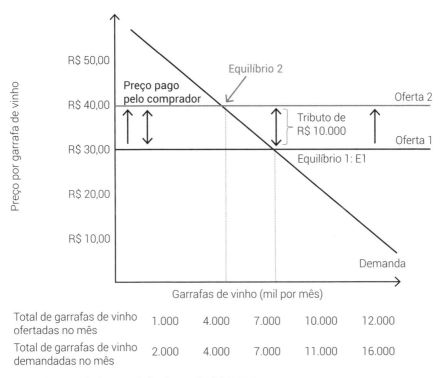

Fonte: Adaptação da situação A indicada em Trivedi (1991:61).

Com a curva de oferta perfeitamente elástica, isto é, no caso em que os produtores e vendedores estejam dispostos a oferecer uma quantidade de vinho superior à demanda do mercado, pelo preço de R$ 30,00, o preço de equilíbrio sobe para R$ 40,00 com a introdução do tributo, sendo demandadas e vendidas 5 mil garrafas. Agora, no entanto, todo ônus econômico do tributo é suportado pelo consumidor. Os R$ 10,00 arrecadados pelo fisco são pagos pelo sujeito passivo da obrigação tributária (o vendedor), que mantém sua margem de lucro, relativamente à situação inicial sem a exação, pois o encargo financeiro do tributo é repassado integralmente ao consumidor final.

A tabela 7 resume o ocorrido, indicando a subida do preço de equilíbrio para R$ 40,00, sendo o preço líquido recebido pelo vendedor de R$ 30,00.

Tabela 7
A distribuição do ônus do tributo entre vendedor e consumidor

	Antes do tributo	Após o tributo
Preço pago pelo consumidor	R$ 30,00	R$ 40,00
Preço líquido recebido pelo vendedor	R$ 30,00	R$ 30,00

Fonte: Adaptação da tabela 4.1 indicada em Trivedi (1991:62).

Pelo exposto, constata-se que a imposição do tributo, independentemente de quem o recolhe, acarreta um aumento do preço pago pelos consumidores e uma diminuição do preço recebido pelos vendedores, cuja soma corresponde ao valor do imposto.

Assim, além das duas situações extremas, nas quais todo o ônus do tributo é suportado pelo vendedor ou pelo consumidor, o encargo pode também ser dividido entre vendedores (ofertantes) e os compradores (demandantes), independentemente de quem recolhe o tributo para o fisco.

Essa divisão, entretanto, pode não ocorrer de forma paritária, o que depende da elasticidade-preço dos compradores e dos vendedores. Cada produto possui uma reação específica em relação às variações dos preços e da renda, havendo inúmeras possibilidades em relação à proporção na qual o encargo econômico do tributo é dividido entre ofertantes e demandantes. Esses distintos impactos dependem da elasticidade, que "reflete o grau de reação ou sensibilidade de uma variável quando ocorrem alterações em outra variável, *coeteris paribus*" (Vasconcellos e Garcia, 2006:49).

A elasticidade-preço da demanda (ou da oferta) indica e mede a reação da demanda (ou da oferta) a variações no preço. Caso a demanda por um bem seja inelástica a preço, os compradores terão poucas alternativas para substituí-lo. Logo, mesmo que haja grande elevação do preço, a quantidade demandada quase não diminuirá. Da mesma forma, se a oferta for elástica a preço, os vendedores possuirão muitas alternativas relativamente à comercialização daquele bem. Portanto, ainda que ocorra pequena redução do preço, a quantidade ofertada reduzirá substancialmente. Nesses termos, em um mercado com oferta elástica e demanda inelástica, a imposição de um tributo será suportada principalmente pelos compradores, tendo em vista suas reduzidas alternativas. O lado mais inelástico, por ter menos alternativas, suportará a maior parte do ônus tributário. Segue o gráfico 11 contendo a representação gráfica do exposto.

Gráfico 11
Oferta elástica e demanda inelástica

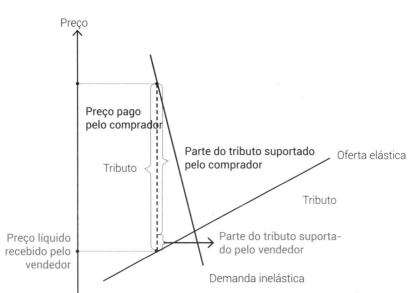

Fonte: Elaboração própria.

Esse é o caso, por exemplo, do mercado de cigarros. Embora as empresas recolham o tributo incidente sobre vendas, os fumantes arcarão com a maior parte do ônus econômico, pois a demanda é pouco sensível a preço. Isto é, a demanda é inelástica, já que grande parte dos consumidores não consegue abandonar o vício, ainda que pague muito mais pelo bem.

Por sua vez, as empresas produtoras são mais sensíveis às variações de preço, pois têm mais facilidade de encontrar outras formas para aplicar seus recursos. Portanto, no mercado de cigarros há uma demanda preço-inelástica e uma oferta preço-elástica.

Em outros setores a situação pode se inverter. Assim, o oposto ocorre no caso de oferta inelástica e demanda elástica, hipótese em que vendedores arcarão com a maior parcela do ônus do tributo, haja vista as variadas opções dos compradores com demanda elástica.

Gráfico 12
Oferta inelástica e demanda elástica

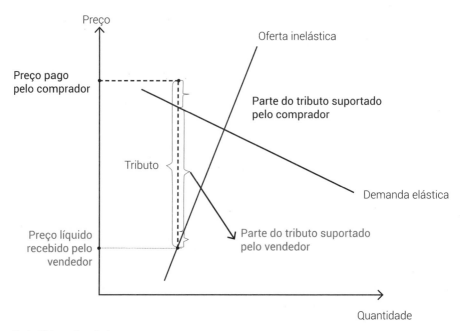

Fonte: Elaboração própria.

Nesse contexto, constata-se que o lado mais inelástico suportará a maior parte do encargo econômico do tributo, em razão das poucas alternativas disponíveis.

De acordo com Robert S. Pindyck e Daniel L. Rubinfeld (2010), os resultados e conclusões observados em relação ao imposto específico, objeto da análise anterior, são aproximadamente iguais à análise da questão para os mencionados impostos com alíquota *ad valorem*, como é o caso do imposto de importação, do ICMS ou do IPI, entre outros.

Segundo Fernando Resende (2001), as conclusões verificadas acerca do impacto da incidência dos tributos nos mercados de concorrência perfeita, de forma geral, são as mesmas nos casos de tributação de bens e serviços negociados em mercados imperfeitos.

A possibilidade de transferência ou repasse do ônus do tributo é maior quanto menor for o grau de competição no mercado. Vale acrescentar que, no mercado de concorrência monopolística, as empresas vendem produtos diferenciados e cobram preço acima do custo marginal, pois podem fixar seu preço. Cada empresa anuncia e faz muita publicidade do seu produto, de modo a atrair o maior número de compradores. As empresas que vendem bens de consumo diferenciados (refrigerantes, remédios, perfumes, entre outros) gastam parte substancial das suas receitas com publicidade como forma de diferenciar seu produto (a fim de reduzir assimetrias de informação), o que pode afetar o repasse do ônus econômico do tributo, dependendo das circunstâncias.

7. Considerações finais

Como indicado inicialmente, há crescente reconhecimento da interdependência estrutural entre as ciências econômicas e jurídicas em matéria tributária.

No âmbito do direito, considerando que o elemento subjacente à disciplina tributária é sempre econômico, em razão da essencialidade da manifestação de riqueza do contribuinte para ensejar incidência de tributos, a interpretação da norma é "simultaneamente jurídico-econômica, pois a finalidade econômica vive sempre sub *specie juris*" (Torres, 2006:162-163).

Além dos fatores tradicionais de complexidade do estudo da matéria tributária, que envolve inúmeras áreas do conhecimento, as inovações tecnológicas, entre as quais é possível destacar a internet como um dos seus maiores expoentes, e a existência de múltiplas jurisdições fiscais com regimes tributários diferenciados, têm colocado em xeque os sistemas tributários nacionais. A economia digital, caracterizada por uma relação intrínseca com intangíveis (Costa, 2002:114-115), pelo uso massivo de dados — principalmente os de cunho pessoal — e a adoção generalizada de um modelo de negócios multifacetários, dificulta a aplicabilidade de elementos de conexões clássicos para determinação da incidência de tributos, como os conceitos de fonte e residência ou a caracterização de renda para fins de tributação. Nesse contexto, uma das questões fundamentais é identificar, de um lado, como as empresas, no contexto do mundo global digital, agregam valor aos seus produtos e obtêm lucro nos mercados de fatores de produção e de bens e serviços e, de outro lado, como a disciplina jurídica dos tributos deve se adaptar à nova realidade econômica.

Como demonstrado, a instituição do tributo e a alteração da carga tributária modificam os preços absolutos e relativos dos bens e serviços e dos fatores de produção nos diferentes mercados. Assim, o estudo da incidência jurídica, isoladamente, pouco revela quanto aos efeitos e consequências da tributação.

Ainda, a crescente utilização de considerações consequencialistas para tomada de decisões jurídicas suscita a necessidade de ampliação e fortalecimento do instrumental analítico aplicado no direito.

A simples especulação acerca de possíveis consequências, sem fundamentação empírica ou estudo econômico qualificado que fundamente a escolha realizada, diante de múltiplas alternativas possíveis, fragiliza a legitimidade do processo decisório. Nesse sentido, o modelo econômico tem a vantagem de ser adaptável às circunstâncias, com a possibilidade de elevação do grau de complexidade do modelo analítico de forma gradual, o que facilita a construção de fundamentação sólida para as escolhas decisórias.

A partir dos aspectos iniciais apresentados neste trabalho é possível constatar que a análise econômica do direito tem muito a contribuir para a equilibrada coordenação entre os aspectos econômicos e jurídicos envolvidos na interpretação e aplicação do direito tributário.

Referências

BENTHAM, J. *An introduction to the principles of morals and legislation*. 1781. Batoche Books Kitchener. 2000. Disponível em: <https://socialsciences.mcmaster.ca/econ/ugcm/3ll3/bentham/morals.pdf>. Acesso em: 10 set. 2018.

BRASIL. Poder Judiciário. Supremo Tribunal Federal. *ADI 1417*. Tribunal Pleno, rel. min. Octavio Galotti. Julgamento em 2.8.1999. Brasília. Disponível em: <www.stf.jus.br>. Acesso em: 4 out. 2018.

CALABRESI, G. *The future of law and economics*: essays in reform and recollection. New Haven: Yale University Press, 2016.

CARRAZZA, R. *Curso de direito constitucional tributário*. 13. ed. São Paulo: Malheiros, 1999.

COSTA, L. de A. A integração de mercados e as questões tributárias. Repercussões sociais. In: SEMINÁRIO BRASIL SÉCULO XXI. O DIREITO NA ERA DA GLOBALIZAÇÃO: MERCOSUL, ALCA E UNIÃO EUROPEIA: PALESTRAS, 2001, Brasília. Brasília: OAB, Conselho Federal, 2002. p. 107-117.

_____. A racionalidade matemática como limite objetivo intransponível à produção e aplicação do Direito: um estudo de caso. *RDA — Revista de Direito Administrativo*, Rio de Janeiro, v. 261, p. 47-87, set./dez. 2012a.

Disponível em <http://bibliotecadigital.fgv.br/ojs/index.php/rda/article/view/8851>. Acesso em: 4 out. 2018

_____. A sustentabilidade ambiental na produção econômica de bens e serviços como requisito progressivo à concessão de incentivos e benefícios fiscais no Brasil. In: FLORES, N. C. (Org.). *A sustentabilidade ambiental em suas múltiplas faces.* São Paulo: Millennium, 2012b. p. 149-154.

FALCÃO, A. de A. *Fato gerador da obrigação tributária.* Rio de Janeiro: Edições Financeiras S.A., 1964.

FERREIRA, A. H. O princípio da capacidade contributiva frente aos tributos vinculados e aos impostos reais indiretos. *Revista Fórum de Direito Tributário*, Belo Horizonte, a. 1, n. 1, p. 71-105, jan./fev. 2003.

MARSHALL, A. *Principles of economics.* 8. ed. 1890. The Online Library of Liberty. A Project Of Liberty Fund, Inc. Disponível em: <https://eet.pixel-online.org/files/etranslation/original/Marshall,%20Principles%20of%20Economics.pdf>. Acesso em: 10 set. 2018.

PINDYCK, R. S.; RUBINFELD, D. L. *Microeconomia.* 7. ed. São Paulo: Pearson. 2010.

POSNER, R. A. *Economic analysis of law.* Richard A. Posner, Judge, U.S. Court of Appeals for the Seventh Circuit, Senior Lecturer. 9. ed. Nova York: Wolter Kluwer Law and Business, 2014.

RESENDE, F. A. *Finanças públicas.* 2. ed. São Paulo: Atlas. 2001.

TORRES, R. L. *Normas de interpretação e integração do direito tributário.* 4. ed. rev. e atual. Rio de Janeiro: Renovar, 2006.

TRIVEDI, P. Applied microeconomics for public policy makers. Nova Delhi, Índia: Indian Institute of Management; Harvard University, 1991.

VASCONCELLOS, M. A.; GARCIA, M. E. *Fundamentos de economia.* 2. ed. São Paulo: Saraiva, 2006.

PARTE IV

Tópicos especiais em direito e economia

CAPÍTULO 13

A regulação do mercado de trabalho no Brasil

Cecilia Machado

1. Introdução

Os efeitos da regulação trabalhista no funcionamento do mercado de trabalho são bastante controversos. De um lado, a regulação existe para proteger os trabalhadores de situações de exploração no mercado de trabalho, garantindo e estabelecendo direitos básicos nas relações entre os trabalhadores e seus empregadores. Pode a regulação, inclusive, aumentar a eficiência da economia, ao corrigir distorções geradas por imperfeições de mercado. De outro lado, entretanto, é possível argumentar que regras excessivas prejudicam o livre funcionamento do mercado de trabalho, gerando efeitos indesejáveis que vão na direção oposta ao imaginado pelo regulador.

Isto ocorre porque firmas e trabalhadores são agentes econômicos que internalizam as restrições impostas pela regulação em suas decisões. Dessa forma, mudanças de comportamento dos agentes, assim como o desenho algumas vezes inadequado da legislação, podem tornar o resultado alcançado de uma política bastante distante de seu objetivo original. Neste sentido, a teoria econômica ajuda na compreensão dos chamados efeitos de equilíbrio geral, que consideram a reação dos agentes econômicos em resposta a determinada política na aferição de seu efeito total.

A teoria econômica fornece modelos que contribuem para uma análise disciplinada das forças em ação em uma determinada regra jurídica, os mecanismos diretos e indiretos pelos quais ela se propaga e afeta as escolhas dos agentes. Mas, obviamente, nem sempre a teoria econômica entrega respostas inequívocas, uma vez que os resultados esperados são também função do tipo de modelo econômico utilizado e que melhor descreve o mundo real. Um exemplo claro dessa dependência do resultado esperado ao modelo utilizado será visto mais adiante no caso dos efeitos da política de salário mínimo no nível de emprego. Enquanto modelos competitivos de mercado de trabalho preveem redução de emprego com o aumento do salário mínimo, modelos que assumem algum poder de mercado nas firmas ou alguma outra imperfeição apontam efeitos na direção oposta. Dessa forma, torna-se também relevante aliar os modelos econômicos às evidências empíricas acerca dos efeitos causais das regras trabalhistas trazidas pela enorme abundância de dados sobre o mercado de trabalho hoje disponíveis.

No Brasil, a legislação trabalhista data da década de 1940, e tem sido reformada deste então, com diversas garantias expandidas e incorporadas também na Constituição de 1988 (Barros, Corseuil e Gonzaga, 1999). Recentemente, a Lei nº 13.467/2017, denominada popularmente como Reforma Trabalhista, trouxe importantes inovações nas relações entre firmas e trabalhadores (Campos et al., 2018). Mudanças nas regras vigentes visam melhorar o funcionamento do mercado de trabalho, e são objeto de ampla discussão legislativa. Nesse sentido, avaliações econômicas da regulação trabalhista são de fundamental importância para o entendimento do alcance de seus efeitos e para auxiliar na formulação de novas propostas.

Apesar de a literatura econômica sobre a regulação trabalhista ser bastante ampla e numerosa, muitas das evidências existentes foram estabelecidas para países desenvolvidos. Cahuc e Zylberberg (2004) fornecem um excelente panorama dos modelos e evidências estabelecidos em sua maior parte para países desenvolvidos. Para países em desenvolvimento, entretanto, as conclusões podem ser bastante diversas. Faz-se necessário considerar a interação da legislação com as demais características institucionais desses países, como — e caso em questão no Brasil — a existência de um grande setor informal na economia para o qual a legislação não se aplica.[1] A própria informalidade, inclusive, pode ser vista como consequência de uma política de regulação muito severa nestes países.

As mudanças trazidas por novas tecnologias e pela integração internacional tornam este quadro ainda mais complexo. A evidência em estudos acadêmicos aponta para uma forte relação entre globalização, de forma amplamen-

---

[1] Assunção e Monteiro (2012); Rocha, Ulyssea e Rachter (2018); Meghir, Narita, Robin (2015).

te definida, e efeitos em mercados de trabalhos regionais. Por exemplo, uma política de reduções de tarifas comerciais, ao mesmo tempo que reduz preço e aumenta a competição no setor em questão, é também propagada ao mercado de trabalho, com implicações relevantes para os setores que usam abundantemente trabalhadores na sua produção (Dix-Carneiro, 2014). A capacidade de a economia reagir a um choque tecnológico ou à integração global dos mercados depende fortemente do saudável funcionamento do mercado de trabalho, na medida em que ele consegue realocar os trabalhadores mais facilmente, capacidade que está intimamente ligada aos custos de demissão/contratação, por sua vez ditados em grande parte pela legislação trabalhista.

Este artigo busca analisar as principais características da regulação trabalhista no Brasil e avaliar seus impactos no mercado de trabalho, utilizando a teoria econômica para explicitar os principais efeitos esperados das regras estabelecidas no campo jurídico. Também usaremos dados para fornecer estatísticas descritivas básicas sobre o funcionamento do mercado de trabalho no Brasil, com informações sobre salário, emprego, rotatividade e informalidade, entre outros, assim como também buscaremos detalhar estudos que usam estratégias empíricas rigorosas para estabelecer relações de causa e efeito no mercado de trabalho.

Em particular, vamos focar em quatro pilares fundamentais da regulação trabalhista, que existem em maior ou menor grau nos diversos países, e inclusive no Brasil. Em primeiro lugar, iremos abordar a questão do salário mínimo, que visa estabelecer um piso mínimo de remuneração, afetando principalmente os trabalhadores de menor qualificação, mas com possíveis efeitos multiplicadores ao longo da distribuição de salários. Em segundo lugar, serão discutidos os impostos sobre a folha de pagamento. Em terceiro lugar, estão as políticas de proteção ao emprego, que garantem uma mínima permanência no posto de trabalho, em caso de rescisões contratuais por iniciativa do trabalhador ou da firma, e estabelecem o pagamento de multas em caso de demissões sem justa causa. Por fim, o quarto aspecto discutido será o das políticas que provêm algum tipo de seguro aos trabalhadores em caso de demissão, visando garantir uma renda temporária ao trabalhador, até que este encontre um novo emprego, que são os pagamentos do seguro-desemprego pela seguridade social.

Organizamos o estudo da seguinte forma. Na seção 2 faremos uma breve descrição da legislação trabalhista em vigor no Brasil. A seção 3 traz dados do mercado de trabalho no Brasil, oferecendo um panorama descritivo de diversas variáveis de interesse para políticas com foco no mercado de trabalho. A seção 4 traz a discussão econômica e a evidência empírica estabelecida acerca dos dispositivos de proteção à renda e ao emprego acima enumerados. A seção 5 conclui. Uma excelente referência para os temas abordados neste artigo está em Boeri e colaboradores (2008), que discutem a regulação trabalhista em países em desenvolvimento. De forma complementar, este artigo trata adicionalmente de trabalhos desenvolvidos após a resenha de Boeri e colaboradores (2008) e com foco específico para o Brasil.

2. História e finalidade da regulação trabalhista

A legislação trabalhista tem por objetivo estabelecer parâmetros mínimos a serem respeitados numa relação de trabalho, além de estabelecer direitos individuais dos trabalhadores. No Brasil, as diretrizes gerais das relações de trabalho estão pautadas pelo art. 7º da Constituição Federal de 1988, que se somou à existente regulamentação trabalhista contida na Consolidação das Leis Trabalhista (CLT), estabelecida em 1943 e sucessivamente reformada após sua criação.

São garantias constitucionais dos trabalhadores os direitos a um salário mínimo; a uma jornada de trabalho limitada; à proteção ao emprego contra demissões arbitrárias, via indenização compensatória; ao seguro-desemprego; ao fundo de garantia por tempo de serviço (FGTS); ao repouso semanal; às férias remuneradas; às licenças parentais e à aposentadoria, entre outros. Incluídos como texto constitucional, ainda que regulamentados em leis específicas, os direitos dos trabalhadores assim especificados são denominadores irredutíveis e devem constar em toda e qualquer relação trabalhista.

A Constituição de 1988 delegou ao Estado a função de proteger os trabalhadores de relações abusivas no ambiente de trabalho, proibindo e limitando a capacidade de os próprios trabalhadores negociarem com os empregadores questões específicas nos seus contratos de trabalho. Por exemplo, não é facultado ao trabalhador aceitar um salário menor que o salário mínimo em vínculos de trabalho formais, ainda que para esse trabalhador fosse mais vantajoso aceitar um salário menor em comparação a permanecer sem um emprego ou então se inserir no setor informal. De forma análoga, não é facultada à mulher licença-maternidade inferior a 120 dias, ainda que para essa trabalhadora uma interrupção menor fosse mais vantajosa para sua ascensão profissional. Se, de um lado, as margens para negociações trabalhistas que beneficiam ambas as partes ficaram limitadas, de outro lado, a legislação garante condições de razoabilidade e dignidade nas relações de trabalho, reconhecendo possíveis condições de subordinação e assimetria nas mesmas.

Os direitos dos trabalhadores podem ser agrupados em duas grandes categorias. Em primeiro lugar, a regulação trabalhista define parâmetros mínimos na remuneração e máximos para jornada de trabalho. Ao trabalhador é garantido o salário mínimo, cujo valor é fixado em lei, como forma de atender às suas necessidades básicas, como moradia e alimentação. A jornada de trabalho também fica limitada ao máximo de oito horas diárias e 44 horas semanais, com o máximo de duas horas extras por dia, exceto por acordo ou convenção coletiva de trabalho. Além disso, a garantia ao 13º salário e às férias remuneradas eleva a remuneração efetiva mensal dos trabalhadores para além do salário contratual, e é automaticamente internalizada no custo efetivo de cada trabalhador.

E, em segundo lugar, a legislação trabalhista estabelece uma série de garantias aos trabalhadores, exercidas ou não por eles, como cláusulas de proteção ao emprego e licenças parentais, assim como também seguros e verbas indenizatórias para aqueles que são demitidos de seus empregos. Esses mecanismos de proteção têm por objetivo garantir algum nível de renda durante afastamentos ou período de desemprego. O acesso ao fundo de garantia por tempo de serviço (FGTS), a multa por demissão sem justa causa e o pagamento do seguro-desemprego estão entre os seguros e verbas que garantem ao trabalhador condições de sobrevivência no período de busca por um novo emprego.

A legislação trabalhista tal como estipulada gera efeitos no funcionamento do mercado de trabalho. Mas antes de discutirmos as especificidades e questões de cada parâmetro legal, a próxima seção traz à superfície as principais informações e estatísticas do mercado de trabalho no Brasil.

3. Estatísticas descritivas do mercado de trabalho no Brasil

Nesta seção usamos dados da Pesquisa Nacional de Amostra por Domicílios (PNAD) feita pelo IBGE para os anos de 2002 a 2015. A PNAD é uma pesquisa anual de representatividade nacional com informações socioeconômicas das famílias entrevistadas, incluindo dados de emprego e salário dos indivíduos na amostra. Também usamos os dados da Relação Anual de Informações Sociais (Rais), coletados pelo Ministério do Trabalho e Emprego (MTE), para os mesmos anos. A Rais corresponde a um registro administrativo reportado pelas firmas ao MTE, com informação sobre todos os contratos de trabalhos formais no país. Uma vantagem da Rais sobre a PNAD é que ela permite o acompanhamento longitudinal dos trabalhadores, assim como fornece datas precisas de admissão e desligamento em cada vínculo de trabalho. Uma desvantagem, entretanto, é que fornece menor riqueza de informações demográficas dos trabalhadores em comparação com a PNAD, além de não capturar o setor informal da economia. Como a PNAD é representativa de toda a população do Brasil, restringimos a amostra às idades de 14 a 65, tornando-a mais próxima da população relevante para estudos do mercado de trabalho. Os valores nominais de salário foram convertidos a valores de 2015 usando o INPC como deflator de valores.

A tabela 1 documenta as informações sobre a distribuição de salário na economia brasileira. De acordo com a PNAD, o salário médio passou de R$ 1.243,74 para R$ 1.730,89 entre 2002 e 2015, o que corresponde a uma valorização real (acima da inflação) de aproximadamente 40%. Mais expressivos ainda são os ganhos do salário mediano, de R$ 662,26 para R$ 1.100,00 no mesmo período, uma valorização real de 66%. A diferença em nível entre o salário médio e mediano reflete o fato de muitos trabalhadores serem remunerados pelo salário mínimo, gerando uma massa de trabalhadores na cauda inferior da distribuição de salários. De fato, o percentual de trabalhadores que são remunerados até o valor do salário mínimo corresponde a aproximadamente 20%, passando de 22% para 18% no mesmo período. E, considerando o percentual de trabalhadores recebendo até dois salários mínimos, essa proporção aumenta para 40%, subindo levemente de 39% para 41% no período.

Tabela 1
Salários, 2002-15, PNAD e Rais

	2002	2003	2004	2005	2006	2007	2008	2009	2010	2011	2012	2013	2014	2015
A. PNAD														
média	1.243,74	1.226,67	1.216,56	1.272,07	1.375,32	1.404,60	1.454,63	1.496,90	-	1.633,37	1.724,17	1.805,20	1.818,07	1.730,89
mediana	662,26	693,95	678,35	717,51	785,11	829,58	857,00	897,97	-	1.046,87	1.060,65	1.158,43	1.112,76	1.100,00
<=1 SM	0,22	0,23	0,23	0,25	0,25	0,23	0,24	0,23	-	0,2	0,21	0,19	0,19	0,18
<=1.5 SM	0,32	0,32	0,32	0,35	0,37	0,35	0,36	0,35	-	0,34	0,34	0,34	0,32	0,3
<=2 SM	0,39	0,39	0,42	0,44	0,45	0,43	0,44	0,45	-	0,42	0,43	0,42	0,41	0,41
B. RAIS														
média	2.003,31	2.000,96	2.025,95	2.067,81	2.189,88	2.194,99	2.274,53	2.332,71	2.390,25	2.458,57	2.525,85	2.610,53	2.652,84	2.576,91
mediana	1.086,81	1.095,93	1.102,75	1.130,08	1.190,76	1.210,08	1.248,94	1.296,53	1.335,44	1.384,60	1.454,50	1.525,41	1.557,51	1.510,72
<=1 SM	0,04	0,05	0,05	0,05	0,06	0,06	0,06	0,06	0,06	0,06	0,06	0,06	0,06	0,06
<=1.5 SM	0,22	0,26	0,26	0,29	0,34	0,35	0,35	0,38	0,38	0,36	0,37	0,37	0,35	0,35
<=2 SM	0,39	0,44	0,44	0,47	0,52	0,54	0,54	0,56	0,57	0,55	0,57	0,56	0,55	0,55

Fonte: Elaborada pelo autor usando dados da PNAD e Rais.
SM: salário mínimo.
Nota: Em valores de 2015, INPC usado como deflator.

Ainda que remunerações abaixo do salário mínimo sejam inconstitucionais, o setor informal no Brasil é bastante expressivo, e os dados da PNAD confirmam que ele constitui uma importante margem de ajuste às regulações trabalhistas. Trabalhadores informais — amplamente definidos como aqueles que não têm sua carteira de trabalho assinada ou para os quais algum direito trabalhista não é garantido — podem existir tanto em firmas formais ou informais. Os dados da Rais correspondem ao setor formal da economia, e mostram que em firmas formais existe maior cumprimento do direito dos trabalhadores ao salário mínimo. Nesses dados, o percentual de trabalhadores recebendo até o valor do salário mínimo varia de 4% a 6%. Mas a Rais também revela uma compressão na cauda inferior da distribuição de salários ainda maior entre as firmas formais, já que o percentual de trabalhadores recebendo até dois salários mínimos corresponde a 39% em 2002, aumentando para 55% em 2015. Dessa forma, a mediana dos salários na Rais aumentou de forma menos expressiva no mesmo período, passando de R$ 1.086,81 para R$ 1.510,72 para os trabalhadores em firmas formais, uma valorização real de 39%, bastante abaixo da valorização vista nos dados PNAD.

A tabela 2 complementa as informações sobre os salários praticados na economia por nível educacional. Em 2015, trabalhadores com ensino médio ganharam salários 37% maiores que trabalhadores com educação até o ensino fundamental, comparado a um percentual de 84% em 2002. O prêmio salarial para trabalhadores com ensino superior (em comparação com os trabalhadores com ensino médio) também caiu, de 180% em 2002 para 135% em 2015. Em análise comparada usando os dados da Rais, o prêmio salarial para trabalhadores com ensino superior é ainda maior (193% em 2015), mas é menor para trabalhadores com ensino médio (18% em 2015).

Tabela 2
Salários por nível educacional, 2002-15, PNAD e Rais

A. PNAD

	2002	2003	2004	2005	2006	2007	2008	2009	2010	2011	2012	2013	2014	2015
Fundamental (F)	692,51	690,11	694,73	716,28	777,44	816,16	843,93	855,26	–	973,64	1.040,16	1.085,15	1.096,46	1.040,33
Médio (M)	1.275,51	1.225,41	1.203,00	1.226,50	1.290,59	1.293,87	1.328,53	1.338,79	–	1.419,06	1.487,53	1.527,29	1.523,82	1.430,75
Superior (S)	3.579,25	3.355,14	3.288,65	3.361,49	3.451,55	3.364,10	3.344,18	3.366,93	–	3.495,88	3.573,66	3.668,52	3.597,32	3.373,17
razão S/M	2,81	2,74	2,73	2,74	2,67	2,60	2,52	2,51	–	2,46	2,40	2,40	2,36	2,36
razão M/F	1,84	1,78	1,73	1,71	1,66	1,59	1,57	1,57	–	1,46	1,43	1,41	1,39	1,38

B. RAIS

	2002	2003	2004	2005	2006	2007	2008	2009	2010	2011	2012	2013	2014	2015
Fundamental (F)	1.213,43	1.196,32	1.210,20	1.232,35	1.296,13	1.335,31	1.400,28	1.406,66	1.443,05	1.475,87	1.540,29	1.602,81	1.614,47	1.545,81
Médio (M)	1.727,17	1.668,26	1.665,21	1.662,86	1.736,76	1.729,24	1.754,97	1.784,41	1.809,72	1.833,61	1.858,28	1.918,93	1.930,34	1.838,02
Superior (S)	5.095,72	4.837,98	4.896,27	4.911,05	5.234,68	5.070,72	5.248,55	5.299,47	5.426,19	5.542,03	5.569,97	5.630,42	5.592,36	5.397,74
razão S/M	2,95	2,90	2,94	2,95	3,01	2,93	2,99	2,97	3,00	3,02	3,00	2,93	2,90	2,94
razão M/F	1,42	1,39	1,38	1,35	1,34	1,30	1,25	1,27	1,25	1,24	1,21	1,20	1,20	1,19

Fonte: Elaborada pelo autor usando dados da PNAD e Rais.
SM: salário mínimo.
Nota: Em valores de 2015, INPC usado como deflator.

Com relação às horas trabalhadas, nota-se que os dados da PNAD revelam maior flexibilidade *de facto* das horas trabalhadas em comparação ao padrão de 44 horas semanais especificado na Constituição Federal. Na tabela 3, para o ano de 2002, vemos 35% dos trabalhadores trabalhando entre 40 e 44 horas semanais e 27% deles trabalhando 39 horas ou menos, enquanto 39% trabalham acima do valor de referência de 44 horas semanais. Novamente, nos dados da Rais observamos que o limite das 44 horas constitui uma restrição ativa nessas relações trabalhistas (ou, então, assim é reportada, ainda que não seja a carga horária de fato cumprida), uma vez que 68% dos trabalhadores estão concentrados exatamente nas 44 horas semanais, enquanto quase nenhum contrato formal estipula mais do que 44 horas semanais. Ainda que o percentual de trabalhadores em 44 horas semanais se mantenha estável no tempo nos dados da Rais, tendência distinta ocorre nos dados da PNAD, onde se verifica uma redução no percentual que trabalha mais do que 44 horas semanais (23% em 2015).

Tabela 3
Distribuição de horas trabalhadas por semana, 2002-15, PNAD e Rais

	2002	2003	2004	2005	2006	2007	2008	2009	2010	2011	2012	2013	2014	2015
A. PNAD														
<=39	0,27	0,27	0,28	0,28	0,28	0,27	0,28	0,27	–	0,25	0,25	0,24	0,26	0,28
40	0,24	0,24	0,24	0,25	0,24	0,26	0,27	0,27	–	0,30	0,30	0,31	0,31	0,32
41,42,43	0,02	0,02	0,02	0,02	0,02	0,02	0,02	0,02	–	0,01	0,01	0,01	0,01	0,01
44	0,09	0,09	0,10	0,10	0,11	0,12	0,12	0,14	–	0,15	0,14	0,15	0,16	0,17
>44	0,39	0,39	0,37	0,36	0,36	0,33	0,32	0,30	–	0,29	0,29	0,27	0,25	0,23
B. RAIS														
<=39	0,15	0,15	0,13	0,14	0,14	0,14	0,14	0,14	0,14	0,14	0,14	0,14	0,14	0,15
40	0,16	0,16	0,15	0,16	0,16	0,15	0,15	0,15	0,14	0,15	0,15	0,15	0,15	0,16
41,42,43	0,01	0,01	0,01	0,01	0,01	0,01	0,01	0,01	0,01	0,01	0,01	0,01	0,01	0,01
44	0,68	0,68	0,69	0,69	0,69	0,70	0,70	0,70	0,71	0,71	0,71	0,70	0,70	0,69
>44	0,00	0,00	0,00	0,00	0,00	0,00	0,00	0,00	0,00	0,00	0,00	0,00	0,00	0,00

Fonte: Elaborada pelo autor usando dados da PNAD e Rais.

Parte deste fenômeno está associada ao substancial aumento da formalização que ocorreu no mercado de trabalho nas últimas décadas. Se consideramos apenas os trabalhadores sem carteira assinada, sua representatividade entre os trabalhadores caiu, entre 2002 e 2015, de 26% para 19% (tabela 4). E, no mesmo período, a representatividade dos trabalhadores com carteira assinada aumentou em 10 pontos percentuais, passando de 33% para 43%. Uma definição mais ampla dos trabalhadores informais considera não só os trabalhadores sem carteira assinada, mas também os que trabalham por conta própria. Em 2015, 43% dos trabalhadores assim considerados são informais, ressaltando a expressiva magnitude da informalidade no Brasil. O tipo de vínculo de trabalho também determina substancial heterogeneidade na quantidade de horas trabalhadas. É importante notar que, enquanto o percentual dos trabalhadores acima das 44 horas regulamentares foi de 23% em 2015, ele alcança apenas 8% entre militares e funcionários públicos, mas chega a atingir 28% dos trabalhadores por conta própria (dados tabulados, mas não colocados na tabela). A tabela 5 documenta que o percentual de indivíduos que participa no mercado de trabalho se manteve estável entre 2002 e 2015, indicando que o aumento da formalização corresponde em sua maior parte à realocação de trabalhadores entre os setores formais e informais da economia.

Tabela 4
Informalidade dos trabalhadores, 2002-15, PNAD

	2002	2003	2004	2005	2006	2007	2008	2009	2010	2011	2012	2013	2014	2015
COM carteira assinada	0,33	0,34	0,34	0,35	0,36	0,37	0,38	0,39	-	0,43	0,43	0,44	0,43	0,43
Militar/Func. público (estatutário)	0,07	0,07	0,07	0,07	0,07	0,07	0,07	0,07	-	0,07	0,08	0,08	0,08	0,08
SEM carteira assinada	0,26	0,25	0,25	0,25	0,25	0,24	0,23	0,23	-	0,21	0,21	0,20	0,20	0,19
Conta própria	0,23	0,23	0,22	0,22	0,22	0,21	0,20	0,20	-	0,21	0,21	0,20	0,21	0,23
Empregador	0,04	0,04	0,04	0,04	0,05	0,04	0,05	0,04	-	0,03	0,04	0,04	0,04	0,04
Próprio consumo/Não remunerado	0,08	0,08	0,08	0,08	0,07	0,07	0,06	0,06	-	0,05	0,04	0,04	0,04	0,03

Fonte: Elaborada pelo autor usando dados da PNAD.

Tabela 5
Taxa de participação por gênero, 2002-15, PNAD

	2002	2003	2004	2005	2006	2007	2008	2009	2010	2011	2012	2013	2014	2015
total	0.61	0.61	0.62	0.62	0.63	0.63	0.64	0.64	-	0.63	0.63	0.62	0.63	0.60
homem	0.75	0.74	0.76	0.75	0.75	0.76	0.76	0.76	-	0.76	0.76	0.75	0.75	0.72
mulher	0.48	0.48	0.50	0.50	0.51	0.51	0.52	0.52	-	0.51	0.52	0.51	0.52	0.49

Fonte: Elaborada pelo autor usando dados da PNAD.

Por fim, as tabela 6 e 7 caracterizam os desligamentos e contratações no mercado de trabalho formal, assim como também a forma como ocorrem os desligamentos. É interessante notar que uma parte substancial dos vínculos observados em um dado ano permanece ativa em 31 de dezembro do mesmo ano. Por exemplo, dos 70 milhões de vínculos observados ao longo de 2015, 47 milhões estão ativos em 31/12. Desses 47 milhões, 22 milhões de vínculos correspondem a trabalhadores contratados no mesmo ano. Já o total de desligamentos soma 23 milhões no ano. Como o número de trabalhadores contratados no ano está na mesma ordem de magnitude dos desligamentos, a fração de desligamentos sobre o total de vínculos fornece alguma informação sobre a taxa de rotatividade dos trabalhadores no setor formal, sendo relativamente estável ao longo de 2002 (29,4%) e 2015 (32,9%). Na tabela 7 é possível verificar que grande parte dos desligamentos é de demissões sem justa causa por iniciativa da firma (51% em 2015), seguida por demissões solicitadas pelo próprio empregado (20% em 2015) e de desligamentos por fim de contrato (18% em 2015).

Características dos vínculos, 2002-15, Rais

	2002	2003	2004	2006	2008	2010	2012	2014	2015
Vínculos									
Total	38.858.545	41.078.500	43.721.714	49.576.414	58.334.225	65.215.511	71.758.485	74.372.210	70.498.733
Ativos em 31/12	27.416.512	29.217.501	31.042.612	34.715.267	38.935.790	43.492.486	46.891.170	48.963.560	47.442.679
Desligados	11.442.033	11.860.999	12.679.102	14.861.147	19.398.435	21.805.584	24.870.676	25.517.878	23.159.711
Contratados no ano	13.066.673	13.407.083	15.026.591	17.210.688	21.885.590	25.225.775	27.108.357	26.993.187	22.355.203
% Não desligados	0,706	0,711	0,710	0,700	0,667	0,666	0,653	0,657	0,671
% Desligados	0,294	0,289	0,290	0,300	0,333	0,334	0,347	0,343	0,329

Fonte: Elaborada pelo autor usando dados da Rais.
Nota: Anos 2005, 2007, 2009, 2011, 2013 omitidos no interesse do espaço.

Tabela 7
Motivos do desligamento, 2002-15, Rais

	2002	2003	2004	2005	2006	2007	2008	2009	2010	2011	2012	2013	2014	2015
Motivos do desligamento														
com justa causa por firma	0,01	0,01	0,01	0,01	0,01	0,01	0,01	0,01	0,01	0,01	0,02	0,02	0,02	0,02
sem justa causa por firma	0,55	0,56	0,53	0,53	0,53	0,52	0,51	0,53	0,49	0,47	0,47	0,48	0,48	0,51
com justa causa por empregado	0,00	0,00	0,00	0,00	0,00	0,00	0,00	0,00	0,00	0,00	0,00	0,00	0,00	0,00
sem justa causa por empregado	0,16	0,15	0,17	0,18	0,18	0,19	0,21	0,20	0,23	0,25	0,25	0,25	0,24	0,20
fim do contrato	0,20	0,20	0,21	0,20	0,21	0,20	0,19	0,18	0,20	0,19	0,19	0,19	0,18	0,18
transferência/movimentação	0,05	0,06	0,06	0,06	0,06	0,06	0,06	0,06	0,06	0,06	0,06	0,06	0,06	0,07
falecimento	0,00	0,00	0,00	0,00	0,00	0,00	0,00	0,00	0,00	0,00	0,00	0,00	0,00	0,00
aposentadoria	0,01	0,01	0,01	0,01	0,01	0,01	0,01	0,01	0,01	0,01	0,00	0,01	0,01	0,01

Fonte: Elaborada pelo autor usando dados da Rais.

4. Análise econômica do funcionamento do mercado de trabalho

O arcabouço microeconômico utilizado para o entendimento das tomadas de decisão dos agentes encontra aplicação fértil no campo do mercado de trabalho. Em equilíbrio, observamos preços e quantidades que atendem as curvas de oferta e de demanda. No mercado de trabalho, o preço corresponde ao salário e as quantidades, ao emprego. O objetivo desta seção é utilizar a teoria econômica para compreender os fenômenos observados no mercado de trabalho, e como a regulamentação trabalhista interfere e interage na tomada de decisões das firmas e dos trabalhadores. Em particular, vamos focar no caso brasileiro, e nas especificidades da regulação trabalhista no Brasil, em análise comparada com demais países.

4.1 Salário mínimo

As políticas de salário mínimo existem em diversos países no mundo, e foram criadas com o objetivo de melhorar a remuneração dos trabalhadores que se encontram na cauda inferior da distribuição de salários. Visto sob esse prisma, o salário mínimo serve como um mecanismo de redistribuição de renda que atua na redução da desigualdade. Entretanto, o real efeito dessa política depende dos impactos que ela exerce no nível de salários de fato pagos, e como o emprego se ajusta a essa restrição. Dito de outra forma, ainda que o estabelecimento do salário mínimo melhore o bem-estar de alguns trabalhadores, esse benefício pode vir à custa de uma perda de bem-estar de outros trabalhadores, que são negativamente impactados por meio do desemprego. No caso do Brasil, mas também em outros países em desenvolvimento, a existência de um enorme setor informal, no qual o salário mínimo não se impõe, constitui uma importante margem de ajuste.

No Brasil, o salário mínimo foi estabelecido na década de 1940, sendo sucessivamente reajustado ao longo dos anos de acordo com os salários praticados nas diversas regiões do país. A unificação do salário mínimo para todo o país ocorreu em 1984, e foi entendimento consolidado também na Constituição de 1988, que estabeleceu "salário mínimo, fixado em lei, nacionalmente unificado, capaz de atender às suas necessidades básicas e às de sua família". Atualmente, os reajustes ao salário mínimo ocorrem anualmente por decreto presidencial de acordo com regra fixada em lei. A Lei nº 13.152/2015 dispõe sobre a política de valorização do salário mínimo de 2016 a 2019, e estabelece reajustes para a preservação do poder aquisitivo do salário mínimo de acordo com a variação do Índice Nacional de Preços ao Consumidor (INPC), acumulada nos 12 meses anteriores ao mês do reajuste, e ganhos reais correspondentes ao aumento do Produto Interno Bruto (PIB) de dois anos antes.

No Brasil, os ganhos reais do salário mínimo foram bastante expressivos desde a estabilização da inflação com o Plano Real em 1994. E de 2002 a 2016, período relevante para colocar os dados tabulados na seção 3 em perspectiva, o salário mínimo no Brasil teve 77% de valorização real, ou seja, acima da inflação (Dieese, (2017). Dessa forma, como muitos trabalhadores recebem salários menores ou iguais ao salário mínimo no Brasil (18% em 2015, ver tabela 1), as políticas de valorização real do salário mínimo têm implicações importantes para a redução da desigualdade salarial observada nas últimas décadas (Engbom e Moser, 2018). Em comparação ao Brasil, é importante notar que, nos Estados Unidos, apenas 3,3% dos trabalhadores são remunerados a valores menores ou iguais ao mínimo (BLS, 2016). E em demais países da Europa, esse percentual oscila em algo próximo de zero para a Suécia, 8% para Portugal e 11% para a França (Dolado et al., 1996).

Conforme antecipado na introdução, os efeitos teóricos esperados de um aumento do salário mínimo dependem do arcabouço teórico que se tem em mente. Considere primeiramente a demanda por trabalho pelas firmas. Quanto maior o salário, maiores são os custos das firmas e menor a demanda por trabalho. Dessa forma, a demanda por trabalho é uma função decrescente dos salários. Considere agora a oferta de trabalho pelos indivíduos. Em geral, a oferta de trabalho é uma função crescente do salário, indicando que, quanto maior o salário, maior a oferta de trabalho. Em um mercado competitivo, o salário e o nível de emprego de equilíbrio são aqueles que satisfazem simultaneamente as curvas de oferta e demanda. Ou seja, a quantidade ofertada de trabalho é igual à quantidade demandada, e salário de equilíbrio satisfaz à equação de demanda e de oferta.

A introdução de um valor mínimo para o salário que deve ser pago ao trabalhador altera as conclusões obtidas anteriormente. Mas primeiramente é importante notar que o salário mínimo apenas se torna relevante consideração quando seu valor se encontra acima do salário de equilíbrio. Caso contrário, diz-se que restrição imposta pelo salário mínimo não é ativa, uma vez que o salário de equilíbrio já é maior que o mínimo estabelecido. Nesse caso, estipular um salário mínimo abaixo de salário de equilíbrio é uma regulamentação irrelevante em termos práticos.

Mais interessante é o caso em que o salário mínimo é maior que o salário que iguala a oferta e a demanda. Nesse caso, os trabalhadores querem ofertar mais trabalho do que as firmas demandam. Ao valor do salário mínimo, as firmas demandam uma quantidade de trabalho inferior à oferta, gerando uma massa de indivíduos que gostariam de trabalhar, mas não encontram empregos em quantidade suficiente. Dessa forma, o salário mínimo reduz o nível de emprego, e a magnitude do desemprego depende de quão forte a demanda e a oferta por trabalho reagem às variações no salário. Nesse caso, a política do salário mínimo funciona para remunerar os trabalhadores a um salário mais alto ao custo de alguns trabalhadores ficarem desempregados, e o efeito geral em bem-estar é ambíguo.

Desvios em relação ao modelo competitivo, entretanto, preveem que o salário mínimo pode levar a um aumento de emprego na economia. Esse é caso, por exemplo, em um mercado monopsonista, ou seja, aquele em que existe apenas uma firma demandando trabalho (essa é uma imperfeição de mercado oposta ao monopólio, já que aqui apenas uma firma "compra" de diversos fornecedores, enquanto no monopólio existe apenas uma firma vendedora e vários compradores). Nesse caso, a firma pode estipular qualquer nível de salário, e o nível de emprego decorrente deve apenas satisfazer a curva de oferta de trabalho. As condições de otimalidade desse problema revelam que a firma escolhe igualar o produto marginal do trabalho à sua receita marginal, e o salário efetivamente pago aos trabalhadores encontra-se abaixo da produtividade marginal dos mesmos. Nesse caso, a firma explora seu poder de mercado na sua decisão e contrata menos trabalhadores, a um nível menor de salários, em comparação ao caso competitivo. Estipular um salário mínimo acima do que escolhe a firma monopsonista, mas ainda abaixo do equilíbrio competitivo, leva a um aumento no emprego. Mas, obviamente, aumentos do salário mínimo acima do nível competitivo novamente geram desemprego.

Alternativamente, modelos com alguma fricção de mercado, como modelos de *search* e *matching*, também alcançam implicações similares. Nesses modelos, existe uma renda gerada toda vez que um par trabalhador-firma é formado, e esse excedente é compartilhado entre as partes de acordo com algum tipo de barganha. O salário mínimo atua na redistribuição do excedente (das firmas para os trabalhadores), sem impactos no nível de emprego. Mais importante, nesses modelos, variações no salário mínimo causam impactos em toda distribuição de salários, e não apenas na cauda inferior, por meio de um efeito cascata para os demais trabalhadores da economia. O que acontece no mundo real, portanto, depende muito de qual desses modelos teóricos mais se aproxima da realidade.

4.2 Impostos do sistema de seguridade social

Impostos que incidem sobre a folha de pagamento aumentam o custo do trabalhador e criam um distanciamento entre o que a firma paga e o que o trabalhador recebe de forma efetiva. No Brasil, as contribuições feitas ao sistema de seguridade social (INSS), denominadas contribuições previdenciárias, correspondem a 20% do salário mensal do trabalhador. Elas são de recolhimento obrigatório, e feitas sob responsabilidade da firma. Ainda que a incidência legal do imposto seja repartida entre firmas e trabalhadores, já que a firma desconta entre 8 e 11% da folha salarial do trabalhado a título desse encargo, a incidência efetiva continua sendo a de um aumento em 20% no custo do trabalhador.

Essa contribuição pode ser vista como uma forma de imposto proporcional ao salário dos trabalhadores, que assegura contrapartidas aos trabalhadores. A vinculação dos trabalhadores ao sistema de seguridade social lhes traz acesso a uma ampla gama de benefícios em aposentadorias e seguros por afastamento de trabalho, como a licença-maternidade, o auxílio-doença e o seguro-desemprego.

A contribuição previdenciária representa um custo que pode ser repassado indireta e imperfeitamente aos trabalhadores, caso eles valorizem as vantagens oferecidas em contrapartida pela seguridade social. Os trabalhadores internalizam todos esses aspectos no seu pacote de benefícios, e o efeito líquido sobre emprego e salários depende tanto do aumento do custo por trabalhador quanto também de como os trabalhadores valorizam os benefícios assegurados pelo INSS. Dito de outra forma, o benefício que é oferecido por meio de um imposto desloca a curva de oferta de trabalho, além de deslocar a demanda das firmas. E ainda que o efeito em salário seja claramente negativo, o emprego pode aumentar em casos em que o benefício oferecido ao trabalhador é valorizado em magnitude maior que seu custo.

É importante enfatizar, entretanto, que os benefícios da seguridade social têm recebimento difuso no tempo, e que esses direitos nem sempre serão exercidos pelos trabalhadores. Por exemplo, a licença-maternidade é um direito que se aplica exclusivamente às mulheres que têm filhos. E o seguro-desemprego se aplica em maior ou menor frequência de acordo com as diferentes taxas de rotatividade dos trabalhadores. Já o benefício da aposentadoria requer tempo de contribuição ou idade mínima. A valorização dos benefícios oferecidos pelo INSS depende, portanto, da probabilidade que os trabalhadores atribuem ao recebimento do mesmo. A capacidade imperfeita do exercício dos direitos da seguridade social mitiga o potencial que a própria contribuição previdenciária tem para reverter os efeitos negativos que causa no mercado de trabalho.

A vigência de um salário mínimo adiciona ainda mais complexidade a esse cenário. Conforme visto na seção anterior, se a restrição do salário mínimo for ativa (ou seja, se o salário mínimo estiver acima do novo salário de equilíbrio), o ajuste negativo em salários fica impedido de acontecer, tornando inevitável o ajuste via mais desemprego. Em particular, no Brasil, limitações de ajuste via salário são severamente limitadas, já que uma parte substancial dos trabalhadores é remunerada pelo salário mínimo. Uma outra margem de ajuste se dá por meio do setor informal. Dessa forma, parte dos trabalhadores alocados ao setor informal ficam sem acesso imediato aos benefícios da seguridade social.

A contribuição previdenciária ao INSS é um exemplo de uma política mandatória de benefícios com recebimento difuso e intermediada pelo governo. Existem, entretanto, outras políticas mandatórias semelhantes em que o pagamento do benefício é feito de forma mais imediata e diretamente pela firma. Entre elas está o pagamento obrigatório do 13º salário e das férias remuneradas. Pode-se perceber que nesses casos o salário adicional corresponde a um componente de custo para as firmas, mas é razoável supor que esse benefício é completamente internalizado pelos trabalhadores, sendo valorizado na mesma magnitude do custo que impõe. Assim, todo ajuste se dá via salário, sem impactos no emprego. Aqui novamente é importante considerar distorções geradas por um salário mínimo que impede ajustes de salários, assim como também os ajustes via o setor informal da economia.

Em um estudo para o Brasil, Almeida e Carneiro (2012) mostram que apesar de a regulação trabalhista aumentar o custo do trabalho, os benefícios recebidos pelos trabalhadores formais são valorizados por eles. Explorando variação geográfica na intensidade de inspeções das subdelegacias regionais do trabalho, os autores mostram que em regiões em que as inspeções ocorrem de forma mais frequente, os salários no setor formal são menores.

4.3 Proteção ao emprego

Os dispositivos legais de proteção ao emprego afetam a capacidade de ajustamento das firmas via contratações e demissões. No Brasil, a proteção ao emprego é garantida de diversas formas, seja por meio do aviso prévio, da multa por demissão sem justa causa, ou a de impedimentos legais de demissão em certos contextos, como o período de proteção ao emprego que é garantido após a licença-maternidade. Além disso, a legislação também estabelece cotas de contratação para determinados segmentos demográficos, como deficientes e jovens aprendizes.

Todas as rescisões contratuais, seja por iniciativa da firma ou do trabalhador, estão sujeitas ao aviso prévio. Quando o trabalhador é demitido, ele possui um período de tempo para buscar um novo emprego e realocar-se no mercado de trabalho. De forma semelhante, o empregador, ao receber um pedido de demissão, também terá um período de tempo até encontrar um substituto para o antigo trabalhador. Com a publicação da Lei nº 12.506/2011, a partir de 13 de outubro de 2011, ficou previsto um período mínimo de 30 dias de aviso prévio para todo e qualquer trabalhador, acrescido de três dias por ano trabalhado na empresa, limitado a um máximo de 90 dias.

Além do aviso prévio, firmas que demitem sem justa causa estão sujeitas a uma multa de 40% sobre o saldo do FGTS do trabalhador. E o trabalhador demitido nesse caso tem acesso ao saldo do FGTS, além de receber a multa paga pelo empregador. O FGTS foi estabelecido em 1966 pelo regime militar e corresponde a uma poupança feita em conta individual do trabalhador e paga pelo empregador. Todo mês, o empregador deposita 8% do salário na conta do trabalhador na conta do FGTS do trabalhador, de forma que o total acumulado nessa conta é proporcional ao tempo de serviço do trabalhador na firma. O FGTS corresponde a uma poupança mandatória, internalizada pelos empregadores no custo de cada trabalhador, mas que só pode ser resgatada pelos trabalhadores em casos específicos. Esse fundo serve principalmente para garantir renda ao trabalhador após a demissão sem justa causa, mas também pode ser resgatado em alguns outros casos excepcionais. Entre eles estão o término de contratos por prazo determinado, a aposentadoria, o falecimento do trabalhador, e em razão de aquisição de moradia própria, em limite de valor estipulado pelo Conselho Monetário Nacional. Em caso de demissão sem justa causa, uma multa de 40% sobre o saldo da conta deve ser paga pelo empregador ao trabalhador demitido. Recentemente, a Lei nº 13.467/2017 permitiu que em extinções de contrato de trabalho por comum acordo a multa seja reduzida de 40% para 20%. Gonzaga (2003) mostra que o aumento no valor da multa por demissão que ocorreu em 2011 (e que durou até 2015, quando retornou ao valor inicial) diminuiu a rotatividade e aumentou a duração do tempo de emprego.

A estabilidade ao emprego também é garantida às mulheres que retornam ao trabalho após o nascimento de filhos, sendo a elas garantido o direito de recolocação em posição igual ou semelhante à executada antes da licença-maternidade, sem prejuízo de salário e promoções, com estabilidade no emprego até cinco meses após o nascimento do filho. É importante notar que o período de estabilidade é não coincidente com o período da licença-maternidade obrigatória de 120 dias, que pode inclusive se iniciar antes do próprio nascimento do filho. Dessa forma, demissões sem justa causa após o fim da licença-maternidade e o período de estabilidade ao emprego devem ser apropriadamente indenizadas.

Com relação às regras de contração, algumas cotas se aplicam no Brasil. Um percentual mínimo de 2% a 5% das vagas do quadro de funcionários deve ser preenchido com beneficiários reabilitados ou pessoas portadoras de deficiência, de acordo com a Lei nº 8.213, de julho de 1991. Já a Lei nº 10.097, de 19 de dezembro de 2000, denominada Lei do Aprendiz, alterou dispositivos na CLT, para comtemplar a capacitação profissional e obtenção de uma primeira experiência de trabalho dos jovens. Dessa forma, todas as empresas que tenham pelo menos sete empregados contratados nas funções que demandam formação profissional são obrigadas a manter em seus quadros de funcionários de 5% a 15% de Jovens Aprendizes com idade entre 14 e 24 anos que estejam matriculados em uma instituição de ensino técnico profissionalizante. Estão dispensadas do cumprimento da cota apenas as microempresas, EPP, empresas optantes do Simples Nacional, MEI e Entidades sem Fins Lucrativos que atuem com educação profissional.

Em ambientes econômicos sem fricções de mercado, as cláusulas de proteção ao emprego que estipulam o pagamento fixo de uma multa ao término do contrato podem ser instantaneamente compensadas por meio de um ajuste correspondente em salários, sem nenhum impacto em contratações e demissões (Lazear, 1990). No mundo real, entretanto, muitas são as fricções presentes no mercado de trabalho, como rigidez nominal no reajuste de salários, e até mesmo mercados de crédito imperfeitos que limitam a capacidade de transferência intertemporal de recursos.

Além disso, conforme visto, as cláusulas de proteção ao emprego tomam formas mais complexas do que o pagamento de uma simples multa no momento da rescisão do contrato. Mesmo no caso da multa sobre o saldo do FGTS, o montante devido é proporcional ao valor depositado na conta durante a vigência do contrato de trabalho, e será tanto maior quanto maior o tempo de trabalho do empregado na firma. Dessa forma, qualquer ajuste necessário na força de trabalho por parte das firmas gera incentivos diferenciados para a demissão de trabalhadores de acordo com a experiência que eles têm na firma. E, como a demissão sem justa causa é um dos motivos para o saque do FGTS, esse mecanismo também gera incentivos perversos no comportamento dos trabalhadores (por exemplo, reduzindo esforço), para causar uma demissão.

As cláusulas de proteção ao emprego, vistas dessa forma mais ampla, constituem impedimentos ao ajustamento da força de trabalho das firmas, limitando a capacidade das mesmas de reagir face a choques econômicos não antecipados. Além de efeitos decorrentes no nível de emprego, modelos dinâmicos preveem efeitos também nas contratações e demissões, na criação e falência de firmas, e no tamanho e crescimento das mesmas. Custos de demissão podem diminuir a rotatividade dos trabalhadores, reduzindo a volatilidade do emprego no ciclo econômico, mas atuam também para inibir a entrada de novas firmas no mercado e a criação de novos postos de emprego na economia como um todo (Bentolila e Bertola, 1990; Hopenhayn e Rogerson, 1993).

Por fim, é importante considerar que algumas cláusulas de proteção ao emprego não são uniformemente impostas às firmas. Dois exemplos são as cotas estabelecidas para deficientes e para os jovens aprendizes, que se aplicam a firmas com 100 ou mais funcionários e sete ou mais funcionários, respectivamente. Ainda que estabelecidas com o propósito de manter certa representatividade demográfica na firma, essas restrições encontram potencial para distorcer as escolhas da firma em outras dimensões, incluído o número de trabalhadores que ela emprega. Outro exemplo relevante é a própria multa por demissão proporcional ao saldo do FGTS, que penaliza trabalhadores com menos experiência (como jovens e mulheres), uma vez que o custo de demissão é menor para esse grupo. Efeitos indiretos das cláusulas de proteção ao emprego englobam distorções na composição do emprego e restrições ao crescimento das firmas.

Um contraponto interessante é notar que a licença-maternidade e a política de proteção ao emprego no Brasil se aplicam uniformemente a todas as firmas, independentemente de seu tamanho. Nos Estados Unidos, por exemplo, o Family Leave and Medical Act, que estabelece o direito a licença não remunerada, somente se aplica às firmas com 50 ou mais trabalhadores, sob a justificativa de que firmas maiores são capazes de realocar trabalhadores para cobrir temporariamente a trabalhadora afastada, minimizando a necessidade de contratação temporária. O exemplo americano deve facilitar a reinserção das trabalhadoras aos seus antigos postos de trabalho em análise comparada ao Brasil, uma vez que no Brasil o afastamento por motivo de licença-maternidade está comumente associado à contratação de um novo trabalhador, ainda que temporariamente, em firma de pequeno porte.

Empiricamente existe uma ampla gama de evidências que apontam para efeitos negativos das cláusulas de proteção ao emprego em diversos resultados, como o baixo poder de resposta das firmas aos choques e ciclos econômicos, baixa produtividade, mudanças subótimas na composição dos trabalhadores da firma e ajustes via o setor informal. Uma alternativa às políticas de proteção ao emprego são as políticas de treinamento e qualificação da mão de obra, que preparam e auxiliam os trabalhadores na recolocação profissional. O seguro-desemprego também cumpre objetivo semelhante de proteção ao trabalhador demitido, conforme será visto a seguir.

4.4 Seguro-desemprego

O seguro-desemprego é um benefício integrante da seguridade social, que tem por finalidade prover assistência financeira temporária ao trabalhador dispensado involuntariamente. No Brasil, foi introduzido no ano de 1986, incorporado à Constituição federal de 1988, e sucessivamente regulamentado por meio das seguintes leis: Lei nº 7.998, de 11 de janeiro de 1990, que institui o Fundo de Amparo ao Trabalhador (FAT); Lei nº 8.900, de 30 de junho de 1994, que estabeleceu critérios para o recebimento dos benefícios; e Medida Provisória nº 665, de 30 de dezembro de 2014, posteriormente convertida na Lei nº 13.134, de 16 de junho de 2015, que alterou critérios de elegibilidade para o seguro-desemprego. O financiamento do seguro-desemprego se dá por meio do FAT, que tem como fonte principal os recursos das contribuições do PIS e Pasep, recolhidas pelos empregadores à alíquota de 0,65% sobre o faturamento bruto das empresas.

Para ter direito ao seguro-desemprego, o trabalhador precisa ter no mínimo 12 meses trabalhados nos últimos 18 meses em caso de primeira solicitação, nove meses trabalhados nos últimos 12 meses para a segunda solicitação, e cada um dos últimos seis meses na terceira solicitação. Em relação ao número de parcelas, na primeira solicitação, para receber quatro parcelas, o trabalhador deverá comprovar no mínimo 12 meses trabalhados, e para o recebimento de cinco parcelas, 24 meses trabalhados. Na segunda solicitação as exigências diminuem, e, havendo ao menos nove meses de vínculo empregatício, serão recebidas três parcelas; havendo pelo menos 12 meses de vínculo empregatício, serão recebidas quatro parcelas; e para receber cinco parcelas serão necessários ao menos 24 meses de vínculo. De forma semelhante, na terceira solicitação em diante, os requisitos são de ao menos seis meses para três parcelas, 12 meses para quatro parcelas, 24 meses para cinco parcelas.

Um argumento favorável ao seguro-desemprego é que ele aumenta o bem-estar social, ao prover um seguro que suaviza o consumo face a choques não antecipados. Apesar de prover seguro contra o desemprego, esta política também gera incentivos perversos para recolocação do desempregado no mercado de trabalho, uma vez que o pagamento das parcelas é interrompido no momento em que o trabalhador encontra um novo emprego. É esperado, portanto, que os beneficiários do seguro-desemprego atuem de forma estratégica para maximizar o tempo de recebimento do mesmo, modificando seu comportamento de procura por trabalho em comparação com uma situação em que não recebem o seguro, fenômeno este denominado em economia como risco moral. Dessa forma, o desenho do seguro-desemprego deve balancear os benefícios do seguro com os desincentivos que gera na busca por um novo emprego.

Diversos países implementam políticas de seguro-desemprego que variam em generosidade do benefício e tempo de recebimento. E, para mitigar o desincentivo à busca por emprego, em alguns países é exigida a comprovação de busca ativa por parte do beneficiário do seguro. Em geral, a literatura econômica encontra efeitos de fato negativos do seguro-desemprego na oferta de trabalho (Schmieder e Wachter, 2016). Entretanto, os efeitos são também bastante heterogêneos e dependem de alguns parâmetros específicos (como a elasticidade da oferta de trabalho), assim como também da conjuntura econômica (períodos de crescimento *versus* recessões). Em particular, uma literatura bastante incipiente tem considerado a eficácia das políticas de seguro-desemprego em um contexto de alta informalidade, como no Brasil.

Em um contexto de alta informalidade, programas sociais (como o seguro-desemprego, mas também programas de transferência de renda) podem ter custos em termos de eficiência, principalmente quando condicionam o benefício recebido ao não trabalho. Isso pode ocorrer, por exemplo, quando trabalhadores adiam sua recolocação no setor formal ao ocupar postos de trabalho informal enquanto recebem o seguro-desemprego. A existência de um setor informal exacerba, dessa forma, o desincentivo ao emprego formal, aumentando o custo do programa ao distorcer os incentivos dos trabalhadores na busca por empregos.

Um estudo recente para o Brasil, entretanto, encontrou poucos efeitos comportamentais distorcivos dos trabalhadores, em resposta aos incentivos dados pelo seguro-desemprego. Gerard e Gonzaga (2018) mostram que, de fato, o seguro-desemprego gera incentivos à informalidade, mas que, como a recolocação dos trabalhadores de volta ao setor formal é bastante baixa, os custos em termos de eficiência do programa são pequenos. Isso ocorre pois muitos trabalhadores não conseguem retornar ao mercado formal após a demissão, e retornam ao mercado de trabalho via setor informal.

Os autores também documentam uma série de fatos estilizados que são consistentes com essa interpretação. No Brasil, 83% dos beneficiários recebem todas as parcelas devidas do seguro-desemprego, em uma duração média de 4,63 meses de recebimento. Como a fração dos beneficiários que retornam ao emprego aumenta expressivamente exatamente antes da última parcela do seguro-desemprego, essa evidência é consistente com uma mudança no comportamento de busca por emprego ao longo do período do benefício. Entretanto, as taxas de reemprego no setor formal são baixas mesmo após o fim do período coberto pelo seguro, indicando que os custos de eficiência do programa não são altos.

Outro estudo, também para o Brasil, explora efeitos do aumento da carência em tempo de emprego para a elegibilidade ao seguro trazido pela Medida Provisória nº 665, de 30 de dezembro de 2014. Van Doornik e colaboradores (2018) documentam comportamento estratégico, tanto de firmas quanto de trabalhadores, em relação às demissões, mostrando que a probabilidade de demissões sem justa causa aumenta justamente para trabalhadores que estão no limiar de perder o direito ao benefício caso a demissão ocorra em período posterior, uma vez que os requisitos mínimos de tempo de trabalho aumentam com a reforma. Além disso, os trabalhadores demitidos são posteriormente contratados pelas mesmas firmas após o fim do recebimento do seguro-desemprego, indicando comportamento de colusão entre firmas e trabalhadores.

A evidência indica que os trabalhadores permanecem trabalhando nas firmas via contratos informais, e que os benefícios do seguro são repartidos entre firmas e trabalhadores via redução de salários e encargos trabalhistas no período de informalidade. Dessa forma, a informalidade atua para facilitar o comportamento estratégico de colusão, servindo mais ao propósito de distribuir renda entre firmas e trabalhadores que entendem as regras do jogo, e menos ao propósito de servir como um seguro ao desemprego inesperado, sugerindo que algumas modificações no desenho da política seriam desejáveis.

5. Discussão

O Brasil é caracterizado por um expressivo setor informal, para o qual boa parte dos direitos trabalhistas estabelecidos não se aplica. Nesse contexto, a imposição de regras muitos rígidas no mercado de trabalho, ainda que garantidora de direitos para trabalhadores no setor formal, vem à custa de relegar ao setor informal trabalhadores que estariam no setor formal em sua ausência. A informalidade cumpre o papel de ajuste, flexibilizando *de facto* a regulação estabelecida *de jure*.

Entretanto, a informalidade pode trazer também implicações econômicas bastante perversas. Primeiramente, a evasão de taxas e tributos no setor informal prejudica a arrecadação do governo e a provisão de bens públicos. Também importante é o fato de que a informalidade distorce as decisões ótimas das firmas em relação à sua força de trabalho, com implicações para o crescimento das mesmas. Além disso, permite que firmas pouco produtivas no setor informal possam competir com firmas mais produtivas no setor formal, gerando má alocação de recursos na economia.

Um arcabouço econômico integrado, que leve em consideração as diversas forças que atuam numa regulação e como ela repercute em uma economia com uma alta taxa de informalidade, é necessário para compreender de forma mais abrangente o contexto do mercado de trabalho no Brasil. A abundante evidência internacional e discussão teórica sobre os efeitos da regulação ganha contornos bastante distintos na presença de informalidade. Dessa forma, muitos estudos que foram discutidos neste capítulo têm levado em conta de forma mais explícita as considerações sobre informalidade nas suas análises, conforme visto nos modelos sobre os efeitos do salário mínimo, contribuição à seguridade social, proteção ao emprego e seguro-desemprego.

Ulyssea (2018) ressalta ainda que os efeitos podem se tornar ainda mais complexos quando se considera uma dupla margem para a informalidade: a margem extensiva, representada pela decisão de formalização de firmas, e a margem intensiva, associada à formalização dos trabalhadores. Nesse contexto, firmas informais podem ser vistas de três maneiras distintas: como firmas produtivas mantidas na informalidade pelos altos custos regulatórios; firmas parasitas que simplesmente escolhem a informalidade para evasão de taxas; e firmas informais pouco produtivas que não sobreviveriam no setor formal.

Usando dados para o Brasil, o estudo estima que grande parte das firmas informais são parasitas, e que a eliminação delas produz efeitos positivos para a economia. Intervenções que mudam parâmetros da regulação trabalhista de forma distinta (como redução dos custos de formalização das firmas, diminuição de impostos sobre a folha de pagamento, fiscalização e monitoramento das firmas informais) podem ter efeitos positivos ou negativos na economia, a depender de como a política afeta as firmas informais. Dessa forma, a redução da informalidade pode estar, mas não necessariamente sempre estará, associada a ganhos de bem-estar social.

Referências

ALMEIDA, R.; CARNEIRO, P. Enforcement of labor regulation and informality. *American Economic Journal: Applied Economics*, v. 4, n. 3, p. 64-89, 2012.

ASSUNÇÃO, J.; MONTEIRO, J. Coming out of the shadows? Estimating the impact of bureaucracy simplification and tax cut on formality in Brazilian microenterprises. *Journal of Development Economics*, v. 99, n. 1, p. 105-115, 2012.

BARROS, R.; CORSEUIL, C.; GONZAGA, G. *Labor market regulations and the demand for labor in Brazil*. Discussion Paper 84, Ipea, 1999.

BENTOLILA, S.; BERTOLA, G. Firing costs and labour demand: how bad is eurosclerosis? *The Review of Economic Studies*, v. 57, n. 3, p. 381-402, 1990.

BLS. Bureau of Labor Statistics. *BLS Report 1061*, abr. 2016.

BOERI, T.; HELPPIE, B.; MACIS, M. *Labor regulations in developing countries*: a review of the evidence and directions for future research. SP Discussion Paper 0833, The World Bank, 2008.

CAHUC, P.; ZYLBERBERG, A. *Labor economics*. Cambridge: MIT Press, 2004.

CAMPOS, A. et al. Instituições trabalhistas e produtividade do trabalho: uma análise do caso brasileiro. In: DE NEGRI, J. A.; ARAÚJO, B. C.; BACELETTE, R. (Org.). *Desafios da nação*: artigos de apoio. Ipea, 2018. v. 2, cap. 16, p. 13-44.

DIEESE. Departamento Intersindical de Estatísticas e Estudos Socioeconômicos. *Nota Técnica*, n. 166, jan. 2017.

DIX-CARNEIRO, R. Trade liberalization and labor market dynamics. *Econometrica*, v. 82, n. 3, p. 825-885, 2014.

DOLADO, J. et al. The Economic impact of minimum wages in Europe. *Economic Policy*, v. 11, n. 23, p. 319-72, 1996.

ENGBOM, N.; MOSER, C. *Earnings inequality and the minimum wage*: evidence from Brazil. Working Paper, 2018.

GERARD, F.; GONZAGA, G. *Informal labor and the efficiency cost of social programs*: evidence from the Brazilian unemployment insurance program. Working Paper, 2018.

GONZAGA, G. Labor turnover and labor legislation in Brazil. *Economía*: Journal of the Latin American and Caribbean Economic Association, v. 4, n. 1, p. 165-222, 2003.

HOPENHAYN, H.; ROGERSON, R. Job turnover and policy evaluation: a general equilibrium analysis. *Journal of Political Economy*, v. 101, n. 5, p. 915-938, 1993.

LAZEAR, E. Job security provisions and employment. *The Quarterly Journal of Economics*, v. 105, n. 3, p. 699-726, 1990.

MEGHIR, C.; NARITA, R.; ROBIN, J. Wages and informality in developing countries. *American Economic Review*, v. 105, n. 4, p. 1509-1546, 2015.

ROCHA, R.; ULYSSEA, G.; RACHTER, L. Do lower taxes reduce informality? Evidence from Brazil. *Journal of Development Economics*, v. 134, p. 28-49, 2018.

SCHMIEDER, J.; WACHTER, T. von. The effects of unemployment insurance benefits: new evidence and interpretation. *Annual Review of Economics*, v. 8, p. 547-581, 2016.

ULYSSEA, G. Firms, informality, and development: theory and evidence from Brazil. *American Economic Review*, v. 108, n. 8, p. 2015-2047, 2018.

VAN DOORNIK, B.; SCHOENHERR, D.; SKRASTINS, J. *Unemployment insurance, strategic unemployment, and firm collusion*. Working Paper, 2018.

CAPÍTULO 14

Economia do direito societário e do mercado de capitais

Luciana Dias

1. Introdução

O mercado de capitais, segmento integrante do mercado financeiro, tem por função econômica essencial possibilitar a transferência de recursos de sujeitos superavitários para sujeitos deficitários. Esse mercado se instrumentaliza por uma série de mecanismos jurídicos, bastante distintos entre si, cuja principal característica é o fato de que os agentes superavitários que transferem seus recursos para os agentes deficitários o fazem de forma direta, sem a interposição de uma instituição bancária.

As instituições financeiras atuam nesse mercado, principalmente, como intermediárias, distribuindo esses instrumentos e intermediando suas transferências, mas elas não são, em geral, o polo passivo ou ativo dessas relações financeiras. Por conta dessas características, os investidores desse mercado correm maior risco em busca de maior retorno.

As peculiaridades do mercado de capitais também fazem desse segmento do sistema financeiro o mecanismo — ao menos em tese — mais adequado para o financiamento de longo prazo de grandes empreendimentos, porque o polo ativo da relação é, em geral, pulverizado em diversos investidores que vislumbraram abandonar suas posições vendendo seus títulos no mercado ou sabidamente compreendem que o investimento que fazem é de longo prazo.

O quadro seguinte demonstra o volume de emissões e diversificação dos instrumentos no mercado de capitais brasileiro nos últimos seis anos.

Quadro 1
Emissões domésticas — renda fixa, renda variável e híbridos — volume (R$ milhões)

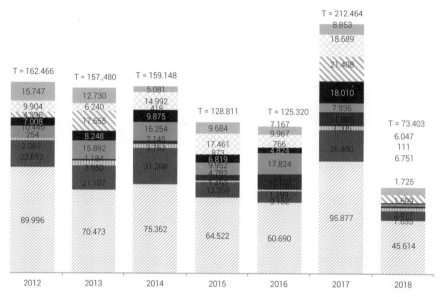

Fonte: Boletim do Mercado de Capitais, jun. 2018 (Anbima). Os dados de 2018 referem-se até o mês de maio daquele ano.

Debêntures ■ Notas promissórias ‖ Letras Financeiras ■ CRA ■ CRI ■ FIDC ⋰ Ações IPOs ⋰ Ações *follow-ons* ■ FII

Cada um dos valores mobiliários que instrumentalizam o mercado de capitais, além de possuir regulação e lógica econômica específicas, serve a propósitos distintos, tanto por parte do agente que necessita de recursos quanto por parte daquele que os têm em excesso. A compreensão dessas distinções é essencial para a correta resolução de conflitos que possam eventualmente se instaurar no âmbito do mercado de valores mobiliários.

Este artigo tem por principal objetivo apresentar as características dos mais importantes tipos de valores mobiliários negociados no mercado de capitais brasileiro.

Para tanto, este artigo está dividido em quatro seções, além desta introdução. A seção 2 trata dos valores mobiliários em espécie. Na seção 3, por sua vez, são tecidos breves comentários sobre as ofertas públicas. Já a seção 4 é dedicada ao estudo dos ilícitos no mercado de valores mobiliários. E, por fim, a seção 5 resume as conclusões do presente artigo.

2. Valores mobiliários em espécie

2.1 Sociedades anônimas

No âmbito do mercado de capitais, a sociedade anônima (ou companhia) tem sido, historicamente, a principal instituição jurídica utilizada para a obtenção de recursos junto à poupança popular.

Muito embora, mais recentemente, outros veículos coletivos de captação de recursos (em especial, os fundos de investimento) venham ganhando cada vez mais relevância nesse propósito, e superando, em muito, o valor das captações feitas pelas companhias, não teria sido possível, sem a figura da sociedade anônima, a mobilização de capital necessária para se chegar ao atual nível de desenvolvimento de diversas atividades econômicas (Lamy Filho e Bulhões Pedreira, 2009:2).

Por esse motivo, no estudo da economia do direito societário e do mercado de capitais é de grande relevância conhecer as características dos principais valores mobiliários que podem ser emitidos pelas companhias para financiar suas atividades.

a) Ação

Conceito. A *ação* é um título de participação que representa a menor parcela do capital social de uma sociedade anônima. Esse valor mobiliário confere ao seu detentor a qualidade de sócio da companhia emissora, o que significa dizer que ele — o acionista — se torna titular de um conjunto de direitos e deveres perante aquela sociedade.

A divisão de seu capital social em ações e a limitação da responsabilidade de seus sócios ao preço de emissão das ações subscritas ou adquiridas são as duas características fundamentais das sociedades anônimas. Não por outro motivo, essas duas características, que diferenciam as companhias de outros tipos empresariais, são mencionadas logo no art. 1º da Lei nº 6.404, de 1976, a lei societária brasileira.

A ação como meio de financiamento. Ao emitir ações no mercado de capitais, seja em sua primeira oferta de ações (conhecidas pela denominação em inglês *initial public offering* ou IPO), seja em ofertas subsequentes (também chamadas de *follow-on*), a companhia busca reforçar seu capital para aplicar recursos nos seus projetos e atividades.

Como não é um credor da companhia, mas sim seu sócio, o acionista, enquanto a companhia estiver em funcionamento, não tem o direito de dela exigir, como se possuísse um título de dívida, o pagamento de juros ou mesmo o retorno do principal do capital por ele aportado na companhia. Assim, a companhia pode contar com esses recursos advindos dos acionistas sem lhes garantir nenhum retorno em prazos ou montantes fixos predefinidos, ao contrário do que ocorre com os títulos de dívida em geral.[1]

Por outro lado, os acionistas possuem direitos perante a companhia, tanto políticos, quanto patrimoniais — como o direito de recebimento dos dividendos mínimos estabelecidos na lei societária, desde que essa tenha tido lucro.

A ação como meio de investimento. Simplificadamente, por meio da aplicação de recursos em ações, o investidor espera obter incremento patrimonial de duas formas. A primeira delas é pela *valorização da cotação das ações* no mercado secundário: o investidor espera conseguir alienar as ações que adquiriu a um preço superior ao valor que elas custavam no momento de sua aquisição. Já a segunda forma é pelo *recebimento de proventos* (em especial, na forma de dividendos[2] e juros sobre capital próprio)[3] a serem distribuídos pela companhia emissora em função da realização de lucro decorrente de suas atividades empresariais no respectivo exercício social.

Ambas as hipóteses estão sujeitas a riscos, decorrentes seja da própria atividade empresarial da companhia — que, por diversos fatores, pode performar mal, ter suas ações desvalorizadas no mercado e gerar prejuízo, situação em que não haverá distribuição de proventos —, seja de questões macroeconômicas e estruturais, como mudanças nas taxas de juros, crises políticas e fiscais. Por isso, o investimento em ações é classificado como de *renda variável*, ou seja, inexiste qualquer garantia de retorno.

---

[1] É um passivo não exigível, como se classifica na contabilidade.
[2] Dividendos são parcelas do lucro líquido do exercício que a companhia distribui a seus acionistas. A apuração do lucro líquido ocorre em conformidade com o disposto no art. 191 da LSA.
[3] A distribuição de juros sobre capital próprio é uma das formas de remuneração dos acionistas. Prevista no art. 9º da Lei nº 9.249, de 1995, essa forma de distribuição de proventos se diferencia do pagamento de dividendos por ser contabilmente tratada como uma despesa da companhia, sendo dedutível para efeitos da apuração do lucro real. Por outro lado, diferentemente dos dividendos, os juros sobre capital próprio estão sujeitos à incidência do imposto de renda retido na fonte, à alíquota de 15%, na data do pagamento ou crédito ao beneficiário.

Espécies. Tendo em vista a natureza dos direitos e vantagens que conferir ao seu titular, as ações podem ser classificadas em três espécies: ordinárias, preferenciais e de fruição (art. 15 da LSA).

O detentor de uma *ação ordinária* — conhecida pela sigla "ON" — possui os direitos de participação e patrimoniais comumente atribuídos aos de sócios de uma sociedade anônima.[4] Embora o acionista ordinarista não possua privilégios com relação aos demais acionistas, ele, por outro lado, também não pode sofrer nenhuma limitação ao plexo de direitos que, em regra, são conferidos aos sócios das companhias.

A segunda espécie de ação é denominada de *ação preferencial* — conhecida pela sigla "PN". A ação preferencial pode conferir ao seu titular vantagens patrimoniais comparativamente aos demais acionistas, mas, em contrapartida, a lei societária permite que alguns direitos políticos desses acionistas sejam suprimidos ou restringidos (art. 111 da LSA).

Em geral, tornou-se comum, na realidade brasileira, a exclusão do direito de voto dos acionistas patrimonialistas a fim de compensar o benefício patrimonial oferecido aos detentores dessa espécie de ação. Entretanto, no silêncio do estatuto social, as ações preferenciais mantêm intacto seu direito a voto. Aliás, mesmo que esse direito seja excluído pelo estatuto, ele pode ser recuperado nas hipóteses previstas em lei (art. 111, §§1º e 2º, da LSA).

As vantagens ou preferências atribuídas aos acionistas preferencialistas, que devem ser reguladas com precisão e minúcia no estatuto social da companhia, em conjunto com as restrições a que estão sujeitos, podem consistir: (i) em prioridade na distribuição de dividendo, fixo ou mínimo; (ii) em prioridade no reembolso do capital, com prêmio ou sem ele; ou (iii) na acumulação dos dois itens anteriores (art. 17 da LSA).

Ademais, para que as ações preferenciais sem direito de voto ou com restrição desse direito sejam admitidas à negociação, exige-se, ainda, que lhes seja concedida pelo menos uma das seguintes preferências ou vantagens: (i) direito de participar do dividendo a ser distribuído, correspondente a, pelo menos, 25% do lucro líquido do exercício; (ii) direito ao recebimento de dividendo, por ação preferencial, pelo menos 10% maior do que o atribuído a cada ação ordinária; ou (iii) direito de serem incluídas na oferta pública de

---

[4] Nos termos do art. 110 da LSA, a cada ação ordinária corresponde um voto. No obstante, o estatuto social pode estabelecer limitação ao número de votos de cada acionista (art. 110, §1º, da LSA).

alienação de controle, nas condições previstas no art. 254-A, assegurado o dividendo pelo menos igual ao das ações ordinárias.[5]

> Há uma tendência internacional de se considerar que as ações sem direito a voto ou com voto restrito têm o potencial de desalinhar os interesses e incentivos econômicos entre os acionistas da companhia, em especial controladores e minoritários. Esse potencial desalinhamento decorre do fato de que tais ações permitem que determinados acionistas possuam um poder político que não corresponda exatamente à sua exposição econômica na companhia. Em outras palavras, os acionistas não sofrem proporcionalmente os riscos econômicos de suas decisões.
>
> Por esse motivo, um dos princípios das chamadas melhores práticas de governança corporativa é o do *"one share, one vote"*, segundo o qual a cada ação deve necessariamente corresponder um voto.
>
> No Brasil, essa tendência se refletiu diretamente em dois movimentos. De um lado, em 2000, ao lançar o Novo Mercado, segmento de negociação que exige das companhias ali listadas práticas diferenciadas de governança corporativa, a então Bolsa de Valores do Estado de São Paulo (Bovespa) (atualmente B3 — Brasil, Bolsa, Balcão) somente permitiu a listagem de companhias com ações ordinárias. De outro, em 2001, quando da reforma da lei societária, estabeleceu-se que a proporção de ações sem direito a voto ou sujeitas a restrição desse direito não pode ultrapassar 50% do total das ações emitidas; antes, esse limite era de até 2/3 das ações.
>
> Entretanto, casos recentes de sucesso de empresas com ações de direitos distintos (*dual-class shares*), em especial gigantes de tecnologia, têm levado a uma rediscussão sobre esse princípio de governança corporativa. A título de exemplo, podem ser citadas a americana Google e, mais recentemente, a chinesa Alibaba, cujo Initial Public Offering (IPO), realizado em 2014, foi o maior da história.

---

[5] A razão para a inclusão dessa exigência adicional para a negociação das ações preferenciais pela Lei nº 13.303, de 2001, decorreu da percepção de que, em geral, costumava-se atribuir como vantagem a essas ações, em contrapartida à exclusão de seu direito de voto, a preferência no reembolso do capital. Ocorre que, em certa medida, essa é uma vantagem virtual, pois somente se concretiza no momento da liquidação da sociedade. Aliás, diante da ordem de classificação de pagamentos dos créditos falimentares, os acionistas, muitas vezes, acabam por não reaver nenhuma parte de seu investimento. Na prática, aos acionistas preferencialistas não se atribuía nenhuma vantagem concreta, a despeito da efetiva exclusão ou restrição de seu direito de voto. Foi para tentar corrigir essa distorção que a lei passou a ter exigências adicionais para a negociação das ações preferenciais.

Por fim, a última das espécies de ações é a *ação de fruição*. Previstas no art. 44, §5º, da LSA, e praticamente inexistentes na prática brasileira, as ações de fruição são aquelas que podem substituir as ações amortizadas, observadas as restrições fixadas no estatuto ou na assembleia geral que deliberou pela amortização.

Classes. As ações ordinárias das companhias fechadas, e as ações preferenciais de companhias abertas e fechadas, podem ser divididas em diferentes classes (art. 15, §1º, da LSA).

Desse modo, uma mesma companhia aberta pode emitir duas ou mais classes de ações preferenciais. Nesse caso, elas são designadas como ações preferenciais classe "A" — ou "PNA" —, ações preferenciais classe "B" — ou "PNB" —, e assim sucessivamente. Cada uma dessas classes terá vantagens econômicas diferentes. As diferentes classes de ações preferenciais de emissão de uma mesma companhia aberta podem ser admitidas à negociação no mercado secundário de forma concomitante.

Para as ações preferenciais, as classes podem se diferenciar em decorrência das restrições ou vantagens a que seus detentores estão sujeitos, não dispondo a lei sobre requisitos mínimos para tal distinção. Já para as ações ordinárias, as classes somente podem ser distintas em função de sua conversibilidade em ações preferenciais, da exigência de nacionalidade brasileira do acionista, ou direito de voto em separado para o preenchimento de determinados cargos de órgãos administrativos (art. 16 da LSA).

> No contexto do Programa Nacional de Desestatização (PND), na década de 1990, introduziu-se na legislação brasileira a figura da assim denominada *golden share*, ação preferencial de classe especial que somente pode ser de titularidade do ente desestatizante, à qual o estatuto social pode conferir os poderes que especificar, inclusive o poder de veto em deliberações da assembleia geral nas matérias também especificadas naquele documento (art. 17, §7º, da LSA).

Direitos e deveres. Os direitos dos acionistas podem ser divididos em essenciais e modificáveis. De um lado, os *direitos essenciais* são aqueles que não podem ser modificados pelo estatuto social e nem pela assembleia geral, e incluem, entre outros, o direito de participar dos lucros sociais e o de fiscalizar, na forma prevista em lei, a gestão dos negócios sociais.[6] De outro, os *direitos modificáveis* são aqueles sujeitos à exclusão ou restrição pelo estatuto, sendo o principal exemplo o direito de voto.

Aos acionistas também são impostas obrigações. Nesse sentido, o principal dever de cunho patrimonial do acionista imposto pela lei societária é a *obrigação de realizar o capital*: nas condições previstas no estatuto ou no boletim de subscrição, o acionista é obrigado a aportar a prestação correspondente às ações por ele subscritas ou adquiridas (art. 106 da LSA); caso não o faça, o acionista remisso fica sujeito às penalidades legais (execução ou mandar vender as ações em bolsa) (art. 107 da LSA).

> Para além dos deveres patrimoniais, o acionista também está obrigado a deveres de caráter político. A principal dessas obrigações é o *dever de votar no interesse da companhia*. Desse modo, considera-se *voto abusivo* aquele exercido pelo acionista com o fim de causar dano à companhia ou a outros acionistas, ou de obter, para si ou para outrem, vantagem a que não faz jus e de que resulte, ou possa resultar, prejuízo para a companhia ou para outros acionistas (art. 115, *caput*, da LSA).
>
> Outras regras de caráter político são as que tratam: (i) do impedimento de voto em casos (*latu sensu*) de *conflitos de interesses* (art. 115, §1º); (ii) dos *deveres fiduciários* atribuídos ao acionista controlador (art. 116, parágrafo único); e (iii) da possibilidade de responsabilização do acionista controlador por *abuso do poder de controle* (art. 117).

Padronização, abstração e circulação. Uma ação de uma mesma espécie e classe confere ao seu titular o mesmo conjunto de direitos e deveres (art. 109, §1º, da LSA), pelo que um dos atributos essenciais das ações é sua *padronização*. Essa característica permite, de um lado, que o estatuto social não precise nominar cada sócio da companhia (*abstração*); assim, o que esse documento faz é descrever os direitos e deveres que cada ação atribui ao seu titular, seja ele quem for. De outro, ela também permite que a ação seja negociada entre diferentes titulares sem que haja a necessidade

---

[6] O art. 109 da LSA traz um rol dos chamados direitos essenciais dos acionistas. Entretanto, não se trata de lista exaustiva, havendo outros exemplos desses direitos essenciais ao longo da lei societária — como o direito de solicitar o funcionamento do conselho fiscal (art. 161, §3º, da LSA).

de alteração do estatuto social a cada transferência e, por isso, é comum se dizer que a ação é vocacionada à *circulação* — princípio este, aliás, que, nas companhias abertas, é absoluto (art. 36 da LSA).

b) Debênture

Conceito. A *debênture* é um valor mobiliário que confere ao seu titular um direito de crédito contra a companhia emissora nas condições estabelecidas na respectiva escritura de emissão. Entre outras informações, esse documento define o valor nominal da debênture, sua taxa de juros e seu vencimento. Em geral, a debênture é considerada um título de médio ou longo prazo, sendo precipuamente utilizada pelas companhias como instrumento para financiar seus projetos ou gerenciar suas dívidas.

> "Da necessidade de fonte alternativa de capital nasce a debênture, permitindo, a um só tempo, que as sociedades anônimas obtenham recursos de terceiros para aplicação em suas atividades sociais, sem alteração em sua estrutura acionária (seja com a inclusão de novo acionista, ou por aporte de recursos pelos já existentes) e geralmente em condições mais favoráveis do que financiamento bancário, e que o público investidor tenha a oportunidade de colocar seus recursos diretamente na indústria ou no comércio, sem intermediação das instituições financeiras, por prazo e retorno predeterminados" (Guimarães, 2017:423).

O investidor que adquire debêntures não se transforma em sócio da companhia emissora. Ele, na verdade, torna-se credor de uma dívida a ser paga pela companhia no prazo e montante determinados na escritura de emissão. Assim, a debênture traça o marco divisório entre as duas modalidades de valores mobiliários mais importantes para a obtenção de recursos pelas sociedades anônimas no mercado de capitais: os títulos de participação (ações) e os títulos de dívida (debêntures) (Mattos Filho, 2015:13).

A debênture como meio de financiamento. Para a companhia emissora, a debênture possibilita seu financiamento mediante obtenção de empréstimo de recursos obtidos diretamente junto ao público investidor. Trata-se de alternativa especialmente importante nos momentos em que a companhia não deseja — por decisão estratégica ou por condições desfavoráveis de mercado — obter recursos por meio da emissão de novas ações, em aumento de capital, ou por meio da contratação de empréstimos com instituições financeiras.

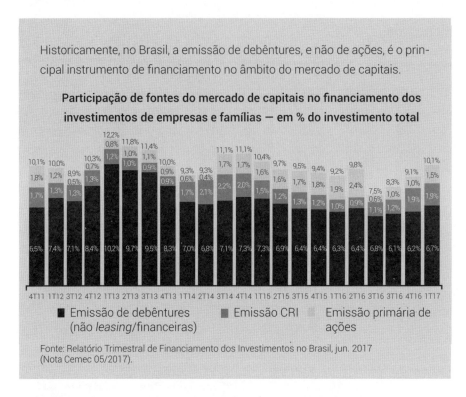

A debênture como meio de investimento. Ao adquirir debêntures, o investidor passa a fazer jus ao pagamento da remuneração estabelecida na escritura de emissão. O investidor é remunerado pelo pagamento de correção monetária e de juros (que podem ser fixos ou variáveis), participação no lucro da companhia ou prêmio de reembolso (art. 56 da LSA). O investidor também recebe o valor investido, o que ocorre, em regra, na data de vencimento da debênture; mas esse recebimento pode ocorrer até mesmo antes, no caso de haver previsão de amortização de seu valor nominal ou, então, o resgate antecipado do título (art. 55 da LSA).

Apesar de ser um título cujo desenho legal seja vocacionado a alcançar um número pulverizado de investidores, as debêntures, na realidade brasileira, são um instrumento de financiamento concentrado, pois acabam por ser destinadas essencialmente a grandes instituições financeiras e investidores institucionais.

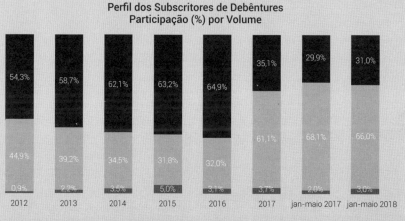

Fonte: *Boletim do Mercado de Capitais*, jun. 2018 (Anbima).
Preto: Intermediários e demais participantes ligados à oferta
Cinza claro: Investidores institucionais
Cinza escuro: Pessoas físicas

Valor nominal e valor de emissão. Por determinação legal, toda debênture deve ser emitida com um *valor nominal*, que consiste no valor (expresso em moeda) que representa o crédito conferido ao titular da debênture, ou seja, o montante que o debenturista terá direito a receber no vencimento desse título (art. 54 da LSA). Muitas vezes, o valor nominal também é chamado de "principal" ou "valor de face", para diferenciá-lo do montante a ser recebido em decorrência do pagamento de juros ou outros direitos.

Embora haja a necessidade de a debênture possuir um valor nominal, esse título pode ser ofertado no mercado por um *valor de emissão* distinto, o qual pode ser superior ou mesmo inferior àquele preço. Assim, diz-se que há *ágio* quando o preço de subscrição da debênture é superior ao seu valor nominal; o contrário é chamado de *deságio*. Em qualquer caso, independentemente de seu valor de emissão, a debênture deve ser resgatada em seu vencimento pela companhia emissora por seu valor nominal, com exceção da hipótese de a escritura de emissão garantir prêmio de reembolso.

Emissão e séries. A companhia pode efetuar mais de uma *emissão* de debêntures e cada emissão, por sua vez, pode ser dividida em diferentes *séries*. Debêntures que possuam a mesma série devem conferir os mesmos direitos aos seus titulares e possuir o mesmo valor nominal (art. 53 da LSA).

Agente fiduciário. Uma figura de extrema importância, ao se tratar das debêntures, é a do *agente fiduciário*. Além de representar a comunhão dos debenturistas perante a companhia emissora, ao agente fiduciário também são atribuídos poderes para usar de qualquer ação para proteger os direitos ou defender os interesses dos debenturistas — ele deve, por exemplo, notificar os debenturistas de qualquer inadimplemento, pela companhia emissora, das obrigações assumidas na escritura de emissão (art. 68 da LSA). Essas atribuições exigem uma atuação cuidadosa e diligente por parte do agente fiduciário e, por isso, ele responde perante os debenturistas pelos prejuízos que eventualmente lhes causar no exercício de suas funções, sejam decorrentes de dolo ou mesmo de culpa (art. 68, §4º, da LSA).

> "O agente fiduciário é uma figura introduzida pela legislação societária de 1976 que, segundo seus autores, foi concebida como uma adaptação ao sistema jurídico brasileiro da figura do *trustee*, retirada do Direito anglo-saxão, visando dar aos debenturistas a garantia e a agilidade na defesa de seus interesses que a legislação anterior não previa. A sua função é servir de elo entre a empresa emitente das debêntures e seus subscritores. Resulta da previsão de dificuldades que encontraria a comunidade de interesses, formada por inúmeros subscritores, fiscalizando a companhia na proteção de seus investimentos, no cumprimento das obrigações assumidas na escritura de emissão" (Mattos Filho, 2015:124).

Espécies. De acordo com as garantias oferecidas, as debêntures podem ser classificadas em quatro espécies distintas: debênture com garantia real, debênture com garantia flutuante, debênture quirografária ou debênture subordinada (art. 58 da LSA).

A *debênture com garantia real* sobre determinados bens de propriedade da própria companhia emissora ou de terceiros concede ao seu titular a preferência sobre os seus demais credores, até o limite do valor dos bens gravados.

Já a *debênture com garantia flutuante*, por sua vez, atribui ao titular do crédito um privilégio sobre todos os ativos livres e desembaraçados da companhia emissora, de modo que ele prefere, em caso de concurso de credores, a todos os créditos quirografários ou subordinados.

As outras espécies de debêntures não garantem nenhum tipo de preferência no caso de falência da emissora. Assim, de um lado, o detentor de uma *debênture quirografária* concorre, em igualdade de condições, com os demais possuidores de créditos simples da companhia. De outro, o pagamento do crédito de uma pessoa que detenha uma *debênture subordinada* fica sujeito à liquidação das demais dívidas não subordinadas da companhia emissora; seu detentor, portanto, somente prefere aos acionistas da emissora, com relação ao patrimônio eventualmente remanescente.

> Há um tipo especial de debênture, conhecida por *debênture perpétua*, cujo vencimento somente ocorre nas hipóteses de inadimplência da obrigação de pagar juros, dissolução da companhia, ou de outras condições previstas no título (art. 55, §4º, da LSA); se essas hipóteses não se concretizarem, a debênture perpétua paga juros aos seus detentores por tempo indeterminado.

c) Outros títulos emitidos por companhias

I. BÔNUS DE SUBSCRIÇÃO

Os *bônus de subscrição* são títulos negociáveis que podem ser emitidos pelas companhias e que conferem aos seus titulares, no prazo e pelo preço de exercício constantes do certificado de emissão, o direito de subscrever ações do capital social da companhia, dentro do limite do capital autorizado no estatuto (art. 75 da LSA).

Ao adquirir bônus de subscrição, o investidor possui a expectativa de que, no momento do exercício do título, as ações da companhia estarão sendo negociadas por valor superior ao seu preço de exercício. Por sua vez, sob o ponto de vista da companhia, os bônus de subscrição servem notadamente para estimular a colocação de outros valores mobiliários de sua emissão (Eizirik, 2008:75), na medida em que tais títulos podem ser emitidos como vantagem adicional e sem custo aos subscritores de emissões de ações e debêntures, embora eles também possam ser diretamente alienados pela companhia (art. 77 da LSA).

II. NOTAS PROMISSÓRIAS

As *notas promissórias* consistem em títulos de crédito negociáveis representativos de promessa de pagamento do devedor (emissor) ao credor (investidor) de determinada quantia e em certa data. Elas podem ser emitidas como mera promessa de pagamento de uma dívida ou também como instrumento de captação de recursos pelas empresas.

III. LETRAS FINANCEIRAS

A *letra financeira* é um título de renda fixa cuja emissão somente pode ser efetuada por instituições financeiras e outras instituições autorizadas a funcionar pelo Banco Central.[7] É um título que tem por precípua finalidade captar recursos de longo prazo para seus emissores, na medida em que possui prazo de vencimento mínimo de 24 meses.[8]

> "A crise financeira de 2008 evidenciou o fato de que as instituições financeiras podem sofrer sérias dificuldades de liquidez, capazes de afetar o funcionamento eficiente do mercado financeiro e da economia, especialmente em virtude do descasamento existente entre os seus ativos e passivos. No Brasil, apesar do excelente arcabouço prudencial, isso é ainda mais relevante, uma vez que essas instituições captam recursos a prazo principalmente pela emissão de Certificados de Depósito Bancário (CDB), que na maior parte dos casos possuem liquidez diária. Portanto, na prática, os bancos captam através de instrumentos de curto prazo (CDB) e emprestam a médio e longo prazo (financiamentos e empréstimos), causando um descasamento de prazos e dificultando a gestão da liquidez dos negócios da instituição, sobretudo em momentos de crise no mercado.
>
> Esse risco poderia ser reduzido com a utilização de instrumento que permita às instituições financeiras captar recursos de médio e longo prazo, que lhes propicie gerenciar mais adequadamente, e com segurança jurídica, a sua liquidez. Essa foi a principal motivação para a criação da Letra Financeira,

---

[7] Art. 37 da Lei nº 12.249, de 2010, e art. 1º da Resolução CVM nº 4.123, de 2012.
[8] Art. 4º da Resolução CVM nº 4.123, de 2012.

> e demonstra a importância desse novo instrumento para o financiamento de projetos de longo prazo e para a promoção da estabilidade do sistema financeiro" (CVM, 2014:78).

2.2 Fundos de investimento

Conceito. O fundo de investimento é uma comunhão de recursos, captados junto ao público investidor, que são destinados à aplicação em ativos financeiros ou outros ativos a depender da espécie de fundo.[9] O objetivo principal de um fundo de investimento é possibilitar a aplicação coletiva dos recursos de seus participantes — os cotistas (CVM, 2014:92).

O fundo de investimento, cujo documento de constituição é denominado de *regulamento*, é uma modalidade de investimento que possibilita a um pequeno investidor aplicar seus recursos em uma gama diversificada de ativos a que de outro modo não teria acesso, contando, para tanto, com o auxílio de administradores profissionais de recursos.

> A indústria brasileira de fundos de investimento possuía sob administração, na data-base de novembro de 2017, um patrimônio líquido superior a R$ 4 trilhões, distribuídos em mais de 15 mil fundos, totalizando 13,6 milhões de cotistas.

---

[9] Art. 3º da Instrução CVM nº 555, de 2014.

Classe	Patrim. Líquido R$ 1,00	Emissão R$ 1,00	Resgate R$ 1,00	Nº Cotistas	Nº Fundos	Participação – PL
FI – FUNDOS DE INVESTIMENTO						
FI – Renda Fixa	2.646.261.242.562	374.803.514.004	398.136.210.030	841.059	1.917	70,82%
FI – Ações	200.767.432.906	4.303.702.120	4.303.763.401	637.119	1.087	5,37%
FI – Cambial	3.131.959.555	216.332.429	113.613.555	1.697	28	0,08%
FI – Multimercado	886.657.965.028	26.857.234.657	29.971.811.910	233.228	4.693	23,73%
Subtotal - 1	3.736.836.600.028	416.180.763.209	432.527.398.897	1.713.103	7.725	100,00%
FI – FUNDOS DE COTAS						
FIC-FI – Renda Fixa	1.659.808.874.685	241.596.949.795	252.433.113.290	6.437.195	1.205	73,44%
FIC-FI – Ações	61.136.328.808	2.454.411.400	1.116.723.828	3.841.115	664	2,71%
FIC-FI – Cambial	2.006.533.621	100.028.056	76.206.939	15.844	31	0,09%
FIC-FI – Multimercado	537.159.700.464	19.046.250.495	14.776.705.009	795.743	4.194	23,77%
Subtotal – 2	2.260.113.437.578	263.199.739.747	268.402.749.066	11.089.897	6.094	100,00%
FE – FUNDOS ESTRUTURADOS						
FIDC	42.982.843.322	–	–	–	372	9,36%
FIDC-NP	46.575.955.432	–	–	–	297	10,14%
FIP	264.678.248.420	–	–	–	927	57,65%
FII	71.158.866.540	–	–	–	338	15,50%
FUNCINE	62.701.903	–	–	–	8	0,01%
FI-FGTS	33.686.910.531	–	–	–	1	7,34%
Subtotal – 3	459.145.526.149	–	–	–	1.943	100,00%
FE – FUNDOS DE COTAS						
FIC - FIDC	3.583.621.481	–	–	–	38	99,97%
FIC – FIDC-NP	1.208.723	–	–	–	1	
Subtotal – 4	3.584.830.204	–	–	–	39	99,97%
OUTROS FUNDOS						
FMP - FGTS	4.038.068.925	281.685	38.365.877	192.909	79	–
FAPI	786.007.645	3.967.262	5.323.967	562.100	14	–
FIIM	6.512.176.231	147.815.700	35.820.896	37.737	15	–
Subtotal – 5	11.336.252.800	152.064.647	79.510.739	792.746	108	–
Total Geral	4.207.320.378.977	416.332.847.856	432.606.909.636	13.595.746	15.090	–

Fonte: *Relatório semestral de supervisão baseada em risco*, jul./dez. 2017 (CVM).

Histórico. A Lei nº 10.303, de 2001, trouxe para a CVM a competência para regular todos os fundos de investimento. Antes da edição de referida lei, a competência para regulamentar os fundos de investimentos era compartilhada entre a CVM e o Banco Central do Brasil, e o que determinava se um fundo estava sob o amparo das regras de uma ou outra instituição eram os seus objetivos de investimento: se o fundo investisse em valores mobiliários, ele estaria sob a jurisdição da CVM; mas, se o fundo se dispusesse a investir em outros ativos financeiros, ele estaria sob a competência do Banco Central.

Para evitar problemas de continuidade e promover uma migração ordenada de todos os fundos para os cuidados da CVM, as diretorias da CVM e do Banco Central divulgaram, em 2 de maio de 2002, a Decisão Conjunta nº 10, que determinava que, enquanto a CVM não editasse normas regulamentando a competência que recebeu por meio da Lei nº 10.303, de 2001, permaneceriam em vigor as disposições baixadas pelo Conselho Monetário Nacional (CMN) e pelo Banco Central.[10]

A CVM, a partir de então, fez alterações tópicas à regulação do CMN e do Banco Central no tocante aos fundos de investimento financeiro, até que editou a Instrução CVM nº 409, de 2004. Referida instrução consolidou a regulação dos fundos de investimento em geral, notadamente aqueles que originalmente eram regulados pelo Banco Central, e os fundos de investimento em valores mobiliários que tradicionalmente sempre foram regulados pela CVM. A Instrução CVM nº 409, de 2004, esteve em vigor até a edição da

---

[10] Os trechos transcritos a seguir me parecem pertinentes para a compreensão do arcabouço regulatório à época dos fatos: "[a] Diretoria Colegiada do Banco Central do Brasil e o Colegiado da Comissão de Valores Mobiliários, tendo em vista o disposto nas Leis 4.595, de 31 de dezembro de 1964, e 6.385, de 7 de dezembro de 1976, com a redação dada pela Lei 10.303, de 31 de outubro de 2001, e considerando:
I — a competência atribuída à Comissão de Valores Mobiliários, por força da mencionada Lei 10.303, de 2001, e da Lei 10.411, de 26 de fevereiro de 2002, atinente à edição de normas, à concessão de autorizações e de registros e à supervisão dos contratos de derivativos, independentemente dos ativos subjacentes, bem como das bolsas de mercadorias e de futuros, das entidades de compensação e liquidação de operações com valores mobiliários e de quaisquer títulos ou contratos de investimento coletivo ofertados publicamente, entre os quais se incluem as quotas de fundos de investimento financeiro, fundos de aplicação em quotas de fundos de investimento e fundos de investimento no exterior;
II — que, enquanto não editadas pela Comissão de Valores Mobiliários normas com base na competência a que se refere o inciso anterior, permanecem em vigor as disposições baixadas pelo Conselho Monetário Nacional e pelo Banco Central do Brasil;"

Instrução CVM nº 555, em 2015, que hoje estabelece as regras gerais sobre fundos de investimento.

Cotas. Esse veículo coletivo de investimento, organizado sob a forma de condomínio, possui seu patrimônio dividido em frações ideais, chamadas *cotas*, que conferem direitos e obrigações iguais aos seus titulares.[11] Assim, ao adquirir uma cota, o investidor adquire uma parcela do patrimônio do fundo de investimento. As cotas dos fundos de investimento que aplicam em valores mobiliários são valores mobiliários; as cotas de fundos de investimento que aplicam em outros ativos são valores mobiliários quando ofertadas publicamente.[12]

Principais prestadores de serviços. Para entender o funcionamento de um fundo de investimento, é preciso tratar de seus dois principais prestadores de serviço.

Primeiro, há o *administrador fiduciário* do fundo. O administrador é o responsável por aprovar a constituição do fundo e por aprovar, no mesmo ato, o seu regulamento.[13] Em suma, a administração do fundo compreende o conjunto de serviços relacionados direta ou indiretamente com seu funcionamento e manutenção.[14] Assim, o administrador é responsável, por exemplo, por realizar o cálculo do valor da cota do fundo, por elaborar e divulgar os documentos obrigatórios do fundo (como suas demonstrações financeiras) e por convocar as assembleias gerais dos cotistas.

Se possuir as autorizações regulatórias necessárias para tanto, o administrador do fundo pode exercer diretamente todas as tarefas a ele incumbidas pela regulamentação. Ele também pode, no entanto, contratar terceiros para exercer algumas dessas funções.[15]

Em geral, é comum que o administrador contrate um terceiro para gerir a carteira do fundo — o denominado *gestor de recursos*. A atividade de gestão compreende a responsabilidade de negociar, em nome do fundo, os ativos financeiros de sua carteira. Compete ao gestor, assim, observando a política de investimento contida no regulamento e as normas regulamentares, selecionar os ativos que irão compor a carteira do fundo; ou seja, é o gestor quem escolhe como será feita a alocação dos recursos disponíveis do fundo.[16]

---

[11] Art. 11 da Instrução CVM nº 555, de 2014.
[12] Art. 2º, V e IX, da Lei nº 6.385, de 1976.
[13] Art. 6º da Instrução CVM nº 555, de 2014.
[14] Art. 78 da Instrução CVM nº 555, de 2014.
[15] Art. 78, §2º, da Instrução CVM nº 555, de 2014.
[16] Art. 78, §3º, da Instrução CVM nº 555, de 2014.

> O administrador e o gestor estão sujeitos a diversas normas de conduta. Eles devem, por exemplo, exercer suas atividades buscando sempre as melhores condições para o fundo, empregando o cuidado e a diligência que todo homem ativo e probo costuma dispensar à administração de seus próprios negócios. Ambos precisam atuar com lealdade em relação aos interesses dos cotistas e do fundo, devendo evitar práticas que possam ferir a relação fiduciária com eles mantida. O administrador e o gestor respondem, em suas respectivas esferas de atuação, por quaisquer infrações ou irregularidades que venham a ser cometidas sob sua administração ou gestão.

Outros dois importantes participantes da indústria de fundos que merecem ser mencionados são o *custodiante* e o *distribuidor*, responsáveis, respectivamente, pela guarda dos ativos do fundo e pela venda de suas cotas.

As cotas como investimento. Para o investidor, os fundos representam um investimento interessante na medida em que ele, por meio da aplicação de recursos nesse tipo de veículo, tem a possibilidade de investir em ativos diversificados — a muitos dos quais possivelmente não teria acesso de outro modo —, obtém acesso a estratégias de investimento traçadas por gestores profissionais de recursos, e, além disso, consegue diluir os custos de administração dos recursos entre todos ao cotistas ao investirem de forma coletiva.

Não obstante, os investidores ficam sujeitos ao pagamento de taxas aos profissionais que prestam serviços ao fundo de investimento. A mais conhecida delas é a *taxa de administração*, que deve ser fixa e expressa em percentual anual do patrimônio líquido, havendo também a possibilidade, para alguns fundos de investimento, de serem cobradas *taxas de performance* na hipótese de o resultado do fundo ser superior a uma determinada meta de rentabilidade estabelecida no regulamento.

Há, ainda, a permissão de cobrança de outros dois tipos de taxas, embora sejam mais incomuns no mercado brasileiro: a *taxa de ingresso*, a ser paga no momento de realização do investimento, e a *taxa de saída*, devida por conta da solicitação de resgate.

Condomínios abertos e fechados. O fundo de investimento pode ser constituído de duas formas. Uma delas é como um *condomínio aberto*, o que significa dizer que os cotistas podem solicitar o resgate das cotas conforme as disposições estabelecidas no regulamento do fundo. Por outro lado, ele também pode ser um *condomínio fechado*, caso em que as cotas somente podem ser resgatadas ao término do prazo de duração do fundo.[17] Salvo nas hipóteses previstas na regulamentação, as cotas dos fundos abertos não podem ser cedidas ou transferidas.[18] Essa restrição não existe para as cotas dos fundos fechados, que podem ser até mesmo negociadas no mercado secundário organizado.[19]

Com efeito, como no caso dos fundos fechados não é possível a solicitação de resgate antes do término do prazo de duração do fundo, permite-se que o cotista de um fundo fechado negocie tais cotas a fim de, se assim for de seu desejo, "liquidar" seu investimento. Nesse sentido, a lógica subjacente à possibilidade de negociação de cotas de fundos fechados no mercado secundário é muito similar à possibilidade de negociação de ações de companhias abertas. Em ambos os casos, busca-se dar liquidez ao investidor.

Resgate. Ao solicitar o *resgate* de sua cota, o cotista requer que lhe seja entregue, pelo fundo, o montante equivalente ao valor de sua cota. O valor da cota é resultante da divisão do valor do patrimônio líquido pelo número de cotas do fundo.[20] Em contrapartida ao recebimento do resgate, o cotista deixa de ser possuidor da cota que foi resgatada.[21]

> Em regra, caso o cotista solicite o resgate, lhe deve ser entregue o montante correspondente ao valor de suas cotas nos prazos e condições estabelecidos no regulamento do fundo de investimento. Há, inclusive, a imposição de multa de 0,5% do valor de resgate, a ser paga pelo administrador do fundo, por dia de atraso no pagamento do resgate das cotas (art. 37, V, da Instrução CVM nº 555, de 2014).
>
> Ocorre que, em alguns casos, os ativos financeiros componentes da carteira do fundo — que teriam de ser alienados e transformados em dinheiro para fazer jus ao pagamento do resgate — podem sofrer de problemas excepcionais de iliquidez.

---

[17] Art. 4º da Instrução CVM nº 555, de 2014.
[18] Art. 13 da Instrução CVM nº 555, de 2014.
[19] Art. 14 da Instrução CVM nº 555, de 2014.
[20] Art. 11, §1º, da Instrução CVM nº 555, de 2014.
[21] O resgate pode ser total ou parcial, a depender de o cotista solicitar ou não o resgate de todas as cotas que possui do fundo.

> Por exemplo, é possível que um evento macroeconômico afete os mercados nos quais esses ativos são comumente negociados, fazendo com que não seja possível aliená-los no prazo e nos valores esperados. Também é possível que sejam solicitados resgates pelos cotistas em montante superior ao planejado, pelo que o fundo teria de alienar uma grande quantidade de ativos para honrá-los, assim reduzindo seu valor no mercado e, portanto, prejudicando os próprios cotistas, considerados como grupo.
>
> Para lidar com esse tipo de situação excepcional de iliquidez dos ativos do fundo, a regulamentação permite que seja declarado seu fechamento para resgates. A partir da declaração do fechamento do fundo para resgates, proíbe-se a solicitação de novos resgates enquanto perdurar o fechamento do fundo, não sendo também necessário liquidar, nas exatas condições previstas no regulamento, os resgates já solicitados, mas ainda pendentes de pagamento (art. 39 da Instrução CVM nº 555, de 2014).
>
> Por outro lado, caso essa situação permaneça por prazo superior a cinco dias consecutivos, deve ser convocada uma assembleia geral dos cotistas para deliberar, entre outras possibilidades, pela liquidação do fundo ou pela substituição do administrador ou do gestor do fundo, ou mesmo de ambos (art. 39, §2º, da Instrução CVM nº 555, de 2014).

Prazos. Ao se estudar os fundos de investimento, é preciso tratar de quatro prazos.

O *prazo de carência* determina o período durante o qual o cotista tem restrições para solicitar o resgate. Essas restrições podem ser desde a estipulação de condições para a solicitação de resgates até a completa proibição de sua realização.[22] O estabelecimento ou não de prazo de carência no regulamento é uma faculdade do administrador do fundo.

Já o *prazo de cotização* estipula o tempo a ser observado entre a solicitação de resgate por parte do cotista e a apuração do valor de sua cota para a conversão em dinheiro. Em outras palavras, somente ao final do prazo de cotização é que o cotista saberá quanto receberá a título de resgate. Durante esse período, o cotista continua sujeito às variações da rentabilidade do fundo, de

---

[22] Art. 2º, inciso XXXIX, da Instrução CVM nº 555, de 2014.

modo que o valor de conversão final poderá ser superior ou inferior ao valor da cota existente na data de solicitação do resgate.

O *prazo de liquidação*, por sua vez, consiste no tempo entre a data de conversão da cota (cotização) e o efetivo pagamento do resgate ao cotista (liquidação).

Em conjunto, os prazos de cotização e liquidação representam o *prazo para pagamento do resgate*, ou seja, o período de tempo decorrido entre a data do pedido de resgate e a data de seu pagamento.[23]

Modalidades de fundos de investimento. Os fundos de investimento podem ser classificados em dois grandes conjuntos. De um lado, há os chamados *fundos não estruturados*. Esses fundos são aqueles regulados somente pela Instrução CVM nº 555, de 2014, pelo que também são conhecidos por *Fundos 555*. De outro lado, há ainda outros tipos de fundos que são regulados não apenas pelo referido normativo, mas também por regras específicas.[24] Tais fundos são conhecidos por *fundos estruturados*.

A grande distinção entre esses dois tipos de fundos reside no fato de que os Fundos 555, em geral, aplicam seus recursos em ativos menos complexos, enquanto os fundos estruturados, por sua vez, têm por precípua finalidade investir em ativos de características mais peculiares, cujo retorno, via de regra, é mais arriscado. Por esse motivo, como forma de proteção aos investidores menos sofisticados (muitas vezes chamados de *investidores de varejo*), alguns fundos estruturados são restritos a determinados tipos de investidores, como instituições financeiras ou pessoas físicas que possuam um patrimônio mínimo investido em ativos financeiros.

Os Fundos 555 dividem-se em quatro classes distintas, que variam de acordo com a composição de sua carteira. Tais fundos podem ser denominados de: (i) Fundos de Renda Fixa; (ii) Fundos de Ações; (iii) Fundos Multimercados; ou (iv) Fundos Cambiais.[25]

Cada classe varia de acordo com o principal fator de risco da carteira do fundo: os fundos classificados como "Renda Fixa" têm por principal fator de risco a variação da taxa de juros, de índice de preços, ou ambos;[26] os classifi-

---

[23] Art. 2º, inciso XXXV, da Instrução CVM nº 555, de 2014.
[24] Vale mencionar que a Instrução CVM nº 555, de 2015, aplica-se a todo e qualquer fundo de investimento registrado junto à CVM, observadas as disposições das normas específicas a eles aplicáveis (art. 1º).
[25] Art. 108 da Instrução CVM nº 555, de 2014.
[26] Art. 109 da Instrução CVM nº 555, de 2014.

cados como "Ações", a variação de preços de ações admitidas à negociação no mercado organizado;[27] os "Cambiais", a variação de preços de moeda estrangeira ou a variação do cupom cambial;[28] e, por fim, os "Multimercado" devem possuir políticas de investimento que envolvam vários fatores de risco, sem o compromisso de concentração em nenhum fator em especial ou em fatores diferentes das demais classes previstas na regulamentação.[29]

Por seu turno, os fundos estruturados compõem um grupo que inclui diversos outros tipos de fundos de investimento, cabendo destacar: (i) os Fundos de Investimento em Direitos Creditórios (FIDC); o (ii) os Fundos de Investimento Imobiliários (FII); os Fundos de Investimento em Participações (FIP); e (iv) os Fundos de Índice (ETF).

Os FIDCs constituem uma comunhão de recursos que destina parcela preponderante de seu patrimônio líquido para a aplicação em direitos creditórios, ou seja, direitos e títulos representativos de crédito, originários de operações realizadas em diversos segmentos da economia, tais como financeiro, comercial e industrial.[30]

> Uma particularidade dos FIDCs é que suas cotas podem ser classificadas em níveis de classes, que variam de acordo com a prioridade na amortização e resgate. Há, assim, a *cota sênior* e a *cota subordinada*. Ademais, no caso de FIDCs fechados, as cotas seniores podem ser ainda subdivididas em *séries*, com diferentes prazos e valores de amortização, resgate e remuneração.
>
> Em suma, as cotas seniores são aquelas que estão mais protegidas contra riscos, na medida em que, no caso de inadimplência dos direitos creditórios constantes da carteira do fundo, as primeiras afetadas serão as cotas subordinadas. Em contrapartida a esse maior risco, se a rentabilidade do fundo superar o esperado, os cotistas subordinados são compensados com o eventual excesso, enquanto os cotistas seniores auferem, no máximo, a taxa que a eles foi definida no regulamento.

---

[27] Art. 115 da Instrução CVM nº 555, de 2014.
[28] Art. 116 da Instrução CVM nº 555, de 2014.
[29] Art. 117 da Instrução CVM nº 555, de 2014.
[30] Art. 2º da Instrução CVM nº 356, de 2001.

Os FII, por sua vez, são uma comunhão de recursos captados por meio do sistema de distribuição de valores mobiliários e destinados à aplicação em empreendimentos imobiliários, como a construção e a aquisição de imóveis para posterior comercialização ou a aquisição de imóveis prontos para auferir renda de locação (CVM, 2014:100).[31]

Já os FIPs, também conhecidos no mercado como fundos de *private equity*, são uma comunhão de recursos destinados à aquisição de ações, bônus de subscrição, debêntures simples, outros títulos e valores mobiliários conversíveis ou permutáveis em ações de emissão de companhias, abertas ou fechadas, bem como títulos e valores mobiliários representativos de participação em sociedades limitadas. Tais fundos têm o dever de participar do processo decisório da sociedade investida, com efetiva influência na definição de sua política estratégica e na sua gestão.[32]

E, por fim, os ETFs são uma comunhão de recursos destinados à aplicação em carteira de ativos financeiros que vise refletir as variações e rentabilidade de um índice de referência, por prazo indeterminado.[33] O gestor de um ETF aplica os recursos do fundo nos mesmos ativos que compõem o índice de referência, exatamente na mesma proporção, a fim de que o desempenho do ETF reflita o desempenho do respectivo índice em que se espelha.[34]

2.3 Brazilian depositary receipts

Conceito. Os certificados de depósito de valores mobiliários, ou *brazilian depositary receipts* (BDR), são títulos emitidos no Brasil que representam valores mobiliários de emissão de companhias abertas, ou assemelhadas, com sede no exterior.[35]

> No Brasil, somente é possível a emissão de BDRs lastreados em valores mobiliários emitidos por companhias abertas, ou assemelhadas, que sejam

---

[31] Art. 2º da Instrução CVM nº 472, de 2008.
[32] Art. 5º da Instrução CVM nº 578, de 2016.
[33] Art. 2º da Instrução CVM nº 359, de 2002.
[34] O principal índice de referência do mercado de capitais brasileiro é o Ibovespa, que representa uma carteira teórica de ações elaborada pela B3.
[35] Art. 1º, I, da Instrução CVM nº 332, de 2000.

admitidos à negociação e custodiados em países cujos órgãos reguladores tenham celebrado com a CVM acordo de cooperação sobre consulta, assistência técnica e assistência mútua para a troca de informações, ou sejam signatários do memorando multilateral de entendimento da Organização Internacional das Comissões de Valores (OICV) (ou, em inglês, International Organization of Securities Commissions — Iosco).

Instituições patrocinadora, depositária e custodiante. A estrutura de uma operação de distribuição de BDRs envolve basicamente três instituições distintas: (i) a *instituição custodiante* é a responsável por custodiar, no exterior, os valores mobiliários que servirão como lastro para a emissão do respectivo certificado de depósito no Brasil[36]; (ii) a *instituição depositária* é aquela que emite, no Brasil, o correspondente certificado de depósito, com base nos valores mobiliários custodiados no exterior;[37] e (iii) a *instituição patrocinadora* é a companhia aberta, ou assemelhada, com sede no exterior, que emite os valores mobiliários objeto do certificado de depósito (BDR).[38]

O funcionamento de um programa de distribuição de BDRs ocorre por meio da seguinte estrutura: "[u]ma instituição depositária adquire, no exterior, ações de uma companhia emissora e os mantém em conta de custódia [na instituição custodiante]. Em seguida registra na CVM um programa para distribuição dos BDR, os certificados de depósito de ações que, apesar de negociados no Brasil, representam ações de uma empresa no exterior. A instituição depositária deve cumprir as exigências específicas do tipo de programa e comprometer-se a divulgar as informações exigidas nas normas, conforme o nível de classificação do programa" (CVM, 2014:83).

Programas patrocinados e não patrocinados. Os programas de distribuição de BDRs podem ser patrocinados ou não patrocinados: enquanto, em um *programa patrocinado*, é a própria emissora do valor mobiliário que ser-

---

[36] Art. 1º, II, da Instrução CVM nº 332, de 2000.
[37] Art. 1º, III, da Instrução CVM nº 332, de 2000.
[38] Art. 1º, IV, da Instrução CVM nº 332, de 2000.

virá de lastro ao BDR que contrata uma única instituição depositária para a distribuição desses títulos[39], em um *programa não patrocinado*, por sua vez, inexiste acordo entre a emissora do valor mobiliário subjacente ao BDR e a instituição depositária que o distribui no país.[40]

2.4 Derivativos

Conceito. Os derivativos são instrumentos financeiros cujo valor resulta ("deriva"), total ou parcialmente, de outro instrumento ou ativo financeiro a ele subjacente. Podem servir como ativo subjacente de um derivativo, por exemplo, a cotação de ações negociadas na bolsa de valores, a taxa de câmbio entre duas moedas, e o preço de mercado de uma *commodity* (soja, café, ouro, entre outros) (Eizirik, 2008:111).

Classificação. Esses instrumentos podem ser classificados em duas categorias. De um lado, há os derivativos de *compromissos a termo* (*forward commitments*), em que o comprador se obriga a adquirir ou alienar um ativo subjacente especificado no contrato, em uma data futura e por um preço predeterminado na origem. De outro, há os derivativos de *exercício contingencial* (*contingent claims*), cuja lógica é inversa: nesse caso, o comprador do derivativo possui o direito, e não o dever, de realizar o negócio objeto do derivativo (CVM, 2015:12-13).

Hedger, arbitrador e especulador. Para se entender o funcionamento do mercado de derivativos, é preciso compreender os três tipos de agentes que nele operam.

O *hedger* é o agente que se utiliza do mercado de derivativos para se proteger de oscilações de preço dos ativos. Esses participantes têm por objetivo manter o lucro esperado de seus negócios e, para isso, gerenciam os riscos de perdas em função de variações adversas de preço por meio do mercado de derivativos (Silva, 2008:15). Não buscam, portanto, a obtenção de lucro por meio desses instrumentos, visando somente garantir o preço de determinada mercadoria em uma data futura.

---

[39] Art. 3º, §1º, da Instrução CVM nº 332, de 2000. Esse tipo de programa é classificado em três diferentes níveis, que variam, entre outros fatores, pela necessidade ou não de registro da empresa patrocinadora na CVM, pelos mercados em que se admite a negociação desses papéis, bem como pela forma de distribuição desses valores mobiliários no Brasil (art. 3º, §1º, I, II e III, da Instrução CVM nº 332, de 2000).
[40] Art. 3º, §2º, da Instrução CVM nº 332, de 2000.

Já o *especulador* é o agente que, diferentemente do *hedger*, utiliza-se do mercado de derivativos para auferir lucro por meio da variação dos preços dos ativos. Em outras palavras, o especulador não opera com derivativos para se proteger da oscilação de preços; seu negócio, ao contrário, é apostar na diferença entre o preço de compra e o de venda do derivativo por ele detido. Em geral, o especulador figura como contraparte da operação do *hedger*, assumindo o risco que é por ele protegido, e, por isso mesmo, trata-se de agente fundamental na própria existência do mercado de derivativos, apesar da conotação muitas vezes negativa que se lhe atribui.

Por fim, o *arbitrador* é o investidor que atua no mercado de derivativos com o fim de tirar proveito de distorções de preços entre os distintos mercados em que o ativo é negociado, por meio da compra do ativo no mercado em que seu preço esteja mais barato e da venda no mercado em que o preço esteja mais caro, ou vice-versa. Diante desse modelo de negócio, as operações de arbitragem são, em geral, de curto ou curtíssimo prazo, e o arbitrador assume pouco ou praticamente nenhum risco.

> Os derivativos são principalmente utilizados para as seguintes quatro funções básicas:
>
> "*Hedge* (proteção): Proteger o participante do mercado físico de um bem ou ativo contra variações adversas de taxas, moedas ou preços. Equivale a ter uma posição em mercado de derivativos oposta à posição assumida no mercado à vista, para minimizar o risco de perda financeira decorrente de alteração adversa de preços.
>
> Alavancagem: Diz-se que os derivativos têm grande poder de alavancagem, já que a negociação com esses instrumentos exige menos capital do que a compra do ativo à vista. Assim, ao adicionar posições de derivativos a seus investimentos, você pode aumentar a rentabilidade total destes a um custo mais barato.
>
> Especulação: Tomar uma posição no mercado futuro ou de opções sem uma posição correspondente no mercado à vista. Nesse caso, o objetivo é operar a tendência de preços do mercado.
>
> Arbitragem: Tirar proveito da diferença de preços de um mesmo produto/ativo negociado em mercados diferentes. O objetivo é aproveitar as discrepâncias no processo de formação de preços dos diversos ativos e mercadorias e entre vencimentos" (CVM, 2015:39).

2.5 Certificados de recebíveis

Securitização. A *securitização* tem por objetivo viabilizar a conversão de créditos a receber (originados de diversos segmentos da economia) em lastro para a emissão de títulos negociáveis no mercado. Em essência, por meio da operação de securitização, a empresa detentora dos recebíveis — a *originadora* — antecipa a receita desses títulos por meio de sua alienação, com desconto, a um *intermediador*, que, por sua vez, transforma tais créditos em valores mobiliários, os quais são vendidos aos *investidores*.

A securitização pode ser realizada com diferentes formatos. Um deles é por meio do uso de Fundo de Investimento em Direitos Creditórios, mencionados anteriormente, caso em que o papel do intermediário é exercido pelo próprio FIDC, cujas cotas consistem nos valores mobiliários cuja rentabilidade depende do desempenho dos recebíveis integrantes da carteira do fundo. Outro formato para a realização da securitização é por meio de *companhias securitizadoras*, que exercem a função de intermediadoras.

Certificados de Recebíveis Imobiliários. Os Certificados de Recebíveis Imobiliários (CRI) são títulos de crédito nominativos, escriturais e transferíveis, lastreados em créditos imobiliários (por exemplo, financiamentos residenciais, comerciais ou para construções, contratos de aluguéis de longo prazo).[41]

Certificados de Recebíveis do Agronegócio. Os Certificados de Recebíveis do Agronegócio (CRA) são títulos de renda fixa lastreados em créditos originários de negócios realizados entre produtores rurais, ou suas cooperativas, e terceiros, inclusive financiamentos ou empréstimos, relacionados com a produção, a comercialização, o beneficiamento ou a industrialização de produtos ou insumos agropecuários ou de máquinas e implementos utilizados na atividade agropecuária.[42]

3. Ofertas públicas

No Brasil, nenhuma emissão pública de valores mobiliários pode ser realizada sem o seu prévio registro na CVM, conforme o disposto no art. 19 da Lei

---

[41] Art. 6º da Lei nº 9.514, de 1997.
[42] Arts. 23, §1º, e 36 da Lei nº 11.076, de 2004.

nº 6.385, de 1976.[43] O objetivo dessa exigência, assim como a obrigação de registro do próprio emissor nessa autarquia antes da realização de tal oferta, é o de promover a proteção dos investidores.

Essa proteção aos investidores decorre do fato de os emissores registrados na CVM estarem sujeitos à divulgação pública de uma série de informações periódicas e eventuais; do mesmo modo, para a realização de uma oferta pública, também se exige que o emissor divulgue publicamente diversos dados aos investidores. Em ambos os casos, busca-se prover os investidores de informações suficientes para que possam tomar suas decisões de investimento de maneira devidamente informada.[44]

Ofertas públicas de distribuição. Por meio da realização de uma oferta pública de distribuição de valores mobiliários, o próprio emissor dos valores mobiliários ofertados ou os titulares de valores mobiliários de sua emissão apelam à poupança popular a fim de promover a colocação de tais títulos no mercado de capitais (Eizirik, 2008:135).

> No caso das companhias, diversos são os motivos que ensejam a realização de uma oferta pública de distribuição. Elas podem estar simplesmente buscando novos recursos a um custo mais atraente que outras formas de financiamento; podem também estar atendendo a necessidade de criação de oportunidade para que seus sócios consigam alguma liquidez para seu investimento ou até mesmo a busca por uma melhoria da imagem institucional da companhia perante a sociedade. Não obstante, o mais conhecido desses motivos é a necessidade de a companhia captar recursos de longo prazo no mercado de capitais para o financiamento de seus projetos e atividades empresariais.

---

[43] Entretanto, é importante mencionar que nem a Lei nº 6.385, de 1976, nem a Instrução CVM nº 400, de 2003, que trata das ofertas públicas de distribuição, definem o que são ofertas públicas, tampouco o que seriam as ofertas privadas — essas, por exclusão, não sujeitas a registro perante a CVM. As normas somente mencionam alguns elementos objetivos que caracterizam a publicização da oferta, de modo que se trata de questão cuja resolução deve necessariamente ser realizada de forma casuística.

[44] Não por outro motivo, algumas modalidades de ofertas públicas, quando destinadas exclusivamente a um limitado número de investidores mais sofisticados, são dispensadas de prévio registro na CVM, nos termos da Instrução CVM nº 476, de 2009. O racional subjacente a essa dispensa é o de que tais investidores, por sua qualificação e *expertise*, possuem meios próprios para avaliar a oferta.

As ofertas públicas de distribuição podem ser primárias ou secundárias. As *ofertas primárias* são aquelas em que há a emissão de novos valores mobiliários pelo emissor, de modo que os recursos auferidos são revertidos para ele próprio. A primeira oferta primária realizada por um emissor é conhecida por Initial Public Offering (IPO), enquanto as que se seguem são chamadas de ofertas subsequentes (*follow-on*).

Por sua vez, nas *ofertas secundárias* não há a emissão de novos valores mobiliários. Nessa modalidade de oferta pública, os titulares de valores mobiliários já existentes os revendem para outros investidores. Por isso mesmo, em tal caso, os recursos auferidos pela distribuição pública são revertidos para vendedores dos títulos, e não para seu emissor.

> Há distribuições que combinam características de ofertas primária e secundária — as chamadas *ofertas mistas*. Isto é, nesse tipo de oferta, parte dos valores mobiliários ofertados estão sendo emitidos pela primeira vez, enquanto outra parte consiste em títulos já emitidos que serão alienados por seus atuais titulares a terceiros.

4. Ilícitos no mercado de capitais

Um dos fundamentos mais importantes do mercado de capitais é o de que os investidores tomem suas decisões de investimento de forma consciente, baseados em informações corretas e verdadeiras, e que devem ser divulgadas pelos emissores de valores mobiliários de forma equânime para todos os participantes do mercado.

Em outras palavras, o sistema de regulação do mercado de capitais tem por principal objetivo assegurar que os investidores realizem seus investimentos em equitatividade de condições. A quebra nessa simetria de condições entre os investidores coloca em xeque a própria credibilidade do mercado e, por isso, considera-se que aqueles que se valem de meios escusos para a obtenção de ganhos no âmbito do mercado de capitais cometem ato ilícito, sancionável tanto administrativa quanto penalmente.

Insider trading. O ilícito mais conhecido no âmbito do mercado de capitais consiste na negociação de valores mobiliários de posse de informações privilegiadas, ou seja, informações relevantes que ainda não tenham sido objeto de divulgação pública.[45] Nesse caso, o investidor que realiza negócios de posse de informações privilegiadas está em situação de assimetria informacional com relação aos demais investidores, ferindo, assim, a equitatividade de condições que deve existir no âmbito do mercado de capitais.

Manipulação de mercado. Em sentido amplo, a manipulação de mercado consiste na utilização de manobras ardilosas por parte do investidor com o fim de obtenção de vantagem indevida ou lucro, para si ou para outrem, ou para causar danos a terceiros,[46] o que pode ser realizado por meio de diversas formas. No âmbito administrativo, o gênero "manipulação de mercado" é dividido em quatro espécies: (i) criação de condições artificiais de demanda, oferta ou preço de valores mobiliários; (ii) manipulação de preço; (iii) realização de operações fraudulentas; e (iv) o uso de práticas não equitativas.[47]

> "O risco existe para o mercado, como em um jogo. Mas em todo jogo, mesmo o mais arriscado, há regras, que devem ser cumpridas. Se as regras são iguais para todos, tem-se um mercado equitativo. Mas, quando, por exemplo, as cartas de um jogo vêm a ser marcadas, aí se configura uma situação não equitativa, muito diferente do risco que o jogo traz em si. Lucros e perdas são normais, desde que não provocados artificialmente, por manobras ardilosas, nem pela quebra do equilíbrio entre as partes" (PAS 05/99, rel. dir. Wladimir Castelo Branco Castro, julg. 23.11.2000).

5. Conclusão

O mercado de capitais consiste em importante meio de financiamento das atividades empresariais, servindo como indutor para a inovação e o empreendedorismo ao possibilitar a transferência de recursos entre os agentes superavitários e deficitários. Seu funcionamento e a lógica econômica subjacente aos ativos que são nele negociados possuem particularidades cuja com-

---

[45] Art. 27-D da Lei nº 6.385, de 1976; art. 155, §§1º e 4º, da LSA.
[46] Art. 27-C da Lei nº 6.385, de 1976.
[47] Instrução CVM nº 8, de 1979.

preensão é essencial para a resolução de conflitos eventualmente instaurados em seu âmbito.

Referências

CODORNIZ, G.; PATELLA, L. (Coord.). *Comentários à Lei do Mercado de Capitais*: Lei nº 6.385/76. São Paulo: Quartier Latin, 2015.

COMISSÃO DE VALORES MOBILIÁRIOS. *Mercado de derivativos no Brasil*: conceitos, produtos e operações. Rio de Janeiro: CVM, 2015.

____. *O mercado de valores mobiliários brasileiro*. 3. ed. Rio de Janeiro: CVM, 2014.

EIZIRIK, N. et al. *Mercado de capitais*: regime jurídico. 2. ed. rev. e atual. Rio de Janeiro: Renovar, 2008.

GUIMARÃES, F. J. P. Debêntures. In: LAMY FILHO, A.; BULHÕES PEDREIRA, J. L. (Coord.). *Direito das companhias*. 2. ed. atual. e ref. Rio de Janeiro: Forense, 2017.

LAMY FILHO, A.; BULHÕES PEDREIRA, J. L. (Coord.). *Direito das companhias*. 2. ed. atual. e ref. Rio de Janeiro: Forense, 2017.

____; ____. Introdução. In: ____; ____ (Coord.). *Direito das companhias*. Rio de Janeiro: Forense, 2009.

MATTOS FILHO, A. O. *Direito dos valores mobiliários*. São Paulo: FGV, 2015.

NAJJAARIAN, I. P. de N. *Securitização de recebíveis mercantis*. São Paulo: Quartier Latin, 2010.

SILVA, L. M. *Mercado de opções*: conceitos e estratégias. 3. ed. rev. e ampl. Rio de Janeiro: Halip, 2008.

VALVERDE, T. de M. *Sociedade por ações*: comentários ao Decreto-Lei n. 2.627, de 26 de setembro de 1940. Rio de Janeiro: Forense, 1959.

CAPÍTULO 15

A regulação do setor de seguros: aspectos econômicos

Sandro Leal Alves

1. Introdução

A exposição aos diferentes tipos de riscos faz parte da natureza e da experiência humana. Antes mesmo do nascimento, já convivemos com o risco associado ao desenvolvimento do embrião até o momento do parto. Geralmente, os riscos são vistos de forma negativa e geram preocupação para os indivíduos, na medida em que, na hipótese de sua materialização, provocam perdas físicas e monetárias. Desde a antiguidade, diante das incertezas e dos riscos, as sociedades desenvolveram maneiras para mitigá-los ou diluí-los entre as pessoas afetadas por sua ocorrência. Carregar o risco sozinho é no mínimo um ato de coragem, mas não parece ser a atitude mais sensata sob o ponto de vista econômico, quando oportunidades de diluição se encontram disponíveis, como o seguro.

Em geral convivemos com o risco, mas não gostamos da incerteza. São coisas distintas. É comum dizer em economia que o risco é a medida da incerteza. Se não sabemos o que acontecerá, mas conhecemos as probabilidades, temos o conceito de risco. Se não conhecemos nem mesmo as probabilidades, temos o conceito de incerteza, com regras de formação e causas desconhecidas. O seguro oferece proteção contra o risco, mas não contra a incerteza. Já que nem sempre é possível eliminar os riscos, muitas vezes é possível dividi-los com outras pessoas que também se encontram na mesma situação. Agrupando riscos, ou seja, compartilhando com outras pessoas o efeito da sua ocorrência, é possível, estatisticamente, pela chamada lei dos grandes números, prever com menos chance de errar a ocorrência dos eventos adversos reduzindo a variabilidade dos seus efeitos negativos sobre as pessoas. É isto que o seguro faz. Troca a incerteza associada a um evento negativo pela certeza e segurança da indenização caso o evento se materialize, mediante o pagamento de determinada quantia preestabelecida e conhecida, denominada prêmio.

O risco é portanto um evento incerto, ou certo porém com data incerta, que independe da vontade entre as partes e cuja ocorrência gera impacto financeiro negativo para o segurado. Quando o risco se materializa, ele se denomina sinistro e deve ser indenizado pela seguradora conforme o contrato e a legislação pertinente. E o prêmio é o valor pago à seguradora para que o segurado tenha direito à indenização conforme os limites estabelecidos no contrato. Importante ressaltar que o risco se materializa de forma desigual entre as pessoas. Não sabemos quem será acometido por determinada doença ou infortúnio. Mas sabemos que se ocorrer trará consequências financeiras significativas para a pessoa afetada. O dano patrimonial pode ser muito elevado. Diante disso, as pessoas buscam proteção para seu patrimônio e contribuem solidariamente para a formação de um fundo mútuo cujos recursos são coletados para o pagamento das indenizações daqueles que precisarem. É correto dizer, portanto, que no seguro muitos pagam para que alguns poucos utilizem quando necessário.

O seguro fornece, portanto, uma possibilidade mutuamente benéfica, ao reduzir o custo do risco para os segurados. Se a troca é voluntária, a realização do comércio (no caso, o contrato de seguro) deve ser um jogo de soma positiva, em que ambos os agentes ganham, melhorando sua situação original. Este princípio geral se aplica aos diversos tipos de seguros, desde seguros marítimos ao seguro de saúde.

O seguro melhora a alocação de riscos na sociedade, permitindo que um agente avesso ao risco consiga transferi-lo, mediante o pagamento de um prêmio de risco, para um agente comprador de riscos, a seguradora. Muitas atividades econômicas que não ocorreriam passam a ser viabilizadas pela existência desse mecanismo de transferência de riscos. Atividades que antes eram extremamente arriscadas passam a ser possíveis de serem administradas.

O setor de seguros vem passando por grandes transformações globais nos últimos anos com o surgimento e expansão de novos riscos (terrorismo, riscos cibernéticos, eventos climáticos extremos, entre outros), ao mesmo tempo que se desenvolvem rapidamente novas tecnologias capazes de melhorar sua identificação e seu controle como as ferramentas de *big data*, *machine learnig* e inteligência artificial que conseguem analisar e aprender com enorme velocidade volumes gigantescos de dados estruturados em bases, assim como dados não estruturados que estão distribuídos em fontes diversas.

A importância do setor, medida em termos de participação no PIB, cresce na medida em que crescem os riscos, aumenta a renda e o nível de educação da população. O setor segurador está sujeito a inúmeras inovações, como as *insurtechs*, *healthtechs*, e há crescente demanda pelos serviços regulados na medida em que a sociedade aumenta sua longevidade. Seguros de saúde e planos de previdência estão intimamente ligados a essa mudança demográfica. A tabela 1 denota a intensidade dessa mudança. Enquanto a população crescerá 6,7% de 2015 até 2060, a população de 60 a 70 crescerá 120,4%, a de 71 a 80 crescerá 274,5% e a dos octogenários crescerá 496,7%. Seremos um país de idosos sem termos ficados ricos antes. Eis o tamanho do desafio que afeta tanto o sistema previdenciário quanto o securitário, em especial o de saúde, pública e privada. Com a longevidade, que sem dúvida é um ganho social da maior relevância, vem também a maior incidência de doenças crônicas e a utilização de serviços de saúde.

Tabela 1
Projeções demográficas

Ano	População (milhões)			
	Total	60-70	71-80	81+
2015	204,5	14,6	6,5	2,9
2060	218,2	32,1	24,3	17,1
Variação %	6,7%	120,4%	274,5%	496,7%

Fonte: IBGE.

Abordaremos neste artigo os aspectos econômicos e regulatórios dos seguros e dos planos de saúde, trazendo uma análise comparada das duas regulações sempre que necessário para evidenciar uma ou outra diferença mais significativa. São dois setores mundialmente regulados. Nos Estados Unidos, maior mercado global de seguros, a regulação é estadual, mas é uniformizada pelas recomendações e padrões emanados pelo National Association of Insurance Comissioners (Naic), uma associação privada que reúne os reguladores. No Japão, segundo maior mercado global, a regulação é feita pela Agência de Supervisão Financeira que regula e fiscaliza seguradoras, bancos e corretoras de valores mobiliários. No Reino Unido, o berço do seguro e terceiro maior mercado global, todos os serviços financeiros, incluindo seguros, são regulados pela Autoridade de Serviços Financeiros.

Em linhas gerais, todas as regulações emanadas por estes reguladores buscam garantir a capacidade financeira e a solvência das seguradoras para honrarem os compromissos assumidos evitando-se assim a bancarrota e falência dessas empresas. As regulações em geral são focadas nas regras de entrada, de requerimentos de licenças, capital, obrigatoriedade de constituição de reservas e provisões técnicas e alocação de ativos garantidores. No caso da saúde, o regulador, além de estabelecer as regras econômicas, estabelece também regras assistenciais e das características do produto comercializado, além de controlar os reajustes no caso dos planos individuais, entre outros aspectos.

A regulação deve ser justificada, não apenas para indicar qual falha do mercado se pretende corrigir, mas também sua capacidade de produzir benefícios que superem os custos gerados. Estão disponíveis em certa medida as modernas metodologias de análise de impacto regulatório (AIR), ferramenta importante que vem sendo utilizada por algumas Agências Reguladoras, inclusive a ANS em algum grau, no processo de elaboração de novas regulamentações.[1]

2. O mercado de seguros e de saúde no Brasil

O mercado de seguros apresenta números expressivos no Brasil. Em 2017, foram contabilizados 17,1 milhões de veículos segurados, 9,9 milhões de residências seguradas, 13,3 milhões de planos de previdência coletivos e individuais, 47,3 milhões de beneficiários de planos de assistência médica, 23 milhões de beneficiários de planos odontológicos e 17 milhões de pessoas físicas e jurídicas com títulos de capitalização totalizando um volume equivalente a 6,5% do Produto Interno Bruto. Integram o setor 118 seguradoras, 1.053 operadoras de planos de assistência à saúde, 18 empresas de capitalização, 90 mil corretores de seguros, 18 entidades abertas de previdência complementar e 137 empresas de resseguro.[2] É possível observar a posição

---

[1] O Decreto nº 6.062/07 criou o PRÓ-REG no âmbito da Casa Civil, tendo a ANS em seu comitê executivo. A AIR consta do eixo de Governança Regulatória na Agenda Regulatória da ANS conforme preconizado pela Organização para a Cooperação e Desenvolvimento Econômico (OCDE). Em 2014, a ANS criou a Coordenadoria de Boas Práticas Regulatórias e publicou o Guia Técnico de Boas Práticas Regulatórias: orientações técnicas para o aprimoramento do processo regulatório.

[2] Fonte: O Setor de Seguros Brasileiro (2018). CNseg — Confederação Nacional das Empresas de Seguros Gerais, Previdência Privada e Vida, Saúde Suplementar e Capitalização.

do Brasil na tabela 1 diante de outros mercados securitários. Em 2016, o Brasil ocupava a 14ª posição com *market-share* de 1,6% do mercado total em termos de prêmios.

Tabela 2
Mercado global de seguros

Países	Prêmios totais em 2016 (US$ milhões correntes)	Market-Share
Estados Unidos	1.352.385	30,0%
Japão	471.295	10,4%
China	466.131	10,3%
Reino Unido	304.208	6,7%
França	237.644	5,3%
Alemanha	215.020	4,8%
Coreia do Sul	170.862	3,8%
Itália	162.383	3,6%
Canadá	114.523	2,5%
Taiwan	101.445	2,2%
Austrália	82.159	1,8%
Holanda	80.130	1,8%
Índia	79.311	1,8%
Brasil	72.646	1,6%
Espanha	68.599	1,5%
África do Sul	61.429	1,4%
Irlanda	59.295	1,3%
Suíça	58.369	1,3%
Hong Kong	56.448	1,3%
Mundo	4.510.199	100,0%

Fonte: Sigma-Explorer, Swiss-RE.

À medida que as sociedades têm evoluído, maior tem sido a importância do seguro. A participação do setor segurador como proporção ao PIB (grau de penetração) tem uma relação positiva com o próprio desenvolvimento econômico como sugere o gráfico 1 com a evolução desses indicadores por países com diferentes graus de desenvolvimento econômico. O crescimento da renda aumenta a demanda por seguros, *ceteris paribus* e a elasticidade-renda agregada da demanda por seguros gira em torno de

1,2, ou seja, para cada 1% de crescimento do PIB real, o valor dos prêmios tende a crescer aproximadamente 1,2%, um bem dito superior em linguagem econômica.[3] Há também o efeito na direção inversa na medida em que o seguro estimula projetos que não seriam viáveis na ausência de proteção atuando na demanda agregada, ainda que indiretamente. Outro aspecto relevante do ponto de vista macroeconômico é que, como as seguradoras são grandes investidores institucionais,[4] há efeitos positivos do seguro na renda pelos canais tradicionais da poupança e dos investimentos. O Brasil possui uma posição intermediária em relação aos países dessa amostra, com um grau de penetração (arrecadação sobre PIB) de cerca de 4%,[5] crescendo ao longo dos últimos anos.

Gráfico 1
Grau de penetração do seguro

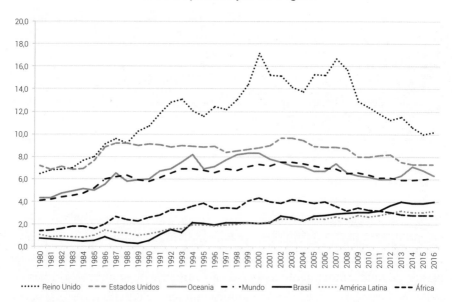

Fonte: Sigma-Explorer, Swiss-RE. Atualizado em: 6/7/2017.

---

[3] Estimativas de Contador (2007).
[4] Em 2017 foi R$ 1,2 trilhão em garantias financeiras para indenizações (ou benefícios) futuras. As seguradoras adquirem títulos e ações no mercado para remunerar esses investimentos. Fonte: CNseg.
[5] *Stricto sensu*, este cálculo de arrecadação desconsidera os dados das operadoras de planos de saúde que não são seguradoras.

A REGULAÇÃO DO SETOR DE SEGUROS: ASPECTOS ECONÔMICOS   479

O gráfico 2 mostra a evolução da arrecadação do setor segurador no Brasil dividido entre os diferentes ramos.

Gráfico 2
Desempenho recente do mercado de seguros — evolução — 2008 a 2017

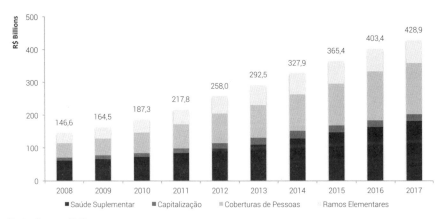

Fonte: Susep e ANS.

Assim como os seguros gerais, os serviços de saúde também aumentam quando as sociedades enriquecem, seja porque as pessoas passam a ter mais acesso a tratamentos que antes não eram possíveis, seja porque a demanda aumenta com a maior longevidade da população. No Brasil, cerca de 1/4 da população é atendida pelo setor privado na forma de planos de saúde.[6] O gráfico 3 apresenta a evolução do número de beneficiários de planos de assistência médica, diferenciando entre beneficiários de planos coletivos empresariais, coletivos por adesão e planos individuais. O mercado de planos coletivos empresariais foi o segmento que liderou a expansão da cobertura de planos de saúde, movimento associado ao aumento de empregos formais no país. Da mesma forma, a crise econômica também se refletiu no setor a partir de 2014, com a redução do número de beneficiários pela primeira vez na série histórica disponível.

---

[6] A taxa de cobertura de planos médicos em abril de 2018 foi de 22,7%, enquanto a de planos odontológicos, de 11,4%. Fonte: ANS.

Gráfico 3
Evolução do número de beneficiários de planos de assistência médica, por tipo de contratação

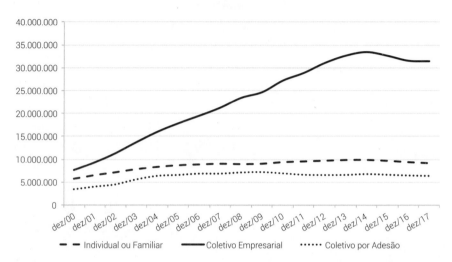

Fonte: ANS.

Atualmente, o setor conta com 1.061 operadoras, distribuídas entre as diversas modalidades. O mercado possui cerca de 70 milhões de beneficiários, sendo 54,8 milhões de planos médicos e 15,2 de planos odontológicos. A taxa de sinistralidade, razão entre as despesas assistenciais e as receitas, é de 83,6% para o mercado de planos médicos e de 45,1% para os planos odontológicos, como mostra a tabela 3.

Tabela 3
Estrutura do mercado de saúde suplementar

Modalidade	Dezembro 2017		2017		
	Operadoras[1]	Beneficiários[2]	Receita (R$ bilhões)[3]	Despesa total (R$ bilhões)[4]	Sinistralidade[5] (%)
Mercado	1.061	70,0	183,4	198,5	82,1
Assistência Médica	769	54,8	178,3	194,5	83,6
Cooperativa Médica	294	17,9	58,6	67,9	82,4
Medicina de Grupo	261	23,7	56,3	56,1	78,7
Seguradora Especializada em Saúde	9	7,2	39,6	40,5	86,8
Autogestão	160	4,9	21,3	24,1	94,5
Filantropia	45	1,1	2,3	5,9	79,4
Exclusivamente Odontológico	292	15,2	3,4	2,7	45,1
Odontologia de Grupo	187	11,9	2,6	1,9	40,3
Cooperativa Odontológica	105	3,3	0,8	0,8	61,9

Fontes: Diops/sala de situação — ANS — extraído em 2/5/2018.
Notas: [1] Quantidade de operadoras com registro ativo e com beneficiários. [2] Quantidade em milhões. [3] Considera o dado das operadoras que divulgaram receita. [4] Considera o dado das operadoras que divulgaram despesa assistencial, despesa administrativa, despesa com comercialização e impostos. [5] Relação entre despesa assistencial e receita de contraprestações. [6] Considera dados da Administradora de Benefícios.

É importante chamar a atenção para algumas diferenças entre as operadoras de planos que se constituem sob diferentes modalidades, a saber:

1) Seguradora Especializada em Saúde: sociedades seguradoras autorizadas a operar seguro-saúde, devendo seu estatuto vedar a atuação em quaisquer outros ramos de seguros. Com a aprovação da Lei nº 9.656/1998, que regulamentou o setor de saúde suplementar no Brasil e criou o Conselho de Saúde Suplementar (Consu), e da Lei nº 9.961/2000, que criou a ANS, tornou-se necessário equiparar as operações de seguro-saúde aos planos privados de assistência à saúde, de forma a adaptar tais operações aos requisitos legais. Posteriormente, a Lei nº 10.185, de 12 de fevereiro de 2001, enquadrou o

seguro-saúde como plano privado de assistência à saúde, e a sociedade seguradora especializada em saúde como operadora de plano de assistência à saúde, para efeito da Lei nº 9.656/98;
2) Cooperativa Médica: sociedade de pessoas sem fins lucrativos, constituídas conforme o disposto na Lei nº 5.764/1971 (Lei geral do cooperativismo), que operam planos privados de assistência à saúde;
3) Cooperativa Odontológica: sociedade de pessoas sem fins lucrativos, constituídas conforme o disposto na Lei nº 5.764/1971 (Lei geral do cooperativismo), que operam exclusivamente planos odontológicos;
4) Autogestão: entidades que operam serviços de assistência à saúde ou empresas que, por intermédio de seu departamento de recursos humanos, responsabilizam-se pelo plano de seus empregados ativos, aposentados, pensionistas e ex-empregados e respectivos grupos familiares, ou ainda a participantes e dependentes de associações de pessoas físicas ou jurídicas, fundações, sindicatos, entidades de classes profissionais ou assemelhados;
5) Filantropia: entidades sem fins lucrativos que operam planos privados de assistência à saúde e tenham obtido certificado de entidade filantrópica junto ao Conselho Nacional de Assistência Social (CNAS) e declaração de utilidade pública federal, estadual ou municipal junto aos órgãos competentes;
6) Medicina de Grupo: empresas ou entidades que operam planos privados de assistência à saúde, excetuando aquelas classificadas nas modalidades anteriores;
7) Odontologia de Grupo: empresas ou entidades que operam exclusivamente planos odontológicos, excetuando-se aquelas classificadas nas modalidades anteriores;
8) Administradora de benefícios: pessoa jurídica que propõe a contratação de plano coletivo na condição de estipulante ou que presta serviços para pessoas jurídicas contratantes de planos privados de assistência à saúde coletivos.

As seguradoras (e operadoras) provêm um tipo especializado de serviço financeiro: elas oferecem proteção contra riscos de naturezas distintas, como fenômenos climáticos, acidentes automobilísticos, furtos, incêndios, danos da natureza etc. Há ainda os seguros de pessoas, como os seguros de vida, funeral, acidentes pessoais, educacional, viagem, prestamista, desemprego e outros. Os planos de saúde funcionam de forma similar aos seguros tradicionais, no que se refere aos fundamentos do risco e do próprio mutualismo,[7] sendo um sistema de compartilhamento de risco em que muitos contribuem para que alguns utilizem o seguro quando necessário. Essa é a solidariedade no risco, diferentemente de um sistema de capitalização em que meu consumo futuro está atrelado às contribuições que faço hoje. No contrato de seguro-saúde, a pessoa que não utiliza ajuda a financiar a utilização das pessoas que estão utilizando o serviço. É muito comum, mas tecnicamente equivocado, confundir seguro-saúde com um sistema de capitalização previdenciária. As operadoras são obrigadas a constituir reservas técnicas, reguladas pela ANS no caso das operadoras e pela Susep no caso das seguradoras, para a garantia do cumprimento de seus contratos que possuem natureza probabilística mas devem estar garantidos.

No entanto, nem todos os riscos são seguráveis. Para que um seguro seja viável é necessário que o risco atenda a exigências mínimas para sua viabilidade econômica, como:

— O risco deve ser acidental, ou seja, a ocorrência do sinistro deve se dar de forma aleatória. A estrutura de financiamento do seguro não funcionaria caso a ocorrência dos eventos cobertos seja certa durante a vigência do seguro, pois, se assim fosse, o valor dos prêmios corresponderia exatamente ao valor do evento certo acrescido das taxas de administração e não haveria nenhum sentido econômico para a operação de seguro;

— O segurado e seus beneficiários não podem intencionalmente impactar a probabilidade de ocorrência do sinistro ou no valor da indenização do risco coberto;

— O risco associado a cada um dos segurados deve ser homogêneo. Isso significa que os segurados são classificados em grupos específicos, cada qual com probabilidades similares de precisar da cobertura. Um exemplo é a diferenciação, no seguro de automóveis, entre segurados homens e mulheres;

— A probabilidade de, simultaneamente, todos os segurados serem afetados pelo mesmo evento negativo deve ser mínima e a ocorrência de

---

[7] O mutualismo foi o termo cunhado da biologia para definir a cooperação entre indivíduos mediante a agregação de seus riscos. Na biologia, quando a interação entre duas espécies proporciona ganhos recíprocos decorrentes da associação entre elas, há mutualismo.

um infortúnio a um segurado não deve impactar a probabilidade de ocorrência para outros segurados. O mútuo de riscos não funciona para riscos catastróficos, pois a diluição deixa de ser factível;
— O risco deve ser bem definido e mensurável, com base na avaliação estatística da experiência pregressa para as classes de segurados, conforme definida no contrato;
— O valor da indenização deve ter um limite máximo previamente estabelecido, pois com base nesse limite a seguradora calculará o prêmio adequado à cobertura contratada;
— O custo para segurar o risco deve ser compatível e interessante aos demandantes do serviço. Ou seja, o seguro deve ter um valor de prêmio que possibilite sua venda. Da mesma forma, deve ter um valor segurado elevado. Não faria sentido assegurar bens de valor irrisório;
— É necessária uma baixa probabilidade de correlação de sinistros. Se as probabilidades de ocorrência dos sinistros não forem independentes entre os diferentes segurados, a lei dos grandes números perde sua validade e o benefício da pulverização de riscos deixa de existir.

Sendo o risco segurável,[8] a seguradora poderá calcular o prêmio de seguro. Este deve guardar estreita relação com o risco a ser coberto, para que se possa garantir o equilíbrio econômico-financeiro e atuarial da operação. A aplicação de prêmios adequados ao risco é essencial para a solvência da seguradora.

Diferentemente dos outros ramos do seguro, no caso da saúde, não existe a figura de limite máximo a que a seguradora está obrigada a pagar, ou importância segurada. Há casos de doenças que acometem as pessoas que custam alguns milhares de reais e a operadora é proibida de estabelecer limites. Há regras para precificação por faixa etária no caso dos planos de saúde que visam contribuir para a solidariedade intergeracional em que os mais jovens pagam um pouco mais do que custam para que os mais idosos

---

[8] Muitos riscos não são seguráveis por não preencherem os requisitos básicos. Por exemplo, o risco de que os papéis de uma carteira de ações caiam fortemente de valor, risco de não conseguir a taxa de remuneração esperada em um negócio, risco de tirar nota baixa em um exame, risco de perder o dinheiro em um cassino, entre outros. Nenhuma seguradora vai se dispor a fazer seguro para esses riscos. Ao contrário, em todo o mundo, as seguradoras procuram excluir explicitamente das coberturas os danos resultantes desses eventos. Seja porque são de difícil previsão, seja porque podem ser muito afetados pelas ações do segurado, ou ainda, porque concentram fortemente os riscos. Disponível em: <www.tudosobreseguros.org.br>.

possam pagar um pouco menos do que custam. Também é proibido às operadoras negarem o oferecimento do seguro-saúde baseado em condições de saúde ou idade.

3. A regulação do mercado segurador e de saúde suplementar

A regulação, o controle e a fiscalização dos mercados de seguro, previdência privada aberta, capitalização e resseguro é de responsabilidade da Superintendência de Seguros Privados (Susep), autarquia criada em 1966, vinculada ao Ministério da Fazenda. As diretrizes mais gerais no tocante ao funcionamento do sistema segurador, das características dos contratos, critérios de constituição das empresas, de corretagem, e de limites técnicos e legais são estabelecidas pelo Conselho Nacional de Seguros Privados (CNSP)[9], integrado pelo ministro da Fazenda, que o preside, por representantes do Ministério da Justiça, da Previdência e Assistência Social, do Banco Central, da Comissão de Valores Mobiliários e pelo superintendente da Susep.[10]

A Susep tem legalmente a atribuição de fiscalizar a constituição, organização, funcionamento e operação das empresas reguladas, proteger a captação de poupança popular, zelar pela defesa dos interesses dos consumidores dos mercados supervisionados, promover o aperfeiçoamento das instituições e dos instrumentos operacionais a eles vinculados, com vistas à maior eficiência do Sistema Nacional de Seguros, promover a estabilidade dos mercados assegurando sua expansão e o funcionamento das entidades que neles operem, zelar pela liquidez e solvência das empresas, disciplinar e acompanhar os investimentos, em especial os efetuados em bens garantidores de provisões técnicas, cumprir e fazer cumprir as deliberações do CNSP e exercer as atividades que por este forem delegadas.

A regulação dos planos e seguros de saúde é de responsabilidade da Agência Nacional de Saúde Suplementar (ANS), agência reguladora criada no ano 2000 pela Lei nº 9.961/2000 e vinculada ao Ministério da Saúde.[11] A diretoria da ANS é colegiada, composta por cinco diretores com mandatos

---

[9] Decreto-Lei nº 73/66 — Dispõe sobre o Sistema Nacional de Seguros Privados, regula as operações de seguros e resseguros e dá outras providências.
[10] A Susep é administrada por um Conselho Diretor, composto pelo superintendente e quatro diretores. Também integram o Colegiado, sem direito a voto, o secretário-geral e o procurador-geral.
[11] Lei nº 9.961/2000 que cria a ANS e confere suas atribuições.

não coincidentes para exercício no período de três anos, com possibilidade de prorrogação por mais três anos, e o diretor-presidente é escolhido entre os diretores pelo presidente da República. A Diretoria Colegiada deve se submeter a um contrato de gestão assinado com o Ministério da Saúde. Um modelo regulatório e de governança diferente.

Acima da ANS, institucionalmente falando, está o Conselho de Saúde Suplementar (Consu), criado pela Lei nº 9.656/1998. É um órgão colegiado integrante do Ministério da Saúde e tem como competências, entre outras, estabelecer e supervisionar a execução de políticas e diretrizes gerais do setor de Saúde Suplementar e supervisionar e acompanhar as ações e o funcionamento da Agência. O Consu é integrado pelo chefe da Casa Civil da Presidência da República, na qualidade de presidente, pelo ministro da Saúde, ministro da Fazenda, ministro da Justiça e ministro do Planejamento, Orçamento e Gestão. O presidente da ANS participa na qualidade de secretário.

São atribuições do Consu estabelecer e supervisionar a execução de políticas e diretrizes gerais do setor de saúde suplementar, aprovar o contrato de gestão da ANS, supervisionar e acompanhar as ações e o funcionamento da ANS, fixar diretrizes gerais para implementação no setor de saúde suplementar sobre aspectos econômico-financeiros; criação de fundo, contratação de seguro garantidor ou outros instrumentos que julgar adequados, com o objetivo de proteger o consumidor em caso de insolvência de empresas operadoras; deliberar sobre a criação de câmaras técnicas, entre outras.

No ínterim entre a edição da Lei nº 9.656/1998 e a criação da Agência, este Conselho editou as principais regras do setor, algumas ainda em vigor. Na prática, após a criação da ANS, o Consu não se reuniu. A ANS ainda conta com a Câmara de Saúde Suplementar, de caráter permanente e consultiva, integrada pelas diversas entidades representativas dos segmentos regulados, consumidores, prestadores de serviços médicos, hospitalar, odontológicos e do governo. Feitas essas breves considerações sobre o arcabouço geral da regulação do setor de seguros e de saúde suplementar, cabe compreender as razões, motivações econômicas e os principais eixos da regulação. É o que faremos a seguir.

3.1 Racionalidade econômica da regulação

A regulação pode ser compreendida como uma forma de intervenção do Estado na economia, de maneira a estabelecer regras disciplinadoras e fiscalização cujo objetivo é incentivar as empresas reguladas a atuarem como se estivessem em um ambiente competitivo, de forma que o resultado de suas ações seja compatível com objetivos sociais. Por outro lado, a regulação impõe custos aos agentes regulados, em geral aos produtores e consumidores. A regulação do Estado sobre as pessoas e indivíduos é especialmente amplificada no Brasil como mostram diversos indicadores comparativos internacionais pelo excesso de burocracia e intervenções. De certa forma todos somos afetados pela regulação na medida em que os preços dos produtos, a qualidade oferecida e mesmo a quantidade respondem aos incentivos produzidos pela regulação.

Pela teoria tradicional da regulação pelo interesse público, o objetivo da intervenção do Estado no mercado é corrigir suas falhas, nomeadamente externalidades, monopólio natural e assimetria de informação. No modelo ideal de competição perfeita não haveria necessidade de regulação do mercado nem de políticas antitruste, pois haveria grande número de ofertantes do produto, sem poder de mercado para impor preços acima do nível competitivo, e os consumidores estariam plenamente informados sobre as características dos produtos (Viscusi, Vernon e Harrington, 2000). Quando essas características não estão presentes ou não funcionam adequadamente, pode ser que haja demanda pela intervenção regulatória de forma a tornar o mercado mais eficiente corrigindo suas falhas. Esse deve ser o princípio geral norteador, segundo a literatura. As externalidades são talvez o caso mais conhecido de falha de mercado. Elas ocorrem quando a ação de um indivíduo impacta outros que não são parte da transação original, sem que haja algum mecanismo de compensação. Uma forma de entender o problema é vendo as externalidades como o resultado de problemas na definição de direitos de propriedade. Uma empresa que polui o rio e afeta a produção dos pesqueiros sem recompensá-los monetariamente pelo custo gerado é um exemplo clássico dessa falha.

Geralmente, para corrigir essa falha, o Estado intervém mediante impostos (pigouvianos em homenagem a Pigou, economista que propôs inicialmente essa correção) ou pela definição clara de direitos de propriedade, na tradição coasiana. Na ausência de custos de transação, o mercado livre aloca direitos de forma eficiente, independentemente de quem detenha inicialmente o direito, pois haverá transações até que a eficiência econômica seja alcançada, como mostrou Coase (1960) em trabalho seminal.

Outro caso clássico em que o mercado falha é o de monopólios naturais. Estes ocorrem quando há indivisibilidades técnicas e elevadas economias de escala que justificam que a operação seja feita por apenas uma única empresa. O problema, nesse caso, é o poder de mercado que essa empresa terá, o que justifica regulações incidentes sobre seus preços e estruturadas de forma a evitar a exploração dos consumidores e a geração de ineficiência alocativa, com uma quantidade produzida e consumida inferior à que é socialmente ótima — surge, nesse caso, o que em economia se chama de perda de peso morto derivado do monopólio (*deadweight loss*). Há vasta literatura acerca dos modelos de regulação de preços mais eficientes nesses casos de regulação de *utilities*. O modelo de *price cap* tem sido adotado em diversas partes do mundo na regulação das indústrias de eletricidade e telecomunicações, por exemplo.[12]

A teoria da escolha pública justifica a regulação por outro ângulo, argumentando que, como os agentes públicos em geral atuam em busca de seus próprios interesses, nem sempre o regulador coloca em primeiro plano o interesse público. Nesse caso, o objetivo da regulação pode ser redistribuir renda entre os agentes econômicos, beneficiando aqueles que controlam ou pelo menos influem na regulação. Ou seja, agentes econômicos racionais investem recursos escassos para influenciar a regulação em benefício próprio, numa atividade descrita na literatura como *rent-seeking*.[13]

---

[12] O leitor interessado pode conferir a discussão atual sobre a implantação deste modelo para regular o reajuste dos planos de saúde individuais no site da ANS: <www.ans.gov.br/participacao-da-sociedade/camaras-e-grupos-tecnicos/camaras-e-grupos-tecnicos-anteriores/camara-tecnica-do-novo-modelo-de-reajuste>. Também poderá se informar sobre as críticas acerca do atual modelo e outros modelos de reajuste no site da Federação Nacional de Saúde Suplementar: <http://fenasaude.org.br/fenasau)de/eventos/realizados/2-workshop-de-analise-de-impacto-regulatorio.html>.

[13] No Brasil, há uma enormidade de projetos de lei tentando regular saúde suplementar que em geral buscam incorporar novos procedimentos, limitar reajustes de preços, interferir na remuneração entre operadoras e prestadores, entre outros. Posner (2003) compara o processo legislativo a um problema de *free-rider* em que o custo de organização dos inúmeros consumidores afetados negativamente pela regulação é excessivamente elevado. No Brasil em especial, o impacto econômico sobre as pessoas pelo aumento de preços ou redução da oferta geralmente é desconsiderado dos debates públicos no parlamento ou menosprezado a um segundo plano quando confrontado a direitos constitucionais como a saúde. Preferimos o caminho fácil das mentiras confortáveis do que das verdades inconvenientes, nos esquecendo de que, como nos ensinou Milton Friedman, não existe almoço grátis. Ou uma frase ainda mais repetida de que saúde não tem preço, mas a medicina tem custos... E altos.

Nenhuma das falhas, porém, é a que justifica a intervenção do Estado no mercado de seguros, nem tampouco no de seguro-saúde.[14] Nestes mercados, as falhas de mercado estão associadas à assimetria de informações. Arrow (1963) foi o economista a introduzir o conceito na literatura argumentando que a presença de risco moral, ou seja, a capacidade de o segurado influenciar a probabilidade de ocorrência do sinistro levaria a falhas no mercado. Arrow foi influenciado por uma visão enviesada de que o risco moral decorria de desvios éticos e comportamentais das pessoas. Mais tarde, no entanto, Pauly (1968) retificou essa visão argumentando que as pessoas naturalmente reagem quando o preço de um produto ou serviço é zero, ou próximo disso, como demandando mais tratamentos médicos se estes forem de graça.

Nos mercados de seguros, os consumidores não possuem tantas informações quanto os vendedores no que diz respeito às características do produto, de forma que o mercado, funcionando livremente, pode levar a decisões equivocadas, que prejudicam a maximização do bem-estar social. Por outro lado, os vendedores no mercado de seguros possuem informações incompletas acerca do risco dos consumidores, uma variável fundamental para a correta precificação do seguro. A assimetria de informações entre vendedores e compradores é comum em vários mercados e em diferentes dimensões da atividade econômica. Não é por outra razão que são estabelecidas regulações de defesa do consumidor, que proíbem falsidade em anúncios de vendas ou informações incompletas acerca dos termos de venda. No mercado de seguros o problema da assimetria de informações é bem mais agudo. Nos mercados de saúde, mais ainda.

3.2 Assimetria de informações

Fora dos modelos neoclássicos de equilíbrio sob concorrência perfeita de livros-texto, as informações raramente são perfeitas e simétricas. Os produtos também não são homogêneos, há poder de mercado entre empresas de forma que os pressupostos clássicos acabam servindo apenas de orientação geral sobre como a economia poderia funcionar em um mundo ideal. Sabemos que as informações não estão disponíveis a um custo zero no mercado. Pelo contrário, a informação relevante é um recurso altamente valorizado e, quan-

---

[14] Vale lembrar que estamos utilizando os termos seguro-saúde e plano de saúde sem descrever suas diferenças. Por ora, trabalharemos como se fossem termos intercambiáveis. Mais à frente, faremos as devidas distinções.

to maior sua utilidade, maiores serão os investimentos que os agentes farão na sua obtenção. Assim, na prática, as informações são distribuídas desigualmente entre os agentes econômicos e é natural que o agente que detenha a informação de melhor qualidade use-a em benefício próprio.

A literatura econômica reporta a seleção adversa e o risco moral como os principais problemas derivados da assimetria de informações nos mercados de seguros. No caso do seguro-saúde, há o problema adicional da indução de demanda pela oferta. Vamos abordar esses pontos a seguir.

3.2.1 Seleção adversa

No mercado segurador, os agentes possuem riscos diferentes, ou seja, probabilidades de utilização do contrato. Se uma seguradora, por desconhecer os diferentes tipos de riscos, resolve fixar o preço das apólices com base na média da incidência de sinistros passados, ou do risco médio daquela população, as pessoas que se enxergam como sendo de risco abaixo da média se sentirão prejudicadas e não comprarão o seguro, enquanto os indivíduos com riscos acima da média se sentirão especialmente atraídos pela política de preços da seguradora e compram o seguro. Ou seja, essa apólice de seguro se tornaria atrativa apenas para os indivíduos de risco elevado. Quem compraria um seguro de automóvel em um valor próximo ao valor comercial do automóvel, por exemplo? Apenas as pessoas que tenham quase certeza de que vão precisar do seguro para recompor sua perda. Dito de outra forma, quem compraria um plano de saúde por um valor pouco abaixo de uma internação? Apenas as pessoas que possivelmente precisariam desse serviço. O fato que intriga ainda mais é que dinamicamente, quanto maiores forem os preços, maior será a antisseletividade da carteira, o que por sua vez estimula ainda maiores elevações de preços. A literatura costuma reportar que, nesses casos, o risco ruim expulsa o risco bom, como mostra o seminal trabalho de Akerlof (1970).[15] Alguns autores denominam esse processo como o espiral da morte, pois à medida que o tempo passa, e os sinistros ocorrem em taxa superior à média de mercado, a seguradora precisa aumentar os prêmios, para refletir o risco efetivo, tornando o seguro ainda menos atrativo para o consumidor de baixo risco, expulsando-o. Esse

---

[15] O autor mostra os efeitos da assimetria de informações sobre qualidade no mercado de automóveis usados. Quando há assimetria na informação, os proprietários de automóveis em bom estado de conservação preferem não oferecer seus carros para venda e esse produto sumiria do mercado em última análise.

processo, conhecido como seleção adversa em economia (e antisseleção nas ciências atuariais), é comum a todos os ramos de seguros, e especialmente relevante para o seguro de saúde.

A rigor, a seleção adversa ocorre antes do estabelecimento de um contrato, quando uma das partes detém informação privada sobre suas características (*hidden information*). No caso do mercado de seguros de saúde, isso significa que os consumidores detêm mais informação sobre sua própria condição de saúde do que a seguradora, levando os indivíduos com alta probabilidade de utilização dos serviços de saúde a adquirirem um seguro. O mesmo que no caso dos seguros de automóveis, os segurados ditos "barbeiros" a adquirirem seguro.

A carteira de clientes da seguradora ficaria concentrada com indivíduos com elevada probabilidade de utilização. Se o problema de seleção adversa for grave, a carteira de clientes não se financia economicamente e isso pode levar as seguradoras à falência caso não se resolva o problema. Há casos em que esse fenômeno se agrava após o momento da intervenção do regulador mediante a liquidação da seguradora. À medida que o tempo passa, os clientes de menor risco conseguem sair com maior facilidade para outros planos e cumprir o período de carência, no caso do plano de saúde, ficando no contrato apenas os indivíduos de maior risco, geralmente pacientes internados, que não encontram planos sem carência. Nesses casos excepcionais em que a empresa está sendo liquidada, a ANS pode determinar a suspensão das carências.

A solução encontrada pelas seguradoras para lidar com os efeitos da seleção adversa é buscar as informações de forma a tentar segmentar os consumidores segundo seu grau de risco. Ocorre que essa é em grande medida uma informação privada dos consumidores e eles nem sempre estão dispostos a revelar. No caso do seguro-saúde, as operadoras solicitam o preenchimento de Declaração de Saúde e o proponente deve declarar se possui alguma doença ou lesão preexistente de forma a reduzir os efeitos negativos da assimetria para elas. Nesse caso, ou a operadora não é obrigada a cobrir os tratamentos relacionados por um período de 24 meses, ou institui um prêmio adicional (agravo) para essas coberturas. Os outros tipos de seguros obtêm informações variadas para confirmar as informações prestadas. A ausência de acidentes nos últimos anos, por exemplo, pode ser uma boa *proxy* para a qualidade do motorista.

Uma forma de estimular a autorrevelação dos riscos é mediante o oferecimento de um menu diversificado de contratos, com diferentes níveis de cobertura, preços e divisão de riscos, por exemplo. É uma das formas de se incentivar a autorrevelação desses riscos e preferências por parte dos consumidores no momento da aquisição dos seguros conforme o texto clássico de Rothschild e Stiglitz (1976). Uma política que estimule a maior diversidade de produtos poderia elevar o nível de eficiência do mercado.

Na presença de seleção adversa, o consumo de seguros pelos indivíduos de baixo risco é menor do que o nível ótimo. Com efeito, ocorre uma transferência de renda dos indivíduos de baixo risco para os indivíduos segurados de alto risco.

O efeito da seleção adversa é particularmente intenso no caso dos planos individuais de saúde. Uma hipótese plausível é que a regulação no setor de saúde suplementar, ao proibir a seleção de riscos, ou seja, a possibilidade de uma operadora negar o seguro com base na idade ou na condição de saúde das pessoas, além de padronizar os produtos e criar um sistema de precificação com subsídio entre as faixas etárias (em que os mais jovens pagam um pouco mais do que custam para subsidiar os mais idosos), pode ter agravado o problema da seleção adversa no mercado.[16]

3.2.2 Risco moral

Outra forma importante de manifestação da assimetria de informações no mercado segurador é mediante o risco moral (*moral hazard*). Nesse caso, os indivíduos adotam diferentes níveis de precaução e prevenção quanto ao risco, afetando a probabilidade de ocorrência do sinistro. O caso clássico é o segurado que, ao comprar o seguro automotivo, passa a ser menos cuidadoso ao trafegar e escolher o local em que estaciona seu automóvel, exatamente por ter garantida a indenização do valor do bem segurado em caso de ocorrência de sinistro.

No caso do seguro-saúde, o risco moral geralmente é associado a uma maior cobertura. Ou seja, há um *trade-off* entre a quantidade de seguro ofertada e a utilização excessiva do seguro. Pode ser derivado de uma alteração no comportamento do segurado em função de não ter que suportar o custo total do atendimento, o que faz com que o indivíduo tenda a visitar o médico com maior frequência do que faria caso não tivesse seguro ou

---

[16] A este respeito, ver Alves (2007).

tivesse um seguro com cobertura mais restrita. Na literatura esse efeito gera a denominada sobreutilização dos serviços. O risco moral pode ainda ser dividido, segundo critérios que dependem do tempo da ação do segurado, em dois tipos: risco moral *ex ante* e risco moral *ex post*. O primeiro diz respeito ao segurado não tomar os devidos cuidados necessários referentes à precaução, aumentando a probabilidade de o sinistro ocorrer. O segundo, por sua vez, refere-se ao uso excessivo do seguro: por exemplo, dos serviços de assistência médica após a contratação do seguro-saúde, pois para o segurado o custo monetário de utilização de uma unidade adicional de serviço de saúde é muito baixo.

Os mecanismos utilizados para se limitar esse efeito são conhecidos na literatura e incluem o compartilhamento de riscos como a coparticipação e a franquia. Nesses casos, como há divisão de riscos, o custo marginal para o segurado deixa de ser zero e este passa a ter maior incentivo a evitar o uso desnecessário. O estudo clássico da Rand Corporation, na década de 1960 nos EUA, mostrou como a incorporação desses mecanismos reduz o risco moral associado ao consumo. Esse foi um estudo paradigmático, um experimento desenhado que ainda não foi replicado. Segundo o estudo, os mecanismos de coparticipação no seguro não pioram a qualidade de saúde das pessoas, fato que desde aquela época intrigava os formuladores de políticas.

Há discussão na literatura sobre o efeito desses mecanismos sobre as condições de saúde das pessoas para que ela não seja um fator inibidor do uso dos serviços e as pessoas piorem seu estado de saúde. As evidências de que se tem conhecimento são de que, quando aplicados valores elevados de coparticipação (percentual ou valor fixo cobrado em cada utilização de serviços) em classes de renda menos favorecidas e de piores condições de saúde, a coparticipação pode contribuir para a redução do bem-estar dessas pessoas.

No entanto, no caso geral, o uso de instrumentos de coparticipação e franquias (divisão de riscos em que o segurado arca com os valores até determinado limite contratado e a partir desse limite o risco é transferido para a seguradora) na saúde estimula a redução do uso desnecessário e de desperdícios. No Brasil, o limite de coparticipação foi alterado recentemente para 40% sobre o valor do serviço.[17] Por parte das seguradoras há incentivo a não utilizar tais mecanismos em serviços que possam contribuir para redução do risco como atividades e procedimentos preventivos, por exemplo.

---

[17] Decisão da diretoria colegiada da ANS de 26/6/2018, disponível no site da ANS.

O risco moral está presente quando uma das partes do contrato detém informação privada sobre suas ações ou decisões (*hidden action*). Significa que a seguradora desconhece o esforço dos indivíduos, por exemplo, a manterem boa saúde. Essas informações são compartilhadas em algum grau. A seguradora pode investir recursos em conhecer as atitudes do segurado quanto a sedentarismo, tabagismo, alimentação saudável e hábitos de vida em geral. No entanto, não pode pela regulamentação cobrar um preço diferente para indivíduos que adotem esse tipo de atitude mais saudável. O receio do regulador, imagina-se, é que por outro lado essa faculdade permita a cobrança de preços mais elevados para indivíduos que possuem piores hábitos de vida. É certamente uma discussão em aberto.

Ao alterar o comportamento do indivíduo, o problema do risco moral no caso do seguro-saúde é a criação de incentivos econômicos que estimulam um nível de consumo de serviços de saúde superior ao que é socialmente ótimo, em função de o custo marginal do uso para a sociedade ser maior do que o custo marginal privado. Ou, no caso do seguro de automóvel, um cuidado inferior ao socialmente ótimo.

No setor de serviços médicos, a responsabilidade pelo diagnóstico e, muitas vezes, pelo tratamento é uma tarefa que o paciente delega ao médico (ou dentistas, hospitais etc.), em função da assimetria de informação entre ambos. Nesse contexto, o corpo clínico e o médico são os principais responsáveis pelo direcionamento do paciente dentro do setor médico-hospitalar e é o médico quem determina em grande parte a alocação dos recursos escassos do setor. Surge, dessa forma, a possibilidade de criação de demanda pelos seus próprios serviços, que pode ser creditada, novamente, à assimetria de informação, só que nesse caso entre o médico e o paciente e entre o médico e a operadora de plano. Esse é o caso conhecido como indução de demanda pela oferta. Em menor escala, o mesmo problema poderia ocorrer com uma oficina de reparos em sinistros de automóveis ou uma empresa de engenharia em imóvel incendiado.

O *overuse* (ou *overtreatment*) se materializa na utilização de procedimentos desnecessários, colocando muitas vezes em risco a própria saúde do paciente. No Brasil, como estimuladores do uso desnecessário, pode-se dizer que há o uso intensivo de tecnologia diagnóstica, funcionando como uma espécie de seguro contra riscos de acusação de má prática, além de um treinamento médico que privilegia a tecnologia. Há, evidentemente, casos de comissões pagas pela indústria de materiais para estimular o uso de determinados dispositivos implantáveis, órteses e próteses, tema que gerou inclusive uma CPI no Congresso Nacional. Nos EUA, a legislação é severa contra o pagamento de comissões. No Brasil, não há legislação específica, o que dificulta a atuação contra aqueles que pagam ou recebem comissões com esse fim.

O mecanismo adotado pelas operadoras na remuneração dos prestadores influencia diretamente como eles se comportam com relação à utilização dos serviços. Nesse sentido, o sistema *fee-for-service* (pagamento por procedimento realizado) está diretamente associado à indução de demanda, enquanto outros mecanismos de remuneração, como *bundles*, buscam agrupar procedimentos de elevada previsibilidade como um parto ou uma cirurgia de joelho agregando os custos totais com honorários médicos, equipamentos, materiais utilizados dentro de um mesmo pacote. A experiência internacional é favorável a mudanças que desestimulem o uso do modelo *fee-for-service* por ele não estimular eficientemente o uso dos recursos na busca da melhoria da qualidade de saúde das pessoas.

4. Aspectos gerais da regulação prudencial da solvência

Segundo a teoria tradicional, a regulação do mercado segurador é necessária para estabelecer níveis adequados de solvência do setor, denominada regulação prudencial, para minimizar problemas de ação coletiva que podem induzir seguradoras a tomarem riscos excessivos. Segundo essa abordagem, os segurados são vistos como investidores em títulos de renda fixa que depositam seus recursos nas seguradoras. Essas, por sua vez, reinvestem esses recursos de forma a garantir que o retorno dos investimentos possibilite o pagamento dos eventos incorridos pelos segurados. Para que essa transação de fato ocorra, os investidores/segurados devem ter certeza de que receberão o montante a que têm direito em um futuro próximo ou distante. Dado o incentivo que uma seguradora com responsabilidade limitada tem a investir em ativos de alto risco, a probabilidade de pagar ao investidor/segurado pode ser prejudicada. O segurador captura toda a vantagem da materialização do risco e poderia transferir para os segurados a parte ruim da materialização do risco. A teoria econômica sugere que o segurado poderia restringir esse comportamento típico de *moral hazard*, o custo de agência, monitorando as condições do contrato ou compartilhando a propriedade (Fama, 1980). Problemas de *free-rider* dificultam que os segurados acompanhem o objetivo de monitoramento do contrato. Esse problema é particularmente alto para os segurados porque o não pagamento pela seguradora ocorre depois que o segurado sofre algum dano ou risco catastrófico e o recebimento rápido da indenização é particularmente importante nesses casos.

Para remediar esse comportamento, a literatura aponta a intervenção estatal como a solução indicada. Diante disso, o governo regula a entrada no mercado mediante licenças e regras de capital e provisionamento, além de monitorar o desempenho econômico das seguradoras. O gráfico seguinte procura dar dimensão econômica e mostrar a evolução das provisões técnicas do setor segurador nos anos recentes. Tais provisões devem ser lastreadas em ativos garantidores a fim de garantir que no momento necessário a seguradora tenha recursos disponíveis para cumprir com seus contratos e pagar as indenizações devidas.

Em geral qualquer regulação de seguros engloba (Harrington e Niehaus, 2003):

— Controle de Entrada e Saída do Mercado. O órgão regulador estipula as condições técnicas e financeiras (capital mínimo) para entrada no mercado. Da mesma forma, o regulador pode retirar empresas do mercado que não funcionem adequadamente, seja por insuficiência de capital ou por problemas de gestão;

— Tarifação. Os reguladores muitas vezes exigem aprovação prévia das taxas de seguro a fim de verificar se os preceitos técnicos atuariais estão sendo cumpridos com o objetivo de evitar preços abaixo do custo (*underselling*) que possam comprometer a capacidade de solvência no futuro. É vital para a sustentabilidade do negócio que os preços sejam corretamente formatados.

— Contratos. A maioria das entidades reguladoras controla tanto o conteúdo mínimo das apólices quanto a linguagem dos contratos e termos gerais que devem estar expressamente colocados nos termos.

— Solvência. A regulação envolve o estabelecimento das regras de capital, diversificação dos ativos garantidores das provisões técnicas, limites de aplicações financeiras, entre outros, de forma a dar liquidez e solvência à atividade. No caso da saúde suplementar a regra permite a incorporação de ativos hospitalares como parte dos ativos que as operadoras devem manter para operar nos limites legais.

Tanto a Susep como a ANS acompanham os indicadores econômico-financeiros das empresas reguladas e possuem mecanismos de intervenção em caso de anormalidades.

Talvez o aspecto mais impactante da regulação seja a solvência, pois, se o regulador for excessivamente conservador, pode inibir a entrada de novos concorrentes e também reduzir a remuneração das firmas incumbentes. Por outro lado, se não for rigoroso o bastante, pode trazer problemas de credibilidade para o mercado diante da falência de empresas, além de efeitos potencialmente sistêmicos em especial no mercado de saúde. As discussões, portanto, envolvem aspectos econômicos e atuariais que devem tentar estabelecer um nível ótimo de regulação a ponto de garantir um nível adequado de solvência e também da concorrência, ambos objetivos que devem ser perseguidos pela entidade regulatória. Falaremos em seguida sobre o desenvolvimento recente desse debate.

Gráfico 4
Provisões técnicas do mercado segurador brasileiro

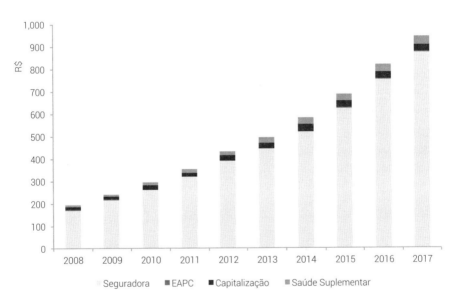

Fonte: CNseg.

O conceito de solvência está intrinsecamente vinculado aos registros contábeis das empresas. O que determina se uma companhia é solvente é se a mesma possui mais ativos (direitos) que passivos (obrigações). Para medir a força da solvência, convencionou-se utilizar uma medida resultante da teoria atuarial da ruína, conhecida como margem de solvência. Há basicamente duas visões para o conceito de solvência. Do ponto de vista do regulador, uma empresa solvente deve ser capaz de cumprir todas as obrigações com seus segurados. Dessa forma, num processo de liquidação da seguradora, todas as obrigações com o segurado devem ser cumpridas dentro de um horizonte de tempo, que normalmente é de um ano. A outra visão diz respeito ao gerenciamento da seguradora. Nesse caso, a função e a existência da empresa devem ser asseguradas e, portanto, a margem de segurança para absorver as incertezas relativas aos ativos e passivos vai ser impactada ainda pelo processo de gestão da seguradora. Essa margem de segurança costuma ser denominada capital econômico.[18]

O conceito de margem de solvência requerida ou capital regulatório está intimamente vinculado ao primeiro caso no sentido de que representa somente um colchão que absorve as incertezas associadas aos ativos e aos passivos. Para manter as contas dentro de patamares aceitáveis, até o fim de 1980, de um modo geral, a regulação de solvência baseou-se em fixar diretrizes para constituição de provisões técnicas, que são as principais contas do passivo, determinar parâmetros mínimos de investimento dos valores da provisão (ativos garantidores) e determinar valores para a margem de solvência requerida.

A partir da década de 1990, surgiram alguns sistemas de avaliação do capital regulatório que levavam em conta os riscos envolvidos na operação (risco do ativo, risco de crédito, risco de subscrição e demais outros). Esses sistemas eram conhecidos como *risk based capital* (RBC). Foi uma evolução ao que já se tinha, mas continuava sendo um modelo-padrão que utilizava percentuais sobre contas do balanço das empresas para determinar o capital de cada um dos riscos.

Nos últimos anos, uma nova visão para a regulação do mercado de seguros tem sido amplamente discutida em função de vários problemas de solvência, principalmente aqueles associados à ineficiência na alocação de recursos financeiros e à avaliação incorreta ou má gestão dos riscos. Tem sido discutido, no âmbito do mercado europeu, um novo projeto conhecido por Solvência II, em que modelos internos das próprias empresas serviriam como parâmetro de avaliação dos processos regulatórios. No âmbito internacional, esses novos padrões de regulação vêm sendo discutidos pela International Association of Insurance Supervisors (Iais), órgão criado em 1994 e formado atualmente por cerca de 140 países, entre os quais o Brasil, e tem por fim promover uma supervisão eficaz e coerente em nível mundial do setor de seguros. Como membro desse organismo internacional, o Brasil vem criando uma série de normativos

---

[18] Baseado em Lima e William (2018).

com o objetivo de incentivar as empresas a desenvolverem melhores padrões de avaliação de risco. A Susep lidera os avanços regulatórios no mercado brasileiro enquanto a ANS ainda está alguns passos atrás na medida em que as regras para as operadoras ainda não são homogêneas. Algumas modalidades de operadoras tiveram suas regras flexibilizadas ao longo do tempo, sendo as seguradoras especializadas em saúde a modalidade que desde o início do processo de regulação já tinha níveis elevados de capital e provisionamentos em razão de já serem reguladas pela Susep anteriormente.

Contribuições para estabelecer metodologia de valoração (estimação) das provisões estão sendo dadas pela Internacional Accounting Standard Board (Iasb), entidade privada independente, que foi criada para estudar, preparar e emitir normas de padrões internacionais de contabilidade, e pela Iais, associação de reguladores internacionais da área de seguro, responsável por promover padrões internacionais de supervisão na área de seguro.

Normalmente, os reguladores costumam fixar valores-base para garantir a solvência. O regulador americano, por exemplo, possui uma fórmula que usa como insumo uma série de informações disponíveis em relatórios gerenciais das seguradoras para calcular o capital baseado em risco (Risk Based Capital — RBC). Já na Europa, era comum entre os países o uso de uma equação simples baseada nas informações de sinistro e prêmio. No Brasil, adotou-se critério similar ao europeu que se convencionou chamar de margem de solvência da seguradora. Contudo, a tendência atual em debate tanto na Susep como na ANS é a utilização dos modelos internos de avaliação de risco por parte das seguradoras e operadoras.

5. Principais aspectos da regulação da saúde suplementar

A Constituição Federal de 1988, ao criar o Sistema Único de Saúde (SUS) como um serviço universal, integral e gratuito, também definiu que a atuação privada no setor seria regulada pelo Estado. Em 1998, a Lei nº 9.656/1998 foi promulgada, após 10 anos em tramitação, e definiu o plano privado de assistência à saúde como a prestação continuada de serviços ou cobertura de custos assistenciais a preço pré ou pós-estabelecido, por prazo indeterminado, com a finalidade de garantir, sem limite financeiro, a assistência à saúde, pela faculdade de acesso e atendimento por profissionais ou serviços de saúde, livremente escolhidos, integrantes ou não de rede credenciada, contratada ou referenciada, visando a assistência médica, hospitalar e odontológica, a ser paga integral ou parcialmente às expensas da operadora contratada, mediante reembolso ou pagamento direto ao prestador, por conta e ordem do consumidor.

Pode-se dizer que a Lei nº 9.656/1998, a Lei dos Planos de Saúde, tentou alcançar a parte econômico-financeira, ao estipular as regras prudenciais, de acompanhamento das empresas e intervenção quando detectados problemas de solvência, e também nas garantias assistenciais, que levaram à padronização do produto oferecido e das coberturas obrigatórias. A lei proibiu a rescisão unilateral dos contratos por parte das operadoras, estabeleceu o controle governamental dos reajustes de preços dos planos de saúde individuais, proibiu a prática de seleção de risco por doença ou lesão preexistente, estipulou as coberturas mínimas obrigatórias, estabeleceu o controle atuarial de preços de venda dos planos, definiu as regras de entrada, operação e saída de operadoras, estabeleceu critérios de reajuste por faixas etárias e regulamentou os prazos máximos de carência. Foram mudanças substanciais no mercado. A figura 1 ajuda a resumir como a regulação afeta a atividade de uma operadora.

Figura 1
Principais aspectos da regulação para as operadoras

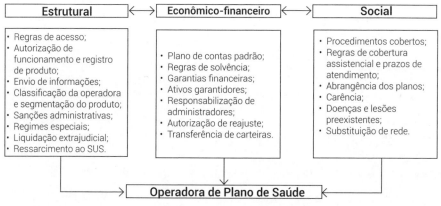

Fonte: Alves (2015).

Para além dos preceitos legais, a regulação da ANS avançou no estabelecimento de prazos de atendimento, que podem levar à suspensão de comercialização do produto e mesmo à liquidação da operadora, e de indicadores comportamentais, como o Índice de Desempenho em Saúde Suplementar (uma combinação de indicadores produzidos e publicados pela ANS), indicadores econômico-financeiros e assistenciais. Todas as ações de monitoramento das condutas das operadoras ensejam punições regulatórias, multas, e até a intervenção, como estabelecido nos instrumentos da direção fiscal, direção técnica e liquidação extrajudicial.

Muitas vezes o termo "saúde suplementar" é utilizado para fazer referência aos planos de saúde, ou seja, às operadoras. No entanto, convém observar que as operadoras são parte integrante de uma longa cadeia produtiva que também engloba os prestadores de serviços assistenciais (hospitais, médicos, dentistas, fonoaudiólogos, enfermeiros, psicólogos, laboratórios etc.), que, por sua vez, estendem essas relações ao setor produtor de insumos médicos (medicamentos, materiais) e de equipamentos. A figura 2 ajuda a esquematizar esse conjunto de relações da cadeia produtiva da saúde. Nota-se que apenas as operadoras são reguladas pela ANS.

Figura 2
Cadeia produtiva da saúde

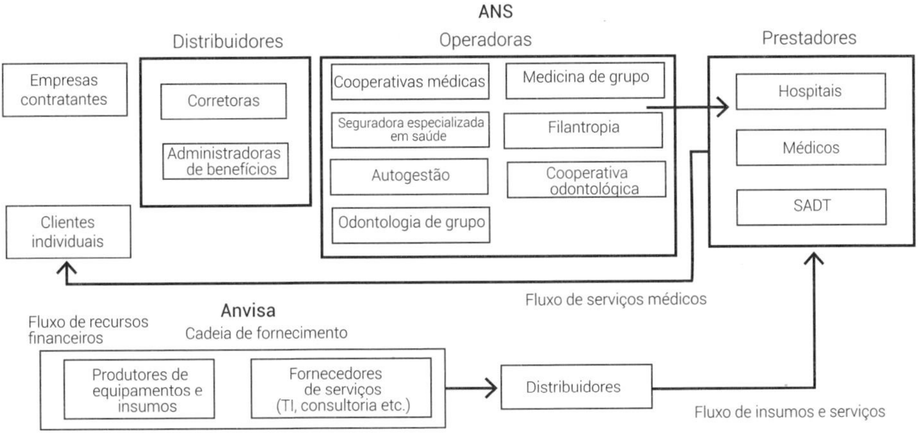

Fonte: Elaboração própria.

5.1 Regulação de preços e reajustes

No modelo de regulação brasileiro não há regulação do preço de entrada. Mas os reajustes subsequentes, no caso dos planos individuais novos, são controlados. A submissão do preço inicial à ANS visa prevenir práticas comerciais danosas ao consumidor e averiguar se está adequado ao equilíbrio econômico-financeiro do contrato. Dessa forma, o valor das mensalidades deve ser adequado ao risco que o segurado representa, considerando que todos os beneficiários do plano naquele grupo pagarão mensalidades iguais, correspondentes aos riscos desse grupo. O único fator previsto na normatização dos planos de saúde para a composição dos consumidores é a idade (faixas etárias), sendo vedados outros fatores que possam influenciar o risco (gênero, hábitos de vida, ocupação profissional etc.). Portanto, é o perfil etário do risco, entre outros fatores relacionados com a cobertura e a rede contratada, que define a estrutura dos preços dos planos de saúde. A regra estabelecida pela ANS exige que a operadora elabore uma Nota Técnica de Registro de Produto (NTRP) como pré-requisito para a concessão do registro de planos e manutenção de sua comercialização. A ANS aceita uma banda de 30%, para mais ou para menos, podendo suspender a comercialização caso a operadora não atenda.

Existem diferenças no tratamento regulatório dos reajustes dos planos dependendo do tipo de contratação (individual ou coletiva), do período de contratação (antes ou depois da Lei dos Planos de Saúde), da segmentação assistencial (médico-hospitalar ou odontológica) e também do tamanho da empresa contratante (mais ou menos de 30 beneficiários). Os planos individuais novos, cujos contratos tenham sido assinados após a entrada em vigência da Lei nº 9.656/1998 têm o reajuste anual controlado pela ANS. A metodologia aplicada para definição do índice máximo para esses planos é a mesma desde 2001 e considera a média dos percentuais de reajuste aplicados pelas operadoras aos planos coletivos com mais de 30 beneficiários. As operadoras são obrigadas a informar ao Órgão Regulador os reajustes aplicados aos contratos coletivos, que são o insumo para o cálculo do reajuste dos planos individuais.

Questão diferente é o reajuste por faixa etária. Por questões naturais, quanto mais idosa for a pessoa, geralmente mais necessários e frequentes são os cuidados com a saúde. As faixas etárias para correção da mensalidade visam compatibilizar o preço pago pelo consumidor à sua faixa de risco, permitindo que pessoas com uma mesma faixa etária estejam em um mesmo mútuo. Algumas dessas pessoas podem ter maiores necessidades, enquanto outras, menores. O mutualismo funciona nesses casos permitindo que aquelas pessoas com menor uso possam pagar pelo uso das pessoas que precisaram de serviços de saúde.

A Lei nº 9.656/1998, em seu art. 35-E, determinou que a ANS também autorize o reajuste para os planos individuais antigos (assinados antes do início da vigência da lei), como faz para os planos individuais novos. Entretanto, a partir de setembro de 2003, esse dispositivo legal está suspenso por decisão do Supremo Tribunal Federal (STF), que o julgou inconstitucional, em resposta a uma Ação Direta de Inconstitucionalidade (Adin). Diante disto, a ANS publicou a Súmula Normativa nº 5, em 2003, definindo que, caso não esteja clara no contrato a regra de reajuste, o reajuste anual deverá estar limitado ao reajuste máximo estipulado pela ANS ou ser definido por meio da celebração de Termo de Compromisso com o órgão regulador. Neste último caso, haverá necessidade de autorização prévia da ANS.

Em 2004, a ANS questionou os reajustes de planos individuais praticados por algumas operadoras com cláusulas de reajuste anual baseadas na variação dos custos médico-hospitalares (VCMH). A ANS propôs, então, a assinatura de Termos de Compromisso que passaram a ser aplicados aos contratos firmados individualmente até 1º de janeiro de 1999, e não adaptados à Lei nº 9.656, e cujas cláusulas de reajuste não prevejam índices claros e explícitos (IGPM, IPCA, ou qualquer outro divulgado publicamente e que ainda esteja em vigor).

A Resolução Normativa nº 309/2012 determinou as regras de reajuste para os contratos dos planos coletivos com menos de 30 beneficiários. A resolução obriga as operadoras a agruparem esses contratos em um mesmo *pool* de riscos para o cálculo de um mesmo reajuste. A RN 309 estabelece que sejam agrupados todos os contratos coletivos empresariais e coletivos por adesão firmados após 1º de janeiro de 1999, ou adaptados à Lei nº 9.656/1998, que possuam menos de 30 beneficiários. No entanto, tal agrupamento poderá ser desmembrado em até três subagrupamentos, separados pelo tipo de cobertura, podendo ocorrer até três percentuais de reajuste diferentes. A ANS não define percentual máximo de reajuste para os planos coletivos, por entender que as pessoas jurídicas possuem maior poder de negociação junto às operadoras, o que, naturalmente, tende a resultar na obtenção de percentuais vantajosos para a parte contratante. O reajuste dos planos coletivos é calculado com base na livre negociação entre as operadoras e as empresas, fundações, associações etc. Os contratos coletivos empresariais com mais de 30 beneficiários não estão sujeitos à carência, o que reduz o ônus da mudança para outra operadora, caso as condições oferecidas não sejam satisfatórias.

5.2 Padronização de contratos e segmentação assistencial

A legislação e a regulamentação estabelecem um padrão mínimo de coberturas obrigatórias dos planos, bastante amplas, como veremos adiante. Os planos devem cobrir todas as ações necessárias à prevenção de doenças e à recuperação, manutenção e reabilitação da saúde, dentro da abrangência e dos limites fixados em lei e no contrato.

Uma característica importante trazida pela lei foi a padronização das coberturas oferecidas. Antes da lei, eram comuns as exclusões de determinadas patologias, e havia limitações quantitativas de utilização de procedimentos, inclusive internações e UTI. Isso dificultava a comparabilidade de produtos disponíveis e o processo de escolha do consumidor. Com a padronização, as escolhas foram facilitadas e contratos mais restritivos não mais podem ser comercializados.

Os planos de saúde devem dar cobertura a todas as doenças listadas no Código CID-10, são proibidos de limitarem a quantidade de eventos, o período de duração e o valor dos procedimentos. Também é proibido à operadora negar o acesso ao plano em razão da idade ou devido à condição de portador de deficiência. A legislação trouxe restrição, portanto, ao mecanismo de seleção de riscos, comum às atividades securitárias. A operadora não pode rescindir unilateralmente o contrato, exceto em caso de inadimplência (não pagamento da mensalidade por período superior a 60 dias, consecutivos ou não, nos últimos 12 meses de vigência do contrato, desde que o consumidor seja comprovadamente notificado até o 50º dia de inadimplência) ou fraude. A legislação também instituiu a obrigatoriedade de oferecimento do plano-referência (exceto para as autogestões e operadoras exclusivamente odontológicas).[19]

---

[19] O plano-referência de assistência à saúde, com cobertura assistencial médico-ambulatorial e hospitalar, compreende partos e tratamentos, realizados exclusivamente no Brasil, com padrão de enfermaria, centro de terapia intensiva, ou similar, quando necessária a internação hospitalar, das doenças listadas na Classificação Estatística Internacional de Doenças e Problemas Relacionados com a Saúde, da Organização Mundial de Saúde. Também deve fornecer bolsas de colostomia, ileostomia e urostomia, sonda vesical de demora e coletor de urina com conector, para uso hospitalar, ambulatorial ou domiciliar, vedada a limitação de prazo, valor máximo e quantidade (incluído pela Lei nº 12.738, de 2012). O atendimento de urgência e emergência deve ser integral após as 24 horas da sua contratação. São permitidas as exclusões de tratamento clínico ou eirúrgico experimental; procedimentos clínicos ou cirúrgicos para fins estéticos, bem como órteses e próteses para o mesmo fim, e a Lei nº 10.223/2001 incluiu a obrigatoriedade de cobertura de cirurgia plástica reparadora de mama em caso de mutilação

A REGULAÇÃO DO SETOR DE SEGUROS: ASPECTOS ECONÔMICOS   505

Vale ressaltar que a ANS define a cada dois anos a lista de consultas, exames e tratamentos denominada Rol de Procedimentos e Eventos em Saúde, que as operadoras de planos de saúde são obrigadas a oferecer, conforme cada tipo de plano (segmentação assistencial) — ambulatorial, hospitalar com ou sem obstetrícia, referência ou odontológico. Essa lista é válida para os contratos realizados a partir de 2/1/1999, os chamados planos novos, mas vale também para os planos contratados antes dessa data, no caso daqueles que foram adaptados à Lei dos planos de saúde.

Há, portanto, diferentes combinações possíveis com as segmentações. A preferência dos beneficiários de planos médico-hospitalares é pelos planos hospitalares com obstetrícia com segmentação ambulatorial, que representam 73,8% do total de beneficiários de planos médicos em março de 2018. Essa é uma combinação ampla o suficiente para garantir o grande risco (hospitalização) e os pequenos eventos (consultas e exames).

6. Considerações finais

O setor segurador é complexo e funciona em bases técnicas sofisticadas para produzir sua função primordial que é oferecer proteção para os diferentes tipos de riscos enfrentados pelos indivíduos, empresas e até mesmo governos. Procuramos mostrar algumas de suas condições técnicas de viabilidade, oriundas do mecanismo mais eficiente de que dispomos para lidar com riscos, que é sua agregação mediante o seguro. Ao mesmo tempo, há na literatura especializada evidências de que esse setor está sujeito às chamadas falhas de mercado, essencialmente derivadas das assimetrias de informação (risco moral e seleção adversa), e nesses casos a regulação pode ser indicada para a correção ou redução dessas falhas.

No mercado de seguros em geral, e de saúde em particular, a regulação prudencial tem sido o remédio escolhido pelas autoridades para minimizar

---

decorrente de câncer; inseminação artificial; tratamento de rejuvenescimento ou de emagrecimento com finalidade estética; fornecimento de medicamentos importados não nacionalizados; fornecimento de medicamentos para tratamento domiciliar, ressalvada a cobertura de tratamentos antineoplásicos domiciliares de uso oral, incluindo medicamentos para o controle de efeitos adversos relacionados com o tratamento e adjuvantes; fornecimento de próteses, órteses e seus acessórios não ligados ao ato cirúrgico, tratamentos ilícitos ou antiéticos, assim definidos sob o aspecto médico, ou não reconhecidos pelas autoridades competentes; e casos de cataclismos, guerras e comoções internas, quando declarados pela autoridade competente.

problemas relacionados com insolvências e incapacidade de honrar compromissos assumidos algumas vezes em longo prazo. Tal regulação se faz essencialmente mediante regras de capital baseadas em riscos que passam por momento de discussão em ambas as autoridades.

Se a regulação for excessivamente conservadora, pode inibir novos entrantes e reduzir a remuneração das firmas incumbentes. Se for frágil, pode por outro lado incentivar a entrada de aventureiros e fragilizar a reputação e credibilidade do próprio mercado. Esse *trade-off* entre estimular a concorrência aumentando o grau de contestabilidade do mercado e o estabelecimento de regras prudenciais garantidoras dos riscos necessários talvez seja o grande desafio do regulador em última análise, pensando da perspectiva de longo prazo. Raciocínio análogo se coloca no caso dos planos de saúde individuais. Se a regulação for excessivamente dura no sentido de proteger o grupo de consumidores desses planos (9 milhões), mas insuficiente para remunerar as operadoras, menos produtos serão oferecidos e mais escasso se tornará esse serviço. Os prós e contras dessa proteção precisam ser sopesados.

Nesse sentido, um caminho que aponta como promissor é a institucionalização e harmonização da Análise de Impacto Regulatório, inclusive sobre o legado de regulações anteriores como forma de se avaliar se os efeitos foram alcançados ou se a regulação não é mais necessária e apenas agrega custos ao sistema. Essa parece ser a evolução fundamental no arcabouço para confecção de novas normas que busquem avaliar a relação de custo-benefício sempre que possível.

No caso da saúde suplementar, os desafios talvez sejam ainda maiores devido a uma dinâmica que estimula o crescimento dos custos assistenciais em velocidade superior à capacidade de pagamento das pessoas e empresas. É um desafio no Brasil e em todo o mundo oferecer assistência médica de qualidade e inovadora para uma população que felizmente envelhece mas que irá utilizar cada vez mais serviços de saúde. Como financiar esse uso no longo prazo? Essa talvez seja a principal pergunta que as autoridades regulatórias devam se fazer. E como a regulação pode contribuir para melhorar os incentivos, estimular inovações em um mercado dotado de tamanha complexidade e assimetrias informacionais. Não há resposta simples e os países que optaram por sistemas privados também vivenciam os mesmos desafios. Como colocar o balão inflável dos custos da saúde dentro de uma caixa? Essa resposta vai além do que a regulação pode oferecer e demanda ajustes dentro do próprio setor privado em suas diferentes instâncias, que mesmo com conflitos de interesses de curto prazo devem buscar um equilíbrio mais sustentável no longo prazo. Esse é o tamanho do desafio que o setor tem à frente.

Apêndice histórico

Seguro na história

A história do seguro pode ser resumida em cinco fases segundo Contador (2007), sendo o mutualismo, ou proteção mútua, o elemento central. A primeira fase (primitiva) data ainda da pré-história, anterior à criação da escrita. Se entendermos que a proteção mútua entre as pessoas proporciona a base para o seguro, as sociedades antigas já se organizavam de maneira a terem uma forma incipiente de seguro, de tal sorte que as pessoas que incorressem em alguma perda (moradia destruída, caça perdida, incapacidade de trabalho por doença) eram de alguma forma restituídas. Essa organização das contribuições e indenizações estava a cargo de feiticeiros, xamãs.

A fase intermediária pode ser definida pela institucionalização comercial do princípio da transferência de risco. Nessa fase, a especialização pela divisão do trabalho determinou o surgimento de pessoas e empresas dispostas a assumir o risco de outras. Saber administrar o risco passou a ser uma área de conhecimento científico. Para isso foi preciso transformar a incerteza em risco. A matemática passou a ser fundamental para o desenvolvimento do seguro e o sistema numérico arábico permitiu a realização das operações algébricas, ainda que somente no século XIII tenha se popularizado no Ocidente.

O papa Alexandre IV, em 1115, instituiu seguro obrigatório dos bens eclesiásticos contra roubos e incêndios. Em 1293, o rei d. Diniz instituiu o primeiro contrato de seguro marítimo em Portugal e, em 1318, a Ordenança de Pisa estabeleceu a primeira legislação sobre seguros, nos moldes que hoje conhecemos. No século XIV, a Itália já tinha regulamentação municipal incorporada nos estatutos de Gênova e de Florença. No fim da Idade Média, com as grandes navegações, a importância do seguro marítimo cresceu significativamente.

A terceira fase da história do seguro (pré-moderna) inicia-se com o Renascimento e a confiança de que o risco poderia ser domado e administrado.[20] Já era possível tomar decisões fundamentadas na probabilidade de ocorrência dos eventos, mas o mercado era pouco desenvolvido em termos econômicos. Naquela época era comum o seguro de escravos transportados em navios, mas o seguro de vida era proibido.

Com o avanço da Revolução Industrial e o padrão de vida médio crescendo, o seguro também se desenvolveu. Em 1929, a participação dos ativos do mercado segurador no PIB era de 24% nos EUA e de 35% na Inglaterra. Nos quatro anos que se seguiram, as reservas das seguradoras viraram pó, os prêmios caíram, pois não havia demanda, e a solvência das companhias se viu ameaçada. Faltava regulação e proteção ao consumidor. Isso mudou após a crise de 1929, com o estabelecimento de um marco regulatório que buscava a solvência das operações e a proteção do consumidor, dando início à fase moderna do mercado de seguros.

No Brasil, o mercado segurador foi inaugurado com a vinda da família real e a abertura dos portos. Em 1808, d. João VI autorizou o estabelecimento da Companhia de Seguros Boa-Fé, regulada nos moldes portugueses. Ainda nesse ano surgiu a seguradora Conceito Público e, em 1818, a seguradora Identidade. Apenas em 1828 surgiu o primeiro decreto regulamentando as operações de seguro no Brasil e concedendo autorização para o estabelecimento da Seguros Mútuos Brasileiros. Em 1835 foi criado, por decreto, o Monte-Pio Geral de Economia dos Servidores do Estado, precursor da previdência social no Brasil. Em 1850, com a edição do Código Comercial, foi regularizado o seguro marítimo e surgiram seguradoras nacionais operando no ramo de incêndio. Seguindo os padrões da época, o seguro de escravos era permitido como seguro de bens de capital e o seguro de vida era proibido. Interessante notar que em 1860 os Decretos n°s 2.679 e 2.711 já estabeleceram a obrigatoriedade de publicação de balanços das seguradoras.

Já na República, em 1901, foi instituída a Superintendência Geral de Seguros, pelo Decreto nº 4.270. Entre 1910 e 1915 proliferaram as caixas de pensões e sociedades mútuas de pecúlio, porém com muitos casos de fraudes contra os segurados, gerando enorme desconfiança na sociedade da época. Em 1932 foi estabelecida legislação contra a insolvência de empresas, com

---

[20] A matemática passava pela revolução provocada por Pascal (1623-62), Newton (1642-1727), Chevalier de Méré (1607-84), Luca Paccioli (1445-1514), Pierre de Fermat (1601-1705), dando origem à teoria das probabilidades. Em seguida, Bernoulli (1654-1705) lançou o conceito de valor esperado, ou esperança matemática, e a ideia de que as pessoas atribuem valores diferentes ao risco. Berntein (1997).

todo o viés nacionalista da época, criando restrições para seguradoras estrangeiras. Em 1939, com a proibição de remessa de recursos ao exterior para cobertura de seguro e resseguro, foi criado o Instituto de Resseguros do Brasil, concedendo monopólio de todos os contratos de resseguros das empresas que operaram no Brasil.

Em 1966 ocorre importante mudança institucional, com a criação da Superintendência de Seguros Privados (Susep) pelo Decreto-Lei nº 73 e o estabelecimento de regulação do mercado. Estava em curso a modernização do sistema financeiro, com a criação do Banco Central do Brasil, do Conselho Monetário Nacional e do Conselho Nacional de Seguros Privados.

O mercado segurador está desde então organizado no Sistema Nacional de Seguros Privados. Compete ao governo federal formular a política de seguros privados, estabelecer suas normas e fiscalizar as operações no mercado nacional. O Decreto-Lei nº 73, que rege as operações de seguro, instituiu o Sistema Nacional, integrado pelo Conselho Nacional de Seguros Privados (CNSP),[21] a Superintendência de Seguros Privados (Susep) e as sociedades autorizadas a operar em seguros privados e capitalização, entidades abertas de previdência complementar e corretores de seguros habilitados, segundo o organograma seguinte.

---

[21] Formado pelo ministro da Fazenda (presidente), pelo superintendente da Susep, por representante do Ministério da Justiça, representante do Ministério da Previdência e Assistência Social, representante do Banco Central do Brasil e representante da Comissão de Valores Mobiliários.

História do seguro-saúde

O seguro de saúde privado, tal como conhecemos hoje, surgiu primeiramente nos Estados Unidos, na primeira metade do século XX. Em 1932 foi formado um Comitê de Custos da Assistência Médica no governo, cuja conclusão final foi de que o alto custo médico para as pessoas mais necessitadas demandava a provisão tanto de serviços públicos quanto privados. Um problema antigo e que continua nos dias de hoje, haja vista todo o debate acerca dos seguros privados obrigatórios instituídos pelo chamado Obamacare.

Em 1929, por exemplo, surgiu o primeiro plano de serviço hospitalar no hospital Baylor, em Dallas. Os professores de escolas públicas pagavam 50 centavos por mês em mensalidades para ter acesso a um plano que cobria até 21 dias de internação e descontos de 30% nos demais 344 dias. Esse tipo de assistência ganhou muita projeção nessa época. Em 1936, a Associação de Hospitais Americanos estabeleceu a comissão de serviços hospitalares, que depois acabou se tornando a Associação Blue Cross, que estimulava a expansão dos planos regionais com a marca Blue Cross. Em 1943 havia 12 milhões de associados nesse tipo de plano.

O ano de 1929 também assistiu ao nascimento de outros modelos de seguro-saúde também. Nesse ano, a primeira cooperativa de consumo — que oferecia assistência médica na base do pré-pagamento — foi criada em Elk City, Oklahoma, onde a clínica Ross-Loos, uma cooperativa de médicos, começou a oferecer um modelo de pré-pagamento para os empregados de empresas de Los Angeles. Nos anos 1930 e 1940 outros modelos apareceram. Alguns deles, como a Kaiser Permanent, eram inicialmente patrocinados pelos empregadores diretamente. Outro exemplo era o Washington Group Health Insurance Plan. Os planos patrocinados por empregadores cobriam cerca de um milhão de pessoas em 1930.

Os Estados Unidos não seguiram a tendência europeia de implantar um seguro universal. Naquele país existem dois grandes programas públicos para oferecimento de assistência para os grandes grupos de riscos, notadamente idosos (Medicare) e os mais pobres (Medicaid), ambos criados em 1965. Durante a administração Truman e no período progressista dos anos 1960 e 1970, várias foram as tentativas de estabelecimento de um sistema universal, sendo a última no governo Clinton. Com o crescimento dos programas públicos, também cresceram as despesas com saúde, como aponta a literatura da economia da saúde.

História dos planos e seguros de saúde no Brasil

Há cinco maneiras de lidar com os riscos que surgem especificamente no setor saúde: (i) a poupança, com a finalidade de deslocar o consumo entre períodos saudáveis e de doença; (ii) a divisão de riscos entre pessoas conhecidas e próximas (família e amigos); (iii) caridade; (iv) mercado privado de contratos de seguro; e (v) seguro social. No Brasil, embora haja o Sistema Único de Saúde com acesso universal e gratuito, o mercado privado de assistência à saúde se desenvolveu fortemente. A população pode optar pela assistência privada, sem abrir mão da cobertura pública principal.

A base para a formação da saúde suplementar foi a Lei Elói Chaves, de 1923, aprovada pelo presidente Artur Bernardes, que criava em cada uma das estradas de ferro existentes no Brasil uma Caixa de Aposentadoria e Pensões. Essas Caixas eram mantidas pelas empresas e passaram a oferecer serviços de assistência médica, descontos em medicamentos, aposentadorias e pensões. Um modelo exclusivamente privado, em que não havia participação de recursos da União.

A partir do governo Vargas, na década de 1930, a participação do Estado se ampliou substancialmente e foram criados os Ministérios da Educação e da Saúde, além de implantados órgãos de combate a endemias. O governo Vargas unificou as Caixas de Aposentadoria e criou os Institutos de Aposentadorias e Pensões, segmentados por categoria profissional, que ofereciam cobertura médica e previdenciária aos trabalhadores formais urbanos (marítimos, comerciários, bancários e industriários). O financiamento advinha de contribuições do Estado, empregadores e empregados, e os Institutos podiam ter ambulatórios, hospitais e também comprar serviços de prestadores privados. Algumas empresas lançaram planos próprios, como o Banco do Brasil (Cassi) em 1940. Em seguida foi criada a Geap, operadora de autogestão que oferece plano de saúde para servidores públicos.

A maioria dos autores aponta que os planos de saúde surgiram no Brasil de forma concomitante com o processo de industrialização ocorrido no Brasil na década de 1950, especialmente a partir da participação estrangeira na fundação e desenvolvimento da indústria automobilística. Ao fim do governo de Getúlio Vargas, o cenário econômico era de política de substituição das importações e elevados déficits comerciais. A economia brasileira era essencialmente agrária e havia muitas restrições à maior abertura do mercado nacional para os estrangeiros.

Com a assunção do vice-presidente Café Filho, um movimento de maior abertura ao comércio exterior começou a tomar forma, com a nomeação como ministro da Fazenda de Eugênio Gudin, economista de viés liberal que defendia maior liberalização econômica, controle de gastos e da inflação. Gudin teve papel importante na edição da Instrução nº 113 da Superintendência da Moeda e do Crédito (Sumoc),[22] que estimulava a internacionalização e modernização da economia brasileira. O setor automobilístico recebeu forte apoio para se desenvolver no governo JK.

Com as grandes montadoras instaladas no país, maior atenção passou a ser dada à saúde dos colaboradores, pelos seus efeitos positivos sobre a produtividade da mão de obra. Como a estrutura de serviços de saúde era bastante reduzida, e não universalizada naquela época, naturalmente houve demanda pelos serviços privados organizados na forma mutualista do plano de saúde. As empresas instaladas em território nacional trouxeram também suas políticas de remuneração, que ofereciam benefícios aos seus empregados que iam além do salário, para também incluir alimentação, transporte e assistência médica. Os antigos Institutos IAP não conseguiam atender à crescente demanda.

Em 1956, após uma greve de funcionários da Ultragás, a assistência médica foi cancelada, como punição. Nascia a Policlínica Central e um novo modelo de prestação de serviços de saúde, que posteriormente atendeu aos funcionários da própria Ultragás. Em seguida vieram outras montadoras como a Volkswagen, Chrysler, Motores Diesel e indústrias gerais como Brinquedos Estrela e outros. Diante do crescimento econômico expressivo da década de 1960, o governo não conseguia atender a demanda. Foi quando surgiu o convênio-empresa. Era um contrato homologado pelo governo em que o empregador passava a ter a responsabilidade de oferecer os serviços médicos. Em 1964, a Volkswagen firmou um convênio dessa natureza e em seguida diversas outras grandes empresas optaram pelo mesmo modelo.

Com o tempo, o mercado de seguros médicos foi se ampliando. As empresas de medicina de grupo foram se organizando para suprir a demanda derivada do processo de industrialização. Os denominados convênios médicos entre empresas empregadoras e empresas médicas, mediados pela Previdência Social, estimularam o processo empresarial da medicina. E empresas médicas, contando inicialmente com suas redes próprias, ganharam força na organização dos

---

[22] A Superintendência da Moeda e do Crédito (Sumoc) foi criada no final do primeiro período de Getúlio Vargas como presidente da República, pelo Decreto-Lei nº 7.293/1945, que instituiu a autoridade monetária brasileira, com a missão de preparar a organização de um Banco Central no país.

prestadores de serviços. As medicinas de grupo foram se organizando em torno de proprietários de hospitais, configurando um processo de integração vertical. As Unimeds surgiram como uma alternativa, via cooperativas de trabalho.[23]

Em 1966, com a publicação do Decreto-Lei nº 73, que regulamentou o mercado de seguros no Brasil e criou a Superintendência de Seguros Privados, a Susep, surgia o seguro-saúde como um produto securitário típico com livre escolha. As seguradoras, apesar de já terem previsão legal para operar no ramo saúde desde 1966, por meio dos arts. 129 a 133 do Decreto-Lei nº 73/1966, só efetivaram a entrada no setor após a Resolução nº 11/1976 do Conselho Nacional de Seguros Privados (CNSP), que regulamentou o seguro de reembolso de despesas médico-hospitalares, nos limites da apólice.

Alguns anos depois, as seguradoras passaram a referenciar os médicos. O contrato de seguro garantia ao segurado o direito de escolher livremente o prestador de serviço, sendo posteriormente reembolsado pela seguradora pelo montante pago. Em 1977, a seguradora Comind iniciou suas operações nesse ramo. Logo em seguida, a seguradora Itaúseg também iniciou suas atividades e, em meados da década de 1980, as seguradoras Bradesco e Sul América iniciaram suas atividades no setor.

Referências

AKERLOF, G. The market for lemons: quality, uncertainty and tke market mechanism. *Quarterly Journal of Economics*, v. 84, n. 3, p. 488-500, 1970.

ALVES, S. L. *Entre a proteção e a eficiência*. Evidências de seleção adversa no mercado de saúde suplementar após a regulamentação. Prêmio Seae de monografias em regulação econômica. Brasília: Seae, 2007.

____. *Fundamentos, regulação e desafios da Saúde Suplementar no Brasil*. Rio de Janeiro: Funenseg, 2015.

ANS. Agência Nacional de Saúde Suplementar. *Guia técnico de boas práticas regulatórias*. Orientações técnicas para o aprimoramento do processo regulatório. ANS, 2014.

ARROW, K. Uncertainty and welfare economics of medical care. *American Economic Review*, v. 53, p. 941-973, 1963.

---

[23] A primeira Unimed foi a de Santos em 1967. Na década de 70 diversas Unimeds foram criadas Brasil afora e surgiram as Federações e a Confederação – Unimed do Brasil.

BERNTEIN, P. *Desafio aos deuses*. A fascinante história do risco. Rio de Janeiro: Elsevier, 1997.

CARD, D.; DOBKIN, C.; MAESTAS, N. *The impact of nearly universal insurance coverage on health care utilization and health*: evidence from medicare. Cambridge, MA: National Bureau of Economic Research, 2004.

COASE, R. H. The problem of social cost. *The Journal of Law and Economics*, v. 3, p. 1-44, out. 1960.

CONTADOR, C. R. *Economia do seguro*. Fundamentos e aplicações. São Paulo: Atlas, 2007.

CUMMINS, J. D.; VENARD, B. *Handbook of international insurance*. Between global dynamics and local contigencies. Nova York: Sprienger, 2007.

CUTLER, D. M.; GRUBER, J. Does public insurance crowd out private insurance? *The Quarterly Journal of Economics*, v. 111, n. 2, p. 391-430, 1996.

____; ZECKHAUSER, R. J. The anatomy of health insurance. In: CULYER, A. J.; NEWHOUSE, J. P. (Org.). *Handbook of health economics*. Amsterdam: North-Holland, 2000.

DAGOBERTO, J. S. *Os bastidores da saúde suplementar no Brasil*. Memórias de um advogado. São Paulo: Editora do Autor, 2016.

FAMA, E. Agency problems and the theory of the firm. *Journal of Political Economy*, v. 88, n. 1, p. 288-307, abr. 1980.

HARRINGTON, S. E.; NIEAHAUS, G. R. *Risk managment & insurance*. 2. ed. Nova York: The McGraw-Hill, 2003.

LAKDAWALLA, D.; SOOD, N. Health insurance as a two-part pricing contract. *Journal of Public Economics*, v. 102, p. 1-12, 2013.

LIMA NETO, W. M. *Solvência no mercado de saúde suplementar*. FenaSaúde, out. 2018. (Coleção Planos de Saúde — O que saber, 10).

MANNING, W. G. et al. Health insurance and the demand for medical care: evidence from a randomized experiment. *American Economic Review*, v. 77, n. 3, p. 251-277, 1987.

PAULY, M. V. The economics of moral hazard. *Quaterly Jounal of Economics*, v. 88, p. 44-62, 1968.

POSNER, R. A. *Economic analysis of law*. 6. ed. Nova York: Aspen Publishers, 2003.

ROTHSCHILD, M.; STIGLITZ, J. Equilibrium in competitive insurance markets: an essay on the economics of imperfect information. *Quarterly Journal of Economics*, v. 90, p. 629-649, 1976.

VISCUSI, W. K. The value of risks to life and health. *Journal of Economic Literature*, v. 31, n. 4, p. 1912-1946, 1993.

____; VERNON, J. M.; HARRINGTON, J. E. *Economics of regulation and antitrust*. 3. ed. Cambridge, Mass.: The MIT Press, 2000.

WINTER, R. A. Solvency regulation and the property-liability "insurance cycle". *Economic Inquiry*, v. 29, p. 458-471, 1991.

CAPÍTULO 16

Crédito e desenvolvimento econômico

Rubens Sardenberg

1. Introdução

O sistema financeiro exerce três funções básicas na economia. Primeiro, proteger e remunerar a poupança de empresas e famílias, como ocorre, por exemplo, quando depositamos nosso dinheiro nos bancos e o aplicamos na poupança, em um CDB ou em um fundo de investimento. Segundo, oferecer serviços, como é o caso, entre outros, de cobranças, remessas de recursos para o exterior e pagamentos, em cheque ou por meio de cartões. Terceiro, fornecer crédito para empresas e famílias, sendo essa provavelmente a função mais importante do sistema financeiro.

Essas são funções cruciais para o bom funcionamento de uma economia moderna, por facilitar a alocação eficiente de recursos, em particular canalizando recursos adequados para financiar o investimento. Países ricos e desenvolvidos dispõem de um sistema financeiro avançado e há fortes evidências de que tal sistema, especialmente em seu papel de provedor de crédito, é uma das alavancas mais importantes do crescimento econômico.

Neste capítulo vamos tratar da função crédito, com base no seguinte roteiro. Primeiro, mostraremos a importância do crédito para o desenvolvimento econômico dos países e para melhoria do nível de bem-estar da população. Em seguida discutiremos as especificidades de uma operação de crédito, que é bastante diferente de uma operação de troca normal, em particular porque ocorre no tempo e em condições muito especiais. Nas seções seguintes vamos abordar as características do mercado de crédito no Brasil, detalhando ainda a precificação das operações de crédito, com ênfase na composição do chamado *spread* bancário. A última seção fará um breve resumo dos principais pontos do trabalho, enumerando algumas sugestões para o aperfeiçoamento do mercado de crédito no Brasil.

2. Mercado de crédito e desenvolvimento econômico

Uma operação de crédito pode ser definida como uma troca de dinheiro hoje por dinheiro amanhã.[1] De um lado, alguém que está oferecendo crédito abre mão de utilizar esses recursos no presente para emprestá-los e recebê-los de volta em data futura, acrescidos de uma taxa de juros. Do outro lado, o tomador de crédito, pretendendo ou necessitando realizar um gasto para o qual não dispõe de recursos no momento, aceita pagar um preço que está expresso na taxa de juros da transação.

Há vários tipos de operação de crédito, desde o mais simples — um empréstimo entre dois irmãos ou amigos, por exemplo, sem nenhuma documentação, geralmente fundado na confiança mútua — até os mais complexos, realizados por meio do mercado de crédito bancário ou do mercado de capitais.[2] Em todas essas dimensões, no entanto, a lógica é a mesma, envolvendo a transferência de recursos de poupadores para tomadores de crédito, no tempo, ou seja, num prazo determinado, que decorre entre a "aquisição" e a liquidação da dívida. Que tipo de operação é mais comum em uma economia vai depender do seu grau de desenvolvimento e sofisticação. Em geral, à medida que as economias avançam e se tornam mais complexas, os respectivos mercados de crédito se aprimoram, o que por sua vez faz com que os impactos sobre o desenvolvimento econômico fiquem ainda maiores. Ao longo deste texto, vamos nos deter justamente nos mercados de crédito mais modernos

---

[1] Esta definição aparece, por exemplo, em Guimarães e Gonçalves (2010:239).
[2] No mercado bancário temos a intermediação de uma instituição financeira, que capta os recursos junto ao público e os direciona para a concessão de crédito para empresas e famílias. No mercado de capitais, há uma relação direta entre quem está concedendo o crédito (investidores) e quem está captando, que são as empresas, para uma expansão ou para um novo projeto de investimento. É o caso, por exemplo, quando uma empresa emite um título (debênture) e o coloca diretamente junto aos investidores. Mais recentemente, no mundo dos Fintechs, começaram a surgir as chamadas operações *peer to peer*, em que, via plataforma digital, os poupadores emprestam diretamente para investidores. Importante lembrar que, no caso do mercado bancário, o risco de operação de empréstimo fica com o banco. Já no mercado de capitais o risco de crédito da operação é do investidor.

e desenvolvidos, a exemplo do brasileiro, onde instituições financeiras bem estabelecidas captam recursos junto às unidades poupadoras e os transferem para os tomadores de crédito, assumindo o risco dessas operações.[3]

Mas por que o crédito é tão importante para o desenvolvimento econômico e o bem-estar das populações? Em primeiro lugar, porque permite uma ampliação do consumo e do investimento, com impactos positivos sobre o crescimento econômico. Nas economias de mercado, é normal que alguns agentes tenham excesso de dinheiro num determinado momento, enquanto outros, ao contrário, carecem de recursos naquele mesmo instante. Imagine, por exemplo, uma família em situação confortável, com gastos inferiores à sua renda corrente, gerando, portanto, uma poupança. De outra parte, imagine uma segunda família, que, por alguma razão, precisa adquirir um veículo novo naquele momento e não dispõe de poupança suficiente para essa aquisição. Na ausência de um mercado de crédito, tal poupança não seria transferida entre essas famílias e a produção e venda desse veículo não aconteceria, com impacto negativo sobre o crescimento econômico.

No caso das empresas, os novos investimentos para a ampliação de sua capacidade produtiva (novas fábricas e equipamentos) são normalmente financiados ou com recursos ofertados por terceiros nos mercados de crédito (financiamentos em diversas modalidades) ou com base em lucros retidos (poupança própria). Diversos estudos mostram que, de modo geral, as empresas realizam cerca de metade dos seus novos investimentos com base em poupança própria e o restante com recursos de terceiros. Veja, portanto, como os investimentos e o crescimento econômico seriam bem menores se as empresas não dispusessem de um mercado de crédito desenvolvido, permitindo a utilização da poupança de terceiros que permaneceria ociosa.

Vamos considerar agora o universo das *startups*, empresas nascentes apoiadas em tecnologias inovadoras e em formas inéditas de ofertar seus produtos. Aqui estamos tratando de uma operação mais típica de mercado de capitais, com transferência direta de poupança de investidores financeiros para novos empreendedores. Mas que funciona com a mesma lógica do mercado de crédito. Em geral, os fundadores das *startups* não são as mesmas pessoas que dispõem dos recursos para financiar seus projetos. E na outra ponta estão

---

[3] Lembrando novamente que aqui estamos tratando do mercado bancário. Portanto, a rigor, temos uma família aplicando seus recursos em uma instituição financeira (num CDB, Letra Financeira, Fundo de investimento etc.) e a outra família recebendo os recursos via concessão do empréstimo.

investidores que possuem capital, mas com menos ideias e/ou capacidade de empreender. Será que a Microsoft ou a Amazon teriam se tornado gigantes sem um mercado de crédito/capitais para financiar as ideias e a capacidade de empreender de um Bill Gates ou de um Jeff Bezos? Provavelmente não.

Observa-se, portanto, que o crédito torna possível a ampliação do consumo e do investimento, facultando o uso de recursos que de outro modo permaneceriam ociosos. Mas, além da dimensão do crescimento, o crédito também contribui para o bem-estar de uma sociedade, já que permite que os tomadores de crédito ampliem seu consumo no presente com base em sua renda futura e que os poupadores desfrutem no futuro o capital que acumularam durante sua fase de vida mais produtiva. Tome-se por exemplo a situação de dois casais: numa ponta uma jovem parelha no início da sua vida profissional, ainda sem o suficiente para adquirir um imóvel. E na outra um casal maduro, que amealhou recursos ao longo da sua vida e hoje, com os filhos já criados e independentes, tem um pecúlio à disposição para gozar sua aposentadoria. O mercado de crédito permite a transferência desses recursos, remunerando a poupança do casal de idosos e ao mesmo tempo permitindo ao jovem casal antecipar a compra do imóvel, assumindo prestações que serão pagas com sua renda futura. Trata-se, portanto, de uma troca, como outras que ocorrem na economia, e nesse caso o agente que valoriza mais o dinheiro hoje aceita comprá-lo por um preço (juros) que interessa a quem o vende. No final, o aumento do bem-estar vem do fato de o dinheiro acabar ficando hoje com quem o valoriza mais. É uma demonstração clara de melhoria do bem-estar da sociedade em decorrência do bom funcionamento de um mercado de crédito.

Há ainda um terceiro elemento que explica a importância do mercado de crédito para o desenvolvimento econômico, que é a produtividade. Na medida em que o mercado de crédito se aprimora, os ofertantes (instituições financeiras) procuram selecionar os projetos mais bem estruturados, já que são estes, em princípio, os que trarão os melhores retornos, além de serem mais seguros. Com isso, acabam contribuindo para uma alocação mais eficiente dos recursos entre as diversas opções (principalmente de investimento) que são apresentadas. O efeito direto é a elevação do nível de produtividade da economia.

Vale a pena olhar mais de perto como isso ocorre. Quando uma empresa busca o crédito para a compra de um equipamento ou para um investimento em infraestrutura, tanto a empresa como o projeto serão objetos de um intenso escrutínio por parte de quem pretende emprestar esses recursos. Como a instituição que pode emprestar está obviamente preocupada em receber seu capital de volta, é natural que analise em minúcia todos os aspectos do projeto (da viabilidade econômica às condições legais, ambientais, garantias etc.) e que monitore com rigor sua execução. O resultado é que, visto em conjunto, um mercado de crédito bem estabelecido facilita a seleção (e a correta execução) dos melhores projetos, isto é, os mais seguros e que trarão maior retorno e, portanto, maior produtividade.

Alguém poderia argumentar que um mercado funcionando nessas condições seria pouco receptivo a projetos/setores mais arriscados ou inovadores e/ou a empresas mais modestas ou frágeis. Essas são questões importantes, e estão na origem dos argumentos daqueles que defendem uma maior intervenção do governo no mercado de crédito, por exemplo, ofertando recursos para setores que em condições normais de mercado poderiam não ser contemplados. Voltaremos a esta questão mais à frente quando tratarmos do crédito direcionado, mas por enquanto podemos dizer que num mercado de crédito sadio, com regras bem definidas e bom ambiente regulatório, não há por que os projetos mais arriscados ou empresas menores deixarem de ser financiados via crédito ou via participação em seu capital. O que normalmente acontece é que iniciativas mais arriscadas devem em geral pagar uma taxa de juros mais elevada, uma vez que os fornecedores do crédito, ou os investidores, vão exigir um prêmio maior pelo risco também maior que estarão correndo. Mesmo aqui, no entanto, as *startups* eleitas pelos investidores tendem a ser sempre as melhores e mais promissoras. E, novamente, teremos o mercado de crédito contribuindo para uma melhor alocação de recursos e para a elevação do nível de produtividade dessa economia.

3. As especificidades de uma operação de crédito

Como já dissemos, uma operação de crédito envolve a troca de dinheiro hoje por dinheiro amanhã. Trata-se, portanto, de uma troca que acontece no tempo. Outra peculiaridade da operação de crédito é que o objeto da troca, o dinheiro, fica de posse do tomador do crédito, o devedor, que terá a obrigação de no futuro devolver esses recursos acrescidos dos juros ao ofertante do crédito. Note-se, em contraste, que numa operação normal de compra e venda à vista, de uma mercadoria qualquer, a relação entre as partes cessa no momento em que a transação é liquidada.

Na venda de um veículo, o comprador, ao receber o carro e o certificado de propriedade, transfere os recursos (dinheiro) para o vendedor, concluindo a transação. Repare que o vendedor não precisa atentar para a situação financeira do comprador, isto é, se a compra é ou não adequada considerando naquele momento sua situação financeira (do comprador). Pode ser que os custos de manutenção, licenciamento e seguro daquele veículo sejam muito elevados em relação às finanças do comprador e nesse caso a compra não seria apropriada. Mas, do ponto de vista do vendedor, isso não faz nenhuma diferença. A relação entre as partes se encerrou no momento em que a transação foi liquidada. Se no futuro essa compra irá dificultar ao comprador o pagamento de outras despesas mais importantes (por exemplo, aluguel ou educação dos filhos), esse não é um assunto a ser considerado pelo vendedor.[4]

Numa operação de crédito, o quadro é bastante diverso. A relação entre as partes se estende no tempo. O comprador (tomador de crédito) ficará com os recursos e só os devolverá no futuro, o que torna essa operação bem mais complexa e arriscada comparativamente a uma transação à vista. Numa operação de crédito é preciso saber se o tomador terá condições de devolver os recursos ao emprestador. Voltando ao exemplo do veículo, supondo que tenha sido financiado em 36 ou 48 meses, a instituição responsável pelo crédito terá que fazer uma análise bem mais ampla do potencial financeiro do tomador e da operação antes de eventualmente aprová-la e liberar os recursos. Se, por exemplo, as prestações desse financiamento ou os custos adicionais de manutenção do veículo demandarem uma parcela expressiva da renda do consumidor, haverá uma grande probabilidade de que no futuro ele não tenha meios de arcar com a dívida que assumiu naquele momento.

Mas como aferir o risco de uma operação de crédito e o que seria possível fazer para reduzi-lo? O primeiro passo é avaliar a situação do tomador do crédito (pessoa física ou jurídica) e, nesse ponto, quanto maior a quantidade e a qualidade das informações disponíveis, melhor será a avaliação do risco de crédito. O segundo passo é a existência ou não de garantias para essa operação, que funciona como um complemento, muitas vezes decisivo, da análise de crédito da operação. Por fim, é preciso levar em conta o ambiente regulatório no qual ocorre a operação, algo que envolve um amplo conjunto de fatores, incluindo-se as regras de funcionamento do mercado financeiro, a estabilidade das normas daquele mercado/operação, o funcionamento do Poder Judiciário etc.

---

[4] Especialmente no caso de produtos de maior valor, os chamados bens duráveis (automóveis, computadores, televisores etc.), a relação ainda se mantém por algum tempo, por conta das garantias ou da assistência técnica. Mas o que estamos ressaltando é que a relação financeira se encerra no momento em que a compra é quitada.

Esses três fatores serão fundamentais na determinação do risco dessa operação e na definição da taxa de juros que será cobrada do tomador. Imagine um cliente com uma boa ficha cadastral, buscando um financiamento para aquisição de um automóvel (que é a garantia da operação) e com um contrato que torna bastante simples e segura a recuperação de tal garantia em caso de inadimplência. Nessas condições, o risco de inadimplência e de perda será muito baixo e a operação provavelmente vai ocorrer com uma taxa de juros bem reduzida. No extremo oposto, veja-se um candidato a um empréstimo pessoal com histórico ruim de crédito, sem garantia e num ambiente regulatório que favorece a revisão de normas contratuais. Nessa hipótese, o cliente terá muitas dificuldades para obter um empréstimo e, caso o consiga, certamente terá que arcar com uma taxa de juros bastante elevada para compensar o risco, também muito elevado, dessa operação.

Vamos agora detalhar um pouco mais os três fatores mencionados.

a. Informações sobre o tomador de crédito

hoje em dia já existe uma vasta literatura econômica sobre os mercados em que há o que se conhece por "assimetria de informações", onde uma das partes detém muito mais informações do que a outra sobre o que está sendo negociado. O exemplo clássico foi dado para o mercado de veículos usados em que o vendedor do automóvel sabe muito mais do próprio veículo do que o potencial comprador (Akerlof, 1970:488-500). Nesses casos, a defesa do comprador é supor o pior sobre o estado do carro e para se proteger exigir um desconto muito grande em relação ao preço normal de mercado. É claro que nessas condições os vendedores dos carros em bom estado não aceitarão esse desconto, tendendo a se afastar desse mercado. E aí caímos num outro problema, que é o da chamada seleção adversa, quer dizer, quem se dispõe a vender o carro com esse desconto é porque de fato tem um produto de baixa qualidade ou deteriorado. Veja-se, portanto, que na ausência de boas informações acabamos tendo um mercado pouco funcional, que deixa de atrair os melhores ofertantes e demandantes e tem uma deficiente formação de preços. O mercado de crédito pode se encaixar à perfeição nessa definição, já que obviamente o tomador de crédito sabe muito mais sobre suas reais condições financeiras e sua disposição de pagar o empréstimo do que o potencial ofertante do crédito. E na ausência de informações sobre o tomador de crédito, pode haver uma tendência a se exigir uma taxa de juros muito alta (o equivalente ao desconto no caso do veículo) para a concessão do empréstimo. E, com isso, acaba-se caindo na seleção adversa, atraindo-se para esse mercado os piores clientes, aqueles com maior probabilidade de inadimplir. A única maneira de fugir dessa armadilha é aumentar a qualidade e a quantidade das informações sobre o tomador de crédito à disposição do potencial credor. Só dessa maneira será possível precificar de forma adequada uma operação de empréstimo, evitando a fixação de taxas em níveis muito elevados para se precaver de uma possível seleção adversa.

O primeiro passo são as informações de natureza cadastral, complementadas por dados sobre a renda, emprego e patrimônio do candidato; em seguida verifica-se o "comportamento comercial", incluindo, por exemplo, o histórico em operações passadas, se já houve ou não algum evento de inadimplência, se foi ou não solucionado etc. Na maioria dos países desenvolvidos e emergentes, existe o chamado "cadastro positivo", uma espécie de banco de dados com o histórico de operações de crédito dos clientes, incluindo tanto as adimplentes como as inadimplentes.[5]

Note-se que isso leva a uma avaliação mais exata e aprofundada do risco de crédito de cada um dos potenciais clientes de uma instituição financeira. No Brasil, infelizmente, o cadastro positivo conta com um número muito pequeno de participantes. Na prática, as instituições operam basicamente com o cadastro negativo, que registra apenas as operações inadimplentes, em que não houve pagamento por parte do cliente. Trata-se, claro, de uma informação bem "mais pobre" do que a do cadastro positivo, reduzindo significativamente o potencial ou a qualidade daquela análise.[6]

---

[5] Na realidade, na maioria dos países, em especial os mais desenvolvidos, o que se tem é uma espécie de "cadastro completo" de crédito, incluindo as informações cadastrais e, no caso do crédito, tanto as informações negativas (inadimplência) como as positivas (de adimplemento). No Brasil já funciona há um bom tempo o chamado cadastro negativo, com as informações sobre os devedores em atraso. Já o Cadastro Positivo começou a funcionar em 2011, com a aprovação da Lei nº 7.829, de 27/10/2011, mas ainda conta com um número muito baixo de adesões (por parte dos clientes, em especial do que tem conta bancária). Isso acontece porque o sistema adotado no Brasil foi o de *opt in*, no qual cada cliente tem que autorizar a inclusão das suas informações de crédito nos bancos de dados que operam o cadastro positivo. Na maioria dos países com mercado de crédito desenvolvidos, os clientes e consumidores em geral são incluídos automaticamente nos bancos de dados e se não quiserem permanecer neles devem solicitar sua exclusão (*opt out*).

[6] Foi aprovado no Senado e está em apreciação na Câmara dos Deputados o projeto de lei que introduz modificação importante na forma de funcionamento dos cadastros positivos no Brasil. A mudança mais importante é a introdução do sistema de *opt out* para a produção de *scores* de crédito por parte dos Bureaux de Crédito (também chamados no Brasil de Gestores de Bancos

Parece óbvio, portanto, que a única maneira de ao menos mitigar o problema da assimetria de informações e reduzir o risco de inadimplência é ampliar ao máximo a quantidade e a qualidade das informações à disposição de quem pretende ofertar o crédito. De posse dessas informações, e contando com modelos estatísticos cada vez mais sofisticados, os bancos e demais ofertantes de crédito podem estimar a probabilidade de inadimplência ou o risco associado a cada um dos potenciais clientes de uma operação de crédito, definindo com precisão a taxa de juros a ser cobrada de cada cliente.

b. Garantias

Há situações em que as informações obtidas do tomador potencial de crédito não são suficientes para a concessão do recurso ou mesmo para uma avaliação mais completa daquele risco. É aqui que a presença de garantias ajuda a reduzir o risco da operação, pois ocorrendo uma inadimplência o credor poderá exigir a garantia para compensar seu prejuízo. A garantia pode ser o próprio objeto da operação (os mais tradicionais são os imóveis e os veículos), ou ainda uma propriedade, uma máquina, no caso de empresas, ou um ativo financeiro do tomador do crédito. Em diversos segmentos de mercado, a garantia é o elemento mais importante na precificação de uma operação. É o caso, por exemplo, de pequenas e médias empresas, para as quais é mais difícil e custoso obter informações contábeis e financeiras, e que, por conta disso, acabam recorrendo a operações com garantias em que as taxas de juros são menores, por exemplo, o desconto de recebíveis. Destaque-se que no caso da garantia é importante sua qualidade, mas também a facilidade da sua recuperação. Na aquisição de um imóvel ou de um veículo, por exemplo, além da qualidade do ativo (por exemplo, que tenha bons registros de propriedade, mercado de revenda líquido, lenta depreciação etc.), é fundamental saber se em caso de necessidade o credor vai

---

de Dados — GBDs —; os mais conhecidos são Serasa, Boa Vista e SPC). Com base nesse projeto, as informações bancárias, financeiras e de pagamento de serviços (luz, água, condomínio etc.) serão transferidas para os GBDs sem que seja necessária a autorização por parte dos clientes/consumidores. De posse dessas informações e com seus modelos estatísticos, os GBDs produzirão *scores* de crédito (uma espécie de nota) dos consumidores. Aqueles que não quiserem participar deverão notificar os GBDs para que seus nomes e informações sejam excluídos (*opt out*). Importante mencionar que ainda assim o PL em discussão aqui no Brasil é mais restritivo do que nos demais países que operam esse sistema, pois aqui, para a obtenção das informações detalhadas de crédito (e não apenas o score), ainda será necessário obter a autorização do cliente (*opt in*).

recuperar essa garantia rapidamente (para evitar sua depreciação) e a um custo baixo. Esse ponto está relacionado com a questão do ambiente regulatório, que discutiremos em seguida, mas por enquanto o fundamental é registrar que a garantia ocupa um papel fundamental na precificação de uma operação de crédito, e o valor de uma garantia depende da sua qualidade, mas também da facilidade ou não com que ela será recuperada pelo credor em caso de necessidade.

c. Ambiente regulatório

Aqui chamamos de ambiente regulatório o conjunto de regras e instituições que regulam o funcionamento da economia em geral e do mercado de crédito em especial. Aqui também pode-se dizer que há uma vasta literatura econômica que relaciona a qualidade do ambiente regulatório ao bom funcionamento do mercado de crédito.[7] Uma analogia possível, e já feita por diversos economistas, é entender o ambiente regulatório como sendo "as regras do jogo" em que os agentes econômicos vão operar. E quanto mais simples, transparentes e confiáveis forem estas regras, melhor será o funcionamento do mercado. No caso do mercado de crédito, as regras dizem respeito aos contratos, à segurança que os agentes têm em relação ao seu cumprimento e, em caso de disputa, como elas serão arbitradas. Em primeiro lugar, temos um contrato que estabelece a modalidade da operação, prazo, taxa de juros, incluindo eventuais cláusulas de correção, condições de pagamento etc. É fundamental que haja segurança para os agentes econômicos de que as regras livremente pactuadas entre as partes não serão modificadas ou não cumpridas espontaneamente no decorrer desse contrato. E que no caso de esse descumprimento acontecer, que o Poder Judiciário vai resolver essa questão de forma célere e de acordo com a legislação em vigor. Isso pode parecer óbvio, mas não são raras as situações em que novas interpretações da lei alteram as regras "durante o jogo", com uma operação em vigor. No caso específico da garantia, mencionada no item anterior, os contratos autorizam a retomada da garantia em caso de não pagamento de um número estabelecido de prestações. No Brasil, há algum tempo, apareceram questionamentos no Judiciário reclamando o que se chamou de adimplemento substancial. A tese é que garantia não poderia ser recuperada quando o devedor inadimplente já

---

[7] O livro *Direito, economia e mercados*, de Armando Castelar Pinheiro e Jairo Saddi (2005), traz, especialmente no cap. 3, diversas indicações bibliográficas de relevo sobre este tópico.

houvesse quitado um número expressivo de prestações (por exemplo, 80%). Sem entrar na questão do mérito, trata-se de uma alteração muito significativa nas regras do jogo, que certamente terá impactos (negativos) sobre as operações futuras. Em resumo, quanto mais claros e transparentes forem os contratos; quanto maior for a estabilidade das regras; e quanto mais rápido e em linha com a legislação forem as decisões do Judiciário, menor será o risco das operações e menor a taxa de juros a ser cobrada dos tomadores.

E de forma mais ampla, conclui-se que as taxas de juros cobradas nas operações de crédito serão tão menores quanto melhores e mais abundantes forem as informações sobre o tomador de crédito, melhores e mais fáceis de recuperar as garantias e mais favorável aos negócios for o ambiente regulatório.

4. O mercado de crédito bancário no Brasil

O saldo total das operações de crédito bancário no Brasil atingiu R$ 3,1 trilhões em março de 2018, o equivalente a 46,6% do PIB. Em termos de dimensão e profundidade do mercado de crédito, esse resultado coloca o país numa posição intermediária na comparação internacional, abaixo de países desenvolvidos como EUA (189% do PIB) e emergentes como o Chile (111%), mas acima de outros países emergentes de relevo, como o México, que tem um saldo de operações de crédito equivalente a 33% do PIB.

O saldo das operações de crédito no Brasil se divide praticamente ao meio entre os recursos destinados às pessoas físicas (54% do total) e jurídicas (empresas, que ficam com 46% do total). Em termos dos principais ofertantes, temos uma presença muito expressiva dos bancos públicos (controlados pelo governo), o que não acontece muito raramente nos países comparáveis ao Brasil, sejam desenvolvidos ou emergentes. Aqui os bancos públicos são responsáveis por 53% do saldo das operações de crédito, os privados nacionais por 33% e os estrangeiros respondem pela parcela minoritária restante de 14%.

Essa participação expressiva dos bancos públicos na oferta de crédito está, em boa parte, relacionada com outra característica marcante e também quase única do nosso mercado de crédito, que é a expressiva participação do chamado crédito direcionado no total das operações de crédito. Vale a pena nos determos nesse ponto.

Em termos práticos, há no Brasil dois mercados de crédito, com características e lógicas de funcionamento distintas: um é o mercado livre de crédito, que funciona de acordo com as regras de mercado, em que taxas e volumes efetivamente emprestados são estabelecidos com base na oferta (dos bancos) e na demanda por crédito (de empresas e das famílias). O outro é o crédito direcionado, no qual as operações são feitas de acordo com condições estabelecidas pelos reguladores, inclusive em termos de taxas.

No mercado livre, as instituições financeiras têm liberdade para definir que tipo de crédito pretendem ofertar, o prazo da operação e as taxas que vão cobrar dos seus clientes. É claro que tal liberdade não é irrestrita, estando sempre limitada por aspectos regulatórios em geral e pelas condições de mercado em que o banco opera, incluindo-se, por exemplo, a concorrência de outras instituições. No mercado livre de crédito, as instituições oferecem diversos produtos, tanto para pessoas físicas como jurídicas.

Tabela 1
Operações de crédito para pessoas físicas no segmento livre – principais modalidades (mar. 2018)

	Saldo (Em R$ bi)	% Part.	Taxa de juros % ao ano	Inadimplência %
Crédito consignado	317,3	37	27,5	2,4
Financiamento veículos	154,0	18	24,0	3,6
Crédito pessoal não consignado	104,9	12	122,8	7,4
Cartão crédito rotativo	33,9	4	335,1	33,4

Fonte: Banco Central do Brasil (BCB). *Nota de política monetária e crédito*. mar. 2018. Entre as demais modalidades de crédito livre para pessoas físicas, responsáveis pelos 29% de participação restantes, destaquem-se as operações de cartão de crédito com pagamento à vista, no valor de R$ 148 bilhões ou 17% do saldo total. Apesar de a rigor não se tratar de uma operação de crédito, essas transações são incluídas nessa estatística do BCB.

Na próxima seção vamos analisar de perto os componentes do *spread* bancário. Mas, por enquanto, veja na tabela 1 que há uma relação direta entre a taxa de inadimplência (e, portanto, do risco de cada uma das linhas) e o nível da taxa de juros de cada operação. Linhas com risco muito baixo, como o crédito consignado com desconto em folha ou financiamento a veículos (que tem a garantia do próprio veículo financiado), exibem taxas de juros bastante baixas. De outra parte, as linhas com taxas de inadimplência elevadas (risco alto) têm, igualmente, taxas de juros mais altas. Nesse caso, temos como exemplos o crédito pessoal sem desconto em folha e as linhas do cartão de crédito rotativo.

A tabela 2 traz agora os produtos mais representativos no mercado de crédito livre para empresas, com respectivos saldos, taxas de juros cobradas e as taxas de inadimplência.

Tabela 2
Operações de crédito para pessoas jurídicas no segmento livre — principais modalidades (mar. 2018)

	Saldo (Em R$ bi)	% Part.	Taxa de juros % ao ano	Inadimplência %
Capital de giro	289,3	40	21,1	6,5
Financiamento às exportações e repasses externos	128,3	18	12,7	0,8
ACC	61,6	8	3,8 + var. cambial	1,2
Desconto duplicatas	60,1	8	20,	0,7

Fonte: BCB. *Nota de política monetária e crédito*. mar. 2018. Entre as demais modalidades de crédito livre para empresas, responsáveis pelos 26% de participação restantes, destacam-se as operações de conta garantida, com saldo de R$ 31 bilhões e participação de 4,3% no total do segmento, e antecipação de faturas de cartão, com saldo de R$ 25,4 bilhões e participação de 3,5%.

Do mesmo modo que acontece no segmento de PF, aqui também existe uma relação direta entre o grau de risco da operação de crédito e a taxa de juros cobrada na operação. No caso das empresas, também é nítida a diferenciação de taxas cobradas das grandes companhias (mais baixas) e das menores, incluindo as microempresas, que normalmente pagam taxas superiores. É que as companhias de maior porte são normalmente mais sólidas e oferecem mais garantias que as demais e além disso a qualidade de suas informações é superior, o que permite uma análise mais conclusiva do seu risco de crédito — até porque suas informações financeiras são auditadas e por isso mais confiáveis do que as das empresas menores.[8]

---

[8] A ausência de crédito em condições adequadas para o segmento de micro e pequenas e médias empresas é um problema concreto e que não se restringe ao mercado brasileiro. Mesmo nos países desenvolvidos, são relativamente frequentes as queixas de que as taxas de juros cobradas desse segmento são muito elevadas ou, pior ainda, há uma escassez de linhas de crédito. Ao que parece, o principal problema é a ausência de informações de boa qualidade dessas empresas e/ou de seus controladores, o que dificulta a precificação das operações de crédito por parte das instituições financeiras. Melhorar a qualidade das informações, por exemplo, com acesso a bancos de dados e cadastros públicos, e instituir algum tipo de auditoria externa simplificada poderia contribuir para melhorar a qualidade das informações sobre essas empresas e assim viabilizar uma melhora nas condições de crédito para esse segmento. Para um bom diagnóstico desse problema,

Em resumo, no mercado de crédito livre, os bancos definem suas estratégias, oferecem produtos a empresas e famílias e estabelecem em mercado as taxas a serem cobradas dos clientes. Nesse ambiente, os bancos têm que buscar o *funding* para suas operações no mercado, pagando taxas que sejam competitivas (de modo a captar esses recursos). E, como vimos, há uma relação muito forte e direta entre as taxas estabelecidas e o risco da operação, aqui simplificado como a taxa de inadimplência de cada uma das linhas (lembre-se que as garantias também são importantes para mitigar o custo da inadimplência).

Mas, como dissemos, nosso mercado é dual e a outra metade é composta pelo chamado crédito direcionado, que opera com volumes e taxas definidos pelos reguladores. Na sua origem, o crédito direcionado pretendia suprir uma espécie de falha de mercado e ofertar crédito para segmentos que por conta de seu risco excessivo (pelo menos percebido como tal) não seriam contemplados pelo mercado livre de crédito, ou, se fossem, o seriam a taxas de juros muito elevadas. As operações típicas do chamado crédito direcionado são as de prazo mais longo e as que envolvem mais riscos, tipicamente os financiamentos imobiliários, os créditos para os investimentos de prazo mais longo, com destaque para operações do BNDES, e o crédito agrícola, muito arriscado principalmente pela imprevisibilidade climática.[9]

Tabela 3
Operações de crédito direcionado, PF e PJ — principais modalidades (Mar. 2018)

	Saldo (Em R$ bi)	% Part.	Taxa de juros % ao ano	Inadimplência % do total
Crédito BNDES Total PJ e PF	519,3	35	9,1	1,2
Crédito rural PJ	72,1	5	11,1	0,7
Financiamento imobiliário PF	568,9	38	9,2	1,8
Crédito rural PF	178,9	12	7,6	3,2

Fonte: BCB. *Nota de política monetária e crédito*. mar. 2018.
Os 10% restantes são classificados em sua maioria como "outros".

---

incluindo algumas propostas para solucioná-lo, veja, por exemplo, o estudo da Fipe, *Financiamento de micro, pequenas e médias empresas*, out. 2017. Disponível em: <www.febraban.org.br>.

[9] Hoje em dia, com o desenvolvimento dos mercados futuros de produtos agrícolas, em especial nos EUA, a possibilidade de se proteger ao menos das variações de preços dos produtos agrícolas é bem maior.

Veja que, ao contrário do segmento livre, no caso do crédito direcionado, os preços e os volumes são estabelecidos pelo regulador e não pelo mercado. A lógica aqui é a de intervenção do governo no mercado de crédito, concedendo um subsídio para estimular um tipo de operação, um mercado específico ou uma empresa. Voltando aos dados da tabela 3, observamos que as operações de crédito direcionado apresentam taxas de juros menores e níveis mais baixos de inadimplência. Parecem, portanto, ser uma ótima alternativa e a pergunta que surge é por que os demais países, em especial os mais desenvolvidos, não seguiram esse modelo. A resposta é que esse modelo de crédito direcionado tem custos muito expressivos para a sociedade (que nem sempre estão explícitos), introduz distorções relevantes na economia e por conta desses fatores tem limitações de escala para ser aplicado para a sociedade como um todo. Em primeiro lugar, como estas operações (de crédito direcionado) são realizadas com taxas abaixo das de mercado, elas são subsidiadas e esse custo acaba sendo pago pela sociedade como um todo. No caso de operações de financiamento imobiliário, por exemplo, o subsídio pode vir do Fundo de Garantia por Tempo de Serviço (FGTS), que remunera os recursos de poupança dos trabalhadores a taxas abaixo das de mercado e funciona como *funding* (fonte de recursos) para financiamentos imobiliários. No caso dos empréstimos do BNDES, a maior parte do *funding* de suas operações vem do Fundo de Amparo ao Trabalhador (FAT), com taxas abaixo de mercado, e mais recentemente de repasses do Tesouro Nacional, também com taxas inferiores ao custo de captação do Tesouro.[10]

Segundo, elas acabam distorcendo o funcionamento do mercado, em especial no caso das empresas, já que algumas têm acesso a esse crédito em condições favorecidas e outras não; e como os recursos são limitados, algumas empresas vão se beneficiar ao contar com acesso ao crédito em condições mais favoráveis do que seus competidores. Por fim, alguns estudos recentes passaram a atentar para uma possível redução da efetividade (potência) da política monetária num mercado em que metade das operações é realizada a preços que não seguem a lógica de mercado. Nessas condições, é possível supor que, nos momentos de política monetária contracionista, o juro do BC

---

[10] No caso do financiamento imobiliário, além do *funding* do FGTS, existem as operações que se utilizam do *funding* das cadernetas de poupança. Nesse caso, a taxa é estabelecida pelo governo (TR mais 0,5% ao mês), há isenção tributária, mas a instituição deve canalizar esses recursos (no mínimo 65%) para o financiamento imobiliário, também com taxas definidas pelo governo. No caso do BNDES, a principal fonte de *funding* são os recursos do Fundo de Amparo ao Trabalhador (FAT). No governo Dilma houve uma expressiva injeção de recursos no BNDES a taxas subsidiadas pelo Tesouro Nacional.

tem que subir mais porque impacta apenas metade do saldo das operações de crédito. É mais um custo pago pelo restante do mercado para subsidiar a concessão desse tipo de crédito.[11]

No caso específico das instituições financeiras privadas, em diversos momentos a operação no mercado de crédito direcionado, mesmo pouco rentável, acaba sendo obrigatória para que ela não fique sem um produto importante para um tipo de clientela. O banco oferece uma linha de crédito com condições favoráveis (taxas de juros mais baixas e prazos mais longos) e com isso consegue atrair e satisfazer ao menos uma parcela dos seus clientes. Mas em geral essas linhas (BNDES indireto, por exemplo) têm uma taxa de retorno relativamente baixa e somente com elas o banco não conseguiria uma rentabilidade adequada para sua carteira de crédito. Mas como as linhas do BNDES ou outras de crédito direcionado não são suficientes para suprir as necessidades dos clientes, os bancos acabam ofertando outras linhas (um capital de giro, por exemplo) com taxas um pouco mais elevadas e com isso acabam se compensando, em termos de rentabilidade, com este novo *mix* de produtos. Em termos práticos, acaba se criando o que se chama de subsídio cruzado, quando se cobra mais de um tipo de operação para compensar uma outra que tem um preço (juros) abaixo do que deveria ter. O resultado é que temos um mercado de crédito menos funcional, com custos para a sociedade, menos eficiente e com precificação distorcida.

Em resumo, temos no Brasil um mercado de crédito bancário já bastante sofisticado e desenvolvido, com um saldo total de operações um pouco abaixo de 50% do PIB. No comparativo internacional, estamos numa posição intermediária, abaixo dos países mais desenvolvidos e mesmo alguns emergentes, mas em linha ou acima de diversos outros países com nível de desenvolvimento econômico semelhante ao nosso. Além da questão do custo relativamente elevado (que discutiremos mais detalhadamente na próxima seção), nossos principais problemas encontram-se numa presença excessiva do chamado crédito direcionado e na ausência de linhas de crédito em condições adequadas para alguns segmentos, por exemplo, o financiamento de longo prazo (investimentos). Até seria possível argumentar que o crédito direcionado surge como

---

[11] Como o custo e o volume do crédito direcionado (cerca de 50% do total da carteira de crédito) independem da taxa Selic do Banco Central, ou seja, não são sensíveis às alterações da política monetária, "boa parte do crédito no Brasil independe das decisões do Banco Central" (Bacha, 2011). Assim, quanto maior a participação do crédito direcionado no crédito total, menor deve ser a capacidade da política monetária de afetar a evolução da demanda agregada e, consequentemente, da taxa de inflação.

resultado da ausência de linhas privadas nestas modalidades, em geral mais arriscadas. Mas, mesmo aceitando esse argumento (ainda que haja posições contrárias), vimos que o crédito direcionado também traz muitas distorções para o funcionamento da economia e do mercado de crédito. E também custos para a sociedade por conta dos subsídios, especialmente preocupantes nestes tempos de fragilidade fiscal. Um caminho mais promissor parece ser o que já foi trilhado pelos países mais desenvolvidos, que combinaram estabilidade macroeconômica com um ambiente regulatório favorável aos negócios e à competição e assim conseguiram ampliar de forma efetiva a oferta de crédito em condições de mercado, inclusive para os segmentos que hoje no Brasil são majoritariamente contemplados pelo crédito direcionado.

5. Taxas de juros e *spreads*

Como já mencionamos ao longo deste capítulo, os bancos captam recursos junto ao público, por exemplo, por meio dos Certificados de Depósitos Bancários (CDBs), e canalizam tais recursos para empréstimos para famílias e empresas. A diferença entre as taxas de juros cobradas nos empréstimos e os juros que os bancos pagam aos seus clientes investidores para obtenção desses recursos é chamada de *spread* bancário. Note-se, portanto, que o *spread* não é sinônimo de lucro, apesar de frequentemente verificarmos essa confusão no noticiário econômico, mesmo em alguns veículos mais especializados.

O *spread*, no caso de uma indústria, é simplesmente a diferença entre o custo das matérias-primas e o preço final de venda do produto manufaturado. Para se chegar ao lucro, tanto no caso de uma indústria como no caso do setor bancário, é necessário subtrair dessa diferença todos os chamados custos indiretos (pessoal, despesas administrativas, impostos etc.). Em resumo, podemos dizer que o *spread* bancário equivale ao somatório dos custos indiretos com a margem de lucro da instituição financeira. No Brasil, como sabemos, as taxas de juros e os *spreads* bancários são bastante elevados, e normalmente ficam bem acima dos níveis encontrados em outros países com mercados comparáveis ao nosso. Uma observação mais atenta sobre as taxas de juros e os *spreads* das diversas modalidades mostra uma grande dispersão, desde taxas bastante baixas encontradas nas linhas mais seguras (como consignado e veículos) até as mais elevadas, que caracterizam as linhas mais arriscadas, como o crédito pessoal sem consignação ou o cheque especial.

Como procuramos mostrar ao longo deste capítulo, essas taxas variam basicamente em função do risco de crédito associado a cada uma dessas modalidades, que por sua vez depende da inadimplência e também da maior ou menor facilidade de recuperação das garantias. Mas mesmo considerando a média das operações, temos taxas e *spreads* elevados no Brasil na comparação com a maioria dos demais países. E se isso acontece e o *spread* é a soma de custos e mais margem de lucro, a explicação para os elevados *spreads* aqui praticados deve estar nos custos de intermediação financeira ou na margem de lucro possivelmente excessiva dos bancos no Brasil, ou em uma combinação de ambos. Para responder a essa pergunta podemos recorrer a um exercício realizado pelo Banco Central do Brasil (BCB) em que ele procura identificar os componentes do *spread* e quanto cada um representa em termos percentuais no cômputo geral.

O BCB faz esse cálculo com base nas informações que coleta junto às instituições financeiras que operam no mercado brasileiro e as divulga periodicamente. O gráfico 1 resume quais são os principais componentes do *spread* e o peso relativo de cada um deles. As informações foram extraídas do Relatório de Economia Bancária de 2017, do BCB, com base na metodologia do Indicador de Custo do Crédito (ICC) para o saldo total das operações de crédito (livre e direcionado).

Gráfico 1
Decomposição do *spread* bancário

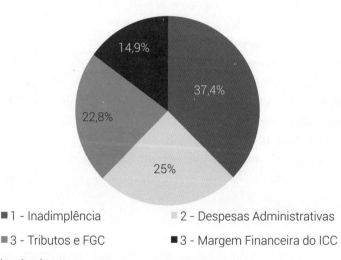

Fonte: Elaborado pelo autor.

Vamos agora analisar de forma separada e um pouco mais detalhada cada um desses componentes.

Inadimplência: é o maior componente e representa 37% do total do *spread* bancário. Como sabemos, ainda que normalmente minoritária, há uma parcela razoável dos tomadores de empréstimos que não paga suas dívidas, não apenas os juros devidos, mas também o chamado principal, que é a quantia originalmente emprestada. Note-se que no caso dos empréstimos com garantias, o valor lançado como inadimplência é o equivalente à chamada perda líquida, já descontado o que foi recuperado com a garantia. Em decorrência, quanto melhor e mais fáceis de recuperar forem as garantias, menor será o custo final da inadimplência. Nas comparações internacionais, o componente da inadimplência parece bastante elevado no mercado brasileiro, o que sugere que temos um número razoavelmente elevado de devedores em atraso (que pode indicar problemas na qualidade das nossas informações e consequentemente em nossos modelos de concessão de crédito), mas também dificuldades na recuperação das garantias.[12]

Despesas administrativas: esse talvez seja o mais intuitivo dos componentes, já que não só as instituições financeiras, mas qualquer empresa incorre em despesas administrativas diversas para realizar suas operações. No caso das instituições financeiras, os mais importantes são os gastos com pessoal, manutenção das suas respectivas redes de agências, gastos com propaganda, *marketing* e telecomunicações. De acordo com o BCB, esse componente representa aproximadamente 25% do *spread* bancário.

Tributos e FGC:[13] há uma forte incidência de impostos nas operações bancárias em nosso mercado, que fazem com que esse item represente cerca de 22,8% do *spread*. Os bancos são tributados com uma alíquota nominal de 45%, sendo 25% de imposto de renda e 20% de Contribuição Social sobre o Lucro Líquido (CSLL). A CSLL deve cair para 15% a partir de 2019. A CSLL é de 9% sobre os demais setores da economia brasileira e não deixa de ser curioso que um setor específico (o bancário) tenha uma alíquota superior aos demais setores apenas por conta da sua atividade. Seria o mesmo, por exemplo, que os advogados ou os médicos tivessem uma alíquota de imposto de renda

---

[12] Ver, por exemplo, o estudo sobre o *spread* bancário no Brasil, realizado pela Accenture, por solicitação da Febraban. Disponível em: <www.febraban.org.br>.

[13] Fundo Garantidor de Créditos (FGC) é um fundo privado criado em 1995, com autorização do Conselho Monetário Nacional, para garantir os depósitos e investimentos dos clientes até R$ 250 mil em todos os bancos em caso de intervenção ou liquidação de uma instituição financeira pelo Banco Central.

máxima de 35%, enquanto as demais categorias profissionais continuariam sendo tributadas na alíquota máxima de 27,5%. Trata-se de uma evidente distorção, já que o princípio básico da tributação sobre a renda é que ela seja progressiva e de acordo com a renda (e não com a profissão ou atividade) do contribuinte.

Mas além dos chamados impostos diretos, no Brasil existem também os impostos indiretos, que incidem sobre a intermediação financeira. Aqui temos a incidência de PIS/Cofins com uma alíquota de 4,65% sobre a receita líquida de intermediação financeira, além do Imposto sobre Operações Financeiras (IOF).[14] Trata-se de uma grave distorção, não encontrada nos demais países comparáveis e que impacta os *spreads*, elevando o custo da intermediação financeira.

Margem: por fim, temos a margem financeira ou o lucro, que representa 14,9% do *spread*, sempre considerando o total das operações de crédito. Utilizando os dados de março de 2018, por exemplo, isso significa que de um *spread* total de 20,1% ao ano, a margem ou o lucro das instituições financeiras com as operações de crédito foi de 3% ao ano, aplicados ao total da carteira de crédito.

Os dados do Banco Central revelam, portanto, que cerca de 85% do *spread* bancário estão relacionados com os chamados custos de intermediação financeira e apenas a menor parte, de 15%, corresponde ao lucro das instituições financeiras. Embora esse número possa surpreender aqueles que são menos familiarizados com o setor bancário, os lucros do setor no Brasil (em sua média) não estão muito distantes dos encontrados em alguns outros setores da nossa economia e mesmo no setor bancário de outros países comparáveis ao nosso. De acordo com o Relatório de Estabilidade Financeira de abril de 2018, do BCB, o setor bancário brasileiro obteve um retorno sobre o patrimônio líquido de 13,8% em 2017, abaixo de diversos outros setores da economia brasileira.[15] Na comparação internacional, os dados do gráfico

---

[14] Imposto sobre Operações Financeiras incide sobre operações de crédito, câmbio e seguro, ou relativas a títulos ou valores mobiliários, e as alíquotas do IOF variam conforme a operação realizada, podendo chegar até 1,88% para pessoas jurídicas e até 3,38% para pessoas físicas.

[15] Para rentabilidade do setor bancário, ver Relatório de Estabilidade Financeira (v. 17, n. 1, abr. 2018). Para outros setores, ver "Valor 1000", publicação do jornal *Valor Econômico*, edição de 2018. A métrica normalmente utilizada para mensurar a rentabilidade de uma empresa é dividir seu lucro pelo respectivo patrimônio líquido médio, o que gera um percentual que será a rentabilidade da empresa. De forma simplificada, uma empresa com capital de 100 e que tenha gerado lucro de 15 em 12 meses teria uma rentabilidade anual de 15%.

seguinte trazem a rentabilidade anual dos cinco maiores bancos de uma lista de 13 países, desenvolvidos e emergentes. Os números mostram o Brasil em segundo lugar, mas note que a diferença em relação aos demais países, sobretudo os emergentes, não é muito significativa. E que, portanto, também por esse indicador, a rentabilidade do setor bancário aqui no Brasil não está muito distante da média dos demais países.[16]

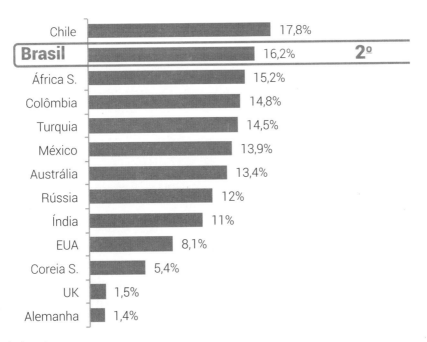

Gráfico 2
ROE (Lucro Líquido/PLMédio) – % a.a. médio cinco anos dos cinco maiores bancos comerciais

Fonte: Accenture.

A decomposição do *spread* bancário apresentada pelo BCB aponta que os lucros respondem por apenas 15%, e os dados de rentabilidade em linha com os demais setores e países parecem indicar que temos no Brasil um problema associado ao elevado custo de intermediação financeira gerando *spreads* também elevados, muito acima da média internacional. E que atacar esses custos excessivos ou essas ineficiências pode ser um caminho promissor para

---

[16] Ver Relatório sobre *spread* bancário da Accenture.

ampliar o saldo das operações de crédito bancário e reduzir seu custo para empresas e famílias.

6. Resumo e conclusões

Como procuramos demostrar ao longo deste capítulo, o crédito é uma alavanca fundamental para o desenvolvimento econômico. O crédito estimula o crescimento econômico, permite uma alocação mais eficiente dos recursos (com ganhos de produtividade) e no final contribui para uma melhora do bem-estar da sociedade.

Vimos também que uma operação de crédito é uma transação com características peculiares, pois acontece no tempo, e na qual o devedor fica de posse dos recursos do credor, que só serão devolvidos no final da operação. Por conta dessa peculiaridade, as operações de crédito são bem mais arriscadas do que as demais trocas (de mercadoria) que acontecem nas economias de mercado, que são liquidadas à vista. Quanto maior o risco percebido de uma operação de crédito, maior será o prêmio ou a taxa de juros cobrada do tomador. E o risco de uma operação de crédito decorre, de forma resumida, da situação financeira do tomador, da existência e da qualidade das garantias e finalmente do ambiente regulatório mais ou menos favorável a essas transações. A experiência dos países mostra que o crédito se expande fortemente quando temos estabilidade macroeconômica (em especial com inflação baixa e estável) com um ambiente microeconômico favorável em que os agentes econômicos, em especial os ofertantes de crédito, contem com: i) a existência de informações em qualidade e quantidade sobre os potenciais tomadores de crédito, empresas e famílias; ii) a possibilidade de utilização de garantias para mitigar o risco das operações de crédito, vale dizer, garantias que tenham características importantes como liquidez e baixo custo de realização; iii) a existência de um ambiente regulatório favorável às operações de crédito, em especial que haja respeito ao estabelecido nos contratos e que as eventuais disputas sejam dirimidas pelo Poder Judiciário de forma rápida e em linha com o estabelecido nos normativos legais.

Aqui no Brasil o último (e significativo) ciclo de expansão do crédito que tivemos aconteceu no início deste século e decorreu justamente da combinação de um cenário macroeconômico positivo (na maior parte do período) com a introdução de algumas reformas importantes que melhoraram o ambiente microeconômico. O gráfico 3 traz a evolução do saldo das operações de crédito (em % do PIB) no período de 2001 a 2018, com a divisão entre os segmentos de crédito livre e direcionado.

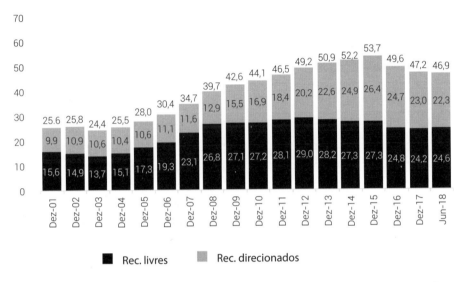

Gráfico 3
Evolução do crédito
Saldo da carteira de crédito em relação ao PIB (%)

Fonte: Séries históricas do Bacen: 20622, 20625 e 20628. Dados anteriores a 2007 utilizam as variações das séries históricas desativadas do Bacen 17461 e 17462 e suas proporções em relação ao saldo total.

No seu conjunto, as operações de crédito cresceram significativamente no período, passando de 24,4% do PIB em 2003 para 53,7% do PIB em 2015, que é o pico da série, recuando depois 46,8% em junho de 2018. No segmento livre, o pico da série acontece em 2012, quando o saldo dessas operações atinge 29% do PIB, de 13,7% em 2003. Além da estabilidade macroeconômica desse período, o mercado de crédito livre beneficiou-se da introdução de reformas regulatórias importantes como a figura da alienação fiduciária, o crédito consignado e a nova lei de recuperação judicial. Infelizmente, a deterioração progressiva do cenário macroeconômico e político a partir de 2012 e o aumento da incerteza levaram bancos e tomadores de crédito a uma postura mais defensiva, com recuo progressivo do saldo das operações de crédito para 24,5% do PIB em 2018. O crédito direcionado tem uma trajetória de expansão mais longa que vai até 2015 (pico desta série), quando atinge 26,4%, e depois recua para 22,3% do PIB em 2018. Até 2012, o crescimento das operações de crédito direcionado está fortemente relacionado com a expansão dos financiamentos imobiliários, que também se beneficiaram da alienação fiduciária e do cenário macroeconômico favorável. A partir de 2012 até 2015, no entanto, o papel preponderante foi dos empréstimos subsidiados do BNDES, numa tentativa (malsucedida) do governo Dilma de tentar estimular o crescimento econômico via crédito subsidiado. Essa política é revertida com o governo Temer e as operações de crédito direcionado recuam para os atuais 24,5% do PIB.

O desafio do Brasil é retomar a trajetória de expansão do crédito para agora caminhar na direção de pelo menos se aproximar dos países mais desenvolvidos e chegar a uma relação crédito/PIB na faixa de 70/80%. Os ensinamentos deste último ciclo apontam para um roteiro claro, mas que infelizmente não admite atalhos. Primeiro será necessário recuperar o equilíbrio macroeconômico equacionando a questão fiscal e controlando o crescimento da dívida do setor público. Ao mesmo tempo, é fundamental avançarmos numa nova rodada de modernização do nosso marco regulatório e ambiente de negócios. Medidas como aperfeiçoamento do cadastro positivo e melhoria da qualidade das informações de crédito disponíveis, aperfeiçoamento do marco legal das garantias e uma revisão da lei de recuperação judicial podem nos recolocar na rota da expansão do crédito e na esperada retomada sustentada do crescimento econômico.

Referências

AKERLOF, G. The market for lemons: quality, uncertainty and tke market mechanism. *Quartely Journal of Economics*, v. 84, n. 3, p. 488-500, 1970.

BACHA, E. Além da tríade: como reduzir os juros? In: ____; BOLLE, M. de (Org.). *Novos dilemas de política econômica*: ensaios em homenagem a Dionísio Dias Carneiro. Rio de Janeiro: LTC, 2011. p. 130-139.

BCB. *Relatório de Economia Bancária*, v. 1, n. 1, 2017.

____. *Relatório de Estabilidade Financeira*, v. 17, n. 1, abr. 2018.

ESTUDO sobre o *spread* bancário no Brasil. Consultoria Accenture. Disponível em: <www.febraban.org.br>.

FIPE. *Financiamento de micro, pequenas e médias empresas*. out. 2017. Disponível em: <www.febraban.org.br>.

GUIMARÃES, B.; GONÇALVES, C. E. *Introdução à economia*. Rio de Janeiro: Campus, 2010.

PINHEIRO, A. C.; SADDI, J. *Direito, economia e mercados*. Rio de Janeiro: Campus, 2005.

WHEELAN, C. *Economia, o que é, para que serve, como funciona*. Rio de Janeiro: Zahar, 2018.

CAPÍTULO 17

Direito, economia e meio ambiente: uma introdução à regulação ambiental

Rômulo S. R. Sampaio e Julia de Lamare

1. Introdução

O principal objetivo deste capítulo é introduzir aos magistrados conceitos de *law and economics* relacionados com o direito ambiental. Com efeito, serão abordadas, de forma introdutória, ferramentas emprestadas da economia que podem agregar maior objetividade, rigor e racionalidade à regulação ambiental. Acreditamos que tais ferramentas, ainda pouco utilizadas no Brasil e já bastante difundidas em outros países, como os Estados Unidos, seriam capazes de tornar a regulação ambiental mais eficiente; isto é, verdadeiramente capaz de proteger o meio ambiente sem gerar restrições exageradas para outros direitos fundamentais constantemente envolvidos com o processo de tomada de decisão no setor (como livre-iniciativa, desenvolvimento econômico e propriedade privada).

Para isso, o capítulo está dividido conforme explanado a seguir. A seção 2, que se segue a esta introdução, destina-se a resumir a ideia de estado regulador, a abordar as falhas de mercado especificamente relacionadas com regulação ambiental e a tratar de instrumentos de comando e controle.

A seção 3, por sua vez, fará uma introdução sobre as potenciais contribuições da economia para o direito e, em seguida, abordará especificamente a análise de custo-benefício, ferramenta proposta para ser adotada no processo de tomada de decisão para elaboração e revisão de normas ambientais (item 3.1). Em seguida, o item 3.2 destina-se a trazer exemplo de aplicação da análise de custo-benefício a um caso concreto. Ainda, o item 3.3 fará breves comentários sobre a referida análise e a teoria das capacidades institucionais.

Por fim, a seção 4, que será seguida da conclusão, abordará o desenho regulatório definido pelo nosso ordenamento jurídico para o direito do meio ambiente. O objetivo é demonstrar que a regulação ambiental é caracterizada por uma verdadeira fragmentação subjetiva, caracterizada pela existência de múltiplos órgãos normatizadores, fiscalizadores e sancionadores. Como consequência, diversos são também os critérios para a tomada de decisão, o que torna ainda mais evidente a importância, na regulação ambiental, da adoção de critérios objetivos e rigorosos emprestados da economia.

2. O estado regulador, as falhas de mercado e o meio ambiente

A crise do estado do bem-estar social, vivenciada no final do século XX por diversos países, culminou na redução da intervenção estatal direta na economia e, desse modo, determinou maior participação do setor privado na prestação de atividades econômicas e de serviços públicos. O modelo pretérito, altamente burocrático, arcaico e inflexível, cedeu lugar à gestão preocupada com os resultados e fundamentada em valores como eficiência e competitividade, surgindo, desse modo, a chamada administração pública gerencial (Moreira Neto, 2006). A prioridade do novo modelo é a qualidade na prestação de serviços públicos e a redução de custos, de forma que os interesses dos administrados sejam satisfatoriamente atingidos.

Foi nesse cenário, de tendência a se abandonar a formalidade e a burocracia para priorizar o aprimoramento das atividades estatais, que surgiu o novo paradigma do *estado regulador*, cuja principal função passou a ser regular (e não prestar) as atividades econômicas e alguns serviços públicos.[1]

Regular não é tarefa simples. Se a regulação não for bem desenhada, há risco de se gerarem efeitos adversos. De um lado, a deficiência na regulação

---

[1] Como bem observa Alexandre Santos de Aragão, "a diferenciação entre o Estado Social e o Estado Regulador é [...] apenas uma diferença de maior ou menor intensidade no uso deste ou daquele mecanismo na sua relação com a economia (intervenção direta como agente econômico *versus* intervenção indireta como regulador), diferença decorrente das mudanças econômicas, sociais, políticas e tecnológicas, de cunho global, verificadas nos últimos anos". Isso significa que "o Estado interventor direto dos primeiros dois terços do século passado" foi também regulador, "já que estabelecia limitações e normas para as atividades econômicas que, em sua grande maioria, continuaram a não ser por ele exercidas ou sequer titularizadas. Igualmente, o atual Estado Regulador também é, em alguma monta, interventor, como demonstram as grandes empresas públicas que a maioria dos países latino-americanos e europeus continentais ainda possuem". Aragão (2008:44-45).

pode ser lesiva a diversos bens jurídicos que se deseja proteger, como o meio ambiente, a saúde e o bem-estar de uma sociedade. De outro lado, a regulação exagerada pode trazer prejuízos reflexos, como alocar barreiras inadequadas à concorrência, criar desincentivos ao desenvolvimento econômico e retardar o investimento.[2] Daí a importância de deixar de lado a discussão sobre a forma (a qual exerceu importante papel para viabilizar juridicamente o novo modelo de Estado) e voltar os olhos ao conteúdo da regulação.

Nesse contexto, entende-se por *regulação da economia* a função estatal restritiva da livre-iniciativa necessária para corrigir situações nas quais o mercado não é capaz de alocar os recursos de forma eficiente. Com efeito, a tradicional teoria econômica justifica a intervenção estatal diante da existência de *falhas de mercado*.

O objetivo, a rigor, é corrigir as falhas e gerar eficiência econômica. Não obstante, a atividade estatal de regulação pode se destinar também à promoção de efeitos distributivos — há situações em que, mesmo que o mercado produza resultados eficientes, podem surgir disparidades no bem-estar social que demandem a intervenção do Estado (Mankiw, 2011). O papel do estado regulador pode ser desempenhado por atividades como disciplinar, normatizar, regulamentar, fiscalizar e sancionar.

Os típicos exemplos de falha de mercado são os bens públicos, o poder de mercado, a assimetria informacional e as externalidades. Para os fins tratados no presente material, em que o tema é a regulação ambiental, trataremos apenas das *externalidades* e dos *bens públicos*.

As externalidades são efeitos que surgem de uma relação privada e recaem sobre terceiros. Tais efeitos podem ser positivos ou negativos e causam uma discrepância nas estruturas de custo e benefício pertinentes àquela relação (Varian, 2010).

Um dos casos mais comuns de *externalidade negativa* é a *poluição*. Imagine que o dono de uma fábrica que lança substâncias na atmosfera se depara com a seguinte situação: ele pode instalar um filtro para aliviar o impacto de suas emissões no meio ambiente ou ele pode simplesmente lançar as substâncias sem qualquer tratamento prévio. Numa análise de custo-benefício, o

---

[2] Cass Sunstein aponta alguns riscos da "má" regulação: "*Insufficient regulation can be a serious problem, costing both lives and money. [...] But excessive regulation can also be a serious problem, potentially endangering economic growth and job creation — and thus hurting real people in the process, perhaps by raising prices, perhaps by decreasing wages, perhaps by throwing people out of work*". Sunstein (2014:4).

dono da fábrica percebe que terá maiores benefícios (ou seja, menores custos) se suas emissões forem lançadas sem prévio tratamento. O problema é que, nesse caso, serão gerados maiores custos para a sociedade, já que haverá a ocorrência de impactos negativos ao meio ambiente — mas esses custos não são incluídos na análise de custo-benefício individual realizada pelo dono da fábrica. Há, portanto, a privatização dos lucros e a socialização das perdas.

Nesse cenário, a intervenção estatal se destina a criar mecanismos de internalização dos custos que, sem a regulação, acabariam sendo terceirizados. Desse modo, o Estado impõe obrigações ao exercício da atividade econômica que, se descumpridas, geram penalidades — que nada mais são do que custos individuais que devem integrar as análises de custo-benefício para a tomada de decisão. Tais penalidades, para que sejam gerados os efeitos pretendidos pela regulação estatal, devem representar custos suficientemente altos para que o tomador de decisão perceba que será mais barato cumprir as obrigações legais.

No caso analisado da fábrica, a regulação estatal determinaria que tais empreendimentos só podem funcionar mediante a instalação de filtros para as emissões atmosféricas. O Estado poderia definir também os limites que devem ser observados para as substâncias emitidas, bem como padrões de qualidade do ar. Ainda, o Estado poderia criar uma regra que proíbe a geração de poluição. Todas essas determinações, para serem capazes de influenciar na análise de custo-benefício, viriam acompanhadas das respectivas penalidades administrativas e criminais, bem como da responsabilização civil em caso de dano. É a chamada *regulação de comando e controle*.

Os bens públicos, por sua vez, são definidos pela economia como bens não excludentes, porque não é possível impedir o acesso de determinada pessoa ao bem, e não rivais, na medida em que o consumo por um indivíduo não reduz a disponibilidade do bem para outro indivíduo (Varian, 2010). O meio ambiente, em regra, encaixa-se na definição econômica de bem público. No entanto, o uso desenfreado e sem controle estatal pode, em última análise, tornar o bem escasso ao ponto de torná-lo rival. Se o meio ambiente perde a característica da não rivalidade, passa a ser considerado pela economia recurso comum.

Diante da caracterização do meio ambiente, em certos contextos fáticos, como recurso comum, é possível a aplicação da ideia da tragédia dos bens comuns (Hardin, 1968). A expressão faz referência a situações nas quais há um forte incentivo à superutilização de um determinado bem. O clássico exemplo é o pasto aberto a todos, hipótese em que se supõe que cada fazendeiro irá colocar o maior número possível de cabeças de gado na referida área. A suposição apoia-se na teoria da escolha racional, segundo a qual todo indivíduo é dotado de racionalidade e, por isso, irá tomar decisões para maximizar sua utilidade. Com efeito, o fazendeiro racional sempre irá acrescentar mais uma cabeça de gado ao pasto comum para incrementar seu bem-estar.

Ocorre que todo e qualquer fazendeiro que utiliza o pasto pensará da mesma maneira. A consequência será um pasto lotado de gado e um bem superutilizado, determinando, na verdade, a impossibilidade de maximização da utilidade de cada fazendeiro e a ineficiência na exploração do bem. Para evitar o cenário trágico, uma simples solução seria a alocação de direito de propriedade. Se um indivíduo tiver a propriedade da terra, ele terá incentivos para colocar uma determinada quantidade de gado que seja capaz de maximizar sua utilidade sem que o pasto sofra demasiadamente com o desgaste.

Garrett Hardin, pioneiro no desenvolvimento da teoria da tragédia dos bens comuns, abordou também exemplo relacionado com a poluição: o homem racional descobre que o custo de descartar seus resíduos sem qualquer tratamento no meio ambiente é menor do que o custo de tratar esses resíduos antes de descartá-los. Todos os indivíduos racionais chegarão a idêntica conclusão e descartarão resíduos contaminados no meio ambiente, que, com o tempo, ficará totalmente poluído.

O problema da tragédia do bem comum associado ao meio ambiente não poderia receber o mesmo tratamento daquele verificado no caso do pasto. A atribuição de direito de propriedade em relação ao meio ambiente seria inviável não só por conta de sua grande extensão em todo o território nacional, como também porque a Constituição de 1988 expressamente definiu seu caráter difuso ("bem de uso comum do povo"). Com efeito, grande parte dos recursos bióticos e abióticos que compõem o meio natural não são capturáveis pela clássica noção de direito de propriedade.

Portanto, uma possível solução para a tragédia dos bens comuns no meio ambiente seria também a definição de *instrumentos regulatórios de comando e controle*. O estabelecimento de critérios e parâmetros para o descarte de resíduos e a previsão de penalidades em caso de descumprimento, assim como mencionado no exemplo anterior da fábrica, poderiam tornar o descarte, sem o devido tratamento, uma infração ambiental sujeita à multa e à paralisação da atividade. Dessa forma, o descarte irregular se tornaria mais custoso e, por conseguinte, seriam criados incentivos para que o homem racional opte por cumprir a regulação (*i.e.*, descarte apenas o resíduo tratado).

Regulação por meio de comando e controle nada mais é do que o nome já indica: trata-se de alternativa regulatória em que o Estado, com o objetivo de impor um determinado comportamento que seja socialmente desejável, utiliza-se de instrumentos coercitivos para fazer com que as pessoas adotem o comportamento desejado (Field e Field, 2013).

No direito ambiental, a regulação por comando e controle consiste da definição de *standards* dos mais diversos tipos com o objetivo de garantir determinado nível de qualidade ambiental (ar, água, solo etc.). Tais *standards* são definidos em lei (*i.e.*, são obrigações legais) e seu descumprimento gera penalidades (Barry et al., 2013).

Ferramentas de comando e controle estão em regra associadas ao poder do estado regulador de fiscalizar e sancionar. Há, no entanto, ferramentas da economia em que o Estado pode se apoiar para buscar maior eficiência. As atividades de normatização e regulamentação, por exemplo, podem se valer de métodos de tomada de decisão mais objetivos e rigorosos emprestados da economia.

O item a seguir se destina a analisar como instrumentos econômicos são capazes de tornar mais eficiente o processo de elaboração de normas ambientais.

3. Ferramentas econômicas e regulação ambiental

A economia, em brevíssima síntese, é a ciência que avalia a escolha racional individual em um mundo em que os recursos são limitados em relação aos desejos humanos. Uma de suas principais tarefas, desse modo, é explorar as implicações de assumir que o homem é um maximizador racional de seus objetivos (Posner, 2003).

Diante disso, a economia pode trazer importantes contribuições ao direito, especialmente em relação à previsão do comportamento humano. Com efeito, a economia é capaz de auxiliar na antecipação de respostas a marcos regulatórios e políticas públicas, o que é feito a partir da modelagem das condutas humanas como fruto de escolhas racionais.

Portanto, com o auxílio de ferramentas do campo da economia, é possível analisar se uma norma de fato consegue atingir os objetivos aos quais se propõe. Como consequência, o uso de instrumentos econômicos pode dar maior eficiência ao processo de elaboração de novos marcos regulatórios e políticas públicas, bem como à revisão de regulamentações já existentes.

Cumpre registrar que a análise econômica pode ser feita por dois ângulos distintos: um positivo, consistente na constatação da realidade, que busca *descrever* quais são os bônus e os ônus envolvidos em cada uma das interpretações das regras jurídicas; e outro normativo, que visa a *prescrever* quais devem ser as condutas jurídicas a serem adotadas. Em outras palavras, declarações positivas tratam de afirmações a respeito de como o mundo é (juízos de fato), enquanto declarações normativas se referem a como o mundo deveria ser (juízos de valor) (Mankiw, 2011).

Para o processo de elaboração e revisão de normas, parece-nos que o mais apropriado é utilizar ferramentas econômicas na perspectiva positiva, pois o objetivo é tão somente ampliar o universo de informações para os agentes decisórios, sem necessariamente determinar, em definitivo, qual medida deve ser adotada. Sugerimos, dessa forma, que o conceito de eficiência econômica seja incorporado ao senso de justiça, mas não o substitua por completo.

Eficiência econômica, nesse contexto, deve ser entendida como um critério de maximização de riqueza e bem-estar de uma sociedade. Ao discutir políticas públicas, os tomadores de decisão (administradores, legisladores e julgadores) devem buscar soluções que promovam e incrementem o bem-estar dos indivíduos (Ragazzo, 2011).

Há dois principais conceitos para se definir eficiência na economia. O primeiro, conhecido como critério de *eficiência de Pareto*, determina que uma situação econômica é eficiente se não for possível melhorar a situação (ou a utilidade, em termos econômicos) de um agente, sem degradar a situação ou utilidade de qualquer outro agente econômico. Isso significa que, para uma medida regulatória ser eficiente no sentido de Pareto, ela deve gerar ganhos para um interesse ou bem jurídico, sem gerar qualquer perda para outro.

O *critério de Kaldor-Hicks*, por sua vez — também chamado de eficiência de Pareto melhorada —, objetiva a maximização de riqueza e preceitua a ideia de que é possível haver uma situação eficiente na qual a melhora de um indivíduo gera a piora de outro, desde que o ganho seja maior do que a perda. Nesse caso, admite-se que haja perdedores, mas a melhora dos ganhadores compensa o prejuízo gerado.

Na prática, a promoção do direito ambiental pode refletir na não promoção de outros direitos fundamentais, como livre-iniciativa, desenvolvimento econômico e direito de propriedade. Nesse sentido, conflitos normativos que envolvem o meio ambiente representam potenciais restrições para os outros direitos envolvidos e, por isso, o critério de eficiência de Kaldor-Hicks parece ser o único aplicável ao processo de tomada de decisão na seara ambiental.

Os critérios de eficiência são utilizados por uma importante ferramenta de tomada de decisão: a *análise de custo-benefício*.

3.1 Análise de custo-benefício como método de decisão na regulação ambiental

A análise de custo-benefício (ACB) destina-se a avaliar se uma política pública ou um marco regulatório podem ser considerados *globalmente eficientes*. Para avaliar a eficiência das alternativas regulatórias, a ACB compara os impactos negativos e positivos de cada uma delas, *atribuindo valor aos interesses envolvidos*. Os efeitos negativos são encarados como custos e os positivos são tratados como benefícios (Motta, 1997).[3]

A valoração dos impactos requer, previamente, a identificação de uma unidade objetiva e comum de valor, em geral definida em termos *monetários*. Para realizar a quantificação dos bens envolvidos, os economistas avaliam a disposição para pagar (*willingness to pay*) dos consumidores pelos bens em questão, extraindo o valor da curva de demanda observada no mercado do bem que se pretende quantificar.[4] A disposição para pagar é a quantia máxima de dinheiro que um consumidor estaria disposto a dar, sem piorar sua situação, para receber os benefícios (ou evitar os danos) associados ao bem promovido pela nova medida regulatória.

Em alguns casos, o valor pode ser extraído da disposição para aceitar (*willingness to accept*), que consiste no montante que indivíduos estariam dispostos a receber para compensar a perda de um bem consequente da adoção de nova medida.

Nesse sentido, avalia-se o valor dos benefícios e o valor dos custos; se os benefícios B excederem os custos C (ou seja, se B – C > 0), diz-se que há *benefícios líquidos* (Viscusi et al., 2005).

---

[3] Cumpre registrar que a ACB é técnica de decisão bastante utilizada nos Estados Unidos. Cass Sunstein (2002) chega a defender que o estado regulador norte-americano está cedendo lugar ao estado de custo-benefício.

[4] Essa relação entre disposição para pagar e curva de demanda é bastante clara quando se percebe que essa curva quantifica o montante que os consumidores pagariam por cada unidade consumida, revelando a utilidade proporcionada por certo bem ou serviço. Samuelson (2012:85).

Ao valorar monetariamente os impactos das alternativas disponíveis, a ACB permite que o regulador compare essas alternativas de forma a selecionar aquela que traz maiores benefícios líquidos, isto é, que promove maior *eficiência econômica*. Trata-se, portanto, de instrumento que contribui para a alocação eficiente de recursos escassos.

Tal característica é especialmente relevante na regulação ambiental, visto que o meio ambiente é evidentemente um bem escasso que, muitas vezes, é utilizado de forma irracional pela sociedade. Com efeito, a ACB pode funcionar como um meio eficaz de gestão dos recursos ambientais de modo a contribuir para sua proteção e preservação.

A ACB é capaz ainda de ilustrar de forma elucidativa os *tradeoffs*[5] inerentes a processos decisórios (Arrow et al., 1996). Isso porque a atribuição de valor monetário aos impactos negativos e positivos de cada alternativa regulatória permite que o tomador de decisão enxergue com mais clareza os interesses envolvidos e em que medida cada um deles será restringido e promovido, em cada um dos cenários considerados.

A capacidade de ilustração dos *tradeoffs* é igualmente uma característica relevante para o meio ambiente. A regulação ambiental evidencia de forma significativa o caráter compromissório da Constituição da República. Como já observado, com frequência a defesa do meio ambiente está em uma posição de conflito com outros direitos, como propriedade privada, livre-iniciativa e desenvolvimento sustentável. Dessa forma, a regulação ambiental lida constantemente com os chamados *tradeoffs*.

Mankiw fornece interessante exemplo de *tradeoff* entre um meio ambiente mais limpo e um alto nível de renda:

> As leis que exigem que empresas reduzam a poluição elevam o custo da produção de bens e serviços. Em razão dos custos mais elevados, essas empresas obtêm menos lucros, pagam salários menores, cobram preços mais altos ou alguma combinação desses três fatores. Embora as regulamentações concernentes à poluição promovam um ambiente mais limpo e, em consequência, melhor saúde,

---

[5] "Em economia, *tradeoff* é um termo que define uma situação de escolha conflitante, isto é, quando uma ação econômica que visa à resolução de determinado problema acarreta, inevitavelmente, outros. Por exemplo, em determinadas circunstâncias, a redução da taxa de desemprego apenas poderá ser obtida com o aumento da taxa de inflação, o que resultará em um *tradeoff* entre inflação e desemprego." Mankiw (2011:4).

elas provocam a redução de renda de proprietários, trabalhadores e clientes das empresas regulamentadas. [Mankiw, 2011:5]

Nesse cenário, a ilustração dos *tradeoffs*, por meio da atribuição de valores a cada um dos impactos, permitiria identificar a medida com menores custos (ou maiores benefícios) a todos os direitos envolvidos e, desse modo, contribuiria de forma expressiva para a regulação eficiente do meio ambiente (isto é, sem gerar restrições descabidas ou injustificadas a outros direitos fundamentais).

Vale mencionar que a ACB não possui vantagens apenas econômicas. Há importantes ganhos democráticos que também justificam a utilização da análise de custo-benefício como paradigma regulatório.

Em primeiro lugar, ao se preocupar com a verificação empírica das vantagens concretas das ações do governo, a ACB evita as más escolhas muitas vezes feitas pelos burocratas. Além disso, é capaz de eliminar as noções vagas de interesse público e, com critérios objetivos, permite que a sociedade acompanhe o processo de escolha regulatória.

Ainda, a definição de escolhas regulatórias a partir de um critério-padrão, fundamentado em questões econômicas e empíricas, é capaz de reduzir as falhas de governo, na medida em que pode expor a captura dos órgãos reguladores, ao exigir maior ônus de justificação para as escolhas públicas. Portanto, o rigor analítico agrega maior neutralidade e objetividade ao processo de escolhas regulatórias (Ragazzo, 2011). E não é só. A análise de custo-benefício também pode ser aplicada para avaliar as normas que já estão em vigor, verificando, após certo período de vigência, o que precisa ser aprimorado.

A ACB, no entanto, não é livre de críticas. Medir custos e benefícios por meio da "disposição para pagar" de cada indivíduo depende fortemente da distribuição de renda. Aqueles que possuem capacidade financeira menor estão dispostos a pagar menos e, por isso, têm menos influência no resultado da ACB (Kotchen, 2015). Adicionalmente, existe o risco de o regulador manipular a ACB fazendo uma atribuição subjetiva de valores aos impactos ou mesmo omitindo alguns deles.

Ainda, como todo instrumento da análise econômica do direito, caso não seja guiada pelo viés descritivo da economia, a ACB corre o risco de simplesmente ignorar os efeitos distributivos que devem ser, muitas vezes, considerados na elaboração de medidas regulatórias — os quais são especialmente importantes em países em desenvolvimento e com tanta desigualdade como o Brasil. Há o risco, portanto, de a ACB chegar a um resultado que não seja capaz de atribuir valores reais e adequados aos custos e aos benefícios, e, como consequência, a medida escolhida não produzirá os efeitos esperados.

ACB recebe críticas adicionais quando aplicada especificamente à regulação ambiental. A principal delas, de origem metodológica, se apoia na *suposta impossibilidade de valoração dos bens ambientais*, o que impediria o processo de atribuição de valores monetários inerente à ACB. Porém, os fundamentos das críticas direcionadas à precificação de bens sem valor de mercado são, em regra, de cunho moral e desprovidos de tecnicidade. Alguns exemplos das críticas encontradas na doutrina são:

> Qualquer tentativa de quantificar o meio ambiente possui um evidente problema: o de tentar atribuir valores monetários a bens que não possuem preço já que não estão à venda no mercado. [Ackerman e Heinzerling, 2002]

> A quantificação de bens inegociáveis não é capaz de dialogar com o bem-estar social. [Richardson, 2000]

> O uso da ACB para interesses que não são negociáveis no mercado é moral e intelectualmente irresponsável. [Baram, 1980]

A nosso sentir, a grande dificuldade de enxergar as importantes contribuições dos instrumentos econômicos na regulação ambiental parece estar associada ao fato de que o direito do meio ambiente está intrinsecamente ligado ao *direito à vida*. A Constituição de 1988 prevê que o meio ambiente ecologicamente equilibrado é bem essencial à sadia qualidade de vida (art. 225, *caput*). A partir dessa previsão constitucional, doutrina e jurisprudência acabam tratando o meio ambiente a partir de uma matriz argumentativa cuja base é a vida. Édis Milaré (2011:163) argumenta, por exemplo, que "preservar e restabelecer o equilíbrio ecológico é questão de vida ou morte".

Os tribunais brasileiros andam no mesmo sentido. Vale conferir alguns exemplos encontrados na jurisprudência do Superior Tribunal de Justiça:

> O direito ao pedido de reparação de danos ambientais, dentro da logicidade hermenêutica, está protegido pelo manto da imprescritibilidade, por se tratar de *direito inerente à vida* [...]. [STJ, REsp 1.120.117/AC, rel. Ministra Eliana Calmon, Segunda Turma, julgado em 10.11.2009, publicado em 19.11.2009. Grifos nossos]

A Constituição da República vigente expressamente vincula o meio ambiente à sadia qualidade de vida (art. 225, *caput*), daí porque é válido concluir que *a proteção ambiental tem correlação direta com a manutenção e melhoria da qualidade de vida* [...] [STJ, REsp 876.931/RJ, rel. ministro Mauro Campbell Marques, Segunda Turma, julgado em 10.8.2010, publicado em 10.9.2010. Grifos nossos]

O confronto entre o direito ao desenvolvimento e os princípios do direito ambiental deve receber solução em prol do último, haja vista a finalidade que este tem de *preservar a qualidade da vida humana* na face da terra. [STJ, REsp 588.022/SC, rel. ministro José Delgado, Primeira Turma, julgado em 17.2.2004, publicado em 5.4.2004. Grifos nossos]

A consequência desse tratamento intricado entre vida e meio ambiente é a existência de discursos com apelos sentimentais e relacionados com a necessidade de efetiva proteção ambiental para se garantir a existência humana das presentes e futuras gerações. Em regra, discursos dessa natureza estão mais expostos às alegações morais e desprovidas de tecnicidade. Surge, desse modo, maior dificuldade em se aceitar instrumentos de regulação derivados da economia, os quais são guiados principalmente por valores como objetividade e eficiência.

Frank Ackerman e Lisa Heinzerling, em estudo emblemático sobre a impossibilidade de precificação de bens envolvidos na regulação ambiental, deixam bastante evidente a resistência à utilização de ferramentas econômicas no setor. Os autores reagem como se a precificação da vida — ou de qualquer outro recurso ambiental sem valor de mercado — fosse responsável por menosprezar ou diminuir a importância desses bens (Ackerman e Heinzerling, 2002).

A nosso ver, a valoração não elimina a fundamentalidade do meio ambiente ou da vida e não é capaz de rebaixá-los a direitos menos relevantes. Além disso, não nos parece que o direito do meio ambiente esteja sempre direta e imediatamente ligado ao direito à vida.

Há situações em que, sem dúvida, o meio ambiente estará diretamente relacionado com a proteção da vida, como no caso de uma indústria que despeja substâncias cancerígenas em um rio responsável por abastecer uma cidade. Nessa hipótese, ter-se-ia, em primeiro plano, uma violação direta ao direito à vida. Entretanto, isso não vale para todos os casos envolvendo o meio ambiente.

Há situações, por exemplo, nas quais estará em jogo a supressão de determinados espécimes da flora. Nesse caso, não seria razoável considerar que a vida humana estaria sendo imediatamente violada. O mais plausível seria falar em violação a princípios como meio ambiente ecologicamente equilibrado e proteção integral do meio ambiente.

Como dito, a construção argumentativa ambiental fundada diretamente no direito à vida parece ser uma das principais razões para o desenvolvimento de pensamentos contrários à utilização da ACB como técnica para elaboração e revisão de políticas públicas e marcos regulatórios na seara ambiental.

Nesse cenário, o primeiro passo para enfrentar essa resistência é enxergar as contribuições de instrumentos econômicos para a regulação ambiental. Tais instrumentos, por óbvio, não são perfeitos nem livres de críticas, como visto. Acredita-se, todavia, que a ACB é capaz de fornecer objetividade e rigor para a tomada de decisão, de modo que as consequências de determinada alternativa regulatória possam ser avaliadas de forma eficiente (Revesz e Livermore, 2008). Parece-nos, pois, que a ACB é capaz de imputar racionalidade ao processo decisório e, por conseguinte, reduzir o grau de discricionariedade do agente regulador — ainda mais tendo em conta que a principal técnica de decisão atualmente utilizada no direito ambiental brasileiro é a ponderação de interesses, cujo objetivo é definir, no caso concreto, a prevalência de um princípio sobre outro.

Um segundo importante passo para enfrentar a resistência à utilização da ACB como ferramenta para a regulação ambiental é reconhecer que a doutrina especializada já foi capaz de desenvolver métodos específicos para a quantificação de bens sem valor de mercado.[6] Portanto, é possível realizar a valoração econômica dos recursos ambientais excluídos das tradicionais trocas de mercado.

A despeito de inexistir a curva de demanda que revela a disposição para pagar ou aceitar da sociedade pelo recurso ambiental, há um valor econômico com ele relacionado (Zerbe et al., 2006). O valor econômico decorre do fato de que seu consumo altera o nível de bem-estar da sociedade. Desse modo, a tarefa de valorar economicamente um recurso ambiental possui o objetivo de determinar quanto melhor ou pior estará o bem-estar social à

---

[6] Há inclusive métodos desenvolvidos para valorar a vida. A agência ambiental norte-americana Environmental Protection Agency (EPA), por exemplo, avalia a vida do ser humano em cerca de US$ 9,1 milhões, cifra conhecida como o valor estatístico da vida (*value of statistical life*). Esse número foi obtido a partir de estudos voltados a determinar qual a remuneração mínima que trabalhadores e consumidores estariam dispostos a receber (*willingness to accept*) para assumir riscos mortais no ambiente de trabalho e no consumo de produtos, respectivamente (Sunstein, 2005, 2014).

medida que são realizadas mudanças na quantidade de bens e serviços ambientais consumidos pela sociedade (Motta, 2006).

Diversos foram os métodos desenvolvidos pela literatura especializada para a precificação dos recursos sem valor de mercado, inclusive os bens ambientais. A análise desses métodos, no entanto, escapa ao objetivo do presente material didático, destinado à análise introdutória da utilização de ferramentas emprestadas da economia na regulação do meio ambiente.[7]

Importa deixar registrado que tais métodos foram desenvolvidos e que, portanto, a falta de um mercado em que esses bens sejam negociados não é um impedimento metodológico para se aplicar a ACB à regulação ambiental. Nesse cenário, a despeito de todas as críticas formuladas, parece-nos que a análise de custo-benefício pode contribuir para elaboração de normas mais eficientes no direito do meio ambiente, em substituição à ponderação de princípios, técnica de decisão subjetiva, voluntarista e desprovida de racionalidade.

Vale registrar que as críticas apresentadas parecem ter sido superadas em países como Estados Unidos e Inglaterra, nos quais os órgãos ambientais já aplicam a ACB em sua atividade regulatória. A Environmental Protection Agency (EPA) (agência ambiental norte-americana) possui, inclusive, manual com diretrizes para a elaboração de análise de custo-benefício em que se explica como medidas regulatórias ambientais devem ser elaboradas de acordo com a técnica econômica. Trata-se do *Guidelines for preparing economic analyses*,[8] que, entre outras questões, aborda os métodos de valoração aplicáveis especificamente aos bens sem valor de mercado.[9]

3.2 A aplicação da ACB a um caso concreto

No início de 2013, a Procuradoria-Geral da República distribuiu três ações diretas de inconstitucionalidade no Supremo Tribunal Federal para questio-

---

[7] Para uma análise de alguns desses métodos, ver: Field e Field (2013).
[8] EPA. U.S. Environmental Protection Agency. *Guidelines for preparing economic analyses*. 17 dez. 2010 (*updated* maio 2014). Disponível em: <www.epa.gov/environmental-economics/guidelines-preparing-economic-analyses>. Acesso em: 29 abr. 2018.
[9] Os websites das agências ambientais norte-americana e inglesa, com páginas específicas sobre as medidas editadas, possuem vastas informações sobre as abordagens econômicas realizadas em seu processo decisório, normalmente guiadas por análises de custo-benefício: <www.epa.gov/environmental-economics> e <www.gov.uk/government/policies>, respectivamente. Acesso em: 29 abr. 2018.

nar dispositivos da Lei nº 12.651/2012. A referida lei instituiu o então denominado novo Código Florestal, que veio revogar aquele instituído pela Lei nº 4.771/1965.

A argumentação desenvolvida pela PGR é basicamente principiológica. A maioria das alegações dá conta de argumentar que as novas disposições do Código Florestal seriam inconstitucionais, por violação a princípios ambientais, como sadia qualidade de vida, meio ambiente ecologicamente equilibrado e vedação ao retrocesso.

Exemplo está na ADI nº 4.903, no âmbito da qual, entre outras alegações, a PGR defende que a Lei nº 12.651/2012 incorreu em retrocesso ambiental, ao tratar das áreas de preservação permanente (APPs) no entorno dos reservatórios d'água artificiais para abastecimento e geração de energia elétrica. O art. 5º, *caput*, da Lei nº 12.651/2012 possui a seguinte redação:

Art. 5º Na implantação de reservatório d'água artificial destinado a geração de energia ou abastecimento público, é obrigatória a aquisição, desapropriação ou instituição de servidão administrativa pelo empreendedor das Áreas de Preservação Permanente criadas em seu entorno, conforme estabelecido no licenciamento ambiental, observando-se a *faixa mínima de 30 (trinta) metros e máxima de 100 (cem) metros em área rural, e a faixa mínima de 15 (quinze) metros e máxima de 30 (trinta) metros em área urbana*. [Grifos nossos]

Sobre o tema, a revogada Lei nº 4.771/1965 determinava, no §6º do art. 4º, que cabia ao Conselho Nacional de Meio Ambiente (Conama) a competência para definir os parâmetros e os regimes de uso de APPs na implantação de reservatório artificial d'água. Com efeito, a regra que vigia era encontrada na Resolução Conama nº 302/2002, cuja redação era a seguinte:

Art. 3º Constitui Área de Preservação Permanente a área com largura mínima, em projeção horizontal, no entorno dos reservatórios artificiais, medida a partir do nível máximo normal de:
I — *trinta metros para os reservatórios artificiais situados em áreas urbanas consolidadas e cem metros para áreas rurais*; [...]. [Grifos nossos]

Ou seja: enquanto vigia a Lei nº 4.771/1965, as APPs no entorno dos reservatórios artificiais d'água deveriam ter 30 metros quando situados em áreas urbanas e 100 metros quando situados em áreas rurais. A nova lei, porém, reduziu esses limites ao permitir que as referidas APPs tenham no mínimo 15 metros quando o reservatório estiver em área urbana e no mínimo 30 metros para os localizados em área rural.

Diante desse cenário, a PGR alegou que a Lei nº 12.651/2012 incorreu em retrocesso ao reduzir o nível de proteção do meio ambiente, violando, assim, o princípio da vedação ao retrocesso (a argumentação da autora da ADI parte da ideia de que tal princípio foi implicitamente instituído pela Constituição Federal de 1988 e é aplicável a todas as categorias de direito fundamental, inclusive ao meio ambiente, ideia essa que não se pretende questionar no presente trabalho).[10]

Numa primeira análise, e levando-se em conta a argumentação da PGR na ADI nº 4.903, é possível dizer que o questionado art. 5º, *caput*, da Lei nº 12.651/2012 impôs aparente conflito entre dois principais princípios: vedação ao retrocesso e direito de propriedade (afinal, quanto menor é a área de preservação permanente, maior é a área útil do imóvel que abriga o reservatório artificial d'água). Tradicionalmente, os tomadores de decisão envolvidos na regulação ambiental no Brasil tenderiam a resolver o caso utilizando a ponderação de interesses.

O caso, no entanto, poderia ser resolvido por meio da análise de custo-benefício. Os agentes decisórios competentes e devidamente capacitados poderiam resolver esse conflito por meio da atribuição de valores aos impactos positivos e negativos envolvidos (restrições e promoções ao direito ao meio ambiente, de um lado, e ao direito de propriedade, de outro). Com efeito, seria possível comparar os benefícios líquidos existentes em cada cenário para definir de forma objetiva aquele que gera maior eficiência.

Os cenários possíveis seriam: (i) cenário 1: prevalência da Lei nº 4.771/1965: há maior promoção do meio ambiente e maior restrição ao direito de propriedade; (ii) cenário 2: prevalência da Lei nº 12.651/2012: há maior promoção do direito de propriedade e maior restrição ao meio ambiente.

Imagine que, após as devidas valorações, o agente decisório chegasse à seguinte conclusão: M1 (antigo Código Florestal) promove P1 (meio ambiente)

---

[10] Não obstante algumas diferentes abordagens, a vedação do retrocesso é entendida como a ideia de que o Estado não pode retirar do ordenamento jurídico direitos já garantidos. Em linhas gerais, o objetivo é proibir que a garantia já conquistada seja excluída do patrimônio jurídico de cada indivíduo. Nesse sentido, segundo Luís Roberto Barroso (2001:158), "uma lei posterior não pode extinguir um direito ou uma garantia, especialmente os de cunho social, sob pena de promover um retrocesso, abolindo um direito fundado na Constituição".

em +4 e P2 (direito de propriedade) em -3, sendo o benefício líquido de +1. M2 (novo Código Florestal) promove P1 em +3 e P2 em -1, sendo o benefício líquido de +2 (De Lamare, 2013).

Nessa simulação (*absolutamente simplificada*, para facilitar o exemplo), o resultado líquido de M1 é +1 e o de M2 é +2; ou seja, há maior eficiência no cenário em que prevalece a Lei nº 12.651/2012, no qual há maior promoção do direito de propriedade e maior restrição ao meio ambiente. A conclusão seria a de que o novo Código Florestal não viola o princípio da vedação do retrocesso, já que é globalmente mais eficiente do que a revogada Lei nº 4.771/1965.

A análise é hipotética e, como dito, bastante simplificada. É, de todo modo, capaz de demonstrar, de um lado, que existem alternativas à tradicional ponderação de interesses realizada pelos reguladores ambientais e, de outro lado, que a ACB é técnica de decisão composta por critérios objetivos e mais rigorosos.

3.3 A ACB e a teoria das capacidades institucionais

É importante mencionar que a extensão e a profundidade da ACB devem variar de acordo com o agente decisório em questão: de um lado, o legislador e o administrador, agentes técnicos responsáveis por elaborar políticas públicas e marcos regulatórios; e, de outro, o julgador, agente que, em tese, não possui conhecimento técnico e não deve exercer papel de criação do direito.

Esse tratamento diferenciado decorre de dois principais riscos envolvidos na ACB: (i) o risco da captura, como aquele representado pela influência que os agentes decisórios sofrem da política e de grupos de interesses privados; e (ii) o risco da ausência de capacidade institucional, consistente na falta de formação técnica para a elaboração ou revisão de políticas públicas e marcos regulatórios.[11]

No marco institucional brasileiro, o Poder Legislativo e o Poder Executivo são agentes que tendem a deter os conhecimentos técnico-especializados para a criação da regulação ambiental.[12] São esses agentes decisórios, tipi-

---

[11] A ideia de "capacidades institucionais" utilizada nesse texto baseia-se no trabalho elaborado por Cass Sunstein e Adrian Vermeule (Sunstein et al., 2003).
[12] É importante mencionar que não é tão simples decidir quem tem mais "capacidade" para lidar com a formulação de medidas regulatórias. Sem uma análise empírica, o argumento so-

camente dotados de formação mais técnica nas áreas de políticas públicas relevantes, que devem fazer uma ACB profunda, capaz de determinar qual medida é mais eficiente, tornando pequeno, assim, o risco da falta de capacidade institucional.

No momento da elaboração de um novo marco regulatório ambiental, o legislador e o administrador são encarregados de demonstrar, a partir de estudo técnico, que uma aparente redução do patamar de proteção ambiental é justificável com fundamento em uma análise de custo-benefício. Ou seja, a partir da conversão dos impactos negativos e positivos em uma unidade monetária comum, esses agentes regulatórios têm condição de avaliar se o novo modelo pretendido é mais eficiente (*i.e.*, possui maiores benefícios líquidos) que o antigo.

Para legitimar sua conclusão e permitir maior controle por parte da sociedade, é importante que o legislador e o administrador se valham do relatório de impacto regulatório, divulgando todas as informações e todos os dados utilizados durante o processo decisório.

Apesar de, em tese, possuírem uma formação mais técnica, os legisladores e administradores nem sempre são pautados pela técnica e não raro escapam do objetivo primordial de atendimento do interesse público ao desenhar marcos regulatórios. Infelizmente, algumas medidas são editadas com a finalidade de atender a grupos de interesses específicos, o que demonstra a possibilidade de grande influência política no processo decisório. Isso se dá na medida em que são, por excelência, órgãos políticos que dependem do apoio popular. Assim, os Poderes Legislativo e Executivo ficam bastante vulneráveis ao risco da captura (Ragazzo, 2011).

O Poder Judiciário, por sua vez, não possui, em geral, ferramentas para uma ACB tão profunda. Aqui, portanto, o risco da capacidade institucional é mais latente: os magistrados são formados para resolverem problemas pretéritos. Os reguladores, de formação técnica, em contraposição à formação jurídica da magistratura, são formados para evitar problemas futuros. Há uma diferença flagrante de *design* institucional.

Portanto, é mais difícil para o Poder Judiciário avaliar se uma nova medida é ou não mais eficiente que a antiga, em boa medida porque o próprio

---

bre capacidades institucionais perde bastante força (Arguelhes et al., 2011). No entanto, não se pode ignorar que, pelo menos em tese, o legislador e o administrador possuem uma formação mais técnica, quando comparados aos juízes, para tal. O próprio ingresso em cargos da administração pública e do Poder Legislativo que lidam com a formulação de políticas públicas e marcos regulatórios depende de conhecimentos técnicos e específicos.

formato do processo judicial prioriza aspectos pontuais de cada caso concreto, em detrimento de uma visão global do fenômeno analisado ("visão de túnel"). Para diminuir o déficit de informação, importantes instrumentos, sobretudo em questões regulatórias, são os *amicus curiae* e as audiências públicas, capazes de subsidiar o juiz com questões técnicas que escapam ao seu conhecimento mais geral (Ragazzo, 2011).

Por outro lado, a magistratura se vale de garantias (*e.g.*, nomeação, via de regra, após concurso público, vitaliciedade, irredutibilidade de vencimentos e inamovibilidade) que tornam os juízes menos vulneráveis às influências políticas e ao atendimento de interesses de grupos específicos. Nesse sentido, o risco da captura é, comparativamente ao Poder Legislativo e ao Poder Executivo, bem menor no âmbito do Poder Judiciário, o que o coloca em posição importante para zelar pelo funcionamento adequado e transparente de políticas públicas e marcos regulatórios estatais.

Diante desse cenário, a revisão judicial de políticas públicas e marcos regulatórios deve conjugar uma atuação do Poder Judiciário que não vá além dos seus limites — *i.e.*, que não esqueça da sua capacidade institucional para lidar com as normas editadas pelos poderes competentes —, mas, por outro lado, que não fique aquém de suas possibilidades — ou seja, que exerça sua aptidão para construir incentivos de transparência para o processo político decisório.[13]

Desse modo, ao se deparar com uma norma que aparentemente gera conflitos entre o meio ambiente e outro direito fundamental, o juiz deve verificar se há relatório de impacto regulatório que traga as justificativas técnicas para a previsão em questão — *i.e.*, é necessário que o legislador e o administrador demonstrem que a nova norma gera eficiência econômica. A ausência de re-

---

[13] Os tribunais brasileiros muitas vezes adotam diferentes posições sobre o exato limite da atuação do Poder Judiciário na revisão de marcos regulatórios. Não obstante, no recente julgamento da ação direta de inconstitucionalidade que questionou o novo marco regulatório da televisão por assinatura, o Supremo Tribunal Federal teve importante oportunidade de se manifestar sobre o tema. A Corte Constitucional afirmou: 1. A revisão judicial de marcos regulatórios editados pelo legislador requer uma postura de autocontenção em respeito tanto à investidura popular que caracteriza o Poder Legislativo quanto à complexidade técnica inerente aos temas a que o Poder Judiciário é chamado a analisar pela ótica estrita da validade jurídica. 2. A competência legislativa do Congresso Nacional para dispor sobre telecomunicações (CRFB, art. 22, IV) e para disciplinar os princípios constitucionais incidentes sobre a produção e a programação das emissoras de rádio e televisão (CRFB, art. 221 e art. 222, §5º) confere autoridade ao Poder Legislativo para, *sponte propria*, criar ou modificar marcos regulatórios setoriais, no que estão abarcados poderes para adaptar as instituições vigentes de modo a garantir a efetividade das novas regras jurídicas. [...] (STF, ADI 4923, rel. min. Luiz Fux, Tribunal Pleno, julgado em 8/11/2017, publicado em 5/4/2018).

ferido relatório pode ser indício de que o processo de elaboração da norma foi capturado, facilitando a atuação do magistrado que se vê autorizado a anular a medida em questão.

Se, no entanto, há relatório de impacto regulatório que demonstre as razões que levaram os agentes regulatórios a fazerem determinada escolha pública, o ideal é que, em função das vantagens institucionais, o juiz adote uma posição de deferência, mas sempre atento a eventuais arbitrariedades por parte do Legislativo e do Executivo (Ragazzo, 2011). Por isso, é importante que ele se convença da essência daquele novo modelo e, em caso de dúvida, abra-se ao diálogo com os próprios reguladores e/ou com outros especialistas no assunto capazes de suprir sua deficiência informacional e levá-lo a uma conclusão mais consistente sobre o assunto.

Feitos esses breves comentários sobre a ACB e a teoria das capacidades institucionais, cumpre-nos apresentar o desenho da regulação ambiental instituído pelo ordenamento jurídico interno, o qual se diferencia em grande medida de outros setores regulados no Brasil e também de desenhos regulatórios ambientais de outros países.

4. O desenho institucional da regulação ambiental

As competências em matéria ambiental foram definidas pela Constituição da República. De acordo com o diploma constitucional, todos os entes federativos possuem *competência administrativa comum* para proteger o meio ambiente e combater a poluição em qualquer de suas formas (art. 23, VI).

Adicionalmente, União, estados e Distrito Federal são competentes para *legislar de forma concorrente* sobre "florestas, caça, pesca, fauna, conservação da natureza, defesa do solo e dos recursos naturais, proteção do meio ambiente e controle da poluição" (art. 24, VI). A competência legislativa municipal sobre o meio ambiente é retirada dos incisos I e II do art. 30, segundo os quais os municípios são competentes para legislar sobre assuntos de interesse local (inciso I) e para suplementar a legislação federal e estadual no que couber (inciso II).

A atribuição administrativa comum foi regulada pela Lei Complementar nº 140/2011 que, em observância ao parágrafo único do art. 23 da CRFB/88, fixa normas para a cooperação entre entes da federação nas ações administrativas relativas ao meio ambiente. A Lei define as regras sobre condução de processos de licenciamento e exercício de poder de polícia, bem como estabelece, entre outras previsões, as hipóteses de atuação supletiva (ação do ente que se substitui àquele originariamente detentor das atribuições) e atuação subsidiária (ação do ente que visa a auxiliar no desempenho das atribuições quando solicitado pelo ente federativo originariamente detentor dessas atribuições).

As regras relacionadas com a competência legislativa, por sua vez, estão previstas na própria Constituição. A União tem competência para estabelecer normas gerais e os estados exercerão competência suplementar (art. 24, §§1º e 2º, CRFB/88). Caso não exista lei federal que disponha sobre as normas gerais, os estados poderão exercer competência legislativa plena para atender suas peculiaridades (art. 24, §3º, CRFB/88).

Diante desse arcabouço, a Constituição recepcionou a Lei Federal nº 6.938/1981, responsável por instituir a Política Nacional do Meio Ambiente (PNMA). A PNMA tem por finalidade promover a preservação, a melhoria e a recuperação da qualidade ambiental propícia à vida de forma a garantir condições ao desenvolvimento socioeconômico, aos interesses da segurança nacional e à proteção da dignidade da vida humana. Para cumprir seus objetivos, a lei estabelece, entre outras definições, o *desenho regulatório de proteção do meio ambiente* (art. 6º da Lei nº 6.938/1981).

Com efeito, é criado o Sistema Nacional do Meio Ambiente (Sisnama), composto por diversos órgãos responsáveis pelo controle da qualidade ambiental. Vale conferir a redação do art. 6º da PNMA:

> Art. 6º Os órgãos e entidades da União, dos Estados, do Distrito Federal, dos Territórios e dos Municípios, bem como as fundações instituídas pelo Poder Público, responsáveis pela proteção e melhoria da qualidade ambiental, constituirão o Sistema Nacional do Meio Ambiente — SISNAMA, assim estruturado:
>
> I — órgão superior: o *Conselho de Governo*, com a função de assessorar o Presidente da República na formulação da política nacional e nas diretrizes governamentais para o meio ambiente e os recursos ambientais;
>
> II — órgão consultivo e deliberativo: o *Conselho Nacional do Meio Ambiente (CONAMA)*, com a finalidade de assessorar, estudar e propor ao Conselho de Governo, diretrizes de políticas governamentais para o meio ambiente e os recursos naturais e deliberar, no âmbito de sua competência, sobre normas e padrões compatíveis com o meio ambiente ecologicamente equilibrado e essencial à sadia qualidade de vida;
>
> III — órgão central: a *Secretaria do Meio Ambiente da Presidência da República*, com a finalidade de planejar, coordenar, supervisionar e controlar, como

órgão federal, a política nacional e as diretrizes governamentais fixadas para o meio ambiente;

IV — órgãos executores: o Instituto Brasileiro do Meio Ambiente e dos Recursos Naturais Renováveis — *Ibama* e o Instituto Chico Mendes de Conservação da Biodiversidade — *Instituto Chico Mendes*, com a finalidade de executar e fazer executar a política e as diretrizes governamentais fixadas para o meio ambiente, de acordo com as respectivas competências;

V — Órgãos Seccionais: os órgãos ou entidades estaduais responsáveis pela execução de programas, projetos e pelo controle e fiscalização de atividades capazes de provocar a degradação ambiental;

VI — Órgãos Locais: os órgãos ou entidades municipais, responsáveis pelo controle e fiscalização dessas atividades, nas suas respectivas jurisdições. [Grifos nossos]

Cumpre registrar que, em sua redação original, a Lei não previa a competência dos órgãos estaduais e municipais. No entanto, em 1989, menos de um ano após a promulgação da Constituição, a PNMA foi alterada pela Lei Federal nº 7.804, que incluiu no rol do art. 6º os órgãos seccionais e locais, em consonância com as previsões constitucionais.

Nesse cenário, verifica-se que o direito do meio ambiente possui uma fragmentação subjetiva em sua estrutura regulatória, já que todos os entes federativos apresentam competência para administrar, legislar e regulamentar o meio ambiente.

Além da fragmentação vertical (entre União, estados, Distrito Federal e municípios), a regulação ambiental possui também uma segmentação subjetiva horizontal, na medida em que há uma pluralidade de órgãos ambientais em cada uma das esferas. Em âmbito federal, as competências relacionadas com a proposição de diretrizes, normatização, execução e fiscalização foram distribuídas, como visto na redação do art. 6º anteriormente transcrito, entre o Conselho de Governo, o Conama, a Secretaria do Meio Ambiente da Presidência da República, o Ibama e o ICMBio.

O âmbito federal conta ainda com variados órgãos colegiados, todos com funções de gestão, deliberação e/ou normatização. São alguns exemplos: Conselho Nacional de Recursos Hídricos, Comissão Nacional da Biodiversidade, Comissão Nacional da Diversidade Biológica, Comissão Nacional do Programa Cerrado Sustentável, Comissão de Gestão de Florestas Públicas, Conselho de Gestão do Patrimônio Genético e Comissão Técnica Nacional da Biossegurança (Sampaio, 2014).

Em alguns estados e municípios também é possível encontrar uma pluralidade de atores. Um dos exemplos que mais chama atenção é o estado de Minas Gerais. O Sistema Estadual de Meio Ambiente e Recursos Hídricos (Sisema) mineiro é formado pela Secretaria de Estado de Meio Ambiente e Desenvolvimento Sustentável (Semad), pelo Conselho Estadual de Política Ambiental (Copam), pelo Conselho Estadual de Recursos Hídricos (CERH), pela Fundação Estadual do Meio Ambiente (Feam), pelo Instituto Estadual de Florestas (IEF) e pelo Instituto Mineiro de Gestão das Águas (Igam), os quais possuem atribuições de gerir, normatizar e deliberar.

Trata-se, portanto, de um setor altamente dividido e descentralizado, tanto vertical como horizontalmente, cuja autoridade regulatória é distribuída entre diversas instituições. Como consequência, o panorama da regulação ambiental é não só um emaranhado de órgãos (Sampaio, 2014), mas também um labirinto legal e regulamentar (Antunes, 2012), em que a multiplicidade de fontes normatizadoras (já que a maioria dos organismos mencionados é competente para expedir atos normativos) gera enorme quantidade de regras próprias.

O arranjo institucional fragmentado existente no ordenamento jurídico brasileiro se diferencia de estruturas existentes em outros países. Nos Estados Unidos, por exemplo, que são bastante reconhecidos pela qualidade e eficiência na gestão do meio ambiente, a regulação ambiental é comandada por um único órgão, a Environmental Protection Agency (EPA), cuja natureza jurídica é de *independent regulatory agency*, figura equivalente a uma agência reguladora no Brasil.

Além disso, o desenho regulatório ambiental brasileiro também destoa daquele mais concentrado que caracteriza a maioria dos setores regulados do país, como a saúde, o petróleo, as telecomunicações, os transportes aéreo e terrestre, a água e a energia elétrica. Nesses campos da vida econômico-social, as atribuições de normatizar, controlar e fiscalizar estão consolidadas em autarquias criadas justamente para realizar sua regulação: Agência Nacional de Saúde Suplementar (ANS), Agência Nacional do Petróleo (ANP), Agência Nacional de Telecomunicações (Anatel), Agência Nacional de Aviação Civil (Anac), Agência Nacional de Transportes Terrestres (ANTT), Agência Nacional de Águas (ANA) e Agência Nacional de Energia Elétrica (Aneel), respectivamente.

A fragmentação subjetiva do direito ambiental apresenta, entre outras questões, um problema principal na perspectiva da eficiência econômica pretendida pela regulação estatal: tantos são os critérios de decisão quantos são os órgãos reguladores.

Nesse cenário, parece-nos que a referida fragmentação subjetiva é mais um reforço argumentativo em prol da utilização de ferramentas econômicas, dotadas de critérios mais objetivos e rigorosos, na regulação ambiental, em especial nos processos decisórios de elaboração e revisão de normas.

5. Conclusão

Este capítulo tratou, de forma introdutória, do processo de tomada de decisão no direito ambiental, uma importante área de interlocução entre o direito e a economia no contexto do estado regulador.

Buscamos, primeiro, mostrar quais são as falhas de mercado, explicadas pela economia e relacionadas com o meio ambiente, que justificam a intervenção estatal no seu papel de regulador das atividades econômicas. Além disso, fizemos breves comentários sobre as possíveis contribuições da teoria econômica da regulação para a elaboração e a revisão de políticas públicas e marcos regulatórios.

Focamos especificamente na análise de custo-benefício, técnica de decisão amplamente utilizada em outros países, como os Estados Unidos. O objetivo foi demonstrar que a ACB é capaz de atribuir objetividade, rigor e racionalidade ao processo decisório, em especial no que tange à regulação ambiental.

Não deixamos de registrar, no entanto, as principais críticas endereçadas à ACB, especialmente quando utilizada em setores que envolvem bens que não são transacionados no mercado e que, portanto, não podem ser valorados pelos tradicionais métodos de quantificação — como é o caso do meio ambiente.

De todo modo, buscamos demonstrar que, mesmo diante das críticas, a ACB ainda é capaz de aprimorar a regulação ambiental, na medida em que pode tornar a tomada de decisão mais rigorosa, deixando de lado a ponderação de interesses, que é excessivamente subjetiva e voluntarista.

A principal interrogação que fica, a nosso ver, está relacionada com a capacidade técnica dos nossos reguladores ambientais para operacionalizar a análise de custo-benefício. Esse ponto se torna ainda mais relevante diante da fragmentação subjetiva do desenho regulatório ambiental descrita no item 4. O tema, certamente, merece análise mais profunda, que porém escapa ao objetivo deste trabalho.

Referências

ACKERMAN, F.; HEINZERLING, L. Pricing the priceless: cost-benefit analysis of environmental protection. *University of Pennsylvania Law Review*, v. 150, n. 5, p. 1553-1584, maio 2002.

ANTUNES, P. de B. *Direito ambiental*. 14. ed. São Paulo: Atlas, 2012.

ARAGÃO, A. S. de. *Direito dos serviços públicos*. 2. ed. Rio de Janeiro: Forense, 2008.

ARGUELHES, D. W.; LEAL, Fo. O argumento das "capacidades institucionais" entre a banalidade, a redundância e o absurdo. *Direito, Estado e Sociedade*, n. 8, p. 6-50, jan./jun. 2011.

ARROW, K. J. et al. Benefit-cost analysis in environmental, health, and safety regulation: a statement of principles. American Enterprise Institute, The Annapolis Center, and Resources for the Future, 1996. Disponível em: <www.researchgate.net/profile/Roger_Noll/publication/261003708_Benefit-Cost_Analysis_and_the_Environment/links/0deec53348f09cf5fe000000/Benefit-Cost-Analysis-and-the-Environment.pdf>. Acesso em: 29 abr. 2018.

_____ et al. Is there a role for benefit-cost analysis in environmental, health, and safety regulation? *Science*, v. 272, p. 221-222, abr. 1996.

BARAM, M. S. Cost-benefit analysis: an inadequate basis for health, safety, and environmental regulatory decisionmaking. *Ecology Law Quarterly*, v. 8, n. 473, p. 473-531, 1980.

BARCELLOS, A. P. de. *Ponderação, racionalidade e atividade jurisdicional*. Rio de Janeiro: Renovar, 2005.

BARROSO, L. R. *O direito constitucional e a efetividade de suas normas*: limites e possibilidades da Constituição brasileira. 5. ed. Rio de Janeiro: Renovar 2001.

BORGES, E. B. de P. *Determinantes de qualidade regulatória*: principais instrumentos e o caso brasileiro. IV Prêmio Seae, 2009. Disponível em: <www.seae.fazenda.gov.br/premio-seae/edicoes-anteriores/edicao-2009/iv-premio-seae-2009>. Acesso em: 23 abr. 2018.

DE LAMARE, J. *A proibição do retrocesso no direito ambiental*: avanço para onde? Rio de Janeiro: Escola de Direito FGV Direito Rio, 2013. (Coleção Jovem Jurista)

_____. *Análise de impacto regulatório no direito ambiental*: limites e possibilidades. Rio de Janeiro: Biblioteca Digital da FGV, 2015. Disponível em: <https://bibliotecadigital.fgv.br/dspace/bitstream/handle/10438/15981/

Disserta%C3%A7%C3%A3o%20Julia%20de%20Lamare%20-%20vers%C3%A3o%20final%2010.03.2016.pdf>. Acesso em: 23 abr. 2018.

FIELD, B. C.; FIELD, M. K. *Environmental economics*: an introduction. 6. ed. Nova York: McGraw-Hill Irwin, 2013.

HARDIN, G. The tragedy of the commons. *Science*, v. 162, p. 1243-1248, 13 dez. 1968.

KOTCHEN, M. J. Cost-benefit analysis. 2015. Disponível em: <http://environment.yale.edu/kotchen/pubs/CBAchap.pdf>. Acesso em: 23 abr. 2018.

MANKIW, N. G. *Introdução à economia*. São Paulo: Cengage Learning, 2011.

MILARÉ, É. *Direito do ambiente*: a gestão ambiental em foco — doutrina, jurisprudência, glossário. 7. ed. rev., atual. e reform. São Paulo: Revista dos Tribunais, 2011.

MOREIRA NETO, D. de F. *Mutações do direito público*. Rio de Janeiro: Renovar, 2006.

MOTTA, R. S. da. *Economia ambiental*. Rio de Janeiro: Editora FGV, 2006.

_____. *Manual para valoração econômica de recursos ambientais*. Rio de Janeiro: Coordenação de Estudos do Meio Ambiente do Instituto de Pesquisa Econômica Aplicada (Cema/Ipea); Coordenação Geral de Diversidade Biológica do Ministério do Meio Ambiente, dos Recursos Hídricos e da Amazônia Legal (Cobio/MMA), 1997.

POSNER, R. A. *Economic analysis of law*. 6. ed. Nova York: Aspen Law & Business, 2003.

RAGAZZO, C. E. J. *Regulação jurídica, racionalidade econômica e saneamento básico*. Rio de Janeiro: Renovar, 2011.

REVESZ, R. L.; LIVERMORE, M. A. *Retaking rationality*: How cost-benefit analysis can better protect the environment and our health. Nova York: Oxford University Press, 2008.

RICHARDSON, H. S. The stupidity of the cost-benefit standard. *The Journal of Legal Studies*, v. 29, n. S2, p. 971-1003, jun. 2000.

SAMPAIO, R. S. da R. Regulação ambiental. In: GUERRA, S. (Org.). *Regulação no Brasil*: uma visão multidisciplinar. Rio de Janeiro: Editora FGV, 2014. p. 307-333.

SAMUELSON, P. A. *Economia*. Porto Alegre: AMGH, 2012.

SUNSTEIN, C. R. Cost-benefit analysis and the environment. *Ethics*, v. 115, n. 2, p. 351-385, jan. 2005. Disponível em: <www.jstor.org/stable/10.1086/426308>. Acesso em: 28 abr. 2018.

_____. *The cost-benefit state*: the future of regulatory protection. Chicago: American Bar Association Book Publishing, 2002.

_____. *Valuing life*: humanizing the regulatory state. Chicago: The University of Chicago Press, 2014.

_____; VERMEULE, A. Interpretation and institutions. *Michigan Law Review*, v. 101, p. 885-951, 2003.

VARIAN, H. R. *Intermediate microeconomics*: a modern approach. Nova York: W. W. Norton & Company, 2010.

VISCUSI, W. K.; HARRINGTON JR., J. E.; VERNON, J. M. *Economics of regulation and antitrust*. 4. ed. Cambridge: The MIT Press, 2005.

ZERBE JR., R. O.; BELLAS, A. S. *A primer for benefit-cost analysis*. Cheltenham: Edward Elgar, 2006.

CAPÍTULO 18

O direito e a economia do compartilhamento

Carlos Ragazzo

Introdução

Entre as empresas que lideram as avaliações de mercado para *start ups* americanas, se incluem o Uber ($ 68 bi) e o Airbnb ($ 31 bi), ambas com *valuations* que superam os bilhões de dólares.[1] Essas empresas surgiram recentemente, mais especificamente no início da década de 2010, e já fazem parte do cotidiano da sociedade de diversos países, incluindo o Brasil, introduzindo tecnologia em mercados essencialmente maduros e historicamente caracterizados por pouca inovação, como transporte de passageiros e hospedagem.

Mas o que exatamente explica esse fenômeno? O desenvolvimento da tecnologia e em especial da internet está transformando diversos setores da economia e promovendo uma disrupção nas relações de mercado: surgem novas formas de fazer e gerenciar negócios, marcadas pelo aprofundamento do dinamismo e pela fluidez das informações.

Esses modelos de negócios trazem consigo a necessidade de ressignificar conceitos econômicos e redefinir formas tradicionais de regulação dessas atividades. Entre os principais desafios regulatórios se encontra a necessidade de não inviabilizar ou dificultar o crescimento desse novo ramo da economia e, ao mesmo tempo, ponderar o fenômeno regulatório que se iniciou em reação a um modelo de negócio ainda recente.

---

[1] Uber is the most valuable U.S. startup, with Airbnb and WeWork following far behind it. Disponível em: <www.recode.net/2017/8/8/16113140/top-10-most-valuable-startups-uber-s-pacex-wework-airbnb>. Acesso em: 1º maio 2018.

Os conceitos e os exemplos que serão aqui debatidos têm por objetivo fomentar a reflexão crítica sobre os contornos que a nova economia vem assumindo, bem como sobre os impactos dos efeitos disruptivos que vêm causando na sociedade. Não obstante, por ser uma experiência recente, o capítulo foca em fomentar o alargamento da compreensão das diferenças entre os modelos tradicionais e aqueles sob nova roupagem, permitindo que suas particularidades sejam dimensionadas. Dessa forma, serão trabalhados conceitos, características e benefícios que foram introduzidos por empresas que são hoje caracterizadas pela economia do compartilhamento para, em momento posterior, compreender o modelo regulatório e jurídico que vem surgindo em reação à sua introdução. A metodologia será a análise de dados quantitativos e qualitativos, revisão bibliográfica, doutrinária e análise de política regulatória nacional e estrangeira, evidenciando o perfil de decisões, sob a ótica do direito e da economia.

1. Economia do compartilhamento: contexto e contornos

O conceito de economia do compartilhamento (também apresentado como *sharing economies* ou economia compartilhada)[2] emergiu em 2008, nos Estados Unidos, em um contexto de recessão econômica e hiperconsumo, que já apresentava os primeiros sinais de esgarçamento. A recessão econômica, originada no setor financeiro, teve como marco a falência de um dos bancos de investimentos mais tradicionais dos Estados Unidos, o Lehman Brothers, em setembro de 2008, resultando na queda da Bolsa de Valores de todo o mundo, com um forte impacto em desemprego, e levou a população a buscar serviços e produtos mais acessíveis. Essa necessidade foi impulsionada pela internet, que aprofundou a interação entre os indivíduos, escalando serviços.

Para entender esse contexto de forma mais completa, é preciso passar pela alteração do paradigma da propriedade para um modelo de consumo baseado no uso, o que, aliás, se origina não apenas por conta da crise financeira, mas em função de motivos relacionados com o uso mais eficiente de recursos. Nesse sentido, diversos autores afirmam que as atitudes em relação

---

[2] Em inglês, é recorrente o uso dos termos: *collaborative consumption, collaborative economy, peer economy* e *access economy*.

ao consumo vêm mudando em virtude de uma crescente preocupação com as questões ecológicas, sociais e em relação ao desenvolvimento. Existe, ainda, anseio por inserção social, localidade e consumo comunal.[3]

Em *Vida para o consumo: a transformação das pessoas em mercadorias*, o renomado sociólogo e filósofo Zygmunt Bauman (2008) afirma que consumir é o valor mais característico da sociedade atual, composta por consumidores; esse valor principal serve de baliza em relação à qual todos os outros são definidos. O consumo seria o primado de uma vida feliz. Em uma perspectiva histórica, sobretudo pensando nas sociedades baseadas em valores cristãos, o autor aponta que a sociedade de consumidores é a primeira, na história da humanidade, a prometer a felicidade ainda na vida terrena. Com esse exemplo, pretende-se chamar atenção para o fato de que, há tempos, o consumo ultrapassou o papel de suprir necessidades básicas e assumiu contornos de uma utopia, ou, nas palavras de Bauman, "uma felicidade instantânea e perpétua" (Bauman, 2008:60) que se torna cada vez mais inalcançável e insustentável na perspectiva ambiental.

A economia compartilhada surge como um contrapeso a esse processo de adensamento da sociedade de consumidores, justamente porque a ideia de consumo é substituída pela ideia de uso de um bem e, para tal, não é necessário possuí-lo e consequentemente adquiri-lo. É, em sua essência, positiva para a sustentabilidade ambiental e social, produzindo novas formas de organização e concorrência. A mudança de paradigma trazida compreende a diferença entre possuir um bem e o benefício que tal item pode proporcionar. Isto significa redimensionar o conceito de "necessidade".

Assim, para trabalhar com um conceito funcional, o novo modelo de economia de compartilhamento amplia a interação entre usuários e prestadores de serviço, promove o reúso de produtos e gera uma nova configuração dos modelos de negócios da economia tradicional (Dubois et al., 2014). É, ainda, uma forma de compatibilizar necessidades de desejo de modo mais sustentável e com menor ônus ao indivíduo (Botsman e Rogers, 2009), em suas mais diversas possibilidades, como venda, compartilhamento, prestação de serviço, empréstimo, trocas, aluguel ou doação.

---

[3] Albinsson e Perera (2012); Belk (2010); Botsman e Rogers (2009).

1.1 Características dos serviços da economia do compartilhamento

Como visto anteriormente na definição de um conceito para o modelo, a economia de compartilhamento baseia-se no aproveitamento do excesso de capacidade e funcionalidade de bens duráveis, utilizando a tecnologia como meio facilitador. Entre as características estão: compartilhamento de bens ociosos, uso avançado da internet e redes sociais, e utilização de recursos de avaliação (*peer reviews*) que auxiliam no controle de qualidade e segurança dos usuários. Tais características minoram os efeitos da assimetria de informação entre vendedores e compradores (PWC, 2015). Aliás, o modelo de *peer review* atrelado a redes sociais é um fator muito relevante na escalabilidade dos serviços, já que a desconfiança era um fator que reduzia o volume de negócios, por conta dos riscos associados à contratação entre estranhos sem histórico (para, por exemplo, trafegar no seu carro ou para ficar hospedado em seu apartamento, apenas para ficar do ponto de vista do ofertante, já que o problema é o mesmo sob o ponto de vista do usuário).

A economia de compartilhamento é baseada, justamente, na troca e compartilhamento de serviços entre pessoas desconhecidas (Schor, 2014) e em práticas comerciais fundadas no acesso e não na aquisição de bens e serviços (Botsman e Rogers, 2009). A mudança ocorre, portanto, na cultura do consumo, impulsionada pela revolução tecnológica, em que há o usufruto de bens com um investimento de capital significativamente menor, resultando no aumento da eficiência do capital empregado. Para Evans e Schmalensee (2007), os aplicativos dessa natureza podem ser classificados como "catalisadores econômicos", visto que estabelecem uma ponte entre dois ou mais tipos de agentes que, apesar de possuírem uma interdependência, não conseguem se conectar ou gerar valor para suas transações a partir da simples interação entre ambos, confiando na plataforma para facilitar a criação de valor de suas interações.

No *best-seller The zero marginal cost society*, Jeremy Rifkin (2014) afirma que a natureza distribuída e colaborativa da internet permitiu que milhões de pessoas encontrassem as combinações certas para compartilhar bens ou serviços excedentes com outros cidadãos. Tal economia é, desse modo, muito mais dependente do capital social do que do capital de mercado, e opera a um custo marginal em relação a serviços semelhantes em roupagem tradicional. A tendência, segundo o autor, é que essa nova economia evolua de um setor de nicho para um paradigma dominante.

Cohen e Kietzmann (2014) afirmam que a economia colaborativa se configura como próximo estágio para reestruturar o *modus operandi* da economia tradicional (Cohen e Kietzmann, 2014). Embora ainda não se possa atribuir dimensão significativa a essa nova prática, a economia do compartilhamento já demonstrou ser um modelo mais sustentável de consumo, e que, *a priori*, deve ser incentivado. Por meio dela, é possível trazer ao mercado bens e mão de obra que ficariam inutilizados por um período. É o que ocorre com um carro, um cômodo de uma casa, roupas ou livros usados, por exemplo. Promove-se, com tais práticas, a redução do desperdício e a mudança do paradigma da posse para o uso contínuo, não necessariamente pelos mesmos indivíduos.

Aliás, apenas para tangibilizar essa premissa, Uber e AirBnb, empresas citadas no parágrafo de introdução, não são donas de quaisquer veículos ou imóveis, embora intermedeiem serviços de transporte privado de passageiros e de hospedagem.

1.2 Benefícios de serviços sob o modelo economia do compartilhamento

Como a economia do compartilhamento oferece uma opção que vai de encontro com o paradigma de modelo de sociedade baseado na propriedade, gera demanda a partir de uma tecnologia que possibilitou uma nova roupagem a serviços tradicionais, minorando a assimetria de informações entre contratados e contratantes e tornando os serviços mais escaláveis a partir de ativos já existentes e disponíveis no mercado. Essas características da economia de compartilhamento fizeram com que esse modelo ficasse rapidamente conhecido pela população: nos Estados Unidos, pioneiro no desenvolvimento desse novo modelo, uma pesquisa realizada pela PWC em 2015 mostrou que 44% da população norte-americana já é familiarizada com o conceito de *sharing economics*. Entre os que estão familiarizados, uma parcela significativa apontou para eficiências trazidas, confirmando que as características até aqui tratadas não são especulativas:

Imagem 1
% dos americanos familiarizados com o conceito de *sharing economies* que veem benefícios no conceito

83%

Concordam que torna a vida mais conveniente e eficiente

76%

Concordam que é melhor para o meio ambiente

63%

Concordam que é mais interessante do que se envolver com empresas tradicionais

86%

Concordam que torna a vida mais acessível

Fonte: PWC, 2015.[4]

Mas é possível ver os benefícios de forma mais macro: entre os impactos positivos que podem ser observados, conforme a imagem 2, além dos efeitos relacionados com o uso eficiente de produtos e serviços, é possível identificar os seguintes: criação de empregos, mobilidade social, desenvolvimento de habilidades, comodidade para os usuários, transparência e, até mesmo, alfabetização digital.

---

[4] The sharing economy. Disponível em: <www.pwc.com/us/en/industry/entertainment-media/publications/consumer-intelligence-series/assets/pwc-cis-sharing-economy.pdf>. Acesso em: 5 abr. 2018.

Imagem 2
Impactos positivos da economia do compartilhamento na sociedade

Fonte: Baseada no relatório "The rise of the sharing economy. The Indian landscape".[5]

Algumas empresas tradicionais já vêm se adaptando a essa nova tendência, como no caso da Ford, General Motors e BMW, que anunciaram, em 2015, que estão desenvolvendo linhas de carros que possibilitam o compartilhamento entre os donos, tendência essa que se concretizará em breve.[6] No Brasil, a Chevrolet já faz os primeiros testes e pretende lançar carro compartilhado ainda em 2018.[7]

---

[5] The rise of the sharing economy. The Indian landscape. Disponível em: <www.ey.com/Publication/vwLUAssets/ey-the-rise-of-the-sharing-economy/$FILE/ey-the-rise-of-the-sharing-economy.pdf>. Acesso em: 10 abr. 2018.
[6] Montadoras adotam carro compartilhado. Disponível em: <www1.folha.uol.com.br/fsp/mercado/224057-montadoras-adotam-carro-compartilhado.shtml>. Acesso em: 10 abr. 2018.
[7] Chevrolet vai ter carro compartilhado em SP em 2018. Disponível em: <https://g1.globo.com/carros/noticia/chevrolet-vai-ter-carro-compartilhado-em-sp-em-2018.ghtml>. Acesso em: 1º maio 2018.

1.3 Empresas e setores de atuação da *sharing economy*

Embora a atuação mais significativa do ponto de vista econômico seja, até o presente momento, no setor de transporte privado e acomodação, a revolução digital atuou como um catalisador de crescimento da modalidade em diversos setores, incluindo, mas não estando limitados a: (i) sistemas de produtos e serviços: quando o consumidor paga pelo benefício do produto e não pelo produto em si;[8] (ii) *lifestyles* colaborativos: trata-se do compartilhamento de recursos, tais como dinheiro, habilidades e tempo;[9] e (iii) mercado de redistribuição: quando um item usado passa de um local onde está excedente para outro onde será útil[10] (Botsman e Rogers, 2009).

Imagem 3
Principais segmentos de atuação da economia do compartilhamento

Fonte: Baseada no relatório "The rise of the sharing economy. The Indian landscape".

Com o uso da internet, tornou-se possível contratar e prestar serviços. Transportar pessoas, oferecer acomodações, aulas diversas, consertos, serviços de logística, venda de bens usados, como roupas e livros, *crowdfunding*, compartilhamento de bens domésticos, entre outros, configuram alguns deles. A imagem 4 apresenta exemplos de empresas que vêm atuando no Brasil em cada setor.

---

[8] A exemplo de aplicativos de transporte, como Uber e Cabify, e de aluguel de imóveis, como o Airbnb.
[9] Alguns exemplos são os aplicativos que oferecem aulas, como o Superprof, ou cuidado com crianças (Click babá) e animais (DogHero).
[10] Enjoei (onde são vendidos, principalmente, roupas, sapatos e acessórios), Skina, Renovei, Rekids (voltado para vestuário e brinquedos infantis).

Imagem 4
Exemplos de empresas de economia do compartilhamento que atuam no Brasil

Fonte: Elaboração própria.

Com exceção da Catarse, uma plataforma de *crowdfunding*[11] que reúne apoiadores para financiar iniciativas inovadoras,[12] os exemplos mencionados na imagem 4 conectam prestadores de serviço ou pessoas com o intuito de vender ou compartilhar um bem e usuários: a empresa que operacionaliza a plataforma cobra uma porcentagem do valor arrecadado e oferece ferramentas de avaliação que promovem a minoração da assimetria de informação e segurança para prestadores de serviço e usuários.

A economia de compartilhamento está em franca expansão em diversos países do mundo, conquistando novos participantes e, concomitantemente, o interesse dos formuladores de políticas públicas, ao desafiar modelos maduros de negócios. E constitui um bom exemplo para discutir modelos regulatórios a partir de fenômenos, ao permitir rediscussões sobre questões regulatórias, trabalhistas, tributárias e de privacidade a partir de discussões legislativas e judiciais que tratam do tema. A partir do próximo tópico, este

---

[11] Plataforma online de captação de recursos para projetos.
[12] Outros exemplos são: Kickante, Benfeitoria, Juntos.com.vc, Bicharia e Queremos!.

artigo irá posicionar a discussão dos marcos regulatórios a partir dos dois exemplos mais famosos de setores de economia do compartilhamento: (i) aplicativos para transporte individual de passageiros; e (ii) aplicativos de hospedagem.

2. Modelos de negócios de *sharing economy* versus mercados maduros

Para esmiuçar o modo de atuação e, posteriormente, o debate regulatório que envolve a economia do compartilhamento, serão exemplificados os modelos de negócios dos aplicativos de transporte individual e hospedagem (*peer-to-peer accommodation*). Tais exemplos foram selecionados por apresentarem os mercados mais consolidados e por protagonizarem os debates regulatórios mais avançados em diversas partes do mundo.

2.1 Serviços tradicionais de táxi *versus* aplicativos de transporte individual

O serviço de táxi é antigo e difundido em todo o mundo. Embora diversas evoluções e transformações tenham ocorrido no decorrer dos anos, a regulamentação do setor é bastante consolidada em diversos países. Uma suposta assimetria regulatória entre táxis e aplicativos de transporte individual de passageiros se encontra no epicentro das manifestações dos taxistas e do debate sobre o setor, influenciando uma série de movimentos regulatórios. Antes de adentrar na forma como esse debate vem sendo construído, cabe distinguir o modelo de negócios dos setores em questão.

Antes do advento da tecnologia, o setor de táxi se dividia basicamente em três segmentos: 1) rádio-táxi: um sistema centralizado de despacho, que geralmente conta com uma central de manutenção; 2) táxis de ponto: situados em locais de grande concentração, a exemplo de aeroportos, hotéis e *shoppings*; 3) táxis de rua: com circulação livre, que, em geral, é mais lucrativa nos grandes centros.

Uma das principais vantagens do táxi em relação aos demais serviços de transporte público é a flexibilidade para a escolha do trajeto, a individualização do atendimento e a maior rapidez para acessar o serviço. Os táxis, até os dias atuais, operam em uma lógica de *first in, first out*, que traz assimetria de informação e limita o poder de escolha do cliente. O custo de oportunidade para adquirir informações e comparar preço e qualidade é alto devido à estrutura física difusa do setor. As características da oferta e demanda do mercado geram poucos incentivos para o aprimoramento da qualidade e preço, visto que ambos só são de conhecimento do cliente após o consumo.

Os aplicativos de transporte, por sua vez, trouxeram novos paradigmas ao setor. Seu modelo de negócios, fundado na economia colaborativa, cria um ambiente que permite a conexão entre usuários e prestadores de serviço, que têm acesso a um carro e pretendem compartilhá-lo em troca de remuneração, dando finalidade a um bem excedente. Não há uma frota própria de carro ou motoristas contratados. Em geral, os prestadores de serviço podem se dedicar integralmente, utilizar a plataforma como meio de complementação de renda ou para ocupar o veículo em períodos específicos do dia, como o deslocamento para o trabalho, minorando gastos. A intermediação é concretizada por meio da cobrança de um valor diferenciado para cada lado da operação, caracterizando o que a literatura denominou de mercado de dois lados.[13]

Os aplicativos operam com instrumentos de georreferência que proporcionam ao cliente informações sobre a localização do motorista, quando solicita a corrida, e informações consistentes sobre a previsão de chegada ao destino e o valor que será pago, além de um sistema de *peer review* para condutor e passageiro, avaliando histórico de desempenho.

2.2 Ciclos regulatórios dos aplicativos de transporte individual

O conceito etimológico de regulação é utilizado em diversas disciplinas, assumindo diferentes contornos. Na área jurídica, está relacionado com duas ideias principais: implantação de regras e normas, e restabelecimento ou manutenção do equilíbrio de um sistema (Moreira e Maçãs, 2003). A regulação é, portanto, um meio para a eliminação de contradições, assegurando o equilíbrio entre direitos e obrigações, normalmente associado a um setor. Trata-

---

[13] Para Rochet e Tirole (2004), o mercado pode ser caracterizado como de dois lados se a plataforma puder afetar o volume de transações por meio de uma cobrança maior de um lado do mercado e reduzir o preço pago pelo outro lado na mesma proporção. A estrutura de preços possui grande importância e a plataforma precisa ser desenhada para que incentive os dois lados a participarem dela.

-se da criação e aplicação de normas jurídicas com o intuito de disciplinar o exercício de certas atividades (Sanches, 2000).

A regulação econômica se justifica em diversos contextos como forma de corrigir falhas de mercado, minimizar externalidades negativas, diminuir assimetria de informação, promover bens públicos, evitar mercados não competitivos e maximizar o bem-estar econômico. Torna-se necessário, portanto, verificar se as situações que justificariam a intervenção do Estado como ente regulador estão presentes na questão analisada, visto que, entre as alternativas regulatórias, uma delas é não regular. Tal alternativa se justifica, principalmente, em mercados recentes, onde a regulação precoce pode inibir o crescimento e trazer efeitos negativos, como o agravamento das falhas de mercado.

É importante fazer uma ressalva antes de começar a descrever os ciclos regulatórios: conforme previsto nos incisos I e V do art. 30 da Constituição Federal, fica a cargo da autoridade municipal a regulação dos serviços de táxi. Isso significa, na prática, que diversas regulações municipais vão conviver com regras de caráter geral editadas pelo Poder Legislativo Federal, além de frequente debate no Poder Judiciário.

2.2.1 Proibição dos aplicativos de transporte individual

No Brasil, os aplicativos de transporte protagonizaram diversas fases de regulação. Em um primeiro momento, houve um movimento liderado pelos *stakeholders* do setor de táxi para proibir os aplicativos. A discussão se fundou na natureza jurídica do serviço, com a alegação de que o transporte individual de passageiros deveria ser enquadrado no conceito de serviço público, razão que demandaria uma outorga administrativa prévia para que o serviço pudesse ser ofertado de modo regular. Tal argumento foi embasado na Lei nº 12.468/2011, que regulamenta a profissão de taxista. Argumentou-se, portanto, que o serviço deveria ser prestado exclusivamente por taxistas. Em municípios como São Paulo[14] e Rio de Janeiro,[15] os sindicatos dos taxistas moveram ações para impedir o funcionamento dos aplicativos (nos dois casos, os pedidos foram negados pela justiça). Outro movimento liderado por

---

[14] Justiça de SP suspende decisão que favorecia taxistas contra aplicativo Uber. Disponível em: <https://odia.ig.com.br/_conteudo/noticia/brasil/2015-05-05/justica-de-sp-suspende-decisao-que-favorecia-taxistas-contra-aplicativo-uber.html>. Acesso em: 1º maio 2018.

[15] Sindicato dos Táxis tem recurso negado contra o Uber. Disponível em: <https://blogs.oglobo.globo.com/ancelmo/post/sindicato-dos-taxis-tem-recurso-negado-contra-o-uber.html>. Acesso em: 1º maio 2018.

sindicatos de taxistas foi o *advocacy* para que legislativos municipais votassem favoravelmente projetos que tratam da proibição do serviço; foi o que ocorreu também no Rio de Janeiro, com a Lei nº 6.106/2016.

Profissões licenciadas são alvo comum do processo de captura regulatória, que se caracteriza pelo fato de o regulador identificar o interesse específico de um determinado agente que opera no mercado com o interesse da própria missão regulatória (Stigler, 1971). Essa observação parte do fato de que o debate regulatório parece estar mais orientado a atender demandas da indústria regulada do que do interesse público, o que parece ser o caso específico desse primeiro ciclo regulatório dos aplicativos. Isso porque, atendendo às reivindicações dos taxistas, a primeira tendência observada em relação à ação dos reguladores brasileiros foi a proibição dos aplicativos. As primeiras cidades a proibirem o serviço foram Rio de Janeiro, com a Lei Municipal nº 6.106/2016, São Luís (MA), com a Lei Municipal nº 429/2016, e Santos (SP), com a Lei Municipal nº 3.213/2015; em todos os casos, os efeitos foram suspensos na justiça.

Também foram apresentadas ações com o objetivo de impedir a continuidade do serviço. Foi o que ocorreu em São Paulo, por exemplo, com a decisão proferida pelo juiz Roberto Luiz Corcioli Filho, da 12ª Vara Cível do Tribunal de Justiça do Estado de São Paulo,[16] que determinou a suspensão do serviço na cidade e a suspensão do fornecimento do aplicativo nas lojas online. O mesmo movimento inicial no sentido de tentar proibir o serviço ocorreu em países como França, Alemanha, Espanha e Itália.[17]

No Brasil, os argumentos apresentados pelos representantes dos aplicativos de transporte contra a ilegalidade do serviço foram pautados na Lei nº 12.587/2012, que trata das diretrizes da Política Nacional de Mobilidade Urbana, sobre a existência de dois regimes de serviço de transporte individual urbano de passageiros no Brasil: um público (no qual os taxistas são enquadrados) e um privado (onde as plataformas de transporte estariam incluídas não exatamente como serviços de transporte, mas sim como uma tecnologia de conexão entre motoristas e usuários). Nessa interpretação, seria pertinente a coexistência de taxistas e motoristas de aplicativos de transporte, sendo eles sujeitos a regimes jurídicos distintos.

---

[16] Disponível em: <www.conjur.com.br/dl/liminar-determina-suspensao-servicos.pdf>.
[17] Atualmente o Uber atua sem restrições em países como: Finlândia, Polônia, Tchéquia, Estônia, Lituânia e no Reino Unido, em Londres especificamente. Com algumas restrições, em geral voltadas para o licenciamento e regras específicas, como: Alemanha e França. E é considerado ilegal na Bulgária, Hungria e Dinamarca (Defossez, 2017).

Os aplicativos de transporte começaram a obter inúmeras vitórias em relação às decisões liminares de suspensão e leis municipais, viabilizando a manutenção do serviço e abrindo caminho para a regulamentação. Alguns exemplos pioneiros foram as cidades do Rio de Janeiro[18] e São Paulo.[19] Do ponto de vista do consumidor, devido às vantagens e por terem sido aptos a corrigir problemas regulatórios característicos dos serviços clássicos de táxi, os aplicativos tiveram boa avaliação e angariaram defensores. Pesquisa realizada pelo Datafolha[20] apontou que 73% dos entrevistados acreditam que os aplicativos melhoram as cidades, 20% acreditam que não há nenhum impacto e 4% afirmaram que o serviço deveria ser proibido. Sem dúvida, a boa avaliação e o reconhecimento das externalidades positivas do modelo de negócios foram um diferencial para o avanço dos debates sobre a regulamentação do serviço.

2.2.2 Regulação à la táxi para os aplicativos: ausência de falhas de mercado tradicionais

Após a tendência inicial de proibição, o próximo ciclo de tentativas de regulação para os aplicativos se baseou em uma premissa errônea de que os serviços de aplicativos de transporte são equivalentes aos tradicionais serviços de táxi. Foi o que ocorreu em São Paulo, com a criação dos "táxis virtuais" (que instituiu inicialmente a obrigatoriedade de placas vermelhas e veículos na cor preta)[21] e, mais recentemente, em nível nacional. No início dos debates sobre o Marco Regulatório dos Aplicativos de Transporte: Lei nº 13.640/2018, estava previsto que os carros que operassem com aplicativos de transporte teriam que instalar placa vermelha e solicitar licenças específicas nas prefeituras para rodar, tais textos foram retirados do PLC 28/2017 durante a tramitação no Senado.[22]

---

[18] Justiça do Rio decide que serviço do Uber não pode ser proibido. Disponível em: <http://g1.globo.com/rio-de-janeiro/noticia/2016/04/justica-do-rio-decide-que-servico-do-uber-nao-pode-ser-proibido.html>. Acesso em: 30 abr. 2018.

[19] Justiça "libera" Uber em São Paulo. Disponível em: <https://vejasp.abril.com.br/cidades/justica-libera-uber-em-sao-paulo/>. Acesso em: 30 abr. 2018.

[20] Pesquisa aponta que 78% defendem regulamentação do Uber no Brasil. 2016. Disponível em: <www1.folha.uol.com.br/cotidiano/2016/02/1739747-78-aprovam-regulamentacao-do-uber-segundo-pesquisa.shtml>. Acesso em: 18 abr. 2018.

[21] São Paulo terá 'táxi virtual' preto e com preço por trecho. Disponível em: <http://sao-paulo.estadao.com.br/noticias/geral,sp-tera-taxi-virtual-preto-e-com-preco-por-trecho,1776392>. Acesso em: 1º maio 2018.

[22] Projeto de Lei da Câmara nº 28, de 2017. Disponível em: <www25.senado.leg.br/web/atividade/materias/-/materia/128659>. Acesso em: 1º maio 2018.

A tentativa de enquadrar os aplicativos de transporte individual de passageiros nos mesmos parâmetros trouxe um risco de ônus ao direito de propriedade e à liberdade de iniciativa das prestadoras de serviço, com potencial impacto negativo às inovações ainda em curso no setor, encaixando-os em um modelo regulatório pensado para outra realidade. O principal ponto que se deve considerar é que os aplicativos de transporte não possuem as mesmas falhas regulatórias, como será aprofundado a seguir.

As falhas de mercado que motivaram o modelo regulatório vigente para o setor de táxi são ligadas principalmente à assimetria de informação e à segurança dos passageiros. Alguns dos pontos regulados em diversas partes do mundo são as tarifas, a qualidade e a oferta. Sobretudo em cidades com menor oferta do serviço, é comum que os usuários não possuam previsão de acesso ao serviço, quando se trata da busca por táxi de rua. Outro risco é ter a corrida negada devido ao destino ou, em determinados casos, ter o serviço sobretaxado em momentos em que a oferta de táxis não esteja abundante.

Assim, como visto, a assimetria de informação era uma falha de mercado tradicional no setor de táxi. Como abordado anteriormente, para acessar um táxi, o consumidor tende a recorrer ao primeiro veículo disponível. Não havia a possibilidade de pesquisar os melhores preços e serviços disponíveis, o que gera um monopólio situacional do taxista. Não havia, ainda, condições para que o passageiro estimasse o preço da corrida, o que se tornava mais problemático quando se tratava de turistas que desconhecem os preços e trajetos praticados no local. Essa falha de mercado costuma ser contornada pela regulação de tarifas, operacionalizada pelo uso dos taxímetros configurados a partir de tabelas específicas que consideram o tempo e a distância percorrida.

No entanto, essas falhas de mercado não se encontram no modelo dos aplicativos de transporte individual, sendo inexistentes a assimetria de informação e o monopólio situacional. Antes mesmo de confirmar a corrida, o usuário tem acesso a uma estimativa do tempo de chegada e preço, podendo tomar a iniciativa de compará-lo com o valor ofertado por outros aplicativos ou modalidades de transporte. Não existe desnível informacional. O usuário pode obter, também, informações sobre a qualidade do serviço. Estão ao seu dispor informações sobre o modelo do carro e sobre a reputação do motorista, com uma nota média e comentários. Nos aplicativos, a nota média do motorista e comentários é visível a todos os usuários e, em caso de mau desempenho, pode haver o desligamento do motorista da plataforma. O novo modelo possibilitou, portanto, a valoração do serviço por meio do próprio aplicativo.

A maioria das tentativas de regulamentação pautadas em uma adaptação dos aplicativos de transporte individual privado aos antigos modelos de táxi, como placa vermelha, padronização de cor, limitação do número de veículos, regulação de preços e proibição da circulação em outras cidades, não vingaram e os reguladores chegaram a uma nova fase voltada para a percepção e manutenção das características do serviço que, como veremos, culminaram no Marco Regulatório dos Aplicativos de Transporte que, em grande parte, favoreceu os interesses e as funcionalidades do serviço.

2.2.3 Tributação regulatória focada em supostas externalidades

Embora os aplicativos de transporte estejam evidenciando efeitos positivos (como a redução do número total de veículos na rua, tendo em vista a maior taxa de ocupação dos serviços, sobretudo por conta do modelo de serviço cujo maior exemplo é o Uber Pool, e o oferecimento de uma alternativa *low cost* à propriedade de carros), São Paulo foi precursor da estipulação de cobrança tributária pelo uso viário tendo como alegação a minoração de efeitos negativos como poluição e congestionamentos.

A cobrança foi instituída por meio de resoluções que alteram o Decreto nº 56.981, de 10 de maio de 2016. Entre as que tratam do tema estão: a Resolução nº 2, que regulamentou o uso intensivo do viário urbano (por meio da criação de uma meta de uso), a Resolução nº 3 do CMUV, que fixou em R$ 0,10 (dez centavos de real) o preço público da outorga dos créditos de quilômetros estabelecido pelo regime de uso intensivo do viário urbano para exploração da atividade econômica de transporte individual remunerado de passageiros regido pelo Decreto e a Resolução nº 12, que regulamentou o sistema de créditos de quilômetros (por meio da instituição de um preço progressivo a ser cobrado das plataformas como forma de cumprir a meta estabelecida na Resolução nº 2).

Tendo em vista o novo ciclo regulatório que se inicia com o vigor do Marco Regulatório dos Aplicativos de Transporte, fica claro que esse tema entrará em pauta em muitos municípios. No Rio de Janeiro, primeira cidade a publicar decreto após a sanção da lei,[23] a Prefeitura afirmou que será imposta uma

---

[23] Decreto nº 4.4399/2018. Disponível em: <https://leismunicipais.com.br/a1/rj/r/rio-de-janeiro/decreto/2018/4440/44399/decreto-n-44399-2018-disciplina-o-uso-do-sistema-viario-urbano-municipal-para-exploracao-de-servico-de-transporte-individual-privado-remunerado-de-passageiros-intermediado-por-plataformas-digitais-gerenciadas-por-provedoras-de-redes-de-compartilhamento-prover-e-da-outras-providencias?q=44399>. Acesso em: 25 abr. 2018.

taxa a ser definida pelo Comitê Municipal de Tecnologia Aplicada ao Sistema Viário Urbano (CMTSVU). Essa nova tendência sinaliza a necessidade de estudos focais para verificar os reais impactos e os benefícios dessa nova modalidade de transporte, evitando inviabilizá-los economicamente como modelo de negócio e perante o consumidor. Algumas pesquisas, relacionadas ao UberPool (modalidade compartilhada), por exemplo, como a desenvolvida pela National Forest Foundation (2015), vêm apontando ganhos significativos para o trânsito e meio ambiente.[24]

2.2.4 Legislação sobre uso de dados e privacidade

As plataformas utilizadas na economia de compartilhamento trazem como pano de fundo o debate sobre o uso de dados e a privacidade dos usuários. De modo geral, os aplicativos de transporte individual de passageiros reúnem informações sobre as corridas dos usuários, podendo mapear todos os destinos e horários de utilização, bem como dados de pagamento. O mesmo ocorre com diversos outros aplicativos: o aplicativo de *sharing economy* de roupas e acessórios mais utilizado no Brasil, por exemplo, o Enjoei, mapeia as preferências dos usuários por marcas ou tipos de produtos e oferece mercadorias afins ao gosto dos usuários. O rastreamento de dados dos usuários é justificado pela melhoria e personalização dos serviços. É possível observar perfis de comportamento e direcionar ofertas, produtos e campanhas específicas.

No Brasil, o debate sobre privacidade de dados já se formou desde a publicação do Marco Civil da Internet (Lei nº 12.965/2014), que "estabelece princípios, garantias, direitos e deveres para o uso da Internet no Brasil". Até então, não havia legislação específica sobre diversas situações danosas, a exemplo do compartilhamento de dados pessoais e imagens de forma indiscriminada. Para o julgamento de casos relacionados, recorria-se ao Código Civil. No que interessa aos usuários de aplicativos, o art. 7º do Marco Civil assegura alguns direitos aos usuários, a exemplo da inviolabilidade da vida privada, sigilo do fluxo de suas comunicações pela internet e de suas comunicações privadas. Além disso, é previsto o direito de não ter fornecido a terceiros os dados pessoais sem seu consentimento livre e expresso. Ainda falta, no entanto, uma legislação específica para proteção de dados

---

[24] Disponível em: <https://newsroom.uber.com/us-california/make-your-impact-with-uberpool-this-earth-day/>.

associada a um órgão responsável exclusivamente pelo tema, como já ocorre em alguns países europeus.

De qualquer forma, o tema já foi objeto de regulação municipal, mas com foco mais no usufruto dos dados do que na segurança dos usuários. O Decreto nº 56.981/2016, que regulamenta aplicativos de transporte, incluiu previsões versando sobre obrigação de compartilhamento de dados com a Prefeitura. Os dados que devem ser informados dizem respeito a: (i) origem e destino da viagem, (ii) tempo de duração e distância do trajeto, (iii) tempo de espera para a chegada do veículo à origem da viagem, (iv) mapa do trajeto, (v) itens do preço pago, (vi) avaliação do serviço prestado, (vii) identificação do condutor, (viii) além de outros dados supostamente necessários ao controle e à regulação de políticas públicas de mobilidade urbana.[25] Essa obrigatoriedade está atrelada ao reconhecimento do potencial dos dados coletados (uma grande inovação em relação ao antigo modelo de negócios dos táxis), embora não se saiba exatamente qual o regime de controle desses dados que será feito pelo governo: há risco de gerar desincentivo no usuário, visto que este ficará vulnerável a uma utilização indevida, dado a possível precariedade da estrutura de proteção de dados existente nos municípios.

Se usado com ponderação e enfoque devido, um dos recursos que pode ser disponibilizado pela nova tecnologia são as ferramentas para desenvolver políticas públicas de mobilidade. Como exemplo, vale dizer que a Uber já criou uma plataforma pública de fornecimento de dados anonimizados e não individualizados sobre viagens capazes de ajudar a formulação de políticas de mobilidade urbana.[26]

---

[25] O compartilhamento desses dados está previsto no art. 4º do Decreto.
[26] Disponível em: <https://movement.uber.com/cities>.

Imagem 5
Uber movement — mapeamento de trânsito

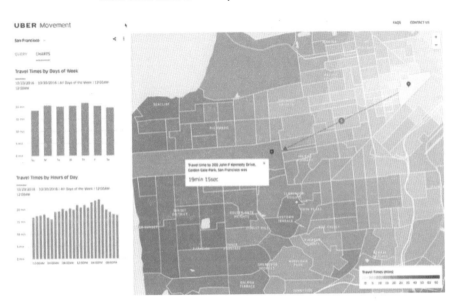

Fonte: Uber Movement.

2.2.5 Marco Regulatório dos Aplicativos de Transporte: Lei nº 13.640/2018

O que hoje é o Marco Regulatório dos Aplicativos de Transporte começou a tramitar no Poder Legislativo como PLC nº 28/2017. O projeto de lei foi aprovado nas duas Casas Legislativas e recebeu sanção presidencial em 28/3/2018. A norma trata da competência dos municípios e União sobre o tema. Com a nova lei, fica claro que "compete exclusivamente aos Municípios e ao Distrito Federal regulamentar e fiscalizar o serviço de transporte remunerado privado individual de passageiros previsto no inciso X do art. 4º desta Lei" (novo art. 11-A).

A norma impõe as diretrizes que os municípios e Distrito Federal devem prever em suas regulações: exigência de contratação de seguro de Acidentes Pessoais a Passageiros (APP) e do DPVAT, inscrição do motorista como contribuinte do Instituto Nacional do Seguro Social (INSS), exigência de Carteira Nacional de Habilitação na categoria B, com informação de que está apto a exercer atividade remunerada, exigência de condições de idade máxima do veículo, entre outras. Os municípios possuem autonomia para regular seguindo esses parâmetros, podendo prever que o não cumprimento das regras implica a caracterização do serviço como transporte ilegal de passageiros.

A nova legislação permite aos municípios continuar a regulamentar o serviço e, sem dúvida, inaugura uma nova fase mais coesa do debate, que garante a permanência do serviço no país e o estabelecimento de parâmetros mais exequíveis para viabilizar o equilíbrio e desenvolvimento do mercado.

A publicação da Lei nº 13.640/2018 pôs fim a parte da insegurança jurídica no setor. A norma em questão altera a Lei nº 12.578/2012 (Política Nacional de Mobilidade Urbana) para regulamentar o transporte remunerado privado individual de passageiros, suprindo essa lacuna na legislação. Com o advento da lei, cabe aos municípios optar por regulamentar ou não os serviços, porém, enquanto a regulamentação não é editada, o serviço pode ser continuado sem objeções. Fica estabelecido que os municípios não podem proibir essa modalidade de serviço, agora reconhecido legalmente como meio de transporte válido, pondo fim ao principal embate jurídico que vinha sendo travado. Restarão, no entanto, questões que podem vir a ser judicializadas, que tratam de especificidades da regulamentação, como eventuais exigências e limitações.

2.3 Aplicativos *peer to peer* de hospedagem *versus* indústria de hotéis

Os aplicativos de acomodação também funcionam no modelo *peer to peer*, em que não profissionais contratam outros não profissionais para oferecer um serviço, tendo o meio digital como facilitador. Tal modelo contribuiu para transformar a indústria do turismo, ampliando o conceito de hospedagem e trazendo novas ferramentas de avaliação e informação para o consumidor. As plataformas permitem que as pessoas disponibilizem suas casas ou cômodos para aluguel a curto prazo. Em geral, as hospedagens são oferecidas em preços mais acessíveis em comparação à rede hoteleira tradicional.

A principal empresa do ramo é o Airbnb, que se define como "um social website que conecta pessoas com espaço ocioso e pessoas que estão procurando lugar para ficar", concatenada aos moldes da economia do compartilhamento. O Airbnb cobra uma porcentagem do hóspede sempre que a reserva é confirmada (cerca de 3%). A plataforma disponibiliza ferramentas e incentivos para que os usuários avaliem os locais de acomodação e sejam avaliados, em um sistema de reputação online, promovendo um cenário adequado para que os usuários tenham uma reserva bem-sucedida.

No ano de 2016, o Airbnb movimentou R$ 2 bilhões no Brasil, chegando a 123 mil anúncios no país. Globalmente, a plataforma chegou a 3 milhões de anúncios em mais de 65 mil cidades, com mais de 180 milhões de hóspedes no ano de 2016.[27] Na maioria dos países, esse tipo de plataforma ainda atua com controle regulatório reduzido.

2.4 Indústria hoteleira *versus* aplicativos de locação de imóveis

Os serviços online de locação de imóveis (Airbnb, HomeAway, HouseTrip, Roomorama, Onefinestay, entre outros) vêm trazendo inovações e embates regulatórios para o setor de turismo. A indústria hoteleira reage negativamente ao crescimento da modalidade, tendo em vista os novos contornos da concorrência no setor. A reação é agravada pelo cenário econômico do setor hoteleiro. Os anos que antecederam a realização das Olimpíadas na cidade do Rio de Janeiro foram acompanhados de grande otimismo para esse setor; impulsionados por incentivos fiscais, levaram à construção e reforma de hotéis que, no entanto, não trouxeram o retorno financeiro esperado. O Hotel Marriott do Porto Maravilha (quatro estrelas), por exemplo, chegou a registrar, segundo levantamento da *Exame* (2017), 3% de taxa de ocupação, quando o ponto de equilíbrio para um hotel desse porte é de 40%. Um total de 525 empreendimentos foram inaugurados no país em um período de cinco anos.[28]

Enquanto o mercado hoteleiro passa por forte recessão, as plataformas de hospedagem seguem em expansão. O Airbnb dobrou de tamanho no período de três anos, chegando a 160 mil unidades, considerando apartamentos, casas e quartos. A rede hoteleira conta com 10,5 mil hotéis e aproximadamente 550 mil quartos (JLL Hotels & Hospitality, 2018).[29] Embora a predominância seja da indústria hoteleira tradicional, a lógica da locação de um imóvel, ou parte dele, por curto período de tempo já ocorria no mercado informal, embora de modo menos recorrente. As plataformas de hospedagem trouxeram mais segurança e garantia aos usuários e locatários. No entanto, a inexistência de for-

---

[27] Airbnb movimentou R$ 2 bilhões no Brasil em 2016. Disponível em: <https://exame.abril.com.br/negocios/airbnb-movimentou-r-2-bilhoes-no-brasil-em-2016/>. Acesso em: 15 abr. 2018.
[28] A bolha dos hotéis estourou no Brasil. Disponível em: <https://exame.abril.com.br/revista-exame/a-bolha-dos-hoteis-estourou-no-brasil/>. Acesso em: 16 abr. 2018.
[29] Prefeituras e hotéis reagem ao crescimento do Airbnb. Disponível em: <www.valor.com.br/empresas/5308395/prefeituras-e-hoteis-reagem-ao-crescimento-do-airbnb>. Acesso em: 16 abr. 2018.

malidades contratuais e o fato de a operação ser estabelecida entre duas pessoas comuns e intermediada por uma plataforma online implica uma série de questionamentos jurídicos, questões sobre zoneamento urbano e tributárias.

Entre as inovações, as plataformas permitem a locação de castelos, cabanas, barracas, tendas indígenas, casa na árvore, iglus etc. Em ambos os casos, sem limite máximo ou mínimo de tempo predeterminado. Algumas plataformas intermedeiam, também, a transação de experiências, como degustação de pratos, dança, *tour* e oficinas. Do ponto de vista econômico, tais plataformas são vistas como redutoras de assimetria de informações e, portanto, como corretoras de falhas de mercado (Cohen e Sundararajan, 2015). Ao usuário é permitido ler experiências e avaliações de outros usuários e comparar preços na mesma região listando grande quantidade de imóveis residenciais de diversas naturezas. A grande disrupção trazida pelo AirBnb, principal empresa do setor, foi atender a mais de 30 milhões de clientes sem possuir um único quarto (Akbar e Tracogna, 2018). A valorização da empresa pode chegar a US$ 50 bilhões, o que corresponde a um valor bem superior à maior cadeia de hotéis do mundo: a Marriott International ou Hilton e Hyatt combinados (Akbar e Tracogna, 2018).

2.5 Restrições ao modelo de aluguel online: reação a supostas externalidades?

O Airbnb, principal aplicativo de aluguel online por curta temporada, funcionou como um catalisador para um fenômeno que já ocorria informalmente, de maneira não organizada e com dificuldades de fiscalização para ser tributada: os aluguéis por curta temporada. Houve, portanto, a expansão desse mercado e a criação de ferramentas para aperfeiçoá-lo, trazendo mais opções e segurança ao consumidor. Como contraponto, existem debates sobre supostas externalidades relacionadas com os aplicativos de aluguel por curto prazo, associadas a possíveis impactos negativos no mercado de aluguéis, sob o argumento de que pode haver redirecionamento de imóveis costumeiramente colocados para o mercado residencial para as plataformas digitais, aumentando o preço médio das residências disponibilizadas para locação para a população local, por conta da possível redução de oferta no mercado.

Nesse caso, o regulador possui objeções adicionais em relação aos aplicativos de transporte: como compatibilizar a questão tributária? (o debate gira em torno da imposição ou não de tributos e taxas de turismo, sem equipará-los ao setor hoteleiro ou imobiliário) Como fiscalizar? A quem se deve tal atribuição? Como trazer garantias à rede hoteleira tradicional, com seus elevados custos fixos (a exemplo da carga tributária e postos de trabalho)? Como manter o mercado imobiliário atrativo para fins residenciais? Deve ser imposto um limite anual de diárias? Essa e outras questões, que impõem alto grau de complexidade, devem ser respondidas pelos formuladores de políticas públicas nos próximos anos.

Nova York está no centro do debate sobre a regulação dos aplicativos de aluguel de curto prazo. A legislação do estado não permite o aluguel de imóveis por período inferior a 30 dias, norma aprovada em 2010 para combater estabelecimentos classificados como "hotéis ilegais". Em 2016, foi aprovada uma lei que proíbe o anúncio de imóveis para aluguel por período inferior aos 30 dias mencionados, impondo multas de US$ 7,5 mil. No entanto, a regra instituiu que é permitido o aluguel por período inferior a 30 dias nos casos em que o proprietário permaneça no imóvel.

Outros locais que impõem grandes restrições ao modelo são São Francisco, Berlim, Paris e Barcelona. As principais preocupações dos reguladores ao redor do mundo dizem respeito a violações de zoneamento urbano. Entre os pontos de questionamento está a relação dos aplicativos de aluguel de quartos e apartamentos com a possível alteração do uso de imóveis que, anteriormente, eram destinados à moradia, e a avaliação dos respectivos impactos em preços de aluguéis e na demanda das redes hoteleiras. Existe uma preocupação especial em relação a investidores que compram imóveis com intuito de destiná-los ao aluguel para turistas. Em São Francisco, foi instituída, no ano de 2016, uma regra que prevê que os anfitriões devem se cadastrar junto à prefeitura, sob pena de multa diária ao operador da plataforma. Essa decisão gerou um recurso por parte do Airbnb, que alega que não pode ser processado por conteúdos postados pelos usuários, pois opera em modelo participativo, semelhante ao Facebook e YouTube.

Na Europa, Berlim também exige, desde 2016, que os imóveis estejam registrados junto à prefeitura para aluguel de temporada. A cidade instituiu multa de até 100 mil euros e estimula que vizinhos denunciem ocupações irregulares. Em Paris a legislação proíbe que proprietários aluguem imóveis por mais de 120 dias por ano e são realizadas operações de fiscalização periódicas.[30]

---

[30] Strict new rules imposed on Airbnb rentals in Paris. Disponível em: <www.independent.co.uk/travel/news-and-advice/airbnb-paris-rules-new-rental-limit-bookings-stay-nights-latest-a8054771.html>. Acesso em: 16 abr. 2018.

2.6 Contexto regulatório no Brasil: discussão de equiparação regulatória

Atualmente, no Brasil, as empresas que oferecem o serviço de aluguel online por curto período ancoram-se na Lei nº 8.245/1991 (Lei do Inquilinato) que, em seus arts. 48, 49 e 50, trata da locação por temporada. A lei permite o aluguel por temporada, caracterizado por período máximo de 90 dias, sendo resguardado, portanto, o direito de uso da propriedade pelo morador. Há de se considerar que o proprietário do imóvel pode disponibilizá-lo total ou parcialmente para aluguel de temporada, em muitos casos, para suprir uma insuficiência econômica, compartilhando seu bem para a geração de renda, evitando inadimplência ou a perda do imóvel.

O município de Caldas Novas (GO), conhecido pelos parques de águas termais, foi pioneiro na regulação do setor no Brasil. No município, optou-se por taxar todos os aluguéis por temporada, não apenas os oferecidos por meio de plataformas online. A regra impõe a declaração do uso da propriedade para tal finalidade e o pagamento de Imposto Sobre Serviços (ISS) referente a cada locação. O município instituiu, ainda, que serão feitas fiscalizações aleatórias.[31] A cidade de Ubatuba (SP) publicou uma lei em 2017 seguindo parâmetros semelhantes.

Em outros municípios, a exemplo das grandes capitais, o debate ainda está em andamento e questões como a viabilidade da fiscalização serão um entrave adicional para uma discussão de equiparação regulatória. Entre as exigências do setor hoteleiro está a imposição de taxação igualitária, como ISS, água e IPTU mais onerosos conforme as unidades comerciais, e atenção à legislação do consumidor.

Atualmente está em tramitação o PLS nº 748/2015, que trata da modificação da Lei do Inquilinato, com o objetivo de regular os serviços de aluguel por temporada viabilizados por plataformas digitais. O autor da lei, senador Ricardo Ferraço (PMDB-ES), defende que há um entendimento majoritário no mercado de que o setor deve ser caracterizado como atividade de locação e não como meio de hospedagem, não devendo ser enquadrado na Lei Geral do Turismo (Lei nº 11.771/2008). O objetivo alegado seria minorar esse conflito de interpretação e garantir o desenvolvimento do setor.[32]

---

[31] Caldas Novas é a primeira cidade no país a taxar o Airbnb. Disponível em: <www.istoedinheiro.com.br/caldas-novas-e-primeira-cidade-no-pais-taxar-o-airbnb/>. Acesso em: 18 abr. 2018.
[32] Projeto de Lei do Senado nº 748, de 2015. Disponível em: <www25.senado.leg.br/web/atividade/materias/-/materia/124165>. Acesso em: 18 abr. 2018.

Considerações finais

A economia do compartilhamento abriu precedentes para inúmeras possibilidades e inovações, gerando grandes mudanças na economia tradicional. Criou-se um novo perfil de economia híbrida, que mescla mercado capitalista e iniciativas de compartilhamento (Rifkin, 2014), e se apresenta de modo mais sustentável ao meio ambiente. A economia de compartilhamento promove mudanças não apenas no modo como a sociedade entende a relação de oferta e demanda, mas também em suas relações pessoais e com bens materiais, mudando o paradigma do consumo para o uso para além da posse individual. O modelo significa uma disrupção em relação ao hiperconsumo, aproximando a sociedade contemporânea, novamente, por meio do *peer to peer*, de antigos valores de compartilhamento e negociações pautadas no contato pessoal.

No aspecto concorrencial, em geral, a economia de compartilhamento tem apresentado resultados bastante positivos, contribuindo para a competitividade do mercado, a maximização do bem-estar e a minoração da assimetria de informação, incrementando de maneira muito substantiva a oferta no mercado. Essa transformação deve ser lida como uma tendência bastante sólida, tendo em vista as novas dinâmicas socioculturais, políticas e mercadológicas trazidas pelo avanço da internet. Tudo indica que haverá, ainda, novas transformações em diversos setores da economia, bem como a redefinição da relação entre empreendedores, trabalhadores, consumidores e autoridades.

Do ponto de vista econômico, a economia de compartilhamento viabiliza o uso mais eficiente do capital, fazendo com que bens duráveis permaneçam ativos, ampliando o acesso e o bem-estar da população. Os custos para que as transações desejadas sejam encontradas são reduzidos e há um aumento da utilidade do usuário na coleta de informações necessárias à contratação dos serviços. Em alguns casos, como nos aplicativos de transporte, a economia do compartilhamento possibilitou o fim da falha de mercado associada ao monopólio situacional e promoveu, por meio da tecnologia baseada em georreferenciamento, a eficiência alocativa do serviço. Ainda na perspectiva econômica, essa nova economia representa um contraponto à recessão por que o Brasil vem passando, por possibilitar transações menos custosas e gerar oportunidades de complementação de renda e incentivo ao microempreendedorismo.

Os conceitos, taxonomias e mudanças de paradigmas debatidos no decorrer deste capítulo tiveram por objetivo evidenciar que a economia do compartilhamento não pode ser analisada pela mesma ótica dos mercados que transformou. Mas o desenvolvimento dessa nova modalidade depende não somente dos resultados trazidos pelos modelos de negócios, mas também das escolhas regulatórias que serão priorizadas pelo poder público e sinergias que serão construídas com a economia tradicional.

Referências

ALBINSSON, P. A.; PERERA, B. Y. Alternative marketplaces in the 21st century: Building community through sharing events. *Journal of Consumer Behaviour*, v. 11, n. 4, p. 303-315, 2012.

AKBAR, Y. H.; TRACOGNA, A. The sharing economy and the future of the hotel industry: transaction cost theory and platform economics. *International Journal of Hospitality Management*, v. 71, p. 91-101, 2018.

BARBOSA, L. *Sociedade de consumo*. Rio de Janeiro: Jorge Zahar, 2004.

BAUMAN, Zygmunt. *Vida para consumo*: a transformação das pessoas em mercadoria. Rio de Janeiro: Jorge Zahar, 2008.

BELK, R. Sharing. *Journal of Consumer Research*, v. 36, n. 5, p. 715-734, 2010.

BOTSMAN, R.; ROGERS, R. Beyond zipcar: collaborative consumption. *Harvard Business Review*, v. 88, n. 10, p. 30, 2010.

____; ____. *O que é meu é seu*: como o consumo colaborativo vai mudar o nosso mundo. Porto Alegre: Bookman, 2009.

BRADSHAW, C. J.; BROOK, B. W. Human population reduction is not a quick fix for environmental problems. *Proceedings of the National Academy of Sciences*, v. 111, n. 46, p. 16610-16615, 2014.

COHEN, B.; KIETZMANN, J. Ride On! Mobility business models for the sharing economy. *Organization & Environment*, v. 27, p. 279-296, 2014.

____; SUNDARARAJAN, A. Self-regulation and innovation in the peer-to-peer sharing economy. *The University of Chicago Law Review Dialogue*, n. 116, p. 116-133, 2015.

DEFOSSEZ, D. A. L. *The regulation of a project of the deregulation*: Uber in Brazil and the European Union. Brasília: Universidade de Brasília, 2017.

DOUGLAS, M.; ISHERWOOD, B. *O mundo dos bens*. Rio de Janeiro: Editora UFRJ, 2013.

DUBOIS, E. et al. *Connected consumption*: a sharing economy takes hold. Toronto: Rotman Management, 2014.

EVANS, D.; SCHMALENSEE, R. The industrial organization of markets with two-sided platforms. *CPI Journal, Competition Policy International*, v. 3, 2007.
GANSKY, L. *The mesh*: why the future of business is sharing. Nova York: Penguin, 2010.
JLL HOTELS & HOSPITALITY. *Hotelaria em números — Brasil 2018*. Disponível em: <www.jll.com.br/brazil/pt-br/Research/JLL%20-%20Lodging%20Industry%20Brazil%202018.pdf>. Acesso em: 21 jan. 2019.
LIPOVESTKY, G. *A felicidade paradoxal*: ensaio sobre a sociedade de hiperconsumo. Tradução de Maria Lucia Machado. São Paulo: Companhia das Letras, 2007.
MOREIRA, V.; MAÇÃS, F. *Autoridades reguladoras independentes*. Lisboa: Coimbra, 2003.
PWC. *Shaping our future*: global annual review. 2015.
_____. *The sharing economy*: consumer intelligence series. 2015. Disponível em: <www.pwc.com/us/en/industry/entertainment-media/publications/consumer-intelligence-series/assets/pwc-cis-sharing-economy.pdf>. Acesso em: 11 abr. 2018.
RIFKIN, J. The zero marginal cost society. *New York Times*, 2014.
ROCHET, J.; TIROLE, J. *Two-sided markets*: an overview. Idei, Toulouse: University of Toulouse, 2004.
SANCHES, J. L. S. A regulação: história breve de um conceito. *Revista da Ordem dos Advogados*, Lisboa, v. 60, n. 1, p. 5-22, 2000.
SCHOR, J. *Debating the sharing economy*. Great transition initiative. Cambridge: Tellus Institute, 2014.
SHIRKY, C. L. A. Y. *Lá vem todo mundo*: o poder de organizar sem organizações. Rio de Janeiro: Zahar, 2012.
STIGLER, J. The theory of economic regulation. *The Bell Journal of Economics and Management Science*, v. 2, n. 1, p. 3-21, 1971.
WWF. *Living planet report 2012* — special edition: on the road to Rio+20. 2012.
ZERVAS, G. et al. *The rise of the sharing economy*: estimating the impact of Airbnb on the hotel industry. Boston U. School of Management Research Paper nº 2013-16, 9 jun. 2016.

CAPÍTULO 19

Análise econômica do direito da família

Gustavo Kloh

Introdução

A abordagem econômica dos direitos ajuda a compreender toda e qualquer decisão individual ou coletiva, ao estudar o comportamento dos indivíduos como maximizadores do seu bem-estar. A análise econômica do direito objetiva empregar suas ferramentas teóricas com o fim de auxiliar na elaboração e interpretação das normas jurídicas, explicando as consequências advindas da incidência normativa no comportamento das pessoas.

Casamento, união estável, sucessões por morte, filiação, alimentos e todos os direitos e deveres decorrentes das relações são regulamentados por lei, e todos interessam para a economia, pois fazem parte das escolhas humanas. O auxílio da economia visa realizar uma prospecção para o futuro das decisões tomadas no presente pelas pessoas e a questionar o aumento ou a redução de determinadas situações e suas consequências futuras. A título de exemplo de tais questionamentos tem-se: *por que o número de divórcios aumentou substancialmente nas últimas décadas? Qual o impacto desse número de divórcios para a economia?*

Assim, este capítulo objetiva observar o direito de família sob duas lentes: confrontar o afeto e a economia, e a releitura de temas específicos utilizando os vetores da análise econômica do direito.

1. A nova organização jurídica das famílias

Pereira (2012) diz que "o amor está para o Direito de Família, assim como a vontade está para o Direito das Obrigações". Com esta assertiva, o direito de família se depara, na contemporaneidade, com duas questões essenciais para a compreensão da nova organização jurídica da família: *(i) qual é o limite da intervenção do Estado sobre os reveses íntimos e particulares que molduram o ramo do direito de família?; (ii) como tratar das subjetividades das práticas dos atos jurídicos que circundam a tentativa de regulamentar as relações de afeto?*

Os vínculos familiares são as relações sociais mais íntimas, e por essa razão estão mais suscetíveis ao surgimento de conflitos. Essas relações são confusas e complexas, pois há sempre uma polaridade entre amor e ódio, que nem sempre são autoexcludentes. E por ser a família a base da sociedade, o Estado deve intervir para regular a dinâmica dessas relações. Mas em que medida?

A família é uma instituição social, composta por duas ou mais pessoas físicas, que se irmanam no propósito de desenvolverem, entre si, a solidariedade nos planos assistencial e da convivência. A família é a célula básica da sociedade, outorgando todas as outras relações sociais e traça o ordenamento jurídico.

A Constituição da República de 1988 foi o ápice da evolução da legislação que rege as relações familiares e de parentesco. Antes dela, destacam-se os diplomas legais que reduziram as desigualdades de direitos entre filhos legítimos e ilegítimos, o Estatuto da Mulher Casada e a Lei do Divórcio. Seguindo a ordem de Lôbo (1999): "Até 1988, tem-se a história do contínuo desmonte da família patriarcal, deslegalizando-se e deslegitimando-se as desigualdades jurídicas".

Salienta Lôbo (1999:95) a necessidade de mudança na visão do direito da família:

> Impunha-se a reforma, tendo em vista o significativo aumento entre nós de normas dispersas, margeantes, e até mesmo conflitantes, que foram se acumulando na tentativa de adaptar, ou de afeiçoar, o direito legislado às gigantescas transformações operadas na estrutura da sociedade brasileira. Nem sempre, contudo, este método de revisão e adaptação legislativa foi seguro e prosperou eficientemente, tendo em vista, especialmente, o fato que o Código Civil de 1916 houvera sido, dentre outras razões citadas, elaborado para um país diferente, para um povo de costumes distintos, em diversa época, e em face de outros anseios e de outros valores.

No ânimo de acompanhar as mudanças no corpo social, o constituinte de 1988 expressamente admitiu como entidades familiares a união estável (art. 226, §3º da CF) e a comunhão formada por qualquer dos pais e seus descendentes (art. 226, §4º da CF) (Tepedino, 2004). Embora não faça referência à união homoafetiva, já é entendimento na jurisprudência que a união entre homoafetivos é abraçada pela concepção de família.

O Código Civil brasileiro de 2002 acompanhou a Carta Magna destacando que (Gonçalves, 2018:32-33):

> Todas as mudanças sociais havidas na segunda metade do Século passado e o advento da Constituição Federal de 1988 levaram a aprovação do Código Civil de 2002, com a convocação dos pais a uma paternidade responsável, e a assunção de uma realidade familiar concreta, onde os vínculos de afeto se sobrepõem à verdade biológica, após as conquistas genéticas vinculadas e aos estudos do DNA. Uma vez declarada a convivência familiar e comunitária como direito fundamental, prioriza-se a família socioafetiva, a não discriminação do filho, a corresponsabilidade dos pais quanto ao exercício do poder familiar e se reconhece o núcleo monoparental como entidade familiar.

Essas mudanças são a expressão de reivindicações do espaço de liberdade das pessoas, liberdade esta que é um dos pilares de sustentação do direito.

Assim, altera-se a organização da família, que passa a se dar em novas estruturas conjugais e parentais, que por sua vez se originam nas necessidades e interesses resultantes de uma realidade dinâmica, tendo como instrumentos de controle social as normas jurídicas, a moral, a religião, e as regras de contrato social.

2. Afeto como valor jurídico: contextos e efeitos

Paulo Lins e Silva (2012) diz que o afeto identifica a família. É o sentimento entre duas ou mais pessoas que se afeiçoam pelo convívio diuturno, em virtude de uma origem comum ou em razão de um destino comum, que conjuga suas vidas tão intimamente, que as torna familiares quanto aos meios e aos fins de sua afeição.

O afeto transmuda-se em uma solidariedade íntima e fundamental no que tange à vivência, à convivência e à sobrevivência dos familiares. Com essa nova concepção do afeto como elemento ensejador da família, dá-se prioridade às relações fáticas, em detrimento dos elos estritamente genéticos ou institucionais estabelecidos na sociedade.

Não consiste o afeto numa categoria jurídica, mas vem sendo utilizado na seara familiar como fundamento jurídico dos mais diversos conflitos de interesses.

Não há consenso a respeito do seu significado, mas diferentes concepções, a depender da vertente do estudo. Agrupando essas concepções, pode-se dizer que o afeto é uma estrutura permissiva da personalidade, instância constitutiva do ser humano, integrante da esfera do sensível, dos sentimentos, das emoções, mas também nutriente das relações entre sujeitos, revelando-se por meio da capacidade de afetar o outro e de ser também afetado, possuindo como principal característica a liberdade de expressão.

Nessa linha, estando o afeto intimamente relacionado com o psíquico humano, responsável pela adequada constituição e desenvolvimento da personalidade da pessoa, influenciando suas ações e comportamentos pessoais e relacionais, o mesmo passa a merecer tutela jurisdicional, moldando o novo direito de família.

No entanto, ao mesmo tempo que o direito enlaçou o afeto, esbarrou em diversas situações que desafiavam soluções, em razão dos relacionamentos fluidos e efêmeros, ou da complexidade das novas uniões. Dessa forma, a maior parte da doutrina afirma ser o afeto um princípio jurídico (norma jurídica), e outra parte que o afeto consiste em um valor (âmbito axiológico).

Para Paulo Lôbo, afeto constitui um princípio constitucional implícito, que especializa, no âmbito familiar, a dignidade da pessoa e da solidariedade (Ghilardi, 2015). Para Rodrigo da Cunha Pereira, Maria Berenice Dias e Rolf Madaleno, entre outros, o afeto consiste em valor de extrema relevância para o mundo jurídico, e também em princípio balizador que permeia todo o direito.

O afeto é um valor jurídico, vinculado aos sentimentos, às emoções, aspecto fundamental da subjetividade humana que, na área do direito de família, se tornou elemento constitutivo e integrante das relações familiares, podendo, por vezes, gerar efeitos jurídicos. Para Ghilardi (2015), não confere condição de princípio jurídico, pois se assim fosse permitiria sua exigibilidade, característica das normas jurídicas, pelo confronto da sua natureza jurídica. Os princípios são normas e, portanto, de caráter cogente, e a afetividade não é passível de cobrança, haja vista a característica de espontaneidade que lhe é inerente.

3. Família líquida: o novo paradigma

Nem sempre a família é, exclusivamente, lugar de afeto. Independentemente de configuração ou condição social, a experiência mostra que as famílias também se constituem em espaços de conflitos variados, desrespeito, opressão, abandono e violência, o que demonstra que nem sempre a família é moldurada pelo afeto (Ghilardi, 2015).

A família pode ser família-instrumento, aquela estruturada com o propósito de bem-estar, desenvolvimento e satisfação de seus membros, ou família-institucional, aquela que modela as relações entre as pessoas unidas por vínculos especiais, responsável pelo controle dos comportamentos, contribuindo para a estabilidade.

Diante das novas designações, formatos e contextos familiares, Ghilardi (2015), com base na metáfora da liquidez, traz um novel conceito de família, que representa de modo mais fidedigno essa entidade de qualidades complexas e volúveis — *família líquida*. Utiliza em seu ponto de vista a metáfora de Zigmunt Bauman, expondo que

> os líquidos, diferente dos sólidos, não conseguem manter as suas formas definidas, estão incessantemente modificando-as. Não são facilmente refreados, transbordam, esvaem-se. A sua excepcional mobilidade é o que alia à ideia de leveza, de inconstância, de fluidez. O que importa para os líquidos é o tempo e não o espaço que ocupam, já que a ocupação, na maioria das vezes, é efêmera. E o tempo é sempre o presente. [Ghilardi, 2015]

Enquanto outrora instituição sólida, que tinha dimensões claras e regras estabelecidas, a família de hoje não mais aceita rigidez, nem convenções. Ela preenche o espaço que estiver disponível, enfrentando transitoriedade oposta à família construída sobre o lema "até que a morte os separe" (Ghilardi, 2015). No novo cenário das famílias, as finalidades patrimoniais cederam espaço aos desígnios afetivos, os quais devem preponderar em todos os vínculos.

Decerto que esse estado de fluidez das relações é instrumentalizado por estratégias econômicas. Não significa um retorno à coisificação, mas sim uma nova forma de subjetivação em que, por meio de táticas empresariais, os sujeitos são conduzidos em um projeto incessante por novas aquisições, mantendo-se na contínua busca de felicidades. Assim, sem escolha ou reflexão, encaram seus semelhantes como objetos que possuem ou podem possuir, atribuindo aos seus relacionamentos formatos que acreditam alcançar o máximo de satisfação; e, por outro lado, influenciados pelas estratégias de *marketing*, perseguem açorados em busca de prazer. A lógica da liberdade e da felicidade passa a se pautar pela lógica econômica.

Diante de múltiplas constatações, conclui Ghilardi (2015:120):

> a família contemporânea é complexa, líquida, fluida e volátil, constituída por laços humanos juridicamente reconhecidos ou não, em busca do seu espaço e da realização pessoal de seus componentes, que objetivam um propósito de vida familiar em comum e de forma solidária, preferencialmente unidas pelos vínculos de afeto.

4. Visão sistêmica da família

Com a mudança de valores, crenças e padrões de relacionamento dentro da família, outras áreas do conhecimento passaram a influenciar as relações familiares. Áreas como psiquiatria, psicanálise e economia passam a ser sistema de comunicação com as relações familiares, auxiliando o estudo do comportamento e suas consequências ante as mudanças sociais.

A abordagem sistêmica é referência compartilhada nos dias de hoje, sobretudo nas ciências sociais. Trata-se de uma nova visão da realidade, se diferenciando da abordagem científica clássica, analítica, que isola o objeto do contexto. Assim, a visão sistêmica é um conjunto de elementos em interação, sendo suas características aplicáveis ao direito de família.

5. Reflexões sobre a análise econômica do direito

As questões econômicas ganharam espaço cada vez maior, não só no cenário dos mercados interno e internacionais, mas também diante da queda de fronteiras, com a aproximação entre povos de diferentes culturas, costumes e tradições, tornando-se mais homogêneos e maiores os interesses da população.

Assim, além do lucro e dos mercados, toda e qualquer questão que envolva escolha humana será objeto de estudo da ciência econômica. É o caso do aumento ou redução do número de divórcios. Com a dissolução do matrimônio, é esperada a partilha de bens e, com isso, diversos setores possuem interesse: o mercado imobiliário tem interesse no bem, o Estado por meio da tributação sobre os bens a serem partilhados, e demais organizações envolvidas na situação serão atingidos jurídica e economicamente.

A análise econômica do direito pode ser agregada aos valores éticos e morais, pois tem por objetivo introduzir uma metodologia que contribua para a tomada racional de decisão eficaz. Contudo, se diferencia dos outros métodos, pelo fato de buscar nos métodos econômicos a base para solucionar os problemas de interpretação jurídica.

Com efeito, uma das premissas da análise econômica do direito é precisamente o de que as pessoas reagem a incentivos, e de que as normas fornecem às pessoas um quadro de incentivos inteiramente similares àquele que é veiculado pelos preços nos mercados tradicionais, colocando em evidência o valor eficiência, revelando uma teoria comportamental. A economia empresta ao direito uma teoria do comportamento que auxilia a prever como as pessoas reagem às leis, contribuindo, assim, na verificação da eficiência das normas.

Armando Castelar Pinheiro e Jairo Saddi (2005) resumem em três as premissas da análise econômica do direito, e concluem que: *(i) os agentes econômicos agem racionalmente buscando maximizar sua utilidade; (ii) nesse processo de maximização os indivíduos reagem a incentivos recebidos do ambiente em que convivem; e (iii) o direito molda os incentivos a que as pessoas se sujeitam e influencia suas decisões.*

A primeira premissa apresentada pela teoria da escolha racional é que o indivíduo escolhe aquilo que mais lhe interessa. O agente racional corresponde ao que adota um comportamento maximizador em várias áreas de sua vida, quando decide se casar ou se divorciar, por exemplo. Na prática forense pode-se observar muitas vezes que uma pessoa deixa de se divorciar ou para não precisar pagar pensão alimentícia aos filhos, ou para evitar o afastamento do convívio com eles. O agente racional irá avaliar o que mais lhe interessa e vai agir de uma forma que aumente seus benefícios e reduza eventuais prejuízos com sua decisão. No entanto, há críticas a essa teoria, no sentido de que desconsidera fatores de ordem histórica e cultural, permitindo apenas uma percepção parcial das escolhas realizadas.

A segunda premissa faz referência às influências sofridas pelas tomadas de decisões. Como o agente racional reage a certos tipos de incentivos, caso perceba um aumento de benefícios derivados da escolha de determinada conduta, é possível prever que o indivíduo a adotaria. Por outro lado, se o que for aumentado forem sanções, custos, a previsão é que o agente deixe de agir de determinado modo.

A terceira premissa alude à eficiência como critério de avaliação de normas e sua aplicação. A eficiência, em seu aspecto produtivo, significa "meta de obter o resultado máximo do esforço produtivo", e em seu aspecto de uso de recursos.

Dessa forma, alterações de regras que gerem uma situação melhor são sempre mais desejáveis do ponto de vista econômico, uma vez que pelo menos uma pessoa fica melhor, sem prejuízo de outra. As regras que aumentem o excedente, na eficiência de Kaldor-Hicks, também são bem-vindas, pois é possível a transferência de parte de ganho do vencedor ao perdedor. O direito, nesse caso, exerce o poder de conciliação e barganha.

A análise econômica constrói-se a partir do pressuposto de que as pessoas agem de acordo com aquilo que desejam para si, o que possibilita uma análise de como a legislação afeta as condutas das pessoas e as relações sociais, permitindo uma avaliação das normas e sua aplicação.

Em relação à investigação das normas, a doutrina se questiona até que ponto o direito deve se preocupar com a maximização da riqueza ou em integrar análises de custo e benefício. Salama (2008:10-11) defende que: "a maximização da riqueza seja fundação ética para o Direito, um possível objetivo a ser perseguido, a partir de uma visão pragmática do Direito, ou parte de um contexto amplo de estudo do moderno Estado de bem-estar", em que as políticas públicas abrangem como partes integrantes os institutos jurídicos.

Para a doutrina defendida por Richard Posner, o direito deve ser interpretado e aplicado sopesando-o a partir das possíveis interpretações, das consequências a serem geradas, sem o descuido dos valores democráticos. A maximização da riqueza ficou em segundo plano.

Outro posicionamento é identificado por Guido Calabresi, o qual não responde com a ideia de eficiência como a base da justiça, mas sim "como a construção da justiça pode se beneficiar da discussão dos prós e contras, custos e benefícios" (Salama, 2008:14).

5.1 A análise econômica aplicada ao direito de família: as visões de Richard Posner e Gary Becker

Na contemporaneidade, dialoga-se sobre uma função social da família ou função socioafetiva baseada na solidariedade e no afeto entre seus membros, tornando as relações mais humanizadas e, portanto, condizentes com a realidade social e com os fundamentos constitucionais vigentes. Contudo, a família tem outras características e funções, o que nos leva a atentar para a patrimonialização da entidade, sob pena de irreparáveis prejuízos.

Embora a análise econômica seja aplicada habitualmente às áreas do direito que versam sobre questões patrimoniais, como é o caso da propriedade, contratos e responsabilidade civil, Richard Posner e Gary Becker expandiram a aplicação para outras áreas como o direito de família.

Certo é que o direito de família abrange um conteúdo patrimonial, como regime de bens e alimentos; e outro não patrimonial, como casamento, adoção e a divisão do trabalho, mas que podem gerar efeitos patrimoniais.

No Brasil há divergências sobre a aplicação dos vetores econômicos no direito de família ao fundamento de que se estaria racionalizando sentimentos.

Como visto, a família é uma instituição cada vez mais líquida em sua substância e formatação, estando diretamente subordinada aos mecanismos estatais e econômicos, e, por essa razão, sofre influência de diversos fatores.

O ordenamento jurídico é afetado pelo sistema econômico e vice-versa. Busca-se harmonizá-los, e traçar as contribuições oriundas do diálogo entre o afeto e a economia para construção de normas jurídicas e aplicação dessas de forma adequada.

Dóris Ghilardi (2015) analisa a aplicação da análise econômica ao direito de família segundo três vetores: *a) verifica que há de fato uma teoria científica do comportamento no que tange à formação e dissolução dos núcleos familiares; (b) busca identificar como a lei exerce possíveis influências e incentivos às condutas de seus membros; (c) examina se as constatações feitas pelos autores norte-americanos na década de 70 (Becker e Posner) podem ser aplicadas ao direito de família brasileiro contemporâneo.*

5.1.1 Produção doméstica e divisão do trabalho

Becker e Posner analisam a dinâmica existente entre maridos e esposas, sendo a família uma importante unidade de produção. Para Becker, a divisão de tarefas domésticas e profissionais se deve em parte às diferenças biológicas existentes entre os sexos, e, em outra parte, em razão da especialização em determinadas atividades. Para ele, a criação e a educação dos filhos são mais bem desenvolvidas pela mulher, cabendo ao pai muito mais as tarefas realizadas mercantilmente, como a obrigação de fornecer vestuário, alimentação, entre outros (Becker apud Ghilardi, 2015).

No que tange à especialização, aplica a teoria do investimento especializado, em que as diferenças biológicas conduzem a uma distribuição de tempo distinta entre homens e mulheres. Para Becker, as mulheres possuem mais aptidão para as lides domésticas e a criação dos filhos, enquanto os homens dispensam mais energia e tempo em atividades comerciais. Isso faz com que as mulheres sejam mais eficientes nos serviços domésticos, e os homens mais eficientes nas atividades mercantis.

Já Richard Posner elabora sua análise quanto à geração de rendas advindas da especialização dos seus integrantes, destacando o tempo utilizado por cada um dos membros como principal insumo a ser analisado. Nesta senda, enquanto o marido realiza tarefa produtiva geradora de renda, propiciando aquisição de diversos bens para o bem-estar de seus integrantes, a esposa transforma esses bens para o aproveitamento da família (Ghilardi, 2015).

O autor esclarece que essa divisão de trabalho resulta de escolha e de preconceito contra as mulheres, o que dificulta a distribuição da renda de forma mais igualitária. A discriminação de gênero existente no mercado de trabalho, com distinções significativas de cargos e salários entre homens e mulheres, incentiva o trabalho doméstico pelas mulheres.

Ambos os autores concluem que a complementaridade da especialização de tarefas no seio familiar maximiza a renda da unidade familiar. Com base em suas reflexões, concluem que uma família em que a mulher dedica 100% de seu tempo aos cuidados da família e o homem 100% de seu tempo à sua profissão é mais produtiva do que aquela em que ambos desenvolvem as atividades domésticas e profissionais. Becker ainda afirma que as uniões compostas por heterossexuais são mais eficientes do que as uniões homossexuais, em razão destas últimas não se beneficiarem da complementaridade de um sexo em relação ao outro.

A doutrina dos economistas Becker e Posner reconhece a divisão do trabalho como elemento fundamental para o aumento de eficiência na distribuição de tarefas e, consequentemente, a maximização dos rendimentos da família. Para eles, a divisão do trabalho ampara a racionalidade econômica; quanto maior as vantagens geradas às famílias, maior também o poder de aquisição, o que contribui para movimentar a economia.

Em contraponto, Friedrich Engels reconhece a divisão do trabalho entre os gêneros num primeiro momento, pois antigamente era natural a existência de diferenças entre os sexos, pois o homem detinha mais forças, ficando encarregado da caça e da lida com os animais, enquanto às mulheres era confiado o cuidado do lar e dos filhos. No entanto, a partir da fundação da família patriarcal e monogâmica, "a administração do lar se transformou em serviço privado", convertendo a mulher na primeira doméstica, ficando afastada da participação na produção social (Engels, 2000 apud Ghilardi, 2015).

O estudo de Engels utilizou a luta de classes para elucidar seu posicionamento, reconhecendo que a família patriarcal e monogâmica representa a primeira forma de família econômica, ao ser a riqueza transformada em propriedade particular, atribuível somente aos homens. Como vigorava a linhagem materna, as leis precisaram ser alteradas para que a herança pudesse ser repassada dos pais aos filhos. Assim, essa necessidade de repasse da herança de pai para filho representou a grande derrota do sexo feminino, aspecto que influenciou a intervenção do Estado na família e na confecção da legislação à época.

Atualmente, após o processo de industrialização, o número de horas dedicadas à família foi reduzido, alterando a função da família como núcleo econômico, dotada de autoprodução, assumindo uma nova roupagem até sua configuração eudemonista.

Em razão disso, Gary Becker sustenta que nas sociedades industriais a divisão de trabalho deixa de ser eficiente, pois é relativamente econômico substituir o trabalho doméstico pelos novos artefatos industrializados, permitindo um maior ingresso das mulheres no mercado de trabalho. Essa transição teve importante contribuição para a alteração da configuração da família, aumentando o número de divórcios e de famílias monoparentais, ao lado de outras configurações, dada a maior liberdade e fonte de subsistência aos indivíduos.

5.1.2 O casamento e o divórcio

A análise desses temas tem o intuito de investigar o processo racional de decisão de formação e dissolução da família no âmbito do casamento e do divórcio. Parte-se da premissa que ambos os institutos — *casamento e divórcio* — decorrem de decisões racionais, tomadas por indivíduos que buscam maximizar seus interesses, agregando utilidade em todas as áreas de sua vida.

Impende destacar que Richard Posner e demais economistas entendem o casamento como um contrato relacional em que as pessoas decidem unir-se permanentemente. E, como contrato de longa duração, o casamento protege as partes assegurando o ressarcimento, ainda que parcial, dos investimentos empregados, ao permitir prever antecipadamente os efeitos em caso de dissolução, como é o caso da divisão patrimonial, a depender do regime de bens escolhido, e a obrigação alimentar em prol dos filhos. No que tange aos aspectos não patrimoniais do casamento, como é a falta de convivência com os filhos, fica computado nos riscos inerentes à quebra da relação contratual.

Para Gary Becker o casamento, estruturado e previsto nas legislações, comporta um "mercado matrimonial", afirmando que um mercado matrimonial eficiente conduz os participantes a contraírem matrimônio que maximize seu esperado bem-estar. Aborda o casamento com base na teoria do equilíbrio, em que os participantes só preferem casar se, e somente se, a utilidade derivada do matrimônio for superior à utilidade, o lucro obtido se permanecerem solteiros. Geralmente, o ambiente formado pelo casamento tem um resultado superior, em razão de que homens e mulheres se complementam tanto biologicamente na produção de filhos quanto nos rendimentos dos investimentos realizados na produção comercial ou em casa.

A teoria do equilíbrio é conjugada com a fórmula do "par ótimo", que conduz a união de indivíduos em que a soma das características resulte positiva; quanto maior o convívio e a busca de informações sobre o par, maiores chances de alcançar o resultado desejado. O namoro seria, dessa forma, uma espécie de contrato de experiência, buscando assegurar uma simetria de informações e evitar uma escolha equivocada do parceiro. Araújo (2007) traça um paralelo com a teoria contratual e afirma que, apesar de complexo, é importante o processo de busca de informações prévia ao contrato de matrimônio.

Posner (2007), na mesma linha, reconhece que a união de cônjuges de qualidades positivas multiplicará potencialmente as qualidades de ambos, o que reduz os conflitos entre o casal e reduz os custos de transação inerentes à família.

Becker adverte que, na busca pelo parceiro ideal, o atingimento de equilíbrio pela união considerada ótima, devem ser consideradas as características dos participantes do mercado matrimonial, e não apenas as características pessoais isoladamente. A maximização, com efeito, ocorre nas uniões entre indivíduos iguais ou diferentes quando as características do par são complementares ou substitutivas, pois os indivíduos se fortalecem uns com os outros, aumentando sua produtividade quando seus atributos são complementares, compensando-se quando são substitutivos (Ghilardi, 2015).

Equipara-se, assim, o casamento a um mercado em que a escolha do cônjuge equivaleria ao comportamento do consumidor na aquisição de produtos e serviços, facilitando a comparação do comportamento do comércio ao do mercado de sentimentos. A força motora são os investimentos realizados na busca de informações sobre o parceiro com que se pretende relacionar. Quanto maior o investimento em informações e em produção pessoal, mais e melhores são as chances de encontrar o "par ótimo", o que favorecerá na quantidade e qualidade dos resultados oriundos da união: filhos, amor, vida sexual, lazer, companhia, *status* social, financeiro, entre outros.

Apesar de todos os cuidados e investimentos, por ser o casamento um contrato de longa duração e de prazo indeterminado, a verificação da utilidade alcançada com o casamento é constantemente avaliada e reavaliada pelo casal, a fim de inferir se o resultado obtido com a união está coerente com os propósitos iniciais, o que pode levar o marido ou a mulher na apreciação a optarem por novos investimentos na relação ou pela escolha do divórcio.

Wax (1998:537-539) sinaliza que o casamento sempre foi uma barganha de duas pessoas, na medida em que muitos assuntos-chave entre cônjuges, incluindo divisões de trabalho e recompensa, sempre consideraram "algo a ser resolvido em particular, em vez de ser objeto de intervenção pública". Na medida em que os cônjuges devem elaborar os termos mais importantes de sua vida juntos, e depois manter esses termos, o casamento deve continuar sendo uma instituição na qual "o equilíbrio entre liberdade de ação e segurança permanece dependente de perspicácia, capacidade de negociação e distribuição preexistente de riqueza".

Becker enfatiza que uma família bem estruturada deve se preocupar em planejar estratégias para atingir os propósitos que levaram à sua formação, e que certamente serão obtidos com maior facilidade nos ambientes onde haja cooperação. No entanto, surge aqui uma questão paradoxal: o amor, o afeto potencializa a cooperação, e com isso os propósitos são mais facilmente alcançados; mas, levando em consideração as uniões da contemporaneidade, que são marcadas pelos sentimentos, pela afetividade, qual seria a real razão para a fragilidade das uniões contemporâneas e a razão para a maior facilidade de sua dissolução?

Sztajn (Ghilardi, 2015) alega que atingir a utilidade do relacionamento está se tornando cada vez mais difícil, em razão da elevação dos ideais de individualismo, o que faz crescer o número de dissoluções conjugais. O ponto de indagação é: a resolução da questão estaria somente no individualismo exacerbado, ou na conjugação de outros fatores, como a inconstância do sentimento, a escolha não cuidadosa ou a própria facilitação do divórcio?

De acordo com os economistas, a escolha pelo divórcio não passa somente pela avaliação do bem-estar individual, sendo sopesados outros fatores, como a internalização dos custos que implica essa decisão — divisão dos bens e alimentos — bem como a existência de filhos, sendo colocado na balança, de um lado, o sofrimento destes e, de outro, a satisfação pessoal. Becker sustenta que, quanto maior for o tempo de casamento, menos provável é a concretização do divórcio, por existir um capital acumulado, tanto no aspecto patrimonial, quanto na presença de filhos. Os filhos exerceriam um efeito estabilizador na relação, assim como a probabilidade de duração aumentaria com o passar do tempo de união.

Segundo Becker, o fracasso das uniões, que leva ao desfazimento da sociedade conjugal, ocorre nos primeiros anos de casamento e resulta das falhas de informações sobre o parceiro eleito, e quando as concretizações em relação aos ganhos patrimoniais, saúde e a taxa de fertilidade são superiores ou bem inferiores às expectativas primitivas.

Outro fator influente nas causas de divórcio seria a crescente participação feminina no mercado de trabalho, uma vez que a percepção de renda reduz as vantagens da divisão de tarefas, equiparando os sexos, e fazendo com que as mulheres considerem o divórcio como uma alternativa relativamente mais atraente.

5.1.2.1 A ESTATÍSTICA NO BRASIL

Diferente da análise de Gary Becker e Richard Posner, os bancos de dados da Pesquisa Nacional por Amostras de Domicílio (PNAD) e das Estatísticas do Registro Civil, do Instituto Brasileiro de Geografia e Estatística (IBGE). apontam que, no período de 1999 a 2004, a principal causa do aumento do número de divórcios no Brasil foi, em grande parte, a redução de diferença salarial existente entre homens e mulheres, e não a maior dependência financeira destas; ou seja, o principal fator não é o trabalho remunerado exercido pelas mulheres, mas a diminuição dos ganhos oriundos da divisão e especialização do trabalho.

A pesquisa também analisou qual seria o ambiente mais propício para o divórcio e constatou que o ambiente urbano e metropolitano favorece a dissolução conjugal, se comparado à área rural, e que o maior grau de educação da mulher e o desemprego masculino são fatores que aumentam a chance de divórcio. Outrossim, a presença de filhos em idade tenra e a divisão de trabalho seriam fatores de solidificação do casamento.

Após a referida análise, objetivando a atualização de informações, em 2009 o IBGE constatou por meio da PNAD que o rendimento do trabalho das mulheres equivalia a 67,1% daquele dos homens; percentual que em 2011 chegou a 70,4% e, em 2012, atingiu 72,9%. Ainda que a remuneração de mulheres tenha subido, como proporção da dos homens, em paralelo a um aumento da taxa de divórcios, seria precipitado afirmar que essa seja a principal causa dos divórcios, vez que houve uma leve redução nessa taxa em 2012, comparada à de 2011.

Foi analisado e constatado que, com o passar dos anos, houve uma redução do número de casais com filhos menores e elevação do número de divórcios de casais sem filhos. Um dos principais fatores apontados para isso foi a Lei nº 11.441/2007, que criou os procedimentos extrajudiciais permitindo que o divórcio e os inventários sejam realizados em cartórios (Porto e Butelli, 2016). Pela análise econômica, pode-se afirmar que a inovação favoreceu a diminuição das demandas judiciais, contribuindo para maximização dos resultados, segundo o cálculo de custos e benefícios. Segundo dados do IBGE, em 2013 foram registradas 77.269 escrituras públicas de divórcio em todo o país.

Já a Emenda Constitucional nº 66/2010 não só suprimiu a separação judicial, evitando o ingresso de duplicidade de demandas para resolver um mesmo conflito — separação judicial convertida em divórcio —, como facilitou a análise dos processos, com a retirada da questão temporal e da discussão sobre culpa.

Porto e Butelli (2016) analisaram um conjunto de dados para avaliar os impactos nas taxas de divórcio, separação judicial e casamento da alteração na Constituição por meio da Emenda nº 66/2010, assinalando a redução do custo do divórcio. Os efeitos da nova norma foram estimados controlando os efeitos de renda, religião, participação das mulheres no mercado de trabalho, PIB *per capita* municipal, educação e proporção do PIB proveniente das atividades agrícolas, bem como efeitos fixos estaduais e temporais ao longo do tempo ou espaço.

Em 2011, foi observado o segundo maior aumento percentual na taxa de divórcios no Brasil, 51%. Esse aumento coincide precisamente com o ano seguinte à Emenda Constitucional nº 66, que entrou em vigor em julho de 2010. O terceiro maior aumento anual na taxa de divórcios no Brasil foi de 27% e ocorreu em 2010, o mesmo ano em que esta alteração entrou em vigor.

Assim, as mudanças legislativas relativas ao divórcio e as variações nas taxas de divórcio são motivos suficientemente substanciais para uma análise mais rigorosa das reformas legislativas e seus impactos causais na tomada de decisão dos casais (Porto e Butelli, 2016).

Sob esse prisma, as duas normas anteriores são exemplos de como é possível buscar eficiência da legislação, pois ao mesmo tempo que reduziram o número de ações judiciais, e a carga de trabalho do Judiciário, reduziram o tempo de análise despendido em cada processo.

Derzi (2007), ao analisar o instituto da compensação de amparo (*Versorgung-sausgleich*), criação do direito alemão, trata da compensação dos direitos e das expectativas previdenciárias entre cônjuges que estão em processo de divórcio. É o caso, por exemplo, de um dos cônjuges dedicar-se "ao lar", mesmo que de forma parcial, acarretando prejuízo à sua vida profissional e ao tempo necessário para obtenção de aposentadoria. Nesse caso, os direitos e expectativas são somados e o valor total é dividido entre os cônjuges. No Brasil, não existe um instituto semelhante, e tampouco debate e estudos sobre esse viés, mas há quem defenda não haver custo de implementação de tal política pela previdência social, pois a divisão das expectativas seria realizada entre os cônjuges.

Pelos índices e avaliação conjunta de dados, além de as alterações legislativas serem um fator significativo para o aumento do número de divórcios, elas não são as únicas responsáveis pela configuração do novo cenário, merecendo destacar a aceitação da possibilidade de novos relacionamentos, o enaltecimento do indivíduo, a mercantilização das relações, entre outros fatores existentes e que estão por vir.

5.1.3 Novos arranjos familiares e o direito de filiação

No que tange aos arranjos familiares, o Estado tem interesse na manutenção da estrutura familiar. Contudo, nos dias atuais, com a dinâmica imposta pela ordem neoliberal e consumista, promovendo novos comportamentos, enfrenta-se o desafio de o casamento dividir espaço com outras configurações familiares, como também o início do declínio do padrão moral monogâmico vigente por longos séculos.

Apesar de alguma resistência pelos tribunais, cresce o número de decisões judiciais e administrativas admitindo relações extraconjugais, e, portanto, alargam-se os direitos a relações paralelas, afetando o outro cônjuge.

Embora a justiça federal já tenha se pronunciado para determinar a divisão da pensão previdenciária entre cônjuge e concubina, o entendimento majoritário no STJ é de não acolher relações extraconjugais. O tema encontra-se hoje no STF, reconhecida a repercussão geral, pela existência de questões relevantes de ordem econômica, política, social e jurídica, ainda pendentes de julgamento (STF, ARE 656298).

Da substância das decisões extrai-se que, em eventual conflito entre a monogamia e o afeto, prevalecerá a primeira. As motivações não podem ser confirmadas em absoluto, mas uma das razões é a manutenção do regime patrimonial.

Dentro da análise de novos arranjos familiares, as taxas de casamento devem crescer, diante do que estabelece a Resolução nº 175, de 14 de maio de 2013 do CNJ, que reconhece o casamento civil de casais do mesmo sexo, ao proibir que cartórios de todo o Brasil recusem a celebração ou deixem de converter em casamento a união estável homoafetiva.

Por essa razão, quais seriam os motivos para essas alterações e incentivos? Seriam respeito e convivência pacífica, colocando em prática os valores previstos constitucionalmente? Posner analisou o tema e salienta que a aceitação da condição do indivíduo do mesmo gênero passa por uma análise de custos e benefícios, assumindo sua condição homoafetiva, quando as vantagens forem superiores. Defende para tanto o casamento entre os homoafetivos, elencando inúmeros argumentos. Na análise dos custos e benefícios, afirma que a proibição aumenta o custo das relações homoafetivas monogâmicas, o que contribui para que contrariem suas preferências sexuais. Posner vai além e alega que, se os casais homoafetivos não tiverem o mesmo tratamento legal e contratual dos heterossexuais, ficarão em evidente desvantagem, pois a proibição de conviver afetivamente com outro de mesma orientação sexual fomentaria os casamentos heterossexuais a contragosto, reduzindo a utilidade da relação e do bem-estar, possibilitando relações extraconjugais com chances de disseminação de doenças sexuais transmissíveis.

Outro ponto sensível a ser analisado pela análise econômica é quanto ao direito de filiação. Posner defende a criação de um mercado de adoção de crianças, com vistas a reduzir a chance de criação de um mercado negro. No artigo "*The economics of the baby shortage*", de 1978, Landes e Posner desenvolvem um modelo de oferta e demanda para adoção de bebês sob o padrão existente de regulamentação e sinalizam: (*1*) *como a regulação criou uma escassez de bebês (e, como resultado, um mercado negro), impedindo que um mercado livre equilibre a demanda e a oferta de bebês para adoção, e (2) como isso contribuiu para um excesso de crianças doentes mantidas em lares adotivos a expensas públicas.*

A escassez de crianças brancas para adoção e o excesso de bebês negros e de crianças que não são mais bebês (particularmente se forem deficientes físicos ou mentais) fomentam a atividade do mercado negro, revelando o resultado da estrutura de mercado da adoção trazida por regulamentação pública.

Defendem os autores a possibilidade de tomar algumas providências em direção a um mercado livre de bebês, a fim de determinar experimentalmente os custos e benefícios sociais do uso do mercado nessa área. Esse experimento produziria evidências quanto às condições de demanda e oferta no mercado de adoção e forneceria informações sobre o valor que os futuros pais adotivos atribuem à obtenção de um bebê.

No Brasil, a adoção, a doação temporária de útero ou a doação de material genético para fins de procriação são permitidos somente de forma gratuita, havendo vedação expressa de pagamento, conforme a Resolução nº 2.127/2015 do Conselho Federal de Medicina (publicada no DOU de 24 de setembro de 2015), sob pena de transformar o direito de filiação totalmente mercantilizado.

Fato é que o processo de adoção no país está longe de ser eficiente. A Lei nº 12.010/2009, apesar de promover avanços, não resolveu os principais problemas, seja pelo aumento na demora do processo de adoção pelo excesso de burocracia, seja pela distância das preferências entre crianças e adolescentes.

O relatório de dados estatísticos do Cadastro Nacional de Adoção do CNJ aponta que o número total de crianças e adolescentes cadastrados é de 9.012, número maior que o total de 4.923 crianças e adolescentes disponíveis conforme preferências.

Com vistas a oportunizar a todas as crianças e adolescentes uma convivência familiar, a Lei nº 13.509/2017 cria novas regras para acelerar adoções no Brasil, alterando o Estatuto da Criança e do Adolescente (ECA), conferindo preferência na fila de adoção para interessados em adotar grupos de irmãos ou crianças. Também passa a ter prioridade quem quiser adotar adolescentes com deficiência, doença crônica ou necessidades específicas de saúde.

A lei também altera a Consolidação das Leis do Trabalho (CLT) e estende à pessoa que adotar uma criança as mesmas garantias trabalhistas dos pais sanguíneos, como licença-maternidade, estabilidade provisória após a adoção e direito de amamentação. O texto também reduz pela metade, de seis para três meses, o período máximo em que a justiça deve reavaliar a situação da criança que estiver em abrigo, orfanato ou em acolhimento familiar.

Já Becker trabalha com um modelo em que cada família tem o controle sobre o número e o momento de nascimentos, salientando que a taxa de fertilidade responde não somente às mudanças de rendas, mas também aos custos.

5.1.3.1 PARTNERSHIP LAW VERSUS MARRIAGE: PARCERIAS CIVIS E SEUS DIFERENCIAIS

Parcerias civis, parcerias domésticas, uniões civis — existem muitos termos em todo o mundo para uniões juridicamente vinculantes que são legalmente equivalentes ao casamento. Levmore (1995:231) narra, em seu artigo "*Love it or leave it: property rules, lianbility rules and exclusivity of remedies in partnership and marriage*", o conceito de uma parceria civil ou doméstica, que não parece tão romântico quanto o casamento. Consiste a parceria civil em "um relacionamento interpessoal entre dois indivíduos que vivem juntos e compartilham uma vida doméstica comum, mas não são casados". As pessoas que estão em parcerias domésticas têm alguns benefícios econômicos semelhantes àqueles dos casados, mas enquanto as normas do casamento são consistentemente as mesmas em todo os EUA, as do sistema das parcerias domésticas ou civis não são universais e variam de lugar para lugar.

A primeira vez que surgiu esse tipo de arranjo familiar foi nos anos 1980, como uma maneira de os indivíduos da comunidade LGBT estabelecerem seu relacionamento de maneira concreta. No entanto, embora atualmente o casamento entre pessoas do mesmo sexo seja legal nos EUA, não significa que as parcerias civis não sirvam mais a esse propósito. Todos os tipos de casais ainda podem se beneficiar de uma parceria civil, se assim o desejarem. Configura uma forma menos vinculativa de entrar em um relacionamento duradouro com um parceiro com quem você reside, enquanto ganha alguns benefícios.

Cada Estado possui seus próprios regulamentos sobre quem pode ser reconhecido em uma parceria civil e, por conseguinte, usufruir dos benefícios. Alguns deles oferecem essa opção apenas para casais do mesmo sexo, enquanto outros permitem que todos os casais se registrem nessa condição. Quando se trata de aproveitar os benefícios da parceria, há que se dizer que esses não são automáticos. Alguns benefícios incluem ser considerado parente próximo e ser inserido no seguro de saúde do parceiro, entre outros direitos estabelecidos dentro do Estado, município ou cidade de convivência da parceria.

Uma das maiores diferenças entre o casamento e uma parceria é que esta pode não ser reconhecida em outros estados. Quando se é legalmente casado, será legalmente casado em todos os lugares, e na maioria dos outros países. Infelizmente, o mesmo não acontece com parceiros civis. Nem todos os lugares proporcionaram os mesmos direitos da parceria.

Um dos benefícios do casamento inclui a opção de apresentar uma declaração conjunta de impostos todos os anos. Isso não é possível no caso de parceria civil. No entanto, o estado da Califórnia exige que os parceiros registrem seus impostos estaduais em conjunto, mesmo que os impostos federais sejam declarados de forma diferente. Além disso, quaisquer transferências de fundos e ativos entre os parceiros são suscetíveis de serem tributadas.

Outro ponto relevante sobre a opção de parceria civil é que pode ser mais difícil adotar uma criança. Os parceiros podem iniciar o processo de adoção, mas é mais provável enfrentarem mais obstáculos que pessoas casadas. No caso de um dos parceiros ter um filho de um relacionamento anterior, e o outro desejar adotar, então os parceiros são considerados legalmente pais, e o processo de adoção se torna mais fácil.

A dissolução de uma parceria civil pode ser considerada mais fácil do que obter um divórcio. O encerramento da parceria somente poderá ocorrer nos estados que reconhecem esse tipo de relacionamento, e os requisitos também variam conforme o local. Levmore (1995) destaca que em Nova Jersey, por exemplo, os motivos para separar legalmente são os mesmos que para se divorciar. Contudo, no Colorado, o parceiro que deseja a dissolução deve mostrar que não deseja mais estar em um relacionamento sério ou que encontrou um novo parceiro.

Durante anos, eles foram vistos como alternativas ao casamento para pessoas de mesmo gênero onde o casamento homoafetivo era ilegal. Mas, em alguns países, o desejo de poder fazer essa escolha não está restrito a pessoas LGBT. Casais heterossexuais estão cada vez mais optando por uniões civis ou parcerias. Nos Países Baixos, o número total de "parcerias registradas" aumentou significativamente em 2016, enquanto o número total de casamentos despencou.

E o que estaria impulsionando essa mudança? A história patriarcal do casamento e os custos são alguns dos impedimentos recorrentes ditos pelos que optam pela parceria. Há uma série de razões por que as pessoas não querem se casar, e fornecer alternativas ao casamento permite oferecer o maior número de parceiros e proteções para as famílias. Isso é muitas vezes importante para os filhos de casais que não querem se casar, especialmente quando ambos os pais não são os pais legais da criança.

5.1.4 From partners to parents: the second revolution in family law[33]

Bix (2001), em seu material *How to plot love on an indifference curve*, se debruça sobre três temas: (i) a forma como o direito da família mudou o foco do comportamento dos adultos dentro de um relacionamento, conjugal ou não conjugal ("parceiros"), para a forma como se comportam em relação aos seus filhos (relação parental); (ii) a questão das reformas legais quando as escolhas são afetadas, e talvez determinadas, pela história e pelas normas; e (iii) como uma atenção à história e à cultura pode ser usada tanto para aprofundar quanto para se opor a uma abordagem econômica das relações familiares.

O material em referência é assentado no artigo "*From partners to parents: the second revolution in family law*", de June R. Carbone, onde esta discorre acerca do engajamento atual entre direito de família e a economia, ao alterar o foco do comportamento dos cônjuges em relação ao outro para o comportamento de pais nos direitos e obrigações em relação a seus filhos. Destaca a Lei de Parentagem Uniforme, adotada por 18 estados dos Estados Unidos da América, com o propósito e efeito de "prover igualdade legal substantiva para todas as crianças", independentemente do estado civil de seus pais.

Outra evidência proeminente da mudança de foco é a crescente tendência dos tribunais de desconsiderar as alegações de imoralidade de um pai ou uma mãe para decidir sobre a concessão de custódia da criança, a menos e somente se essa alegada imoralidade afetar a aptidão dessa pessoa para o exercício da paternidade ou da maternidade. A autora revela que a nova abordagem tem duas vantagens: *(i) muda o foco de forma mais proeminente para os interesses da criança, em vez de usar as crianças como recompensas pelo cumprimento das normas sociais; e (ii) reduz o número de vezes em que os tribunais devem fazer julgamentos controversos sobre o que às vezes é chamado de "moralidade pessoal"*. Essa abordagem, no entanto, também pode levar a casos problemáticos: os tribunais podem ficar predispostos a ignorar maus-tratos, que devem ser vistos como evidência de inaptidão parental — mais notoriamente, a violência doméstica (Bix, 2001).

---

[33] Título do livro de June R. Carbone, professora da Escola de Direito da Princeton University e Yale Law School.

A crescente desconexão legal entre o comportamento do parceiro (a decisão de se casar, seguida de um bom comportamento conjugal) e os direitos e obrigações parentais exemplifica uma mudança na forma como a vida familiar é estruturada, percebida e regulada.

Tais mudanças na vida familiar consistem no resultado da reação e adaptação a outras mudanças sociais, como a maior igualdade entre homens e mulheres, incluindo maiores oportunidades de trabalho para estas; e a maior disponibilidade de contracepção e aborto, e uma aprovação social, na medida em que parece favorecer a maior autonomia e menor supervisão moral e crítica da vida romântica, sexual e conjugal das pessoas.

A título de exemplo, há tempos as normas sociais e as circunstâncias econômicas faziam com que uma gravidez compelisse ao casamento com o pai da criança ou a colocá-la para adoção. Os casamentos também duravam, pois o divórcio era mais difícil e custoso. Atualmente, um homem que engravida uma mulher é menos propenso a se sentir obrigado a casar-se com ela e, uma mulher frequentemente estará disposta a criar seu filho sozinha.

5.2 A escolha do regime de bens sob a ótica da *law and economics*

O pacto antenupcial é o instrumento que regula a incidência do regime de bens eleito pelos nubentes e que vigerá no curso da união conjugal, bem como os demais conteúdos de natureza substancialmente patrimoniais, como a fixação de cláusula de renúncia de um dos cônjuges a receber alimentos na eventualidade do divórcio.

Para a visão econômica, o pacto antenupcial é um acordo que busca reduzir os custos financeiros atribuídos ao divórcio, a partir de um planejamento dos consortes quanto ao desfecho de seus projetos conjuntos, uma vez que nem sempre as normas jurídicas geram decisões eficientes às partes.

As tratativas negociais de natureza patrimonial que antecedem o casamento propiciam compreensões recíprocas às partes quanto às personalidades e expectativas. Assim, enquanto a psicologia será o sistema de comunicação dos sentimentos despertados nas partes a partir da discussão quanto ao regime de bens a ser eleito, a análise econômica investiga o conjunto de fatores que, somados, fazem com que as partes racionalmente escolham um ou outro regime de bens.

Portanto, a opinião do parceiro quanto ao adequado regime de bens é capaz de atuar como emissor de sinais quanto aos traços de personalidades que não foram identificados quando do estágio de namoro. É um instrumento redutor de custos de informação, capaz de provisionar o comportamento futuro quando de um eventual rompimento da união.

Simon (2012 apud Gomes-Ferreira, 2014) fundamenta que, além de clarear reais interesses e aproximar (ou distanciar) os nubentes, "em um mundo legalmente perfeito, as pessoas analisariam seus contratos antenupciais a cada cinco anos e verificariam se seria ou não necessário ajustá-lo". No Brasil, tal verificação necessita perpassar pelo crivo jurisdicional, mediante pedido a ser fundamentado ao juiz. Dessa forma, sucessivos pedidos de revisão do contrato antenupcial, realizados em curto espaço de tempo, deparar-se-iam com entraves junto ao Poder Judiciário, cujas ações tramitam na maioria das vezes de forma morosa e custosa às partes.

Haupt (2003:29) identifica sete principais perfis de casais que buscam um detalhado pacto antenupcial, e os divide em três grupos: (i) casais jovens ou que estejam em seu primeiro casamento; (ii) casais mais velhos que estejam no segundo casamento; e (iii) casais que possuam negócios ou que venham a receber expressivos bens em herança.

O primeiro grupo comporta jovens que geralmente não planejam ter filhos e que privilegiam a proteção de recursos acumulados com seus negócios ou exercício da profissão, não desejando a intersecção entre suas vidas social e afetiva com a profissional e patrimonial. Nesse grupo também são identificados os casais em que uma das partes arca com os custos da formação profissional do parceiro, de modo que geralmente estabelecem um *quantum* a ser pago àquele que empregou recursos na formação do cônjuge, como uma espécie de "indenização". Por fim, aqueles casais jovens, porém preocupados com as dívidas ou mesmo o potencial de acumulação de dívidas por parte do parceiro, e que buscam proteção contratual para que estas não se comuniquem na ocorrência de divórcio.

No Brasil, as soluções cabíveis às hipóteses poderiam ser a estipulação do regime de separação de bens aos casais "profissionais" e àqueles detidos na preocupação quanto aos débitos do consorte. No que tange aos casais nos quais uma das partes custeia a formação profissional do parceiro, interessante seria que o pacto predisponha, assim, uma espécie de "indenização" associada à renda do parceiro beneficiado, porém que se reduzisse de forma proporcional à durabilidade do enlace conjugal.

Relativamente aos casais mais velhos e com filhos já independentes financeiramente, Haupt (2003:29) reputa ser mais comum a eleição de um regime em que, na ocorrência de divórcio, nada se comunique, porém o oposto ocorrendo se, casados, um venha a falecer, quando então herdará os bens do consorte. Ainda, para casais em segundas núpcias e com filhos ainda menores e dependentes, considera adequada uma escolha que lhes assegure não estarem incorrendo nos mesmos erros do primeiro matrimônio.

No Brasil, o primeiro caso seria hipótese de eleição de regime de separação convencional de bens, mesmo que as partes sejam maiores de 70 anos de idade (a partir de quando o regime de bens é arbitrariamente o da separação obrigatória de bens), haja vista a existência de Súmula nº 377 STJ, que prevê, mesmo assim, a comunicabilidade daqueles bens adquiridos na constância matrimonial. Já aos casais em segundas núpcias e cautelosos, com intuito de proteger o patrimônio acumulado até então, a eleição de um regime "misto" seria a alternativa hábil a promover os cuidados desejados, de modo que o envolvimento patrimonial das partes se condicionasse à extensão e consistência da união.

É verdade, também, que nubentes "em segundas núpcias" revelam-se mais temerosos quanto às decorrências patrimoniais da união, seja por terem já vivenciado a falência de uma relação afetiva, conhecedores, pois, de muitos de seus efeitos patrimoniais, seja por visarem a somente beneficiar os filhos com os bens já adquiridos, como recorrentes causas, como expõe William Cantwell (Gomes-Ferreira, 2014):

> Várias preocupações, fruto de um casamento anterior, podem fazer com que as partes busquem um pacto antenupcial. Pode haver filhos. [...] Pode haver negócios, heranças, graus e práticas profissionais. Se ambas as partes forem divorciadas, provavelmente haverá um forte desejo de explorarem as possibilidades de contratação em um pacto antenupcial. Isso geralmente ocorre independentemente de pensarem que seu divórcio foi uma vitória, uma derrota ou um empate.

Por fim, um último agrupamento de indivíduos com perfil a contratantes de pacto antenupcial diz respeito àqueles que possuam prósperos negócios (empresas) familiares ou que venham a receber, futuramente, expressivos bens em herança. E é comum que nesse cenário os parentes do nubente com maior patrimônio familiar sugiram a eleição de algum regime que proteja o "parente-sócio" de eventuais e futuras divisões de lucros, cotas sociais empresariais ou acréscimos patrimoniais.

Muito embora as particularidades das partes e familiares influenciem no momento da eleição do regime de bens, por certo que, quanto maior a discrepância de riqueza entre os nubentes, mais fácil será prever quais as cláusulas a serem formuladas em tal contrato, quando uma delas assume posição de "poder" e a outra de "vulnerabilidade". E o oposto também é verdade, já que, quanto mais equiparada a renda dos nubentes, maior o rol de alternativas a serem cogitadas no momento do acordo.

Outrossim, custos de informação relativos ao amplo rol de possibilidades de conteúdo a ser inserido no pacto antenupcial — associados à sua pouca divulgação na sociedade — muitas vezes frustram sua confecção. A fim de obter-se correto conhecimento jurídico-legal, consultas com advogados especializados no ramo são alternativas positivas à alocação eficiente dos bens e dos interesses das partes, vindo a reduzir os custos de transação atinentes ao divórcio.

A partir das considerações dos economistas é possível sustentar que o bem-estar individual amplia o bem-estar coletivo, sendo necessária atenção aos comportamentos individuais nos mais variados assuntos, o que possibilitará previsões de movimentos futuros, viabilizando ao Estado e à sociedade uma resposta mais coerente, por meio de normas legais eficientes que sejam capazes de trazer grandes benefícios ao desenvolvimento do direito, especialmente na seara da família.

6. A influência do Poder Judiciário no direito de família

Com as alterações processadas na seara das famílias, é possível perceber que, ao mesmo tempo que o Poder Judiciário acolhe novos direitos, como novas entidades familiares e a parentalidade socioafetiva, também germina traumas e desgastes emocionais que criam toda espécie de demandas, como a indenização por abandono afetivo.

O direito tem sido afetado pelas consequências da fragilidade e da volatilidade das relações. Novos conflitos surgem e o Poder Judiciário deve absorvê-los na tentativa de eliminar o sentimento de desamparo. A grande questão que surge é o sentimento de vitimização, que permeia o indivíduo que experimenta uma insatisfação cotidiana. É certo que o Poder Judiciário deve tutelar os direitos fundamentais, mas não pode, a pretexto de promovê--los, ferir ou causar lesão a terceiros, servindo o afeto como pano de fundo para a promoção de interesses econômicos, desrespeitando a subjetividade dos sujeitos.

O sistema do direito se manifesta como meio de resolução e prevenção de conflitos oriundos das relações sociais. Nesse contexto, diante das complexidades que circundam o conteúdo das famílias, não se limita a enxergar apenas a norma escrita, mas também o modo sociológico com a efetividade da aplicação das normas aos fins sociais como forma de resolução adequada de conflitos.

Vale mencionar que o direito como sistema autônomo consiste em direito responsivo com maior liberdade do Poder Judiciário, com a capacidade de resolução de problemas e complexidade no ato de julgar, a partir da instituição da ideia de julgamento com base em precedentes.

Desta forma, a decisão judicial é o acoplamento estrutural entre os sistemas jurídico e econômico, diante das inúmeras possibilidades, considerando fatores e impactos, ante a complexidade da realidade social. No processo decisório devem ser investigados todos os sistemas, como as organizações envolvidas ativamente nas decisões (Rocha, 2013 apud Arrabal, Dias e Sá, 2014).

6.1 Da intervenção estatal nos direitos de família – direito de família mínimo

O Direito de Família contemporâneo representa a expressão mais pura de uma relação jurídica privada, submetida, desse modo, ao exercício da autonomia privada dos indivíduos. Contudo, a presença do estado-administração, do estado-legislador e do estado-juiz na família não pode ser negada, sendo, até mesmo, necessária em vários aspectos, quando se deve garantir o cumprimento de princípios como o da igualdade, embora a submissão das questões familiares internas ao debate judicial configure uma exposição da fratura do projeto parental (Fachin, 2003:307).

Ademais, a Constituição da República de 1988 tem como finalidade precípua a preservação da dignidade da pessoa, o que culminou na revisão de regras e institutos do direito civil, a partir de um movimento de despatrimonialização e de uma ênfase no ser humano, compreendendo a dignidade como cerne do sujeito e das relações jurídicas. Desse modo, houve um aumento de aplicação da autonomia privada, que gerou consequências, sobretudo, no âmbito das relações familiares, na medida em que são os membros da família que devem estabelecer seu próprio regramento de convivência.

O reconhecimento do afeto tem como consequência direta permitir o exercício da autonomia privada por parte dos membros da família. Cada indivíduo, em seu espaço familiar, deve ter a liberdade para realizar sua própria dignidade da maneira que achar mais adequada, sob pena de frustração de seu projeto pessoal de busca da felicidade.

Becker e Murphy (1988) defendem que a intervenção do Estado visa ações públicas mais eficientes em famílias mais pobres, que não deixam legados e não investem no capital humano nos filhos. O Estado pode subsidiar, assim, escolas e outras instituições de treinamento e ensino buscando aumentar os investimentos em crianças de famílias mais pobres. Consideram, ainda, que o custeio com a segurança, assistência ao idoso, subsídios aos nascimentos, leis que facilitem o divórcio e uma lei de adoção eficaz são intervenções estatais eficientes nos arranjos familiares.

O papel do estado-interventor nas relações familiares deve ser mínimo, para assegurar um espaço íntimo para que seus próprios integrantes, por intermédio do afeto, persigam a própria felicidade, desenvolvam sua personalidade e, por conseguinte, promovam a satisfação uns dos outros. Portanto, consubstancia esse papel o *direito de família mínimo*, segundo o qual, no direito de família, deve predominar, como regra geral, o exercício da autonomia privada dos integrantes de uma família, porquanto apenas dessa maneira será possível assegurar-lhes, efetivamente, a concretização dos seus direitos fundamentais e a promoção de sua personalidade.

Referências

AGUIRRE, C. E. de. Visão sistêmica da família. *Revista Nacional de Direito de Família e Sucessões*, Porto Alegre, v. 4, p. 45-57, jan./fev. 2015.

ARAÚJO, F. *Teoria econômica do contrato*. Lisboa: Almedina, 2007.

ARRABAL, A. K.; DIAS, F. A.; DE SÁ, P. Z. A decisão judicial e sua relação intersistêmica jurídica e econômica. *Revista SJRJ*, Rio de Janeiro, v. 21, n. 41 p. 51-67, dez. 2014.

BECKER, G. S.; MURPHY, K. M. The family and the State. *The Journal of Law & Economics*, v. 31, n. 1, p. 1-18, abr. 1988. Disponível em: <www.jstor.org/stable/725451>. Acesso em: 7 jul. 2018.

BIX, B. H. How to plot love on na indifference curve. *Mich. L. Rev.*, v. 99, p. 1439-1472, 2001. Disponível em: <http://scholarship.law.umn.edu/faculty_articles/201>.

CALDERÓN, R. L. Princípio da afetividade no direito de família. *Revista Brasileira de Direito de Família e Sucessões*, Porto Alegre, v. 35, p. 131-141, ago./set. 2013.

CONSELHO NACIONAL DE JUSTIÇA. *Cadastro nacional de adoção*. Disponível em: <www.cnj.jus.br/programas-e-acoes/cadastro-nacional-de-adocao-cna>. Acesso em: 4 ago. 2018.

DERZI, M. A. M. *Imposto sobre a renda e a aposentadoria da dona-de-casa*. 2007. Disponível em: <https://sachacalmon.com.br/noticias/misabel-derzi-publica-artigo-sobre-tributacao-e-familia-no-estado-de-minas/>. Acesso em: 27 jun. 2018.

DIAS, M. B. *Manual de direito das famílias*. 4. ed. São Paulo: Revista dos Tribunais, 2007.

ENGELS, F. *A origem da família, da propriedade privada e do Estado*: trabalho relacionado com as investigações de L. H. Morgan. Tradução de Leandro Konder. 15. ed. Rio de Janeiro: Bertrand Brasil, 2000.

FACHIN, L. E. *Direito de família*: elementos críticos à luz do novo Código Civil brasileiro. 2. ed. Rio de Janeiro: Renovar, 2003.

GHILARDI, Dóris. *Economia do afeto*: análise econômica do direito no direito de família. Rio de Janeiro: Lumen Juris, 2015.

GOMES-FERREIRA, C. S. A escolha do consorte e do regime de bens sob a perspectiva da análise econômica do direito. *Revista Jurídica*: órgão nacional de doutrina, jurisprudência, legislação e crítica judiciária, a. 62, n. 436, p. 59-78, fev. 2014.

GONÇALVES, C. A. *Direito civil brasileiro*. São Paulo: Saraiva, 2005. (Direito de Família, v. 6).

LANDES, E. M.; POSNER, R. A. The economics of the baby short age. *The Journal of Legal Studies*, v. 7, n. 2, p. 323-348, jun. 1978. Disponível em: <www.jstor.org/stable/724219>. Acesso em: 7 jul. 2018.

LEVMORE, S. Love it or leave it: property rules, lianbility rules and exclusivity of remedies in partnership and marriage. *Law and Contemporary Problems*, v. 58, n. 2, p. 221-249, 1995.

LÔBO, P. L. N. Entidades familiares constitucionalizadas: para além dos *numerus clausus*. In: CONGRESSO BRASILEIRO DE DIREITO DE FAMÍLIA, III, FAMÍLIA E CIDADANIA — O NOVO CCB E A *VACATIO LEGIS*. Anais... Belo Horizonte: Del Rey, 2002.

PEREIRA, R. da C. A nova organização jurídica das famílias. In: IBIAS, D. S. (Coord.). *Família e seus desafios*: reflexões pessoais e patrimoniais. Porto Alegre: IBDFAM/RS; Letra & Vida, 2012. p. 28-38.

PINHEIRO, A. C.; SADDI, J. *Direito, economia e mercados*. Rio de Janeiro: Elsevier, 2005.

PORTO, A. J. M.; BUTELLI, P. H. Impacts of divorce law changes in Brazil and the "extinction" of judicial separation. *Revista de Estudos Empíricos em Direito. Brazilian Journal of Empirical Legal Studies*, v. 3, n. 2, p. 149-161, 2016.

POSNER, R. *El análisis económico del derecho*. 2. ed. Tradução de Eduardo L. Suaréz. México: Fondo de Cultura Económica, 2007.

RESOLUÇÃO nº 2.121/2015 — Conselho Federal de Medicina. *DOU*, 24 set. 2015. Disponível em: <www.portalmedico.org.br/resolucoes/CFM/2015/2121_2015.pdf>.

SALAMA, B. M. O que é direito e economia? p. 1-17. Disponível em: <www.ordemlivre.org/files/Bruno_Salama-O_que_e_pesquisa_em_DE. 200.pdf>. Acesso em: 14 jan. 2019.

SANTOS, L. F. B. A autonomia da vontade no direito de família contemporâneo. In: IBIAS, D. S. (Coord.). *Família e seus desafios*: reflexões pessoais e patrimoniais. Porto Alegre: IBDFAM/RS; Letra & Vida, 2012. p. 9-27.

SILVA, P. L. e. Os direitos fundamentais no Brasil e na comunidade europeia sob a ótica do direito de família. In: IBIAS, D. S. (Coord.). *Família e seus desafios*: reflexões pessoais e patrimoniais. Porto Alegre: IBDFAM/RS; Letra & Vida, 2012. p. 39-54.

SION, M. *Money and marriage*: how to choose a financially compatible spouse. Disponível em: <www.aier.org/search?keys=Money%20and%20marriage>.

TEPEDINO, G. *Temas de direito civil*. 3. ed. Rio de Janeiro: Renovar, 2004.

WAX, A. L. Bargaining in the shadow of the market: is there a future for egalitarian marriage? *Virginia Law Review*, v. 84, n. 4, p. 509-672, maio 1998. Disponível em: <www.jstor.org/stable/1073752>. Acesso em: 7 jul. 2018.

CAPÍTULO 20

Concessões e parcerias público-privadas (PPPs) no Brasil

Cesar Mattos

1. Introdução

O Brasil vive hoje uma crise de grandes proporções na área de infraestrutura. Enquanto o nível anual de investimentos em infraestrutura como proporção do PIB requerido para a retomada segura do crescimento está entre 5 e 5,5%, o país está razoavelmente estagnado desde o início do século em valor pouco superior a 2%. É um verdadeiro "apagão de infraestrutura". Conforme estimativas da Inter B,[1] em 2017, os investimentos em infraestrutura caíram para 1,69% do PIB, vindo dos já baixos 1,95% do PIB de 2016. Esses valores são claramente inferiores ao mínimo necessário para compensar a depreciação do capital fixo, que está na faixa dos 2,4% do PIB, e estão muito aquém do que seria necessário no caso de recuperação da economia brasileira.

O reflexo desta carência de investimento é a baixa qualidade da infraestrutura do país. Conforme indicador da Doing Business in Brazil[2] em um *ranking* de 144 países, o Brasil está em 107º lugar em qualidade de infraestrutura, abaixo de Rússia (101º), Índia (87º), China (69º) e África do Sul (58º).

Na área social não é diferente. Entre 2010 e 2018 caíram em 10% os leitos hospitalares do Sistema Único de Saúde (SUS).[3] No sistema carcerário, conforme o Conselho Nacional de Justiça, há um déficit de 354 mil vagas.[4]

---

[1] Disponível em: <www.interb.com.br/content/carta-de-infraestrutura>.
[2] Disponível em: <www.doingbusiness.org/en/reforms/overview/economy/brazil>.
[3] Disponível em: <https://g1.globo.com/ciencia-e-saude/noticia/brasil-perde-34-mil-leitos-hospitalares-do-sus-em-oito-anos.ghtml>.
[4] Disponível em: <www.cnj.jus.br/sistema-carcerario-e-execucao-penal/cidadania-nos-presidios>.

Em 2017, 61,8% das rodovias brasileiras foram avaliadas como regulares, ruins ou péssimas pela Pesquisa da Confederação Nacional de Transportes (CNT).[5] Muito da qualidade precária das rodovias está relacionado com administração dessa infraestrutura pelo setor público. De fato, em 2017, 70,4% da extensão das rodovias geridas pelo setor público foi avaliada como regular, ruim ou péssima, enquanto no caso das rodovias concedidas ao setor privado esse quadro se inverte: apenas 25,6% tiveram o estado geral classificado como regular, ruim ou péssimo. No *ranking* das 10 rodovias de melhor qualidade, *todas* são concedidas ao setor privado. São indicadores que sugerem que a intensificação da parceria com o setor privado por meio de concessões comuns e PPPs constitui ingrediente importante de um programa de melhoria das rodovias.

Mas não é apenas infraestrutura o alvo de concessões comuns e PPPs. Limpeza pública, hospitais, presídios, controle de tráfego aéreo, redes de atendimento ao cidadão como o Programa "Ganha Tempo" no Mato Grosso, entre outros, são também alvos de PPPs. São bem amplas as possibilidades de concessões comuns e PPPs.

A maior qualidade da gestão privada não é a única motivação para ser mais agressivo em concessões comuns e PPPs no Brasil. O crescente comprometimento do orçamento federal com despesas obrigatórias, especialmente pessoal e previdência, tem drenado substancialmente a capacidade do setor público de investir em infraestrutura. Do já elevado percentual entre 73% e 81% das receitas líquidas do governo federal entre 2008 e 2013, o chamado "gasto obrigatório" cresceu continuamente até 101% no biênio 2016-17. Em se desejando um orçamento minimamente equilibrado, não se pode contar com quaisquer investimentos em infraestrutura pelo governo federal para os próximos anos.

Enquanto as concessões comuns constituem mecanismos muito bem estabelecidos no governo federal, o programa de PPPs do governo federal praticamente não se iniciou. O único contrato assinado na esfera federal foi um *data center* do Banco do Brasil e Caixa Econômica Federal. Todos os outros projetos listados na página do Ministério do Planejamento estão com estudos concluídos, em andamento ou descontinuados.[6]

---

[5] Disponível em: <http://pesquisarodovias.cnt.org.br/>.
[6] São os seguintes: 1) Colégio Militar de Manaus. Construção e manutenção de novo Colégio Militar em Manaus (AM); 2) Centro de Educação Física Almirante Adalberto Nunes (Cefan); 3) Parques Nacionais de Jericoacoara, Serra das Confusões, Sete Cidades e Ubajara;

Já os governos estaduais e municipais fizeram uso bem mais amplo do instrumento de PPPs. Foram celebradas até o início de 2018, segundo o Radar PPP, 1.247 PPPs. A primeira PPP (concessão patrocinada) assinada no Brasil foi o projeto para exploração da operação dos serviços de transporte de passageiros da Linha 4 — Amarela do Metrô de São Paulo.

Na próxima seção, apresentamos as distinções entre concessões comuns, PPPs e a provisão pública do serviço, conforme a legislação brasileira. Na seção 3 comparamos a privatização com a concessão. Aprofundamos mais a análise das sinergias no *bundling* entre realização da obra e prestação do serviço na seção 4. Na seção 5 analisamos como concessões comuns e PPPs apresentam propensões distintas a selecionar projetos com retorno social positivo/negativo. A questão fiscal, usualmente levantada como ponto-chave para concessões comuns e PPPs, é discutida na seção 6. Na seção 7 discutimos o financiamento das PPPs e concessões comuns no Brasil, destacando alguns aspectos do papel do BNDES. O funcionamento de um mecanismo que depende de aporte de recursos do governo como PPPs depende fundamentalmente da capacidade do governo de fazer valer seus compromissos. Assim, tratamos na seção 8 os óbices do processo orçamentário brasileiro e na seção 9 de como foram desenhadas as garantias para as PPPs no Brasil. Na seção 10 fazemos um breve comentário sobre a importância atual das dificuldades burocráticas para os contratos de PPPs e concessões comuns. Na seção 11 avaliamos a importante questão de como renegociar ou não contratos de concessão baseados nas regras de Equilíbrio Econômico e Financeiro do Contrato (EEFC) no Brasil e seu efeito sobre os incentivos à produtividade e qualidade do serviço. A seção 12 discute a experiência internacional com PPPs, com lições importantes para o Brasil. A seção 13 conclui.

---

4) Vila Naval de Itaguaí — Módulo I; 5) Abastecimento e Gerenciamento de Frota (Agefrot); 6) Parques Nacionais de Brasília, da Chapada dos Veadeiros e das Emas; 7) Arsenal da Marinha; 8) Fuzil-Imbel; 9) Pontal de Irrigação; 10) Esplanada Sustentável; 11) Satélite Geoestacionário Brasileiro; 12) Rede de TV Pública Digital (RTVDB); 13) BR 116-324; 14) Ferrovia Norte-Sul. Há também um projeto de PPP para o controle de tráfego aéreo com o Comaer na Aeronáutica, que pode ser assinado em 2019 e que está fora da lista.

2. Concessões comuns, PPPs e provisão pública do serviço: definições e legislação no Brasil

Não há uma definição única do que seria uma PPP na literatura, que se caracteriza por um contrato entre os setores público e privado associado a uma divisão de obrigações e riscos entre as duas partes (Engel, Fischer e Galetovic, 2014).

No Brasil, os incisos II e III do art. 2º da Lei nº 8.987, de 1995 (chamada "lei das concessões"), definem duas modalidades de concessões, ambas implicando delegação de sua prestação ao setor privado mediante licitação, na modalidade de concorrência, a empresa pessoa jurídica ou consórcio de empresas que demonstre capacidade para sua realização, por sua conta e risco por prazo determinado: respectivamente i) sem e ii) com execução de obra pública. Neste último caso "com execução de obra pública", o investimento da concessionária será remunerado e amortizado mediante a exploração do serviço ou da obra.

Ademais, o inciso IV do art. 2º da Lei nº 8.987, de 1995, define a modalidade de permissão de serviço público cuja grande diferença em relação às duas modalidades de concessões descritas no parágrafo anterior é ser realizada em caráter precário. Se, de um lado, a permissão pode ser retirada a qualquer tempo pelo poder público, não possui prazo, podendo se prolongar indefinidamente.[7]

O termo "Parcerias Público-Privadas" (PPPs) não foi utilizado naquela legislação de 1995. A Lei nº 11.079, de 2004, também chamada "Lei das PPPs", é que traz este termo ao mundo jurídico brasileiro.

As PPPs são consideradas também concessões conforme o art. 2º da Lei nº 11.070/2004. A grande diferença entre as chamadas "concessões comuns" da Lei nº 8.987/1995 e as "concessões de PPP", conforme o §3º do art. 2º da Lei nº 11.079/2004, é que nas primeiras não pode haver "contraprestação pecuniária do parceiro público ao parceiro privado".

E é justamente na forma da contraprestação pecuniária que reside a diferença entre os dois tipos de concessões PPPs: a) as *concessões PPPs administrativas* em que a administração pública é a usuária direta ou indireta, pagando integralmente a contraprestação, sem tarifas cobradas de usuárias e b)

---

[7] Conforme o art. 40 da Lei nº 8.987, de 1995, o contrato de adesão da permissão é que estabelecerá as condições da precariedade e da revogabilidade unilateral pelo poder concedente.

as *concessões PPPs patrocinadas* quando a concessão de serviços públicos ou de obras públicas envolve adicionalmente à contraprestação pecuniária do parceiro público ao parceiro privado tarifa cobrada dos usuários.

O art. 6º da Lei nº 11.079/2004 define dois tipos de contraprestações do poder público ao parceiro privado. Primeiro, conforme o §1º, a previsão de pagamento de "remuneração variável vinculada ao seu desempenho, conforme metas e padrões de qualidade e disponibilidade", ou seja, a remuneração pelo serviço. Segundo, conforme o §2º, pode-se "prever o aporte de recursos em favor do parceiro privado para a realização de obras e aquisição de bens reversíveis", ou seja, o financiamento do investimento quando este for reversível ao setor público.

Note-se que no caso da concessão comum também se prevê a transferência de recursos do governo ao concessionário para efeito de financiamento do investimento, conforme art. 36 da Lei nº 8.987/1995, mas com uma diferença fundamental. No caso da concessão comum, essa transferência apenas ocorrerá para investimentos em bens reversíveis que não estiverem ainda amortizados ou depreciados ao fim do prazo da concessão a título de indenização. Já no caso das concessões PPPs, esse aporte de recursos ocorrerá ao longo do prazo de concessão, conforme forem sendo concluídas as obras ou, conforme o §2º do art. 7º da Lei nº 11.079/2004, guardando "proporcionalidade com as etapas efetivamente executadas". Naturalmente que o grau de incerteza do concessionário comum que só recebe ao fim da concessão tende a ser maior do que o do concessionário PPP na realização de investimentos.

Cabe aqui fazer a distinção das concessões comuns e por PPPs com a hipótese em que o parceiro privado é responsável tão somente por construir/reformar/ampliar a infraestrutura, mas não pela prestação do serviço *a posteriori*, a ser gerido pelo próprio governo. Esse é o caso a que nos referiremos como de "abordagem convencional" ou "provisão pública", regido, principalmente, pela "Lei de Licitações", Lei nº 8.666, de 1993, pelo Regime Diferenciado de Contratação (RDC) da Lei nº 12.462, de 2011, e pela Lei nº 10.520, de 2002, que institui o pregão. O governo contrata um agente apenas para realizar a obra, deixando a prestação do serviço em sua própria responsabilidade.

Quadro 1
Comparativo: concessões comuns, PPPs e provisão pública

	Concessão Comum do Serviço pelo Inc. II do art. 2º da Lei nº 8.987/1995 – Sem Obra Pública	Concessão Comum do Serviço pelo Inc. III do art. 2º da Lei nº 8.987/1995 – Com Obra Pública	Concessão Administrativa – PPP pelo §2º do art. 2º da Lei nº 11.079/2004	Concessão Patrocinada – PPP pelo §1º do art. 2º da Lei nº 11.079/2004	Provisão Pública pela Lei das Licitações nº 8.666/93, RDC 12.462/2011 e Pregão Lei nº 10.520/2002
Provisão do Serviço	Privada	Privada	Privada	Privada	Pública
Financiamento da Provisão do Serviço	100% tarifas dos usuários	100% tarifas dos usuários	100% pelo orçamento público	Tarifas do usuários e recursos complementares do orçamento público	Tarifas dos usuários e/ou recursos (complementares) do orçamento público
Escopo da Atuação Privada	Apenas prestação do serviço	*Bundling* obra + prestação do serviço	*Bundling* obra + prestação do serviço	*Bundling* obra + prestação do serviço	Apenas obra pública
Indenização do Investimento	Não tem investimento	Ao final da concessão sobre bens reversíveis não amortizados	Ao longo da concessão na medida que o ativo entre em funcionamento	Igual Administrativa	Art. 55, III, Lei nº 8.666/1993: Condições de pagamento dadas no contrato
***Bundling* Obra/Serviço**	Não	Sim	Sim	Sim	Não

Fontes: Leis nºs 8.987/1995, 11.079/2004, 8.666/1993, 12.462/2011 e 10.520/2002. Elaboração própria.

Engel, Fisher e Galetovic (2014:2) definem PPPs

como um acordo pelo qual o governo contrata uma empresa privada para construir ou incrementar uma infraestrutura e subsequentemente manter e operá-las por um período estendido (por exemplo 30 anos) em troca de um fluxo de receitas durante a vida do contrato.

Ou seja, a última linha do quadro anterior, do *bundling* entre obra e serviço pelo mesmo agente privado, constituiria a característica fundamental de uma PPP na análise daqueles autores. Para o caso brasileiro, essa definição particular se aplicaria às concessões comuns do serviço pelo inciso III do art. 2º da Lei nº 8.987/1995 (com obra pública) e às PPPs administrativas (§2º do art. 2º) e patrocinadas (§1º do art. 2º) da Lei nº 11.079/2004, mas não da provisão pública e da concessão comum sem obra pública (inciso III do art. 2º da Lei nº 8.987/1995).

O prazo maior da relação entre setor público e privado combinado com os custos afundados em ativos específicos torna essas categorias caracterizadas pelos autores como PPPs mais dependentes das instituições do país que garantam o investidor por eventuais ações do governo para a expropriação dos ativos. Se um país dispõe de escassas dotações institucionais, como um Judiciário independente, é possível que a provisão pública seja a melhor opção na maior parte dos setores. Simplesmente, a ameaça de expropriação do investimento em um país com instituições pobres é tão grande que a operação do serviço por parceiros privados se torna pouco factível.

Alguns dos principais problemas da provisão pública são destacados por Engel, Fisher e Galetovic (2014). Primeiro, é grande a propensão à seleção inadequada de projetos de investimento, os chamados "elefantes brancos". De fato, como destacam os autores,

> poucos países usam de análises sociais de projetos para filtrar projetos que desperdiçam recursos. Isto leva a projetos que são "elefantes brancos" (projetos com valor social negativo ou que são superdimensionados). Mesmo quando o critério objetivo para avaliação de projetos existe, ele tende a ser distorcido por subestimativa de custos e superestimativa da demanda, dois problemas comuns da provisão de infraestrutura... Uma das razões da seleção inadequada de projetos é a captura do governo ao interesse de um subgrupo da sociedade. [Engel, Fisher e Galetovic, 2014:9]

Segundo, há um viés dos políticos para alocar mais recursos a novos projetos ou a reparar infraestruturas já em péssimo estado de conservação, o que traz mais votos, do que para a manutenção de rotina nas infraestruturas. Como é muito mais caro reparar uma infraestrutura caindo aos pedaços do que o conjunto rotineiro de manutenções, o custo total para se ter a mesma infraestrutura fica muito maior.

Terceiro, na provisão pública, a tentação para gerar preços artificialmente comprimidos é muito maior do que em PPPs, comprometendo a saúde financeira e a capacidade de manutenção e investimento do responsável. No Brasil, a limitação artificial de tarifas públicas foi frequentemente utilizada como mecanismo auxiliar de controle da inflação com efeitos nefastos sobre a capacidade de investimento.

Quarto, quando o agente privado fica apenas com a obra, mas não com o serviço, ele não internaliza os efeitos positivos que uma infraestrutura de boa qualidade terá na operação e manutenção do serviço *a posteriori*, o que gera uma eficiência na agregação (*bundling*) das duas atividades para o mesmo agente realizar. Conforme os autores:

> Com a provisão pública, uma firma de construção minimiza os custos de construção sujeita às características de design. Em uma PPP, em contraste, a firma privada minimiza os custos por todo o ciclo de vida da infraestrutura, o que inclui os custos de construção, operação e manutenção, ainda que isto leve a custos de construção iniciais maiores. [Engel, Fisher e Galetovic, 2014:13]

A decisão sobre se o governo deve conceder ou recorrer à provisão pública se baseará principalmente na avaliação do impacto destes quatro problemas frente à factibilidade institucional da concessão.

3. Privatização *versus* concessão

Cabe aqui fazer uma distinção importante entre a privatização, regida pela Lei nº 8.031, de 1990, e as concessões (comuns e PPPs).

Uma das diferenças fundamentais é que a privatização consiste em uma venda definitiva de ativos do setor público ao setor privado. Os direitos de propriedade sobre os ativos privatizados são transferidos de forma permanente para o setor privado. Isso não implica que o setor privado deixe de ter obrigações, pois ele pode continuar sendo regulado da mesma forma que a concessão.

No caso de concessões, pode haver transferência ou não de ativos do setor público para o privado. Em caso positivo, os ativos são transferidos em uma base temporária, pelo período definido no contrato de concessão. Ao final desse prazo da concessão, os ativos são revertidos ao setor público possivelmente para renovação do concessionário. Ou seja, os direitos de propriedade sobre os ativos que passam para o setor privado são temporários na medida do prazo do contrato de concessão.

O governo brasileiro entre 2003 e 2016 recorreu a concessões, mas não a privatizações. A principal alegação seria o fato de que a transferência permanente do direito de propriedade ao setor privado implicaria comprometimento ou mesmo dilapidação do patrimônio público a privados (como não se pagasse nada por isso). Já a concessão de atividades anteriormente realizadas por empresas estatais garantiria, segundo o discurso oficial, a preservação desse patrimônio público junto ao Estado. O ativo reversível característico da concessão, mesmo operado pelo setor privado, continuaria de propriedade do governo, apesar de o usufruto dos direitos de propriedade ser do privado (à exceção do direito de alienação do ativo).

Curiosamente, nos casos de vários serviços públicos concedidos pelo governo anterior a 2003 como telecomunicações, energia elétrica, ferrovias e mesmo rodovias, colocados como "privatização", tratava-se, na realidade, de concessões e, portanto, com direitos de propriedade transferidos apenas temporariamente.

As transferências permanentes de ativos do setor público ao setor privado ocorreram nos casos da venda da Companhia Vale do Rio Doce, da Embraer, das empresas do setor siderúrgico, fertilizantes, entre outras. Em nenhum desses casos houve concessão.

Mesmo nos casos do parágrafo anterior, foi usual a manutenção de parte minoritária das ações da empresa com o Estado, inclusive pelo BNDESpar. No caso da Vale e Embraer, manteve-se ainda a chamada "ação de classe especial" que confere direito ao governo de intervir em decisões societárias mais relevantes como alteração da propriedade.[8]

Bortolotti e Faccio (2006:1) mostram que privatizações parciais, implicando alienação do controle mas não de 100% das ações, são mais a regra do que a exceção no mundo. Os autores realizaram uma pesquisa ao final do ano 2000 e mostraram que "os governos continuam como os maiores acionistas ou detêm poderes de veto substanciais em quase 2/3 das empresas privatizadas".[9]

A agenda de privatização voltou, em alguma medida, para o Brasil em tempos recentes após a "hibernação" desde o final do governo FHC. O governo Temer enviou ao Congresso o Projeto de Lei nº 9.463, de 2018, que

---

[8] A operação da Boeing com a Embraer ainda em discussão contará com a avaliação prévia do governo brasileiro em função desse tipo de ação.
[9] Ver também Bortolotti e Siniscalco (2004) para uma resenha mais geral sobre o tema privatização no mundo.

trata da autorização para a alienação do controle da Eletrobras. O Petrolão exibiu as entranhas da corrupção na Petrobras e o fetiche da produção estatal de petróleo começou a receber algum questionamento, ainda que tímido. Os Correios também não têm sido considerados nenhum modelo de eficiência.

Há 18 empresas estatais federais em estado de "dependência",[10] o que significa que recebem pelo menos algum valor do orçamento do governo para suas despesas de pessoal e custeio.[11] Em recente projeto de lei (PL nº 9.215/2017) encaminhado ao Congresso, o Poder Executivo propõe introduzir mecanismos de reestruturação dessas empresas que podem acabar resultando em uma indicação por privatização em alguns casos.

A evidência empírica internacional tende a validar a visão teórica de que a propriedade privada é mais eficiente que a estatal. Boardman e Vining (1989) acharam que empresas estatais puras e mistas tiveram performance "substancialmente pior" que as companhias privadas similares. Na resenha de Megginson e Netter (2001), comprova-se que a eficiência das empresas privatizadas em termos de produtividade e crescimento foi, na média, superior às empresas que não foram privatizadas. La Porta e Lopez de Silanes (1997) acharam para o México grandes aumentos da eficiência e lucratividade com a privatização. Pinheiro (1996) achou para o Brasil que a privatização aumentou a produção, eficiência, lucratividade, investimento e aumentou outros indicadores de performance financeira. Anuatti-Neto e colaboradores (2005) mostram que, de forma geral, as empresas brasileiras tornaram-se mais eficientes com a privatização, com aumento da lucratividade e eficiência operacional.

O que a privatização e a concessão têm em comum? Com a transferência, respectivamente, permanente ou temporária, dos direitos de propriedade, promove-se uma mudança substancial dos incentivos na gestão da empresa que implica incremento significativo em sua eficiência. De fato, reconhecendo problemas ainda mais graves de agente/principal nas empresas estatais relativamente às privadas, estes dois tipos de ferramentas, privatização e concessão, tendem a ter impactos substanciais sobre a produtividade dos setores envolvidos e, por conseguinte, da economia brasileira.

---

[10] Disponível em: <file:///C:/Users/Cesar/Downloads/181002_Empresas%20Estatais%20Federais%20Dependentes%20do%20Tesouro%20Nacional.pdf>.
[11] Foram R$ 14,8 bilhões de subvenções a essas empresas em 2017, 11% a mais que em 2016, segundo a Secretaria do Tesouro Nacional. Disponível em: <http://tesouro.fazenda.gov.br/>.

4. *Bundling versus* separação: obra/prestação do serviço

A grande vantagem em fazer a junção (*bundling*) da responsabilidade do investimento com o serviço pelo parceiro privado é que este último terá um incentivo maior a incrementar a qualidade da infraestrutura construída. Na medida em que o próprio parceiro privado é o responsável pelo serviço, ele não terá incentivos a realizar obras economizando custos "a qualquer custo", ou seja, que gerem deterioração rápida dos ativos, como é o caso da provisão pública. Neste último caso, o privado constrói e repassa para o governo (ou outro agente), não recaindo sobre ele as consequências de um ativo com qualidade inadequada, seja por implicar custos variáveis de operação maiores ou mesmo qualidade do serviço precária. Isto ocorre especialmente quando a qualidade do ativo é pouco observável/contratável pelo poder público.

De fato, na provisão convencional do serviço público, o incentivo do parceiro privado é economizar ao máximo em custos que poderiam gerar impactos positivos sobre a operação do serviço. Como o construtor da infraestrutura e o provedor do serviço são distintos, o primeiro não se beneficia pelos ganhos de qualidade da infraestrutura, mas o é para as economias de custo, o que gera incentivos perversos à provisão de qualidade do ativo. Diz-se que o construtor é o "reclamante residual" das economias de custo, mas não o é na qualidade do ativo, gerando o incentivo perverso a "reduzir custo a qualquer custo".

Já na PPP, a junção das duas atividades (construção e serviço) torna o construtor o "reclamante residual" tanto das economias de custo na construção como da qualidade do ativo, que inclui tanto a qualidade do serviço para o usuário quanto o próprio custo de manutenção ou reparo do ativo após a construção. Por exemplo, um parceiro privado em PPP contratado para reparar uma rodovia não estará interessado apenas em economizar em um asfalto novo, que vai requerer recapeamento dali a pouco tempo. Isso porque em uma PPP o próprio parceiro privado é quem terá que proceder a esse recapeamento em função de uma obra originalmente malfeita.

A questão dos incentivos para prover qualidade se torna mais relevante quando essa variável for menos observável/fiscalizável pelo contratante público e, portanto, mais difícil de explicitar em um contrato para posterior cobrança do parceiro privado. Isso compreende não apenas um problema de falta de *expertise* própria desse contratante, mas eventualmente também de corrupção. Isso porque, com uma qualidade pouco observável, o gestor corrupto pode mais facilmente aliviar a fiscalização do parceiro privado, sem que isso seja contestado por seus superiores (se eles próprios não integrarem ou mesmo liderarem o esquema corrupto) e/ou pelos órgãos de controle.

Quando a qualidade da obra é mais observável/fiscalizável pelo regulador, o gestor corrupto terá dificuldades em "aliviar" a fiscalização do parceiro privado já que a qualidade da obra ou serviço pode ser facilmente questionável por outros agentes do próprio órgão ou pelos órgãos de controle. Nesse caso específico, o desenho regulatório ideal não depende tanto da construção de mecanismos de incentivos, como no *bundling* obra/serviço.

Uma menor capacidade de fiscalizar a qualidade do investimento poderia ser resolvida com uma melhor especificação dos insumos pelo parceiro público na licitação convencional para evitar reduções de "custo a qualquer custo" pelo parceiro privado que resultem em diminuição da qualidade do ativo. Isso, na verdade, ocorre com frequência. No entanto, quanto mais o setor público define os insumos, mais inibe o setor privado a usar sua própria *expertise* para buscar as melhores soluções técnicas de prover o serviço. E essa busca da maior *expertise* privada nas soluções técnicas constitui uma das principais motivações do contrato de parceria. Esse custo resultante da maior intervenção do Estado na definição da melhor forma de resolver os problemas técnicos da obra pode indicar a PPP.

A grande desvantagem da PPP em relação à separação das atividades de construção e provisão do serviço é que elas podem ser atividades que requerem *expertises* distintas. Ou seja, uma empreiteira que sabe construir infraestruturas pode não saber muito bem sobre o dia a dia da provisão do serviço. Uma provedora de serviços também pode não ter experiência em construção. Não à toa, o art. 9º da Lei das PPPs, nº 11.079/2004, define que um parceiro privado deve montar uma Sociedade de Propósito Específico (SPE) com o objetivo de garantir que o conjunto de empresas que se candidatem a uma PPP reúna as capacidades (*skills*) requeridas para ambas as atividades (construção e serviço).

Muitas vezes, o governo acredita que há *expertise* diferenciada de empresas estrangeiras no negócio, como foi o caso de telecomunicações e aeroportos em que o parceiro estrangeiro era visto como " investidor estratégico" na SPE. Daí que tende a haver um esforço de promoção da licitação no exterior e mesmo a definição de qualificações no edital apenas cumpridas por SPEs com parceiros estrangeiros com características específicas.

5. Concessões comuns *versus* PPPs do ponto de vista econômico

Como a principal diferença entre PPPs e concessões comuns é que nas primeiras há envolvimento direto de dinheiro público na parceria, a primeira questão relevante que vem à mente é se realmente tal empreendimento é compensador do ponto de vista social.

De fato, quando o projeto é financeiramente autossustentável e dispensa o complemento do recurso público, a conclusão de que o benefício supera o custo é dada pelo próprio mercado. Isso porque pelo menos uma grande parte do que se entende como "benefício" do projeto diz respeito à própria receita, preços vezes quantidades. Os usuários que pagam pelo serviço apenas estão dispostos a fazê-lo se o benefício que eles recebem por cada unidade consumida for superior ao preço cobrado. Ou seja, se o benefício do usuário por unidade for, digamos, "v", esse valor tem que ser maior ou igual ao preço pago "p". Caso isso não se verifique, o usuário não adquire o serviço. Isso implica que o benefício somado de todos os consumidores, dado por "v" vezes a quantidade consumida "q", deve ser superior ou igual à receita total, ou seja, vq>pq.

Se Benefício Total dos Usuários ≥ Receita ≥ Custo, isto implica que o serviço, com certeza, gera um retorno positivo para a sociedade.

Já com PPPs, a verificação dessa desigualdade não é mais garantida, pois as receitas derivadas das tarifas dos usuários é complementada por recursos públicos. Isso faz com que o projeto, na ausência de contrapartida pública, possa não ser compensador para o conjunto dos usuários. De fato, se Custo ≥ Receita, o benefício aos usuários pode ser superior ou inferior aos custos, deixando pouco claro se o projeto é compensador para a sociedade.

No entanto, há duas possibilidades pelas quais o fato de que Custo ≥ Receita NÃO implica que Custo ≥ Benefício Total dos Usuários. Primeiro, as receitas podem estar sendo artificialmente comprimidas por uma regulação de preços muito abaixo do que os usuários estariam dispostos a pagar, o que faz com que Benefício ≥ Custo ≥ Receita. Nesse caso, as PPPs classificadas como "patrocinadas" compensam para os usuários, mas a intervenção do Estado pela regulação de preços força a receita para um ponto abaixo dos custos, o que resulta na necessidade de complementação de recursos.

De outro lado, os benefícios dos serviços públicos, em geral, não se restringem aos usuários diretos, mas sim podem "transbordar" para outros indivíduos ou segmentos econômicos. Ou seja, o serviço gera as chamadas "externalidades positivas" para não pagantes. Uma rodovia, por exemplo, gera uma série de atividades econômicas para vários indivíduos que podem nem mesmo utilizar a rodovia. Se a safra é escoada por uma ferrovia, que não seria escoada de outra forma, essa ferrovia estará gerando externalidades positivas para as atividades econômicas que são fomentadas pelos recursos trazidos pela agricultura. Os benefícios do projeto, portanto, vão bem além dos usuários diretos da infraestrutura. Em alguns projetos de PPPs, como presídios, os "usuários diretos" não pagam nada pelo serviço (gostariam inclusive de não "usufruí-lo"), mas o benefício social de fazer cumprir a lei penal é apropriado por toda a sociedade não carcerária. Assim, em PPPs que sejam compensadoras socialmente, valerá a seguinte desigualdade:

Benefícios aos Usuários Diretos + Externalidades > Custos > Receitas

De qualquer forma, a necessidade de recursos complementares (PPPs patrocinadas) ou plenos (PPPs administrativas) por parte do governo faz com que o mecanismo de mercado não revele por si só se um projeto compensa socialmente ou não.

Mais do que isso, a obtenção de recursos públicos para qualquer fim, inclusive financiar PPPs, envolve ineficiência econômica. Ou seja, coletar os impostos que vão financiar as PPPs (ou qualquer gasto público) envolve um custo maior do que aquele mesmo valor, a chamada "perda de peso morto". Se o governo aporta, por exemplo, $ 100 a uma PPP, o custo total dessa operação de coletar o recurso no setor privado via impostos e depois repassar ao privado é maior do que $ 100. Em sistemas tributários considerados ineficientes como o brasileiro, inclusive, bem mais do que $ 100. Para o Brasil, Sachsida (2011) calcula que, para um incremento de 1% na taxa de crescimento da carga tributária, há uma redução de 0,42% na taxa de crescimento do PIB, uma ineficiência bastante significativa.

Isso indica que a análise de custos/benefícios de PPPs deve ser mais rigorosa do que com concessões comuns, dado que, enquanto nessas o ganho social do empreendimento é "revelado" pelo próprio comportamento do mercado, nas PPPs não há um mecanismo de "revelação" direto do ganho social envolvido. Há um grande risco de se estarem aprovando "elefantes brancos". Um corolário do exposto é que uma das principais vantagens das concessões comuns sobre PPPs é ser menos provável o surgimento desses "elefantes brancos". Um exemplo interessante disso foi a tentativa da licitação do trem-bala no Brasil como concessão comum para a qual não apareceram interessados.

Há um preconceito equivocado de que projetos lucrativos não têm impacto social, ou que esse é menor por causa disso. Ao contrário, projetos autossustentáveis financeiramente são justamente aqueles para os quais há o maior grau de certeza de que seus benefícios compensam seus custos. Ademais, nada garante que apenas o que é não lucrativo gera externalidades. Outro ponto importante é que atenuar o comprometimento financeiro do governo por meio de projetos autossustentáveis financeiramente em concessões comuns constitui uma das melhores formas para assegurar que as funções-chave de Estado serão cumpridas.

6. Concessões, PPPs e a restrição fiscal

Como destacado por Engel, Fischer e Galetovic (2008), uma justificativa usual das PPPs e concessões comuns é que estas aliviariam as restrições fiscais do governo, repassando ao setor privado os custos do investimento e da operação. Os autores, no entanto, afirmam que tal argumento seria pouco convincente, dado que os valores desembolsados para financiar o investimento no curto prazo pelo setor privado e poupados pelo setor público seriam plenamente compensados pela perda de receitas futuras do serviço pelo governo ao repassar o serviço a terceiros.

Naturalmente que essa proposição de "neutralidade" da provisão pública em relação às PPPs quanto às finanças do governo conta com várias hipóteses heroicas. Por exemplo, se o setor privado é mais eficiente que o governo na provisão do serviço, algo que se espera, o valor presente da administração privada assumirá um valor superior para o concessionário em relação ao que seria para o governo. Assim, a renda do governo seria realmente melhor com a PPP.

Mas o que gera o efeito positivo sobre as contas públicas é a maior eficiência do parceiro privado na operação e não a protelação do pagamento do investimento na PPP em si. Dessa forma, pode ser considerado um erro fazer PPPs simplesmente para antecipar o investimento em infraestrutura enquanto se posterga o desembolso do governo.

Quando um governo contrata uma obra pela provisão pública, já prevê a inscrição da despesa imediatamente no orçamento pelo menos da parcela da obra a ser paga naquele exercício, disputando lugar com outros gastos e projetos.

Já com PPPs não há necessidade de se prever a inclusão dessas despesas de investimento, pois elas virão na forma de contraprestação apenas mais tarde, eventualmente outro governo, e já como fatos consumados do governo como devedor. Assim, por postergar desembolsos, o governo na PPP tem maior capacidade de superar as amarras institucionais do processo orçamentário relativamente ao caso das obras públicas convencionais, o que é uma motivação totalmente equivocada de fazê-lo.

Essa afirmação encontra respaldo na forma de tratamento orçamentário da provisão pública no Brasil. Conforme o inciso III do §2º do art. 7º da Lei nº 8.666/1993,

> as obras e os serviços somente poderão ser licitados quando: III — houver previsão de recursos orçamentários que assegurem o pagamento das obrigações decorrentes de obras ou serviços a serem executadas no exercício financeiro em curso, de acordo com o respectivo cronograma.

Ou seja, a licitação apenas pode ocorrer posteriormente à consignação dos recursos da parte que será paga naquele ano no orçamento.

O art. 10 da Lei nº 11.079/2004, por sua vez, define algumas regras de compatibilidade orçamentária, como a exigência de elaboração da estimativa de impacto orçamentário/financeiro, a declaração do ordenador de despesa de que a despesa é compatível com a Lei de Diretrizes Orçamentárias (LDO) e com a lei orçamentária anual, o plano plurianual e a estimativa do fluxo de recursos públicos suficientes para o cumprimento, durante a vigência do contrato e por exercício financeiro, das obrigações contraídas pela administração pública. Nenhuma destas obrigações relativas à responsabilidade fiscal inscritas na Lei das PPPs, no entanto, é tão rigorosa quanto a da necessidade de previsão de recursos orçamentários da Lei de Licitações anteriormente descrita.

Como destacam Engle, Fisher e Galetovic (2014:106), "o ponto chave é que a PPP muda o período das receitas e despesas públicas e a composição do financiamento, mas não alteram o valor presente descontado do orçamento". A recomendação dos autores (Engle, Fisher e Galetovic, 2014:108) é que "a infraestrutura licitada via PPPs deveria ser considerada pública, sendo indiferente se a entidade que realiza a função é parte do setor público ou propriedade do setor privado". Isso implica que as futuras obrigações contratadas deveriam ser incluídas no orçamento no período corrente. Além do orçamento federal, cabe uma discussão mais aprofundada de como as PPPs estão entrando nos vários orçamentos estaduais e municipais e como elas deveriam entrar.

O risco de que PPPs se tornem mais uma fonte de desequilíbrio fiscal em estados e municípios é particularmente relevante no Brasil. Em maio de 2018, a *Folha de S.Paulo*[12] noticiou um levantamento preocupante. No Brasil, há um total de 53 estados e prefeituras que têm PPPs em vigor. No entanto, 40 deles não acompanham de forma adequada o impacto fiscal de longo prazo de seus contratos, não fazendo registro dos pagamentos em seus balanços; dois estão com gastos acima do permitido (5% da receita do ente), seis com registro parcial e apenas cinco têm registros corretos. Isso torna bastante apropriada a chamada do título da reportagem: PPPs podem se transformar em bombas--relógio fiscais se não implementadas adequadamente as regras da legislação.

7. Financiamento de PPPs, concessões comuns e o BNDES

O financiamento do investimento no Brasil, incluindo os relativos a concessões e PPPs, é excessivamente dependente de empréstimos bancários e de *funding* público, como bancos estatais, especialmente o BNDES, em detrimento do recurso ao mercado de capitais.

Note que, havendo um papel muito significativo do BNDES, com juros subsidiados, deixa de ser verdade, inclusive para as concessões comuns teoricamente autossustentáveis, que o mercado "revela" se um empreendimento compensa ou não do ponto de vista do bem-estar. Nos últimos anos, inclusive, os recursos emprestados pelo BNDES vieram diretamente do Tesouro, que emitiu dívida pública a um custo mais alto (Taxa Selic) do que aquele que tanto o BNDES pagará de volta ao Tesouro como o tomador pagará ao BNDES (Taxa de Juros de Longo Prazo-TJLP). Ou seja, em concessões comuns, assim como em todos os aportes do BNDES ao setor privado no Brasil, houve sim transferência líquida de recursos públicos, só que à margem do processo orçamentário.

Na prática, a diferença entre PPPs e concessões comuns deixa de ser ter ou não acesso a recursos do governo, mas sim de se esses recursos provêem diretamente do orçamento para o tomador (PPPs) ou se passam pelo

---

[12] Disponível em: <www1.folha.uol.com.br/mercado/2018/05/ppps-sao-bombas-relogio-sobre-o-caixa-publico.shtml>.

BNDES (concessão comuns e PPPs). Nesse sentido, explicitar a transferência do governo, tanto para o setor privado quanto para PPPs, constitui um mecanismo de financiamento mais transparente e democrático, já que nesse caso o custo para a sociedade terá sido discutido e aprovado no Congresso por meio da peça orçamentária. O risco de "elefantes brancos" se agrava.

A nova linha da política econômica do governo inaugurada em 2016, por outro lado, sinalizou redução significativa desse subsídio via BNDES, diminuindo a distorção. Desde janeiro de 2018, a Taxa de Longo Prazo (TLP) substitui a TJLP como principal taxa de empréstimos do BNDES. Criada pela Lei nº 13.483, de 2017, a TLP corresponderá, conforme o art. 3º da mesma lei, "à média aritmética simples das taxas para o prazo de cinco anos da estrutura a termo da taxa de juros das Notas do Tesouro Nacional Série B — NTN-B, apuradas diariamente, dos três meses que antecedem a sua definição". Ou seja, a TLP será uma taxa de juros mais baseada no mercado, o que implica que a diferença das taxas do BNDES e do setor privado tende a ser menor, o que faz com que o investimento em concessões e PPPs deva recorrer cada vez mais a empréstimos no setor privado.

Os concessionários dos países emergentes em geral contam com proporcionalmente muito mais capital de terceiros do que nos países desenvolvidos. Conforme Oliveira Filho (2013:363),

> enquanto países como Estados Unidos, Reino Unido e Alemanha contaram com mais de 50% de recursos próprios para realizar seus investimentos, os países emergentes contaram com menos de 25%, configurando um elevado grau de dependência de fontes alternativas de funding.

Ademais, como destacado, há ainda uma baixa proporção do investimento em infraestrutura sendo financiado pelo mercado de capitais no Brasil. Como destacado por Oliveira Filho (2013:359) "essa forte dependência do crédito bancário é inapropriada para definir uma estrutura adequada de capitais, em especial nas situações [...] em que a maturidade dos investimentos é longa e com riscos diferenciados". Conforme o autor, os empréstimos comerciais apresentam prazos inferiores a três anos em países emergentes, enquanto na emissão de "bonds, certificados de dívidas ou debêntures", os prazos médios estão entre seis e oito anos.

A Lei nº 12.431/2011 procurou endereçar pelo menos parte dos problemas de captação de recursos no mercado de capitais brasileiro, criando as chamadas "debêntures incentivadas". Basicamente se isentaram de imposto de renda os rendimentos de investidores não residentes e pessoas físicas em títulos e valores mobiliários de longo prazo utilizados para financiar projetos de investimento em infraestrutura considerados prioritários pelo governo.

Essa lei também abriu espaço para a criação de fundos de investimento em infraestrutura, que podem ampliar a liquidez dessas debêntures incentivadas no mercado secundário. Podem, por exemplo, ser aceitos como veículos de investimento os fundos de direitos creditórios, os FDICs.

De 2012 a setembro de 2018 foi emitido um total de quase R$ 51,2 bilhões de debêntures[13] em que se constata um crescimento pronunciado do uso desse instrumento no setor elétrico, um aumento menor e irregular em transportes e valores desprezíveis para telecomunicações e saneamento.

8. O risco de descumprimento das obrigações financeiras do governo no Brasil

Tanto para PPPs (Lei nº 11.079/2004) como para a provisão pública do serviço (Lei nº 8.666/1993) há risco de descumprimento do pagamento das obrigações do governo para com o setor privado.

Quanto maior esse risco, maior tende a ser o preço requerido pelo setor privado para participar do projeto, seja em PPP, seja na provisão pública. No entanto, como esse risco tende a ser tão maior quanto mais longo o prazo em que o governo realizar desembolsos ao setor privado, o problema tende a ser, em média, mais grave nas PPPs em que, além do pagamento pelas obras públicas mais concentrado em um prazo relativamente mais curto, há a contraprestação pela prestação do serviço que se estende por todo o período da concessão.

No Brasil, esses problemas são agravados em função dos seguintes pontos:
— mesmo que se contrate uma PPP e o governo se comprometa com um cronograma de desembolsos ao longo de todo um período de

---

[13] Ver o Boletim Informativo de Debêntures Incentivadas da Seprac/MF. Disponível em: <http://www.fazenda.gov.br/centrais-de-conteudos/publicacoes/boletim-de-debentures-incentivadas/arquivos/2018/boletim-de-debentures-setembro-2018>.

- vigência do contrato, a lei orçamentária é anual, sendo preciso que os valores sejam colocados no orçamento a cada ano;
- ainda que o parceiro público seja capaz de se comprometer a colocar todo ano no orçamento os valores a serem desembolsados, conforme o cronograma preestabelecido, é usual no Brasil que se tenha contingenciamento dos recursos aprovados no orçamento. Mesmo que não haja contingenciamento formal, como o orçamento é autorizativo e não mandatório, o Poder Executivo não tem um compromisso firme (*commitment*) de realizar o desembolso mesmo nesse caso;
- como mostra Ribeiro (2015), enquanto a dívida mobiliária federal, composta por títulos públicos federais, é considerada de baixo risco pelas agências de *rating*,[14] a dívida contratual do governo federal brasileiro e de todos os governos estaduais nunca foi mesmo objeto de avaliação por agências de *rating*, o que gera um natural temor de não recebimento dos valores devidos;
- como também destacado por Ribeiro (2015), o art. 100 da Constituição Brasileira estabeleceu um sistema de precatórios, que é um mecanismo explícito de protelação ou simplesmente não pagamento das obrigações já judicialmente reconhecidas. Esse é claramente um curioso mecanismo de *anti-commitment*, em que o devedor estatal possui um procedimento previsto na própria Constituição Federal para dar calotes por período indefinido;
- as garantias baseadas nas receitas esperadas do empreendimento, características dos *project finance*, não são consideradas suficientes no Brasil.

Esses fatores se somam aos outros riscos políticos de tentativa de expropriação pelo governo desses tipos de empreendimentos.

9. PPPs e o sistema de garantias

Com o elevado risco de não pagamento mencionado na seção anterior, se tornou fundamental, portanto, definir um sistema apropriado de garantias de pagamento por parte do setor público.

---

[14] BBB pela S&P conforme a Secretaria do Tesouro Nacional. Disponível em: <www.tesouro.fazenda.gov.br/-/agencia-de-rating-s-p-eleva-nota-de-credito-da-divida-brasilei-1>.

Nesse sentido, o art. 8º da Lei nº 11.079, de 2004, determinou que as PPPs podem ser garantidas por:

I — vinculação de receitas, observado o disposto no inciso IV do art. 167 da Constituição Federal (vedação à vinculação de receita de impostos a órgão, fundo ou despesa com as ressalvas);
II — instituição ou utilização de fundos especiais previstos em lei;
III — contratação de seguro-garantia com as companhias seguradoras que não sejam controladas pelo Poder Público;
IV — garantia prestada por organismos internacionais ou instituições financeiras que não sejam controladas pelo Poder Público;
V — garantias prestadas por fundo garantidor ou empresa estatal criada para essa finalidade;
VI — outros mecanismos admitidos em lei.

Destaque-se a garantia prevista no inciso V do fundo garantidor. Criou-se no art. 16 da mesma lei o Fundo Garantidor de Parcerias Público-Privadas (FGP), que é administrado pelo Banco do Brasil. O FGP é uma entidade de natureza privada, separada da União, o que deveria conferir maior credibilidade em relação à função de garantir um crédito que, por algum motivo, não foi pago pela União.

De outro lado, como enfatizado por Ribeiro (2015), não faz sentido que um banco sob controle governamental (Banco do Brasil) seja agente fiduciário do ente governamental que o controla, pois é importante que ele tenha todos os poderes para executar a garantia de modo a satisfazer o credor (e não, nesse caso, o devedor).

Como mostra Ribeiro (2015), Minas Gerais e Bahia criaram fundos garantidores meramente contábeis previstos no orçamento dos próprios estados. Isso os torna menos críveis como instituições garantidoras. Para viabilizarem suas próprias PPPs, tais estados tiveram, portanto, que contar com outros mecanismos de garantias que não seus respectivos fundos garantidores.

A Lei Federal nº 12.712/12 criou a Agência Brasileira Gestora de Fundos Garantidores e Garantias, que gerenciaria o Fundo Garantidor de Projetos de Infraestrutura de Grande Vulto (FGIE), com o propósito de unificar o patrimônio antes disperso no FGP, no Fundo de Garantia dos Empreendimentos de Energia (FGEE) e no Fundo Garantidor da Construção Naval (FGCN). A criação de uma agência gestora diferente de um banco público para administrar o FGP é positiva. Ribeiro (2015) observa, no entanto, que o escopo do FGIE ficou tão amplo que é difícil saber realmente como será seu perfil ou mesmo se sobrará um valor relevante para garantir PPPs.

De qualquer forma, o patrimônio do FGP caiu de quase R$ 3,5 bilhões, de quando foi criado, para menos de R$ 300 milhões, com as quotas tendo sido resgatadas para investimentos no FGEE. Essa possibilidade de redução do patrimônio do FGP com uma "canetada" gera severas dúvidas sobre a eficácia do mecanismo para atribuir credibilidade ao parceiro público devedor.

A Lei Federal nº 12.409/11 permitiu uma maior alavancagem do FGP, atribuindo ao estatuto e regulamento do FGP a determinação da relação entre ativos e passivos do fundo, o que pode, no entanto, enfraquecer a solvabilidade das garantias. Esse problema parece ter migrado para o FGIE, conforme Ribeiro (2015).

De qualquer forma, a principal garantia para o parceiro privado é a higidez das finanças do estado devedor. Se houver um comprometimento grande das receitas do estado devedor com a remuneração de parceiros privados em PPPs, a probabilidade de inadimplência se eleva. Por essa razão, definiu-se um teto para a soma das contraprestações do estoque de PPPs em 5% da Receita Corrente Líquida (RCL) do exercício corrente e de projeções dos 10 anos seguintes no art. 29 da Lei nº 11.079/2004.

O problema é que a contraprestação do parceiro público em uma dada PPP disputa recursos não apenas com outras PPPs, mas também com todo o resto do orçamento do governo. A margem de manobra orçamentária para pagar contraprestações de novas PPPs é o que sobra de tudo que é rígido no orçamento, inclusive as contraprestações das PPPs antigas, mas não apenas delas. Assim, o limite para novas PPPs deveria estar preferencialmente associado com o que sobra após pagamento de todas as despesas não discricionárias do orçamento.

Note-se que, em se tratando de vultosos recursos que requerem financiamento, coube também cuidar das garantias para o(s) financiador(es) do projeto. O inciso I do §2º do art. 5º da Lei nº 11.079/2014 definiu os chamados *step-in rights* que garantem aos financiadores a transferência do controle ou a administração temporária da PPP no caso de inadimplência.

10. Dificuldades burocráticas com concessões e PPPs

A insegurança regulatória constitui um traço especialmente perverso da insegurança jurídica generalizada do país. Isso porque os investimentos de longo prazo se ressentem de forma particularmente severa dos marcos regulatórios instáveis ou inadequados, além dos perfeitamente evitáveis conflitos de competência entre agências e ministérios. Assim, pode-se afirmar que boa parte do "apagão de infraestrutura" é ocasionada pelo "apagão institucional" da administração pública.

O exemplo por excelência desse apagão institucional é a forma de tratamento da questão ambiental nos projetos de infraestrutura. É fato haver absoluta ausência de análise ambiental estratégica, sendo urgente a necessidade de afinar a interação institucional. Falta uma visão integrada no governo sobre a gestão de riscos ambientais com um foco excessivo nos procedimentos e não nos resultados.

Ademais, há uma ameaça velada especial dos órgãos de controle sobre os servidores do órgão licenciador. Se esse aprova um empreendimento e resulta algum problema ambiental, ainda que inesperado, ele pode ser responsabilizado. Agora, se esse licenciador se recusa a emitir a licença em um empreendimento com riscos ambientais pequenos ou desprezíveis, os ganhos que deixam de ser auferidos pela população e pela economia, como uma rodovia, ferrovia ou hidrelétrica que deixará de existir (o custo de oportunidade do rigor na licença), não geram qualquer consequência. Ou seja, o licenciador com frequência opta pela probabilidade de incorrer no erro da paralisia decisória, contribuindo para a precarização contínua da infraestrutura. É o chamado "apagão da caneta" na burocracia brasileira.

Naturalmente que toda obra de infraestrutura ocasiona algum dano ambiental, a depender de como isso se define. Na verdade, também pode ocasionar danos ao patrimônio histórico ou arqueológico, afetar comunidades indígenas, mais uma vez a depender de como isso é definido. A questão é se esse dano é suficientemente relevante para justificar a interrupção ou mesmo a não realização da obra. E, *a priori*, não se sabe exatamente a magnitude desse dano, podendo-se apenas lidar com a percepção dos riscos envolvidos. Assim, obras com probabilidade baixa de gerarem danos deveriam ser aceitas, eventualmente incluindo indicações de algumas ações remediadoras que não comprometam sua viabilidade. De outro lado, obras com probabilidade alta de danos deveriam ou ser rejeitadas, ou incluir indicações de ações remediadoras mais significativas. Podemos representar simplificadamente a estrutura de decisão do órgão licenciador (Ibama, Funai ou outro) no quadro 2.

Quadro 2
Erro tipo I *versus* tipo II nas decisões dos órgãos licenciadores

		Projeto com baixa probabilidade de dano relevante	Projeto com alta probabilidade de dano relevante
Decisão do órgão licenciador	Aceitar, eventualmente com indicações de pequenas medidas remediadoras	Decisão correta	Erro tipo II
	Rejeitar ou aceitar com indicações de medidas remediadoras significativas	Erro tipo I	Decisão correta

Fonte: Elaboração própria.

Aceitar um projeto com alta probabilidade de dano relevante gera um erro tipo II, em que as consequências poderão aparecer em algum momento futuro, inclusive com custo reputacional e responsabilização do órgão licenciador pelos órgãos de controle e até de seus funcionários.

Já rejeitar o projeto da obra ou impor medidas remediadoras pesadas, quando a probabilidade de dano relevante é baixa, implica erro tipo I. Nesse caso, as consequências não são sentidas pelo órgão licenciador ou seus funcionários, mas sim pela sociedade em geral, que deixa de contar com os benefícios que aquela obra de infraestrutura traria. A não geração de energia elétrica, o não estímulo a atividades econômicas por falta de rodovias ou ferrovias que escoem a produção são o custo de oportunidade pela não realização da obra. Como a sociedade tem mais dificuldade em avaliar os benefícios que deixam de acontecer, os efeitos reputacionais sobre o órgão licenciador acabam sendo muito atenuados. Assim, há um viés natural do órgão licenciador em preferir incorrer no erro tipo I do que no erro tipo II. E o problema é que, quanto mais minimizo a probabilidade de incorrer em um deles, mais eu aumento a probabilidade de incorrer no outro.

Nesse contexto, as mudanças procedidas pela Lei nº 13.655, de 25 de abril de 2018, que modificou o Decreto-Lei nº 4.657, de 4 de setembro de 1942, conhecido como Lei de Introdução às Normas do Direito Brasileiro, ainda que desidratadas por vetos do presidente, atenuaram um pouco desse viés. Definitivamente, ministérios públicos e Tribunais de Contas deveriam incorporar em suas recorrentes intervenções nos empreendimentos as consequências do erro tipo I e não apenas no erro tipo II.

11. A importância do reequilíbrio econômico e financeiro dos contratos de concessão, renegociação e incentivos

O maior problema econômico dos contratos de concessão ou PPPs reside nas renegociações de variáveis básicas, como as tarifas e as obrigações de investimentos. O longo prazo das concessões e PPPs com custos afundados frequentes torna o papel das contingências imprevistas particularmente significativo e, por causa disso, tais contratos são especialmente incompletos.

Estas renegociações podem ocorrer com base em regras definidas no próprio contrato, mas esse nem sempre é o caso. Quando uma alteração está prevista no contrato, seguindo procedimento também definido por ele, a rigor não ocorre uma renegociação: trata-se de ajustes já antecipados. Um exemplo frequente é o reajuste anual de tarifas com base em algum índice de inflação.

De qualquer forma, sabemos que todo contrato é incompleto, seja por falha na sua formulação, seja porque o risco (ou conjunto de riscos) em questão é custoso de ser explicitamente previsto no contrato. Quando esse não prevê as condições para a revisão de uma de suas variáveis, ou quando ocorrem alterações em suas cláusulas, abre-se espaço para renegociações potencialmente ruins para a concessão. Como argumentam Guasch e colaboradores (2014:9), "o desafio das renegociações boas é incrementar o valor para todas as partes, incluindo usuários dos serviços, mas levando em conta possíveis consequências fiscais da modificação contratual". No entanto, conforme os autores, "algumas (renegociações) têm beneficiado os usuários, mas elas são uma proporção bem pequena dos contratos renegociados". Desta forma, "as renegociações em média têm sido de longe os mais críticos problemas com os quais se deparam as PPPs".

Nesse caso mais frequente de renegociações ruins, a eficácia dos mecanismos de incentivo desenhados no contrato original pode ser comprometida. Por exemplo, suponha que o risco de aumento do preço do insumo "gasolina" seja atribuído no contrato ao concessionário. Suponha que o risco de aumento de preço da gasolina se realiza com um incremento de 20%.[15] O concessionário, pelo contrato, deve absorver esse percentual a mais sem aumentar preços ou outras ações compensatórias. Assuma que o governo, no entanto,

---

[15] O risco pode ser mais bem definido como a variância em torno de um valor esperado qualquer. Assim, esperava-se um aumento de 10% em um ano e o incremento acaba sendo 30%, 20 pontos percentuais maior. O concessionário deve absorver esses 20 pontos a mais sem aumentar preços ou outras ações compensatórias.

resolve "compensar" o concessionário, autorizando um repasse integral ou parcial do aumento da gasolina à tarifa, ou incrementando o valor da contraprestação em uma PPP, ou mesmo aliviando obrigações de investimento previamente contratadas. Nesse caso, é a sociedade que acaba assumindo o custo e não o concessionário a quem originalmente o risco estava alocado. A partir daí, o incentivo do concessionário para tomar atitudes que reduzam o risco de aumento do preço da gasolina, como adotar equipamentos que funcionem também à base de gás ou biocombustível, é evidentemente menor. O resultado será um serviço desnecessariamente mais caro ou um custo fiscal de contraprestações para o setor público maior, pois o concessionário conta com a leniência do poder concedente.

É fundamental, portanto, que toda a alocação dos riscos da concessão seja definida ao máximo *a priori*, ou seja, no contrato, e que o concessionário, o poder concedente, as agências reguladoras e o Judiciário, se chamados a decidir alguma questão, respeitem tal alocação.

Além disso, é importante que cada risco esteja bem alocado. Tal objetivo é obtido avaliando-se qual é a parte que está em melhores condições de prevenir o risco e, caso ele se realize, qual é a parte que está em melhores condições de reduzir a decorrente destruição de valor.

Essa é uma prescrição simples e direta, mas sua implementação esbarra em problemas que vão além da incompletude mais significativa dos contratos de concessão. De fato, há riscos cuja ocorrência gera efeitos tão significativos sobre a taxa de retorno, que pode não ser crível prometer que o poder concedente não procederá, *a posteriori*, a um ajuste. São os casos de um aumento de custos ou de uma diminuição de demanda tão grandes, que tornem a concessão não rentável, caso as tarifas e obrigações sejam mantidas nos níveis definidos originalmente. Nesse caso, o concessionário pode simplesmente desistir da concessão, devolvendo-a ao poder concedente. Havendo custos não desprezíveis de fazer uma nova licitação e trocar o concessionário, a decisão ótima no curto prazo poderá ser não realizar a substituição, cedendo ao concessionário, o que compromete a credibilidade da matriz de alocação de riscos do contrato, destruindo incentivos à eficiência.

Cabe, em particular, ao governo compartilhar parte do risco de demanda, especialmente para eventos extremos como foi o caso da recessão ocorrida no Brasil no biênio 2015-16. Já há em concessões federais, como as de rodovias e aeroportos (Mattos e Tokeshi, 2017), "gatilhos de investimento" acionados quando a demanda ultrapassa determinados níveis e arrisca deterioração da qualidade do serviço. Isso implica haver compromissos de investimento diretamente dependentes da demanda e que podem ser entendidos como um compartilhamento de risco de demanda com a sociedade. O compartilhamento de demanda, de qualquer forma, pode ser ainda mais bem aperfeiçoado, afetando tarifas ou mesmo o prazo de concessão, por exemplo.

Note-se que não se trata de condescendência com o concessionário. O problema é que um risco muito grande amplia excessivamente a lucratividade mínima para a qual o concessionário está disposto a operar, o que pode gerar, por exemplo, tarifas muito altas. Ou seja, o Estado absorver pelo menos alguma parte do risco de demanda pode contribuir com a modicidade tarifária *ex ante* e ainda evitar renegociações custosas com o concessionário *ex post* com elevados riscos de captura.[16]

De qualquer forma, os riscos mais relevantes incorridos pelo poder concedente e pelo concessionário dizem respeito à possibilidade de comportamentos oportunistas deles próprios entre si, colocando-os em conflito, como relata Williamson (1985); depois de realizados os investimentos em ativos específicos à transação naquela localidade, governo e concessionário passam a tentar obter vantagens um do outro. De um lado, o governo pode tentar forçar uma redução populista de tarifas ou aumentar obrigações em uma típica expropriação regulatória.[17] Como os ativos são específicos,[18] o concessionário não tem como se desfazer de toda a infraestrutura e realocar os recursos em outro negócio, sendo quase um "prisioneiro" do governo naquela localidade.

---

[16] Uma das formas discutidas para mitigar o risco de demanda para o concessionário é a proposta de Engel, Fischer e Galetovic (1998) com a licitação baseada no menor valor presente das receitas (*least present value of revenues* — LPVR) na qual o prazo de concessão é ajustado *ex post* conforme as receitas realizadas. Se for realizado um volume baixo (alto) de receitas, há um incremento (decréscimo) do prazo da concessão para permitir se chegar ao valor de receitas definido no leilão.

[17] Note-se que a expropriação regulatória vai muito além da ideia de simplesmente o poder concedente tomar a concessão de volta sem motivação. Imposição de tarifas menores para fazer populismo tarifário, imposição de obrigações extras e quaisquer alterações que reduzam o retorno do concessionário constituem possibilidades de expropriação regulatória. Ver Sidak e Spulber (1997), que discutem mais amiúde esse conceito mais abrangente de "expropriação" regulatória (além da "desregulatória").

[18] Os ativos são específicos quando são altamente especializados e, portanto, têm pouco ou nenhum uso fora da relação específica entre duas partes, no caso entre o concessionário e o governo que concedeu o serviço. Essa ideia é muito utilizada para descrever algumas relações fornecedor-cliente. Uma decisão de trocar o fornecedor pode exigir a troca da máquina que o cliente utiliza, aumentando substancialmente o custo de trocar esse fornecedor. Esse custo alto de troca pode também levar a comportamento oportunista do fornecedor. Portanto, quanto maior a especificidade de ativos de uma transação, maiores os custos de transação do item.

Antecipando essa "dificuldade de sair" e perder o investimento, o setor privado reluta em investir. A história de expropriações do investimento privado em infraestrutura em países da América Latina sugere que essa não é uma hipótese irrealista.

A possibilidade de comportamento oportunista do governo em um contrato de concessão pode ser incrementada quando há mudança de preferências por parte do "agente governo" que pode decorrer tanto de pressões do eleitorado (esse foi o caso, por exemplo, das manifestações de 2013 contra o aumento da tarifa de ônibus em São Paulo) como da alternância de governo.

Mas há, também, a possibilidade de comportamento oportunista do concessionário. Este pode ameaçar o abandono da concessão ou, simplesmente, a redução dos gastos com manutenção, reparos e investimento da infraestrutura, comprometendo a qualidade do serviço. O incentivo para proceder dessa forma cresce devido aos custos do governo envolvido em uma nova licitação, ao custo político de comprometimento momentâneo da qualidade do serviço, além daqueles associados ao processo judicial para afastar o concessionário negligente.

Aumenta a possibilidade de comportamentos oportunistas e renegociações ruins a existência de licitantes pouco eficientes e aventureiros com pouca atenção à sua própria capacidade de cumprir os termos dos contratos. Assim, cabe aprimorar os processos de pré-qualificação para evitar a presença de aventureiros que dão lances com deságios significativos, dando a ilusão de uma licitação bem-sucedida. Depois, tais aventureiros acabam solicitando renegociações oportunistas, o que acaba comprometendo os objetivos iniciais da licitação.

Quando o processo de licitação é afetado por corrupção, como no caso do "Petrolão", o objetivo de incrementar a eficiência é ainda mais comprometido. Não de forma infrequente, quem ganha é aquele agente com mais capacidade de *lobby* e, portanto, maior capacidade de atuar de forma oportunista, e não o que consegue gerir a concessão com menores custos e/ou maior qualidade do serviço. Daí que nenhuma melhora das regras substitui a integridade do gestor.

As cláusulas de "equilíbrio econômico e financeiro do contrato" (EEFC) é que definirão o espaço de renegociação de variáveis-chave da concessão, notadamente as tarifas. O EEFC também pode ser considerado um instrumento do regulador para se comprometer de forma crível (*credible commitment*) em não se comportar de maneira oportunista contra o concessionário, ao mesmo tempo que não aceita comportamento oportunista por parte do concessionário. O que afinal importa para o concessionário é que qualquer renegociação que gere efeitos negativos sobre seu lucro seja devidamente compensada. Ou seja, que ele não será expropriado.

Tradicionalmente, no entanto, a principal diretriz do EEFC no Brasil era "estabilizar" o retorno do concessionário. Se um aumento de custo ou uma redução na demanda reduzir o retorno, o poder concedente pode autorizar um incremento maior da tarifa, e, se ocorrer o inverso, gerando ganhos excepcionais ao concessionário, o poder concedente pode obrigar a redução da tarifa para distribuir os ganhos aos consumidores.

De fato, como destacado por Ribeiro (2011), muitos especialistas em direito administrativo defendem a visão de que o Eefc teria como objetivo precípuo estabilizar retornos,[19] e não alocar riscos *a priori*, ou evitar comportamentos oportunistas. A implicação principal dessa visão é que o concessionário não deve ganhar nem pouco e nem muito, independentemente de se isso se derivou de seu mérito e eficiência ou demérito e deficiência próprios.

O problema desse mecanismo de estabilização dos retornos é que ele destrói os incentivos do concessionário para ser mais produtivo, e para oferecer um serviço de qualidade. Afinal, se houver a expectativa de que todos os ganhos (perdas) gerados pela maior (menor) eficiência do concessionário serão socializados, qual seria o incentivo para ser mais eficiente? Equivale a um mecanismo de incentivo de baixo poder, tal como a clássica regulação pela taxa de retorno, que, apesar de eventualmente recomendável em algumas circunstâncias,[20] pode comprometer vários ganhos potenciais da concessão, empurrando-a para um equilíbrio com baixa produtividade.

A expressão mais explícita dessa função do EEFC pode ser encontrada na cláusula 6.1 do contrato de concessão de rodovias de 2008. Conforme este dispositivo: "o equilíbrio econômico-financeiro do Contrato de Concessão é definido pelo fluxo de caixa descontado considerando que assegure a Concessionária a Taxa Interna de Retorno não alavancada pactuada quando da assinatura deste Contrato de Concessão".[21] Essa "taxa de retorno meta" foi definida para as sete rodovias concedidas em 2007-08 em 8,98% ao ano.

---

[19] Do lado da economia, Sampaio, Menezes e Dutra (2014) também afirmam que a taxa de retorno meta seria usualmente considerada no Brasil como a expressão do EEFC.
[20] Ver Laffont e Tirole (1993), Williansom (1985) e Bajari e Tadelis (2001).
[21] Veja, por exemplo, o contrato de concessão da rodovia Regis Bittencourt. Todos os sete contratos de rodovias federais assinados em 2007-08 são basicamente os mesmos.

O contrato de rodovias de 2008, de outro lado, também inclui a previsão de vários riscos específicos, que são explicitamente alocados ao concessionário nas cláusulas 4.2 a 4.8. A colocação explícita de tais riscos no contrato embute uma contradição: se a realização de qualquer um deles jogar a taxa de retorno para um nível abaixo de 8,98%, o regulador deveria respeitar a alocação de riscos definida nas cláusulas 4.2 a 4.8, ou assegurar a taxa de retorno da cláusula 6.1?

Após esse primeiro conjunto de contratos em rodovias, constata-se uma significativa mudança no tratamento do EEFC no setor de transportes, a partir dos quatro trechos de rodovias concedidas na Bahia, em 2009 (segunda etapa da fase II do programa de concessões em rodovias), e das concessões de aeroportos a partir de 2012. Nesse novo conjunto de contratos de concessão, há duas mudanças fundamentais. Primeiro, não há mais referência à necessidade de atingir uma dada taxa de retorno. Segundo, procura-se ter uma lista mais abrangente de alocação de riscos, tanto do concessionário quanto do governo, visando a incluir o máximo possível de contingências que afetam o contrato, o que equivale a torná-lo "menos incompleto"[22] do que antes.[23]

Passam a ser explicitadas formas alternativas de implementar o EEFC que é ativado quando ocorre um risco considerado pertencente ao governo e não ao concessionário. No caso de rodovias, elas seriam: pela variação da tarifa; pelo pagamento dos investimentos pelo governo diretamente ao concessionário (aqui a concessão se assemelha às PPPs); pela mudança nas obrigações contratuais; pela expansão do prazo da concessão (máximo de cinco anos); e pela mudança da localização das praças de pedágio.

Nesses novos contratos fica mais clara a metodologia de cálculo da compensação resultante da ativação do EEFC, o que talvez seja o ponto mais importante para prevenir expropriações regulatórias. Nesse sentido, criou-se o critério do "fluxo de caixa marginal". Para cada evento que ativa o EEFC, se calcula qual é o efeito sobre o valor presente do negócio. A compensação será implementada de maneira a fazer com que a soma do valor presente líquido do evento mais a compensação seja igual a zero. Ou seja, a ideia é fazer com que o concessionário não perca nem ganhe em função do evento.

---

[22] Na prática, nenhum contrato consegue especificar todas as contingências possíveis que afetam seu desempenho. Assim, a ideia de "contrato completo" é mais um referencial teórico com base no qual se pode comparar o mundo real do que um ideal a ser atingido a todo custo.

[23] Veja o item 22.2.1 do contrato de concessão de rodovias de 2013-14 em que afirma: "A Concessionária somente poderá solicitar a recomposição do equilíbrio econômico-financeiro nas hipóteses previstas na sub cláusula 21.2 acima". Disponível em: <www.antt.gov.br/rodovias/Concessoes_Rodoviarias/index.html>.

O importante a destacar foi a mudança de paradigma que ocorreu na letra dos contratos de um EEFC baseado na ideia de "estabilizar os retornos" para outro pautado em uma alocação de riscos a mais completa e transparente possível, dando consistência ao objetivo de incentivar ações do concessionário que reduzam riscos ou mitiguem os custos associados.

Houve casos, no entanto, de evidente equívoco na alocação do risco. Ribeiro (2015) mostra que nos contratos de concessão de Guarulhos e Viracopos, alocou-se o risco de implantação de nova infraestrutura dentro ou fora da área de influência do aeroporto para o concessionário. Nesse caso, de fato, a realização do risco depende de decisão do governo, fazendo com que ele devesse ter sido alocado ao poder concedente e não ao concessionário. E o pior: apenas alguns meses após a concessão de Guarulhos e Viracopos, foi anunciada pelo governo a intenção de implantar um terceiro aeroporto para servir a cidade de São Paulo.[24] Esse comportamento oportunista mal deixou os investimentos em custos afundados começarem a acontecer. O ideal teria sido alocar esse risco ao governo.

A alocação para o concessionário de riscos que são mais bem gerenciados pelo governo ou gerados pela sua ação discricionária acaba tendo impacto sobre o custo e a qualidade da infraestrutura viabilizada. Dado que os investidores precisam definir sua premissa de taxa de retorno em patamar compatível com os riscos com os quais eles terão que arcar ao assumir a responsabilidade por uma dada concessão, riscos regulatórios não gerenciáveis mal alocados elevam o patamar mínimo de retorno para justificar uma participação num leilão e, por consequência, alteram a tarifa mínima ou a outorga máxima. Ou, pior ainda, criam uma seleção adversa para licitantes aventureiros que acreditam que podem ser muito agressivos no leilão porque, *a posteriori*, acreditam ter como "gerenciar" riscos regulatórios junto ao regulador (e nem sempre de forma "republicana") melhor que outros concorrentes. Incentiva-se a participação de licitantes que potencialmente terão mais foco nesse tipo de "gestão espúria" do contrato e da relação com o governo em detrimento daqueles cuja competitividade se baseia não na relação pessoal com o regulador, mas sim na eficiência. Um típico problema de uma economia baseada em "capitalismo de laços" como o Brasil.[25]

---

[24] O que acabou sendo abandonado. Por enquanto.
[25] Conforme Lazzarini (2010) uma das principais características do capitalismo de laços que compromete a boa alocação de recursos na economia é conferir vantagens àqueles que têm os contatos certos independentemente do mérito pessoal, alijando empreendedores com projetos mais meritórios.

12. Experiência internacional com PPPs

Engle, Fisher e Galetovic (2014) mostram que há uma tendência crescente de adoção de PPPs no mundo. Entre 1990 e 2011, as PPPs na Europa aumentaram mais de cinco vezes, com destaque ao Reino Unido em que a fração de PPPs no investimento público entre 2001 e 2006 foi de quase 1/3 do total, e Portugal com pouco mais de 1/5 do total do investimento público. O setor de transportes representou o maior percentual com 83% dos investimentos no total de PPPs na Europa Continental e 36% no Reino Unido.

No Reino Unido, o chamado Private Finance Initiative (PFI) atingiu, em março de 2011, 698 projetos nas áreas de transporte, educação, saúde, prisões, defesa, lazer, habitação, tribunais, tecnologia e repartições governamentais.

Conforme os autores, a principal caracterização do PFI pelo governo britânico foi feita em um documento do Office of Government Commerce (2002), em que se indica que uma PPP só deve ser utilizada quando ele oferece o chamado *value for money* definido como

> a combinação ótima de custo e qualidade em toda a vida da infraestrutura (adequação de propósito) para atender a demanda dos usuários. A implementação deste princípio envolve um número de procedimentos além da avaliação do custo básico: o uso de soluções de menor custo que inclui a manutenção de padrões de qualidade e a permanência do contratante do PFI; consideração dos termos e condições impostas sobre os trabalhadores que o projeto transfere ou emprega; uma avaliação completa dos custos e benefícios do ciclo de vida do projeto (incluindo riscos). O contrato para o projeto não especifica insumos, mas os produtos requeridos, assim como a base de pagamento dos serviços se os padrões de desempenho forem satisfeitos. Para implementar a abordagem "value for money" a metodologia requer a existência de um comparador do setor público (CSP), o qual corresponde ao custo estimado de prover serviços alternativos geridos pelo setor público e assumindo o uso do investimento com capital do setor público. [Engle, Fisher e Galetovic, 2014:26]

Em uma avaliação de 2002, o Tesouro britânico concluiu que a percentagem de projetos atrasados nas PFIs era bem menor (12%) que sob provisão pública (30%). O fato de que o governo só desembolsa valores à PFI quando a construção já está completa (regra também existente na lei de PPPs brasileira) foi considerado um grande incentivo para esse resultado.

Os autores, no entanto, reportam alguns dos problemas do PFI britânico. Primeiro, como o PFI não é considerado dívida, há incentivos do governo no sentido de distorcer para cima o *value for money* de projetos em PFI em relação à provisão pública, mostrando que a ferramenta pode estar sendo utilizada indevidamente para escapar das restrições orçamentárias públicas. Segundo, em 35% dos projetos houve renegociações na fase de construção que geraram aditivos nos projetos. A falência do projeto de PFI de metrô de Londres em 2007, com necessidade de intervenção direta do governo central, comprometeu em alguma medida a reputação do programa PFI no Reino Unido.

O Chile foi o primeiro país que adotou em seu programa de PPPs rodoviárias em 1998 um contrato baseado no menor valor presente das receitas (PVR) de forma a compartilhar o risco de demanda na rodovia que liga Santiago a Vina de Mar. O prazo da concessão vai até o concessionário conseguir, em valor presente, a receita requerida em seu lance no leilão da PPP. A partir de 2008, esse critério se tornou o padrão para a concessão de rodovias no Chile. Em 15 de 26 rodovias concedidas, houve subsídios do governo, e em 20 concessões o governo proveu garantias de renda mínima. Em 22 rodovias concedidas, há um esquema de compartilhamento de receitas do concessionário com o governo.

O grande problema desse sistema de prazo variável conforme a receita realizada, associado à garantia governamental de receita mínima e ainda à incapacidade de coletar informação de tráfego de forma independente pela autoridade, tem gerado incentivos ao concessionário de subnotificar o tráfego.

Ademais, os autores destacam que o *enforcement* dos contratos chilenos tem sido aliviado em função da pressão para que o programa seja bem-sucedido em termos de volume de construções, o que equivale a uma renegociação não formalizada em favor do concessionário.

De outro lado, o governo chileno tem reintroduzido várias obrigações que haviam sido retiradas do contrato na fase de licitação, na fase de operação, o que também equivale a uma renegociação, mas dessa vez em detrimento do concessionário. Essa também foi uma característica ruim observada na experiência britânica.

O governo chileno fez um esforço de evitar renegociações no início do programa de PPPs até 2000. Essa postura, no entanto, mudou entre 2001 e 2007 com grande número de renegociações ocorrendo. Os autores mostram que do total de $ 11,3 bilhões investidos em 50 concessões, $ 2,7 bilhões

(24%) foram aditivos. A mais usual forma de compensação pelo governo chileno (70% do total) foi um pagamento direto do governo ao concessionário.

Nos EUA, apesar de crescente, PPPs são ainda escassos com grande delegação aos estados para definir suas próprias regras. Os incentivos tributários apresentam um viés a favor da provisão pública. Havendo garantia implícita de apoio a concessionários com problemas financeiros e sem uma análise custo/benefício, vários "elefantes brancos" apareceram e faliram. Além disso, um expressivo número de 40% de PPPs do setor de transporte teve renegociações significativas.

Segundo Engle, Fisher e Galetovic (2014:55 e 60),

> as PPPs na China contêm exemplos de exploração de usuários pelas firmas e de governos locais expropriando firmas que teriam "uma muito alta taxa de retorno" [...] havendo severas deficiências no ambiente chinês para PPPs. A falta de uma regra da lei forte (como evidenciado pelo fato de não haver lei cobrindo as PPPs) aumenta o risco dos investidores e do público. Mecanismos de monitoramento são insuficientes, e as autoridades locais tendem a abusar de seu poder, ambos pela ajuda a homens de negócio [...] ou por sua expropriação por vários meios, com pouca possibilidade de recurso efetivo à autoridade judicial. Além disso, há preocupações sobre a qualidade dos materiais de construção e a extensão em que os projetos têm contado com cálculos adequados de engenharia, detonadas pelo colapso de seis grandes pontes em menos de um ano. De qualquer forma, os autores identificam alguma curva de aprendizado dos governos regionais e locais que tem diminuído o número de PPPs malsucedidas.

Conforme Guasch e colaboradores (2014), a Índia lançou ao final da década de 2000 um programa bem agressivo de PPPs, chegando a conceder 300 rodovias com base no menor subsídio requerido. Em 2014, no entanto, mais da metade desses projetos estava em dificuldade com os operadores requerendo renegociação, o que deve ter se originado de lances muito agressivos no leilão.

Uma resenha das renegociações em PPPs na América Latina é provida em Engel, Fischer e Galetovic (2008). Conforme os autores, a experiência da região tem sido variada:

> ainda que em alguns casos as expectativas com as PPPs foram satisfeitas, em vários outros casos os contratos foram renegociados em favor dos concessionários

ou sujeitos a expropriações regulatórias. As PPPs foram também rotineiramente utilizadas para escapulir ao controle orçamentário e antecipar o gasto do governo, enquanto garantias generosas frequentemente cancelaram o potencial das PPPs para filtrar a possibilidade de "elefantes brancos". Frequentemente os prazos não foram respeitados, ou os projetos requeriam substanciais subsídios para serem completados e operados, e tais subsídios foram adicionados ao contrato original de forma opaca e sem o benefício da competição.

Guasch e colaboradores (2014) mostram que ao longo dos últimos 25 anos mais do que 75% dos contratos de PPPs na América Latina foram renegociados, o que tem comprometido bastante seu desempenho na região. Os autores destacam que a falta de estudos preparatórios para avaliar a real dimensão/escopo dos projetos de infraestrutura compromete a avaliação do nível de investimentos requeridos, gera uma alocação imprópria e ambígua da alocação de riscos e critérios de seleção inadequados, incrementando o espaço para renegociações desvantajosas. Isso aumenta o número de aditivos que invariavelmente reduzem a eficiência e a qualidade esperada das PPPs e incrementam as contraprestações a serem pagas pelo governo, reduzindo consideravelmente o *value for money* do projeto.

Os autores apontam também para a inadequada gestão dos projetos após a assinatura do contrato, a qual não tem sido uma prioridade para os governos. Há bem maior prioridade a lançar novos projetos do que a gerir os antigos.

Uma forma de evitar o oportunismo de concessionários seria incrementar a ameaça percebida de cancelamento dos contratos de PPPs por não performance. O número de PPPs canceladas na América Latina nos últimos 30 anos foi de apenas 5% do total de projetos. Comparado ao número bem maior de renegociações, esse percentual revela-se pequeno, o que sinaliza que o concessionário pode ter um razoável grau de confiança que seu comportamento oportunista será bem-sucedido, havendo "dificuldade de o governo se comprometer a uma política de não renegociação e assumir as consequências políticas dos cancelamentos de projetos de PPPs" (Guasch et al., 2014:13).

Os autores têm uma visão positiva das PPPs na região:

> mesmo no contexto das renegociações, os programas de PPP têm se provado bastante efetivos na média para trazer os efeitos desejados e reduzir o hiato de infraestrutura com que a grande parte dos países se depara. Enquanto os benefí-

cios têm sido bem significativos, eles poderiam ter sido ainda maiores se o programa tivesse sido melhor desenhado e implementado. [Guasch et al., 2014:7]

Algumas mudanças legais em PPPs no Peru (2008), Chile (2010), Colômbia (2011) e México (2012), com base na experiência deste período, procuram mitigar o problema das renegociações. Entre as mudanças procedidas estão o congelamento de renegociações pelos primeiros três ou mais anos da PPP, clarificação da alocação de riscos, além de vedação a alterar a matriz de alocação de risco.

Guasch e colaboradores (2014) apresentam recomendações que replicam essas alterações recentes e endereçam alguns dos problemas aqui discutidos. Sugerem, entre outros: i) o aumento dos custos políticos da renegociação aumentando a transparência do mecanismo; ii) a implementação de uma unidade de entrega de projetos no mais alto nível do governo, o que foi implementado no Brasil com a criação da Secretaria do Programa de Parceria de Investimentos (PPI) na Presidência da República; iii) o direito do governo de avaliar e rejeitar lances muito agressivos e descuidados, definindo critérios e padrões, incluindo a submissão do modelo de negócios ou garantias adicionais; iv) o estabelecimento de um arcabouço transparente de resolução de conflitos, o que também foi introduzido no Brasil, estendendo a possibilidade de utilizar arbitragem com a agência reguladora para os contratos mais antigos; v) a definição de que, se o contrato for modificado, o valor presente líquido deve ser zero, princípio consagrado com a adoção do fluxo de caixa marginal; vi) adoção de *performance bonds* para pelo menos 15% do investimento, como ocorreu no Uruguai; vii) estabelecimento de diretrizes para os valores das compensações; viii) exigência de novo processo licitatório para requisições de infraestrutura adicional; ix) adoção do critério do menor valor presente de receitas como critério da licitação.

No Brasil, houve recentemente algum tipo de renegociação nos contratos de concessão de rodovias, ferrovias e aeroportos de forma a remediar o impacto da profunda recessão no país em meados da década. De fato, os elevados deságios nos lances dos preços de pedágio, bem como os significativos ágios nas outorgas aeroportuárias, indicavam que a "embriaguez de otimismo" do empresariado brasileiro à época das licitações responde por boa parte dos problemas que essas concessões enfrentam. Constatou-se, nos casos de rodovias e aeroportos, que os licitantes ganhadores, definitivamente, "erraram a mão" em seus lances na licitação, baseados na aparente solidez dos fundamentos da economia brasileira antes da crise, que eclodiu em 2014. Tendo diante de si um cenário favorável no curto prazo, os licitantes apostaram no crescimento da demanda, o que não se concretizou.

Assim, primeiro, a Lei nº 13.448, de 2017, permitiu que os contratos de concessão de ferrovias tivessem sua prorrogação antecipada caso os concessionários aceitassem uma contrapartida de investimentos. Segundo, permitiu que os concessionários de rodovias e aeroportos devolvessem as concessões problemáticas no que seria uma caducidade amigável para que fossem relicitados, sem permitir que os antigos concessionários pudessem participar da nova licitação.[26] Terceiro, a Lei nº 13.499, de 2017, permitiu uma reprogramação do pagamento das outorgas dos aeroportos, o que implicou uma mistura de antecipações de pagamentos no curto prazo e alongamento nos pagamentos previstos mais para o futuro, modificando o cronograma original. Essas mudanças não foram interpretadas como renegociações oportunistas, por não implicarem ganhos e nem perdas de valor presente dos concessionários.

Já a mudança que se tentou com a Medida Provisória nº 800, de 2017, não seria tão benigna. Ela previa uma protelação dos investimentos combinados nos Planos de Exploração Rodoviária (PER), combinados nos contratos de concessão em rodovias de cinco para 14 anos. A neutralidade da medida sobre o valor presente de forma a afastar sua característica de renegociação oportunista seria dada pela redução das tarifas que equivalesse à postergação dos investimentos. Essa redução ocorreria, no entanto, apenas após os 14 anos. Isso sinalizava que, provavelmente, haveria nova renegociação futura que consolidaria o ganho oportunista dos concessionários de rodovias. Felizmente, a Medida Provisória não foi aprovada e a renegociação, portanto, não se realizou.

13. Conclusões

Concessões e PPPs não são nenhuma novidade no Brasil. Desde as capitanias hereditárias,[27] passando pelos arranjos da Coroa com a Companhia de Jesus

---

[26] Por terem mais informação sobre as possibilidades de desempenho da concessão, os antigos concessionários poderiam ter mais chances de ganhar a nova licitação que contaria com novos parâmetros. Assim, permitir sua participação equivaleria a uma renegociação disfarçada, o que procurou ser evitado.

[27] Segundo Caldeira (2017:51), "o rei concedia parte de seus poderes a empreendedores que realizavam, por conta própria, serviços governamentais, em troca dos quais cobravam impostos dos beneficiários, embolsando uma diferença na forma de lucros".

e as concessões de infraestrutura em ferrovias, portos, cabos submarinos, navegação e serviços públicos urbanos, nas quais o governo imperial garantia uma remuneração mínima ao empreendedor, se realizam PPPs nas mais variadas formas.

O crescimento das atividades do Estado brasileiro, especialmente a partir da década de 1930 e ainda mais fortemente a partir da década de 1960,[28] comum a várias outras experiências internacionais, tornou a oferta do serviço público por meio de empresas estatais muito mais intensa e o regime de concessões e PPPs bem menos frequente.

A constatação de que o grau de ineficiência, especialmente por influência política, tende a ser maior em empresas estatais, associada à crescente escassez de recursos do Estado, resultou em um ativo programa de privatização na década de 1990 e um revigoramento das concessões a partir de uma nova lei própria em 1995, complementada por uma lei de PPPs (que inclui recursos do orçamento) em 2004. Tanto a privatização como uma intensificação do movimento de concessões e PPPs voltaram para a agenda do Estado brasileiro a partir do *impeachment* em 2016.

Há uma preocupação cada vez maior com mecanismos de incentivo nos contratos de concessões e PPPs que permitam incrementar a produtividade da economia brasileira. Assim, o desenho e a implementação desses novos contratos exigem muito mais do que aqueles vigentes no arranjo de governança baseado em estatais e provisão pública do serviço.

O *bundling* da obra com o serviço, característico tanto de uma parte das concessões quanto das PPPs, por si só, já pode se constituir em um poderoso mecanismo de incentivo a serviços mais eficientes ao induzir a quem realiza a obra a internalizar em suas decisões o efeito da qualidade da obra nos gastos posteriores em manutenção e na própria qualidade do serviço público.

Nessa mesma perspectiva de incrementar os incentivos a um serviço mais eficiente, a maior ameaça de incrementar PPPs relativamente às concessões comuns é aumentar o número de "elefantes brancos". Por não ser um empreendimento autofinanciável e depender de recursos do orçamento público, essa é uma sombra sempre presente em PPPs. No entanto, essa ameaça é bem menor em relação à provisão pública do serviço e, na prática, não tão distinta do caso das concessões comuns no Brasil até agora, dados os subsídios substanciais por parte do BNDES.

---

[28] De fato, entre 1964 e 1974, foram criadas 263 novas estatais.

Há um conjunto de gargalos para viabilizar concessões e PPPs dentro do Estado brasileiro. Primeiro, o modelo de financiamento público via BNDES com significativos subsídios do Tesouro não é mais viável. Segundo, o mecanismo de garantias de PPPs não dá a segurança necessária aos investidores de que o parceiro público honrará o pagamento das contraprestações. Terceiro, é muito plausível que os governos subnacionais estejam utilizando PPPs como forma de driblar restrições orçamentárias, o que afeta diretamente a credibilidade da ferramenta. Quarto, o "apagão da caneta" é uma realidade no setor público brasileiro, dado o risco de o gestor ser contestado pelos órgãos de controle. As dificuldades burocráticas com as licenças ambientais são especialmente proeminentes.

Um ingrediente fundamental para o sucesso das concessões comuns e PPPs é definir regras de renegociação que evitem o oportunismo de ambas as partes (governo e concessionários). Nesse aspecto, a "tecnologia contratual brasileira" de contratos de concessão comuns em rodovias e aeroportos tem demonstrado avanços significativos no tratamento do equilíbrio econômico-financeiro do contrato que devem ser cada vez mais validados ao longo do contrato (EEFC) pelo Poder Executivo, agências reguladoras e, principalmente, Judiciário.[29] Apenas se pode garantir o chamado *value for money* em PPPs, tão caro à experiência internacional, se comportamentos oportunistas de ambos os lados não forem convalidados.

Enfatizamos essa maior adequação da tecnologia contratual em relação ao EEFC a despeito de os concessionários desta década terem aparentemente confiado demais no ufanismo do governo no início da década e na sua capacidade de renegociar tudo *a posteriori*. Os casos dos problemas nas concessões do Galeão e Viracopos são emblemáticos. No entanto, acreditamos que as tentativas concretas de renegociação oportunista naqueles segmentos acabaram não sendo bem-sucedidas, apesar de o governo ter titubeado, como na medida provisória de prorrogação da obrigação de investimentos em rodovias, que acabou, felizmente, caducando.

A capacidade de o governo brasileiro se comprometer (*commitment*) com os concessionários, quando há custos afundados significativos, especialmente ativos específicos, em um prazo suficientemente longo, é a variável-chave para conferir um mínimo de segurança jurídica aos investidores. Nesse con-

---

[29] A despeito de os concessionários desta década terem aparentemente confiado demais no ufanismo do governo no início da década e na sua capacidade de renegociar tudo *a posteriori*. Os casos dos problemas nas concessões do Galeão e Viracopos são emblemáticos.

texto é que entram as chamadas "dotações institucionais" do país, na linguagem de Douglas North, em que o papel de um Judiciário independente e com consciência da sensibilidade do programa de concessões e PPPs a expropriações regulatórias, que incluem pressões do governo de plantão para tarifas populistas e incremento não antecipado das obrigações, é chave. Disso vai depender fundamentalmente a "revolução de incentivos gerenciais" que se espera com a retomada e intensificação dos programas de privatizações, concessões e PPPs.

Referências

ANUATTI-NETO, F. Os efeitos da privatização sobre o desempenho econômico e financeiro das empresas privatizadas. *Revista Brasileira de Economia*, v. 59, n. 2, p. 151-175, abr./jun. 2005.

BAJARI, P.; TADELIS, S. Incentives versus transaction costs: a theory of procurement contracts. *Rand Journal of Economics*, v. 32, n. 3, p. 387-407, 2001.

BOARDMAN, A.; VINING, A. Ownership and performance in competitive environments: a comparison of the performance of private, mixed and state-owned enterprises. *Journal of Law & Economics*, v. XXXII, p. 1-33, abr. 1989.

BORTOLOTTI, B.; FACCIO, M. Reluctant privatization. Center for Economic Institutions. Working Paper Series CEI, No. 2006-5. Mimeografado.

____; SINISCALCO, D. *The challenges of privatization*: an international analysis. Oxford: Oxford University Press, 2004.

CALDEIRA, J. *História da riqueza no Brasil*. Rio de Janeiro: Estação Brasil, 2017.

ENGEL, E.; FISCHER, R.; GALETOVIC, A. *Least-present-value-of-revenue auctions and highway franchising*. NBER Working Paper No. 6689, 1998.

____; ____; ____. *The economics of public-private partnerships*: a basic guide. Cambridge University Press, 2014.

GUASCH, J. L. et al. *The renegotiation of PPP contracts*: an overview of its recent evolution in Latin America. International Transport Forum Discussion Papers, No. 2014/18, OECD Publishing, Paris, 2014. Disponível em: <https://doi.org/10.1787/5jrw2xxlks8v-en>.

LA PORTA, R.; LOPEZ DE SILANES, F. *The benefits of privatization*: evidence from Mexico. out. 1997. Disponível em: <https://ssrn.com/abstract=136948> ou <http://dx.doi.org/10.2139/ssrn.136948>.

LAFFONT, J. J.; TIROLE, J. *A theory of incentives in regulation and procurement*. Cambridge: MIT Press, 1993.

LAZZARINI, S. *Capitalismo de laços*: os donos do Brasil e suas conexões. Rio de Janeiro: Campus, 2010.

MATTOS, C.; TOKESHI, H. A evolução recente dos contratos de concessão no Brasil. In: PASTORE, A. C. (Org.). *Infraestrutura*: eficiência e ética. Rio de Janeiro: Elsevier; Centro de Debate de Políticas Públicas, 2017.

MEGGINSON, W.; NETTER, J. From state to market: a survey of empirical studies on privatization. *Journal of Economic Literature*, v. 39, n. 2, p. 321-389, jun. 2001.

NORTH, D. *Institutions, institutional change and economic performance*. Cambridge: Cambridge University Press, 1990.

OLIVEIRA FILHO, L. C. Financiamento de longo prazo e mercado de capitais em investimentos de infraestrutura: novas concessões e parcerias público-privadas. In: OLIVEIRA, G.; ____ (Ed.). *Parcerias público-privadas*: experiências, desafios e propostas. Rio de Janeiro: LTC, 2013.

PINHEIRO, A. Impactos microeconômicos da privatização no Brasil. *Pesquisa e Planejamento Econômico*, v. 26, n. 3, p. 357-397, dez. 1996.

RIBEIRO, M. P. *Concessões e PPPs*: melhores práticas em licitações e contratos. São Paulo: Atlas, 2011.

SACHSIDA, A. *Como os impostos afetam o crescimento econômico?* 2011. Disponível em: <www.brasil-economia-governo.org.br/wp-content/uploads/2011/03/como-os-impostos-afetam-o-crescimento-economico1.pdf>.

SAMPAIO, P.; MENEZES, F.; DUTRA, J. Regulação e concorrência em concessões rodoviárias no Brasil. In: PINHEIRO, A.; FRITSCHAK, C. *Gargalos e soluções na infraestrutura de transportes*. Rio de Janeiro: Ibre, 2014. cap. 10.

SIDAK, G.; SPULBER, D. *Deregulatory takings and the regulatory contract*. Cambridge: Cambridge University Press, 1997.

WILLIANSOM, O. *The economic institutions of capitalism*. Nova York: New York Free Press, 1985.

Sobre os coordenadores

Armando Castelar Pinheiro

Coordenador de economia aplicada do Ibre/FGV e professor da FGV Direito Rio e do Instituto de Economia da UFRJ. Atuou como analista da Gávea Investimentos, pesquisador do Ipea e chefe do Departamento Econômico do BNDES, tendo lecionado nos programas de pós-graduação da PUC-Rio e da Fundação Getulio Vargas (EPGE). PhD em economia pela University of California, Berkeley, formado em engenharia eletrônica pelo ITA e mestre em estatística pelo Impa e em administração de empresas pela Coppead. Membro do Conselho Superior de Economia da Fiesp e articulista dos jornais *Valor Econômico* e *Correio Braziliense*.

Antônio José Maristrello Porto

Doutor em direito (Doctor of the Science of Law — J.S.D.) pela University of Illinois. Mestre (Master of Laws — LL.M.) pela University of Illinois. Graduado em direito pela Fundação de Ensino Octávio Bastos. Professor da graduação e do mestrado em direito da regulação da FGV Direito Rio. Vice-diretor da FGV Direito Rio e coordenador do Centro de Pesquisa em Direito e Economia (CPDE) da FGV Direito Rio. Foi presidente da Associação Brasileira de Direito e Economia (ABDE).

Patrícia Regina Pinheiro Sampaio

Professora da graduação e do mestrado em direito da regulação da FGV Direito Rio. Pesquisadora do Centro de Pesquisa em Direito e Economia (CPDE). Doutora e mestre pela Faculdade de Direito da Universidade de São Paulo (USP).

Sobre os autores

Antonio Carlos Porto Gonçalves

Doutor e mestre em economia pela Universidade de Chicago. Bacharel em engenharia industrial e metalúrgica pelo IME. Editor da revista *Notas* do Instituto Liberal do Rio de Janeiro. Diretor executivo do Programa de Cursos Corporativos do IDE/FGV RJ.

Carlos Ragazzo

Professor da FGV Direito Rio. Doutor e mestre pela Universidade do Estado do Rio de Janeiro (Uerj). LL.M. em Trade Regulation and Competition Policy pela New York University (NYU). *Visiting scholar* em Berkeley Law School. Foi conselheiro e superintendente-geral do Conselho Administrativo de Defesa Econômica (Cade).

Cecilia Machado

Professora e pesquisadora da FGV EPGE e pesquisadora afiliada ao Instituto de Economia do Trabalho IZA. Possui graduação em economia pela Universidade Federal do Rio de Janeiro, mestrado em economia pela PUC-Rio e doutorado em economia pela Universidade de Columbia. É editora associada da revista *EconomiA*.

César Mattos

Consultor legislativo da Câmara dos Deputados, doutor e mestre em economia, coordenador do MBA em regulação da FGV/DF, ex-conselheiro do Cade e ex-secretário adjunto de assuntos internacionais do Ministério da Fazenda.

Fernando Leal

Doutor em direito pela Christian-Albrechts-Universität zu Kiel, com apoio do Serviço Alemão de Intercâmbio Acadêmico (Daad). Doutor e mestre em direito público pela Universidade do Estado do Rio de Janeiro (Uerj). Professor da FGV Direito Rio.

Gustavo Kloh

Professor da FGV Direito Rio. Doutor em direito civil pela Universidade do Estado do Rio de Janeiro (Uerj). Advogado.

Jairo Saddi

Doutor em direito econômico pela Universidade de São Paulo. Pós-doutorado pela Universidade de Oxford. Bacharel em direito pela Faculdade de Direito da USP. Administrador de empresas pela FGV-SP. Aualmente é professor associado da FGV Direito Rio. Advogado.

João Manoel de Lima Junior

Professor da FGV Direito Rio. Pesquisador do Centro de Pesquisa em Direito e Economia (CPDE). Doutor em direito empresarial pela Uerj. Mestre em direito econômico pela USP. Foi *visiting scholar* na Georgetown Law School. Presidente da Comissão de Direito Empresarial do Instituto dos Advogados Brasileiros (IAB).

Julia de Lamare

Mestre em direito da regulação pela Fundação Getulio Vargas. Especialista em meio ambiente pela Coppe/UFRJ. Graduada em direito pela Fundação Getulio Vargas. Advogada no escritório Rennó, Penteado, Reis & Sampaio Advogados. Professora da pós-graduação da Fundação Getulio Vargas.

Leonardo de Andrade Costa

Professor da graduação e da pós-graduação da FGV Direito Rio. Mestre em direito econômico e financeiro pela Harvard Law School/Universidade de São Paulo (USP). Bacharel em economia e direito pela Pontifícia Universidade Católica do Rio de Janeiro. Pós-Graduado em contabilidade pela FGV/EPGE. Auditor fiscal da Receita Estadual do Estado do Rio de Janeiro.

Luciana Dias

Sócia do L. Dias Advogados e professora da Escola de Direito da Fundação Getulio Vargas. Foi diretora da Comissão de Valores Mobiliários (CVM) (2010-15). Doutora (2014) e mestre (2005) em direito comercial pela Faculdade de Direito da Universidade de São Paulo (USP). Mestre em direito pela Escola de Direito da Universidade de Stanford (Master of the Science of Law — J.S.M.), 2005.

Luciana Yeung

Professora pesquisadora do Insper. Por oito anos (2010-18) foi coordenadora da graduação em economia da mesma escola. Bacharel em economia pela Universidade de São Paulo, mestre em relações industriais e em economia aplicada pela University of Wisconsin-Madison (EUA), e doutora pela Escola de Economia de São Paulo (FGV-SP), com estágio de pesquisa na Escola de Direito da Boalt Hall, University of California-Berkeley (EUA). Sua atuação em pesquisa, projetos e pareceres técnicos tem coberto uma ampla área da análise econômica do direito, com foco em eficiência do Judiciário e decisões judiciais.

Márcio Souza Guimarães

Professor da Escola de Direito da Fundação Getulio Vargas no Rio de Janeiro. Professor convidado da Universidade Paris II Panthéon-Assas. Max Schmidheiny Professor da Saint Gallen University (Suíça). Doutor pela Université Toulouse 1 Capitole. Membro fundador da Academia Brasileira de Direito Civil. Foi membro do Ministério Público (RJ) por 19 anos. Árbitro e parecerista.

Rômulo Silveira da Rocha Sampaio

Doutor e mestre (LL.M.) em direito ambiental pela Elisabeth Haub School of Law da Pace University (Nova York). Mestre em direito econômico e social pela PUC-PR. Professor da graduação e do mestrado em direito da regulação da FGV-Rio. Professor convidado da Pace-NY e Georgia State Law (Atlanta).

Rubens Sardenberg

Economista-chefe e diretor de Regulação Prudencial, Riscos e Assuntos Econômicos da Federação Brasileira de Bancos (Febraban). Foi secretário adjunto do Tesouro Nacional e diretor de Finanças e de Relações com Investidores do Banco Nossa Caixa. Também já ocupou as posições de economista-chefe do Banco ABN-Real e da Tesouraria do Citibank no Brasil. É economista formado pela Faculdade de Economia e Administração (FEA/USP).

Sandro Leal Alves

Superintendente de regulação da Federação Nacional de Saúde Suplementar (FenaSaúde), economista, mestre em economia com concentração em economia do direito e das leis (USU). Atuou na ANS e no Ministério da Fazenda.

Thiago C. Araújo

Doutor e mestre pela Universidade do Estado do Rio de Janeiro. Procurador do Estado do Rio de Janeiro. Professor da FGV Direito Rio e da Escola de Pós-Graduação em Economia da FGV (FGV EPGE). Advogado.